河南省南水北调丹江口水库移民志

《河南省南水北调丹江口水库移民志》编纂委员会　编

黄河水利出版社
·郑州·

图书在版编目(CIP)数据

河南省南水北调丹江口水库移民志/《河南省南水北调丹江口水库移民志》编纂委员会编. —郑州:黄河水利出版社,2020. 9

ISBN 978-7-5509-2841-1

Ⅰ. ①河… Ⅱ. ①河… Ⅲ. ①南水北调-水利工程-移民安置-概况-丹江口 Ⅳ. ①D632. 4

中国版本图书馆 CIP 数据核字(2020)第 193916 号

组稿编辑:李洪良 电话:0371-66026352 E-mail:hongliang0013@163. com

出 版 社:黄河水利出版社 网址:www. yrcp. com

地址:河南省郑州市顺河路黄委会综合楼 14 层 邮政编码:450003

发行单位:黄河水利出版社

发行部电话:0371-66026940、66020550、66028024、66022620(传真)

E-mail:hhslcbs@126. com

承印单位:河南瑞之光印刷股份有限公司

开本:889 mm×1 194 mm 1/16

印张:31. 5 插页:26

字数:762 千字 印数:1—2 000

版次:2020 年 9 月第 1 版 印次:2020 年 9 月第 1 次印刷

定价:300. 00 元

南水北调中线干线工程示意图

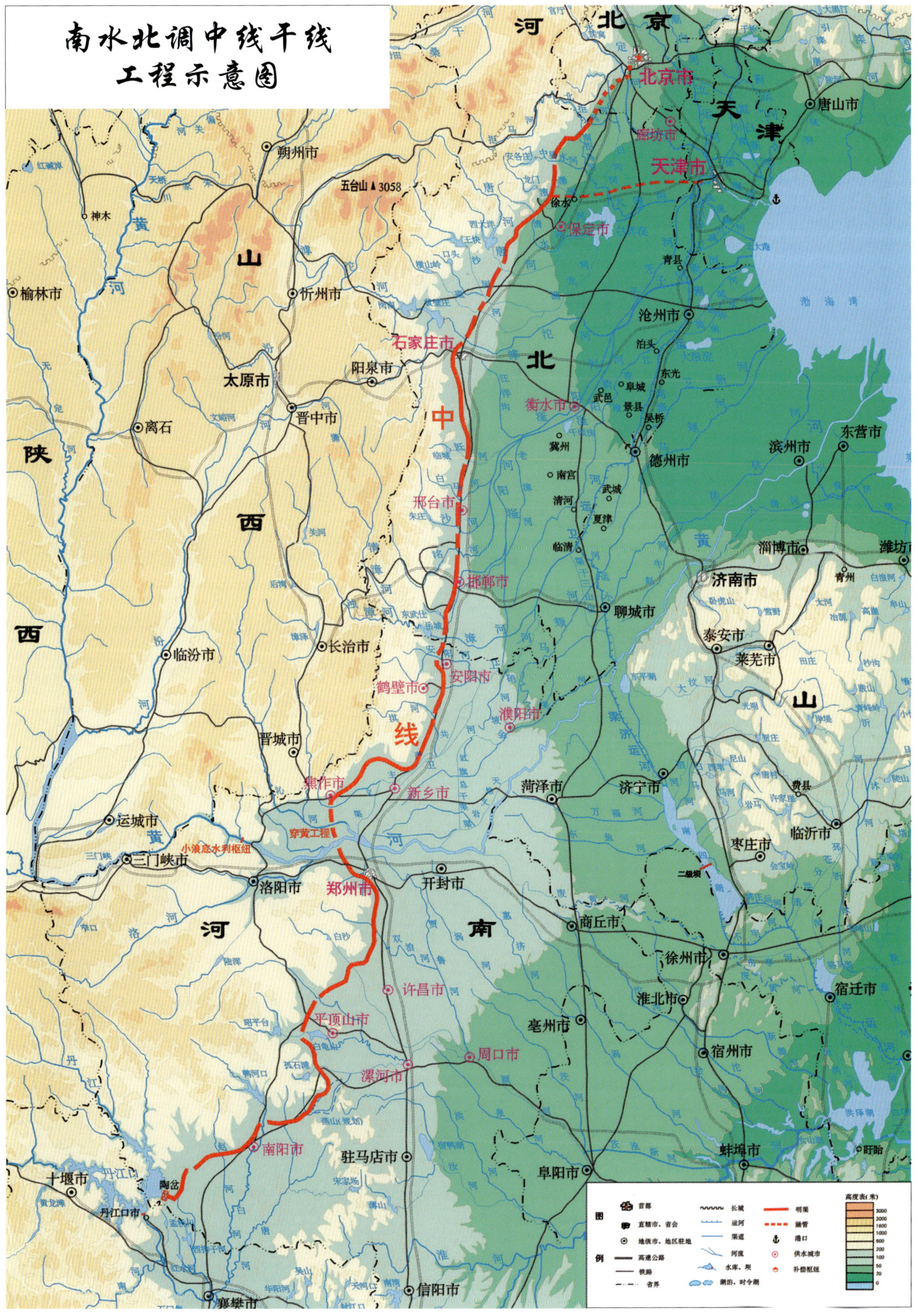

▲ 2010年5月7日，国务院南水北调工程建设委员会办公室主任张基尧（前排右二）由河南省副省长刘满仓（前排左三）陪同在南阳市新野县视察南水北调丹江口库区移民新村建设

▲ 2010年8月17日，国务院南水北调工程建设委员会办公室主任鄂竟平（前排左三）由河南省副省长刘满仓（前排右二）陪同在郑州市中牟县刘集镇姚湾移民新村调研南水北调丹江口库区移民安置工作

◀ 2008年3月8日，国务院南水北调工程建设委员会办公室副主任张野（前排左三）调研南阳市邓州市南水北调丹江口库区试点移民规划工作

◀ 2011年3月17日，国务院南水北调工程建设委员会办公室副主任于幼军（前排左二）在河南调研南水北调丹江口库区移民安置工作

▶ 2011年5月6日，国务院南水北调工程建设委员会办公室副主任蒋旭光（前排左二）在新乡市辉县市调研南水北调丹江口库区移民安置工作

▶ 2009年8月26日，河南省委书记徐光春（前排左二）在南阳市唐河县调研南水北调丹江口库区试点移民搬迁安置工作

▶ 2009年5月7日，河南省省长郭庚茂（前排左二）到漯河市临颍县调研南水北调丹江口库区移民新村建设工作

▶ 2013年5月15日，河南省省长谢伏瞻（右二）看望平顶山市郏县白庙乡马湾新村移民

◀ 2011年7月15日，河南省政协主席叶冬松（前排右二）在平顶山市郏县白庙乡马湾移民新村调研南水北调丹江口库区移民安置工作

▶ 2011年11月30日，河南省委副书记、组织部部长邓凯（前排左一）深入南阳市社旗县李店镇寇楼移民新村调研指导工作

◀ 2010年3月7日，河南省副省长、河南省南水北调丹江口库区移民安置指挥部指挥长刘满仓（左二）在许昌市襄城县调研南水北调丹江口库区移民新村建设工作

▶ 2018年3月10日，河南省副省长武国定（前排左一）考察淅川县九重镇移民产业发展项目

▲ 淅川县香花镇张义岗村全貌（2003年）

◀ 淅川县滔河乡老人仓村集市（2003年）

◀ 淅川县仓房镇侯家坡村村民吃午饭（2003年）

浙川县马蹬镇崔湾村村民做家具（2003年）

浙川县大石桥乡西岭村村民洗衣（2003年）

浙川县仓房镇群众捕鱼归来（2003年）

▶ 淅川县马蹬镇桐柏村村委会原址（2010年）

◀ 淅川县盛湾镇贾湾小学（2010年）

▶ 淅川县金河镇北沟村村民室内生活（2010年）

▲ 淅川县盛湾镇宋湾渡口车辆摆渡（2010年）

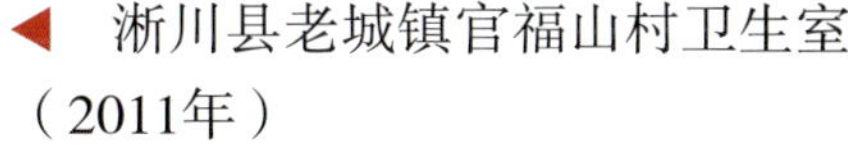

◀ 淅川县老城镇官福山村卫生室（2011年）

▶ 淅川县大石桥乡杨营村村民新婚留影（2011年）

▶ 淅川县上集镇白石崖村的辘轳井（2011年）

◀ 淅川县老城镇穆山村村民耕作（2011年）

▼ 淅川县九重镇周岗村村民牧羊（2011年）

◀ 2003年2月13日，河南省南水北调丹江口库区淹没实物调查在淅川县马蹬镇崔湾村启动

◀ 2003年2月，规划设计人员在河南省南水北调丹江口库区开展实物调查

◀ 2003年6月24日，河南省南水北调中线工程移民规划工作会议在郑州召开

▶ 2006年8月，规划设计人员察勘河南省南水北调丹江口库区外迁安置区居民点

▼ 2007年3月，河南省移民办组织人员深入河南省南水北调丹江口库区开展规划调研

▶ 2008年4月，水利部水利水电规划设计总院副院长陈伟（前排右二）带领有关专家到河南省南水北调丹江口库区试点移民安置区现场察勘

▲ 2008年11月7日，河南省委、省政府在郑州召开河南省南水北调丹江口库区移民安置动员大会

▲ 移民新村场地平整（2009年）

▶ 移民新村房屋基础开挖（2009年）

◀ 移民新村房屋基础浇筑（2010年）

移民新村房屋砌筑（2010年）

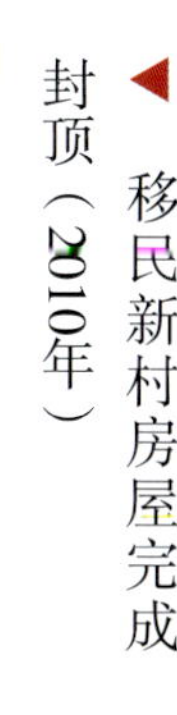

移民新村房屋完成封顶（2010年）

移民新村房屋外墙粉刷（2010年）

◀ 河南省副省长、河南省南水北调丹江口库区移民安置指挥部指挥长刘满仓（前排中）暗访移民新村建设（2011年）

▶ 河南省南水北调丹江口库区移民安置指挥部办公室派出专家检查移民新村建设质量（2011年）

▼ 河南省南水北调丹江口库区移民安置指挥部向移民新村建设先进单位颁奖（2011年）

◀ 新乡市辉县市常村镇磊山移民新村卫生室（2011年）

▶ 漯河市郾城区商桥镇申明铺移民新村小学（2011年）

▼ 郑州市新郑市梨河镇新蛮子营移民新村幼儿园（2011年）

▲ 淅川县厚坡镇陈庄移民新村（2011年）

▲ 平顶山市舞钢市尚店镇姚营移民新村夜景（2012年）

▲ 郑州市中牟县刘集镇后湾、后洼移民新村（2013年）

▲ 郑州市新郑市梨河镇新蛮子营移民新村（2014年）

▲ 2009年8月16日，河南省委、省政府在许昌市许昌县榆林乡姬家营移民新村举行南水北调丹江口库区试点移民搬迁启动仪式

◀ 搬迁服务队帮助移民装车（2009年）

▶ 交警指挥搬迁车辆（2009年）

◀ 医护人员在移民搬迁一线照护重点病人（2009年）

移民不忘大救星（2009年）

高高兴兴去新家（2010年）

祭别先祖（2010年）

▶ 离别宴（2010年）

▲ 集结（2010年）

◀ 离别合影（2010年）

▶ 依依惜别（2010年）

▶ 唢呐声声送亲人（2010年）

▶ 渡轮运送搬迁车队（2010年）

▲ 迎接移民到新家（2010年）

▲ 安置县分包单位迎接移民（2010年）

◀ 移民入住新居（2010年）

▶ 带上故乡土留住乡愁（2011年）

◀ 最小的移民也光荣（2011年）

最后一堂课
（2011年）

搬迁服务队帮助移民水路搬迁（2011年）

登车出发
（2011年）

▲ 淅川县乡亲送别搬迁车队（2011年）

▲ 安置地群众迎接移民（2011年）

▲ 到了新家喜开颜（2011年）

▶ 背扶老奶奶到新家（2011年）

▲ 移民领取搬迁奖金（2011年）

▲ 2011年8月25日，河南省南水北调丹江口库区移民安置指挥部在许昌市襄城县王洛镇张庄移民新村举行第二批农村移民集中搬迁基本完成暨移民入住仪式

▲ 2012年5月22日，河南省委、省政府在郑州召开南水北调丹江口库区移民迁安总结表彰暨后期帮扶工作动员电视电话会议

【培训就业】

◀ 2010年7月，新乡市封丘县人力资源和社会保障局举办南水北调丹江口库区移民电脑培训班，河南省有关单位领导现场调研

◀ 2010年7月，河南省教育厅对南水北调移民小学校长开展专题培训

◀ 2010年8月，河南省科学技术厅组织开展移民技术培训

◀ 2010年8月，漯河市临颍县移民新村招工现场

▶ 2010年9月，许昌市长葛市组织50多家企业在和尚桥镇张营移民新村举行移民务工就业洽谈会

◀ 2013年4月，河南省委组织部、省移民办共同举办河南省南水北调丹江口库区移民村支部书记培训班

◀ 南阳市唐河县桐河乡刘伙移民新村电子加工（2010年）

◀ 漯河市郾城区商桥镇申明铺移民新村羽毛加工（2010年）

◀ 南阳市社旗县桥头镇马蹬移民新村仿真花加工（2011年）

◀ 新乡市原阳县福宁集镇下湾移民新村丝毯加工（2011年）

▶ 新乡市辉县市常村镇仓房移民新村香菇种植（2012年）

▲ 2012年12月5日，河南省移民办在郑州召开全省加强和创新移民村社会管理试点工作动员会议

平顶山市郏县白庙乡马湾移民新村民主议事会、民主监事会、民事调解委员会选举（2013年）

许昌市襄城县库庄镇黄桥移民新村餐饮观光百亩荷塘（2013年）

南阳市卧龙区蒲山镇杨营移民新村服装加工（2014年）

▶ 漯河市临颍县王岗镇闫楼移民新村蛋鸡养殖（2014年）

▶ 淅川县九重镇桦栎扒移民新村党员群众服务中心（2014年）

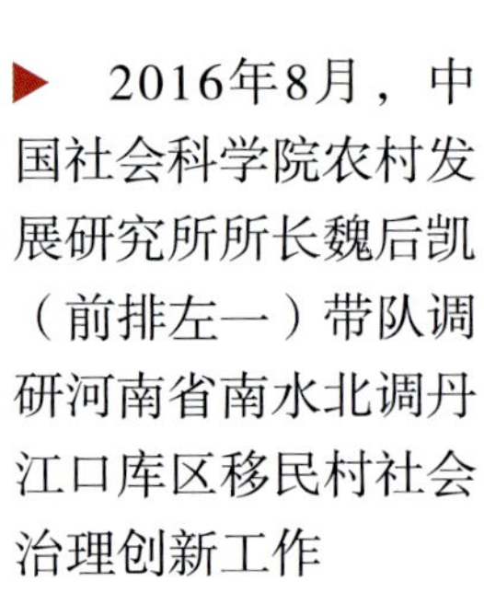

▶ 2016年8月，中国社会科学院农村发展研究所所长魏后凯（前排左一）带队调研河南省南水北调丹江口库区移民村社会治理创新工作

▲ 郑州市中牟县狼城岗镇全店移民新村供港蔬菜基地（2016年）

▶ 郑州市新郑市梨河镇新蛮子营移民新村避雨葡萄（2017年）

◀ 河南宏丰硕生态农业股份有限公司成功在中原股权交易中心挂牌（2017年）

移民在新家欢度中秋佳节（2010年）

新学校，新希望（2010年）

移民在新家贺新春（2011年）

南阳市为百对移民新人举办集体婚礼（2011年）

邓州市移民在新村阅览室阅读（2012年）

移民庆祝元旦（2014年）

▲ 2007年12月15日，中央电视台心连心艺术团赴南水北调工程河南南阳慰问演出

▲ 2009年12月13日，河南省卫生厅组织医护人员到新乡市辉县市移民新村巡诊

▲ 2010年2月4日，河南省民政厅、平顶山市宝丰县移民局联合向南水北调丹江口库区移民发放洗衣机等物品

◀ 2010年8月3日，河南省科学技术厅向新乡市获嘉县史庄镇安洼移民新村捐赠物品

◀ 2011月5月6日，河南省人民政府国有资产监督管理委员会向南阳市卧龙区移民新村学校捐助200万元

◀ 2012年2月16日，郑州市新郑市慰问团赴淅川县慰问演出

◀ 2014年1月14日，河南省文联文艺志愿者赴郑州市中牟县移民新村慰问

▶ 2014年12月4日，河南省移民办、河南省文化厅组织河南省豫剧院创排的大型豫剧现代戏《家园》演出

▶ 2015年4月5日，文化部艺术家小分队在淅川县南水北调移民纪念碑前慰问演出

▶ 2015年5月17日，首都文艺家代表团到南阳市卧龙区蒲山镇杨营移民新村慰问演出

◀ 2009年8月，河南电视台采访淅川县试点移民搬迁情况

◀ 2010年8月，中央电视台记者聚焦南水北调丹江口库区移民搬迁

◀ 2010年9月，英国《泰晤士报》中国分社社长马珍（前排左一）在郑州市新郑市薛店镇观沟移民新村采访

▶ 2011年6月9日，世界银行原社会政策与社会学高级顾问、乔治华盛顿大学教授迈克尔·M·塞尼（前排中）在郑州市中牟县刘集镇姚湾移民新村调研

RENMIN RIBAO

人民网 网址：http://www.people.com.cn 手机：http://wap.people.com.cn

2011年8月 29 星期一

人民日报社出版

CN 11-0065

今日24版

毫不松懈地抓好农业生产

——温家宝总理在河北张家口考察纪实

心中永远装着移民百姓

——写在河南省南水北调丹江口库区移民搬迁基本完成之际

加大民生投入 创新社会管理

——三论做好下半年经济工作

本报评论员

▶ 2011年8月29日，《人民日报》刊文《心中永远装着移民百姓——写在河南省南水北调丹江口库区移民搬迁基本完成之际》

A1 特别報道

香港商報

中國政府特許在內地發行之報刊

Hong Kong Commercial Daily http://www.hkcd.com.hk

2011年9月 12 星期一

丹江口庫區移民大搬遷

河南上演跨越式奇跡

丹江口庫區移民 四年任務 兩年完成

▶ 2011年9月12日，《香港商报》对南水北调丹江口库区移民大搬迁进行特别报道——《丹江口库区移民大搬迁——河南上演跨越式奇迹》

◀ 2011年9月，黄河水利委员会《黄河 黄土 黄种人》杂志报道河南省南水北调丹江口库区移民大搬迁

▲ 2011年11月，河南文艺出版社出版《南水北调大移民》（许满长著）

◀ 2011年11月，《半月谈》第22期刊文《“移民大考”催生社会管理创新样本》

▲ 2011年11月，芬兰广播电视台三台常驻北京记者佩特利·萨拉斯特（右一）在郑州市中牟县刘集镇姚湾移民新村采访

河南日報
HENAN DAILY
2012年5月21日
时代高度 中原向导

天之蓝
洋河蓝色经典

充分焕发劳动热情和创造活力 为中原经济区建设作出更大贡献

——王兆国河南考察纪行

这次来河南，看到河南各项事业又有了新的发展，河南发展规划明确，发展前景广阔

工会是党和政府联系职工群众的桥梁和纽带，要心系职工，服务职工，把党和政府的温暖送给每一个困难职工

温家宝与六省负责人座谈时指出把稳增长放在更加重要的位置

强调稳增长 传递新信号

保险业参与新农合工作座谈会在郑举行

项俊波李克出席会议

我省残疾儿童抢救性康复工程启动

今年为万名贫困残疾儿童免费实施抢救性康复

邓凯出席启动仪式

“粮食增产科技支撑行动计划”实施测产

小麦亩产均高于预定目标

我国出台首部关于海洋观测预报管理的法律规范

让全省700万残疾人同享一片蓝天

我被菲扣渔船及船员已全部返回

移民精神辉耀中原

——我省南水北调丹江口库区移民工作综述

前言

伟大的工程——一渠清流润中华

▲ 2012年5月21日，《河南日报》刊文《移民精神辉耀中原——我省南水北调丹江口库区移民工作综述》

▲ 2018年，长江出版社出版《国家行动 人民力量：南水北调大移民纪实》

《河南省南水北调丹江口水库移民志》编纂委员会

《河南省南水北调丹江口水库移民志》编纂办公室

《河南省南水北调丹江口水库移民志》编写组

《河南省南水北调丹江口水库移民志》

摄　　影

郭贵明　余培松　张亚洲　郭安强　王　林　房宝华　白　海

刘玉克　秦　伟　马建敏　冷新星　胡　波　黄明华　徐国兴

王洪连　余立新　赵　川　蒋宁宇　姜玉彬　史国勇　等

序

盛世修志是中华民族的优良传统。河南水利系统自20世纪80年代把社会主义新方志编修提上日程后,《河南省水利志》《河南省移民志》等一大批水利志书先后出版。为深化修志工作,全面、系统、客观地记录河南省南水北调丹江口水库移民情况,2016年河南省人民政府移民工作领导小组办公室决定编纂《河南省南水北调丹江口水库移民志》。经过四年的努力,《河南省南水北调丹江口水库移民志》终于付梓。

南水北调工程是中国优化配置水资源的重大举措,是解决华北、西北地区缺水问题的一项战略性基础设施工程,关系到国家经济社会可持续发展和子孙后代的长远利益,一直受到党中央、国务院的高度重视和社会各界的广泛关注。南水北调工程分为东线、中线和西线三条线路,中线是南水北调工程规划论证的起源和主线,输水量最大,水源工程开工建设最早,移民人数也最多,其控制性工程是在丹江口水库初期工程建设的基础上贴坡而成的丹江口水库大坝加高工程。

河南省是丹江口水库大坝加高工程的主要淹没区和水源地,移民安置区涉及全省6个省辖市25个县(市、区)。移民搬迁后,因行政区划调整,截至2019年年底,移民安置区实际涉及全省6个省辖市、1个省直管县(市)、27个县(市、区)。在河南省委、省政府的坚强领导下,全省上下团结一心,众志成城,开拓奋进,打了一场艰苦卓绝、史无前例的移民搬迁攻坚战,如期完成了16.5万移民的搬迁安置任务,实现了省委、省政府确定的丹江口库区试点以外大规模移民安置“四年任务、两年完成”的目标,为南水北调中线工程2014年12月12日通水奠定了坚实的基础,创造了中国乃至世界水库移民史上的奇迹。

丹江口库区移民群众顾全大局,为了南水北调工程建设,奉献出他们世代生息繁衍的家园,挥泪离别故土,移居到新的地方生产生活,付出了巨大牺牲,做出了重要贡献,得到了全社会的尊重和厚爱。特别值得铭记的是,习近平总书记在2015年新年贺词中高度赞扬了南水北调中线一期工程移民群众的无私奉献,并向他们表达了敬意和祝福。

《河南省南水北调丹江口水库移民志》收录了包括初期工程在内的大量珍贵历史史料,详细记载了河南省在南水北调丹江口水库移民安置中的工作决策、实施情况及经验教训,客观记述了丹江口水库移民搬迁、安置、生根和发展的历史,真实再现了移民群众背井离乡、舍家为国的历史壮举和奉献精神,充分展现了全省人民不讲条件、倾力支援、协作配合的无私境界,再现了广大移民工作者风霜雪雨、忘我拼搏的历史场景,充分展示了南水北调移民安置工作取得的丰硕成果,弘扬了“忠诚担当、大爱报国”的南水北调移民精神,传递了积极向上的时代正能量。

治郡者以志为鉴。《河南省南水北调丹江口水库移民志》的出版发行,为社会各界了解和认识南水北调这一伟大工程提供了翔实的史料,也为广大移民工作者更好地做好移民工作提供了可资可鉴的翔实资料和实践经验,对研究移民区域经济社会发展具有重要的参考价值。

时光荏苒,丹江口水库初期工程移民搬迁安置已过去近半个世纪,大坝加高工程移民搬迁安置也已过去 10 年左右,库区移民已经深深扎根于新的家园,融入了新的生产生活。记住这段历史,就是对广大移民群众的无私奉献精神和移民工作者付出的辛勤劳动最好的纪念,也是对党和国家英明决策的讴歌。

在编纂过程中,由于经验不足、水平有限、编纂时间紧张,缺点和疏漏在所难免,恳请广大读者提出宝贵意见。

《河南省南水北调丹江口水库移民志》编纂委员会

2020 年 6 月

凡　例

一、《河南省南水北调丹江口水库移民志》编纂以马克思列宁主义、毛泽东思想、邓小平理论、“三个代表”重要思想、科学发展观、习近平新时代中国特色社会主义思想为指导，坚持辩证唯物主义和历史唯物主义的立场、观点和方法，以“存史、资治、教化”为宗旨，以移民搬迁安置为主线，全面、系统、客观地记述河南省南水北调丹江口水库移民工作的历史与现状，力求达到思想性、科学性、资料性、可读性相统一。

二、本志运用章、节体式，采用述、记、志、传、图、表、录等体裁，以志为主，横排门类，纵述史实。本志首列序、凡例、综述，志的主体部分分16章，志末设大事记、附录和编后记。

三、本志为了区别丹江口水库初期工程移民和南水北调丹江口水库大坝加高工程移民，分别称为“丹江口水库初期工程移民”和“南水北调丹江口库区移民”，涉及原文件中的水库移民名称仍保持原名称不变。

四、本着详今略远的原则，根据历史脉络，本志上限起自1990年11月丹江口水库大坝加高工程淹没实物指标普查，下限至2019年12月31日。附录中丹江口水库初期工程移民大事记延伸至2006年《国务院关于完善大中型水库移民后期扶持政策的意见》实施开始。

五、本志人物遵照生不立传的原则。在传记、简介、名录以外，采用以事系人、人随事出的方式记述。

六、本志采用规范的现代语体文记述。使用简化字，以国家语言文字工作委员会1986年公布的《简化字总表》为准，用简化字记述古地名、古人名、古文献易引起误解时，用繁体字或异体字。

七、本志数字使用以《出版物上数字用法》（GB/T 15835）为准，标点符号以《标点符号用法》（GB/T 15834）为准，计量单位以《量和单位》（GB/3100—3102）为准，其中千克、千米、平方千米、公顷分别采用公斤、公里、平方公里、亩，历史上使用的计量单位照实记载。

八、本志涉及的部分组织、机构、单位、法律法规等专有名称，为了记述方便，第一次出现时使用全称并用括号注明规范简称，再次出现时用简称。例如：河南省南水北调丹江口库区移民安置指挥部简称为“省移民安置指挥部”，河南省南水北调丹江口库区移民安置指挥部办公室简称为“省移民安置指挥部办公室”等。行政机关和部分事业单位简称使用各级人民政府印发的简称，第十四章“组织机构”除外。

九、本志所采用资料，主要来源于相关政府部门的档案文献，有的由河南省各级移民管理机构提供，部分来自于有关的报刊、网络、著作。除“移民文化”一章部分内容外，资料来源一般不单独标明出处。

目 录

综 述

1952年,毛泽东主席在视察黄河时首次提出南水北调的宏伟构想。经过20余年的调研论证,1978年,第五届全国人民代表大会第一次会议通过的《政府工作报告》正式提出兴建把长江水引到黄河以北的南水北调工程。1992年,中国共产党第十四次全国代表大会把"南水北调"列入中国跨世纪的特大工程之一。南水北调工程是中华人民共和国的战略性工程,结合中国疆土地域特点,把长江流域水资源自其上游、中游、下游,分西、中、东三线抽调部分送至西北、华北、淮海平原水资源短缺地区。通过三条调水线路与长江、黄河、淮河和海河四大水系沟通,形成"四横三纵"的总体布局,以利于实现水资源南北调配、东西互济的配置格局。

南水北调中线工程从河南省南阳市淅川县陶岔渠首引水,至北京市团城湖和天津市,沿线以开挖渠道为主,全长1 432公里,其中河南省境内长731公里,途经邓州、南阳、平顶山、许昌、郑州、焦作、新乡、鹤壁、安阳等8个省辖市、1个省直管县(市)。工程分两期实施,一期工程年调水量95亿立方米,二期工程年调水量增加至130亿立方米。中线工程主要包括水源工程、输水工程和汉江治理工程三部分。工程建成后,对缓解北方水资源短缺、推动经济社会可持续发展具有重大的战略意义。

丹江口水库是南水北调中线工程的水源地,随着大坝由162米加高到176.6米,坝前正常蓄水位从157米提高到170米,相应库容为290.5亿立方米。丹江口水库大坝加高淹没影响涉及河南省淅川县、邓州市12个乡(镇、管理区)189个村1 268个村民小组、2座集镇、142家单位、36家工业企业,以及大量的道路、电力、通信、广播电视、水利设施和文物等。

丹江口库区移民搬迁安置是南水北调中线工程建设的重要组成部分,是保证工程按时蓄水、通水的关键和难点。2008年11月,河南省启动了丹江口库区试点移民安置工作。2009年8月28日,试点移民搬迁完毕,实际搬迁移民11 113人,建设安置点12个。在试点移民安置工作开展的同时,河南省委、省政府根据广大移民早搬迁早发展的迫切愿望以及应对世界金融危机、推动经济增长的需要,经审慎决策,提出了试点以外大规模移民安置"四年任务、两年完成"的目标。

为保证"四年任务、两年完成",省委、省政府制订了《河南省南水北调丹江口库区移民安置工作实施方案》(简称《实施方案》);成立了以省委副书记任政委、分管副省长任指挥长的河南省南水北调丹江口库区移民安置指挥部(简称省移民安置指挥部),指挥部下设办公室(简称省移民安置指挥部办公室),从省直有关部门抽调30多名精干人员,脱离原岗位,集中办公;实行省直单位包县制度,省直25个部门分别成立工作组,由一名副厅级干部带队,分包25个移民迁安县(市、区)。各有关县(市、区)也实行了市包县、县包乡、县乡干部包村包户的逐级分包责任制。在移民迁安过程中,坚持以人为本、科学编制规划,强化组织领导、层层落实责任,加强思想教育、广泛宣传发动,完善各项制度、创新工作机制,强化督促检查、严格实行奖惩。在克服种种困难、破解众多难题后,全省形成了步调一致、运转高效的组织体系,为圆满完成各阶段移民迁安任务提供了坚实的组织保障和政策保障。

2009年10月20日,第一批移民安置工作启动,2010年9月4日出县外迁集中(简称外迁)安置和淅川县内出村近迁集中(简称近迁)安置移民搬迁结束,2011年12月淅川县后靠和分散安置移民搬迁完成,第一批实际搬迁移民66 418人,建设集中安置点81个。2010年6月12日压茬启动第二批移民安置工作,2011年8月25日完成外迁近迁安置移民集中搬迁;10月26日社区移民搬迁完成,省移民安置指挥部在郑州市中牟县官渡镇移民新村举行了欢庆仪式,标志着省委、省政府确定的“四年任务、两年完成”的目标基本实现;2012年3月24日,随着淅川县后靠和分散安置移民搬迁扫尾工作的完成,第二批移民搬迁全面完成,实际搬迁移民87 940人,建设集中安置点115个。至此,全省南水北调丹江口库区移民全部搬迁完毕,搬迁移民165 471人,移民安置区涉及郑州、平顶山、新乡、许昌、漯河、南阳6个省辖市的25个县(市、区)。后又新核定了部分漏登移民,截至2019年年底,河南省南水北调丹江口库区实际搬迁安置移民166 053人。与此同时,河南省也完成了库底清理、集镇迁建、单位企业淹没处理、专业项目恢复改建和文物保护等任务。

在河南省南水北调丹江口库区移民搬迁安置过程中,全省各级、各部门一切为了移民、一切围绕移民、一切服务移民,提供周到服务,特事特办,急事急办,上下一心,合力攻坚。如卫生部门专门组织医疗救护车队和医护人员,携带救急药品和器械,为移民群众提供医疗卫生服务;公安、交警人员坚守岗位,日夜保障移民生命财产安全,保障交通通畅;电力部门组建移民搬迁服务队,投入应急发电设备,确保移民搬迁用电安全;交通运输部门为移民开辟“绿色通道”,免除移民搬迁路桥通行费,并在搬迁车队休息的服务区为移民免费分送食品;气象部门随时发布天气预报;教育、民政、林业等部门及时办理有关手续等。各市县党委、政府站在讲政治、顾大局的高度,把组织和服务移民搬迁安置工作作为第一要务,集中优势资源,确保了移民搬迁安置工作的顺利进行。

在南水北调丹江口库区移民新村建设中,河南省高起点规划,高标准建设,把每个移民新村率先建成当地社会主义新农村的示范村,做到一次规划、一步到位。在安置点选择上,坚持尽量靠近主要道路边、城(集)镇边和产业集聚区边的“三靠近”原则,方便移民生产生活,为发展致富创造条件。在户型选择方面,从社会上征集并精选了46个获奖设计方案,发放到每个市、县和移民村,让移民群众精挑细选、优中选优。在基础设施建设上,对交通、电力、供排水等方案进行详细勘察设计,反复论证,保证移民安置方案可行可靠。在新村布局、房屋造价、施工队伍招标等方面充分征求移民群众意见,积极组织移民代表全程监督,并始终坚持统一征地、统一规划、统一标准、统一建设、统一搬迁、统一发展的“六统一”指导思想，严格把好招标投标关、市场准入关、材料进场关、监测检验关、竣工验收关“五道关口”，严格实行政府监督、中介监理、企业自控、移民参与“四位一体”的质量监督体系，认真落实每月一次互督互查、关键时间节点评比奖惩、搬迁前省市县三级验收的“三项机制”，使移民新村建设质量始终处于受控状态。在生产用地划拨上，严格执行人均水浇地1.05亩或旱地1.4亩等标准，开展土地整理，兴修农田水利，改善生产条件，增加农作物产量和收益。对移民土地补偿补助费不足以在安置区按规划标准调剂土地的，国家增列生产安置增补费予以弥补。对移民人均房屋补偿费不足24平方米砖混结构补偿费的，国家负责补足，保证移民的基本居住条件。移民村排水系统率先实行雨污分流，并进行末端污水处理，做到达标排放。全省208个移民安置点不仅土地、交通、水利等条件都比较好，而且规划标准较高。尤其是外迁移民安置区，区域经济社会发展水平都比较高，具有良好的区位优势和发展潜力。移民新村基础设施和公益设施完善，村村有超市、卫生所、路灯，大部分村有小学和幼儿园，部分村通上了天然气，家家户户通上了宽带和有线电视，用上了自来水，移民群众普遍比较满意。

南水北调丹江口库区移民搬迁后，河南省分批次及时将移民纳入后期扶持范围，在做好移民手续迁转等各项后续工作、开展移民后期扶持工作的基础上，从2012年年末开始，河南省人民政府移民工作领导小组办公室（2019年2月后称河南省移民办公室，简称省移民办）先后开展了移民村社会治理创新工作，实施了“强村富民”战略，推出了移民企业挂牌上市、移民村乡村旅游、金融扶贫“移民贷”等创新举措，开展了美好移民村建设，加强移民民主管理，促进移民增收致富。2019年，河南省南水北调丹江口库区移民人均可支配收入达到13 465元，移民产业快速发展，移民收入稳步增长，已逐步融入当地社会，社会大局和谐稳定。

第一章 丹江口水库大坝加高工程及淹没影响

南水北调中线一期工程丹江口水库大坝加高工程，是从加坝扩容后的丹江口水库陶岔渠首闸引水，沿线开挖渠道，经唐白河流域西部过长江流域与淮河流域的分水岭方城垭口，沿黄淮海平原西部边缘，在郑州市以西荥阳市的李村附近穿过黄河，沿京广铁路西侧北上，全程自流到北京、天津。大坝加高工程是在丹江口水利枢纽初期工程的基础上进行培厚、加高和改造。大坝从 162 米加高到 176.6 米后，丹江口水库蓄水位从 157 米提高到 170 米，总库容增加 116 亿立方米，达到 290.5 亿立方米，可保证多年均衡向北方调水，实现向京、津、豫、冀等北方地区提供可靠、稳定和清洁水源的目的。根据国家批复的初步设计阶段移民安置规划，工程淹没影响涉及河南、湖北两省 6 个县(市、区)的 40 个乡(镇)441 个村 2 372 个村民小组，15 座城(集)镇，585 个单位，161 个工业企业，需动迁安置豫、鄂两省 34.5 万人，以及交通、电力、电信、广播电视及小型水利水电等专项设施淹没处理。

第一节 大坝加高工程

南水北调丹江口水库大坝加高工程是南水北调中线工程的控制性工程。加高丹江口水库大坝，既是满足向北方送水的现实要求，也是完善汉江中下游防洪体系，解决汉江中下游和武汉地区防洪问题最经济、最有效、最关键的措施。在初期工程建设时已考虑到后期大坝加高的要求，其中河床混凝土坝高程 100 米以下已按正常蓄水位 170 米方案进行建设，为大坝加高创造了条件。

一、工程概况

丹江口水库大坝加高工程是南水北调中线水源工程的关键性控制工程，也是南水北调中线控制工期、施工技术最具挑战性的工程。大坝加高工程以防洪、供水为主，结合发电、航运等综合利用。丹江口水库大坝加高工程于 2005 年 1 月 5 日开始进行前期准备工作，9 月 26 日举行大坝加高工程水库开工仪式。2013 年 8 月 29 日大坝加高工程顺利通过蓄水验收。

丹江口水库大坝加高工程是在初期工程建设的基础上贴坡加高而成的。大坝加高后,坝顶高程由原来的162米增加到176.6米,升船机规模由150吨级提高到300吨级,正常蓄水位从157米提高至170米,可相应增加库容116亿立方米,总库容达到290.5亿立方米。大坝加高工程进一步提高了丹江口水库的防洪能力和下游的防洪标准,为减轻汉江及长江干流汉口段和武汉市的防洪压力创造了有利条件,也改善了丹江口水利枢纽的发电和汉江干流的通航条件。通过优化调度,多年平均可为南水北调中线一期工程供水95亿立方米,对缓解华北地区水资源短缺的紧张局面,促进北方地区经济社会可持续发展和生态环境的改善具有巨大作用,并为南水北调中线二期工程调水奠定基础。

图1-1-1　加高后的丹江口水利枢纽工程

二、工程效益

丹江口水库初期工程具有防洪、发电、灌溉、航运和淡水养殖等综合效益。南水北调丹江口水库大坝加高后,工程以防洪、供水为主,结合发电、航运等综合利用,具有防洪、供水、发电、灌溉、航运、生态等综合效益。

(一)防洪效益

丹江口水库大坝加高后,夏汛期增加防洪库容32.8亿立方米,秋汛期增加防洪库容26.29亿立方米,可进一步提高丹江口水库的调洪能力,使汉江中下游防洪状况得到较大改善。配合杜家台分洪和堤防,可使汉江中下游地区的防洪标准由20年一遇提高到100年一遇,大大减少汉江中下游地区的洪灾损失。

(二)供水效益

南水北调中线一期工程年调水规模95亿立方米,远期年调水规模130亿立方米。丹江口水库大坝加高后,可向京、津、冀、豫等地区提供毛供水量95亿立方米,扣除河南刁河灌区现状引水后的新增供水量为89亿立方米,至总干渠各分水口的总净供水量为79亿立方米,河南、河北、北京、天津4省(市)的生活、工业供水规模大大增加,极大地缓解了中国北方地区的水资源短缺问题,使受水地区的缺水问题得到有效解决,生态环境显著改善。

图1-1-2　重建后的陶岔渠首枢纽工程

(三)发电效益

丹江口水力发电厂作为华中电网骨干电厂,发挥了调峰、调频和事故备用等重要作用,极大地缓解了鄂、豫两省的电力紧张局面,促进了工业发展。丹江口水库大坝加高后,电站多年平均水头70.6米,运行水头55~82米,发电水头的增大使丹江口电站机组出力受阻的情况得到改善,在额定水头63.5米以上运行的时间达94%,装机容量可全部发挥效益。

(四)灌溉效益

丹江口水库大坝加高后，通过淅川县陶岔、清泉沟引水渠首，向河南省南阳唐白河流域刁河以南地区和湖北省鄂北地区稳定供水，有效地改善了当地农业灌溉和生态环境用水条件，促进了供水地区经济社会协调、可持续发展。

(五)航运效益

丹江口水库大坝加高工程，对大坝升船机进行了改造升级，升船机规模由150吨级提高到300吨级，进一步发挥了丹江口水库的航运效益。

(六)生态效益

丹江口水库大坝加高后库容增加了116亿立方米，水域面积达到1 050平方公里，丹江口水库成为多年调节水库，是中国水资源配置的重要水源地。通过库区污染防治体系建设、水质保护、水源生态建设和保护工作，大大改善了库区生态环境，维护了水源区及汉江中下游地区生态用水安全，为汉江流域经济社会可持续发展提供了保障。

第二节　淹没影响

南水北调丹江口水库大坝加高工程淹没影响涉及河南、湖北两省，其中土地征用线，耕园地按坝前171米高程水平接5年一遇设计洪水回水水面线，林地、草地及荒地按坝前170米正常蓄水位；移民迁移线，包括居民点、城(集)镇、工业企业及专业项目等，按坝前172米高程水平接20年一遇设计洪水淤积回水水面线，其中专业项目参照相关专业规范规定的设计洪水标准。淹没处理范围为大坝加高工程淹没区和因水库蓄水造成的淹没影响区。

一、总体淹没影响

根据国家批复的初步设计阶段移民安置规划，南水北调丹江口水库大坝加高工程淹没影响涉及河南、湖北两省6个县(市、区)的40个乡(镇)441个村2 372个村民小组，15座城(集)镇，585个单位，161个工业企业。淹没影响土地面积307.7平方公里，其中淹没区302.5平方公里、影响区5.2平方公里，涉及耕地22.3万亩、园地3.34万亩、林地6.58万亩等；淹没影响各类人口22.43万人，其中农户20.37万人，城(集)镇居民0.89万人，单位0.86万人，工业企业0.31万人；淹没影响各类房屋623.98万平方米，其中农户490.63万平方米，城(集)镇居民30.93万平方米，单位64.6万平方米，工业企业37.82万平方米；淹没等级公路247.47公里(含浸泡段5.36公里)，其中大中型桥梁35座2 174延米；机耕道999.71公里，码头86处，停靠点383处；淹没电力线路580.33公里，电信线路954.86公里，广播电视线路820.45公里；淹没水电站9座、装机容量3 940千瓦，抽水泵站138座，总装机容量27 899千瓦；淹没输水管道30.8公里，水文站、水位站35个,水准点92个。

二、河南省库区淹没影响

根据国家批复的初步设计阶段移民安置规划,南水北调丹江口水库大坝加高工程河南省库区淹没影响区域仅涉及淅川县。在实施规划阶段,设计单位根据实际情况对淹没影响实物指标进行了复核调整,并增加邓州市为淹没影响区域。

(一)实物调查

2002年10月,长江水利委员会(1956年以前、1989年以后称长江水利委员会,简称长江委;1956~1989年称长江流域规划办公室,简称长办)编制完成了《丹江口水利枢纽大坝加高初步设计阶段水库淹没实物指标调查大纲》,为河南省库区淹没影响实物调查工作提供了依据。2003年1月,河南省移民办印发《关于丹江库区淹没实物指标调查工作的通知》,要求水库淹没影响涉及市、县配合长江勘测规划设计研究院(简称长江设计院),开展库区实物指标调查工作。2月,国务院办公厅发布《关于严格控制丹江口水利枢纽大坝加高工程坝区和库区淹没线以下区域人口增长和基本建设的通知》(简称《停建通知》),要求严格控制丹江口工程区域的人口增长和基本建设。

2003年,长江设计院会同河南省移民办和库区市、县政府组成联合调查组,负责实物指标调查工作,调查范围为丹江口水库淹没区和因水库蓄水造成的淹没影响区。2月10日,河南省库区外业调查工作开始,至4月27日,外业调查工作全面完成,并形成了水库淹没实物指标调查成果认定纪要。6月,长江设计院编制完成《南水北调中线一期工程丹江口水利枢纽大坝加高工程初步设计阶段水库淹没实物指标调查报告》并通过审查。2004年11月,在对实物指标进行抽样复核及原实物指标调查报告中的汇总失误等情况进行校正后,长江设计院编制完成了《南水北调中线一期工程丹江口水利枢纽大坝加高工程初步设计阶段水库淹没实物指标调查报告》修订稿。

在实施规划阶段,长江设计院根据实际情况对河南省淹没影响实物指标进行了复核,增加邓州市为淹没影响区域,并调整了淹没影响实物指标。

(二)实物指标

根据初步设计阶段移民安置规划,南水北调丹江口水库大坝加高工程河南省库区淹没影响涉及淅川县11个乡(镇)184个村1 276个村民小组、2座集镇、142家单位、36家工业企业,以及大量的交通、电力、电信、广播电视及小型水利水电等专项设施。淹没影响土地面积21.7万亩,其中耕地12.66万亩(含河滩地0.04万亩)、园地0.52万亩、林地1.2万亩、牧草地0.09万亩、养殖水面0.15万亩、其他土地7.08万亩;淹没影响各类人口10.72万人,其中农村居民10.59万人、单位0.11万人、工业企业0.02万人;淹没影响各类房屋258.37万平方米,其中农户244.47万平方米、居民0.2万平方米、单位10.07万平方米、工业企业3.63万平方米;淹没等级公路75.1公里,机耕道340.88公里,大中型桥梁10座、733延米,码头12处;淹没电力线路323公里,电信线路553.81公里,广播电视线路228.74公里;水电站5座,装机900千瓦;装机规模1 000千瓦以上的泵站2座,装机17 300千瓦。

实施规划阶段,河南省库区淹没影响区域调整为淅川、邓州2个县(市)的12个乡(镇、管理区)、189个村、1 268个村民小组、2座集镇、142家单位、36家工业企业,以及大量的交通、电力、电信、广播电视及小型水利水电等专项设施(邓州市仅淹没杏山旅游管理区的2个村部分生产用地)。淹没影响土地面积21.67万亩,其中耕地12.64万亩(含河滩地0.04万亩)、园地0.52万亩、林地1.2万亩、牧草地0.09万亩、养殖水面0.14万亩、其他土地7.08万亩;淹没各类人口12.46万人,其中农村12.32万人、单位0.12万人、工业企业0.02万人;淹没影响各类房屋259.41万平方米,其中农户245.5万平方米、居民0.2万平方米、单位10.08万平方米、工业企业3.63万平方米;淹没等级公路75.1公里,机耕道340.88公里,大中型桥梁10座、773延米,码头12处;淹没电力线路323公里,电信线路553.81公里,广播电视线路228.74公里;水电站5座,装机900千瓦;装机规模1 000千瓦以上的泵站2座,装机17 300千瓦。

第二章　移民安置规划

南水北调中线工程丹江口库区移民安置规划先后经历了前期论证、初步设计和实施规划三个阶段。前期论证始于 1990 年 11 月丹江口水库大坝加高工程淹没实物指标普查,2005 年国家发展改革委批复了《南水北调中线一期工程项目建议书》,2008 年国家发展改革委批复了《南水北调中线一期工程可行性研究总报告》。在进行可行性研究的同时,初步设计阶段移民安置规划也开始编制,2009~2011 年,国务院南水北调工程建设委员会办公室(简称国务院南水北调办)先后批复了文物保护、移民安置、环境保护和水土保持初步设计规划报告。在实施规划阶段,河南省提出了试点以外大规模农村移民安置"四年任务、两年完成"的目标,农村移民搬迁安置分试点、第一批、第二批共三批实施。《南水北调中线一期工程丹江口水库建设征地移民安置河南省试点规划报告》(简称《试点规划报告》)由长江设计院编制、国务院南水北调办批复,河南省没有另行编制。第一批、第二批移民安置实施规划,按照省委、省政府提出的把移民新村建设成为社会主义新农村示范村的要求,省移民办委托长江设计院为主并技术归口、黄河勘测规划设计有限公司(简称黄河设计公司)参与,高起点规划、高标准设计,分批编制完成。此外,河南省根据实施需要,委托设计单位先后编制了农村外非试点项目汇编规划报告、库底清理实施规划报告、环境保护实施规划报告和地质灾害防治规划报告等,为河南省南水北调丹江口库区移民安置的全面实施提供了依据。

第一节　前期论证

南水北调中线工程丹江口库区移民安置规划前期论证经历了初步可行性研究、项目建议书、整体可行性研究。自 1990 年 11 月开始,长江委相继完成了丹江口库区淹没实物调查,编制完成实物调查报告,编制完成淹没处理及移民安置规划专题报告,修订完成《南水北调中线工程规划》。2005 年 5 月,国家发展改革委批复《南水北调中线一期工程项目建议书》。在《南水北调中线一期工程项目建议书》编制期间,长江设计院根据国务院有关会议精神及水利部关于南水北调中线一期工程整体可行性研究工作部署,编制完成了《南水北调中线一期工程可行性研究总报告》。经过几年的审查、评估和完善,2008 年 11 月,国家发展改革委以发改农经〔2008〕2973 号予以批复。

一、初步可行性研究

1990 年 10 月 15 日水利部以《关于加快南水北调中线工程前期工作的通知》要求“当前要加快该项工程的前期工作,抓紧完成丹江口水利枢纽后期完建工程及调水方案的可行性研究和设计任务书工作”。11 月 13 日又在《关于商请开展丹江口库区调查的函》中指出:“根据国务委员邹家华 10 月 17 日视察丹江口水利枢纽时关于进一步开发汉江的指示,经商请国家计委,决定进行丹江口库区调查工作。”并商请地方“加强这项工作的领导,组织各方面力量……会同长江委联合进行丹江口水库库区内贵省一侧的调查工作”。

长江委根据水利部部署,结合前期工作基础,立即安排开展丹江口水利枢纽后期完建工程提高水位的淹没实物指标重新普查工作,以满足国家决策的需要。1990 年 11 月至 1991 年 1 月,长江委会同相关省、地、县政府共同完成了库区主要淹没实物指标普查工作,并于 1991 年 3 月编制完成了《丹江口水利枢纽后期完建工程淹没实物指标调查报告》。

1991 年 4 月 18 日,水利部要求长江委会同地方“……尽快开展水库淹没处理及移民安置的规划工作……以满足国家决策的需要”。据此,长江委会同地方政府在淹没实物指标调查的基础上,于 1991 年 4～6 月,完成了水库淹没处理及移民安置规划的外业查勘调查,9 月编制完成了《丹江口水利枢纽后期完建工程淹没处理及移民安置规划专题报告》。

1991 年 11 月,水利部南水北调规划办公室对长江委编制的《南水北调中线工程初步可行性研究报告》进行审查,指出应对报告的部分内容做必要补充。据此,长江委对报告进行补充、完善,于 1992 年 11 月编制完成《丹江口水库后期完建工程库区淹没处理及移民安置规划专题报告》,对移民生产安置、工程防护、土地资源、库区水产等方面进行了补充和完善,具体为:在土地资源调查分析的基础上,针对丹江口水库后期工程移民的特殊性,对安置标准做了适当调整,逐组、村、乡进行了人口与资源的安置平衡,考虑了涉及村组今后的发展对环境容量的要求;在不影响水库工程效益的前提下,本着节约土地、减少淹没损失、减轻移民安置难度的原则,完成了 13 处工程防护研究;城镇厂矿迁建规划及专业设施复建规划均按有关规定进行。

1994 年 1 月,水利部审查通过《南水北调中线工程可行性研究报告》。1995～1998 年,根据国务院第 71 次总理办公会议精神,水利部和国家计委分别组织专家对南水北调工程进行了全面论证和审查,同时对中线加坝调水和不加坝调水的多个方案进行了补充研究,长江委和有关省、市还开展了初步设计准备工作。在此基础上,长江委修订完成《南水北调中线工程规划》,并于 2001 年 9 月通过水利部组织的专家审查。

二、项目建议书

2002 年 6 月,长江设计院按照水利部的要求,编制完成了《南水北调中线一期工程项目建议书(征求意见稿)》,进一步明确了南水北调中线一期工程的开发目标、任务和规模,阐明了中线工程优越的建设条件和扎实的勘测设计基础。同月,水利部水利水电规划设计总院(简称水规总院)和水利部南水北调规划设计管理局组织对《南水北调中线一期工程项目建议书》进行了审查,并提出了意见和建议。12月,国务院正式批复了国家计委和水利部联合上报的《南水北调工程总体规划》后,长江设计院根据“所涉及的建设项目按照基本建设程序审批”的要求,对《南水北调中线一期工程项目建议书》的建设资金筹措方案进行了调整,对中线工程的总投资重新进行了计算。

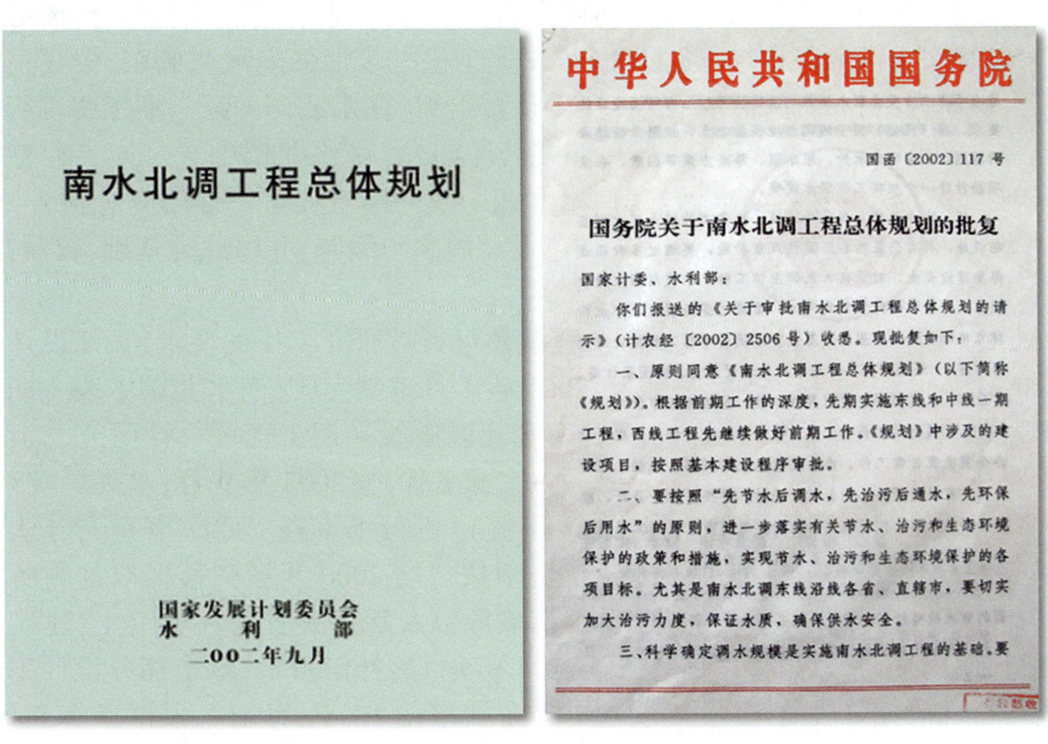

中华人民共和国国务院

国函〔2002〕117号

国务院关于南水北调工程总体规划的批复

国家计委、水利部:

你们报送的《关于审批南水北调工程总体规划的请示》(计农经〔2002〕2506号)收悉。现批复如下:

一、原则同意《南水北调工程总体规划》(以下简称《规划》)。根据前期工作的深度,先期实施东线和中线一期工程,西线工程先继续做好前期工作。《规划》中涉及的建设项目,按照基本建设程序审批。

二、要按照“先节水后调水,先治污后通水,先环保后用水”的原则,进一步落实有关节水、治污和生态环境保护的政策和措施,实现节水、治污和生态环境保护的各项目标。尤其是南水北调东线沿线各省、直辖市,要切实加大治污力度,保证水质,确保供水安全。

三、科学确定调水规模是实施南水北调工程的基础。要

图2-1-1 2002年,国务院正式批复《南水北调工程总体规划》

2003年4月,水规总院对修改后的《南水北调中线一期工程项目建议书》进行了复审,长江设计院按照审查意见再次进行了修改。6月,长江设计院修改完成了《南水北调中线一期工程项目建议书》并上报水利部后,又陆续完成了《南水北调中线一期工程总干渠总体设计》《丹江口水利枢纽大坝加高工程可行性研究报告》等成果。根据水规总院对《南水北调中线一期工程总干渠总体设计》的审查意见,对中线一期工程的建设项目、规模及标准进行了适当调整,根据对丹江口库区移民占地实物指标的复核结果,并遵照党中央、国务院有关精神及国家颁布的有关法规,对库区移民规划安置标准予以适当提高。且由于库区及沿线城乡的发展、移民安置政策的调整以及线路调整因素,移民投资有一定幅度的提高,为使《南水北调中线一期工程项目建议书》的投资规模更符合实际,根据水利部要求,长江设计院对《南水北调中线一期工程项目建议书》进行了修订。

2004年8月,修订后的《南水北调中线一期工程项目建议书》通过了中国国际工程咨询有限公司的评估。

2005年5月,国家发展改革委对《南水北调中线一期工程项目建议书》予以批复。

与原内容相比，修订后的《南水北调中线一期工程项目建议书》对水库淹没影响区的建设征地范围、主要实物指标、移民安置规划、补偿投资估算等内容均进行了修订，枢纽工程建设区仅对补偿投资部分按最新的补偿标准进行了修订，其余不变。

三、整体可行性研究

根据国务院有关会议精神，水利部 2004 年 7 月印发《关于进一步做好南水北调东线、中线一期工程前期工作的通知》，明确提出：抓紧开展东、中线一期工程整体可行性研究工作，按程序报国务院审批。8 月又印发《关于进一步加强南水北调东、中线一期工程总体可行性研究工作的通知》，责成长江委负责组织《南水北调中线一期工程可行性研究总报告》的编制工作。12 月 2 日，水利部办公厅印发《南水北调中线一期工程整体可研报告编制工作会议纪要》，要求做好《南水北调中线一期工程可行性研究总报告》的编制工作，并明确由长江设计院主编，各省（市）设计院参与编制，并以此为基础，权益共享，责任共担。

按照水利部对南水北调中线一期工程整体可行性研究工作的要求，长江设计院以编制完成的初步设计成果初稿为基础，于 2005 年 1 月编制完成《南水北调中线一期工程可行性研究总报告（送审稿）》及附件四（《南水北调中线一期工程可行性研究总报告工程建设征地移民规划设计报告》第一分册——水源工程）。2005 年 9 月，水规总院对《南水北调中线一期工程可行性研究总报告（送审稿）》进行了审查。此次审查充分认可本阶段规划成果，建议在居民点基础设施建设费中按户均 2000 元增列移民双瓮厕所和沼气池建设补助费，以有效解决移民搬迁后生活能源以及保持安置区环境卫生；建议适当调减机耕道、库周交通、库区移民临时搬迁道路等项目的补偿单价；鉴于部分设计工作深度已超过可行性研究阶段的深度，建议基本预备费率按 12.5%计取。根据审查意见，长江设计院于 2005 年 11 月上旬提出修改成果。水规总院于 11 月中旬对修改成果再次核查，根据核查意见，长江设计院于 2005 年 12 月完成《南水北调中线一期工程可行性研究总报告（送审稿）》修订工作。

2006 年 1 月，水利部完成对《南水北调中线一期工程可行性研究总报告》的审查，并向国家发展改革委报送了修订后的《南水北调中线一期工程可行性研究总报告》。2～3 月，中国国际工程咨询有限公司受国家发展改革委委托，对《南水北调中线一期工程可行性研究总报告》进行了评估，并提出《关于南水北调中线一期工程可行性研究总报告的咨询评估报告》。评估报告指出，根据建设社会主义新农村的要求和库区移民未来的生产发展，县内移民安置环境容量偏紧，应适当增加外迁移民数量；对影响的引丹灌区项目及采取的措施进行分析论证，提出有效解决处理方案并估列相应投资；应在以省为单位平衡的基础上，分析村级生产费用平衡问题，以免造成部分外迁移民村出现大的生产资金缺口；应按砖混结构考虑移民建房困难补助；应增列安置区征地地面附着物补偿费；鉴于丹江口工程已经运行 30 多年，大坝加高水库仅抬高 13 米，且库区已经根据有关专业规范进行了坍岸滑坡预测、处理，建议地质灾害预测防治费调减为 0.5 亿元；增列 0.6 亿元以解决引丹灌区施工期间对灌区居民生活用水影响问题；建议库区淹没处理基本预备费分项目按不同费率计列。

2007 年 4~7 月，国家审计署对南水北调中线工程开展了以《南水北调中线一期工程可行性研究总报告》为重点的全面审计，提出了《关于南水北调一期工程建设管理审计情况的报告》。

为落实评估和审计意见，水利部和国务院南水北调办于 2007 年 9 月 21 日在北京召开 2007 年南水北调工程第二次前期工作会议，确定对《南水北调中线一期工程可行性研究总报告》进行修订。根据评估报告和审计报告中所提出的相关意见和建议，长江设计院于 2007 年 9 月对《南水北调中线一期工程可行性研究总报告》投资估算进行调整。

2008 年 11 月 8 日，国家发展改革委以发改农经〔2008〕2973 号文批复了《南水北调中线一期工程可行性研究总报告》，至此，南水北调中线一期工程正式转入初步设计阶段。

第二节　初步设计

2002 年 12 月，国务院批复《南水北调工程总体规划》后，根据水利部安排，河南省政府与长江委开始部署河南省丹江口库区淹没实物调查及移民规划方案编制工作。2003 年，长江设计院开展了淹没区实物指标调查、外迁安置备选区环境容量初步调查等工作，初步确定了移民安置去向和人数。2004~2010 年，长江设计院经多次修改完善，形成了《南水北调中线一期工程丹江口水库建设征地初步设计阶段移民安置规划设计报告》，国务院南水北调办 2010 年 5 月予以批复。此外，在初步设计阶段，国务院南水北调办还批复了文物保护、环境保护和水土保持规划等。

一、移民安置规划

河南省南水北调丹江口库区移民安置初步设计规划编制工作从 2002 年开始，至 2010 年得到国务院南水北调办批复，历时 8 年。

（一）编制过程

2002 年《南水北调工程总体规划》批复后，水利部办公厅 12 月以办函〔2002〕459 号发函河南省，商请配合开展丹江口水利枢纽大坝加高工程水库淹没实物指标调查。为做好实物指标调查工作，长江设计院编制完成了《丹江口水利枢纽大坝加高工程初步设计阶段水库淹没实物指标调查大纲》，完成淹没影响区 1:5 000 专用地类地形图测绘。

2003 年 1 月，省移民办印发《关于丹江库区淹没实物指标调查工作的通知》，要求水库淹没涉及市、县配合长江设计院，开展库区实物指标调查。2 月 28 日，国务院办公厅发布了《停建通知》，要求严格控制丹江口工程区域的人口增长和基本建设。2~4 月，长江设计院和省移民办、南阳市移民办、淅川县政府组成 290 余人的联合调查组，完成了丹江口水库淹没影响区实物指标外业调查工作。针对库区需要搬迁16余万移民的初步意见,省移民办会同长江设计院按照搬迁20万人的安置容量,就移民全部县内安置、部分出县但全部在南阳市各县(市、区)安置、部分出市但全部在省内安置(重点在干渠沿线受水区涉及的省辖市范围)、部分到外省(市)安置等模式进行了研究,重点对前三种方案进行了论证。6~8月,长江设计院开展了库区农村、集镇、工业企业、专业项目复建规划及防护工程设计、各类概算基础资料的收集工作,并会同省移民办对外迁安置预选区涉及的9市25县(市、区)进行了环境容量初步调查,提交了河南省外迁移民安置区环境容量初步调查报告。在此基础上,省移民办将移民安置任务下达到移民安置市,各市又将指标落实到各县(市、区),县(市、区)将可安置移民的乡(镇)、村可调整土地数量及安置移民的大致数量与安置点位置予以落实。8月,水利部批准了《南水北调中线一期工程丹江口水利枢纽大坝加高工程初步设计阶段水库建设征地移民设计大纲》,作为初步设计阶段移民安置规划编制工作的依据。9~12月,根据水利部要求,长江设计院编制了《南水北调中线一期工程丹江口水利枢纽大坝加高工程初步设计阶段水库建设征地移民规划设计框架报告》,初步确定河南省丹江口库区外迁移民数量为117 502人。

2004年4月9日,长江委在武汉召开了南水北调中线工程丹江口水利枢纽大坝加高水库移民安置规划工作协调会,部署移民外迁的安置规划工作。会议根据淹没实物指标调查结果和前阶段工作基础,考虑尊重移民意愿,留有选择余地,暂定河南按外迁15万人开展外迁移民安置规划工作。5月,省政府办公厅以豫政办〔2004〕58号印发《河南省人民政府办公厅关于做好丹江口水库大坝加高工程库区外迁移民规划工作的通知》,对外迁安置区移民接收任务做出了安排:省政府决定对河南省库区移民全部在本省范围内安置。暂定出县外迁安置移民15万人,其中南阳市(不含淅川县)安置9万人、平顶山市安置0.72万人、漯河市安置0.5万人、许昌市安置1.41万人、郑州市安置1.75万人、新乡市安置1.62万人。7月6日,省政府在郑州召开河南省南水北调丹江口库区外迁移民安置规划工作会议,要求各地积极配合长江设计院,抓紧开展并完成外迁移民安置规划工作。7~8月,长江设计院根据河南省24个外迁安置县(市、区)152个乡(镇、单位)提供的土地详查成果、统计资料,对移民安置村的土地环境容量进行了分析,现场核对了土地数量、查勘了土地分类和安置点位置的情况,对外迁安置区调整给移民的生产用地以村为单位具体落实到了地块、地类,确定了各村、乡(镇)、县(市、区)的移民安置人数,在有利生活、方便生产的前提下,对移民安置点逐点进行了定点、定位、定量(确定进点人数),同时对安置点配套的基础设施做了具体规划。外业工作结束后,长江设计院与省移民办商议确定了淹没区迁出移民与外迁安置区的对接原则、方法,省移民办提出了初步对接方案。10月,长江设计院编制完成了《南水北调中线一期工程丹江口水利枢纽大坝加高工程初步设计阶段水库建设征地移民规划设计报告(送审稿)》。

2005年1月、4月,水规总院分别对《南水北调中线一期工程丹江口水利枢纽大坝加高工程初步设计阶段水库建设征地移民规划设计报告(送审稿)》分城(集)镇、工业企业、农村移民、专业项目和补偿投资估算等专题进行了预审。长江设计院根据水规总院两次预审意见,对规划方案进行了修改完善。

2006年3月,中国国际工程咨询有限公司在组织专家对《南水北调中线一期工程可行性研究总报告(送审稿)》及附件四《南水北调中线一期工程可行性研究总报告工程建设征地移民规划设计报告第一分册——水源工程》进行审查时,专家组同意河南省增加1万人的农村移民外迁安置任务。同月,移民规划工作由水利部转交国务院南水北调办负责。考虑到国家政策和修订后的《大中型水利水电工程建设征地补偿和移民安置条例》(简称《移民安置条例》)即将颁布,国务院南水北调办要求长江设计院对水利部批准的《南水北调中线一期工程丹江口水利枢纽大坝加高工程初步设计阶段水库建设征地移民设计大纲》进行修订。6月,长江设计院根据修订后的《南水北调中线一期工程丹江口水利枢纽大坝加高工程初步设计阶段水库建设征地移民设计大纲》,在河南省各级政府和移民主管部门的配合下,将新增的1万外迁移民落实到了村民小组;在库区开展了淹地不淹房需搬迁人口房屋和淹没线下农户线上财产的典型抽样调查,对县内安置移民点进一步进行了复核,逐项落实库周交通等规划方案。7~8月,长江设计院开展了外迁安置区移民安置补充规划设计工作,对外迁安置区的环境容量、集中安置点点外基础设施规划指标等进一步进行了复核和落实,于12月编制完成了《丹江口水利枢纽大坝加高工程初步设计阶段农村移民安置规划设计报告(讨论稿)》。

2007年1月,南水北调中线水源有限责任公司(简称中线水源公司)召开了该报告的讨论会。根据上述规划成果和农村报告讨论会意见,长江设计院于6月编制完成了《南水北调中线一期工程丹江口水库初步设计阶段建设征地移民安置规划设计报告》待审。

按照国家要求,南水北调丹江口库区移民需在2013年搬迁完毕。2008年10月,国务院南水北调工程建设委员会第三次会议召开。根据会议精神,需要结合已经批准的试点规划对初步设计成果进行修订。同月,国务院南水北调办批准了《南水北调中线一期工程初步设计阶段丹江口水库建设征地移民安置规划设计(修订)工作大纲》。2008年11月至2009年1月,长江设计院技术人员分赴河南省外迁安置区开展调查工作,在收集统计年报、土地详查等资料的基础上,复核了每个安置点具体位置、占地情况、点外基础设施规划、供水情况、服务设施现状及土地调整情况。在充分听取当地政府意见后,长江设计院对安置点区位、经济发展水平、土地资源、基础设施状况、发展二三产业的环境和潜力、耕作习惯、生活习俗等进行复核,重新进行综合评价和排序,并调查了当地居民对接收移民的意愿。

2009年9月,国务院南水北调办以国调办征地〔2009〕181号印发《关于南水北调中线一期工程丹江口水库初步设计阶段建设征地农村移民安置规划设计报告(技术部分)的批复》。12月,长江设计院编制完成了《南水北调中线一期工程丹江口水库初步设计阶段建设征地移民安置规划设计报告(送审稿)》。

2010年1月,水规总院在北京召开会议,对《南水北调中线一期工程丹江口水库初步设计阶段建设征地移民安置规划设计报告(送审稿)》进行了审查。根据审查意见,长江设计院编制完成了《南水北调中线一期工程丹江口水库初步设计阶段建设征地移民安置规划设计报告(审批稿)》。3月,中国国际工程咨询有限公司对总概算进行了咨询评估。长江设计院根据专家咨询意见,对该报告进行修改完善后,于3月下旬编制完成《南水北调中线一期工程丹江口水库初步设计阶段建设征地移民安置规划设计报告》。5月,国务院南水北调办以国调办征地〔2010〕74号文对《南水北调中线一期工程丹江口水库初步设计阶段建设征地移民安置规划设计报告》进行了批复。长江设计院据此编制完成了《南水北调中线一期工程丹江口水库初步设计阶段建设征地移民安置规划设计报告(审定本)》(简称《移民安置初设规划报告》)。

国务院南水北调工程建设委员会办公室文件

国调办征地〔2010〕74号

关于南水北调中线一期工程丹江口水库初步设计阶段建设征地移民安置规划设计报告的批复

南水北调中线水源有限责任公司:

你公司报送的《关于报送〈南水北调中线一期工程丹江口水库初步设计阶段建设征地移民安置规划设计报告(审批稿)〉的报告》(中水源移〔2010〕33号)(以下简称《报告》)收悉,南水北调工程设计管理中心委托水利部水利水电规划设计总院组织专家对《报告》进行了审查,委托中国国际咨询公司对相关概算进行了评审,并分别提交了审查意见和概算评审意见(见附件)。经研究,我办原则同意审查评审意见,现批复如下:

一、南水北调中线一期工程总体可研报告中把丹江口水库作为中线工程水源地,加高大坝,增加库容,水库正常蓄水位由157

—1—

社会稳定,确保移民"搬得出,稳得住,在发展中能致富"。

移民搬迁后,必须高度重视移民生产生活的恢复,创新工作思路,积极吸纳各项惠农支农资金,加大社会帮扶和移民后期扶持工作力度,积极为移民拓宽就业渠道,增加收入来源,保持移民生产生活水平不降低。

4、按照有关规定,进一步规范移民资金管理,加强监管,确保移民资金安全。

附件:1. 中线水源公司《关于报送〈南水北调中线一期工程丹江口水库初步设计阶段建设征地移民安置规划设计报告(审批稿)〉的报告》(中水源移〔2010〕33号)

2. 南水北调工程设计管理中心《关于报送南水北调中线一期工程丹江口水库初步设计阶段建设征地移民安置规划设计报告审查意见和概算评审意见的报告》(设管技〔2010〕46号)

二〇一〇年五月　日

—6—

图2-2-1　国务院南水北调办批复《移民安置初设规划报告》

(二)特殊政策

南水北调丹江口库区移民受初期工程影响,人多地少,基础设施和公益设施条件较差,移民生产生活困难。为妥善安置移民,国家采取了一些特殊政策,增列的补助费主要有生产安置增补费、建房困难补助、沼气池双瓮厕所建设补助、村级场所建设补助。

生产安置增补费。由于库区人均土地少,为保证移民按规划标准划拨生产用地,国家增列了生产安置增补费,保证移民基本的生产用地需要。

建房困难补助费。对于移民人均房屋补偿费不足24平方米砖混结构补偿费的移民户,补足人均24平方米砖混结构房屋补偿费,并按此计列了建房困难补助费。

沼气池双瓮厕所建设补助。国家对移民修建沼气池、双瓮厕所给予每户2 000元补助。

村级场所建设补助。考虑到移民公益设施补偿费的不足,按人均0.15平方米农村砖混结构房屋标准给予村级场所建设补助。

(三)规划成果

根据《移民安置初设规划报告》,河南省南水北调丹江口库区移民安置初步设计的主要规划成果包括农村移民安置、集镇迁建、工业企业处理、专业项目复建及库底清理等。

农村移民安置规划包括生产安置规划和搬迁安置规划。河南省南水北调丹江口库区农村因水库淹没影响失去土地而需重新安排生产出路的农业人口共 149 894 人，其中县内安置 12 147 人、出县外迁安置 137 747 人。其中种植业安置 147 897 人，安置区涉及河南省 25 个县（市、区）121 个乡（镇）650 个村 36 个单位，需划拨生产用地 19.06 万亩（耕园地 17.98 万亩、其他土地 1.08 万亩），人均安置标准 1.29 亩（耕园地 1.22 亩、其他土地 0.07 亩）；投亲靠友安置 1 997 人。结合生产安置方案，河南省南水北调丹江口库区农村规划搬迁安置人口 40 682 户 161 310 人，其中淹没及影响区人口 29 643 户 116 576 人（其中既淹地又淹房移民 104 704 人、淹房不淹地移民 11 872 人）、淹地不淹房需搬迁人口 11 039 户 44 734 人。其中建设集中安置点 562 个，集中建房安置 146 744 人；分散建房安置 13 950 人；进集镇建房安置 616 人。

集镇迁建包括三项任务，一是淅川县马蹬、老城、滔河 3 个集镇迁建，用地总规模 308.55 亩；二是淅川县老城镇旧城功能恢复；三是淅川县马蹬、老城、滔河、城关、金河、上集、盛湾、香花、仓房、大石桥等 10 个乡（镇）的 177 家单位淹没处理（淹没影响 142 家，随迁 2 家，滔河集镇行政事业单位 33 家）。

工业企业处理共涉及淅川县工业企业 36 家，其中规划异地迁建 18 家，后靠复建 2 家，一次性补偿 16 家。

专业项目复建，规划恢复改建等级公路 123.47 公里，大中型桥梁 26 座 2 742.6 延米；码头 12 座；新建、迁建 35 千伏变电站 4 座，复建 10 千伏及以上电力线路 487.6 公里，10 千伏安变压器 326 台；复建通信线路 742.54 公里，迁建、新建模块局 18 个；复建广播电视线路 360.79 公里，广播站 1 座；对受淹的 5 座水电站、灌溉渠道、引丹取水工程进行一次性补偿，对受淹的宋岗电灌站进行复建，对灌河防洪大堤建设给予一次性补助；对淹没线上与留置老居民有关的、受淹没影响的库周交通、供水、供电、广播等基础设施进行复建。

库底清理包括卫生清理、固体废物清理、建（构）筑物清理、林木清理和易漂浮物清理等。

二、环保水保规划

2010 年 4 月，南水北调丹江口库区环保水保初步设计规划编制工作启动，经过招标，长江水资源保护科学研究所承担了编制任务。2011 年 4 月，国务院南水北调办对规划报告予以批复。

（一）规划编制

2010 年 4 月，受中线水源公司委托，汉江集团丹江口水源招标有限公司对南水北调中线一期丹江口水库建设征地移民安置工程环境保护和水土保持初步设计进行国内外公开招标。长江水资源保护科学研究所中标，于 5 月收到招标人和招标代理人联合送达的《南水北调中线一期丹江口水库建设征地移民安置工程环境保护和水土保持初步设计中标通知书》。

2010 年 6 月，为保证设计工作顺利开展，长江水资源保护科学研究所编写完成了

《南水北调中线一期丹江口水库建设征地移民安置工程环境保护和水土保持初步设计工作技术大纲》。7月,中线水源公司在北京主持召开了《南水北调中线一期丹江口水库建设征地移民安置工程环境保护和水土保持初步设计工作技术大纲》咨询会议,确定丹江口水库移民安置环境保护和水土保持初步设计,以审定的《南水北调中线一期工程丹江口水库初步设计阶段建设征地移民安置规划设计报告》及相关附件为设计依据,并结合农村移民安置实施阶段成果。长江水资源保护科学研究所根据咨询意见对《南水北调中线一期丹江口水库建设征地移民安置工程环境保护和水土保持初步设计工作技术大纲》进行了修改和完善,形成修改稿。

按照《南水北调中线一期丹江口水库建设征地移民安置工程环境保护和水土保持初步设计工作技术大纲》要求,经设计单位与河南省移民办、湖北省移民局协商,确定了外业查勘的典型点。2010年7~8月,长江水资源保护科学研究所组织相关技术人员23人,分两组赴丹江口水库移民安置区进行外业查勘、收集资料工作。与河南、湖北两省沟通确定的查勘点共计39个,实际查勘62个,查勘点涉及新建城(集)镇、农村集中安置点(库区)、外迁安置点、搬迁的工业企业、专业项目(公路、码头、水利设施、管道复建、库岸防护)。由于农村外迁集中安置点建设已经实施或正在实施,有些专业项目已经提前完成,因此查勘点也涉及部分已建项目。

2010年8月,外业查勘结束后,长江水资源保护科学研究所立即组织相关技术人员进行丹江口水库建设征地移民安置环境保护初步设计报告的编写工作。9月,为协调报告编制过程中出现的一些非技术性问题,国务院南水北调办征地移民司在北京主持召开了南水北调中线一期工程丹江口水库建设征地移民安置环保、水保初步设计报告编制工作会议,形成了以下意见:农村移民安置及城(集)镇迁建环保、水保设计作为重点设计内容,其中环保设计以污水处理为重点内容;农村移民安置环境保护、水土保持初步设计以河南、湖北两省农村移民实施规划阶段成果作为设计依据;移民安置规划报告中所列的工业企业淹没处理和专业项目复建工程,原则上不再进行环保、水保设计。

2010年10月,长江水资源保护科学研究所提出了专项报告和分报告。11月,中线水源公司在武汉召开会议,对规划成果进行初步审查后,长江水资源保护科学研究所对报告进行了修改完善,并补充编制完成了分报告——《南水北调中线一期工程丹江口水库建设征地专业项目恢复改建水土保持初步设计报告》及图册。在各项成果全部完成初审、修改的基础上,长江水资源保护科学研究所编制完成总报告《南水北调中线一期工程丹江口水库建设征地移民安置环境保护和水土保持初步设计(环保、水保部分)报告》。12月,受南水北调工程设计管理中心委托,水规总院组织专家在北京召开会议进行技术审查。

2011年1月,水规总院对修改后的报告进行了复核,并提出了正式审查意见;南水北调工程设计管理中心组织中水北方勘测设计研究有限责任公司专家开展了概算评审,提出了正式概算评审意见报告。4月,国务院南水北调办以国调办征地〔2011〕52号对《南水北调中线一期工程丹江口水库建设征地移民安置环境保护和水土保持初步设计(环保、水保部分)报告》进行了批复。长江水资源保护科学研究所据此编制完成了《南水北调中线一期工程丹江口水库建设征地移民安置环境保护和水土保持初步设计(环保、水保部分)报告(审定本)》。

(二)规划成果

南水北调丹江口库区水保环保初步设计规划成果主要包括移民集中安置点环保、城(集)镇迁建环保、移民集中安置点水保、城(集)镇迁建水保、专项设施复建水保等。

三、文物保护规划

2005年,河南省文物考古研究所编制完成了《丹江口水利枢纽大坝加高工程水库淹没区(河南省)文物保护专题报告》,长江设计院根据河南、湖北两省文物保护专题报告,编制完成了《南水北调中线工程丹江口库区文物保护初步设计报告》,并上报国务院南水北调办。鉴于文物保护工作的特殊性,针对文物保护规划按正常程序批复时间较长的情况,国务院南水北调办会同国家发展改革委以《南水北调中线工程文物保护初步设计报告》为依据,对南水北调丹江口水库大坝加高工程文物保护项目分四批进行了批复,累计批准河南省库区实施文物保护工作的项目127处,其中地下文物点114处、地面文物13处,考古发掘面积331 680平方米,地面文物保护面积5 448平方米,总投资1.76亿元。

第三节　实施规划

按照《南水北调工程建设征地补偿和移民安置暂行办法》,实施阶段的农村移民安置设计,由省级主管部门采取招标方式确定设计单位。鉴于《试点规划报告》设计深度为实施规划深度,河南省没有另行编制实施规划。2009年7月,河南省提出南水北调丹江口库区大规模农村移民搬迁安置“四年任务、两年完成”的目标,分第一批、第二批共两批实施。经国务院南水北调办批复和河南省政府同意,第一批、第二批移民实施规划编制工作以长江设计院为主并技术归口,黄河设计公司参加,共同编制完成。此外,河南省根据移民安置实施需要,还委托长江设计院编制了农村外非试点项目汇编规划报告、库底清理规划报告、环境保护实施规划报告和地质灾害防治规划报告等。

一、农村移民安置

河南省南水北调丹江口库区农村试点移民安置按照国务院南水北调办批复的《试点规划报告》实施。试点移民搬迁完成后,省移民办委托长江设计院编制了试点移民规划调整报告和概算调整报告;受省移民办委托,长江设计院、黄河设计公司分批编制了试点以外大规模移民第一批、第二批实施规划报告和调整规划报告。

(一)试点移民

自2003年2月国务院办公厅印发《停建通知》至2007年,由于种种原因,丹江口水库移民一直未能搬迁,地方政府和移民群众要求尽快开展搬迁安置的呼声高涨。为加快南水北调中线工程建设,维护移民群众切身利益,保障库区社会稳定,探索移民安置经验,促进移民安置工作顺利完成,国务院南水北调办根据国务院有关会议精神,决定启动丹江口水库移民搬迁试点工作。

2007年10月,国务院南水北调办在北京召开了试点工作会议,会议听取了河南、湖北两省对开展移民试点工作的想法和要求,研究了长江设计院关于移民试点方案编制工作的建议,确定了试点方案和移民补偿投资概算编制原则,对试点工作进行了组织安排和进度安排。根据北京试点工作会议精神,11月22日省移民办在郑州召开河南省丹江口库区移民试点工作会议,部署丹江口库区移民试点规划编制工作,并对参会人员进行技术培训。省移民办随后将淅川县张湾、狮子岗、姚湾、马川、鱼关、周湾、姬家营、曹湾、魏营、张义岗等10个淹没村的农村移民、省道S335线和小三峡大桥等项目纳入试点范围,并以豫移办〔2007〕36号文《关于下发〈河南省丹江口库区移民试点方案编制工作意见〉的通知》对试点范围进行了确认。11月25日,省移民办组织迁安两地根据初步设计规划成果,对移民村和拟选安置点的区位优势、土地资源、经济水平、基础设施等条件进行综合评价和排序,初步确定了试点村与外迁安置点的对接方案。11~12月,淅川县政府按照省市统一部署,先后组织试点乡(镇)、村组干部、移民代表赴安置点进行考察对接,对接工作于12月基本完成,各试点乡(镇)均以文件形式上报对接意见,省移民办以豫移办〔2007〕40号文《关于我省南水北调丹江口库区移民试点村对接方案的函》对试点村与安置点的具体对接方案进行了确认。长江设计院据此组织设计人员赴淅川县库区全面开展农村移民淹没影响区实物指标公示、试点村线上土地资源复核、生产安置人口和搬迁安置人口复核、安置方案落实到户等工作,赴外迁安置区开展移民安置规划、安置点地质勘察和地形图测量外业工作,外业工作于2008年1月结束。

2008年3月,长江设计院编制完成了《南水北调中线一期工程丹江口水库建设征地移民安置试点规划报告(初稿)》。4月,中线水源公司在武汉召开会议,对《南水北调中线一期工程丹江口水库建设征地移民安置试点规划报告(初稿)》进行了初审。长江设计院根据专家评审意见,经修改完善后,提交了《南水北调中线一期工程丹江口水库建设征地移民安置试点规划报告(送审稿)》。受南水北调工程设计管理中心的委托,水规总院于5月在北京主持召开审查会,对该规划进行审查。长江设计院根据审查意见,于5月下旬提交《南水北调中线一期工程丹江口水库建设征地移民安置试点规划报告》。国务院南水北调办在征求河南省、湖北省政府意见后,上报国家发展改革委核定投资。根据国家发展改革委《关于核定南水北调中线一期工程丹江口水库建设征地移民安置试点规划投资概算的通知》,长江设计院再次对试点规划报告进行了修改,10月下旬编制完成《南水北调中线一期工程丹江口水库建设征地移民安置试点规划报告》,国务院南水北调办以国调办环移〔2008〕152号文批复。为规范移民搬迁,省移民办组织长江设计院对移民投资进行了分解,编制完成《试点规划报告》,作为移民资金与任务双包干的依据。

《试点规划报告》确定全省安置点为14个。2008年11月试点工作启动后,根据移民迁安组织和移民意愿,老城镇狮子岗村和盛湾镇马川村两个移民村的安置点新址发生了变化，原安置在原阳县原武镇窑厂和近科楼两个点的狮子岗村移民全部变更安置在原武镇窑厂安置点；原安置在宝丰县西黄和马旗营两个点的马川村移民全部变更安置在西黄安置点，因此全省试点移民安置点数量由14个调整为12个。结合省移民办提出的修改意见及建议，长江设计院对调整后的安置点进行了补充地勘和测绘工作，重新进行了规划设计，调整了投资概算，并于2009年5月编制完成了《南水北调中线一期工程丹江口水库建设征地试点规划宝丰县周庄镇西黄居民点建设规划说明书》《南水北调中线一期工程丹江口水库建设征地试点规划原阳县原武窑厂居民点建设规划说明书》。2009年5月，省移民办以豫移办〔2009〕50号文对调整后的说明书进行了批复。

《试点规划报告》确定试点移民在2008年秋收后搬迁完毕，而试点移民实际搬迁完成时间为2009年8月31日，比《试点规划报告》确定的搬迁完成时间延长了约一年，导致移民人口数量发生了变化。2010年5月，为保护移民群众的切身利益，长江设计院按照与《试点规划报告》相同的口径和标准，对发生变化的项目和费用进行了调整，并编制完成了《南水北调中线一期工程河南省丹江口水库建设征地移民安置试点规划调整报告》，省移民安置指挥部以豫移指〔2010〕13号文批准了该报告。

2010年5月，《移民安置初设规划报告》得到批复，该报告投资采用2008年平均价格水平。由于移民试点实际实施时间为2009年，为与试点以外移民相衔接，根据国务院南水北调办以综征地函〔2010〕22号印发的《关于南水北调工程丹江口库区移民规划初步设计阶段有关问题处理意见的函》，长江设计院将试点规划中涉及移民个人补偿的项目和移民生产安置项目的补偿标准调整为与初步设计规划一致，增加投资计入丹江口库区移民补偿总投资。同月，长江设计院按照《移民安置初设规划报告》和《南水北调中线一期工程河南省丹江口水库建设征地移民安置试点规划调整报告》对应的实施任务，对河南省农村试点移民的有关补偿补助费用进行调整，并编制了《南水北调中线一期工程河南省丹江口水库建设征地移民安置试点规划概算调整报告》，省移民安置指挥部办公室以豫移指办〔2012〕25号文予以批复。

规划主要成果：规划搬迁移民11 113人，涉及淅川县10个村。除分散安置的128人外，其余10 985人集中安置在郑州、平顶山、新乡、许昌、漯河、南阳等6个省辖市的荥阳、中牟、宝丰、原阳、许昌、临颍、邓州、新野、唐河、社旗等10个县（市）10个乡（镇）。规划建设12个移民集中安置点，占地1 427.23亩。规划对外连接道路41.11公里，桥梁12座，10千伏供电线路34.66公里；规划主支街道路15.19公里，宅前路40.66公里；供水井14眼；供水管道44.67公里，排水管道45.99公里；供电台区20个，变压器20台，容量1 935千伏安，路灯976盏；绿化面积46 879平方米，行道树17 750.6米。规划了学校、村部、卫生室等公共设施用地。规划生产安置人口11 059人，需调整集中安置农村移民生产用地13 701.8亩（水浇地人均1.05亩，旱地人均1.4亩）。另外，规划还包含省道S335线、小三峡大桥和村组副业、9家村属单位、1家村属企业迁建等项目。

试点移民实施规划安置对接表见表2-3-1。

表 2-3-1 试点移民实施规划安置对接表

安置地				迁出地(淅川县)		移民和随迁人口(人)			
省辖市	县(市、区)	乡(镇)	安置点	乡(镇)	移民村	移民人口			随迁人口
						合计	农业	非农	
总计		10	12	8	10	11 113	11 004	109	19
一、外迁		10	12	8	10	10 985	10 878	107	19
郑州	合计	2	3	2	2	2 581	2 564	17	
	荥阳	1	2	1	1	1 499	1 483	16	
		广武	大师姑	上集	魏营	853	843	10	
			三官庙			646	640	6	
	中牟	1	1	1	1	1 082	1 081	1	
		刘集	马杨农场	金河	姚湾	1 082	1 081	1	
平顶山	合计	1	1	1	1	1 039	1 022	17	12
	宝丰	1	1	1	1	1 039	1 022	17	12
		周庄	西黄	盛湾	马川	1 039	1 022	17	12
新乡	合计	1	1	1	1	960	940	20	1
	原阳	1	1	1	1	960	940	20	1
		原武	原武窑厂	老城	狮子岗	960	940	20	1
许昌	合计	1	1	1	1	1 424	1 403	21	
	许昌	1	1	1	1	1 424	1 403	21	
		榆林	部队农场	滔河	姬家营	1 424	1 403	21	
漯河	合计	1	1	1	1	617	607	10	1
	临颍	1	1	1	1	617	607	10	1
		王岗	小庄李	滔河	周湾	617	607	10	1
南阳	合计	4	5	4	4	4 364	4 342	22	5
	邓州	1	1	1	1	1 018	1 017	1	1
		孟楼	晋公	香花	张义岗	1 018	1 017	1	1
	社旗	1	2	1	1	944	941	3	2
		晋庄	商贸大街	马蹬	曹湾	473	473		2
			杨庄			471	468	3	
	唐河	1	1	1	1	851	845	6	2
		王集	大牛庄	盛湾	鱼关	851	845	6	2
	新野	1	1	1	1	1 551	1 539	12	
		王庄	王庄农场	大石桥	张湾	1 551	1 539	12	
二、县内安置				8	10	128	126	2	
县内分散				8	10	128	126	2	
南阳	淅川			8	10	128	126	2	

注:为方便统计,出淅川县投亲靠友移民 10 人统计在“县内分散”部分。

(二)大规模移民

在试点移民新村建设和搬迁安置期间,河南省为做好试点以外大规模农村移民搬迁安置工作,2009 年 5 月启动了安置方案优化整合工作,将试点以外安置点个数由 548 个优化为 196 个,并开始组织库区县、乡干部到安置区开展对接工作。省委、省政府大规模农村移民安置“四年任务、两年完成”确定后,河南省组织农村移民分两批开展了具体对接,设计单位分批编制了第一批、第二批农村移民实施规划和实施规划调整报告。

1. 编制准备

1)安置方案优化整合

根据《移民安置初设规划报告》,河南省共规划移民安置点 562 个。由于初步设计规划确定的安置方案时间较早,距实施阶段间隔时间较长,情况变化较大;部分安置点水土条件较差,交通不便,区位不好,移民难以接受;安置点安置规模偏小,平均一个点安置人数为 280 余人,一个移民村需要在平均 3.3 个安置点安置,与省委、省政府提出的新农村建设和移民原则上整村成建制搬迁的要求差距很大。

为将移民安置点建设成为社会主义新农村示范村,2009 年 5 月 6 日,经国务院南水北调办同意,省委、省政府在郑州召开了丹江口库区移民安置方案优化整合暨实施规划编制工作动员会。省委副书记陈全国讲话,副省长刘满仓安排部署工作,省纪委、省委组织部、省委宣传部和省移民办等有关部门负责同志,安置移民的 6 个省辖市 25 个县(市、区)的相关人员等 160 多人参加了会议。河南省人民政府移民工作领导小组(简称省移民工作领导小组)以豫移〔2009〕11 号印发《河南省南水北调丹江口库区移民安置方案优化整合及实施规划编制工作意见》,安排对初步设计阶段确定的安置方案进行优化调整。

图 2-3-1 2009 年 5 月 6 日,省委、省政府召开河南省南水北调丹江口库区移民安置方案优化整合暨实施规划编制工作动员会

优化整合的内容为:一是移民安置点优化整合。对安置移民人数少、区位和水土条件差的安置点进行优化整合,使优化调整后的安置点尽量靠近主要道路边、城(集)镇边、产业集聚区边,原则上以村为单位整建制安置,每个安置点安置移民原则上不低于 500 人,有条件的地方整合达到 1 000 人甚至 2 000 人以上。考虑到移民的要求和安置区的实际情况,整合后的安置点原则上应满足如下标准:1 000 人以下的移民村,原则上在一个点安置;1 001~2 000 人的移民村,有条件的地方尽量在一个点安置,最多不超过相邻的 2 个点安置;2 000 人以上的移民村,有条件的地方尽量在一个点安置,最多不超过相邻的 3 个点安置。为移民划拨的土地要集中连片,质量与当地群众基本相当,几个相邻点的综合条件要大体一致。二是对移民村整合。丹江口水库大坝加高淹没淅川县试点以外需要搬迁的158个村中,人口规模2 000人以上特大型村有8个,人口规模在300人以下中小型村有26个。如果一个移民村在一个点安置,就会出现部分安置点因人口规模过小,基础设施、公益设施难以配套完善,达不到社会主义新农村示范村的标准,也不利于今后的发展。因此,有条件的地方,对这部分村移民加以引导,在保持原有村组建制不变的情况下,在移民自愿的基础上,以村庄主要街道为界,对这部分移民村进行适当的整合集中安置,待条件成熟后再整合行政建制。三是对淹没线上土地资源、人口的优化整合。移民安置初步设计规划是以村民小组为单位计算留置和搬迁人口的,没有充分考虑淹没线上剩余土地资源和留置人口的优化整合。在下一步复核淹没线以上土地资源时,以乡(镇)为单位,统筹考虑各相邻村的剩余土地资源和留置人口,尽量保持村民小组整建制地搬迁和留置,以充分利用资源,降低工作难度。

2009年6月9~21日,省移民办会同长江设计院、黄河设计公司,组成两个检查组,对全省25个安置县(市、区)移民安置方案优化整合情况进行全面检查。省移民工作领导小组印发检查情况通报,指出了发现的共性和个性问题,提出了限期整改要求,并对下一步工作做了具体安排。各地对省移民办提出的问题及时进行了整改,优化整合工作2009年7月上旬基本完成。优化整合后河南省试点移民以外集中安置点数量从548个调整为196个,全部移民集中安置点个数从562个调整为208个。优化整合后的安置点中,500人以下的安置点64个,500~1 000人的安置点79个,大于1 000人的安置点65个。

2)总体理论对接

在优化整合的基础上,为了体现公平、公正,便于操作,河南省采取"总体理论对接一次完成,具体对接分批进行"的办法,对试点以外的大规模移民进行了安置对接,安置对接分为总体理论对接和具体对接。

总体理论对接从2009年5月开始,长江设计院根据移民村和安置点的区位、经济发展水平、土地资源、基础设施状况、耕作习惯、发展二三产业的环境和条件、生活习俗等因素,库区以乡(镇)为单位对所有移民村进行综合评价和排序,安置区以县为单位对所有安置点进行综合评价和排序。

2009年7月11~14日,省移民办有关同志在北京参加初步设计规划报告审查会议期间,召开了移民安置点和移民村综合评价排序会。根据各地报送的排序结果,省移民办会同长江设计院确立了"初步设计框架原则不变、迁安条件大体相当、任务容量基本匹配"的总体理论对接原则。长江设计院根据河南省确定的库区乡(镇)对安置市、县(市、区)总体对接框架,依据各移民村和安置点的综合评价结果,结合各安置点安置容量,将每个移民村理论对接到安置点,提出试点以外移民的总体理论对接初步方案,在征求各地意见和建议后,确定了总体理论对接方案。

2009年8月,河南省根据总体理论对接方案开始安排总体对接工作,由库区各乡(镇)负责,对拟定的安置点进行考察。由于有的安置地重视不够,对安置点优化整合不到位;有的迁出乡(镇)提出不切实际的过高要求;有的迁安双方协调沟通不够,导致对接工作进展较慢。8月20~22日,省移民安置指挥部办公室会同设计单位分为3个组,分别对郑州市、新乡市、许昌市、漯河市和平顶山市、南阳市(特别是淅川县)进行考察,对库区和安置区意见不一致的问题进行了协调,大部分问题得到了解决。8 月 28 日,省移民安置指挥部在郑州召开全省南水北调丹江口库区移民安置对接会议。针对仍有相当一部分移民村没有完成对接的情况,省政府副省长、省移民安置指挥部指挥长刘满仓要求,要在距城镇、公路干道较近的地方选址,把移民安置与城镇化推进、新农村建设结合起来;理论对接不到位、分歧较大的县(市、区),主要领导必须亲自过问,亲自上阵,坚决打赢安置对接这场硬仗。同日,南阳市在郑州会议现场召开紧急会议,对移民对接工作进行安排。淅川县连夜下发紧急通知,要求库区各乡(镇)主要领导 1~2 日内全部到安置区开展对接工作。

全省南水北调丹江口库区移民安置对接会后,安置区对库区乡(镇)有异议的安置点进一步进行优化整合,把区位优越、交通便利、土质较好的区域用来安置移民;库区县乡领导迅速到安置地开展对接。省移民安置指挥部办公室派出 3 个小组,到各地协调解决难点问题。通过各级各有关部门进一步协调沟通和优化调整,移民安置总体对接进展顺利。9 月 10 日,除第二批 2 个移民社区和 2 个移民村暂未对接成功外,其他移民村完成总体对接。

3)工作大纲编制

2009 年 7 月,长江设计院根据《移民安置条例》和修订完成的《南水北调中线一期工程丹江口水库建设征地初步设计阶段移民安置规划设计报告(初稿)》,结合试点工作经验及河南省移民安置工作实际,编制了《南水北调中线一期工程丹江口水库河南省建设征地移民安置实施规划工作大纲(初稿)》,经征求有关市县意见,由省移民办组织审查后,形成了《南水北调中线一期工程丹江口水库河南省建设征地移民安置实施规划工作大纲》,作为实施规划的编制依据。同时,为满足第一批移民新村征地及“三通一平”实施的要求,长江设计院特别制定了《南水北调中线一期工程河南省丹江口水库建设征地移民安置农村集中居民点建设实施规划技术规定(试行)》,对移民安置点建设标准、设计内容和设计深度等进行了详细规定,作为移民安置点规划设计的依据。

4)设计单位确定和分工

河南省南水北调丹江口库区试点以外的移民搬迁安置任务,原计划在 2009~2013 年完成。2009 年 7 月,经国务院南水北调办同意后,省委、省政府正式提出了试点以外大规模移民安置“四年任务、两年完成”的目标。鉴于试点以外移民安置实施规划编制工作时间紧、任务重、难度大,按照正常的招标程序确定设计单位,难以按时完成。经国务院南水北调办批复和河南省政府同意,移民实施规划编制工作以长江设计院为主并技术归口,黄河设计公司参加,共同编制完成。其中长江设计院负责编制实施规划工作大纲、全省丹江口库区移民安置对接及以前的规划设计工作、库区规划设计工作以及南阳市、平顶山市外迁安置区移民规划设计工作,并负责汇总编制全省实施规划总报告;黄河设计公司负责郑州市、新乡市、许昌市、漯河市外迁移民对接后的设计工作。

2. 第一批移民

1）具体对接

2009年5月底，按照“村级班子凝聚力和战斗力强的优先、移民群众搬迁积极性高的优先、先易后难”的原则，淅川县对试点以外移民村进行了全面的排查和筛选，按照移民村申报、乡（镇）把关、县政府审查的程序，提出第一批搬迁任务约8万人的移民村名单。2009年6月底，省移民办会同长江设计院并商有关市、县（市、区），经平衡库区、安置区移民任务后，初步确定了搬迁任务约6万人的58个移民村名单，并以此开展库区第一批移民安置实施规划工作。

2009年9月4日，省移民安置指挥部办公室在总体理论对接基本完成后，印发《关于做好丹江口库区第一批移民安置具体对接工作的紧急通知》，对具体对接工作进行安排。为提高对接成功率，安置地制作了介绍本地区位优势、经济发展状况及远景规划、风俗人情等内容的宣传材料，把移民安置点和生产用地范围标注在图上，并对安置点进行简单包装，为移民安置对接创造条件。辉县市提前筹措900万元对安置点的道路、农田水利设施进行整修、配套，保证了一次对接成功。中牟县也整合2 000余万元对安置点的道路进行整修。库区乡（镇）组织移民村建立了迁安组织，加大宣传工作力度，条件成熟后带领迁安组织到对应安置点考察，对安置地条件满意的签订安置确认书。9月10日，南阳市、平顶山市、新乡市3市对接工作大部分完成。

图2-3-2 移民到安置区对接（2010年）

9月22日，省移民安置指挥部在郑州召开会议，对移民安置对接工作进行了阶段性总结和再部署。省政府副省长、省移民安置指挥部指挥长刘满仓强调，还有9个移民村没有完成对接。凡是对接不到位的，市、县主要负责同志要亲自上阵，召集相关部门召开联席办公会议，解决实际问题。特别是南阳市和淅川县作为迁出地，市、县两级要安排专人，由县有关领导包村，专职专责推进工作。迁安双方一定要密切沟通，形成合力。会后，有关市县进一步加强了对接工作，但进展不大。

在具体对接过程中，省移民安置指挥部办公室根据移民村与安置点的具体对接进展情况，多次调整第一批移民村范围。10月中旬，省委、省政府研究决定，将已完成具体对接的57个村作为第一批移民安置任务，没有完成具体对接的个别村纳入第二批移民安置任务。

2）移民安置方案确定

2009年7月，长江设计院进驻淅川县，开展第一批移民村基本资料收集、淹没影响区实物指标公示复核、淹没线上土地资源复核、移民安置方案拟定及淹没线上实物指标调查等工作。9月，长江设计院向淅川县及各乡（镇）主要领导系统汇报了第一批移民村土地整合及移民安置规划初步方案,在听取各方意见的基础上,对规划方案进行了优化。9月底,库区各乡(镇)开始出具移民安置方案确认函。10月,库区各乡(镇)根据《淅川县南水北调丹江口库区移民安置指挥部关于丹江口库区淹没线下后靠安置人口界定的指导意见》《淅川县南水北调丹江口库区移民安置指挥部关于丹江口库区淹地不淹房需搬迁人口界定的指导意见》等文件,开展了后靠建房人口与淹地不淹房需搬迁人口落实到户工作;同时,根据《淅川县南水北调中线工程丹江口库区移民投亲靠友安置办法》,开展了投亲靠友移民申报材料的审查与界定工作。11月底,第一批移民村现状搬迁人口全部落实到人,搬迁去向基本确定,在此基础上,长江设计院向省移民办提交了各移民村搬迁任务及移民个人补偿补助费初稿。

3)规划报告报批

2009年9月初,在移民安置点建房人口规模尚未准确确定的情况下,为保证尽早启动第一批移民新村征地及"三通一平"工作,长江设计院、黄河设计公司分别组织人员赴安置区,开展地形测量、地质勘察及移民安置点规划设计工作。10月,省移民办组织两家设计单位对安置点新址征地及"三通一平"规划要点报告进行了讨论。同月,省移民办在郑州召开安置点新址征地及"三通一平"规划要点报告审查会,对各安置点的规划设计成果逐点进行了审查。10月底至11月初,设计单位逐步提交了各移民安置点新址征地及"三通一平"规划要点报告。

2010年2月,长江设计院与黄河设计公司共同完成了安置点建设规划说明书及分县报告初稿。2~3月,省移民办在郑州召开协调会,就第一批农村移民安置实施规划报告编制中存在的问题进行了协调和明确。在上述基础上,长江设计院于4月上旬汇总编制完成了《南水北调中线一期工程河南省丹江口水库建设征地第一批农村移民安置实施规划报告(送审稿)》,经省移民安置指挥部办公室评审后,5月提出了《南水北调中线一期工程河南省丹江口水库建设征地第一批农村移民安置实施规划报告(审定稿)》,省移民安置指挥部以豫移指〔2010〕15号文予以批复。

4)规划调整报告报批

第一批移民在2010年9月10日前搬迁完毕,由于实际搬迁移民任务有所变化、淅川县增加了11个后靠集中安置点和532户财产户的处理等因素,部分项目有所调整。为满足实施和验收工作的需要,长江设计院于2011年3月编制了《南水北调中线一期工程河南省丹江口水库建设征地第一批农村移民安置规划调整报告》(简称《第一批规划调整报告》),省移民安置指挥部办公室以豫移指办〔2012〕13号文对该报告予以印发。

5)规划成果

第一批规划搬迁移民66 418人,涉及淅川县57个村。除分散安置的1 850人外,其余集中安置在郑州、平顶山、新乡、许昌、漯河、南阳等6个省辖市25个县(市、区)。规划新建81个移民集中安置点。规划生产安置人口65 735人,调整集中安置农村移民生产用地8.16万亩(按水浇地人均1.05亩,旱地人均1.4亩等)。另外,还对随迁人口搬迁和村组副业、29家村属单位、4家村属企业迁建等进行了规划。农村移民补偿投资按2008年平均价格,库区第一批农村移民安置实施规划补偿投资共计62.8亿元。

第一批移民实施规划安置对接表见表 2-3-2。

表 2-3-2　第一批移民实施规划安置对接表

安置地				迁出地(淅川县)		移民和随迁人口(人)			
省辖市	县(市、区)	乡(镇)	安置点	乡(镇)	移民村	移民人口			随迁人口
						合计	农业	非农	
总计		57	81	10	57	66 418	65 548	870	220
一、外迁		46	61	9	55	60 401	59 649	752	203
郑州	合计	7	7	2	9	6 383	6 301	82	39
	新郑	2	2	2	2	1 688	1 670	18	13
		薛店	岗周	金河	观沟	896	891	5	8
		郭店	小杨庄	上集	新李营	792	779	13	5
	荥阳	2	2	1	2	1 983	1 939	44	14
		王村	楼房新村	上集	竹园	1 162	1 135	27	11
		高村	司马		李山	821	804	17	3
	中牟	3	3	1	5	2 712	2 692	20	12
		万滩	毛庄	金河	杜湾	375	373	2	
					杨家	396	389	7	
		狼城岗	瓦坡		全店	824	819	5	8
		官渡	西吴		北沟	635	629	6	2
					石井	482	482		2
平顶山	合计	4	4	1	5	6 038	5 961	77	15
	宝丰	1	1	1	2	1 797	1 780	17	7
		杨庄	柳沟营	盛湾	马山根	641	634	7	2
					宋湾	1 156	1 146	10	5
	郏县	1	1	1	1	1 348	1 330	18	4
		白庙	县农场	盛湾	马湾	1 348	1 330	18	4
	鲁山	1	1	1	1	1 470	1 447	23	4
		辛集	清水营	盛湾	河扒	1 470	1 447	23	4
	舞钢	1	1	1	1	1 423	1 404	19	
		尚店	市农场	盛湾	姚营	1 423	1 404	19	

续表 2-3-2

安置地				迁出地(淅川县)		移民和随迁人口(人)			
省辖市	县(市、区)	乡(镇)	安置点	乡(镇)	移民村	移民人口			随迁人口
						合计	农业	非农	
新乡	合计	6	9	2	9	7 030	6 915	115	16
	封丘	1	1	1	1	904	887	17	5
		陈桥	县农场2队	老城	险峰	904	887	17	5
	辉县	1	3	1	3	2 136	2 121	15	1
		常村	3号冯窑点	仓房	磊山	440	438	2	
			4号郝凹点		党子口	772	764	8	1
			5号申屯点		王井	924	919	5	
	获嘉	1	1	1	1	419	410	9	2
		史庄	齐州社区	老城	安洼	419	410	9	2
	延津	2	2	1	2	1 727	1 697	30	5
		城关	县农场	老城	小街	457	445	12	1
		胙城	三厂		岵山	1 270	1 252	18	4
	原阳	1	2	1	2	1 844	1 800	44	3
		福宁集	甄杏蓝牛场	老城	下湾	1 155	1 134	21	3
			刘庵		新建	689	666	23	
许昌	合计	3	3	2	3	4 519	4 453	66	21
	长葛	1	1	1	1	2 048	2 006	42	16
		和尚桥	任庄	上集	张营	2 048	2 006	42	16
	襄城	1	1	1	1	1 099	1 090	9	3
		双庙	双庙林场	滔河	上寨	1 099	1 090	9	3
	许昌	1	1	1	1	1 372	1 357	15	2
		蒋李集	农大实验场	滔河	下寨	1 372	1 357	15	2
漯河	合计	3	3	3	3	3 110	3 053	57	14
	临颍	1	1	1	1	1 070	1 051	19	5
		王岗	北村	滔河	闫楼	1 070	1 051	19	5
	郾城	1	1	1	1	1 481	1 453	28	9
		商桥	商桥	滔河	申明铺	1 481	1 453	28	9
	召陵	1	1	1	1	559	549	10	
		万金	万金	滔河	余营	559	549	10	

续表 2-3-2

安置地				迁出地(淅川县)		移民和随迁人口(人)			
省辖市	县(市、区)	乡(镇)	安置点	乡(镇)	移民村	移民人口			随迁人口
						合计	农业	非农	
南阳	合计	23	35	5	26	33 321	32 966	355	98
	邓州	8	13	2	9	11 026	10 932	94	18
		刘集	单坡	香花	阮营	790	784	6	2
			胡鲁营			631	624	7	1
		杨营	东楼		槐道沟	514	512	2	
			杨营			1 034	1 029	5	
		都司	都司集镇		蒿溪	545	542	3	
		夏集	郭营集镇		胡岗	401	401		1
		构林	黄牛二分场		东岗	1 002	988	14	3
			黄牛五分场		杜寨	1 067	1 051	16	2
			李营			969	966	3	
			夏洼			922	915	7	1
		汲滩	元庄		吴田	1 127	1 112	15	
		张楼	老君		南王营	937	928	9	1
		林扒	郭家营	大石桥	郭家渠	1 087	1 080	7	7
	社旗	3	6	1	3	5 119	5 089	30	3
		城郊	官寺	马蹬	高庄	1 054	1 051	3	
			柳营			648	645	3	
		大冯营	张腰庄		向阳	833	829	4	
			丁庄			1 055	1 042	13	3
		桥头	何营		任沟	768	763	5	
			桥头街西			761	759	2	
	唐河	7	8	3	9	9 706	9 588	118	36
		毕店	毕店街	滔河	凌岗	1 750	1 728	22	10
		城郊	太山		水田营	1 420	1 392	28	8
		桐河	李司庄		刘伙	954	933	21	2
					岳洼	64	64		
		源潭	刘岗北	马蹬	桐柏	864	856	8	2
			刘岗南		崔湾	653	650	3	1
		湖阳	石庄西	盛湾	陈营	1 435	1 421	14	2
		龙潭	段庄		王庄	908	903	5	2
		黑龙	西张庄		贾湾	1 658	1 641	17	9
	宛城	3	4	1	3	3 297	3 234	63	19
		茶庵	马庄	大石桥	贾洼	995	963	32	4
		高庙	高庙		东湾	791	780	11	7
			小石碑			779	775	4	2
		红泥湾	大陈坡		姚家湾	732	716	16	6
	卧龙	1	1	1	1	1 155	1 123	32	
		陆营	杨庄营	大石桥	东岳庙	1 155	1 123	32	
	新野	1	3	1	1	3 018	3 000	18	22
		溧河	冯营	盛湾	单岗	1 012	1 008	4	14
			溧河			1 148	1 140	8	2
			熊坡			858	852	6	6

续表 2-3-2

安置地				迁出地(淅川县)		移民和随迁人口(人)			
省辖市	县(市、区)	乡(镇)	安置点	乡(镇)	移民村	移民人口			随迁人口
						合计	农业	非农	
二、县内安置		11	20	10	45	6 017	5 899	118	17
1. 近迁		2	2	2	2	1 539	1 519	20	1
南阳	淅川	厚坡	马王岗	盛湾	陈庄	670	655	15	1
		九重	高家	九重	张冲	869	864	5	
2. 后靠集中		8	18	8	13	2 628	2 589	39	6
南阳	淅川	金河	路西	金河	观沟	188	188		2
			神仙洞		杜湾	105	105		
		马蹬	槐树岭	马蹬	崔湾	152	152		3
			十亩地			115	114	1	
			堰渠岭			125	125		
			葛条扒		高庄	200	199	1	
			刘营		任沟	98	98		
			上垱			97	92	5	
		香花	大渠北	香花	吴田	116	116		
			南岗		蒿溪	99	97	2	
		仓房	党子口	仓房	党子口	123	122	1	
		九重	小张冲	九重	张冲	98	98		
		老城	小街	老城	小街	81	78	3	
		上集	李山	上集	李山	369	348	21	
			黄龙庙沟		竹园	109	109		
			尖角岭			91	91		
			酸沟			111	110	1	
		盛湾	后岭	盛湾	河扒	351	347	4	1
3. 县内分散		10		10	42	1 850	1 791	59	10
南阳	淅川	10		10	42	1 850	1 791	59	10

注:为方便统计,出淅川县投亲靠友移民 30 人统计在“县内分散”部分。

3. 第二批移民

2010 年 1 月,第二批农村移民安置实施规划报告编制工作启动,12 月设计单位编制完成了实施规划报告。第二批移民安置工作完成后,设计单位又根据实施情况,编制了实施规划调整报告。

1)具体对接

2010年3月1日,省移民安置指挥部办公室印发《河南省南水北调丹江口库区第二批移民安置实施规划编制工作意见》,对第二批122个村(其中需要搬迁安置的涉及101个村)规划编制工作做出安排,并实行双日报告制度。淅川县由县委、政府、人大、政协领导带队,到安置地进行考察和沟通协商,解决了具体对接中的一些制约因素,大部分移民村对接工作比较顺利。尤其是新乡市和南阳市,对接工作进展较快。3月31日,全省已有63个移民村对应的67个安置点签订了移民安置对接确认书,占任务总数的62.4%。

由于按照"村级班子凝聚力和战斗力强的优先、移民群众搬迁积极性高的优先、先易后难"的原则,大规模移民村中比较容易对接的村都安排在第一批搬迁安置。而自然条件较好、情况比较复杂、班子软弱涣散的移民村大都安排在第二批,加之第二批98%的移民村需拆分安置,对接工作相比试点、第一批移民更为困难。在对接过程中,或个别安置点条件不理想,或移民群众提出的要求过高,导致双方意见分歧较大,部分移民村对接工作陷入僵局。安置地为了尽量照顾移民的情绪,克服自身困难为移民提供更好的条件;迁出地乡(镇)则为了移民顺利搬迁,做了大量的说服动员工作。2010年3月底,因对邻村规划安置在南阳市近郊而本村规划安置在邓州市不满意,淅川县大石桥乡3 300多人的西岭村部分群众连续多次围堵县道、围困乡干部,并于4月20日将乡党委书记、乡长等干部围困在乡政府,雨中站立10个小时。次日,该村群众再次到乡政府上访。后经迁安两地连续几个昼夜协调,邓州市克服困难将移民安置点进行了优化,4月28日西岭村群众才签订安置确认书。淅川县香花镇地理位置优越,移民村普遍较富,而安置地条件不如香花镇,大多数移民都不愿搬迁,因此该镇对接工作陷入困境。镇党委书记徐虎找了一间废弃的民房住下,采取先村干部后群众的方法,带领同事与移民交心谈心,做思想工作。镇干部找出移民中关键人物在外地的社会关系,把他们从淅川县、南阳市甚至湖北省等地请回香花镇,用亲情感化移民。最多的一次,香花镇一共找了一名移民的20多个亲戚朋友来劝说他。工作组白天到农户家里了解情况、宣讲政策,晚上开会研究办法,徐虎和镇长累得嗓子失了音,只能用短信交流。镇女干部张书兰夜晚去移民村做思想工作时,不慎掉入一露天粪坑,她到一户村民家中冲洗并借了一身衣服后,又继续去做移民思想工作。几个移民村群众最终被干部的工作作风感动,安置地也尽可能提供了条件更优的安置点,双方相继签订了安置确认书。

2010年5月15日,除淅川县金河镇的金源和上集镇的刘营、罗池贯、钟观4个社区及香花镇北王营村的对接工作尚未完成外,其他96个搬迁安置村对接完成。4个社区均靠近淅川县城,群众主要以经商为生,对安置地诉求较高,而新郑市、荥阳市、中牟县3个安置地均属于郑州市,土地容量有限,对接难度较大,迁安双方迟迟未能达成一致。香花镇北王营村则对邓州市的安置点不满意,未能对接成功。因时间不能再拖,长江设计院先行启动了117个村(其中已具体对接成功的搬迁安置村96个)的规划编制工作,4个社区和北王营村规划待对接后再单独编制。

2010年11月,在邓州市调整了安置点后,淅川县香花镇北王营村迁安组织再次到邓州市考察,同意在穰东镇柳庄安置点安置,并签订了安置确认书。

在省移民安置指挥部和郑州、南阳两市的推动下,经过迁安双方10个月的磋商与对接,社区移民对接工作取得突破。2011年3月17日,规划在郑州市中牟县安置的淅川县金河镇金源社区、规划在荥阳市安置的上集镇罗池贯和刘营社区完成移民安置对接;19日,规划在郑州市新郑市安置的淅川县上集镇钟观社区安置对接完成。至此,第二批移民安置具体对接工作全面完成。

2)移民安置方案确定

2010年1月,长江设计院进驻淅川县,开展第二批移民村基本资料收集、淹没影响区实物指标公示复核、淹没线上土地资源复核等工作。3月,长江设计院进驻淅川县开展线上实物调查与复核、规划方案拟定与确认、搬迁对象落实到户等工作。同月,长江设计院向淅川县及各乡(镇)主要领导系统汇报了第二批移民村土地整合及移民安置规划初步方案,在听取各方意见基础上,对规划方案进行了优化。淅川县库区各乡(镇)陆续出具了移民安置方案确认函。4~8月,库区各乡(镇)开展了后靠建房人口与淹地不淹房需搬迁人口落实到户工作及投亲靠友移民申报材料的审查与界定工作,96个搬迁安置移民村现状搬迁人口全部落实到人,移民及财产户搬迁去向全部确定。在此基础上,长江设计院向省移民办提交了各移民村搬迁任务表。北王营村和4个社区完成具体对接后,设计单位也按照相同程序将现状搬迁人口全部落实到人。

3)规划报告报批

2010年4月,长江设计院、黄河设计公司分别组织人员进驻安置区,开展地形测量、地质勘察及安置点规划设计工作,并开始编制安置点新址征地及“三通一平”规划要点报告。7月,省移民办在郑州召开安置点新址征地及“三通一平”规划要点报告审查会。长江设计院、黄河设计公司根据审查意见对要点报告进行了修改,并陆续提交了各安置点建设规划说明书。10月,长江设计院与黄河设计公司共同完成分县规划报告初稿。在此基础上,长江设计院于同月汇总编制完成了《南水北调中线一期工程河南省丹江口水库建设征地第二批农村移民安置实施规划报告(送审稿)》。11月,省移民安置指挥部办公室在郑州组织召开了审查会。12月,长江设计院根据审查意见,编制完成《南水北调中线一期工程河南省丹江口水库建设征地第二批农村移民安置实施规划报告》(不含淅川县香花镇北王营村和金河镇、上集镇4个社区),省移民安置指挥部以豫移指〔2010〕42号文批准了该报告。

2011年4月,长江设计院编制完成《南水北调中线一期工程河南省丹江口水库建设征地南阳市淅川县香花镇北王营村移民安置实施规划报告》。11月,黄河设计公司完成了《南水北调中线一期工程河南省丹江口水库建设征地郑州市中牟县、荥阳市社区移民安置实施规划报告(审定稿)》《南水北调中线一期工程河南省丹江口水库建设征地郑州市新郑市社区移民安置实施规划报告(审定稿)》。12月,省移民安置指挥部办公室以豫移指办〔2011〕109号文将上述三个报告予以印发。

4)规划调整报告报批

第二批移民搬迁后,实际安置任务发生变化、部分安置点基础设施工程量调整等原因,导致部分项目及投资有所调整。长江设计院于2011年12年编制完成了《南水北调中线一期工程河南省丹江口水库建设征地第二批农村移民安置实施规划调整报告》，省移民安置指挥部办公室以豫移指办〔2012〕13 号文印发该报告。

5）规划成果

第二批规划搬迁移民 87 940 人，涉及淅川县、邓州市 122 个村。除分散安置的 3 147 人外，其余人集中安置在郑州、平顶山、新乡、许昌、漯河、南阳等 6 个省辖市 20 个县（市、区）。规划新建 115 个移民集中安置点。规划生产安置 85 764 人，调整集中安置农村移民生产用地 10.93 万亩（按水浇地人均 1.05 亩，旱地人均 1.4 亩等）。另外，还对随迁人口搬迁和村组副业、26 家村属单位、10 家村属企业迁建等进行了规划。农村移民补偿投资按 2008 年平均价格，库区第二批农村移民安置实施规划补偿投资共计 90.4 亿元。

第二批移民实施规划安置对接表见表 2-3-3。

表 2-3-3　第二批移民实施规划安置对接表

安置地				迁出地（淅川县）		移民和随迁人口（人）			
省辖市	县（市、区）	乡（镇）	安置点	乡（镇）	移民村	移民人口			随迁人口
						合计	农业	非农	
总计		72	115	10	101	87 940	86 598	1 342	313
一、外迁		61	82	9	87	74 781	73 605	1 176	291
郑州	合计	9	12	3	18	9 768	9 399	369	102
	新郑	3	4	2	5	2 916	2 867	49	46
		梨河	梨河	上集	蛮子营	1 353	1 326	27	12
		和庄	坡刘		钟观	353	346	7	13
		郭店	南街村		韦岭	193	191	2	3
					周岭	278	274	4	3
			岗时	金河	山根	739	730	9	15
	荥阳	2	2	1	4	1 159	942	217	14
		广武	前袁洞	上集	白石崖	416	403	13	1
					贾沟	86	86		
		城关	龙泉寺		刘营	115	115		4
					罗池贯	542	338	204	9
	中牟	4	6	2	9	5 693	5 590	103	42
		刘集	后梁	金河	后洼	426	409	17	3
					后湾	775	771	4	7
		官渡	党庄		下吴	706	697	9	1
					中吴	534	530	4	6
			水溃		金源社区	247	241	6	9
		大孟	新郑岗		王万岭	140	139	1	3
					张湾	1 210	1 188	22	3
		雁鸣湖	小店		魏岗	957	930	27	5
			小朱	老城	穆山	698	685	13	5

续表 2-3-3

安置地				迁出地(淅川县)		移民和随迁人口(人)			
省辖市	县(市、区)	乡(镇)	安置点	乡(镇)	移民村	移民人口			随迁人口
						合计	农业	非农	
平顶山	合计	1	1	1	2	324	320	4	1
	郏县	1	1	1	2	324	320	4	1
		白庙	县农场	盛湾	马沟	171	167	4	1
					王沟	153	153		
新乡	合计	8	13	2	20	9 463	9 362	101	26
	封丘	1	1	1	1	2 097	2 072	25	4
		陈桥	陈桥林场	老城	陈岭	2 097	2 072	25	4
	辉县	1	4	1	6	2 553	2 536	17	8
		常村	2 号常北	仓房	仓房	149	149		
					刘裴	147	146	1	2
					马沟	112	110	2	1
			6 号西连营		侯家坡	998	992	6	4
			7 号北陈马		胡坡	686	679	7	
			1 号燕窝		沿江	461	460	1	1
	获嘉	2	3	1	5	1 400	1 389	11	4
		太山	董庄	老城	石沟	176	175	1	2
					王岭	127	127		
			县农场		武贾洲	833	827	6	2
		位庄	苏章营		王沟	165	164	1	
					秧田	99	96	3	
	延津	2	3	1	3	1 849	1 816	33	7
		城关	良种场	老城	叶沟	97	96	1	
		胙城	新兴二村		官福山	1 125	1 109	16	5
			新兴村		杨山	627	611	16	2
	原阳	2	2	1	5	1 564	1 549	15	3
		路寨	路寨林场	老城	石门	765	758	7	2
		太平镇	水牛赵		裴岭	799	791	8	1

续表 2-3-3

安置地				迁出地(淅川县)		移民和随迁人口(人)			
省辖市	县(市、区)	乡(镇)	安置点	乡(镇)	移民村	移民人口			随迁人口
						合计	农业	非农	
许昌	合计	9	9	2	10	10 571	10 430	141	30
	长葛	2	2	2	4	2 446	2 412	34	6
		官亭	簸箕杨	上集	下集	1 362	1 357	5	4
		石固	栗梁杨		简营	749	721	28	
				滔河	门伙	335	334	1	2
	襄城	5	5	1	4	4 869	4 819	50	14
		王洛	西村	滔河	张庄	1 210	1 199	11	5
		麦岭	东付		白亭	1 146	1 141	5	1
		姜庄	千佛阁			755	748	7	3
		范湖	朱湖		陈家湾	1 062	1 045	17	2
		库庄	关帝庙		黄桥	696	686	10	3
	许昌	2	2	1	2	3 256	3 199	57	10
		蒋李集	市农场	滔河	金营	2 101	2 067	34	8
		椹涧	县农二场		朱山	1 155	1 132	23	2
漯河	合计	2	2	1	2	1 572	1 549	23	4
	临颍	2	2	1	2	1 572	1 549	23	4
		王岗	东村	滔河	严湾	329	327	2	
		巨陵	武汲桥		罗山	1 243	1 222	21	4
南阳	合计	32	45	5	35	43 083	42 545	538	128
	邓州	13	16	2	13	17 791	17 512	279	21
		林扒	姜营	香花	土门	1 336	1 322	14	2
		夏集	孙沟		杨河	1 323	1 307	16	1
		张楼	张油坊		新黄庄	1 799	1 763	36	2
		彭桥	彭桥		白龙沟	165	165		
					雷庄	321	311	10	
					宋沟	135	134	1	
		穰东	柳庄		北王营	889	863	26	1
		裴营	裴营集镇		刘楼	1 185	1 164	21	
			青冢			1 779	1 741	38	1
		九龙	九龙集镇		南陈岗	1 765	1 738	27	1
		十林	十林集镇		西岗	863	846	17	
		陶营	高李		张寨	722	719	3	
			陶营集镇			1 468	1 446	22	2
		白牛	白牛街东		周沟	921	909	12	2
		高集	高集镇东	大石桥	西岭	1 131	1 111	20	4
			高集镇西			792	789	3	2
		腰店	四龙			713	705	8	3
		赵集	赵集			484	479	5	

续表 2-3-3

安置地				迁出地(淅川县)		移民和随迁人口(人)			
省辖市	县(市、区)	乡(镇)	安置点	乡(镇)	移民村	移民人口			随迁人口
						合计	农业	非农	
南阳	社旗	7	9	1	10	7 160	7 125	35	16
		晋庄	刘老家	马蹬	关防	422	417	5	2
					青龙嘴	222	222		
		桥头	吴氏营西		石桥	857	853	4	4
		庙店	曹岗		白渡滩	1 171	1 168	3	6
		李店	余岗南		寇楼	1 051	1 049	2	2
		郝寨	年庄		马家	374	366	8	1
			王营		邢沟	522	521	1	
		饶良	曹庄		吴营	1 088	1 079	9	1
			刘岗			608	608		
		太和	宋庄		余沟	254	254		
					云岭	591	588	3	
	唐河	7	9	2	7	9 927	9 787	140	41
		龙潭	史桥	盛湾	瓦房	795	787	8	2
		黑龙	朱庄		袁坪	548	537	11	
		大河屯	夏岗	滔河	黄楝树	1 534	1 511	23	11
		张店	张店街		老人仓	1 683	1 651	32	3
		桐寨铺	崔庄西		梁庄	874	864	10	5
			唐岗			1 186	1 177	9	2
		昝岗	黄庄		双庙	548	532	16	3
			狮子庄			1 220	1 207	13	12
		古城	王惠		文坑	1 539	1 521	18	3
	宛城	2	2	1	2	1 989	1 967	22	16
		红泥湾	小陈庄	大石桥	清风岭	867	858	9	6
		金华	杨湾		大石桥	1 122	1 109	13	10
	卧龙	2	6	1	2	4 080	4 037	43	25
		英庄	小官寺	大石桥	柳家泉	639	635	4	1
			尹营			634	633	1	7
		蒲山	高庄		杨营	741	724	17	5
			黄渠河			774	769	5	
			帅庄			757	744	13	3
			周后王			535	532	3	9
	新野	1	3	1	1	2 136	2 117	19	9
		王庄	毛潘	盛湾	兴化寺	981	970	11	3
			王水乔			712	706	6	5
			赵前			443	441	2	1

续表 2-3-3

安置地				迁出地(淅川县)		移民和随迁人口(人)			
省辖市	县(市、区)	乡(镇)	安置点	乡(镇)	移民村	移民人口			随迁人口
						合计	农业	非农	
二、县内安置		11	33	10	80	13 159	12 993	166	22
1. 近迁		3	9	5	12	5 461	5 427	34	6
南阳	淅川	厚坡	杨窝	老城	七里	677	673	4	4
			张楼	盛湾	分水岭	88	86	2	
					胡营	78	78		
					黄龙泉	23	23		
					卢庄	107	107		
					蚂蚁沟	62	61	1	
			饶西	香花	柴沟	745	734	11	
		九重	九重农场	老城	老城农场	89	89		
			十里庙	九重	桦栎扒	1 811	1 804	7	
			范岗		王岗	577	571	6	
			官岗			330	328	2	
			下孔西岗			735	734	1	2
		马蹬	熊家岗	马蹬	余沟	31	31		
					云岭	108	108		
2. 后靠集中		7	24	7	17	4 551	4 469	82	12
南阳	淅川	金河	后洼	金河	后洼	113	113		
			下吴		下吴	250	250		
			中吴		中吴	208	207	1	
		马蹬	寇楼	马蹬	寇楼	162	159	3	3
		香花	大辣方	香花	南陈岗	186	183	3	
			王家营东			82	82		
			新队东			109	109		
			大南沟		新黄庄	133	131	2	
			房后岗			197	192	5	
			小庙岗			178	173	5	
			水产路		张寨	390	386	4	
		九重	乔沟	九重	王岗	167	167		
			周岗学校		周岗	443	442	1	2

续表 2-3-3

安置地				迁出地(淅川县)		移民和随迁人口(人)			
省辖市	县(市、区)	乡(镇)	安置点	乡(镇)	移民村	移民人口			随迁人口
						合计	农业	非农	
南阳	淅川	老城	穆山	老城	穆山	399	395	4	2
			裴岭		裴岭	128	125	3	
			叶沟		叶沟	99	98	1	3
		上集	白岭	上集	白石崖	168	164	4	
			火岭		贾沟	213	204	9	1
			乱党子			239	231	8	1
			靴子甸			163	155	8	
			岭头		简营	88	81	7	
		盛湾	岗子上	盛湾	黄龙泉	98	97	1	
			周家坪			197	189	8	
			周坑		兴化寺	141	136	5	
3. 县内分散		10		10	73	3 147	3 097	50	4
南阳	淅川	10		10	73	3 147	3 097	50	4

注:为方便统计,出淅川县投亲靠友移民 125 人统计在“县内分散”部分。

二、农村外非试点项目

河南省南水北调丹江口库区农村外项目包括集镇迁建、单位和工业企业淹没处理、专业项目恢复改建等,其中试点农村外项目已随试点规划提前实施。2012 年 3 月,省移民安置指挥部以豫移指〔2012〕2 号文印发《河南省南水北调丹江口库区农村外项目实施任务及投资包干意见》,对试点以外的农村外项目实行任务和投资双包干,由南阳市、淅川县编制实施规划,制订实施计划,组织实施。单项工程实施规划编制和施工图设计由地方委托相关部门完成。长江设计院于 2013 年、2018 年分别编制了河南省农村外非试点项目实施规划汇编报告和调整报告,南阳市移民安置指挥部分别予以批复。

(一)规划编制

2012 年 3 月,国务院南水北调办印发《南水北调丹江口水库大坝加高工程建设征地补偿和移民安置验收管理办法(试行)》,要求 2012 年 12 月 31 日前必须完成丹江口大坝加高工程建设征地补偿和移民安置县级自验工作,2013 年 6 月 30 日前必须完成省级初验。

为满足验收工作需要,省移民办于 2012 年 6 月委托长江设计院承担河南省农村外项目实施规划报告汇编工作,对集镇、单位和工业企业、专业项目、库底清理等项目的专题规划设计报告进行汇编,按照有关包干意见,明确各项目移民资金和地方自筹资金,编制河南省农村外项目实施规划报告。6~8 月,长江设计院与淅川县移民局组成联合工作组,收集有关资料和设计成果,编制完成了《南水北调中线一期工程河南省丹江口水库建设征地农村外非试点项目实施规划汇编报告(送审稿)》。

2013 年 1 月,淅川县南水北调丹江口库区移民安置指挥部在淅川县组织召开《南水北调中线一期工程河南省丹江口水库建设征地农村外非试点项目实施规划汇编报告(送审稿)》评审会。根据审查意见,长江设计院 4 月编制完成《南水北调中线一期工程河南省丹江口水库建设征地农村外非试点项目实施规划汇编报告》。4 月 25 日,南阳市移民安置指挥部以宛移指〔2013〕4 号文对该报告进行了批复。

淅川县农村外项目 2015 年基本建设完成,至 2017 年 11 月,大部分项目已完成财务决算、审计或主管部门验收,移民补偿资金已基本兑付完毕。与批复的《南水北调中线一期工程河南省丹江口水库建设征地农村外非试点项目实施规划汇编报告》比较,部分项目实施方案发生了变化。为满足移民安置总体验收需要,淅川县移民局委托长江设计院对农村外非试点项目实施情况进行全面梳理,编制完成《南水北调中线一期工程丹江口水库建设征地淅川县农村外非试点项目规划实施方案及概算调整报告》。南阳市移民安置指挥部 2018 年 11 月予以批复。

(二)规划成果

集镇迁建。马蹬场镇择新址迁建,规划占地 195.3 亩;滔河集镇择新址迁建,规划占地 400.3 亩;老城集镇迁建,规划占地 18.17 亩。另外,老城集镇还规划了旧城功能恢复项目。

单位和工业企业淹没处理。除纳入农村移民第一批、第二批移民实施规划的单位和企业外,共有 113 家单位、21 个工业企业纳入农村外非试点项目实施规划,采取异地复建和一次性补偿两种处理方式。

专业项目恢复改建。规划复建等级公路 89.42 公里,大中型桥梁 19 座 2 031.2 延米;复建码头 10 处;新建变电站 3 座,复建电力线路 548.25 公里、10 千伏配电台区 100 个;规划复建通信中继线路 724.69 公里、模块局及接入点 98 个、基站 12 个;规划复建广播电视线路 443.97 公里、广播电视站 1 个;规划建设宋岗提灌站、灌河防洪大堤等水利设施以及恢复库周基础设施等。

三、库底清理

丹江口水库是南水北调中线工程供水水源,作为特大型一级水源保护区,水库水质安全受到各级政府和部门的高度重视。库底清理是保证水库水质安全的重要措施之一,按照南水北调中线一期工程在 2014 年汛后通水的建设要求,丹江口水库库底清理工作需在 2013 年年底前完成。河南省库区库底清理任务主要包括建(构)筑物清理、固体废弃物清理、卫生清理、林木清理和漂浮物清理等。受淅川县移民局委托,长江设计院编制了《南水北调中线一期工程丹江口水库河南省库底清理实施规划报告》,省移民安置指挥部 2013 年 1 月以豫移指〔2013〕1 号文对该报告予以批复。

(一)规划编制

根据国务院南水北调办批复的《移民安置初设规划报告》,丹江口水库大坝加高工程库底清理规划主要包括建(构)筑物清理、卫生清理、林木清理和漂浮物清理,其中建(构)筑物清理和林木清理费用主要根据2003年实物调查指标逐项计算,卫生清理费按综合单价计列,由各县(市、区)统筹使用完成库底清理任务,按照“谁污染、谁治理”的原则,没有计列固体废物清理处置费。另外,因物价变动较大,尤其人工费用涨幅明显,《移民安置初设规划报告》暂列的价差已难以满足实际需要。因此,长江设计院开展了丹江口水库库底清理补充调查和规划设计工作,对清理范围、对象、数量等进行复核、细化、补充,并重新分析计算库底清理所需费用,编制了库底清理概算专题报告。

2012年6月,为全面完成库底清理任务,防止清理过程中产生二次污染,国务院南水北调办印发《南水北调中线一期工程丹江口水库库底清理技术要求》,要求河南、湖北两省以此为依据抓紧编制库底清理实施方案,抓紧开展库底清理工作。10月,国务院南水北调办征地移民司在北京召开2012年第三季度丹江口库区移民进度商处会。按照会议要求,长江设计院编制了《南水北调中线一期工程丹江口水库库底清理规划专题报告编制工作计划》,并派员赴库区与地方政府、移民、交通、电力、广电、卫生、环保、林业等部门有关人员组成联合工作组,结合地方前期开展的库底清理工作,对卫生、固体废物、建(构)筑物、林木、漂浮物等清理量进行了全面调查和复核,并按初步设计阶段深度要求,编制完成了《南水北调中线一期工程丹江口水库库底清理规划专题报告(初稿)》。11月,国务院南水北调办在北京召开会议,要求河南、湖北两省抓紧编制库底清理实施规划报告。受淅川县移民局委托,长江设计院在《南水北调中线一期工程丹江口水库库底清理规划专题报告(初稿)》基础上,进一步复核了清理工程量,并结合淅川县库底清理工作方案,编制完成了《南水北调中线一期工程丹江口水库河南省库底清理实施规划报告》。2013年1月,省移民安置指挥部以豫移指〔2013〕1号文对《南水北调中线一期工程丹江口水库河南省库底清理实施规划报告》予以批复。

(二)规划成果

根据《南水北调中线一期工程丹江口水库河南省库底清理实施规划报告》,河南省库区库底清理包括卫生清理、固体废物清理、建(构)筑物清理、林木清理和易漂浮物清理等。

1. 卫生清理

需清理化粪池1个、沼气池1 848个、粪池32 756个、牲畜栏27 668个、污水池1处、公共厕所309处、网箱26.96万平方米、普通坟墓18 737座、医疗卫生机构116处等。

2. 固体废物清理

需清理11个乡(镇)169村、1个集镇、97家镇外单位、27家镇外企业的生活垃圾5.3万立方米;工业固体废物3处共1.38万立方米;危险废物1处4.5立方米;被污染的土壤18处0.6万立方米。

3. 建(构)筑物清理

涉及11个乡(镇)、177家单位、36家工业企业。需清理各类房屋391.12万平方米。需清理砖石围墙34.88万平方米、土围墙3.68万平方米等。

4. 林木清理

需清理成片林地 25 246.15 亩,零星树木(含绿化树、行道树)124.93 万株。

5. 易漂浮物清理

需清理淹没线下农户秸秆 28 695 处。

四、环保水保

2013 年,省移民办委托长江设计院编制了《南水北调中线一期工程河南省丹江口水库建设征地农村移民安置点环境保护实施规划专题报告》。河南省将国家批复的水土保持规划投资下达有关市县包干实施,没有编制单独的水土保持实施规划。

(一)规划编制

根据《移民安置初设规划报告》,移民集中安置点排水体制为室外合流、室内分流。安置点雨水和生活废水通过排水沟排至天然冲沟、沟渠、塘堰、河流内,生活污水通过分户设置的沼气池处理后排入雨水系统。特大型村在室外排水系统末端设置地埋式污水处理设备,污水经处理后排至点外沟渠或河道。垃圾收集按服务半径 70~80 米配置垃圾收集点或垃圾箱用于垃圾收集。由于在试点移民安置期间,河南省将初步设计规划的 562 个集中安置点优化整合为 208 个,整合后的安置点建设规模变大,污水排放量增加,雨污分流和污水处理成为亟须解决的问题。为此,在第一批移民规划设计前,河南省有关部门组织相关人员进行了专门的调查研究。调研发现,每户移民宅基地面积为 167 平方米,除去房基和必要的附属设施占地后,剩下院落面积不多,无法发展养殖业,没有足够的肥源保障,沼气池产气量不能满足移民生活需求,加上安置点多处平原地区,周边沟渠坡降小,除特大型村外,其他安置点均未设置末端污水处理设施,污水直接沉积在周边沟渠,将造成集中污染。鉴于以上原因,结合试点实施经验,采用沼气池方案解决污水处理已不现实。为把集中安置点打造成生态文明村,给移民提供一个优美洁净的生活环境,省移民安置指挥部 2009 年决定将集中安置点的排水系统由雨污合流制修改为雨污分流制,纳入第一批、第二批移民安置实施规划统一实施。在第一、二批移民新村建设过程中,雨污合流变更为雨污分流增加的投资暂从基本预备费中垫支。

2011 年 4 月,《南水北调中线一期工程丹江口水库建设征地移民安置环境保护和水土保持初步设计(环保、水保部分)报告》批复后,河南省就安置点污水处理组织多次调查研究和专家论证,决定按照国务院南水北调办批复的环保标准,修建末端污水处理设施,对污水进一步深化处理,使污水达标排放,达到卫生、无臭味、不暴露的治污目标。5 月,省移民安置指挥部以豫移指〔2011〕8 号印发《河南省南水北调丹江口库区移民新村污水及垃圾处理工作实施意见》,对集中安置点的污水处理和垃圾处理提出了要求。省移民办对 208 个集中安置点末端污水处理、污水和垃圾处理运行费用进行了测算,并于 5~9 月对安置点环保投资逐点核定后,在实施规划基础上,下达环保项目建设投资 5 554.69 万元。

2013 年 12 月,为统筹使用环保投资,省移民办委托长江设计院对安置点建设环保投资进行了汇总分析。2014 年 4 月,长江设计院编制完成了《南水北调中线一期工程河南省丹江口水库建设征地农村移民居民点环境保护实施规划专题报告》。

（二）规划成果

初步设计规划阶段，河南省南水北调丹江口库区农村移民安置点环境保护投资共计14 397.50万元，其中集中安置点14 392.07万元、分散安置点5.43万元。实施规划阶段，河南省农村移民安置点环境保护投资共计19 578.95万元，其中集中安置点19 480.92万元，分散安置点98.03万元。

与初设规划比较，实施规划农村移民安置点环境保护投资增加5 181.45万元，其中集中安置点增加5 088.85万元、分散安置点92.60万元。投资增加的原因：一是经充分论证，为避免排污管网堵塞，便于检修，需新增沉泥井29 779个，增加投资3 630.09万元，占70.06%；二是由于集中安置点末端污水处理方案细化，增加投资817.14万元，占15.77%；三是由于设计深度变化，增加投资734.22万元，占14.17%。至2011年年底，上述投资已下达至各安置县（市、区），并实施完毕。

五、地质灾害防治

南水北调丹江口水库大坝加高工程蓄水前，与南水北调丹江口库区移民迁建工程相关的部分地质灾害已得到防治，保证了相关迁复建工程的顺利实施。2014年南水北调中线工程蓄水后，库岸段内广泛出露的软岩、第四系松散土体等，在库水位的浸泡和水位涨落波动等长期作用下，有可能诱发老滑坡复活和产生新的滑坡、坍岸，可能对库区人民生命财产安全、基础设施正常运行造成重大危害。

随着丹江口水库的蓄水运用，河南省南水北调丹江口库区存在的地质灾害已严重威胁当地移民生命财产安全及基础设施的正常运行安全。为确保库区广大人民群众的生命财产安全，省移民办多次向国务院南水北调办反映河南省库区的地质灾害问题。2015年，国务院南水北调办以综投计函〔2015〕7号《转发国家发展改革委办公厅关于南水北调中线工程丹江口库区地质灾害综合防治有关问题的复函》，要求地方组织编制丹江口水库蓄水影响地质灾害防治规划。受淅川县移民局的委托，长江设计院承担了《南水北调中线一期工程河南省丹江口水库蓄水影响的地质灾害防治规划》编制工作。2016年5月，长江设计院编制了《南水北调中线一期工程河南省丹江口水库蓄水影响的地质灾害防治规划工作大纲》，6~7月，对河南省丹江口库区受蓄水影响的地质灾害进行了外业勘察工作。在此基础上，长江设计院编制了《南水北调中线一期工程河南省丹江口水库蓄水影响的地质灾害防治规划》。但由于各种原因，该规划未得到批复和实施。

2017年9~10月，淅川县受到了40天的连续强降雨和丹江口水库蓄水试验的双重影响，先后引发多处地质灾害和山体滑坡垮塌险情，涉及11个库区乡（镇）41个村400余人，房屋受损不能居住，个别移民村饮水机井毁坏不能使用，部分出村道路、生产路路基垮塌，群众交通受阻。河南省在妥善安置受灾群众、采取措施救灾的同时，呼吁上级增加专项经费解决因水库蓄水引发的地质灾害问题。12月，国务院南水北调办综合司、国土资源部办公厅函告河南省政府办公厅，要求编制南水北调丹江口库区地质灾害防治规划。淅川县政府组织编制了《丹江口库区（河南淅川）地质灾害防治规划（2018—2020）》，河南省政府将报告函报国务院南水北调办、国土资源部。

2018年，南水北调工程设计管理中心委托中国国际工程咨询有限公司先后三次对规划进行评审，并提出了评审意见，淅川县按要求对规划进行了修改完善，形成《丹江口库区（河南淅川）地质灾害防治规划（2008—2025）》。修编后的规划区面积790平方公里，估算投资1.97亿元。

第三章　农村移民安置

根据《移民安置初设规划报告》，河南省南水北调丹江口库区共需安置16.2万人，其中试点移民1.1万人安置工作于2008年11月启动，2009年8月完成搬迁。为保证南水北调中线工程的顺利实施，2009年河南省率先提出了试点以外15.1万大规模移民安置“四年任务、两年完成”的目标。为保证这一目标的实现，在移民搬迁安置过程中，河南省提出了举全省之力打赢移民搬迁安置攻坚战的口号，全省各级各有关部门干部不分昼夜连续工作，按期完成了新村建设、移民搬迁、生产安置等各阶段的任务。2011年，河南省完成了外迁近迁安置移民搬迁安置，2012年3月完成淅川县内后靠和分散安置移民搬迁扫尾，实际搬迁安置南水北调丹江口库区移民165 471人，建设集中安置点208个，划拨生产用地214 958亩。

第一节　决　策

南水北调丹江口水库移民安置正处于中国经济结构调整期、改革攻坚期和矛盾凸显期。在社会经济变革、利益格局不断调整的形势下，如何圆满完成移民搬迁安置任务、把库区移民安置好、维护好移民群众的合法权益，实现“搬得出、稳得住、能发展、可致富”的目标，是河南省各级党委、政府面临的一项重要课题和重要任务。根据南水北调中线工程2014年汛后通水规划目标，南水北调丹江口库区移民必须在2013年搬迁安置结束。为全力支持南水北调中线工程建设，省委、省政府做出试点以外大规模移民安置“四年任务、两年完成”的决策，把移民搬迁完成时间由原计划的2013年年底提前到2011年年底。即在2009年8月底完成试点移民1.1万人搬迁的基础上，2009年10月启动第一批移民6.49万人，2010年8月底前完成搬迁；2010年6月压茬启动第二批移民8.61万人，2011年年底前完成搬迁。

一、决策背景

南水北调中线丹江口水库大坝加高工程需要搬迁的移民，有将近一半为二次搬迁，有的甚至是三次搬迁，人多地少，经济发展慢，家庭底子薄，多数移民生产生活困难。为建设南水北调中线工程，国务院办公厅于2003年对丹江口库区淹没线以下区域下达了

《停建通知》,要求严格控制在库区淹没线以下区域的人口增长和基本建设。由于丹江口水库分期建设,库区移民长期处于待迁状态,特别是《停建通知》下达到搬迁启动的时间长达七八年,移民群众不能发展生产项目,移民生产发展严重滞后,不能盖新房,住房等生活条件得不到改善,库区移民危房较多。与此形成鲜明对照的是,规划的安置区农业条件、交通条件、经济发展环境都比较优越,移民安置政策、帮扶政策都比较优惠,搬迁后生产生活环境将大大改善。因此,库区移民群众早搬迁、早安定、早发展的愿望非常强烈。

水库工程建设征地移民具有非自愿性、依赖性、复杂性、长期性等特点,搬迁安置涉及移民群众世世代代居住地的改变,涉及千家万户切身利益,涉及社会的方方面面,是一项庞大而复杂的系统工程,同时是一种政府行为显著的群众性工作,情况复杂、任务艰巨、矛盾较多,这就决定了移民搬迁必须有各级政府的坚强领导,必须有各级各部门的密切配合,必须形成强有力的舆论氛围,必须形成全社会的合力,越是难度大,越要大干快干。大干问题不大,小干问题不小,晚干不如早干,慢干不如快干。

2008 年 11 月,南水北调丹江口库区移民安置工作开始实施时,正处于世界金融危机阶段。受世界金融危机影响,中国出口减少,实体经济受到较大影响。为促进中国经济的可持续发展,国家出台了许多扩大内需的政策。河南省南水北调共需搬迁 16.2 万移民,规划建设数百个移民新村,加上库区基础设施、工业企业和集镇迁建等项目,库区移民投资达 210 亿元左右。尽早实施移民搬迁安置,尽快完成这一数额巨大的投资,对拉动中原地区内需、促进河南经济又好又快发展,将产生较大的促进作用。

南水北调中线工程是党中央、国务院决策实施的重大战略性基础设施项目,是缓解华北水资源短缺的重要工程,是关系国家可持续发展和长治久安的千秋伟业。按时完成工程建设任务是党中央、国务院的明确要求,也是河南、河北、北京、天津工程沿线和华北地区经济发展的现实需要。丹江口库区移民搬迁安置是工程建设的重要组成部分,移民搬迁安置工作进度直接影响着水库蓄水和干线通水。因此,加快移民搬迁安置进度,尽快完成安置任务,是工程建设的内在需要,也是支持工程建设的自觉行动。同时,提前完成移民搬迁安置,缩短移民搬迁安置时间,可以避免因物价上涨而增加移民搬迁安置成本,避免因此对移民搬迁安置造成的不利影响。

二、决策过程

2009 年 3 月,全国人大、政协“两会”期间,河南省委、省政府主要领导就南水北调丹江口库区移民搬迁安置问题进行研究,针对丹江口库区移民面临的困难、风险和机遇进行分析,提出将试点以外大规模移民搬迁安置完成时间由原来的四年调整为两年的构想。省移民办 4 月起草了《实施方案》,包括思想认识、总体要求、目标任务、落实政策、规划建设、宣传发动、组织领导等 7 个方面,数易其稿后提交省委、省政府研究决定。

2009 年 7 月 2 日,省委副书记、省长郭庚茂就大规模移民安置“四年任务、两年完成”进行专题调研,他先到移民群众家里访问、座谈,听取移民群众的意见,得出了移民群众愿意早搬迁、早安定、早发展的判断。随后又在淅川县召开了南水北调移民工作座谈会,听取南阳市、淅川县工作汇报和有关意见。7 月 13~14 日,根据省委书记和省长有关指示精神,省委副书记陈全国、省政府副省长刘满仓先后主持会议,听取省移民办有关南水北调丹江口库区移民安置实施方案拟定情况、省移民安置指挥部筹备情况汇报,对实施方案和指挥部组成单位进行专题研究和修改完善,并决定将《实施方案》提交省政府常务会议和省委常委会议研究。

2009 年 7 月 16 日,省长郭庚茂主持召开省政府第 46 次常务会议,专题研究南水北调丹江口库区移民安置工作。会议通过了《实施方案》,并就加大对南阳市、淅川县的帮扶力度,加强省移民办的领导力量,适当增加淅川县移民乡(镇)领导和干部职数 3 项内容形成一致意见。17 日,省委书记徐光春主持召开省委常委会议,讨论通过了《实施方案》。24 日,河南省委将《实施方案》印发全省各有关省辖市、县(市、区)党委和政府及省直单位,文件明确丹江口库区农村移民搬迁完成时间由原计划的 2013 年提前到 2011 年。至此,河南省南水北调丹江口库区大规模移民安置"四年任务、两年完成"由设想成为政府行动纲领性文件。

2009 年 12 月,中共中央政治局常委、国务院副总理、国务院南水北调工程建设委员会主任李克强在北京主持召开国务院南水北调工程建委会第四次全体会议。会上,河南省率先提出的丹江口库区试点外移民安置"四年任务、两年完成"得到了确认,并成为国家行动。

三、保障措施

为了满足移民实施工作的需要,河南省采取措施加快移民安置规划编制进度。一是呼吁国务院南水北调办加快南水北调丹江口库区移民安置初步设计规划的审批进度。《移民安置初设规划报告》2010 年 5 月获批。二是对移民安置方案进行优化整合。确定了优化整合的原则,制订了优化整合工作计划,2009 年 5 月 6 日召开了动员大会,对优化整合工作进行了全面部署。经过几个月的努力工作,河南省丹江口库区移民安置点由初设批复的 562 个优化整合到 208 个。三是加快实施规划编制进度。河南省试点以外还有 15.1 万移民搬迁安置任务,实施规划编制工作时间紧、任务重、难度大,按照正常的招标程序确定设计单位,难以按时完成。经省政府同意,国务院南水北调办批准,移民实施规划编制工作以长江设计院为主并技术归口,黄河设计公司参加,共同编制完成。

为适应大规模移民搬迁安置工作的需要,各地都建立健全了移民管理机构。一是省委、省政府 2009 年 7 月成立了河南省南水北调丹江口库区移民安置指挥部,省委副书记任政委,省政府主管副省长任指挥长。指挥部下设办公室,作为指挥部的日常办事机构,设在省移民办,负责移民搬迁安置工作的组织、协调、指导、监督、检查和服务,办公室主任由省移民办主任兼任,工作人员从省直单位抽调,与原有工作脱钩,实行集中统一办公。二是实行省直单位移民迁安包县工作制度,选择 25 个省直单位,成立 25 个省直单位移民迁安包县工作组,分包 25 个县(市、区)的移民搬迁安置工作,一包到底,直至移民搬迁安置结束。工作组成员从本单位抽调,与原工作脱钩,人数 5~6 人。工作组组长由副厅级干部担任,工作组成员要求政治素质高、工作能力强、身体健康、年富力强。工作组的职责为对丹江口库区移民搬迁安置工作的组织领导、政策落实、实施进度、资金管理等进行督导,协调解决移民搬迁安置的有关问题,并对移民搬迁安置给予对口帮扶。三是省、市、县各级移民管理机构在原有机构的基础上,加强了力量,充实了人员,有的甚至提高了机构规格。

为确保“四年任务、两年完成”目标任务的实现,把移民安置好,河南省在已出台的《关于南水北调工程丹江口水库移民安置优惠政策的通知》《关于进一步推进南水北调中线工程丹江口库区移民新村建设的意见》等相关政策的基础上,又在《实施方案》中明确了一系列优惠帮扶政策,对省直 36 个厅局提出了明确要求,在项目、资金、政策、技术等向移民搬迁安置实行全方位倾斜,把移民资金同各项支农惠农资金和城镇建设资金捆绑使用,力争把移民新村建设成为社会主义新农村示范村。省直有关厅局及相关市县也按照《实施方案》要求,出台了实施意见,进一步细化了政策和措施。

第二节　新村建设

移民新村建设主要包括移民房屋建设、基础设施建设和公益设施建设等。南水北调丹江口库区移民面临着必须要搬离祖祖辈辈居住的故土、到新的安置区重建家园的现实,又适逢建设社会主义新农村的大好机遇。河南省在移民新村建设过程中,按照省委统一征地、统一规划、统一标准、统一建设、统一搬迁、统一发展“六统一”的要求,高起点规划、高标准设计、高质量建设,从整体布局、道路、功能分区和绿地景观 4 个方面进行了科学规划,确保了房屋建设、道路、给排水、公共绿地和学校、幼儿园、医院、超市、敬老院、社区活动服务中心等配套设施优化配置,布局合理,自来水、电力、电信、网络及有线电视入户,雨污分流、污水处理、绿化、美化、亮化工程设计水平超前 10~20 年,把每一个移民新村建设成当地社会主义新农村的示范村,实现移民新村“一代人建设、三代人享用”。在实施过程中,河南省严格质量管理,强化督促检查,实施奖优罚劣,基本按照设想的时间节点完成了南水北调丹江口库区移民新村建设任务。

一、建设任务

根据批复的移民安置实施规划,移民新村建设的原则为,新村建设应与生产安置规划紧密结合;尊重移民群众的意愿,按照有利生产、方便生活的原则,落实建房模式和建房地点;在尽量避免原居民拆迁、节约用地、少占耕地的前提下,选择地理位置和地形地质条件适宜、交通便利、水量充足、水质良好、便于排水的地方建设安置点。新村建设用地应避开自然灾害影响地段、已探明有开采价值的地下资源、地下采空区和重要文物古迹地段;建设规划应与区域周边环境及有关规划紧密衔接,充分考虑区域发展条件,根据不同自然地理条件要求,因地制宜、合理布局,统筹安排各类基础设施及公共设施,充分发挥移民补偿资金效益,方便移民生产生活;新村建设坚持与社会主义新农村建设相结合,与地区经济社会发展相结合,与城(集)镇规划相衔接,为移民提供适合当地特点、与规划期内当地经济社会发展水平相适应的人居环境,并为发展农村经济创造一定的条件,以满足日益提高的生活水平需要;新村建设应保护生态环境,防止水土流失。

根据《南水北调中线一期工程河南省丹江口水库建设征地移民安置实施规划工作大纲》,新村人均建设用地标准为每人 80 平方米(不含对外基础设施建设占地),可按每人 5 平方米的标准规划修建坑塘,建设用地和坑塘用地可统筹使用。根据《河南省〈土地管理法〉实施办法》,每户宅基地标准不高于 167 平方米。原则上一个移民新村规划一条对外交通道路。村内道路建设标准为:600 人以下(含 600 人)的新村路面宽 4.5 米,路基宽 5.5 米;601~1 000 人(含 1 000 人)的新村路面宽 5 米,路基宽 6 米;1 000 人以上的新村路面宽 6 米,路基宽 7 米。路面结构采用水泥硬化路面。

移民新村人均生活用水每天 100 升(含畜禽用水)。第一批、第二批移民新村排水采用雨污分流制。雨水采用宅前路道路排水方式,通过道路平石斜沟排至主、支路;主、支路采用排水沟或排水管,将收集的雨水排至安置点外已有的沟渠(塘堰、河流)。生活污水排入院外沉泥井,其他有污水排放的公共建筑室外设置一座化粪池,污水经沉泥井或化粪池排入污水管网,经管网末端的集中式化粪池处理后,排至村外的沟渠或河道。供电按规划户数每户 2 000 瓦设计。电信线路入户率为 50%。有线电视覆盖率为 100%。

移民子女就学纳入当地教育资源统一配置,原则上就近入学就读;确需建设的,经县级教育部门、移民管理机构批准并落实资金来源后,可以建设学校。村部、文化大院、卫生室、超市等公益设施按当地资源条件合理配置。其他设施根据需要设置。

根据批复的移民安置实施规划,河南省南水北调丹江口库区农村搬迁安置人口共 36 473 户 165 471 人。安置方式分集中安置、分散安置两种。其中集中安置 161 013 人,建设移民新村 208 个(200 人以下的小型村 35 个,201~600 人的中型村 39 个,601~1 000 人的大型村 69 个,1 000 人以上的特大型村 65 个);分散安置 4 458 人,原则上自己建设房屋。

二、组织实施

河南省南水北调丹江口库区移民新村建设分试点、第一批和第二批共 3 个批次实施。

(一)实施过程

试点移民新村建设于 2008 年 11 月启动,2009 年 8 月建设完成;第一批移民新村建设 2009 年 10 月启动,2010 年 8 月外迁近迁安置移民新村建设完成,2011 年 12 月淅川县内后靠安置移民新村和分散安置移民房屋建设完成;第二批移民新村建设 2010 年 6 月压茬启动,2011 年 10 月外迁近迁安置移民新村建设完成,2011 年 12 月后靠安置移民新村建设完成,2012 年 3 月淅川县内分散安置移民房屋建设完成。

1. 试点移民

1）动员部署

2008 年 10 月，国务院南水北调办印发《关于开展丹江口库区移民安置试点工作的通知》，启动试点移民工作。

2008 年 11 月 7 日，省委、省政府在郑州召开河南省南水北调工程丹江口库区移民安置工作动员大会，动员部署试点移民安置工作，标志着河南省南水北调丹江口库区移民搬迁安置工作正式开始。省委书记、省人大常委会主任徐光春，国务院南水北调办主任张基尧，国家水库移民后期扶持政策部际联席会议办公室常务副主任、水利部水库移民开发局局长刘伟平出席会议并讲话，代省长郭庚茂安排部署丹江口库区移民安置工作，副省长刘满仓主持会议。省委常委、郑州市委书记王文超，国务院南水北调办副主任张野，省人大常委会副主任铁代生、省政协副主席王平、省军区副司令曹建新、省长助理何东成，财政部、国土资源部、水利部、环保部、国家文物局有关部门负责同志，水利部南水北调规划设计管理局、水规总院、中线水源公司、长江设计院等有关负责同志，省南水北调中线工程建设领导小组、省移民工作领导小组 61 个成员单位的主要负责人，丹江口库区移民安置涉及的 6 个省辖市市委书记、市长和分管副市长，25 个县（市、区）委书记、县（市、区）长等 240 多人参加了会议。徐光春书记要求各级党委、政府要把做好移民安置工作作为一项严肃的政治任务切实抓紧抓好。代省长郭庚茂要求倾全省之力支持工程建设，确保征地拆迁和移民安置任务圆满完成。副省长刘满仓代表省政府向涉及的 6 个省辖市政府颁发了南水北调丹江口库区移民安置工作责任书。会后，南阳市召开了全市南水北调丹江口库区移民安置动员大会，向有关县（市）颁发了移民安置工作责任书；成立了以市长为组长的南水北调中线工程征地拆迁和丹江口库区移民安置工作领导小组；组织淅川县抽调 165 名副科级以上干部，组成 10 个工作组，由 10 名副县级干部任组长，分包 10 个移民试点村；组织邓州、新野、唐河、社旗 4 个试点县（市）安置区乡（镇）分别抽调 1 名副科级以上干部，市发展改革委等 10 个单位分别抽调 1 名具有农村工作经验的副科级以上干部编入淅川县驻村工作组，共同做好移民村宣传发动、对接等工作；举办了丹江口库区移民安置政策法规培训会。河南省唯一的迁出县南阳市淅川县召开了 1 100 人参加的移民安置动员大会，举办了 400 余人参加的培训会议，1 000 余名工作队员进村入户开始宣传动员工作，试点任务不结束不撤回。其他安置市县也相继召开大会动员部署、贯彻落实。

11 月 25~27 日，省移民办在焦作市孟州市召开河南省丹江口库区移民安置试点实施培训会议，对试点涉及的市、县、乡移民干部进行政策培训，对试点工作进行再动员、再部署。12 月 3 日，省移民办会同中线水源公司，组织了试点移民监督评估项目招标的评标工作。江河水利水电咨询中心中标，开始履行试点移民安置监理和移民生产生活水平监测工作任务。

2）安置对接和场地平整

2008 年 11 月，试点有关县（市）启动了安置点选址工作，并派出由县（市）领导带队的工作组，带着宣传资料和移民规划方案，赴淅川县移民村看望慰问移民群众，广泛征求移民的意见,邀请移民到安置区参观考察,了解安置地的风土人情、生活习惯、安置点水土资源条件和经济发展现状。南阳市唐河县结合当地中长期发展规划和实际情况,组织工程技术人员实地勘测,反复论证,最终确定地处南阳油田腹地,高速公路和县乡公路贯穿全境的王集乡政府西南800米处为移民安置点,该点建成后与原集镇连为一体,使移民从库区搬迁到唐河县后一步跨入城镇生活。12月9日,规划安置在该点的淅川县盛湾镇鱼关村干部和移民代表实地考察后,当即表示满意。同月,郑州市荥阳市委书记、代市长带领市四大班子领导等组成的20多人慰问团,赴淅川县上集镇魏营村看望移民群众。

12月25~26日,省移民办组织人员对试点移民涉及的6个省辖市进行了督察。根据督察情况,试点10个移民安置县(市)中,8个已与移民签订了安置确认书或委托建设书,其中新乡市原阳县安置点建设用地和地面附属物清理已经完成,村台垫土和生产用地定界均完成70%,进度在全省领先;郑州市荥阳市与规划安置的淅川县上集镇魏营村、南阳市新野县与规划安置的淅川县大石桥乡张湾村尚未完成对接。12月30日,省移民办在原阳县召开南水北调丹江口库区移民安置试点现场会,观摩学习原阳县的成功做法,交流各地试点工作经验。会议强调,要按照刘满仓副省长"一天不误,全速推进"的要求,力争在春节前完成安置点的"三通一平"工作。

图3-2-1　淅川县干部做移民群众的思想工作(2009年)

原阳现场会后,省、市、县各级加强了淅川县上集镇魏营村、大石桥乡张湾村的对接协调工作。淅川县在中华人民共和国成立后多次移民,在目睹了前期部分移民经历搬迁、返迁而陷入困境后,部分群众对"移民"两字比较敏感,有较大的顾虑和攀比心理。试点工作启动后,淅川县组织各级干部和移民村在县、乡工作人员,到10个试点村划片包户,逐户宣传动员,做群众思想工作。县、乡干部进村后,部分试点村群众要么关门闭户,要么一哄而上围攻谩骂。经过努力,8个试点村先后与安置地签订了安置确认书,但大石桥乡张湾村、上集镇魏营村群众拒绝签订。主要原因是这两个移民村领导班子力量薄弱,加之个别村干部和移民代表认为安置地不如老家好,夸大安置地的缺点,误导移民群众,造成双方对接困难。如魏营村部分移民代表认为荥阳市风沙大、土地属于盐碱地,不适合居住,且土地复耕地比例较大等。2009年1月17日,魏营村200余名群众围堵淅川县政府达9个多小时,群众情绪激动,要求县政府干部只准进不准出,并提出撤换村干部、公开村务、更换安置点等诉求。面对情绪激动的群众,淅川县干部按照"打不还手,骂不还口"的纪律要求,耐心做群众的思想工作,教育引导移民群众识大体、顾大局,体谅安置区的困难,安置区同样为国家重点工程建设做出了牺牲和奉献,移民群众不能提出过高的要求,更不能提出不合理的要求。1月20日,省政府副省长刘满仓赴淅川县慰问试点移民,召开座谈会了解魏营村群众的上访情况,并和该村群众代表直接见面,对群众提出的村务问题安排淅川县予以解决;当晚返郑后连夜召开会议,要求郑州市、荥阳市多了解历史上淅川县移民多次搬迁所做的牺牲和移民群众现在的思想和生活，充分理解移民即将挥别故土的脆弱心理，视移民为亲人，以更大耐心去做移民工作，用更高标准建设好他们的新家。1月21日至2月5日，荥阳市组织县乡干部300余人，放弃春节休息时间，到安置点涉及的8个被调地村做群众思想工作，克服推磨调地一系列困难，为魏营村重新调整了生产用地，使优质地比例高于当地居民水平。被调地村之一的大师姑村支部书记张西军多日忙于为移民调整土地、做强烈反对为移民调整土地的本村村民思想工作，累倒在工作现场，昏迷5天5夜才苏醒过来。2月6日，淅川县再次组织魏营村移民代表到荥阳市考察，荥阳市介绍了该市的经济实力、区位优势和为移民重新调整土地等工作情况，移民代表较为满意，于当日签订了安置确认书。同期，张湾村群众先后两次到大石桥乡政府集体上访，提出了20多个超越移民安置政策的条件，有的群众甚至偷挖了支持搬迁的村支部书记家祖坟。经迁安两地干部反复宣传动员，张湾村移民代表与新野县签订了安置确认书。虽然两村均签订了安置确认书，但仍有部分移民有较大抵触情绪。荥阳市、新野县在移民对接比较被动的情况下，加大力度，交叉作业，短时间内赶上了整体进度，如荥阳市利用5天时间就完成了新址征地和"三通一平"。2月15日，试点10个移民村12个安置点均完成了新址征地和"三通一平"任务，基本具备了建房条件。

3）房屋建设

2009年2月17日，省移民办在漯河市召开南水北调中线工程丹江口库区移民试点新村建设转段动员会，试点工作由此转入以房屋建设为主的第二阶段。会议印发《关于河南省丹江口库区移民安置试点新村建设和生产安置的实施意见》，要求2009年2月20日前，各移民村迁安组织组建完毕并进驻安置地，完成移民个人房屋选型，确认新村建设总体布局，确定实际建房数量；制订基础工程的施工方案和施工前的各项准备工作。3月31日前，移民个人房屋分配到户。4月10日前，完成移民房屋基础建设，具备分户建房条件。7月31日前，完成点内基础设施建设。8月10日前，完成移民个人房屋建设。为调动移民建房搬迁的积极性，省移民工作领导小组印发《关于对我省南水北调丹江口库区试点移民建房搬迁给予奖励的通知》，提出对提前和按时完成建房搬迁的试点移民给予奖励，最高每人2 000元。

漯河转段动员会后，各试点县（市）按照批准的规划开展新村设计，组织移民进行户型选择和宅基地分配，充分尊重移民意愿，由移民村迁安组织采取公开招标、邀请招标的方式选择施工单位，组织开展房屋基础建设。2月23~26日，南阳市唐河县、南阳市邓州市、平顶山市宝丰县、许昌市许昌县、漯河市临颍县、南阳市社旗县安置点相继举行了房屋建设奠基仪式，陆续开工建房。为督促魏营、张湾两村尽快开始房屋建设，淅川县组织两村在县、乡工作公职干部、教师包组包户，对移民开展思想动员和宣传教育。3月上旬两个村绝大部分移民签订了协议，同意到安置区建房，3月10日荥阳、新野两地举行了房屋建设启动仪式。至此，河南省试点12个安置点房屋全部开工建设。

3月24日，省委副书记陈全国前往新乡市原阳县狮子岗移民新村和郑州市中牟县姚湾移民新村查看建设情况，随后在中牟县召开河南省南水北调丹江口库区移民工作会议，省纪委、省委组织部、省委宣传部和省移民办等省直单位，6个移民安置市市委副书记、副市长、组织部副部长,25 个安置县(市、区)委书记、县(市、区)长参会。陈全国指出试点工作存在的问题,谈了对下一步大规模移民工作的思考,要求各级、各有关部门统一思想,落实责任,一定把移民搬迁安置工作做好。

3 月 27~28 日,省政府组成 3 个督察组,对试点 12 个移民安置点房屋基础建设阶段工作进展情况进行了督察。根据督察情况,试点移民已开挖基础房屋占总户数的 73%,完成基础建设房屋占总户数的 14%。郑州市荥阳市三官庙安置点规划建设的 160 套房屋中 120 套已完成基础建设,部分房屋已开始砌筑墙体。但部分移民认为南高北低的新村布局不吉利,坚决要求调整为北高南低。虽然新村布局是根据地势设计并经村迁安组织代表签字认可的,荥阳市委、市政府为照顾移民感情,在征得省移民办同意后,答应了移民的要求,将新村竖向标高进行了调整,新村"三通一平"调整的资金由市财政支付。省移民工作领导小组向 6 个省辖市政府印发督察通报,对 10 个试点县(市)的新村建设工作进行了排名。

4 月 9 日,省政府在平顶山市召开南水北调丹江口库区移民试点新村建设现场会,总结经验,表彰先进。国务院南水北调办副主任张野、省政府副省长刘满仓出席会议并讲话。会议宣布对工作进展较好的平顶山市宝丰县、南阳市邓州市、漯河市临颍县、郑州市中牟县移民管理机构各奖励越野车一部,对淅川县移民局奖励 30 万元;对先进库区、安置区乡(镇)分别奖励 6 万~8 万元;对先进移民村分别奖励 1 万~3 万元。平顶山现场会后,郑州市荥阳市组织施工队伍利用 15 个昼夜,耗资 20 余万元,把已砌好的墙体全部拆下,把已浇筑的圈梁全部砸掉,并对地平进行了加高,使之向南倾斜,在此基础上重新建设房屋基础。漯河市临颍县为进一步加快移民新村的建设进度,在原有优惠政策的基础上,县财政拿出 15 万元房屋建设奖励基金,在保证质量的前提下,对提前完成房屋主体建设任务的,对施工单位和迁安组织给予奖励。平顶山市宝丰县对按阶段完成建设任务的施工单位给予 1 000~5 000 元的奖励,完不成任务者重罚。每个中标施工单位按每建一户移民房屋交纳 2 000 元保证金,在规定时间内完不成移民建房任务,用保证金冲抵罚金。南阳市从市政府督察室、市监察局、市建委等抽调人员组成督察组,对施工进度、建房质量及施工企业的组织管理等开展了多次督察。其他市县也采取了相应措施,督促施工进度,加强质量和安全管理。

4 月 28~29 日,省移民办会同建筑质量检测部门、监督评估单位组成 3 个工作组,分别对 12 个安置点房屋建设工程进行了质量、安全及文明施工专项检查。检查后,省移民办印发通报,分县列出了质量安全方面存在的问题,提出了整改要求。各地陆续完成整改。

5 月 7 日,省长郭庚茂前往平顶山市和漯河市,考察了宝丰县周庄镇和临颍县王岗镇移民新村建设工地,和移民代表、建设监理和各级干部进行了座谈,要求各级干部在移民安置工作中高度重视、科学规划,使移民成为受益者。

5 月 20 日,全省 12 个试点移民安置点房屋主体建设基本完工,陆续转入房屋内外粉刷和公益设施、基础设施建设阶段。

5 月 25 日,国务院南水北调办在郑州召开南水北调丹江口库区移民试点和干线工程征迁工作现场经验交流会。与会代表察看了宝丰县、临颍县、许昌县和荥阳市试点移民新村的建设情况。国务院南水北调办主任张基尧在讲话中指出:这次现场会选在河南召开,原因之一是近年来在河南省委、省政府的坚强领导下,省南水北调办、移民办等有关部门密切配合,各级党委政府认真负责,靠前指挥,使河南征地移民工作开展得有声有色,很有成效,其很多经验和做法值得工程沿线其他各省(市)认真学习和借鉴。可以说,河南移民试点和征地搬迁工作积极有效推进,在工程沿线各省(市)中带了好头、起到了示范作用。随后,国务院南水北调办印发文件,号召南水北调东、中线其他6省(市)学习河南经验,切实推进工作。

为加强移民建房质量,5月省移民办印发《关于设立我省南水北调丹江口库区试点移民建房质量奖的通知》,决定对移民建房质量管理工作成绩显著的实施管理单位进行物质奖励。5月26~27日,省移民办会同省住房城乡建设厅质量检测部门、监督评估单位,对试点移民12个安置点的建房质量、安全与进度情况进行了全面考核。省移民工作领导小组根据考核结果,向6个省辖市政府印发通报,对按时完成移民房屋一层主体工程建设的县(市)、建房质量与安全评比前三名的县(市)以及淅川县进行了10万~40万不等的奖励,并指出了检查中各地存在的问题,各地按要求进行了整改。

4)公益和基础设施建设

许昌市许昌县发挥移民新村紧邻驻军的独特优势,和部队开展军民共建,协调当地驻军支持和参与移民新村建设。部队为工程建设提供15亩土地修筑道路、铺设管线,无偿提供营房25间让参与新村建设的工人居住,无偿出动官兵3 000余人次、车辆500余台次支持移民新村建设。2009年6月下旬,许昌县姬家营移民新村率先建设完成,基本具备搬迁条件。6月29日省政府在许昌市召开南水北调丹江口库区移民试点新村基础设施和公益设施建设现场会,与会代表现场观摩了姬家营移民新村基础设施和公益设施建设情况。省政府副省长刘满仓要求,大干20天,加快基础设施和公益设施建设进度,确保尽快具备入住条件。由于试点移民在库区原有公益设施数量少、质量差,补偿费用有限,80%的移民村没有集体财产和公益设施,到安置地后无法修建移民村公益设施。有些移民村本来可以不修建学校,但移民担心子女在当地学校就读会受欺负,坚持要求修建,否则拒不搬迁。为帮助移民新村建设公益设施,河南省各地各有关部门整合支农惠农资金和新农村建设资金,通过多种渠道解决资金缺口问题。平顶山市宝丰县政府安排县教体局出资60万元援建移民新村小学。为贯彻落实许昌会议精神,各试点市县均采取了增加施工力量、实施奖惩等措施。南阳市委、市政府6月29、30日连续两次召开会议,安排部署有关工作,印发《关于移民试点新村建设问题的紧急通知》,决定从当日起3天之内掀起移民新村建设高潮,决战20天,全面完成移民新村建设任务。南阳市唐河县组织4个建筑公司的12个施工队在45台施工机械设备、550余名施工人员的基础上,增加部分施工设备,人员增加到950人以上。从7月1日起,省移民办对全省移民新村基础设施和公益设施建设进度实行日报告制度,每天统计一次进度;省移民工作领导小组每5天在全省通报一次。

省移民办7月在全省移民试点开展了新村建设质量“回头看”活动。在各地对质量问题进行全面排查整改的基础上，8 月 3～6 日，新成立的省移民安置指挥部办公室会同设计、监督评估单位和省质监总站组成检查组，对全省 12 个试点移民安置点建设质量、进度和移民搬迁准备情况进行了全面检查。省移民安置指挥部办公室向 6 个省辖市政府进行了通报，指出了存在的问题，要求各地抓紧整改，消除各种质量隐患。

8 月上旬，试点移民搬迁在即，但部分移民新村尚未建设完成。南阳市社旗县组织县直部门和 14 个乡（镇）援建移民新村，几百辆机械、3 000 余工人交叉作业，于 8 月中旬完成了房屋门窗安装和道路施工任务，具备了搬迁条件。其他县（市）也采取了增加机械设备和人员的措施，8 月中下旬，各试点县（市）移民新村建设陆续完成，具备了搬迁入住条件。

试点移民新村建设期间，在工期紧、任务重的压力之下，河南省各地干部和参建人员几乎没有节假日、双休日，日夜工作在新村建设一线，发明了“五加二”（五个工作日加两个双休日）、“白加黑”（白天加晚上）工作法。南阳市唐河县分管移民工作副县长李海宪患有心脏病、高血压和痛风，但为抓好移民新村建设工作，绝大部分时间吃住在工地。他经常头戴草帽，脚穿长筒胶鞋，一身泥水，被称为“民工县长”。由于夏天衣服经常被汗水浸透，裤兜里的手机都被泡坏了。在南阳市信访局工作的弟弟因连续加班突发脑出血因公殉职，他因一直忙于移民工作抽不开身，未能亲自参与弟弟的后事办理。参与新村建设的施工等人员在夏季高温下连续工作，经常有人中暑，为保障施工等人员健康，南阳市新野县张湾新村建设工地最高一天消耗了 1 万余支藿香正气水。

2. 第一批移民

2009 年 7 月，省委、省政府印发《实施方案》，正式以文件形式确定试点以外的大规模移民安置“四年任务、两年完成”。同月，省移民安置指挥部成立。7 月 29 日，省委、省政府在淅川县召开河南省南水北调丹江口库区移民安置动员大会。省委副书记陈全国、国务院南水北调办副主任李津成出席会议并讲话。省委常委、郑州市委书记王文超，省移民安置指挥部副政委、副指挥长，各成员单位负责同志及指挥部办公室主任、副主任；移民安置涉及的 6 个省辖市 25 个县（市、区）的主要领导、省直 25 个包县工作组等单位 400 余人参加了会议。会议要求，举全省之力确保库区大规模移民安置“四年任务、两年完成”，并实行统一征地、统一规划、统一标准、统一建设、统一搬迁、统一发展的“六统一”政策。会后，有关市、县相继成立了南水北调丹江口库区移民安置指挥部，召开了动员大会。南阳市委、市政府成立了以市委书记为政委、市长为指挥长的移民安置指挥部，并实行市四大班子领导分包移民工作制度；各迁安县、乡分别增配了专职移民副书记、副县（乡）长；市财政每年列出 1 000 万元专项移民工作经费。淅川县从县直 74 个单位选调 300 多名干部进驻 10 个乡（镇）50 余个第一批移民村全程参与迁安工作，

图 3-2-2　2009 年 7 月 29 日，省委、省政府召开河南省南水北调丹江口库区移民安置动员大会

通过县电视台开办《渠首大移民》栏目，县、乡两级大量刷写固定标语和悬挂过街横幅，成立讲师团巡回宣传等形式，开展大规模宣传活动。8月3日，省移民安置指挥部办公室正式挂牌。8月6~8日，省移民安置指挥部在郑州召开会议，对25个省直移民迁安包县工作组人员进行培训，会后包县工作组人员陆续进驻分包县（市、区）开展工作。10月中旬，省委、省政府决定将已完成具体对接的57个移民村作为第一批移民安置工作任务。根据实施规划，第一批移民共搬迁安置66 418人，需建设81个集中安置点，其中外迁61个安置点，淅川县内20个安置点（近迁安置点2个，后靠安置点18个）。10月20日，省移民安置指挥部在郑州召开河南省南水北调丹江口库区第一批移民安置实施动员大会，省委副书记、省移民安置指挥部政委陈全国，国务院南水北调办副主任张野，省人大副主任、省移民安置指挥部副政委铁代生出席会议并讲话，省政府副省长、省移民安置指挥部指挥长刘满仓安排部署工作。有关市县陆续召开大会进行动员部署。河南省将外迁近迁安置的63个安置点作为重点管理目标，统一制订实施计划；其余18个后靠安置点建设和分散安置移民房屋建设由淅川县根据实际情况自行制订实施计划。

1）外迁近迁安置

2009年9月，省移民安置指挥部办公室会同省住房城乡建设厅从全省44家以及北京、上海、广州等设计单位征集到的230套移民户型设计方案中，评选出既能体现当代新农村住宅建设新风貌、又能体现经济实用和地方特色的优秀户型方案46个，供移民选择。为把移民新村建设成为新农村建设示范村，部分县（市、区）委托设计部门对移民新村进行了高标准规划。如平顶山市舞钢市聘请了清华大学设计院对移民新村进行了高起点、高标准设计，整个移民新村房屋统一按欧式别墅设计建造，红色波型瓦坡屋顶结构，布局合理、外观别致、美观实用；郏县在省移民安置指挥部办公室提供的户型基础上，聘请专家进行修订完善，设计了蓝色琉璃瓦坡屋顶二层楼房的户型，不但美观大方，而且具有冬暖夏凉、隔热防雨的效果。

10月，为加强迁安双方的沟通协调，河南省开始实行迁安乡（镇）互派工作组制度。安置区乡（镇）组成不少于2人的工作组，由一名实职副科级干部带队，常住对应库区乡村，熟悉情况，宣传政策，联络感情，反馈信息，开展工作。迁出乡（镇）也向每个安置县（市、区）派驻一个2人以上的工作组，协调解决移民新村建设、搬迁安置、宅基地分配、土地分户等有关问题。10月20日全省第一批移民安置实施动员大会后，各市、县召开动员大会部署，制订工作计划，完善规章制度，调整建设用地，发布招标公告。在各级层层动员和广泛宣传下，全省形成了重视、支持移民工作的浓厚氛围。为避免实施规划编制工作影响新村建设进度，河南省采取了由设计单位先编制各村新村征地和“三通一平”实施规划要点满足建设需要，再编制实施规划的方法。10月下旬，长江设计院、黄河设计公司编制完成了第一批移民首批50个安置点的新村征地和“三通一平”实施规划要点，经省移民安置指挥部办公室审查同意后下发各地。各地按照“六统一”要求，由安置乡（镇）或县级移民管理机构陆续启动了新村征地和“三通一平”工作。11月14日，天降大雪，省移民安置指挥部在南阳市召开南水北调丹江口库区第一批移民新村征地暨“三通一平”工作现场会，省政府副省长、省移民安置指挥部指挥长刘满仓要求，各地11月底前完成“三通一平”任务。到11月20日,全省63个外迁近迁移民安置点,已经有20多个提前完成了“三通一平”任务,其中南阳、新乡2市及平顶山市宝丰县、漯河市临颍县进展较快。

为加强移民新村建设管理,省移民安置指挥部办公室会同省住房城乡建设厅制定并下发了《河南省南水北调丹江口库区移民新村建设工程质量和施工安全管理办法》,要求每个安置县(市、区)建设行政主管部门的建设工程质量监督机构对各安置点都要派出不少于2人的监督人员,进驻移民新村建设项目现场,开展全过程监督,在全省实施政府监督、中介监理、企业自控、移民参与“四位一体”的工程质量监督管理模式。全省25个县(市、区)建设工程质量监督机构共派出134名监督人员,全程监督第一批移民新村建设。省移民安置指挥部办公室按户均300元标准给安置地拨付了监理经费,制定了《河南省南水北调丹江口库区移民新村建设工程质量考核标准》《关于进一步加强第一批移民新村建设招标投标管理的通知》等制度。

11月26~28日,省移民安置指挥部派出6个督察组,组长由6个副厅级干部担任,对第一批移民新址征地及“三通一平”工作进行全面督察。根据督察情况,全省第一批移民61个外迁安置点,新村征地及“三通一平”已经全部完成和基本完成的有43个,占70%;平顶山市宝丰县、南阳市唐河县等8个县(市、区)进展较快,有的正在开挖房屋基础。省移民安置指挥部向6个省辖市政府印发通报,对各地进展情况进行了排序,指出了存在的问题。在各级领导的重视和持续督察通报压力下,各地形成明争暗赛的建设局面。至12月20日,第一批移民新村征地和“三通一平”建设任务基本完成。

移民新村房屋建设开始后,河南省各地都采取了一系列措施,保障房屋建设进度、质量和安全。南阳市为防止投标企业因多处报名、超限中标而超越施工能力,不能按期保质保量完成施工任务,印发《关于在第一批移民新村房屋建设招标投标工作中严格控制投标企业超限中标的通知》,要求同一个三级资质施工企业,在全市范围内,最多只能承揽2个标段的施工任务;同一个二级资质企业,最多只能承揽4个标段的施工任务;同一个一级资质企业,最多只能承揽6个标段的施工任务。该市还实行每10天一次的督察通报制度,对各县(市、区)和各安置点工作进度、质量排出名次,下发通报,对排序倒数第一名的由市移民安置指挥部专职督察组实施重点督察,责令限期整改。对连续2次排名倒数第一名的,县(市、区)分管领导必须向市委、市政府写出书面检查,并对有关乡(镇)党委、政府主要领导进行诫勉谈话。对施工质量不合格的施工队,市建委列入黑名单。平顶山市郏县在移民局派驻工地3名技术人员的同时,专门聘请一名经验丰富的建筑工程师任总工,作为房屋建设技术总监;在现场设立警务室、办公室、监理室、会议室等,各部门人员吃住工地,便于及时沟通协调;邀请12名移民代表提前进驻工地,进行全程质量监督;2天召开一次例会,查找存在的问题,遇重大问题时,随时召开技术会商会解决。新乡市原阳县发现一个移民新村房屋基础施工中存在桩基长度不够等质量问题后,将承建公司逐出施工现场,撤换现场监理负责人,对现场指挥部建设组和县建设局质检站提出严厉批评。12月22日,省移民安置指挥部在郑州召开丹江口库区移民新村建设质量监管培训会议,对迁安市县移民管理机构、建设局主管领导及驻点工程质量监督员进行培训。

2010年1月上旬,省移民安置指挥部办公室印发《河南省南水北调丹江口库区第一批移民新村建设工程冬期施工要点》,对冬期施工进行科学指导,并从各地建设单位抽调12名专家组成6个检查组,对第一批移民63个安置点新村招标投标和建设质量开展大检查。省移民安置指挥部办公室根据检查情况对6个省辖市政府印发通报,对有关县(市、区)进行了综合评定。1月13日,省移民安置指挥部在平顶山市召开了第一批移民新村建设工程质量管理现场会。省政府副省长刘满仓要求各地向平顶山市和南阳市学习,认真抓好移民房屋的质量安全建设,确保将移民房屋建成一流质量。

由于大量移民新村同期开工建设,部分地方砖、钢材等建材价格出现了较快上涨势头,部分县(市、区)出现了制砖企业不按合同供给、电力供应不足等问题。有关部门及时采取监控措施,对哄抬物价的行为予以打击,使建材产品价格控制在比较合理的范围之内。南阳市唐河县国土、建设部门出台了《关于支持移民安置建设用砖有关问题的规定》,由水利部门出台《关于河道土砂资源管理的补充规定》,严控砖砂价格,要求页岩砖出厂价每块最高不得超过0.26元,砂价每立方米最高不得超过10元。对哄抬物价、囤积居奇的,物价、国土、水利部门会同公安、国税部门介入予以查处;对强买强卖、强拉强运的,公安部门予以调查、打击。为保证电力供应,该县主动与市电业部门协调,确保移民安置点建设不停电、不拉闸。

1月下旬,省移民安置指挥部办公室会同省教育厅开始组织各地移民、教育部门做好移民学校建设规划的对接,对移民新村学校和幼儿园统筹考虑、合理布局。省教育厅将新村学校建设纳入农村校舍安全工程和校舍维修工程,陆续将资金下达各地。

2月18日,农历正月初五,河南省南水北调丹江口库区移民新村建设工地陆续复工。截至2月底,全省移民新村房屋基础建设基本结束。3月3日,省移民安置指挥部在漯河市召开全省南水北调丹江口库区第一批移民新村建设转段动员会,标志着新村建设转入以房屋主体建设为主的第二阶段工作。会上对第一阶段先进单位给予了10万~80万元不等的奖励。会后,各地利用气温回升、天气转好的施工有利时机,组织施工企业在保证质量的前提下加快进度,确保按既定时间节点完成建设任务。南阳市邓州市委书记、市长亲自带队,对第一批13个移民安置点开展多轮实地观摩考评,排名前3名的乡(镇)领导在电视台介绍经验,后3名的则做表态发言。各乡(镇)、移民和建设等部门领导常驻工地,及时协调解决存在的问题。新乡市辉县市根据新村建设各个阶段的任务,编制倒排工期表,把不同时段相关单位要完成的建设目标和任务细化分解,落实到每一周。市、乡两级主要领导现场办公,及时解决问题。坚持每个工程段一评比,对各标段施工进度、工程质量排出名次下发通报,对排序倒数第一名的施工标段由指挥部实施重点督察,责令限期整改。对连续两次排名倒数第一名的,现场指挥部分包干部向指挥部写出书面检查。对施工质量不合格的施工队,市建委一律列入黑名单。南阳市社旗县为确保建设质量,严把施工企业招标关,对报名参与企业实行严格的资格审查,剔除26家挂靠资质企业,确保了实力雄厚、信誉良好、技术过硬的企业进入招标范围。建立政府、监理、质监和迁安组织“四位一体”的监督体系,全天候全过程进行监管,发现问题立即下发整改通知。

截至 2 月底,共下发整改通知 72 份,处罚企业 36 次,对一个施工队实行强制清场,该县移民新村建设质量始终处于全省前列。省移民安置指挥部办公室发文对社旗县通报表扬。

为加强移民新村建设的质量管理,省移民安置指挥部办公室又先后印发《关于河南省南水北调丹江口库区第一批移民新村工程建设推荐新型墙材生产企业的通知》《河南省南水北调丹江口库区移民新村房屋建设工程质量通病防治措施》等文件。3 月 25 日,省移民安置指挥部在郑州召开丹江口库区移民新村建设互督互查工作动员会议,决定从 25 个省直单位移民迁安包县工作组中抽调人员,由组长带队,每月下旬集中对 25 个县(市、区)第一批移民新村建设工程管理、工程质量与工程进度等进行一次综合性互督互查,并以县为单位进行考评排序。

图 3-2-3　省住房城乡建设厅副厅长石迎军(前排右三)带队到新乡市检查移民新村建设工作(2010 年)

4 月 9 日,省政府副省长、省移民安置指挥部指挥长刘满仓带领办公室有关同志,暗访郑州市新郑、荥阳、中牟 3 县(市)第一批移民新村建设情况。刘满仓一行不与县(市)打招呼,直接进入新村建设工地,向建筑工人、现场管理人员和迁安代表详细了解施工组织、质量监管、安全保障、进度安排、配套设施建设情况,以及地方政府关心程度、包县工作组职能发挥、农民工招聘及培训、农民工工资标准及工资发放、迁安代表日常生活、迁安群众思想状态等情况。11 日,省移民安置指挥部在南阳市召开丹江口库区第一批移民新村建设南阳现场观摩会,与会代表实地参观考察了新野县、唐河县 3 个移民新村的建设情况,会议通报了 3 月下旬互督互查情况。省政府副省长、省移民安置指挥部指挥长刘满仓指出,南阳市既是丹江口库区移民的唯一迁出市,也是重要的移民安置区,全市安置库区移民占全省的三分之二。南阳市能够在时间紧迫、任务艰巨的情况下克服困难,第一批移民新村建设工作又快又好,其他县(市、区)没有理由做不好移民安置工作。他要求在保障质量的前提下抢时间、赶进度,同步建设新村基础设施和公益设施。15 日,省移民安置指挥部办公室召开试点和第一批移民新村污水处理方案讨论会,研究确定了试点和第一批移民新村污水处理方案。会后,长江设计院、黄河设计公司向各地提供了第一批移民新村雨污分流设计方案,各地按要求组织了实施。24 日,省移民安置指挥部在郑州召开河南省南水北调丹江口库区移民安置工作会议,省移民安置指挥部正、副指挥长,6 个省辖市主管副市长、移民管理机构负责人,25 个省直单位移民迁安包县工作组组长,25 个县(市、区)长、移民管理机构负责人,省移民安置指挥部办公室全体成员和长江设计院、黄河设计公司负责同志参会。刘满仓指出了新村建设中存在的进度不平衡、个别地方质量管理不到位、公益设施建设进度缓慢、规划设计滞后等问题,要求进一步加强质量监管,加快施工进度。

针对移民新村建设装饰装修及安装工程阶段容易出现的一些问题,进一步加强标准化施工,省移民安置指挥部办公室2010年5月印发《关于进一步加强第一批移民新村建设装饰装修及安装工程质量管理的通知》,推行样板引路的做法,以“样板房”为标准,确保施工质量。同月,为了给移民提供一个舒适配套的居住环境,省移民安置指挥部办公室决定对门楼院墙建设实行奖补。对按时完成门楼院墙建设的移民户每户补助2 000元,建成验收后兑付,不建设不补助。5月20日,63个移民安置点房屋主体工程建设全部结束。26~30日,省移民安置指挥部派出2个检查组分别对6个省辖市的25个县(市、区)第一批移民新村房屋工程建设情况进行了阶段性检查。进入6月,进展快的移民新村已经建设完成,开始筹备移民搬迁。其他移民新村继续推进基础设施和公益设施建设。7月20日,第一批移民新村基础设施和公益设施建设基本结束。

7月中旬,省住房城乡建设厅在郑州召开南水北调丹江口库区第一批移民新村工程建设总结表彰暨第二批移民新村建设动员会。会议向在第一批移民新村建设中表现突出的建设、质监、监理、施工单位颁发了奖牌。

河南省第一批移民人数是试点移民的6倍多。新村建设不仅建设时间紧、任务重、要求高,工地上还经常出现各类矛盾纠纷需要及时协调解决,各级移民干部承受着巨大的工作压力。郏县正县级干部邢延松在新村建设的整个过程中,吃住在工地。2010年6月,妻子因病住院,他无暇去看望,只是通过电话安慰一下。有一次他突然感到头昏脑胀,经医院诊断,他患上了心脏病。在家属一再劝说下,他才做了心脏搭桥手术,出院后又返回了工作岗位。南阳市承担了河南省三分之二的移民安置任务,难度更大。社旗县副县长孙大明每2天就要把6个移民新村工地巡查一遍,夜晚还经常去现场查看。由于他患有高血压、胆囊炎和失眠症,曾数次晕倒在工地,但为了工作坚持不住院。母亲连续一周去他家未见到他,只好找到工地,劝他住院治病,也被他婉拒了,母亲无奈哭着离开了。

2)后靠和分散安置

2009年12月,淅川县印发《淅川县南水北调丹江口库区后靠移民安置实施方案(试行)》,对后靠移民安置工作做出了安排。根据长江设计院编制的实施规划,除近迁安置1 539名移民外,淅川县另需在县内安置第一批移民4 448人,涉及10个乡(镇)23个村。其中后靠集中安置2 628人,规划建设集中安置点18个;分散安置1 820人。

自河南省第一批移民安置工作启动后,淅川县作为河南省唯一的迁出县,各级干部都将大部分精力放在大规模移民外迁配合工作上,县内新村建设工作相对滞后。2010年2月,马蹬镇葛条扒安置点率先启动建设。4月,淅川县印发《县内后靠移民集中安置点建设管理若干规定(试行)》,对安置点建设的各项工作进行了规范。至9月,18个后靠安置点中,2个安置点房屋主体工程基本完工,5个安置点正在砌筑房屋墙体,1个安置点正在平整场地,4个安置点刚完成招标投标但未开工,其他6个安置点尚未完成招标投标工作。为改变被动落后的局面,10月22日,淅川县委、县政府召开全县内安工作会议,强调把工作重心转移到县内移民安置上来,加快移民新村的建设进度。会后,有集中安置点建设任务的乡(镇)采取各种举措,加强了施工力量,交叉作业,昼夜施工,新村建设进度开始提速,至11月上旬没有开工的6个集中安置点全部开工建设。为进一步加快新村建设进度、保障建设质量，南阳市移民安置指挥部每月开展两次督察；淅川县移民安置指挥部新村建设督察组每周开展一次督察，质检部门定期开展质量巡检，淅川县移民安置指挥部领导根据督察情况对进度慢、管理不规范、施工组织不力的乡（镇）采取约谈警示措施。到2011年1月10日，18个集中安置点中，2个安置点移民已搬迁入住，5个安置点完成房屋主体工程建设，6个安置点正在砌筑房屋墙体，1个安置点正在建设房屋基础，其他4个安置点完成场地平整。

2011年2月，淅川县开始开展县内后靠安置点和分散安置工程建设“创先争优”竞赛活动，对各乡（镇）、企业等单位任务完成情况进行了三轮综合考评，分别对先进单位和落后单位予以奖罚。盛湾镇成立移民新村建设督导组，对新村建设情况实行一天一观摩督察、三天一站队评比、十天一兑现奖惩措施；老城镇对按规定时间节点完成全部建设任务的施工企业，按每套房屋2 000元标准予以奖励。7月，利用第二批外迁近迁安置移民集中搬迁任务较轻的时期，淅川县开展了县内后靠安置点新村建设“突击月”活动。淅川县移民安置指挥部组织有关部门每周开展一次督察，重点督察移民新村建设质量、进度、施工人员到岗等情况，并根据督察情况对先进单位奖励，同时对进度较慢、质量问题较多的乡（镇）和企业实施重点监控和经济处罚。有关乡（镇）也采取加强监管、增加施工力量、奖优罚劣等措施推进工程建设。如上集镇拿出60万元用作奖金，调动施工企业的积极性，并把组织不力的火岭安置点施工企业赶出了施工现场，招标了一家大企业入驻，促进了建设进度。截至8月10日，18个集中安置点中，4个安置点移民已搬迁入住，7个安置点具备搬迁入住条件，6个安置点完成房屋主体建设，1个安置点正在砌筑房屋墙体。经过各有关部门的共同努力，至10月，除上集镇李山安置点尚未完成新村建设外，其他17个安置点全部完成建设任务。12月，李山安置点新村建设任务完成，至此淅川县第一批后靠移民安置点建设任务全部完成。同月，各有关乡（镇）安置的分散移民也完成房屋建设。

3. 第二批移民

按照省委、省政府提出的“四年任务、两年完成”的目标，第二批移民与第一批移民压茬进行。2010年6月12日，省政府在郑州召开丹江口库区第一批移民搬迁暨第二批移民安置动员大会。省长郭庚茂，国务院南水北调办副主任张野出席会议并分别讲话，省政府副省长刘满仓安排部署移民迁安工作。省人大常委会副主任李柏拴，省政协副主席王训智，省军区副司令员罗爱国等出席会议。省移民安置指挥部副指挥长、成员及指挥部办公室全体成员，郑州等6个省辖市市长、分管副市长、移民管理机构负责人、建设局长，25个县（市、区）委书记或县（市、区）长、分管副县（市、区）长、移民管理机构负责人、建设局长，省直

图3-2-4　2010年6月12日，省政府召开南水北调丹江口库区第一批移民搬迁暨第二批移民安置动员大会

单位移民迁安包县工作组组长、副组长及移民安置设计、监督评估单位等 300 余人参加会议。根据实施规划,第二批搬迁安置移民 87 940 人,需建设集中安置点 115 个,其中外迁安置点 82 个,淅川县内安置点 33 个(近迁安置点 9 个,后靠安置点 24 个)。2011 年 10 月,外迁近迁安置移民新村建设完成。2011 年 12 月,后靠安置移民新村建设完成。2012 年 3 月,淅川县内分散安置移民房屋建设完成。

1)外迁近迁安置(不含社区移民)

2010 年 7 月中旬,设计单位开始陆续提交安置点的新村征地和"三通一平"实施规划要点,各地陆续启动了新村征地和"三通一平"工作。9 月底,第二批移民新村征地和"三通一平"任务按期完成,房屋基础建设和主体工程建设陆续展开。

在移民新村建设启动之时,受国家实施节能减排政策影响,钢铁、水泥等高耗能、高污染行业和产能过剩行业、企业停产或按比例轮休,加之南水北调干线工程和移民新村建设同时施工,建筑主材需求急剧增加,价格不断上涨,电力供应也紧张。加之不少地方移民房屋设计标准有所提高,移民房屋建设单价上涨较快,在移民承受能力不足的情况下,各地采用多种形式对施工企业进行补助,保障了移民新村建设的顺利进行。如郑州市农村地区房屋建设成本已上升到每平方米 700 元左右。郑州市荥阳市为保障移民出得起、企业有利润,移民房屋招标公开价格定为一层每平方米 570 元,二层每平方米 560 元,政府另外再补助施工企业每平方米 100 元。省移民办向国务院南水北调办申请了价差补助,并陆续下拨 1.97 亿元由各地根据实际补助施工企业。因南阳市正在准备全国第七届农民运动会场馆建设,且移民新村数量较多,情况尤为突出。南阳市政府在全市开展建设材料价格专项检查,协调市内具备余热发电设施的 4 家水泥生产企业,每日直供移民新村水泥 1 万吨,每吨价格不超过 280 元,并组织供电公司加强调度保障移民新村建设用电,基本满足了新村建设施工需要。

10 月 11~16 日,省移民安置指挥部办公室派出 2 个检查组,对全省第二批移民新村建设第一阶段,即"三通一平"和房屋基础工程进行了综合性的检查评比。省移民安置指挥部印发通报,对 20 个县(市、区)进行了综合排名,指出了工程进度、主体工程、工程资料和廉政建设方面存在的问题。

11 月 21 日,省政府在南阳市邓州市召开全省南水北调丹江口库区第二批移民新村建设现场会,副省长刘满仓在会上强调,要认真学习借鉴南阳市邓州市、新乡市封丘县等地先进经验,全速推进第二批移民新村建设进度。为改变在第一批移民新村建设工作中被动落后的局面,南阳市邓州市和新乡市封丘县等县(市、区)在全省第二批移民安置动员大会之前就抢先施工,争取主动。如邓州市在 5 月中旬就开始"三通一平",6 月开始招标投标,7 月下旬开始移民新村建设。该市抽调乡(镇)、市直精干人员常驻新村建设工地,明确乡(镇)党委书记、乡(镇)长对工程质量负总责,对乡(镇)实行一票否决;市委书记、市长每周到移民点现场办公,协调解决问题;组织观摩评比,对先进单位和企业进行奖励,落后的乡(镇)党委书记在大会公开检讨并在电视台曝光,连续 3 次公开检讨的乡(镇)主要领导引咎辞职,同时对施工企业进行相应处罚。截至 11 月 20 日,该市共组织了 4 次观摩评比活动,累计发放奖金 50 余万元,先后有 5 位乡(镇)党委书记进行了大会检讨，对 3 个施工企业实施了通报批评，对 9 个施工企业进行了经济处罚。在吸取第一批移民工程经验的基础上，郑州市对房屋建设的基础处理、回填土处理、现浇、梁柱结构、防水处理等工程重点部位实行重点监控，大面积的混凝土应用全部使用商品料，既保证配比质量，又加快了进度；对于重点环节的处理严格按标准执行，宁慢勿快，不惜推倒重建。为保障建设进度，该市提前谋划好各个阶段所需要的人员、机械设备、材料物力等，统筹考虑、协调推进，交叉作业，并对每个移民点、每个标段，统筹安排每个施工队承建数量，严格要求每个施工队承建房屋户数不得超过 15 户，减轻工作负担。封丘县财政拿出 150 万元的专项资金，按基础、主体、竣工三大节点对提前完成建设任务的施工企业，按每座房基础部分 800 元、主体部分 1 000 元、竣工时 800 元的标准进行奖励，并在中秋假期动员全县 19 个乡（镇）组织近千名建房技工支援移民新村建设，比省定时间节点提前 5 天完成了移民房屋基础建设任务。

为贯彻邓州会议精神，确保 2010 年 12 月 20 日前按省定节点完成建设任务，各地采取多种措施推进新村建设。郑州市中牟、荥阳、新郑 3 县（市）针对建筑材料价格上涨影响承包方经济利益的情况，在原承包价格的基础上，为承包方每平方米垫付 50 多元，确保了工程建设的顺利推进；实行原材料把关验收制度，保证了原材料的质量；开展了各项评比活动，拿出专项资金奖励按时间节点完成任务的施工方、先进工作者；成立警务室，严厉打击影响工程建设各种违法行为，创造良好的外部环境。新乡市获嘉县在电力供应紧张的情况下，协调保障施工工地 24 小时不停电；尽管移民房屋全部为一层和二层，仍不计成本的安装了四部塔吊加快施工；对在 11 月底前完成房屋主体建设的标段，给予 1 万元购置模板奖励。许昌市长葛市按照省规定的时间节点，制订详细的施工进度方案和阶段性施工方案，把进度要求具体落实到每一天、每一排房屋建设上，组织施工队交叉作业，昼夜施工。该市官亭乡为确保进度，把原来 14 支建筑队扩大到 24 支，施工人员由 600 人增加到 1 300 人。石固镇提前购置租赁脚手架，避免人多工具少现象的发生。

全省安置地建设系统在省住房城乡建设厅的组织下，发挥行业优势，落实质量管理体系，组织监理、施工单位定期不定期地对项目执行情况进行检查和考核，对移民房屋逐户排查，全面掌握项目的具体情况，发现隐患立即排除；组织施工企业及早做好冬期施工防范准备，提前拿出方案，专人负责，防止混凝土和砌体等关键部位发生冻害；结合日常检查、抽查等情况，及时分析总结现场质量安全形势状况，查找存在的突出问题和薄弱环节，对质量安全隐患突出、管理混乱的单位，强化管理措施，提高管理效能，发现问题按规定做出相应处理，跟踪落实整改到位。省住房城乡建设厅将移民新村建设与对建筑企业的动态监管相结合，对在移民新村建设中开展不力、不按规定配备关键岗位人员、安全生产投入不足、存在重大质量安全隐患的，按规定记录并公示不良行为、暂扣或吊销企业安全生产许可证和资质证，在资质升级、增项中进行严格审查和复查。对拒绝在规定期限内进行整改的，安全生产许可证和资质证不予延期换证。2010 年 12 月 1 日，省移民安置指挥部办公室与省住房城乡建设厅在郑州联合召开河南省南水北调丹江口库区第二批移民新村建设工作会，要求各有关县（市、区）建设管理单位和所有参与移民新村建设的施工、监理单位，进一步提高认识，落实责任，全力保障移民新村工程建设进度和质量。

12月13~20日,各省辖市移民安置指挥部办公室、住房城乡建设局根据省移民安置指挥部办公室与省住房城乡建设厅要求,对第二批移民新村建设工程质量开展了一次拉网式专项检查。同时,省移民安置指挥部办公室对各地建设质量情况进行了暗访抽查,对新村建设进度较慢的5个县进行了专项督导,要求监督评估单位一天一报进度,每三天通报一次情况。

2011年1月上旬,省移民安置指挥部办公室派出考核组,对6个省辖市20个县(市、区)第二批移民新村房屋和公益设施主体工程管理、质量和进度进行了综合考核。1月10日,88个近迁外迁安置点移民房屋主体工程已大部分完成,公益设施已全部开工建设,部分进度快的已经完成。省移民安置指挥部根据考核情况,印发通报。1月12日,省移民安置指挥部在新乡市召开全省南水北调丹江口库区第二批移民新村工程建设转段动员会,转入以房屋装饰装修和基础设施建设等为主的第三阶段。省移民安置指挥部办公室对南阳市邓州市、新乡市获嘉县等13个先进单位进行表彰并给予10万~30万元不等的奖励。

3月10日,省移民安置指挥部在荥阳市召开南水北调丹江口库区第二批移民新村建设推进会。省政府副省长、省移民安置指挥部指挥长刘满仓,省委宣传部常务副部长马正跃,国务院南水北调办司长袁松龄,省南水北调办、省移民办主任王树山等出席会议。会议要求各地尽快开始新村道路、供水、供电等基础设施建设,确保移民新村基础设施按要求完成,满足移民搬迁和生产生活的需要。3月20日,省移民安置指挥部在全省开展“大干60天,夺取移民新村建设全面胜利”劳动竞赛活动,并分别在4月、5月分2个阶段对竞赛活动进行了考核奖励。南阳市对移民新村建设10天一检查,对7个安置县(市、区)和所有乡(镇)进行排名,对进度快质量好的县(市、区)和安置点市财政拨付专项资金进行重奖,对进度慢质量差的给予通报批评。郑州市对每个安置点补助建设经费200万元,同移民资金捆绑使用,打造社会主义新农村示范村。新郑市每周对移民新村建设情况组织开展工程质量、工程进度、工程管理、施工安全检查评比工作,重点对工程质量进行考评,按照工程时间节点对工程整体进度进行考评;组织各标段施工企业根据各自工程量和进度,按照不少于260名施工人员的标准增加施工人员和设备,设立倒计时牌,倒排工期推进。

3月24日,省长郭庚茂到郑州市新郑市郭店镇,实地查看南水北调丹江口库区移民新村建设情况。郭庚茂省长指出,老百姓的事无小事,移民新村建设关系移民切身利益,责任重大,一定要把工作做细、做好,高质量完成新村建设任务。

4月30日,88个安置点房屋主体工程建设完成,公益设施建设已全部开工建设,部分进度快的已经投入使用。南阳、新乡、郑州部分安置点已具备搬迁条件。

5月27日,为实施好国家刚批复的环境保护、水土保持规划,省移民安置指挥部在平顶山市召开丹江口库区移民新村污水暨垃圾处理现场观摩会议,现场观摩了平顶山市郏县和许昌市襄城县移民新村污水及垃圾处理项目建设情况。会议印发《河南省南水北调丹江口库区移民新村污水及垃圾处理工作实施意见》,要求各地对尚未建设化粪池的安置点,直接建设污水处理设施;对已经建设或正在建设化粪池的安置点,通过改造提升末端污水处理设施,做到达标排放,并做好移民新村垃圾收集、清运和处理工作。会后,省移民办下达了相关专项资金,各地按要求进行了建设。

5月,第二批移民新村大部分基本完成建设,进度快的已开始组织移民搬迁。5月29日至6月2日,省移民安置指挥部办公室组织检查组对全省第二批移民新村建设进行了竣工验收检查,印发检查通报。通报指出,总体上工程施工处于收尾阶段,但不平衡性依然突出,进度快的已经搬迁,进度慢的收尾工作量还很大。通报要求对在验收中排查出的问题,及时组织施工、监理等有关人员召开会议,制定解决措施,未按照程序验收或验收不达标的,一律不准搬迁。

6~8月,各地陆续将省移民安置指挥部办公室检查出的问题整改到位,进度较慢的县(市、区)也加大施工力度,陆续完成新村建设任务。

2)社区移民安置

2011年3月中旬,淅川县4个移民社区对接成功后,社区移民成立迁安组织,确定房屋户型;设计单位启动新村设计规划工作。根据规划,4个移民社区在郑州市安置地整合建设3个新的社区,新郑市、荥阳市、中牟县各1个。

4月上旬,省移民安置指挥部印发《河南省南水北调丹江口库区社区移民安置工作实施意见》,要求5月20日前完成移民新村"三通一平"及房屋基础;7月20日前完成移民个人房屋及公益设施主体工程建设;8月31日前完成移民新村房屋及公益设施建设;9月30日前完成移民村基础设施建设,具备移民搬迁入住条件;10月1~31日完成集中统一搬迁。

4月,第二批社区移民新村建设全面展开。5月,移民新村"三通一平"及房屋基础完成。7月,新郑市移民房屋建设出地平,一层砌墙;荥阳市、中牟县一层基本完成,部分开始建设二层。8月,荥阳市、中牟县移民房屋二层封顶,开始修建安置点对外连接道路,调整划拨生产用地。9月,村内道路硬化、绿化、供排水等开始施工,移民新村建设进入扫尾阶段。10月下旬,3个社区移民新村建设全部完成,具备搬迁条件。省移民安置指挥部办公室开展了3次督察,并根据情况进行了奖励。

3)后靠和分散安置

根据实施规划,除近迁安置5 461名移民外,淅川县另需在县内安置第二批移民7 573人,其中后靠集中安置4 551人,规划建设后靠安置点24个;分散安置3 022人。

因淅川县各级干部将主要精力放在大规模移民外迁配合工作上,第二批24个后靠安置点建设工作启动较晚。2010年10月22日淅川县委、县政府召开全县内安工作会议后,有第二批集中安置点建设任务的乡(镇)加快了后靠安置点建设工作,至11月上旬陆续有10个集中安置点开工建设。

淅川县第一批移民后靠安置点建设启动后,因进度较慢,2010年11月之后和第二批移民后靠安置点形成了共同建设的局面,淅川县将第一批、第二批后靠安置点共同考核管理,采取了同样的管理措施。经过开展县内后靠安置点和分散安置工程建设"创先争优"竞赛活动、县内后靠安置点新村建设"突击月"活动,至2011年8月10日,第二批24个后靠安置点中,1个安置点建设完成移民搬迁入住,15个安置点房屋主体建设完成,8

个安置点正在砌筑房屋墙体。

10月,淅川县开展了针对已建成新村的质量安全“回头看”活动和针对正在建设新村的“劳动竞赛”活动,为期1个月,采取了县领导包乡、日进度通报、“一周一督察、一周一通报”等方式,对县内移民安置涉及的所有乡(镇)进行排名,对进度快质量好的安置点予以奖励,进度慢质量差的进行电视曝光和罚款。至10月底,除上集镇火岭安置点尚未完成新村建设外,其他23个集中安置点全部完成建设任务。12月,火岭集中安置点完成建设任务。至此,第二批后靠安置点建设全部完成。

2012年2~3月,淅川县针对分散安置移民房屋建设,开展了50天的“劳动竞赛”活动,对房屋建设的进度、质量和安全进行了3轮督察,并根据督察情况奖优罚劣。3月中旬,分散安置移民房屋全部建设完成。

(二)质量安全控制

为保障全省南水北调丹江口库区移民新村建设的质量和安全,省移民安置指挥部办公室从组织领导、质量管理、安全管理等各方面采取了一系列保障措施。

1. 组织管理

2009年7月,省移民安置指挥部办公室成立时,为加强对移民新村建设工作的监管,专门设置了建设组。建设组组长由省住房城乡建设厅业务能力强的处级干部担任,成员由省住房城乡建设厅、省质监局等工作人员组成,所有人员与原有工作脱钩,实行集中统一办公。在新村建设过程中,省移民安置指挥部办公室和省住房城乡建设厅多次召开全省会议对移民新村建设进行动员部署,要求各地不讲条件,不计代价,坚决打赢移民新村建设这场硬仗。省工商局、省质监局等单位也积极发挥行业优势,对移民新村建设的建筑材料进场和有关设备检验等进行严格把关,确保质量合格。在实施过程中,根据省移民安置指挥部要求,各有关省辖市政府对本辖区内的移民新村建设工程质量和施工安全负总责,县(市、区)政府是工程质量和施工安全的第一责任人,乡(镇)政府和移民村迁安组织对移民新村各项建设工程实施监督管理,将质量监管贯彻到移民房屋建设的全过程。

2. 制度管理

为规范全省南水北调丹江口库区移民新村建设项目的管理,省移民安置指挥部办公室制定了《河南省南水北调丹江口库区移民安置建设项目管理办法》,明确各级移民安置建设项目管理工作的职责,对移民安置建设项目前期管理、项目实施、竣工验收、监督检查做出规定,有效地促进了项目实施管理工作规范化、制度化。省移民安置指挥部办公室先后制定了《河南省南水北调丹江口库区移民新村建设招标投标管理办法》《河南省南水北调丹江口库区移民新村建设工程质量和施工安全管理办法》《河南省南水北调丹江口库区移民新村房屋和市政道路工程质量考核标准(试行)》《河南省南水北调丹江口库区移民新村建设蒸压粉煤灰砖砌体工程质量控制措施》《河南省南水北调丹江口库区移民新村房屋建设工程质量通病防治措施》等制度,确保了移民新村建设质量和安全。

3. 建设管理

河南省南水北调丹江口库区移民新村建设严格实行项目法人(责任单位)责任制、招

图 3-2-5　工程监理人员严把移民新村建设质量(2011 年)

标投标制、建设监理制和合同管理制。在移民新村建设过程中,各县(市、区)按照基本建设的有关规定,通过招标投标确定施工单位和监理单位,签订相关合同,严格按合同管理;移民新村建设过程中,为保证进度和质量,各地严把招标投标关、市场准入关、材料进场关、监测检验关、竣工验收关"五道关口";采取了政府监督、中介监理、企业自控、移民参与"四位一体"的工程质量监督管理模式;落实每月一次互督互查、关键时间节点评比奖惩、搬迁前省市县三级验收"三项机制"。各安置县(市、区)建设部门按照省移民安置指挥部办公室的要求,为每个移民新村派出 2 名质量监督人员,开展全过程监督。同时加强对施工、监理、质检等相关部门的监管,严格实行全过程监督和旁站监理,严禁不按施工规范作业,严肃查处违法违规的行为,切实预防质量问题的发生。

(三)监督检查

在移民新村建设过程中,为切实加强进度、质量和安全管理,高质量完成移民新村建设任务,根据省移民工作领导小组、省移民安置指挥部办公室先后制定的《河南省南水北调工程丹江口库区移民安置工作督察办法》《河南省南水北调丹江口库区移民新村房屋建设工程质量考核标准》等,省移民安置指挥部以年度工作任务和计划为主要内容,以农村移民安置为重点,对移民新村建设开展了阶段性检查、互督互查、暗访等不同形式、不同内容的督察活动。

图 3-2-6　2010 年 1 月 19 日,省移民安置指挥部办公室副主任王小平(左三)检查新乡市第一批移民新村建设情况

围绕阶段性目标,省移民安置指挥部在移民新村建设每个时间节点前都要组织开展全面检查,对各县(市、区)前阶段任务完成情况进行总结、排序。首先各省辖市在规定时间内对所辖县(市、区)移民新村进行检查,根据工程质量和进度情况进行综合评分排序,并以县为单位将检查情况和排序名单报省移民安置指挥部办公室。再由省移民安置指挥部办公室牵头组织,会同省住房城乡建设厅工程质量监测总站、规划设计单位和监督评估单位组成联合检查组,在集中时间内采取现场查看、查阅资料,现场听取汇报,与移民迁安代表座谈等形式,对各阶段任务完成情况进行全面了解,并按照有关统一标准以县为单位打分排序,提出检查结果。每次阶段性检查之后,省移民安置指挥部都要召开阶段性总结表彰会,对下一阶段

任务进行安排部署，并通过通报、会议等形式对检查结果进行通报，主送有关省辖市市委、市政府，抄送省委、省政府、省人大、省政协等，对表现突出的先进单位进行表彰和奖励，对进度迟缓的进行通报并单独对政府主要领导下发督办通知。

在移民新村建设阶段，为进一步促进各地之间互相学习借鉴，客观公正地评价各地实际情况，省移民安置指挥部每月统一组织一次全省移民新村建设互督互查，并以县为单位进行考评排序。省移民安置指挥部每月从全省25个省直单位包县工作组及所包县建设部门抽调人员，会同省移民安置指挥部办公室人员，组成督导组，由包县工作组组长带队，每月月底前赴全省移民新村进行督察。督察主要采取召开座谈会、听取汇报、与移民迁安代表和监理人员座谈、现场察看移民新村建设情况、查阅相关资料等形式，督察结束后，现场反馈督察情况，肯定成绩，指出不足，提出下一步工作意见。

为进一步了解各地移民新村建设的实际情况，省移民安置指挥部还采取了不定期暗访的形式，对各地进行检查。暗访组直接进入移民新村建设现场，对发现的问题立即向当地反馈。暗访结束后，省移民安置指挥部将暗访情况向全省通报，并对存在较严重问题的市、县政府直接发出督办通知，要求限期整改并上报结果。在一次暗访活动中，省政府副省长、省移民安置指挥部指挥长刘满仓发现个别省直迁安包县工作组人员存在脱岗、懈怠现象，立即对有关负责同志提出了批评，并在全省会议上进行了通报，极大地提高了各级移民干部的责任心。

图 3-2-7　2011 年 10 月 5 日，省水利厅厅长、省南水北调办主任、省移民办主任王树山（左一）暗访郑州市移民社区建设情况

三、实施成果

河南省南水北调丹江口库区208个移民新村，在建设过程中，河南省各级党委、政府和有关部门坚持移民群众利益至上、进度服从质量的原则，实际集中建房38 451户。各移民新村均建设了功能配套、相对完善的供水、排水、村内道路、对外连接路、电力、通信等基础设施，建设了学校、村部、超市、卫生室、文体活动中心等公益设施。

（一）房屋建设

南水北调丹江口库区移民规模大、搬迁时间紧、迁安两地相距远，移民自主建房存在着诸多困难和问题。在试点移民阶段，建房形式主要采取委托建房，即移民户委托本村成立的迁安组织进行建设，迁安组织与一个或多个建筑施工单位签订建房合同进行房屋建设。房屋建设单价由移民迁安组织通过招标投标确定。

2009年7月，《实施方案》印发后，根据“六统一”的要求，经充分听取移民意见，河南省第一批、第二批外迁安置移民和淅川县内近迁安置移民建房实行了“双委托”模式，即由移民个人(户主)出具委托书，将个人房屋建设工作委托本村的移民迁安组织负责，再由移民迁安组织出具委托书，将全村的移民个人房屋建设工作委托给乡(镇)政府或安置地县级移民管理机构。经依法委托，安置地乡(镇)政府或县级移民管理机构统一集中建设移民房屋。“双委托”集中建房模式，既体现了移民群众的自主性和自愿性，又妥善地解决了移民自主建房难的问题；既加快了建房进度，又解决了分户自主建房质量难以控制的问题。淅川县后靠安置移民房屋建设，采取移民自建、多户联建为主，在征得村迁安组织和乡(镇)政府同意，并经淅川县移民安置指挥部批准，也可委托乡(镇)政府统一建设。

为保证移民房屋建设质量和进度，确保南水北调丹江口库区移民按时搬迁，省移民安置指挥部办公室先后出台了建房搬迁奖励、门楼院墙奖补等政策。对按时建房搬迁的移民，每人给予2 000元建房搬迁奖补；对按时按要求完成门楼院墙建设的，经验收后每户奖励2 000元。各级政府也分别出台了移民房屋建设奖补政策，如南阳市移民安置指挥部出台了《关于加强第二批移民新村坡屋顶房建设工作的意见》，规定第二批移民新村房屋建设按照市建筑设计研究院提供的《南阳市南水北调丹江口库区移民新村房屋建筑施工图》实施的，选建3间2层户型坡屋顶房的每户以奖代补8 000元，选建2间2层户型坡屋顶房的每户以奖代补5 000元，选择2层户型建平顶房四周加斜坡挑檐的每户以奖代补1 500元。平顶山市对建设2层房屋的移民户每户奖励8 000元。新郑市对建2层以上房屋和加屋檐的移民户每户财政补助5 000元。

河南省南水北调丹江口库区208个移民新村，实际集中建房38 451户，其中试点建房2 604户，第一批和第二批建房35 847户，总建筑面积550.5万平方米，人均住房面积34.27平方米。

(二)基础设施建设

移民新村基础设施建设分为村内基础设施建设和村外基础设施建设。

村外基础设施主要由安置地县(市、区)、乡(镇)政府或移民管理机构等作为建设主体，按照规划和设计要求，结合行业标准，委托安置地县级主管部门实施，其中对外连接道路一般由县(市、区)交通部门组织实施，高低压线路由电力部门组织实施，通信广播、有线电视等分别由电信、广播电视部门组织实施。村内基础设施建设，由建设单位按照丹江口库区移民建设项目管理办法，严格按照招标投标程序，通过招标投标确定施工单位后组织实施。

在移民新村基础设施建设过程中，河南省有关部门出台多项优惠政策，帮扶移民新村基础设施建设，提高基础设施建设水平和标准。省财政厅对每个移民新村专项补助50万元，主要用于饮水、村内道路、农田水利、沼气等移民生产生活基础设施建设。省交通运输厅对移民村对外连接路每公里补助5万~10万元共计3 914万元。省水利厅把移民新村纳入安全饮水范围。省农业厅对移民村沼气池建设予以补助，下达移民村沼气项目建设资金6 000万元。省林业厅为每个移民村安排绿化资金5万元。省环保厅投资1 800余万元将移民新村纳入全省环境连片整治范围，对全省移民新村排污治污进行行业支持与技术指导,对移民村生态建设达标的再予以资金奖励。省电力公司对移民新村电力设施建设免收施工费 3 696 万元,将移民新村低压主干线设计容量由规划的 2 千瓦每户提高到 4 千瓦每户,资金缺口 2 200 万元由电力公司内部消化。省直有关部门除对全省南水北调丹江口库区移民出台优惠政策外,还对各自分包的县(市、区)出台了具体的帮扶措施。如省环保厅为解决移民搬迁后生活污水、垃圾处理问题,根据郏县马湾移民村实际,协调环保资金 100 余万元帮助该村建设高标准污水处理和垃圾收集等设施。省质监局筹措资金 90 万元,帮助长葛市移民新村建设了天然气管网。河南省有关安置地政府也积极筹措资金,对移民新村基础设施建设予以帮扶。如新郑市按照全省统一规划,结合本地实际和移民居住需求,立足于把移民新村建成城乡一体化示范村,高起点规划,高标准设计,高质量建设,该市财政整合各类建设资金 5 998 万元、施工奖励资金 80 万元,建设居住环境优美、建筑风格新颖、配套设施完善的社会主义新农村。该市在移民新村建设中,坚持美观与实用相结合,做到"八化",即住宅美化、道路硬化、新村绿化、照明智能化、能源清洁化、饮水安全化、生活舒适化、管网一体化。移民群众的新家园功能完备、设施齐全、优美整洁、生活便利。

河南省 208 个南水北调丹江口库区移民新村,新打机井 208 眼,购置无塔供水设施 204 套,铺设输水管道 922.55 公里;铺设排水管 703.68 公里,修建排水沟 164.47 公里;修(改)建村外道路 396.34 公里,村内主次道路 196.75 公里;架设变压器 422 台,10 千伏线路 251.81 公里,380 伏线路 429.78 公里,220 伏线路 1 018.89 公里;架设通信线路 2 905.96 公里,有线电视线路 2 984.06 公里;建设公厕 301 个,垃圾池 730 个。

（三）公益设施建设

移民新村公益设施建设包括学校、村委会、超市、卫生室、文体活动设施等。学校、卫生室、村委会、超市等项目按照规划设计,分别结合教育部门、卫生部门等行业标准,由县级移民管理机构或乡(镇)政府通过招标投标方式组织实施。移民新村公益设施建设的质量管理和监督检查,纳入移民房屋建设的质量管理监督体系。移民新村学校、村委会、卫生室等公益设施根据当地具体条件合理配置,概算中按每人补助 562 元标准计列学校调整补助费,按每人补助 35 元标准计列医疗网点调整补助费,按每人 0.15 平方米、农村砖混房屋补偿按每平方米 530 元标准计列移民新村村委会及文化活动室补助费。公益设施建设费用不足部分,优先从移民村库区公益设施补偿补助费中解决。

鉴于库区移民村公益设施补偿补助标准较低,移民新村公益设施建设补偿补助费用有限,为适应新农村建设的需要,河南省各级各有关部门出台政策、多方筹资,给予全力支持,使新村公益设施建设质量及建设规模得到了全面的提升。如省教育厅筹资 1.02 亿元,将移民学校建设纳入校舍安全工程和维修工程,并购置教学仪器和现代远程教育设备;省卫生厅为每个移民新村卫生室建设补助 1 万~5 万元;省体育局为每个移民新村安排体育设施资金 5 万元;省委组织部对每个移民新村村委会建设按 5.71 万元予以补助;省人口计生委对每个移民新村村级人口和计生指导室建设补助 2 万元;省新闻出版局对每个移民新村农家书屋按 2 万元标准配置;省商务厅为每个移民新村布局一个农家店,补助 0.6 万元等。省直有关单位除根据行业职能对全省南水北调丹江口库区移民新村进行帮扶外，还对各自分包的县(市、区)进行了帮扶。如省教育厅为许昌县建设学校7所；省卫生厅为辉县市建设高标准卫生室7个；省民政厅筹资60万元，为平顶山市宝丰县马川新村建设一座中心小学，筹措80万元为宋湾、马山根新村建设文化广场；省政府国资委发挥行业优势，积极协调多家省管企业为南阳市卧龙区移民新村建设捐款助力，筹措资金200万元用于该区各移民新村小学建设；省广电局为鲁山县河扒移民新村拨款40万元，用于修建新村大门和围墙，投入15万元为移民新村和学校各建了一套有线广播系统；省商务厅帮扶10万元为舞钢市姚营移民新村建设连锁超市等。各安置地也对移民新村公益设施建设给予帮扶，如舞钢市投资200万元，用于移民新村绿地、广场等公益设施建设。

图3-2-8　省民政厅为平顶山市宝丰县周庄镇马川移民新村建设一座小学

河南省208个南水北调丹江口库区移民新村建设学校142所，建筑面积12.56万平方米；建设村办公楼162所，建筑面积6.43万平方米；建设卫生室159个，建筑面积1.57万平方米；建设超市98个，建筑面积0.9万平方米；计生指导室、文化室、储物棚等其他建筑面积1万平方米。

第三节　移民搬迁

河南省南水北调丹江口库区移民搬迁分试点、第一批、第二批共3批实施。在每批移民搬迁前，河南省广泛征求各方意见和建议，均制订了移民搬迁实施方案。为加强对搬迁工作的领导，省移民安置指挥部成立了移民搬迁指挥中心，有关市县党委、政府都成立了移民搬迁指挥部，党、政主要领导亲自动员部署，并深入一线指挥搬迁工作。迁安两地根据移民新村建设情况和库区移民的生活习惯，积极征求各方意见，提前制订详细的工作预案和操作流程，对年老体弱、临产孕妇、高危病人等特殊群体，逐一登记造册。在实施中，严格按照预定的工作预案和操作流程，统一组织车辆，统一装车时间，统一行车线路，移民统一佩戴标牌。安排专门的装车卸车服务队，迁安双方每车各派一名工作人员全程护送，交警、医疗人员全程保障，特别是对移民中特殊群体，提供周到细致的服务，确保不出意外。2009年8月，河南省南水北调丹江口库区试点移民搬迁完成；2010年9月，第一批外迁近迁安置移民搬迁完成；2011年10月第二批外迁近迁安置移民搬迁完成，2012年3月淅川县内后靠和分散安置移民搬迁完成，实现了“平安、文明、和谐”和“不伤、不亡、不漏、不掉一人”的搬迁目标。

一、搬迁实施

河南省在移民搬迁前，提前制订操作性强的实施方案，搬迁过程中动员社会各界积极参与，通力合作，完成了南水北调丹江口库区移民搬迁任务。

（一）试点移民

河南省在督促各地加快移民新村建设进度的同时，及早着手试点移民搬迁有关准备工作。对于库区来说，主要存在以下搬迁障碍：

（1）农村合作基金会和民政救灾互助基金会存贷款及移民村集体债权债务问题。农村合作基金会和民政救灾互助基金会存贷款问题是20世纪80年代末90年代遗留下来的社会问题，丹江口库区移民也同样存在。移民不搬迁，贷款或债务可以继续追讨；一旦搬迁到外地，再追讨就非常困难。移民存款或债权不兑付，移民不愿搬迁。

（2）线上资源补偿问题。按照现行的移民政策，对移民在水库淹没线上的果园、林地资源的处置没有明确规定。淹没线上的果园、林地资源是移民群众生产资料的重要组成部分，移民迁出后难以管理收益，给移民群众的利益造成了损失，外迁移民反映强烈。

（3）集体财产分割问题。根据规划，一部分移民村需分村安置，移民村原有的集体财产需要在搬迁前协商分割。因有些移民村集体财产权属比较复杂，分割协调任务比较繁重。

（4）部分移民拒迁问题。虽然大多数移民支持搬迁，但仍有部分移民因各种原因抗拒搬迁，甚至聚众围堵政府机关或主要道路来达到目的，要使这部分人顺利搬迁需要做大量的宣传动员工作。

（5）部分移民户房屋建设差价款难以收缴问题。一部分移民户在新村建设房屋所需款项超过库区补偿补助费，需要缴纳差价款，少数人故意拖延不缴纳，一旦搬迁到安置地，将更难收缴。

移民搬迁前，淅川县组织有关乡（镇）着手处理上述问题，在搬迁前使问题得到基本化解。同时，该县还组织力量对移民搬迁道路进行整修，修建临时停车场，为移民搬迁车队进出做好准备；开展矛盾纠纷排查化解活动，避免移民带着矛盾搬迁；通过在电视台开设专栏、县乡干部包村入户、主要道路悬挂条幅等形式，烘托搬迁氛围。

省移民办2009年7月6日在郑州召开试点移民搬迁动员会，要求各地深入调查、详细了解移民群众关于搬迁工作的意见和建议，逐户落实搬迁方式，具体确定搬迁时间、组织形式、部门职责、协调服务、安全保障等，制订出详细的移民搬迁方案。之后，省移民安置指挥部根据各地上报的方案，结合全省试点移民工作实际，研究制订了《河南省南水北调丹江口库区试点移民搬迁实施方案》，确立了新村建设验收合格后方可搬迁、统一组织集中搬迁、迁入地为主迁出地配合、限定时间内完成搬迁的原则，规定了迁出地、迁入地和各级各有关部门的职责分工，明确了方法步骤、时间安排等，对搬迁车辆路桥费免除、库底清理、保险办理、搬迁验收及奖励、24小时值班和日报告制度等做出了安排，公布了试点移民搬迁计划和路线表。根据实施方案，移民集中搬迁时间为2009年8月10日24

时至9月20日24时。

2009年8月4日，省移民安置指挥部在郑州召开试点移民搬迁协调会议，协调解决试点移民集中搬迁期间的交通运输、安全医疗保障等问题。会后，省移民安置指挥部办公室会同省文明办、省交通运输厅联合印发《关于开展河南省南水北调丹江口库区试点移民文明搬迁创建活动的通知》。省交通运输厅印发《关于做好移民搬迁车辆免费通行工作的通知》，印制500张“移民搬迁车”和50张“移民搬迁指挥车”通行证，在8月10日24时至9月20日24时之间凭通行证免收移民搬迁车辆路桥通行费。

淅川县群众有农历“六腊月不搬家”的风俗习惯，移民搬迁计划时间与移民风俗习惯有一定的冲突。另外，受丹江口水库初期工程移民经历影响，试点移民中有部分人对搬迁还存在迟疑、观望态度。为鼓励移民搬迁，省移民工作领导小组对提前和按时完成建房搬迁的试点移民给予奖励，最高每人奖励2 000元。淅川县也采取多项措施鼓励移民早日搬迁。该县鼓励移民在搬迁前自行拆除房屋，拆除后的建筑材料归自己所有。老城镇提前组织250余人拆除了狮子岗村村部、学校70多间房屋，拆卸旧机械5台，坚定了移民搬迁的决心。香花镇筹措12万元，对提前搬迁的移民户奖励200～300元。金河镇针对该镇移民距离安置地中牟县较远、运输不便的状况，提出了“运费包干、节约归己”的轻装搬迁倡议。该镇在与中牟县充分沟通后，鼓励移民将个人自带财物控制在重量50公斤以下或体积0.5立方米以下，安置地则免费提供运输服务，移民可将节省下来的数千元搬迁费用于添置新家具等。轻装搬迁既减少了组织车辆的麻烦和安全事故的发生，也减少了移民群众的支出，淅川县移民安置指挥部在全县予以推广。

8月15日，许昌市许昌县县长率领县乡干部80余人和客车、货车、警车、救护车及军车73辆到淅川县滔河乡姬家营村，准备第2天搬迁该村首批移民71户253人。淅川县组织数百名干部帮助移民装货、维持秩序。搬迁在即，移民有的忙着包一抔故乡土、挖一棵故乡树苗准备带到安置地作为纪念，有的则到祖坟前祭拜、和祖先告别。晚上，移民大多不愿入睡，和亲戚朋友聚集在一起聊天、守夜。2009年8月16日6时，南阳市委、市政府和淅川县委、县政府在该村举行了隆重的欢送仪式，移民于7时登车出发。淅川县组织万名干部、群众和学生在县城沿街欢送，并组织锣鼓队和军乐团一路送至西峡县高速路口。下午，省委、省政府在许昌县榆林乡姬家营移民新村隆重举行河南省南水北调丹江口库区试点移民搬迁启动仪式。省委副书记陈全国，国务院南水北调办副主任张野出席启动仪式并讲话，省政府副省长刘满仓主持。省移民安置指挥部副指挥长、许昌市委书记、南阳市委书记等出席仪式。为了尊重移民的风俗习惯，同时保证搬迁工作的进度，许昌县与滔河乡政府、姬家营村党支部和村民自治委员会（简称“两委”）协商，已提前一个月组织10辆大巴车迎接400名移民群众代表到移民新村，为新家贴对联、放鞭炮，并由滔河乡、榆林乡党委书记为村党支部和村委会揭牌。

8月20日，是农历七月初一。从这一天起，其他试点移民村开始陆续搬迁。8月20日淅川县金河镇姚湾村、盛湾镇鱼关村组织搬迁，这两个都属于深山村，为提高搬迁效率，乡（镇）都按照提前一天装车，车队有序开出山区，晚上停放在乡（镇）所在集镇的方法，避免了货车、客车互相影响的情况。姚湾村66岁的移民王廷颜当日要搬迁到中牟县,但两个女儿住在淹没线上不搬迁,其中二女儿家只有200多米远,车队启动时王廷颜和两个女儿挥泪分别。

8月21日,淅川县马蹬镇曹湾村移民开始搬迁。该村是试点村中唯一需要动用船只的村。为保障水上运输安全,该镇不惜重金征用了两艘大型船只,并协调淅川县水产局快艇应急备用。同日,淅川县老城镇狮子岗村移民开始首批搬迁,移民自发给老城镇党委、政府送了一块牌匾,上书"党恩浩荡,故土情深"。

8月23~24日,省移民安置指挥部派出6个暗访组,分别到6个省辖市移民安置点,对移民搬迁后的生活状况、移民就学就医情况、弱势群体安置情况、存在问题解决情况、基础设施完成情况等进行了暗访,并就发现的问题提出了整改要求。

8月25日,是试点移民搬迁人数最多的一天,共搬迁5个批次,涉及5个移民村,搬迁移民549户1 983人。

8月26日,省委书记徐光春到唐河县鱼关移民新村看望刚刚搬迁的移民。徐光春要求,各级党委、政府要有爱心,使移民真切感受到党和政府的温暖;要用心,切实帮助大家解决好生产生活问题;要细心,把工作做到广大移民的心坎里;要有责任心,本着对群众极端负责的态度,把移民安置工作负责到底。

8月28日,搬迁2个批次,淅川县上集镇魏营村、大石桥乡张湾村剩余移民分别搬迁入住郑州市荥阳市广武镇、南阳市新野县王庄镇移民新村,河南省试点移民集中搬迁任务全部完成。

试点移民集中搬迁共历时13天,搬迁24个批次,集中搬迁10个移民村9 106人,共出动车辆1 846台(次),随车工作人员1 686人(次)。除集中搬迁移民外,其他2 007名移民通过自主方式完成搬迁。至此,河南省试点移民11 113人全部完成搬迁。

2009年试点移民集中搬迁情况详见表3-3-1。

(二)第一批移民

为做好第一批移民搬迁工作,淅川县从2010年春节过后就对有关乡(镇)农村合作基金会和民政救灾互助基金会存贷款及移民村债权债务处理、集体财产分割、线上资源处置、房屋差价款收缴等影响搬迁工作开展督导检查,县政府研究出台了《淅川县丹江口库区第一批农村外迁移民淹没线上成片林地林木流转办法》,使有关问题在搬迁前得到有效处理。因淅川县境内仅有两条主干道S335线和X011线,而大部分移民村地处深山或库区边缘,坡陡、路弯,车队进出难度较大。集中搬迁时间,预计每天通行车辆少则上百辆,多则达1 000多辆,车队长达数十公里,长时间堵车现象随时可能发生。为保持搬迁期间道路通畅,淅川县组织有关部门对影响移民搬迁的公路、汽渡码头等进行了维修加固,在S335线和X011线建立3个应急站,整修出村道路300余条,修建临时停车场340余个。为做好搬迁保障工作,淅川县抽调近5 000名干部成立搬迁服务队,抽调300名干部成立搬迁应急分队,并组织乡(镇)逐村编制搬迁方案,细化工作环节,落实任务责任。

表 3-3-1　2009 年试点移民集中搬迁情况

序号	搬迁日期	迁入地		迁出地		分批情况	搬迁移民	
		县(市、区)	乡(镇)	乡(镇)	移民村		户数	人数
合计							2 276	9 106
1	8月16日	许昌	榆林	滔河	姬家营	共2批,第1批	71	253
2	8月20日	中牟	刘集	金河	姚湾	共2批,第1批	185	707
3	8月20日	临颍	王岗	滔河	周湾	共1批	145	577
4	8月20日	唐河	王集	盛湾	鱼关	共2批,第1批	73	301
5	8月21日	社旗	晋庄	马蹬	曹湾	共3批,第1批	72	292
6	8月21日	原阳	原武	老城	狮子岗	共2批,第1批	101	398
7	8月21日	荥阳	广武	上集	魏营	共2批,第1批	151	449
8	8月21日	新野	王庄	大石桥	张湾	共4批,第1批	30	132
9	8月21日	邓州	孟楼	香花	张义岗	共5批,第1批	67	255
10	8月22日	唐河	王集	盛湾	鱼关	共2批,第2批	116	534
11	8月22日	许昌	榆林	滔河	姬家营	共2批,第2批	80	330
12	8月22日	邓州	孟楼	香花	张义岗	共5批,第2批	44	202
13	8月23日	邓州	孟楼	香花	张义岗	共5批,第3批	44	206
14	8月24日	新野	王庄	大石桥	张湾	共4批,第2批	53	246
15	8月24日	邓州	孟楼	香花	张义岗	共5批,第4批	38	180
16	8月25日	宝丰	周庄	盛湾	马川	共1批	237	763
17	8月25日	原阳	原武	老城	狮子岗	共2批,第2批	135	528
18	8月25日	社旗	晋庄	马蹬	曹湾	共3批,第2批	71	271
19	8月25日	中牟	刘集	金河	姚湾	共2批,第2批	67	253
20	8月25日	邓州	孟楼	香花	张义岗	共5批,第5批	39	168
21	8月26日	新野	王庄	大石桥	张湾	共4批,第3批	42	172
22	8月27日	社旗	晋庄	马蹬	曹湾	共3批,第3批	86	346
23	8月28日	荥阳	广武	上集	魏营	共2批,第2批	150	670
24	8月28日	新野	王庄	大石桥	张湾	共4批,第4批	179	873

2010 年 5 月,省移民安置指挥部参考试点移民搬迁建房奖励政策,对按时完成建房搬迁的第一批移民进行奖励,奖励标准为每人 2 000 元。省移民安置指挥部成立河南省南水北调丹江口库区移民搬迁指挥中心,24 小时值班,以便及时处理搬迁过程中出现的具体问题。根据安排,第一批移民搬迁分外迁近迁安置移民集中搬迁、后靠和分散安置

移民搬迁两个阶段。

1. 外迁近迁安置移民集中搬迁

2010 年 5 月 25 日，省移民安置指挥部召集省交通运输厅、公安厅、卫生厅、教育厅、民政厅、林业厅、气象局和有关省辖市及淅川县，召开第一批移民搬迁协调会议。6 月 6 日，省移民安置指挥部印发《河南省南水北调丹江口库区第一批移民搬迁实施方案》，统一搬迁时段为 2010 年 6 月 10 日至 9 月 10 日。计划分 102 批次完成。省移民安置指挥部在总结试点移民搬迁经验的基础上，为错峰平衡搬迁，提高搬迁效率，提出搬迁规模要适中，原则上中、小型村一次性完成搬迁，大型及特大型村酌情分批搬迁。根据省移民安置指挥部的统一安排，各地出台了相关优惠政策，鼓励移民轻装搬迁，减轻搬迁运输压力，保障安全平稳搬迁。

6 月 12 日，省政府在郑州召开丹江口库区第一批移民搬迁暨第二批移民安置动员大会。省长郭庚茂、国务院南水北调办副主任张野、省政府副省长刘满仓等参加会议。郭庚茂强调，要服从全省统一安排，听从指挥，服从号令，做到令行禁止、不打乱仗。需要哪个部门承担或配合的，要不讲条件，不讲代价，要人给人，需物给物，全力以赴予以保障，共同维护搬迁安置大局。

6 月 17 日，省移民安置指挥部在唐河县毕店镇凌岗移民新村隆重举行南水北调丹江口库区第一批移民搬迁启动仪式，欢迎淅川县滔河乡凌岗村 115 户 506 名移民入住新居，拉开了河南省南水北调丹江口库区第一批移民搬迁的大幕。省政府副省长刘满仓，国务院南水北调办征地移民司司长袁松龄出席仪式。省直有关部门负责人，移民安置涉及的 6 个省辖市 25 个县（市、区）党委、政府有关领导和移民管理机构负责人，凌岗村首批搬迁移民代表等 1 000 余人参加启动仪式。

图 3-3-1　2010 年 6 月 17 日，省移民安置指挥部在唐河县毕店镇凌岗移民新村举行南水北调丹江口库区第一批移民搬迁启动仪式

6 月 21 日，省移民安置指挥部在平顶山市宝丰县杨庄镇马山根移民新村隆重举行仪式，欢迎淅川县盛湾镇马山根村 150 户 645 名移民顺利入住新居，标志着第一批移民跨南阳市搬迁全面展开。省人大副主任铁代生、省长助理何东成、省政府副秘书长何平等 800 余人参加仪式。

从 6 月 29 日开始，第一批移民搬迁进入第一个高峰期，至 7 月 11 日结束。6 月 29 日 7 时，淅川县仓房镇磊山村 100 户 423 名移民全部渡过 8 公里丹江水路，于当日 18 时平安抵达 600 公里外的新乡市辉县市移民新村。该村位于仓房镇南部边陲，紧邻湖北省，位置偏远、交通不便，是淅川县第一批移民中第一个必须通过水路搬迁的移民村。该村 10 个村民小组中有 4 个不通汽车，所有物品必须通过三轮车和人力运输，其中最远的组距离装车点达 17 公里。为组织好此次搬迁，仓房镇组建了 15 名专业人员的水上应急服务队，组织了 60 余辆农用三轮车和 180 余名工作人员，配备了 400 余套救生衣，并采取了客货分运、干部船舷两侧手拉手护航、快艇护卫等安全措施，保障了平安搬迁。

6月，第一批移民共搬迁7个批次1 243户5 080人。

7月7日，淅川县气温高达35摄氏度以上，这一天有7个批次4 494名移民需要搬迁，涉及仓房、盛湾、滔河、大石桥、老城、九重6个乡(镇)7个移民村。当日，淅川县水陆交通压力巨大，仓房镇王井村和盛湾镇贾湾村属于山区村，王井村的56辆客货车还需通过水路运输；X011线则承担着4个乡(镇)5个村1 500多车次的通行任务。为做好保障工作，南阳市、淅川县有关干部到一线指挥；县公安部门派出警力700余人维持秩序；县交通部门派出修理队驻扎移民村提供服务；县卫生部门派出医疗人员14人，救护车25辆，保障66名高危移民安全，并为移民和干部发放降温药品；电力、通信等部门也驻扎移民村随时提供保障服务。当日下午7个批次移民均顺利抵达安置地。

7月8日13时许，因遭受特大暴雨，淅川县大石桥乡山洪暴发，该乡正在装货准备搬迁的东岳庙村半数以上移民家中进水，搬迁车辆全部被困村中。淅川县公安局长和乡(镇)有关领导带领公安干警、干部迅速跳入水中，转移群众、抢运货物、挖沟泄洪、排除险情。经过6个小时的抢险，当日19时许，10辆客车、38辆货车被顺利拖出。7月9日，该村移民安全搬迁入住南阳市卧龙区陆营镇移民新村。

图3-3-2　公安干警和乡(镇)干部帮助搬迁车辆脱离泥泞路段(2010年)

7月12日，是农历六月初一，受“六腊月不搬家”观念影响，搬迁活动进入低谷期。

7月18日晚，淅川县遭遇5个多小时的强降雨，造成境内山洪暴发，河水猛涨，部分山体滑坡，X011线塌方严重，出现多处险情。为保障7月19~20日滔河乡下寨村移民如期搬迁，淅川县交通局启动道路抢险应急预案，调集100余人抢险队伍和10余台大型机械，连续施工8个小时，排除了险情。20日，滔河乡下寨村移民安全抵达许昌县移民新村。

7月23日夜至24日凌晨，淅川县普降暴雨，鹳河、丹江水位暴涨。209国道滔河境内娘娘洞进出口塌方2处200多米，冲毁移民搬迁临时道路22公里、临时停车场32个，给第一批移民搬迁工作带来了极大困难。淅川县迅速调集力量进行了抢修，保障了搬迁工作的顺利开展。

7月，共搬迁29个批次(其中7月1~11日搬迁21个批次)，搬迁移民4 114户17 085人。截至7月31日，第一批移民共安全搬迁36批次，涉及安置地4个省辖市13个县(市、区)23个村28个安置点，累计搬迁移民5357户22 165人。

8月10日，是农历的七月初一。第一批移民搬迁活动进入第二个高峰期，至此次移民集中搬迁结束。

8月12日，搬迁了7个批次，涉及6个乡(镇)7个村1 138户5 236人，搬迁和服务移民的各种车辆达4 000台，创造了南水北调丹江口库区移民单日搬迁人数最多的记录。

8月，共搬迁37个批次，搬迁移民7 165户31 463人。截至8月31日，已累计搬迁

73 批次,集中搬迁移民 12 522 户 53 628 人,涉及 55 个移民村、安置地 6 个省辖市 24 个县(市、区)61 个安置点。

9 月 1 日,淅川县盛湾镇陈营村 290 户 1 382 名移民开始搬迁,这是第一批移民中搬迁难度最大的批次。该村人口较多,且全部一个批次搬迁;交通状况差,村内全是羊肠小道,有 3 个组散居在茅坪岛上,搬迁需要走水路;为保证装车时间,搬迁货车需夜间入村,安全隐患较大;村情复杂,群众之间矛盾较多。淅川县提前制订了周密的搬迁方案,组织干部、民警等提前 3 天入住该村进行准备,使该村搬迁车队当日顺利驶出淅川县境。

9 月 4 日,盛湾镇河扒村 363 户 1 432 名移民搬迁入住平顶山市鲁山县辛集镇移民新村,这是第一批移民搬迁中最后一个批次,也是规模最大的一个批次,动用客车 48 辆、货车 225 辆。

9 月,共搬迁 3 个批次,搬迁移民 792 户 3 615 人。至 9 月 4 日,河南省圆满完成了第一批外迁近迁移民的集中搬迁任务,累计集中搬迁 76 批次,集中搬迁移民 13 314 户 57 243 人,共出动搬迁车辆 10 859 台(次),随车工作人员 11 586 人(次)。

移民搬迁期间,正值高温多雨、天气闷热,极易中暑,而广大干部为保障搬迁坚持工作,帮助移民搬运家具、处理矛盾、值班巡逻。烈日下,许多干部的胳膊被灼伤得皮成块地脱落,最热的一天淅川县晕倒 170 名参与搬迁的干部。有些值勤的公安干警换岗后无处休息,轮流趴进蒿草棵下纳凉。淅川县交警程浙合在移民村执勤时,因烈日暴晒中暑晕倒在路边,幸好被路过的群众发现,用湿毛巾敷在其额头,才将他唤醒。为做好搬迁工作,淅川县移民局局长冀建成白天进村入户、调查研究,晚上制订方案、讨论工作,而他是一个患有心脏病、糖尿病的病人,每天靠胰岛素和救心丸坚持工作,由于长时间不能和家人团聚,他 80 岁的老母亲只能从电视报道中看看儿子。淅川县老城镇干部安建成在引领推土机进入安洼村对搬迁道路整修疏通时,司机不小心蹭了一户村民家被荒草遮掩的祖坟。按当地习俗,挖祖坟是一大禁忌。村民一家围上来就打,安建成的上衣被撕开一道口子,脊背上被抓出了血印。面对村民提出的给祖坟磕头祭拜的要求,安建成为了不影响移民搬迁,当着众人的面跪在坟前,添土、烧纸、放鞭炮,最后又磕了三个头,事件才得以平息。移民干部的无私奉献,赢得了移民搬迁的顺利实施。

9 月中旬,国务院南水北调办给河南省政府发来贺电,祝贺河南省第一批大规模移民集中搬迁圆满告捷。省委、省政府分别给南阳市委、市政府,淅川县委、县政府发了表扬信。

9 月 16 日,省委书记卢展工到新乡市辉县市南水北调丹江口库区移民常春社区,看望刚搬迁不久的移民群众。

10 月 26 日,省委、省政府在郑州召开河南省南水北调丹江口库区第一批移民总结表彰暨第二批移民安置再动员电视电话会,总结第一批移民搬迁安置工作,表彰优秀(先进)单位和先进个人,并对下一步工作进行再动员、再部署。省长郭庚茂,国务院南水北调办主任鄂竟平出席会议并分别讲话;省委副书记叶冬松主持。省政府副省长刘满仓对移民安置工作进行总结和再部署;国务院南水北调办副主任蒋旭光、省人大常委会常务副主任李柏拴、省政协副主席王平、省军区副政委张守喜出席会议;国务院南水北调办、中线水源公司有关领导应邀出席。省移民安置指挥部副指挥长、成员单位负责人，省直包县工作组组长，受表彰的优秀(先进)单位和先进个人代表，长江设计院、黄河设计公司及监督评估单位的领导在主会场参加会议。丹江口库区移民安置涉及的6个省辖市市长、主管副书记、主管副市长，市移民安置指挥部成员单位的负责同志；25个县(市、区)委书记、主管副书记、主管副县(市、区)长，县级移民安置指挥部成员单位负责人；移民搬迁安置涉及的乡(镇)党委书记；市、县、乡、村四级受表彰的优秀(先进)单位负责人和先进个人在市、县两级分会场参加会议，参会人员达1 900余人。

2010年第一批外迁近迁安置移民集中搬迁情况详见表3-3-2。

表3-3-2　2010年第一批外迁近迁安置移民集中搬迁情况

序号	搬迁日期	迁入地		迁出地		分批情况	搬迁移民	
		县(市、区)	乡(镇)	乡(镇)	移民村		户数	人数
合计							13 314	57 243
1	6月17日	唐河	毕店	滔河	凌岗	共2批,第1批	115	506
2	6月21日	宝丰	杨庄	盛湾	马山根	共1批	150	645
3	6月27日	宝丰	杨庄	盛湾	宋湾	共1批	288	1 155
4	6月29日	辉县	常村	仓房	磊山	共1批	100	423
5	6月29日	社旗	城郊	马蹬	高庄	共1批	139	612
6	6月29日	新野	溧河	盛湾	单岗	共1批	261	1 139
7	6月30日	宛城	红泥湾	大石桥	姚家湾	共1批	190	600
8	7月1日	获嘉	史庄	老城	安洼	共1批	97	417
9	7月1日	社旗	城郊	马蹬	高庄	共1批	227	1 048
10	7月2日	辉县	常村	仓房	党子口	共1批	171	732
11	7月3日	封丘	县农场	老城	险峰	共1批	217	840
12	7月3日	新野	溧河	盛湾	单岗	共1批	202	885
13	7月3日	唐河	毕店	滔河	凌岗	共2批,第2批	206	740
14	7月3日	社旗	桥头	马蹬	任沟	共2批,第1批	178	739
15	7月7日	延津	县农场	老城	小街	共1批	104	434
16	7月7日	唐河	黑龙	盛湾	贾湾	共3批,第1批	110	52
17	7月7日	唐河	城郊	滔河	水田营	共1批	243	1 048
18	7月7日	辉县	常村	仓房	王家井	共2批,第1批	103	446
19	7月7日	宛城	高庙	大石桥	东湾	共1批	188	850
20	7月7日	新野	溧河	盛湾	单岗	共1批	241	1 048
21	7月7日	淅川	九重	九重	张冲	共1批	32	148

续表 3-3-2

序号	搬迁日期	迁入地		迁出地		分批情况	搬迁移民	
		县(市、区)	乡(镇)	乡(镇)	移民村		户数	人数
22	7月8日	唐河	黑龙	盛湾	贾湾	共3批,第2批	130	560
23	7月9日	社旗	桥头	马蹬	任沟	共2批,第2批	184	769
24	7月9日	卧龙	陆营	大石桥	东岳庙	共1批	56	191
25	7月9日	淅川	厚坡	盛湾	陈庄	共1批	156	665
26	7月10日	辉县	常村	仓房	王家井	共2批,第2批	103	446
27	7月10日	宛城	高庙	大石桥	东湾	共1批	196	720
28	7月11日	唐河	黑龙	盛湾	贾湾	共3批,第3批	12	40
29	7月13日	邓州	张楼	香花	南王营	共2批,第1批	104	457
30	7月14日	邓州	张楼	香花	南王营	共2批,第2批	116	477
31	7月16日	邓州	夏集	香花	胡岗	共1批	91	393
32	7月20日	许昌	蒋李集	滔河	下寨	共2批,第1批	235	774
33	7月21日	许昌	蒋李集	滔河	下寨	共2批,第2批	64	191
34	7月29日	邓州	杨营	香花	槐道沟	共3批,第1批	104	424
35	7月30日	邓州	杨营	香花	槐道沟	共3批,第2批	129	582
36	7月31日	邓州	杨营	香花	槐道沟	共3批,第3批	115	501
37	8月10日	延津	新兴农场	老城	岵山	共2批,第1批	151	651
38	8月10日	荥阳	王村	上集	竹园	共1批	247	1 132
39	8月10日	新郑	薛店	金河	观沟	共1批	213	889
40	8月10日	邓州	汲滩	香花	吴田	共1批	205	987
41	8月12日	荥阳	高村	上集	李山	共1批	159	800
42	8月12日	延津	新兴农场	老城	岵山	共2批,第2批	133	586
43	8月12日	邓州	林扒	大石桥	郭家渠	共1批	244	1 057
44	8月12日	郾城	商桥	滔河	申明铺	共2批,第1批	183	854
45	8月12日	召陵	万金	滔河	余营	共1批	133	546
46	8月12日	唐河	源潭	马蹬	桐柏	共1批	178	850
47	8月12日	邓州	都司	香花	蒿溪	共1批	108	543
48	8月14日	郏县	白庙	盛湾	马湾	共1批	294	1 309
49	8月14日	中牟	万滩	金河	杜湾、杨家	共1批	190	763
50	8月15日	原阳	福宁集	老城	下湾	共2批,第1批	139	570
51	8月15日	宛城	茶庵	大石桥	贾洼	共1批	229	1 011
52	8月15日	襄城	双庙	滔河	上寨	共1批	266	1 077
53	8月15日	邓州	刘集	香花	阮营	共2批,第1批	142	599
54	8月16日	邓州	刘集	香花	阮营	共2批,第2批	177	776
55	8月17日	中牟	官渡	金河	北沟、石井	共1批	276	1 113
56	8月18日	舞钢	尚店	盛湾	姚营	共1批	277	1 366
57	8月18日	临颍	王岗	滔河	闫楼	共1批	232	1 019

续表 3-3-2

序号	搬迁日期	迁入地		迁出地		分批情况	搬迁移民	
		县(市、区)	乡(镇)	乡(镇)	移民村		户数	人数
58	8月18日	原阳	福宁集	老城	下湾	共2批,第2批	113	563
59	8月18日	唐河	源潭	马蹬	崔湾	共1批	152	662
60	8月19日	社旗	大冯营	马蹬	向阳	共3批,第1批	194	831
61	8月20日	中牟	狼城岗	金河	全店	共1批	195	816
62	8月21日	郾城	商桥	滔河	申明铺	共2批,第2批	141	584
63	8月21日	原阳	福宁集	老城	新建	共1批	175	694
64	8月21日	新郑	郭店	上集	新李营	共1批	197	795
65	8月22日	唐河	桐河	滔河	刘伙、岳凹	共1批	234	1 001
66	8月23日	社旗	大冯营	马蹬	向阳	共3批,第2批	225	936
67	8月28日	邓州	构林	香花	东岗	共1批	215	1 003
68	8月29日	邓州	构林	香花	杜寨	共3批,第1批	208	953
69	8月30日	邓州	构林	香花	杜寨	共3批,第2批	206	896
70	8月30日	唐河	龙潭	盛湾	王庄	共1批	192	893
71	8月30日	社旗	大冯营	马蹬	向阳	共3批,第3批	13	80
72	8月30日	邓州	构林	香花	杜寨	共3批,第3批	242	1 032
73	8月31日	长葛	和尚桥	上集	张营	共2批,第1批	287	1 226
74	9月1日	唐河	湖阳	盛湾	陈营	共1批	290	1 382
75	9月4日	鲁山	辛集	盛湾	河扒	共1批	363	1 432
76	9月4日	长葛	和尚桥	上集	张营	共2批,第2批	139	801

2. 后靠和分散安置移民搬迁

2010年12月31日,马蹬镇任沟村97名移民搬迁入住上垱移民安置点,标志着淅川县后靠移民搬迁工作正式启动。淅川县移民安置指挥部在移民新村举办了隆重的搬迁仪式。2011年1月,该镇高庄村200名移民搬迁入住葛条扒安置点。5月,任沟村98名移民搬迁入住刘营安置点。

截至2011年10月,18个后靠安置点中,14个安置点移民已搬迁入住,3个安置点建设完成准备搬迁,1个安置点仍在建设。12月,后靠安置点全部建设完成,移民搬迁入住。同月,分散安置移民也完成搬迁。

至此,河南省通过集中搬迁和自主搬迁的方式,共搬迁第一批移民66 418人,涉及移民村57个。

(三)第二批移民

2011年4月19日,省移民安置指挥部在郑州召开丹江口库区第二批移民搬迁动员会,动员部署移民搬迁工作。4月27日,省移民安置指挥部印发《河南省南水北调丹江口库区第二批移民搬迁实施方案》，要求除外迁的淅川县上集镇和金河镇4个社区、香花镇北王营村，以及淅川县后靠、分散安置移民因启动较晚搬迁时间适当推迟外，其他外迁近迁安置移民要在2011年5~8月完成集中搬迁，计划分92批次完成。第二批移民搬迁分外迁近迁安置移民（不含社区移民）集中搬迁、社区移民集中搬迁、后靠和分散安置移民搬迁3个阶段。

1. 外迁近迁安置移民（不含社区移民）集中搬迁

2011年5月5日，淅川县大石桥乡西岭村147户693名移民搬迁入住邓州市腰店镇移民新村，标志着河南省南水北调丹江口库区第二批移民搬迁正式启动。南阳市委、市政府和淅川县委、县政府在该村举行了欢送仪式。省移民安置指挥部在邓州市腰店镇移民新村举行了搬迁启动仪式。国务院南水北调办副主任蒋旭光，省政府副省长刘满仓，南阳市委书记黄兴维，省南水北调办、省移民办主任王树山等1 000余人参加了启动仪式。该村曾因对安置地不满意，连续冲击乡政府、围堵国道，并将乡干部围困在雨中。后经迁安两地多次协调，邓州市解决了移民提出的土地质量等问题，西岭村发生了重大转变，变成了带头搬迁的典范。

5月8日，省委书记卢展工在河南省南水北调丹江口库区第二批移民搬迁工作顺利启动后做出批示："好，注意持续，注意做实、做细、做到位，真正把南水北调工程做成民生工程、造福工程、生态工程。"

图3-3-3　2011年5月5日，省移民安置指挥部在邓州市腰店镇西岭移民新村举行南水北调丹江口库区第二批移民搬迁启动仪式

5月11日，淅川县交通运输局为备战第二批移民搬迁，组织海事、航运等部门联合举行水上应急救援演练，投入水上速救队员和护航人员50余名，大型轮渡船2艘，水上巡航船3艘，救生设备200余套。演练内容为人员落水救助、遇险人员疏散和紧急转移等项目。

5月，共搬迁5批次，搬迁移民324户1 490人，占应集中搬迁农村移民总数的1.96%，涉及5个移民村、安置地2个省辖市3个县（市）5个安置点。

6月，第二批移民搬迁进入了第一个搬迁高峰，全月共搬迁39个批次，搬迁移民6 299户28 516人。

6月8日，淅川县滔河乡黄楝树村正在准备次日的搬迁，气温高达40摄氏度。现场不断有移民干部中暑晕倒，县交警大队大队长穆建波在烈日下站立几个小时指挥车辆入村，数次晕倒在现场。同日，仓房镇胡坡村移民为准备6月10日的搬迁，已提前开始转运货物。该村是第二批移民村中离县城最远的村，也是离安置地最远的村，达640公里。该村通行条件差，搬迁车队需要借道湖北省盘旋山路。该村最远的组距停车场5公里，道路曲折，狭窄处只有2米宽，路边就是悬崖，还要过两条河。淅川县抽调100余人组成帮扶队，仓房镇投入80多辆三轮车组织转运货物。6月9日，搬迁车辆陆续进入停车场，天降暴雨，在公安、交通、电力等部门的服务下，帮扶队员冒雨装完货物。10日4时，165户665名移民乘坐16辆客车出发，经湖北省丹江口市石鼓镇，再入仓房地界，到达张营码头，渡过丹江，于当日18时抵达辉县市移民新村。

6月16日，气温40摄氏度，淅川县上集镇白石崖村移民开始装车，准备次日搬迁到郑州市荥阳市广武镇移民新村。上集镇司法所副所长王玉敏患有严重的肺气肿，已经帮助该镇几个村搬迁的他浑身浮肿，但仍坚持帮助移民群众搬抬家具、粮食等，一直忙到下午3点才吃上饭，手抖得连菜都夹不住了。5天后，王玉敏不幸逝世，这是河南省牺牲在南水北调丹江口库区移民工作中的第10位干部。

6月17日，淅川县滔河乡老人仓村362户1 637名移民搬迁入住唐河县张店镇移民新村，这是第二批移民搬迁中最大的一个批次。当日共搬迁3个批次，搬迁移民656户2 955人，累计搬迁2 909户12 954人。国务院南水北调办向省移民安置指挥部发来贺电，祝贺河南省第二批移民搬迁移民过万人。

6月18日，省政府副省长刘满仓到荥阳市广武镇丹阳移民新村，看望刚刚从淅川县上集镇搬迁来的原白石崖、贾沟村移民群众，并到省交通运输厅高速公路管理局慰问了为移民搬迁安置交通保障日夜工作的广大干部职工。

6月23日，省政府副省长刘满仓到淅川县仓房镇沿江村看望慰问移民。该村90%以上人家都是20世纪70年代从湖北荆门返迁回来的移民，其中还有曾支边新疆、青海的移民。移民从湖北返迁后，无户口、无耕地，沿丹江搭窝棚而居，80年代才正式立村，命名沿江村。该村移民何兆胜，就曾支边青海、移民湖北而两次返迁，人称淅川县移民"活标本"。该村计划6月27日搬迁到新乡市辉县市常村镇，何兆胜一家将第三次踏上搬迁之路。

6月27日，共有7批1 121户5 193名移民搬迁，涉及6个乡（镇）8个移民村，既有水路搬迁也有陆路搬迁，主要道路通行压力较大。为做好保障工作，公安部门出动警力400余人，采取疏导分流、限时通告、交通管制等措施，对移民搬迁车队和工作用车实施科学错峰，并及时化解群众矛盾；电力部门拆除80多条线路，安装临时照明灯160余盏；交通部门及时维修故障车辆和破损道路；卫生部门对50多名危重病人专人照顾；300多名应急队员和2 000余名干部职工提供保障服务，使7批移民得到顺利搬迁。

图3-3-4　交警冒雨指挥车辆（2011年）

图3-3-5　电力部门拆除线路（2011年）

6月29日,在中国共产党90岁生日来临之际,中共淅川县委在大石桥乡西岭村移民搬迁前线举行"党旗在移民前线飘扬"主题活动。全县100名表现突出的库区移民和干部火线入党,南阳市委书记为新党员服务队授旗,并同县、乡领导一起参加了西岭村在库区的最后一次党支部扩大会议。

6月30日,第二批移民搬迁累计突破3万人,达到6 623户30 006人,累计搬迁44批次,涉及50个村42个安置点。淅川县仓房镇移民搬迁和全县移民水路转运工作也圆满完成。

7月,恰好是农历六月。受"六腊月不搬家"观念的影响,第二批移民搬迁活动较少。7月25日,淅川县县、乡服务队冒着酷暑帮助滔河乡陈家湾村移民群众装车。26日,该村196户1 024名移民顺利搬迁到许昌市襄城县移民新村。7月,共搬迁4个批次,搬迁移民762户3 474人。

为迎接8月第二批移民搬迁的第二个高峰期,淅川县7月28日召开了全县第二批移民搬迁决战8月再动员大会,要求全县干部以决战的信心和纪律,做好剩余移民搬迁工作。

截至7月31日,河南省累计搬迁48批次,搬迁移民7 385户33 480人,涉及54个移民村,安置地涉及5个市13个县(市、区)45个安置点。

8月,共搬迁47个批次,搬迁移民9 695户43 244人。

淅川县盛湾镇马沟、王沟两村计划8月1日装车,8月2日搬迁到平顶山市郏县移民新村。8月1~2日,突降大雨,该镇狭窄的村级道路泥泞不堪,车辆通行极其困难。南阳市市长、淅川县委书记等领导亲赴一线指挥,200余名公安干警在大雨中站立7个多小时指挥交通,乡(镇)、交通、卫生、电业等400名干部各负其责,按时将67户311名移民送出县境。

8月3日,省长郭庚茂赶赴唐河县桐寨铺镇梁庄移民新村和张店镇老人仓移民新村,看望慰问已搬迁的移民。他要求各级干部一定要把为改善国家的水利条件远离故土的移民安顿好、照顾好,让移民群众感受到大家庭的温暖。8月9日,国务院南水北调办副主任蒋旭光来到淅川县移民搬迁指挥中心,看望慰问工作人员;又来到老城镇穆山村,慰问搬迁服务队工作人员和移民群众。

8月17日,淅川县香花镇刘楼村首批266户1 166名移民顺利搬迁。香花镇刘楼村位于香花码头旁,是丹江风景名胜的核心区,地理位置优越,村民收入较高,20万以上的私家车就有80多辆,运输车辆200多辆,条件好于安置地,干部群众都曾拒绝搬迁。后经乡(镇)干部持续做思想工作,移民最终与邓州市签订了安置确认书。

8月19日,淅川县香花镇北王营村196户875名移民顺利搬迁入住邓州市穰东镇移民新村。因前期新村建设启动较晚,省移民安置指挥部原本安排该村和社区移民同期搬迁,但在库区和安置区双方的共同努力下,新村建设提前完成,该村移民最终和本批外迁移民同期搬迁。

8月25日7时,淅川县滔河乡张庄村312户1 192名移民即将搬迁至许昌市襄城县王洛镇张庄移民新村,南阳市委、市政府和淅川县委、县政府在该村举行了欢送仪式,淅川县群众自发向张湾村赠送一块牌匾,上刻"移民他乡、根在淅川"。淅川县委书记、县长将一瓶丹江水、一瓶故乡土交给移民代表。下午移民抵达新村后，省移民安置指挥部在襄城县移民新村举办了河南省南水北调丹江口库区移民集中搬迁基本完成仪式，省政府副省长、省移民安置指挥部指挥长刘满仓和许昌市委书记等参加仪式。至此，河南省南水北调丹江口库区第二批移民为期 112 天的集中搬迁任务圆满结束，累计集中搬迁 95 批次，涉及 89 个村 88 个安置点，搬迁移民 17 080 户 76 724 人，共出动搬迁车辆 12 923 台次，随车工作人员 13 361 人次。

8 月 29 日，《人民日报》第一版刊发长篇通讯《心中永远装着移民百姓——写在河南省南水北调丹江口库区移民搬迁基本完成之际》，对河南省移民搬迁工作进行了详细报道并给予肯定。

9 月 5 日，中共中央政治局常委、国务院副总理李克强在《河南省南水北调丹江口库区农村移民集中搬迁基本完成报告》上批示：国务院南水北调办和豫鄂两省为确保第二批移民集中搬迁顺利进行做了大量艰苦细致的工作，成果来之不易，要扎实完成后续任务，落实后期扶持政策，努力使移民生活水平整体提高。

2. 社区移民集中搬迁

2011 年 10 月 26 日，淅川县上集镇和金河镇 4 个社区移民分别迁入郑州市中牟、荥阳、新郑 3 个县（市）的 3 个安置点，金河镇金源社区的车队里专门拉了一棵香橼树，上挂“青青故土木，叶茂万古春”标语，准备栽种到移民新村。省移民安置指挥部在中牟县官渡镇移民新村举行了欢庆仪式，标志着河南省南水北调丹江口库区外迁移民集中搬迁全部完成，标志着省委、省政府确定的“四年任务、两年完成”的目标基本实现。第二批外迁近迁安置移民累计集中搬迁 98 批次，集中搬迁移民 77 981 人，共出动搬迁车辆 13 159 台（次），随车工作人员 13 874 人（次）。试点、第一批、第二批移民河南省累计集中搬迁 198 批次，共出动搬迁车辆 25 864 台（次），随车工作人员 27 146 人（次）。

10 月 31 日，省长郭庚茂在省移民安置指挥部办公室上报的《我省丹江口库区移民外迁任务圆满完成》上批示：“很好！扫尾工作仍要坚持不懈，再鼓一把劲，完全彻底完成任务，不留遗患。着手准备表彰总结大会，对帮扶工作做出部署，实现稳得住快致富。”

2011 年第二批外迁近迁安置移民集中搬迁情况详见表 3-3-3。

3. 后靠和分散安置移民搬迁

2011 年 6 月，淅川县第二批 24 个后靠移民安置点中，马蹬镇寇楼移民安置点率先实现移民搬迁入住。截至 10 月，共有 12 个安置点移民搬迁入住，11 个安置点建设完成准备搬迁，1 个安置点仍在建设。12 月，随着 24 个集中安置点新村建设全面完成，前期没有搬迁入住的安置点均有移民搬迁入住。但部分安置点因建成较晚，移民不急于搬迁，入住率不高。

2012 年，根据省委、省政府 2012 年 3 月必须完成全部移民搬迁安置任务的要求，淅川县一方面抓好分散安置移民的房屋建设，另一方面采取以拆促迁、与搬迁奖金挂钩等措施，督促集中安置和分散安置移民早日搬迁入住。3 月 24 日，随着大石桥乡西岭村 39 户 134 名移民搬迁，淅川县后靠和分散安置移民搬迁工作全部完成。至此，河南省南水北调丹江口库区第二批移民共搬迁 87 940 人，涉及 101 个村。实施规划安排的试点、第一批和第二批 165 471 名移民搬迁安置任务全部完成。

3 月,国务院南水北调工程建设委员会第六次全体会议在北京召开。国务院副总理、国务院南水北调工程建设委员会主任李克强指出,河南库区移民组织协调非常严密,其中的经验值得很好总结。

5 月 22 日,省委、省政府在郑州召开全省南水北调丹江口库区移民迁安总结表彰暨后期帮扶工作动员电视电话会议。省长郭庚茂,中央农村工作领导小组副组长、办公室主任陈锡文,国务院南水北调办主任鄂竟平出席会议并讲话。省人大常委会副主任铁代生等出席会议。省政府副省长刘满仓主持会议。水利部水库移民开发局、水利部南水北调规划设计管理局、水规总院、中线水源公司及长江设计院、黄河设计公司等单位负责同志,各相关省辖市分管领导和移民管理机构负责同志,省直单位移民迁安包县工作组主要负责同志以及受表彰的先进单位和先进个人代表在主会场参加会议;6 个省辖市 25 个县(市、区)的主要领导、指挥部成员,乡(镇)党委书记、乡(镇)长分别在郑州、平顶山、新乡、许昌、漯河、南阳市分会场参加会议。会议宣读了省委、省政府关于表彰全省南水北调丹江口库区移民迁安先进单位和先进个人的决定,并为受表彰的先进单位和先进个人颁奖,为牺牲的 13 位移民干部追授了荣誉称号。鄂竟平指出,河南省丹江口库区移民实现了和谐搬迁,是大事、盛事,为中线工程如期通水奠定了坚实基础,为广大库区移民走向新生活开创了良好局面,也为中国乃至世界移民创造了又一奇迹和典范。河南的移民工作,不仅在丹江口库区移民搬迁方面做出了突出贡献,也带动了干线征迁和工程建设工作,为南水北调系统高高地树立起了一面旗帜。

表 3-3-3　2011 年第二批外迁近迁安置移民集中搬迁情况

序号	搬迁日期	迁入地		迁出地		分批情况	搬迁移民	
		县(市、区)	乡(镇)	乡(镇)	移民村		户数	人数
合计							17 386	77 981
1	5 月 5 日	邓州	腰店	大石桥	西岭	共 1 批	147	693
2	5 月 11 日	延津	小潭	老城	叶沟	共 1 批	22	96
3	5 月 20 日	淅川	九重	老城	老城农场	共 1 批	23	89
4	5 月 20 日	淅川	马蹬	马蹬	云岭、余沟	共 1 批	28	138
5	5 月 24 日	邓州	赵集	大石桥	西岭	共 1 批	104	474
6	6 月 7 日	获嘉	位庄	老城	王沟 秧田	共 1 批	59	259
7	6 月 7 日	邓州	白牛	香花	周沟	共 1 批	180	893
8	6 月 7 日	唐河	古城	滔河	文坑	共 1 批	311	1 473
9	6 月 9 日	唐河	大河屯	滔河	黄楝树	共 1 批	346	1 485
10	6 月 10 日	辉县	常村	仓房	胡坡	共 1 批	165	665
11	6 月 10 日	邓州	彭桥	香花	宋沟	共 1 批	34	134
12	6 月 11 日	获嘉	太山	老城	石沟、王岭	共 1 批	73	297
13	6 月 12 日	邓州	彭桥	香花	白龙沟、雷庄	共 1 批	95	478
14	6 月 13 日	原阳	路寨	老城	石门	共 1 批	168	769
15	6 月 15 日	辉县	常村	仓房	侯家坡	共 2 批,第 1 批	123	486

续表 3-3-3

序号	搬迁日期	迁入地		迁出地		分批情况	搬迁移民	
		县(市、区)	乡(镇)	乡(镇)	移民村		户数	人数
16	6月16日	唐河	龙潭	盛湾	瓦房	共1批	178	748
17	6月16日	邓州	十林	香花	西岗	共1批	197	822
18	6月17日	获嘉	太山	老城	武家洲	共1批	186	825
19	6月17日	荥阳	广武	上集	贾沟、白石崖	共1批	108	493
20	6月17日	唐河	张店	滔河	老人仓	共1批	362	1 637
21	6月19日	唐河	黑龙	盛湾	袁坪	共1批	124	529
22	6月19日	宛城	红泥湾	大石桥	清风岭	共1批	211	852
23	6月20日	辉县	常村	仓房	侯家坡	共2批,第2批	105	484
24	6月20日	延津	胙城	老城	杨山	共1批	133	615
25	6月20日	临颍	王岗	滔河	严湾	共1批	62	316
26	6月21日	淅川	厚坡	盛湾	黄龙泉、蚂蚁沟、胡营、卢庄、分水岭	共1批	82	352
27	6月21日	唐河	桐寨铺	滔河	梁庄	共1批	147	828
28	6月23日	襄城	库庄	滔河	黄桥	共1批	159	663
29	6月23日	社旗	桥头	马蹬	石桥	共1批	180	854
30	6月25日	邓州	高集	大石桥	西岭	共1批	162	768
31	6月25日	淅川	厚坡	香花	柴沟	共1批	148	689
32	6月27日	淅川	九重	九重	王岗	共1批	137	704
33	6月27日	延津	胙城	老城	官福山	共1批	249	1 090
34	6月27日	辉县	常村	仓房	沿江	共1批	98	443
35	6月27日	唐河	昝岗	滔河	双庙	共3批,第1批	115	535
36	6月27日	邓州	张楼	香花	新黄庄	共2批,第1批	174	840
37	6月27日	社旗	郝寨	马蹬	马家、邢沟	共1批	187	907
38	6月27日	淅川	厚坡	老城	七里	共1批	161	674
39	6月28日	邓州	张楼	香花	新黄庄	共2批,第2批	204	900
40	6月29日	淅川	九重	九重	王岗	共1批	105	542
41	6月29日	唐河	昝岗	滔河	双庙	共3批,第2批	193	881
42	6月29日	社旗	晋庄	马蹬	关防、青龙嘴	共1批	133	629
43	6月30日	邓州	高集	大石桥	西岭	共1批	233	1 080
44	6月30日	辉县	常村	仓房	仓房、刘裴、马沟	共1批	108	405
45	7月16日	唐河	昝岗	滔河	双庙	共3批,第3批	77	306
46	7月17日	邓州	林扒	香花	土门	共1批	288	1 303

续表 3-3-3

序号	搬迁日期	迁入地		迁出地		分批情况	搬迁移民	
		县(市、区)	乡(镇)	乡(镇)	移民村		户数	人数
47	7月26日	襄城	范湖	滔河	陈家湾	共1批	196	1 024
48	7月31日	中牟	大孟	金河	王岭、张湾	共1批	305	1 313
49	8月1日	新郑	郭店	上集	韦岭、周岭	共1批	106	463
50	8月1日	卧龙	蒲山	大石桥	杨营	共1批	155	739
51	8月1日	邓州	九龙	香花	南陈岗	共2批,第1批	205	820
52	8月1日	淅川	九重	九重	王岗	共1批	63	317
53	8月2日	邓州	九龙	香花	南陈岗	共2批,第2批	188	929
54	8月2日	淅川	九重	九重	桦栎扒	共2批,第1批	150	721
55	8月2日	许昌	椹涧	滔河	朱山	共1批	260	1 108
56	8月2日	郏县	白庙	盛湾	马沟、王沟	共1批	67	311
57	8月3日	中牟	刘集	金河	后洼、后湾	共1批	271	1 194
58	8月4日	唐河	桐寨铺	滔河	梁庄	共1批	217	1 117
59	8月5日	淅川	九重	九重	桦栎扒	共2批,第2批	219	1 031
60	8月5日	新郑	郭店	金河	山根	共1批	164	742
61	8月5日	社旗	李店	马蹬	寇楼	共1批	217	1 017
62	8月5日	临颍	巨陵	滔河	罗山	共1批	310	1 206
63	8月7日	卧龙	英庄	大石桥	柳家泉	共1批	152	612
64	8月7日	邓州	陶营	香花	张寨	共2批,第1批	258	1 272
65	8月8日	封丘	陈桥	老城	陈岭	共2批,第1批	269	1 103
66	8月8日	中牟	官渡	金河	下吴、中吴	共1批	272	1 194
67	8月9日	社旗	太和	马蹬	余沟、云岭	共1批	170	829
68	8月9日	邓州	陶营	香花	张寨	共2批,第2批	173	866
69	8月9日	卧龙	蒲山	大石桥	杨营	共1批	150	740
70	8月9日	新野	王庄	盛湾	兴化寺	共1批	98	429
71	8月11日	新野	王庄	盛湾	兴化寺	共1批	225	959
72	8月11日	中牟	雁鸣湖	老城	穆山	共1批	151	683
73	8月11日	襄城	麦岭	滔河	白亭	共1批	244	1 091
74	8月12日	封丘	陈桥	老城	陈岭	共2批,第2批	236	956
75	8月12日	卧龙	蒲山	大石桥	杨营	共1批	173	764
76	8月12日	新郑	梨河	上集	蛮子营	共1批	307	1 298
77	8月15日	原阳	太平	老城	裴岭	共1批	164	792
78	8月15日	中牟	雁鸣湖	金河	魏岗	共1批	201	936

续表 3-3-3

序号	搬迁日期	迁入地		迁出地		分批情况	搬迁移民	
		县(市、区)	乡(镇)	乡(镇)	移民村		户数	人数
79	8月15日	长葛	官亭	上集	下集	共1批	305	1 309
80	8月15日	社旗	苗店	马蹬	白渡滩	共1批	244	1 142
81	8月17日	邓州	裴营	香花	刘楼	共1批	260	1 166
82	8月17日	社旗	饶良	马蹬	吴营	共1批	130	597
83	8月17日	卧龙	蒲山	大石桥	杨营	共1批	114	521
84	8月18日	邓州	裴营	香花	刘楼	共1批	400	1 723
85	8月18日	长葛	石固	上集、滔河	简营、门伙	共1批	215	1 039
86	8月18日	许昌	蒋李集	滔河	金营	共2批,第1批	160	800
87	8月19日	新野	王庄	盛湾	兴化寺	共1批	163	695
88	8月19日	社旗	饶良	马蹬	吴营	共1批	216	1 046
89	8月19日	襄城	姜庄	滔河	白亭	共1批	160	723
90	8月19日	邓州	穰东	香花	北王营	共1批	196	875
91	8月19日	许昌	蒋李集	滔河	金营	共2批,第2批	276	1 227
92	8月21日	邓州	夏集	香花	杨河	共1批	285	1 291
93	8月24日	卧龙	英庄	大石桥	柳家泉	共1批	169	630
94	8月25日	宛城	金华	大石桥	大石桥	共1批	255	1 029
95	8月25日	襄城	王洛	滔河	张庄	共1批	312	1 192
96	10月26日	中牟	官渡	金河	金源社区	共1批	57	247
97	10月26日	荥阳	城关	上集	罗池贯、刘营	共1批	168	657
98	10月26日	新郑	和庄	上集	钟观	共1批	81	353

二、组织形式

河南省为组织好南水北调丹江口库区移民搬迁工作,对搬迁前、搬迁中和搬迁后的各项工作均进行了认真研究,制定了严密的工作流程和制度并严格执行,保障了搬迁工作顺利实施。

(一)前期准备

为确保移民平安顺利搬迁,河南省扎实做好有关前期准备工作,制订了周密完善的搬迁实施方案,省移民安置指挥部成立了省移民搬迁指挥中心,各有关市、县也成立相应的移民搬迁指挥机构,加强了对移民搬迁工作的领导;抽调人员进村入户,对移民群众中存在的矛盾进行全方位排查化解;组织新闻媒体加大宣传力度,在全省形成了支持搬迁、踊跃搬迁的良好氛围。

1. 制订方案

省移民安置指挥部办公室提前谋划,在搬迁方案制订过程中,充分吸取了试点移民搬迁经验教训,广泛征求了省直有关部门和有关市、县的意见,多次修改完善。方案明确了搬迁任务、搬迁时限、各级各有关部门的职责分工、移民搬迁的原则；部署了移民搬迁前的新村验收、移民健康体检、特殊人群健康和学生情况调查、债权债务处理，搬迁中的物资装卸、车辆通行、安全监管、医疗卫生保障，搬迁后的“一对一”帮扶、弱势群体安置、学生入学、有关手续办理、村级班子建设等工作；全面考虑了移民群众的吃、住、行、医、用等生活细节。有关市、县也根据省搬迁方案，结合实际，进一步细化完善，并将责任分解，落实到人、到事，制订了操作性强的实施方案。

2. 成立机构

省移民安置指挥部设立了移民搬迁指挥中心，指挥长任总协调，下设综合协调、交通运输、安全保卫、医疗卫生、库区协调、宣传报道、信访稳定、督促检查等 8 个组，具体负责移民搬迁组织协调指挥。省移民搬迁指挥中心 24 小时值班，及时处理搬迁过程中出现的具体问题。实行联系市指导组制度，由省移民安置指挥部有关领导分别联系 6 个省辖市，协调处理搬迁中的有关问题。淅川县搬迁指挥中心设置了中心指挥长席、综合协调调度席、公安交警指挥席、道路通行保障席、用电安全保障席、卫生安全保障席、航运安全保障席、气象石油通信服务席、应急处置席、后勤保障席等 10 个席位，抽调有关部门工作人员全力服务移民搬迁工作。全省上下形成了领导有力、协调到位、运转高效、保障及时的移民搬迁指挥体系。

图 3-3-6　淅川县移民搬迁指挥中心(2010 年)

3. 宣传动员

省移民安置指挥部办公室详细制订了每批移民搬迁工作宣传报道方案，对报道的主题、内容和方式进行了详细谋划，并分别针对报纸、广播、电视等媒体制订了细化方案。适时召开了移民搬迁新闻发布会，向中央和省(市)媒体介绍了南水北调工程的重大意义、做好移民工作的体会及移民搬迁工作准备情况。省移民安置指挥部有关领导做客人民网、河南人民广播电台等栏目，详细阐述了移民搬迁、生产生活安置、有关帮扶政策等，系统宣传了移民搬迁工作。与省新闻工作者协会联合下发了《关于开展河南省南水北调中线工程好新闻奖评选活动的通知》，激发媒体记者宣传报道的积极性。搬迁前夕，组织省主流媒体，深入淅川库区一线进行采访；对迁安两地的欢送欢迎仪式进行了报道。在《河南日报》开辟了“关注南水北调移民安置工作”专栏，集中宣传阶段性工作和先进典型，并在单日搬迁超过 3 000 人时在《河南日报》第一版刊登搬迁简讯。各地也采取群众喜闻乐见的宣传形式，对移民搬迁进行宣传报道。如淅川县在搬迁前深入开展讲意义、讲大局、讲形势、讲政策、讲法制、讲安置地奉献的“六讲”主题教育，强化比土地、比区位、比补偿、比规划、比补助、比发展环境、比发展前景、比过去的移民政策的“八对比”宣传教育活动，在广大移民中宣传“早搬迁，早发展”的口号，努力增强移民搬迁的主动性。在移民搬迁期间，迁安两地悬挂、张贴了朗朗上口、通俗易懂、温暖人心的宣传标语。各级通过多角度、全方位、大力度、广覆盖的舆论宣传，宣传了政策，树立了典型，弘扬了正气，营造了良好的社会氛围。

4. 矛盾化解

为确保移民顺利搬迁，在每批移民搬迁前集中开展为期 2 个月的矛盾纠纷排查化解活动。一方面，抽调足够力量，深入基层，排查矛盾。淅川县从县、乡两级党政机关抽调了 3 800 多人次，组成了库区移民搬迁矛盾排查化解专项工作队，对各个移民村的矛盾纠纷进行拉网式排查，共排查各类问题 3 500 多起，其中重大矛盾隐患 1 000 多起。另一方面，建立矛盾排查化解机制。对排查出来的矛盾和问题，按照债权债务、线上林地、集体财产分割、房屋建设、生产用地等类型，进行分类登记，按照工作流程，建立了《接访台账》《上级转办案件办理台账》《矛盾排查和安全稳定信息台账》《信访信息综合台账》《矛盾化解工作责任台账》等工作台账。通过定人员、定责任、包调查处理、包化解和跟踪督察、定期考核等措施，使各种矛盾纠纷和重大不稳定因素都得到了有效化解，为移民搬迁的顺利进展扫清了障碍。同时，积极接待群众来访，并通过日报、周报、月报等形式，及时向上级领导反馈信访动态，提出解决问题的具体建议，使一大批移民群众的上访问题在淅川县和各安置地得到了有效化解，确保了移民搬迁工作的顺利进行。

(二) 移民搬迁

1. 搬迁报批

为避免不具备搬迁条件而仓促搬迁现象的发生，切实维护广大移民群众的切身利益，省移民安置指挥部办公室对搬迁程序做了严格的规定。一是严格新村验收程序。在移民新村具备搬迁条件后，首先由县级移民安置指挥机构组织对移民新村房屋、基础设施和公益设施等项目全面验收，验收通过后组织移民个人或迁安组织代表对房屋进行检查，并提请相关省直单位移民迁安包县工作组审核，合格后向市级移民安置指挥部办公室提出搬迁申请；市级移民安置指挥部办公室复验合格，并审查搬迁实施方案、搬迁后续工作安排等，具备搬迁条件后，将搬迁申请连同省直移民迁安包县工作组组长签署的同意搬迁意见，报省移民安置指挥部办公室审批。省移民安置指挥部办公室收到后，组织现场检查、验收和审核批复，批准后方可搬迁。二是严格搬迁计划发布和变更程序。移民新村经验收合格并批复同意搬迁后，安置地提前将包括搬迁时间、搬迁规模、行车路线、车辆数量、联络人等信息的搬迁计划上报省移民安置指挥部办公室。省移民安置指挥部办公室在征求淅川县意见后，向省交通运输厅等有关厅局和安置县(市、区)发布搬迁预告，作为每批次移民搬迁的指令。搬迁预告一经发布，不得随意变更。若因天气、道路等不可预见的原因确需变更的，须及时逐级上报省移民安置指挥部办公室审批。

2. 信息通畅

为加强搬迁期间组织协调，省移民安置指挥部对省直有关厅局、省直单位移民迁安包县工作组、迁安县(市、区)的职责做了详细界定，并将省交通、卫生、公安等有关部门以及南阳市、淅川县主要领导纳入省移民搬迁组织领导机构。省、南阳市移民安置指挥部办公室派出处级干部常驻淅川县，现场协调解决有关问题。在移民搬迁期间，河南省各有关单位都实行 24 小时值班和日报告制度，及时协调解决问题。迁安两地互派联络员，特别是安置地都提前派出工作组到库区移民村进行调研，了解和掌握搬迁需运输的人员和物资情况，制订详细的运输方案。省移民安置指挥部办公室还建立了手机短信发送平台，及时发布搬迁信息，通报搬迁情况。各级各部门既各负其责，又通力协作，形成了统一领导、分级负责、县为基础，以迁入地为主、迁出地配合，各有关部门各负其责的搬迁工作机制。

3. 后勤保障

在移民搬迁期间，河南省各级各部门对移民群众提供了细致周到的服务，使移民群众真正感受到了党和政府的温暖。搬迁前，迁入地主要领导亲自带领工作人员和搬迁车队到库区迎接，迁出地组织服务队伍帮助移民装运家具，组织干部群众举行欢送仪式，并由县、乡主要领导带领人员一路护送到新村。搬迁中，每批次都有卫生部门专门组织的医疗救护车队和医护人员，携带救急药品和器械，为移民群众特别是高龄老人、危重病人、临产孕妇、精神病人等特殊人群提供医疗卫生服务；公安、交警人员坚守岗位，日夜保障移民生命财产安全；电力部门组建移民搬迁服务队，投入应急发电设备，保障移民搬迁用电安全；交通运输部门为移民开辟"绿色通道"，免除移民搬迁路桥通行费，同时在搬迁车队休息的服务区，为移民每人免费发放面包、茶水、火腿肠等食品。搬迁后，各地都举行了欢迎仪式，实行县直有关部门、乡（镇）包户制度，由专人引导入户，帮忙卸车、搬运，并备好了米、面、菜、油等可满足一周生活的必需品，有的地方还专门安排县、乡干部为移民做好第一顿安家饭，帮助移民及时熟悉当地生活方式。教育、民政、公安等部门分类办理各种手续，确保移民利益不因搬迁而受影响。

图 3-3-7　南阳市新野县迎接移民准备首餐（2010 年）

（三）安全保障

为确保移民顺利安全搬迁，在移民搬迁过程中，河南省迁安两地在搬迁车辆、医疗卫生、安全通行、临时生活、防汛防暑等各方面做了大量的保障工作。

1. 车辆保障

搬迁车队除客、货车外，都配备有工作车、警车、故障维修车。交通、交警部门专业人员对搬迁运输车辆进行复检，对符合条件的车辆现场拍照并发放"特别准运证"。交警部门对核准的搬迁运输车辆驾驶员进行搬迁业务培训，发放"特别驾驶证"，并开展了有关时速要求、装车要领、安全高度、指挥信号、组织纪律等培训。

2. 医疗卫生保障

在搬迁前，迁安两地对移民群众健康状况进行全面普查，对移民高龄老人、危重病人、临产孕妇、精神病人等特殊人群情况进行了全面了解和掌握，制定出了特殊搬迁措施。卫生部门派出综合能力强、医护技术水平高的人员，抽调救护车辆，配备必要药品，全程保障移民搬迁医疗安全，组织对移民心理疏导，对高危人群开展心理干预。省卫生厅指定省人民医院等 3 家省级医院、移民搬迁沿途市县各一所综合医院作为搬迁医疗救治定点医院,时刻保障移民搬迁医疗安全。

3. 安全通行保障

淅川县对涉及移民搬迁的道路、临时道路、停车场等进行全面整修。在水路搬迁时,移民干部身着救生衣,在轮渡四周排成人墙为移民护航,安排应急救护船,确保移民群众生命财产安全。迁安两地特别是淅川县抽调大量警力在移民搬迁途经路口维持交通秩序,确保移民搬迁车队快速安全通行。交通部门调整道路维修计划,设立临时维修站点,并派路政引导车全程接力护送。

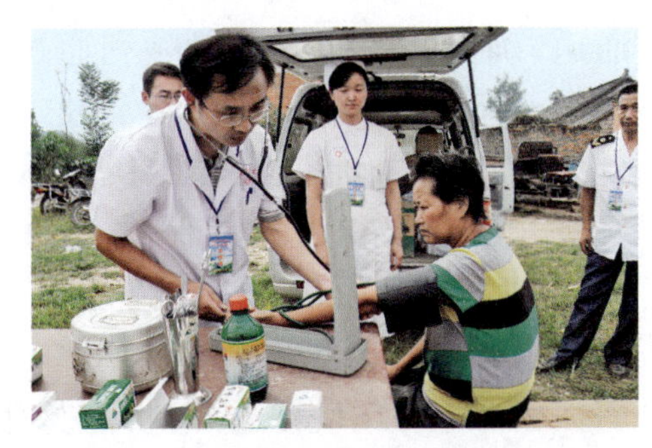

图 3-3-8　医护人员为待迁移民群众全面检查健康状况(2009 年)

4. 临时生活保障

在各批次移民搬迁过程中,每辆运送移民的客车除配备车长、联络员、卫生员、随车工作人员全程护送移民外,安置地还为移民准备了食品、水果、饮用水等临时生活用品。到达安置地后,各地安排专人引导移民入户,并为每户移民备好了一周的生活必需品,提供全方位服务。

5. 防汛防暑保障

河南省南水北调丹江口库区各批次移民搬迁时间主要集中在每年 6~8 月,期间正值高温多雨、天气多变。为做好防汛防暑工作,省移民安置指挥部办公室会同省气象局开展移民搬迁气象预报,各安置地专门选派配备有空调设备的客车、救护车,并准备了藿香正气水、绿豆汤、遮阳帽等防暑降温物品。为移民运送家具、农具等物品的货车都配备了帐篷、灭火器等防雨防火用品。

三、服务保障

在移民搬迁过程中,河南省全省动员,省直有关单位和社会各界积极配合,形成了支持移民搬迁的浓厚氛围。省交通运输厅、省公安厅、省卫生厅、省气象局等省直有关单位都制定了具体的服务措施,为移民搬迁提供亲切周到的服务。

省交通运输厅与地方党委政府共同安排布置,细化各项环节,组织相关单位认真落实运输车辆、救援车辆和应急车辆,精心挑选驾驶员,配备汽车修理工,组织对车辆进行了细致全面的安全检测,并制订了应急预案。在每批次搬迁服务保障过程中,均制订了全省高速公路服务保障丹江口库区移民搬迁工作方案,成立了全省高速公路移民搬迁服务保障工作领导小组。同时成立了服务保障工作督导检查和协调联络组。督导检查组分别负责督导检查郑州、平顶山、许昌、漯河、新乡、南阳等 6 个省辖市相关路段单位准备落实情况,实地查看并指导服务保障工作开展,协调处理相关问题,收集上报各单位工作信息,确保移民搬迁服务保障各项工作顺利进行。协调联络组负责与省移民安置指挥部办公室、各省辖市移民管理机构、省交通运输厅有关处室、各高速公路运营管理单位、沿线高速交警、路政大队、各督导组沟通联络,接收并发布移民搬迁预告,协调各相关单位做好服务保障工作安排,汇总整理上报各类工作信息。收费站负责开辟移民搬迁车队专用通道，确保移民搬迁车辆顺利通过，悬挂标语，插彩旗，摆放鲜花，准备鞭炮礼花，设置移民搬迁服务台，安排礼仪岗及鼓乐队迎送移民搬迁车队。服务区负责悬挂欢迎标语条幅、插彩旗，摆放鲜花，设立移民车队服务台，增加服务人员，负责接待移民就餐休息，免费发放食品（标准为每人两个馒头、两根火腿肠、两个鸡蛋、一瓶矿泉水）及开水、绿豆汤、凉茶等；指挥移民搬迁车辆统一停放，专人指引移民前往公厕，做好应急医疗准备及相关保障工作。路政部门对移民车队沿途经过的高速公路，加大路政巡逻频次，及时掌握路况信息，提前停止各类养护施工，撤除施工作业区域，加大路警联合力度，妥善处理各类突发情况，确保路段畅通和各休息点的安全。机电部门负责通行路段沿途电子显示屏滚动显示规定的宣传口号。移民搬迁期间，省交通运输厅高速公路系统共服务保障搬迁移民145批，免费发放食品物品16万余份，免收通行费682万元。

图3-3-9　高速公路服务区工作人员免费为移民群众发放食品（2009年）

省公安厅组织担负移民迁安任务的6个省辖市25个县（市、区）的公安机关均成立了由主要领导负责的移民工作组。在每批移民搬迁前，省公安厅都召开了6个省辖市公安局分管治安工作副局长参加的移民工作协调会，并下发通知，要求各地做好搬迁保障工作；移民搬迁期间，各地公安干警昼夜在移民村巡查，维持迁安区社会治安环境；对参与运输的驾驶人员进行资格审查、培训和安全教育，确保运输安全；在搬迁道路口维护交通秩序，确保移民车辆沿途道路的畅通；移民搬迁后，及时协调为移民免费办理户口迁移手续和换发户口本、身份证等证件，并建立警务室，保障移民群众安全。

省卫生厅在移民搬迁之前都组织全省各级卫生行政部门和有关医疗卫生机构、厅机关各处室全力以赴做好医疗卫生保障工作，确保平安健康搬迁。一是成立了移民搬迁医疗卫生保障领导小组，制订医疗保障预案、应急预案。在搬迁前，省卫生厅、省移民安置指挥部办公室联合召开全省移民搬迁医疗卫生保障工作会议，对全省移民搬迁的公共卫生和医疗保障工作进行安排部署。二是在搬迁前对全省搬迁移民的健康状况进行全面普查，共排查出老幼病残孕等特殊移民26 988人，其中60岁以上老人11 150人，3岁以下儿童7 676人，病人、残疾人7 316人，孕妇685人，精神病人161人，逐村逐人造册登记。三是迁安两地卫生部门组建人员精干、技术全面、设备齐全、车况良好的医疗卫生保障小组，全程做好搬迁途中的医疗救护工作。移民搬迁期间，全省共出动救护车辆4 750台次，参与医护人员6 100人次，救助老幼病残孕等3.6万人次，投入药品、医疗器械等1 790万元。四是分别在淅川县和郑州市举办了推广移民健康知识、进行移民心理干预的技术培训班，并对重点人群进行多种形式的心理干预，包括开展一对一的倾听和心理咨询，对可能出现心理问题的移民进行筛查，建立移民心理健康档案和心理预警信息网络，把心理问题对移民的影响降到最低程度。

省气象局制订了移民搬迁期间的气象服务方案，成立了以主管副局长为组长的移民搬迁气象服务领导小组，负责组织移民搬迁天气会商，为移民搬迁提供未来24~72小时和中期4~7天的天气预报服务；根据特殊需要，随时增加预报内容和次数，遇灾害性天气及时发布预警信号。

省财政厅筹措资金1亿元，专项用于解决库区移民在农村合作基金会和民政救灾互助基金会存款未能兑付、借款未能清偿问题，消除了广大搬迁移民的后顾之忧；针对移民搬迁数量大、任务重、天气热，老幼病残孕人员多的特殊情况，协调下达专项资金购置一批救护车辆，保障移民平安搬迁；按照每迁出一人200元、迁入一人200元的标准，补助移民工作经费6 500余万元，安排搬迁建房奖补资金2.7亿元，激励移民按时搬迁；落实各项支农惠农政策，把粮食直补、农资综合补贴等资金及时发放到移民手中。

河南省各移民安置县（市、区）也发动有关单位，为移民提前打扫房屋院落、准备一周左右的生活用品、装卸家具货物、提供“一对一”结对帮扶等，帮助他们熟悉安置地的生活，解决移民群众临时生活困难。

第四节　生产安置

河南省南水北调丹江口库区移民生产安置主要采取大农业安置。在移民人数多、搬迁安置时间紧、任务重的情况下，从试点开始，河南省各级各有关部门就把移民生产用地调整划拨作为移民工作的重中之重，提前进行谋划。在调整划拨土地过程中，各安置地按照尽量集中连片、耕作半径原则上不超过3公里等原则，通过“推磨调地”等方式完成调整划拨任务。为确保土地质量，省国土资源厅把移民生产用地纳入土地整理范围，省水利厅把给移民划拨的水浇地纳入农田水利配套范围。生产用地按规划调整并完成土地整理、水利设施配套后，安置地及时进行验收并移交到移民村，由移民村根据“四议两公开”等方法，将生产用地分配到户。为保障生产用地集约、高效利用，河南省鼓励移民村结合群众意愿，将生产用地进行流转。

一、安置任务

根据《南水北调中线一期工程河南省水库建设征地移民安置实施规划工作大纲》，生产安置的主要原则有：农村移民坚持以土地为依托、以种植业安置为主，其中整建制种植业集中安置由政府统一安排生产用地，分为外迁近迁移民划拨土地和淅川县内后靠整合搬迁移民土地；投亲靠友移民户利用亲友关系自主寻找土地。移民生产用地划拨以有偿调整安置地居民承包地和单位集体土地为主，以调整农业产业结构、发展高新农业、配套农田水利设施、提高土地产出为手段，以搬迁后移民生活水平不低于原水平并与安置区居民同步发展为目标。生产用地划拨由安置地政府落实，坚持集中连片、质量均衡、耕作半径适中、与当地群众大体相当的原则，调地比例应合理，尽量避免对安置区居民生产生活产生大的影响。淅川县内后靠移民土地整合方案充分听取乡（镇）政府及村、组、移民意愿,整合后的土地按接收村民小组原标准安置移民。

外迁近迁集中安置标准为,在离城镇较远的农村调地安置移民,人均耕园地标准为大棚菜地0.4亩,或水田、水浇地和果园1.05亩,或旱地1.4亩;在城镇周围或经济较为发达、不以土地为唯一谋业手段的移民,可结合实际情况适当降低土地安置标准。移民生产用地尽量集中连片,耕作半径原则上不超过3公里。在调整土地时,按耕园地面积总和的6%计列其他土地统筹使用。土地质量与当地群众大体相当。按水田、水浇地、菜地、果园划拨的生产用地,应具备基本的灌溉条件,即属于机井灌溉的,水田30亩一眼井,水浇地、菜地、果园50亩一眼井。属于灌区灌溉的,要有固定的灌溉设施,灌溉保证率达到70%以上。淅川县内后靠安置移民生产用地调整标准不高于搬迁前水平。投亲靠友的条件为,接收村必须是非淹没村或淹没村的非涉淹组;接受申请安置的村人均旱地须达到1.5亩以上,或水田、水浇地1.2亩以上。集镇周围安置的村人均耕地需达到1亩以上;接受申请安置的村民小组2/3以上的农户签字同意接受安置并按安置标准调整提供土地,同一村接受移民投亲靠友不能超过20户,同一组接受移民投亲靠友不能超过10户。

河南省南水北调丹江口库区移民生产安置任务为162 557人,其中种植业安置160 669人,投亲靠友安置1 888人。种植业安置生产用地调整划拨涉及6个省辖市25个县(市、区)109个乡(镇)584个村和29个单位,规划调整划拨生产用地21.27万亩。投亲靠友安置移民生产用地划拨由安置地政府按相关规定执行。

二、土地调整和划拨

河南省是人口大省,人均耕地较少,低于全国人均水平。南水北调丹江口库区移民安置地土地资源普遍紧张,除淅川县内后靠安置点利用整合土地、部分外迁安置点征用国有农场土地外,其他大部分安置点需要通过大范围内的“推磨调地”解决移民生产用地。

为维护移民群众的切身利益,在移民安置对接前,安置地提前选择地表耕作层厚、有机物质丰富、水利设施配套较好、适宜农作物生长的土地留给移民,且生产用地在居民点周边,尽量集中连片,耕作半径不超过3公里。在移民安置对接期间,安置地组织移民迁安代表到当地查看土地位置、土质、土壤肥力、灌溉条件等,详细介绍划拨给移民的生产地块现状及耕作半径等。对于移民提出的意见,安置地政府尽可能想办法满足;对于移民不满意的地块,安置地克服困难予以调换,直到移民满意并签订安置确认书。

为保证移民搬迁后能够迅速恢复正常生产,河南省针对移民搬迁时间和生产季节,明确规定必须在每批次搬迁年份的夏收前将生产用地调整到位。为了解决生产用地划拨难题,各地都成立了由移民、国土、乡(镇)等组成的生产用地划拨领导工作小组,县(市、区)领导分包乡(镇),安置乡(镇)组织专门班子,抽调得力干部,到安置村组召开会议、进村入户,宣传南水北调移民安置政策,耐心细致地做群众的思想工作,解决土地权界矛盾,处理承包纠纷,现场勘查丈量,打桩定界,如期将划拨的生产用地交付移民村使用。在调地过程中,调地难度极大,乡(镇)移民干部对不理解、不愿意调地的群众,逐户做思想工作,宣传南水北调工程建设及移民安置的重要意义,使安置村群众逐步由抵触到支持移民工作,确保了各批次移民生产安置用地调整任务顺利完成。

生产用地调整和划拨是移民安置过程中的一项非常艰巨的工作,群众阻力很大。主要困难如下:

(1)安置地群众不愿出让土地。在河南农村有句俗话"田地老婆不让人",土地作为重要的资源和资产,是农民赖以生存的基础;土地作为财产不断升值,即使不依靠土地生产和生活的农民也越来越不愿意让出土地;河南省人多地少,随着土地资源的不断减少,特别是国家一系列支农惠农政策的出台和各种补贴政策的兑现,以及舆论对农民土地权益保护的呼声越来越高,农民对土地越来越眷恋;为安置好移民,需要将土地质量好、水利设施配套完善、交通便利和距离近的土地调整给移民,安置地群众心理上难以接受。

(2)补偿标准较低。南水北调丹江口库区移民生产用地划拨补偿标准按照《移民安置条例》执行,与其他基础设施项目补偿标准差距较大。特别在一些安置村,既有移民安置用地,又有高铁、高速公路用地,因补偿标准不一,存在"同地不同价"的现象,群众不理解,移民安置调整用地阻力很大。

(3)"推磨调地"任务繁重。"推磨调地"涉及面广、工作量大、矛盾多。河南省南水北调丹江口库区移民共划拨生产用地21.49万亩,"推磨调地"涉及面积226万亩,移民生产用地与"推磨调地"之比为1:10.5;在"推磨调地"过程中,涉及安置地群众160余万人,移民与受影响群众之比为1:9.7。"推磨调地"中产生的矛盾主要有:在调地过程中,村与村、组与组土地调整时,地质有好有差,路程有远有近,基础设施也有差别,好地安置地群众不愿调,差地移民群众不愿接;自土地承包以来,农村很多年没有调整过土地,有些出嫁的姑娘、去世的老人等土地没有被收回,生产用地调整阻力很大;调整土地过程中,部分安置村隐含的矛盾全面暴露,如干群积怨、不愿迁祖坟、出嫁姑娘离婚回来要求分地等;根据移民规划,国家只对调整给移民的土地上的附属物给予补偿。安置村组内部调整土地过程中,群众原地块上的作物、配套机井及浇灌管线设施、变压器配电盘等设施大多易主,所需的大量补偿资金没有着落,需要安置地协调解决。如邓州市都司镇2010年安置淅川县香花镇蒿溪村移民545人,需调整生产用地856亩。为了给移民调出紧邻新村、土地肥沃、能灌能排、连片成方的土地,都司镇党委、政府在充分掌握7个调地村基本情况和土地现状的基础上,多次召开班子会议,进行慎重研究,最终制订出了调地方案。该镇专门成立了生产用地调整指挥部,成立7个工作组,指挥部成员和各包村干部进村入户,开展讲意义、讲大局、讲形势、讲政策、讲法制、讲安置地奉献的"六讲"活动,利用会议、广播、标语、横幅、宣传车等多种形式广泛宣传,造成强大声势。在生产用地调整过程中,各村反馈的问题多达8大类64种。针对这些问题,镇党委、政府召开了多次班子成员会和有关村支部书记会,研究解决办法,制订了区别情况、分类对待、一事一策的解决方案。调地村之一的户张村王营组耕地面积330亩,其中320亩需调给移民,3个邻村再为该组调地,调来的耕地共有7块。该组群众认为调入土地位置分散且质量不如原有土地,坚决不同意。该村寨上组有一块50亩旱涝保收田,方方正正,呈"田"字形,因承包户出大学生较多,所以群众视为“风水宝地”。根据调地方案,这块地需调给别的村组,群众意见很大。该村支部书记左右为难,3 次在镇党委书记面前失声痛哭。为解决矛盾,镇党委书记亲自带人到该村做群众思想工作,用大义和真情感化了群众,问题得到了解决。

由于移民安置用地和地面附属物补偿标准偏低及与其他工程建设项目标准相差较大等,在移民生产用地调整划拨过程中困难较大,为确保移民生产用地按要求调整划拨到位,河南省部分安置地出台了移民生产用地调整奖补政策。如郑州市对为移民调整的生产用地每亩土地除按国家补偿标准兑付外另外奖补 7 000 元,地面附属物每亩另外奖补 1 500 元。

河南省南水北调丹江口库区农村移民除投亲靠友安置外,共调整划拨生产用地 214 958 亩。

三、土地整理和水利设施配套

根据《水利水电工程建设征地移民设计规范》(SL 290—2003)的要求,为使移民具备恢复原有生活水平必要的生产条件,规划通过对调整给移民的水田、水浇地、菜地、园地,配套完善农田水利设施;对调整给移民的生产用地,进行田林路综合治理等措施,发展种植业,提高农业综合生产能力,以增加农民收入,保障粮食安全,为移民奔小康创造条件。

河南省南水北调丹江口库区移民安置区除郑州、新乡、南阳等地区部分安置点为灌区外,大部分安置点主要依靠井灌。部分地区灌溉井由于成井于 20 世纪七八十年代,使用年限长,部分淤积或损坏严重,已不能正常使用。另外,井灌区内,除极少数地区 10 千伏线路、配电变压器、地埋线等配套齐全外,其他地区电力配套设施严重不足,浇地利用柴油机发电,耗能、耗力、耗时。部分移民生产用地范围内,田间道路年久失修坍塌、毁坏、凹凸不平,逢雨雪天气,道路泥泞,无法满足农业生产的需要。地面沟渠常年失修堵塞,排水不畅,易形成洪涝灾害。外迁安置区总体地势平坦,但局部地块地势高低不平,不便于机耕和灌溉。生产用地地面林木较少,抗风灾能力弱,部分地区龙卷风、冰雹等自然灾害时有发生,给农民收入造成较大损失。

在南水北调丹江口库区移民安置实施规划中,对安置区生产配套设施采取了以下措施:

一是完善灌区配套设施。对调整给移民的水田、水浇地、菜地、园地等土地,进行配套设施建设,主要项目包括对现有机井修建护井工程、根据用电负荷安装配电变压器从附近接线架设 10 千伏线至变压器。为降低移民灌溉成本,低压地埋电缆覆盖整个项目区,全部实现电井配套。

二是对生产用地进行田林路综合治理。对部分地势高低不平的土地进行整理,作局部土方平整,以便于机耕,发挥机械效率,提高机耕质量,方便灌溉;开挖疏浚项目区内外排水沟渠,完善田间排水系统;整修农田道路,外迁安置区地势平坦,大部分地区采用机播、机耕方式,农业机械较多。规划对不能满足通行要求的现有生产路进行整修,整修方式为加宽、修复坍塌、挖土填平、碾压夯实,有效增加通行、运输能力,保证各种农业机械畅通。移民生产用地上无生产路或调整土地地块分散的,修建田间主要生产路。生产路路基宽3米,采用砂石路面;修建桥涵等渠系建筑物;建设农田防护林,树种用材以林木为主,按照"因地制宜、适地适树、路沟渠相配合"的原则,建设、完善农田林网。

在实施规划中,对已有灌溉设施的水田、水浇地、菜地、园地,完善田间配套设施,对其他生产用地进行田林综合治理,按亩均计列投资。实施时,由当地政府统筹当地土地整理、农田水利等专项补助资金,统一编制实施方案。

按照《实施方案》和《关于南水北调中线工程丹江口水库移民安置优惠政策的通知》要求,省国土资源厅印发《河南省国土资源厅关于南水北调丹江口库区移民安置配套政策措施落实方案》,要求对涉及南水北调丹江口库区移民的县(市、区)安置区域优先安排项目,对纳入当地土地整理规划的移民生产安置用地优先安排土地整理项目,并按移民人均1 200元标准下达2亿元专项资金。各安置地国土部门按照要求把移民生产用地纳入土地整理范围。省水利厅把给移民划拨的水浇地纳入农田水利配套范围。生产用地确定后,安置地整合国土、移民等各类资金,对移民生产用地进行了生产用地整理和水利设施配套,由乡(镇)政府或国土等部门负责进行土地整理,水利部门进行水利设施配套,完成后及时进行验收并移交到移民新村。如新乡市原阳县在为移民划拨的生产用地中,因大部分地块位于周边村交界,边沿不规则,存在着不同程度的起伏状态,不够平整。为了满足移民群众的正常耕种,需按水浇地标准对大面积地块进行平整,局部地块进行改造改良,以方便生产,增产增收。该县对移民安置区内划拨给移民的5 188亩生产用地全部进行了平整,对第一批2个移民新村1 300亩沙质土地进行了改良。对裴岭新村划拨的当时已改为耕地的150亩县林场林地进行了改造,使其成为水浇地。同时便于移民生产运输,新修建或改善了田间生产路8条5 200米。为使移民生产用地达到50亩地1眼井水浇地标准,县水利局对生产用地进行统一规划并实施。水利设施配套实施完成后,该县移民生产用地灌溉实现了井、泵、电三配套,全部成为旱涝保收田,为农业生产开发夯实了基础。

河南省南水北调丹江口库区208个移民新村共完成土地整理184 868亩,完成水利设施配套72 016亩。

四、生产用地移交和分配

为确保移民生产用地尽快移交分配到移民手中,河南省规定每批移民实施时,各地在移民搬迁当年夏收后将生产用地移交给县级移民管理机构,对不需要土地整理和水利设施配套的土地,县级移民管理机构可直接移交给移民村。对需要土地整理和水利设施配套的土地,按照有关要求完成整理和配套,验收后再移交给移民村。移民搬迁的时间大多集中在6~8月,为此,河南省要求各地要在当年9月底前将生产用地分配到户,保证移民种上小麦。部分未能及时分配到户的移民土地,暂由乡(镇)政府统一耕种,不使土地撂荒。

河南省鼓励移民土地通过流转方式实行集中、高效经营,但必须要先分配到户,再根据移民意愿流转。生产用地分配到户,河南省各地按照村民自治法的要求和公平公正公开的原则,组织移民村先制订生产用地分配方案,再经村民代表大会通过后实施。土地分配到户的具体操作方式各乡(镇)、村细节上有差异,但大体程序和步骤相似,一般按"土地分户十步"实施:地块对接、面积核实、土地移交、人口公示、方案确定、大方划分、序号编排、抓号排序、分地到组、分配到户等。由乡(镇)逐步研究,分解细化,统一安排部署,从时间、任务、措施、人员、责任、经费、保障等方面详细安排,确保每一步都扎实落实。如南阳市新野县溧河铺镇移民搬迁入住后,镇移民安置指挥部积极主动与移民新村"两委"班子进行对接,详细介绍移民新村所处的地理位置、周围村庄、划拨给移民的生产地块现状及耕作半径等,并将移民生产用地规划图印制后由移民新村"两委"班子成员张贴在村部,使移民群众对生产用地有了客观认识,并引导他们及早谋划分地到户方案。同时,由镇移民安置指挥部人员带领移民新村干部、党员代表、群众代表等,对照规划图,逐地块进行实地察看,为科学制订分地方案提供第一手翔实资料。溧河铺镇在地块对接时,坚持做到"三对照",即对接时实地丈量的面积、调地村上报的面积和国土部门测量的面积全部对照。实地丈量时,由移民村、调地村和镇移民安置指挥部三方人员在场,按照事前商定好的地块对接方法,由移民村和调地村双方各派人参与丈量,镇移民安置指挥部人员监督,逐地块丈量,现场计算,"三对照"后,由三方敲定地块面积,并在地块交接书上签字认可。通过"三对照",核定每一地块的面积,确保移民村、调地村和镇移民安置指挥部三方满意。在分地过程中,镇政府注重政策的宣传,并用"六到户"工作法,即政策宣传到户、干部走访到户、方案公示到户、矛盾调解到户、问题解决到户、土地分配到户,指导各移民村落实。通过"六到户"工作法,消除了移民群众的疑虑,及时化解了生产用地移交和分配中的矛盾和问题。

第五节　搬迁后续工作

搬迁到安置地后,为方便移民在新的环境开始正常的生产生活,河南省组织各级各有关部门迅速将移民户口等有关手续进行迁转,确保移民以前享受的政策不因搬迁而中断;对移民身份进行复核确认,作为实施规划修订、资金结算、建房搬迁奖金发放、生产用地分配和后期扶持等工作的依据;对移民个人补偿补助资金和建房差价款等资金进行结算,按月发放过渡期生活补助费用,保障移民合法权益;帮助移民村建立健全"两委"班子,选好配强干部,为移民村安稳致富打好基础。同时,由于移民到安置地后,居住环境由山区、库周变为平原,社会环境和生存环境发生较大的改变,加上社会关系的割裂和邻里关系的重组,在气候环境、风俗习惯、生产生活条件等方面短期内还不能适应,生产方式比较单一,心理比较脆弱,河南省组织各级各有关部门在搬迁后开展结对帮扶、"送温暖"等活动,帮助移民渡过难关,使他们能够感受到党和政府的温暖,增强对未来生活的信心。

一、手续迁转

在移民搬迁前，河南省各地就组织卫生、教育、民政、公安等部门，对每户移民进行了认真细致的摸底排查，对五保户、学生、病残人员等情况进行登记建档，提前进行安排。移民搬迁后，各迁入地迅速组织有关部门，按照各自职责分工，将移民户口和组织关系迁入安置地，做好移民粮食直补、大型农机具购置补贴、移民学生两免一补、新农合、农村低保等各项惠农政策的延续工作，帮助移民换发户口簿、身份证、车辆牌照等有关证照，方便了移民生产生活，保障了移民群众的合法权益。

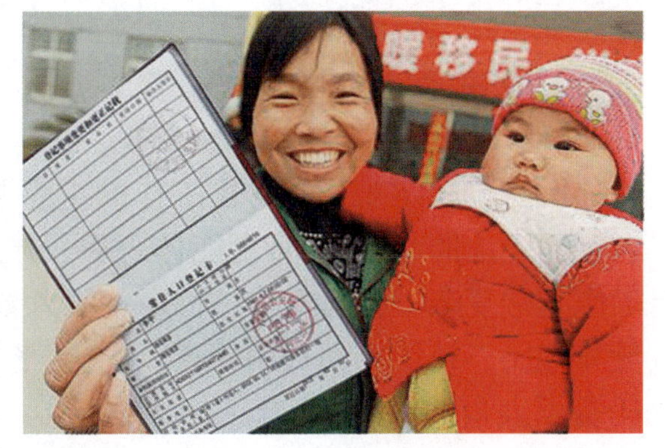

图 3-5-1　移民领到新户口簿(2011 年)

省民政厅印发《关于做好南水北调丹江口库区移民迁安相关工作的通知》《河南省民政厅南水北调丹江口库区移民安置配套政策措施落实方案》，组织有关省辖市民政部门摸清底数，做好库区移民中优抚对象、五保对象、孤老、孤儿、残疾人等各项优抚、优待、救助政策的对接工作，移民外迁安置的当年，各项政策由库区政府落实，次年由安置区政府落实。及时办理了抚恤补助、优待关系的转接手续和档案材料的交接工作。每批移民搬迁后，省民政厅组成工作专项检查组，通过听取汇报、查看台账、深入移民新村走访、组织移民代表座谈等形式，对担负移民安置任务的省辖市、县(市、区)涉及民政政策的落实情况进行专项检查。同时，还组织相关处室，在业务检查考核中，把移民政策落实情况作为检查内容，有效地促进了移民安置工作中民政政策的落实。

省卫生厅印发《南水北调丹江口库区移民安置配套政策措施卫生工作落实方案》《河南省卫生厅关于做好南水北调丹江口库区移民帮扶工作的通知》，组织迁出地县级财政、卫生部门和新农合经办机构及时将参加新农合的移民名单、就诊报销情况等，移交至安置地县级财政、卫生部门和新农合经办机构，并为参合移民免费办理新农合关系转移手续。安置地将参合移民纳入本地新农合管理和服务范围。搬迁和移交期间参合农民就诊发生的医疗费用由安置地集中报销，保证了移民搬迁安置前后新农合工作的连续性，确保了参合移民群众医疗卫生服务不断档。

省教育厅先后印发《关于南水北调中线工程丹江口水库移民考生录取、教师调动等有关问题的通知》《关于做好南水北调丹江口库区移民学校秋季开学前各项准备工作及有关问题的通知》，坚持“义务教育就近入学、高中教育对等入学、移民教师优先安排”的原则，妥善安置移民师生。迁出的小学生到移民点学校或周边现有学校就读，初中阶段学校学生直接转到安置地初中学校就读。普通高中在校学生转到安置地相应高中就读，属于省、市示范性高中学生的，安排到对应的省、市示范性高中就读，学校不收取择校费。迁出教师原则上由安置地教育行政部门负责将其安排在移民点学校任教，并对迁入教师的工作和生活进行妥善安排。随迁教师不能满足移民新村学校教学需要的,由安置地教育行政部门在中小学教职工编制总额内为学校配齐教师,确保正常教学需要。全省共新建移民学校 142 所,接收移民学生 21 751 人,其中学前班 3 793 人、小学生 13 813 人、初中生 3 154 人、高中生 991 人,安置教师 432 人。

二、移民身份核定

移民身份核定工作是移民工作的重点和难点,人口不仅是各项补偿补助资金兑付、建房和分配土地的基础,而且更能体现移民政策和社会的公平。从实施情况看,移民身份核定工作非常复杂、棘手,安置过程中移民人数不断变动,导致新村占地、建房、生产用地划拨数量和移民户补偿补助费用等难以确定,各级政府及移民管理机构、设计、监督评估单位为此耗费了大量的精力,部分工作出现反复,在一定程度上影响了安置工作的顺利实施。

河南省南水北调丹江口库区移民的实物指标,2003 年调查后至移民搬迁时已经过了 6~8 年,期间一些指标发生了变化,尤其是人口因各种原因有所增加:一是存在突击结婚、突击生子现象。因南水北调丹江口库区移民的补偿补助政策比较优惠,且部分主要项目的补偿补助是以人口为基数计算的,如建房困难补助、生产用地分配和后期扶持等,造成个别移民突击结婚、突击生子和超计划生育。表现在刚到法定婚龄就结婚,单身人员突击结婚,不到法定婚龄先生孩子后办结婚证,且超计划生育。二是部分库区户口应迁群众不愿迁出。淹没区条件相对较好,同时受水库移民补偿影响,移民村群众不愿搬离库区,婚嫁人口等向淹没区流量失衡。主要体现在为享受移民待遇,已到法定婚龄的姑娘推迟结婚,已嫁出库区的姑娘户口不外迁,已办过结婚仪式的姑娘不领结婚证不愿搬离库区等,还有部分大龄姑娘的婚生子女或非婚生子女户口随母登记在库区。三是移民人口存在个别漏登情况。2003 年实物调查时,由于常年在外打工或躲避计划生育和缴纳统筹或不愿搬迁、弄虚作假谎称淹没线上有房产等原因,造成部分移民人口漏登。这部分人员中有的外出时一个人,回来时已是拖家带口。但同时,随着水库移民补偿体系的完善和后期扶持政策的落实,库区存在“争当移民”现象。库区个别部门人口管理不规范、政策执行不严格,使少数人通过造假手段拿到认定移民身份的相关证件、证明和手续,因此在移民中有虚假人口的存在。在移民安置过程中,河南省不仅将应认定为移民而未认定的大量群众通过严格程序予以认定,而且还把已认定为移民的虚假移民进行甄别和剔除,因此造成移民人数不断变动。

为确保安置工作正常开展,省移民安置指挥部制定了《河南省南水北调丹江口库区移民人口管理办法》,组织南阳市、淅川县制定了切实可行的人口管理规定,严格对迁入库区的人口进行管理,加强库区计划生育管理,力争将移民人口控制在国家批复范围内。为配合移民安置实施规划编制,河南省将每批移民实施规划启动编制年作为移民人口复核基准年,淅川县政府为责任主体,长江设计院技术归口,共同对移民身份进行核定。淅川县组织公安、财政、计生等有关部门严格核查有关证件,按照国家和省有关移民政策及认定程序,坚持公开、公正、公平的原则,对调查基准年至复核基准年期间的移民人口变动情况核实到人,张榜公示,三榜定案,接受群众监督。核定结果经南阳市复核认定后,报省移民安置指挥部办公室文本备案,并作为设计单位编制实施规划的依据。移民新村占地和生产用地规模确定后,原则上不再变更,并实施包干,做到增人不增地,减人不减地。

在每批次移民搬迁前后,省移民安置指挥部办公室分别对复核基准年至移民搬迁截止日期间变动移民人口身份进行了核定。搬迁前核定的目的是为移民搬迁、手续迁转、弱势群体安置等提供基本信息;搬迁后核定原则上为最终核定,作为实施规划修订、资金结算、建房搬迁奖金发放、生产用地分配和后期扶持等工作的依据。移民人口核定工作,由安置地负责收集群众举报信息,进行初步调查并分类整理后,转南阳市、淅川县查处,同时逐级报省移民安置指挥部办公室备案。南阳市、淅川县按照移民人口管理办法有关规定,组织相关部门和乡(镇)到移民新村查证,剔除虚假人口,协助安置地追回已分配的房屋和领取的资金,并依法依纪追究相关责任人的责任。为做好移民身份核定工作,安置地都成立了由乡(镇)政府以及移民、公安、民政等部门参加的移民人口核定工作小组,抽调人力、物力,深入移民村宣传政策,公示人口,设置举报电话和意见箱,接受群众监督。如郑州市在移民搬迁后移民身份核定工作中,严格程序,对于其中反映出的问题,不调查落实决不放过,确保群众的诉求和反映得到受理和解决,确保移民身份核定工作的严肃性、公正性。为全面收集群众举报意见,公示期间,市、县、乡实行 24 小时值班制度,保障信访渠道畅通。市、县、乡各级移民干部加班加点,对反映出来的问题进行逐项调查落实,走访移民村,深入移民户,将情况摸准吃透,将材料做实做细,并转迁出地查处。淅川县移民安置指挥部办公室对安置地提交的移民人口身份核定相关证件严格审查把关,张榜公示无异议,并经南阳市审批后逐级上报省移民安置指挥部办公室备案。移民人口身份核定期间,省移民安置指挥部办公室会同长江设计院组成人口核定技术指导小组,到各地巡回指导,督促检查,确保移民人口核定工作顺利完成。

三、资金结算

移民补偿补助资金包括移民房屋等实物指标补偿费、建房困难补助费、搬迁费、过渡期生活补助费、外迁安置生活补助费等,各级政府奖励资金包括省奖励的建房搬迁奖金、市县奖励的建房补助等资金。

移民搬迁前,省移民安置指挥部办公室组织各地将长江设计院印制、省移民办盖章的资金明白卡发放到每户移民手中,使之对自己应得的补偿补助等费用心中有数。部分移民户因库区实物指标不多、移民人口较少或在新村建房面积超过自身承受范围等,补偿补助资金和各级政府奖励的资金不足以抵顶房屋等建设等费用,形成建房资金缺口。建房资金缺口若不能在移民搬迁前收缴完毕,待移民到新村入住后,必将更难以收缴。为此,在移民新村建设期间,以迁出地乡(镇)为主,安置地配合,共同做好建房缺口资金收缴工作。迁安双方特别是迁出地乡(镇)负责做好移民思想工作,引导移民量力而行,慎重选择房屋建筑面积,自觉及时足额缴纳建房缺口资金。迁出地乡(镇)政府分村派驻工作组,制订收缴方案,责任到人,确保移民搬迁前全部收缴到位。安置地派驻工作组负责配合工作。

移民搬迁后，移民群众对涉及个人补偿资金和奖励奖金等非常关注，要求尽快兑付。为此，省移民安置指挥部办公室一方面组织各地抓紧开展人口复核工作，另一方面要求各地做好资金结算各项准备。试点移民搬迁后，针对移民反映的大部分积蓄用于建设房屋、搬迁后生活比较困难的情况，省移民安置指挥部办公室要求各地不再将每位移民1 200元过渡期生活补助费用于抵顶建房等费用，而是在移民搬迁后按每月100元发放，连续12个月，保障移民过渡期生活需要。

各地结合移民人口复核认定情况，对于移民身份无异议的移民户，先期开展移民补偿补助资金兑付和结算，分户签订移民资金结算书。在移民搬迁安置后10日内，开始按月发放过渡期生活补助费。由于移民个人建房搬迁奖励只有待移民身份全部确认无误、提交财政部门后才按指标下达，这一过程需要一定的时间。为避免时间拖得太长、移民产生不满情绪，影响安置地社会稳定，有关县（市、区）都克服各种困难，多方筹措资金提前发放。如荥阳市在财政部门下达资金前由移民管理机构先行筹集资金，按每人2 000元的标准，将资金拨转至安置乡（镇），安置乡（镇）按照已经核定身份的移民人数，将资金按标准全部发放到位。

四、结对帮扶

移民搬迁后，人地生疏，会遇到很多困难，心理比较脆弱。河南省在每批移民搬迁期间，组织安置地开展有关部门、有关乡（镇）干部联系移民户制度，并精心挑选政治素质高、工作能力强、善于协调的实职领导干部带队，迅速进驻已搬迁的移民村开展工作，扎实开展"一对一"结对帮扶活动，做好移民思想动态的掌握、心理的安慰和疏导、各类问题的排查和解决、宣传教育等工作，把各类问题和矛盾消灭在萌芽状态，帮助移民群众顺利度过心理波动和适应期，实现平稳过渡，尽快融入当地。迁出地配合安置地做好相关工作。

移民搬迁前后，安置地组织县直单位与移民结亲结对，每个单位分包3～5户移民，帮助打扫卫生、搬运家具，熟悉环境，尽快恢复生产生活，协调解决有关问题。包户干部为每户移民发放一张"结亲连心（帮扶联系）卡"，告知移民有什么问题找哪个部门、哪个人员帮助。移民、公安、卫生、水利、电力、民政、住建、移动等部门组成驻村服务队进驻移民新村，从房屋修缮、水电安装、电器使用、起灶生火，到基础设施和公益设施完善等，全方位提供及时跟踪服务。移民群众刚在新村落脚，安置地县、乡政府就将装满油盐酱醋米面菜的大礼包送到了每家每户，并为每户移民准备了蜂窝煤、煤火炉等生活用品，有的还准备了棉被和崭新的床铺；将五保户及时安置在敬老院，将个别病人及时安置在当地医院就医。省移民安置指挥部还组织人员到移民新村督察暗访，确保结对帮扶工作扎实开展、各项后续工作顺利进行。如南阳市认真落实"一对一"帮扶责任制，组织市、县、乡干部，采取一户一名副科级以上干部分包的办法，及时解决移民就医、入学和有关手续办理交接等方面的问题，帮助移民度过搬迁过渡期。各县（市、区）四大班子领导、县直单位主要负责人，对移民"包生产生活指导、包具体问题协调、包思想动态收集、包周围环境熟悉"，直至移民户融入当地社会。许昌市长葛市在移民搬迁前一周，帮扶工作队就进驻新村,每天为帮扶对象整理房间、打扫卫生、平整院落、清运宅前道路上的垃圾。为了方便移民生活,由各帮扶单位出资,市政府统一采购,为每户统一购买了一张三斗桌,一套茶具,统一订购了生活大礼包,里边米、面、油、盐、酱、醋、蔬菜等生活用品足够移民家庭一周生活所需。为加强沟通,搬迁前各帮扶队队长每天至少与帮扶对象电话联系一次,详细了解移民户的家庭情况,嘘寒问暖。移民到达新村时,各帮扶队由队长带领,在新村村口热情迎候,根据车辆编号迅速与帮扶对象对接,引导移民到家后,端茶倒水,张贴对联,燃放鞭炮。傍晚,帮扶队员热情地把晚餐盒饭送到每位移民手中。移民货车入村后,各帮扶工作队积极为他们搬卸物品、搬放家具,使移民群众全家老少真正体验到了乔迁新家的喜悦。为方便移民群众生活,长葛市专门编写了《移民生活服务指南》,发放到各家各户。各帮扶工作队每天都到帮扶对象家中走访慰问,手把手教他们安全使用天然气灶、有线电视和宽带接入方法、安全用电常识等,解决他们生活中的实际困难。还专门从施工单位、城建、自来水、广电、电力等单位抽调业务骨干,组成了7个专业维修队,日夜为群众提供无偿维修服务。市卫生局派出医护人员在村卫生所值班,为移民提供医疗卫生服务;市文化局为移民村建立了农家书屋,配备了各类图书;市移动公司为解决信号差的问题,专门在村内设立了临时差转基站,保证信息联络畅通,极大地方便了移民群众的生产生活。

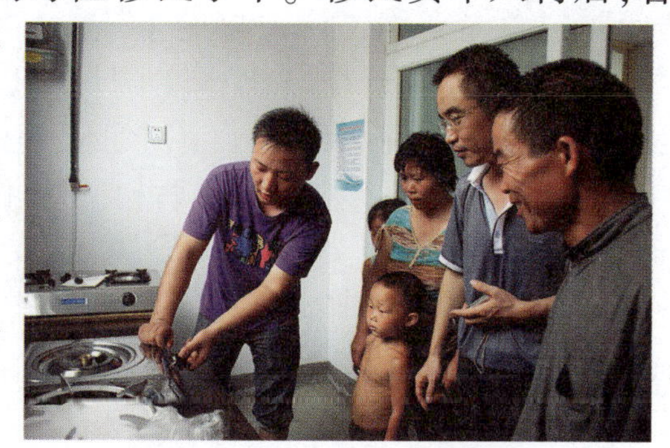
图 3-5-2　帮扶工作队员教移民使用天然气灶(2010 年)

五、基层组织建设

在南水北调丹江口库区搬迁移民村中,部分移民村属于拆分安置或多个村(组)合并安置,移民搬迁后就需要对这些村配齐村"两委"班子。另外,移民搬迁安置过程中还暴露一些基层组织问题,主要是部分移民村党组织软弱涣散,没有发挥应有的作用;极个别移民村班子不团结,矛盾纠纷比较突出。河南省高度重视移民村"两委"班子建设,注重配齐配强村"两委"班子,特别是选好村支书,以增强移民村"两委"班子的凝聚力、战斗力,充分发挥移民村党支部的战斗堡垒作用,发挥党员干部的先锋模范作用,为移民村的顺利发展奠定良好的基础。为确保移民新村"两委"正常运转,经省政府批准,省财政按每村每年2万元的标准,2011~2015年连续补助5年,对全省移民新村给予村级经费补助。

2011年,省委组织部、省移民安置指挥部办公室在深入调研的基础上,印发《关于加强南水北调丹江口库区移民村(社区)党组织建设意见》,指出丹江口库区移民村级"两委"一类班子(战斗力很强)占33%,二类班子(战斗力一般)占36.6%,三类班子(战斗力较弱)占30.4%。移民村基层组织加强建设任务很重。按照"重在强基固本、重在加强班子、重在教育提升"的指导思想,集中开展移民村基层组织建设提升活动。提出了按照"一类支部上水平、二类支部上台阶、三类支部变面貌"的总体要求,进行分类指导,力争五年内消除三类支部，努力达到基层组织设置更加合理，"两委"班子更加有力，党员作用发挥更加明显，移民村与周边村更加融合，广大移民对党组织的满意度不断提升的目标；要求各级各部门针对班子软弱涣散、矛盾突出、工作基础差的移民村，认真分析问题，查找根源，寻求解决办法；着力加强以党支部为核心的移民村领导班子建设，积极做好党员发展工作，不断完善党建工作机制，切实增强基层党组织的凝聚力和号召力，充分发挥移民村党组织的战斗堡垒作用和带头示范作用。省委组织部、省移民办联合在郑州举办了移民村支部书记培训班。省人力资源社会保障厅组织部分移民村支部书记赴日本培训学习，着力提高移民村干部的素质。

省民政厅召开全省南水北调丹江口库区移民安置民政工作会议，要求安置地县（市、区）指导移民村完善村民自治，建立健全"四议两公开一监督"工作机制，依法保障移民群众的民主权益。对于搬迁后村委会和村民小组不健全的，要依法予以补选，尽快配齐配强移民新村的村委班子，切实增强战斗力、凝聚力、号召力，带领移民群众发展致富。

郑州市第一批搬迁安置的7个移民村中，整村搬迁的只有1个村，4个属于分拆搬迁村，2个属于搬迁合并村。移民搬迁后，村"两委"原有建制被打破，基层干部队伍力量相对薄弱，组织不够健全。各县（市）、乡（镇）在移民搬迁入住后，均抽调县直单位和乡（镇）副科级以上多名干部，进驻移民村开展工作，帮助建立健全移民村"两委"班子，协调处理有关问题，较好地推动了移民村各项后续工作的顺利进展。

漯河市第一批安置的3个移民村都不是整村搬迁，搬迁后村"两委"组织不健全，临颍县闫楼移民村搬迁前的原支部书记、主任都没有搬迁，郾城区申明铺移民村较为健全，召陵区余营移民村仅有一名支部书记与妇女主任，支部战斗力、凝聚力明显不足。安置地乡（镇）党委、政府及时通过组织程序，增补移民村班子成员，闫楼村增补班子成员3名，明确了负责人；余营村增补3名支部委员，充实"两委"班子；另外还帮助移民村建立健全村民理财小组、议事小组和维修监督小组及村民代表。新建立的村"两委"班子在土地分配、养殖小区建设、水电管理员选拔等关系群众切身利益的事情上，充分发挥村级组织的作用。2012年，漯河市委把选派党员干部进驻移民村纳入全市驻村帮扶工作中，从市审计局、司法局、水利局、机关事务管理局、检察院和临颍县委组织部等部门中，选派6名高素质的党员干部进驻全市6个移民村担任第一支部书记，开展结对共建工作。

南阳市针对丹江口库区第二批移民分拆搬迁村和搬迁合并村较多、村"两委"班子不健全等问题，出台了《关于加强移民基层组织建设的意见》，明确移民搬迁前以迁出地为主、搬迁后以安置地为主，做实移民村"两委"班子建设工作，筑牢移民稳定基石。安置地各乡（镇）采取派驻乡（镇）实职领导干部到移民村任第一支部书记、从移民迁安组织中选拔积极分子等措施，逐步配齐、配强移民村"两委"班子。该市制定了《南阳市选派机关党员干部到移民新村驻村任职工作实施方案》，按照"民主、公开、择优、自愿"的原则，从市、县、乡机关中选出89名党员干部，派驻该市89个移民新村任党组织第一书记，帮助开展工作，驻村任职时间为2年。

六、组织慰问

移民搬到安置地后，初来乍到，人地两生。为使移民感受到党和政府的温暖，丰富移民精神文化生活,河南省在移民搬迁期间的每年春节前后组织各级政府及有关部门,大力开展“送温暖”活动。每批移民搬迁后,省移民安置指挥部都专门下发开展对移民冬季和元旦、春节“送温暖”活动通知,对活动的指导思想、活动对象、活动时间、活动原则、活动内容、资金安排、职责分工、工作要求等进行了明确规定,对整个“送温暖”活动进行详细的安排部署。省、市、县、乡、村及时成立了移民冬季和“双节”“送温暖”活动领导组织,明确专门办事人员,为活动的有效开展提供了坚强的组织保障。各地都制订了“送温暖”实施方案,由省移民安置指挥部办公室统一审批后实施。活动期间,省移民安置指挥部办公室组织专人巡回各地,对“送温暖”活动进行督导检查,及时掌握活动动态。

为组织好移民“送温暖”活动,省移民办按每人 50 元的标准,共拨付“送温暖”活动专项经费近 800 万元;25 个省直单位积极出点子想办法,挤出本单位的办公经费,筹集“送温暖”资金 500 万元;市、县两级政府和有关职能部门筹措近 2 000 万元,进行全方位、大力度的帮扶。据统计,截至 2012 年春节,河南省共发放慰问钱物超过 3 200 万元。活动中,省移民安置指挥部领导多次带领有关同志,先后到各地看望慰问移民群众。省直有关单位在主要领导或分管领导带领下,深入分包的移民安置县(市、区),送去慰问金及棉被、棉衣、米、面、油等生活用品,并对特困户、军烈属、五保户等送去特别的关怀。移民安置市、县主要领导亲自带领有关部门深入移民村慰问,和移民群众一起过大年。为增强慰问帮扶效果,分包平顶山市 4 个安置(市)的省民政厅、省环保厅、省商务厅、省广电局会同当地移民管理机构,在送钱、送物的基础上,为每户移民送去双缸洗衣机一台。

图 3-5-3　2010 年 2 月 7 日,省政府副省长、省移民安置指挥部指挥长刘满仓(左二)慰问新乡市原阳县原武镇狮子岗村移民

图 3-5-4　2010 年 2 月 5 日,省教育厅厅长蒋笃运(前排左五)和许昌市委书记毛万春(前排左七)等领导一起到许昌县榆林乡姬家营村慰问移民群众和移民小学教师

图 3-5-5　2012 年 1 月 22 日,南阳市委书记李文慧(右三)到宛城区金华乡大石桥村慰问移民

在活动形式上,河南省注重做到“四个结合”,即把“送温暖”与促进解决困难移民最

紧迫、最直接的现实利益问题结合起来,把全面帮扶与解决特殊困难群体的突出问题结合起来,把重大节日救助与日常帮扶结合起来,把为移民办实事、求实效与营造良好氛围、扩大社会影响结合起来,真正使“送温暖”活动成为各级各部门真诚服务移民、切实改善民生的“窗口”和“名片”,成为各级党委、政府在移民工作中彰显作为、促进社会和谐的响亮品牌。在活动内容上,省移民安置指挥部办公室联合省文化厅、省歌舞演艺集团和省豫剧院,精心排练了移民大型文艺演出节目《一脉相牵 · 情系移民》、豫剧《家园》等,在6个省辖市和淅川县巡回慰问演出,同时还通过邮政部门向已搬迁移民每户送去一封慰问信。省卫生厅组织省直医院有关专家,深入分包的辉县市对移民进行义诊,并送去常用药品、挂历和春联等,同时组织6个省辖市25个县(市、区)卫生部门对移民全面开展了“慰问义诊送温暖”活动。各地结合实际,纷纷开展了以送款物、送文化、送健康、送技术、送项目、送点子、送春联、送祝福、送亲情、送服务为主的“十送”活动,尽可能满足移民群众不同方面的需求。淅川县作为库区移民的迁出县,在“双节”期间,该县曲剧团精心排练了10多个地方传统经典剧目,辗转全省几十个移民安置点巡回演出,受到了移民乡亲的热烈欢迎。

第六节　社会适应性调整

水库移民搬迁安置是一个社会分离与重建的过程。移民活动要求人们迁离世代居住的家园,原有的生产生活系统和社会关系网络解体,移民与其所在社区、亲邻分离,需要融入安置地新的社区,这个过程痛苦而艰难,搬迁后需要进行社会适应性调整。为使南水北调丹江口库区移民尽快融入当地,河南省采取了整建制安置的方式。对于背井离乡的移民来说,保持了原有村行政建制和邻里、干群关系的相对稳定,不再显得孤单,心态比较平和,易于接受。由于水、电、路、文化、医疗、教育等公共配套基础设施由政府统一规划建设,生产用地由政府统一调整划拨,这些关系移民生存和发展的大事不再需要移民操心,加快了移民搬迁后恢复生产和生活的过程。移民搬迁后,河南省通过各种措施促进移民和当地居民开展生活、生产等交流,帮助他们解决实际问题,并妥善安置弱势群体,使移民尽快融入当地。同时,在移民安置过程中,河南省始终坚持公开、公平、公正和以人为本的原则,保护移民知情权、参与权和监督权,维护了移民合法权益。

一、社会融合

河南省南水北调丹江口库区移民搬迁后,各安置地创新方法、采取多种措施加快移民群众的认同感,做好移民群众与当地群众的交流融合,使他们“落地生根”,尽早融入当地社会,尽快走上致富道路。

(一)生活融合

移民初到新的安置地生活,四顾皆是生疏面孔,沟通交流只在小圈子,容易自我封闭,产生浮躁、彷徨、冷漠等心理问题。为了尽快解决移民搬迁后的心理不适应问题,在尽可能短的时间内度过搬迁不适期,安置地在移民搬迁后想方设法帮助移民熟悉当地情况、解决生活中存在的困难,促进当地群众和移民交朋友、结亲戚,使他们感受到安置地的关怀和温暖。如邓州市穰东镇邀请市医院心理方面的专家,在移民新村先后开展多次心理疏导教育,先后组织移民群众集中到穰东集镇市场参观,看市场商贾云集的繁荣景象,观企业热火朝天的生产场面,赏集镇日新月异的崭新面貌,实地感受穰东蓬勃发展的浓厚氛围,并组织周围群众主动与移民群众交朋友、结亲戚,引导其从思想上、心理上认同安置地。新乡市在移民搬迁后,组织邻村妇女主动到移民家中拉家常,介绍当地风土人情,帮助移民掌握水、电、煤炉(煤气罐)的使用方法,并为移民做上一顿饭菜,让移民吃上可口舒心的移民新村全家餐,使移民深切感受到当地党委、政府及群众的关怀和厚爱,为移民与当地群众和谐相处打下了基础。郑州市中牟县组织有关乡(镇),把移民村相邻的周边村与移民村结为友好村,逢年过节周边村到移民村进行探望和慰问。

移民群众绝大部分来自山区,观念相对保守,搬迁前由于条件限制,文体活动较少。搬迁后,为丰富移民的精神文化生活,河南省各地针对移民开展了丰富多样的文化娱乐活动,组织当地群众走入移民新村,通过扭秧歌、唱大戏、舞龙舞狮、跳广场舞等多种形式慰问移民,并邀请移民参与其中,大大增进了移民与周边群众的交流融合。

每个移民新村都建有标准较高的基础设施和公益设施,其中广场和学校是加强移民和周边群众融合的平台。河南省积极倡导移民村开放广场、文化大院等设施与周边群众共享,一些移民村设施已成周边群众强身健体、娱乐休闲的重要场所,移民与周边群众一起跳广场舞、唱戏、下棋等,通过相互交流,不断增进了解。另外,移民小学普遍建设标准高、师资力量强,当地子弟非常愿意到移民小学就读。河南省引导移民村着眼长远,以开放包容的态度积极吸纳当地子弟入学,很多移民学校都有当地子弟就读,移民子弟与当地子弟从小一起学习、共同生活,为长远的融合打下了坚实的基础。

青年移民是移民经济发展的主力军,鼓励引导青年移民与当地青年互通婚姻,能帮助移民较快适应安置地的生活、生产习惯,改善原居民和移民的关系,促进两个群体的社会融合和社会稳定。在河南省各级各有关部门的大力倡导和组织下,移民与当地青年通婚逐年增多。如在移民搬迁后2年内,社旗县饶良镇吴营移民新村先后就有29名移民青年与当地人通婚,其中17名女青年嫁入当地,12名男青年娶了当地女子。唐河县毕店镇凌岗移民新村与当地通婚已达42对。特别是该村67岁的范桂林过去因为生活比较贫困,在老家打了几十年光棍,2010年6月迁到安置地后,居住环境、生活质量发生了翻天覆地的变化。经人介绍,他与毕店镇当地59岁的杨青群喜结连理。2011年5月,南阳市在唐河县毕店镇移民

图 3-6-1　移民范桂林与当地居民杨青群喜结连理

新村广场组织举办了主题为"迁安两地结同心，情系移民红线牵"的"百年情缘——百对移民新人集体婚礼活动"，在移民迁安两地和社会各界引起了强烈反响。此次活动的百对新人均来自南阳市7个县（市、区）的移民新村，新人年龄从20多岁到60多岁不等。据统计，截至2019年年底，河南省南水北调丹江口库区移民与当地群众通婚已经超过了1 500对，并且80%以上都是当地姑娘嫁给了移民郎。

（二）生产融合

南水北调丹江口库区移民绝大部分来自山区，长期从事岗坡地种植，到安置地后随着生产条件和耕作技术的改变，一时难以适应。为帮助移民尽快适应安置地生产生活，各地举办了生产技能、致富能手培训班，并组织有实力的企业到移民村招工，促进移民与当地居民的生产融合。在日常生产活动中，各安置地发动当地群众为移民传授播种、施肥、灭虫、浇灌等平原耕作技术，既帮助移民解决了后顾之忧，又增进了彼此情谊。如漯河市临颍县充分发挥该县优势，组织南街村与王岗镇周湾移民新村结为友好村，建立长期交流、互访、帮扶机制，南街村对符合其企业用工条件的移民优先招录、安置就业，并在组织建设、发展村集体经济等方面给予指导帮扶；发动县辣椒、畜牧、种植等协会深入移民村，开展传授技术、帮扶发展、带动致富的"传帮带"活动；组织移民村周边村庄种养大户、致富能手与周湾村移民群众结对帮扶，交流经验，传授技术。通过这些措施，临颍县不仅带动了周湾村发展生产，而且促进了当地群众与移民的融合。

在南水北调丹江口库区移民村还有一些库区行业部门临时聘用人员，如村电工、村畜牧员及乡（镇）护林员等，这部分移民搬迁前每年因受聘会有一定的劳务收入，到了安置地后，因没有岗位无法受聘，经济上受到一定的损失。鉴于这种情况，安置地政府对符合行业临时聘用条件的这部分人员，优先聘用，有效地缓解了他们的情绪，促进了移民与安置地政府和行业部门之间的相互理解、相互融合。

二、弱势群体帮扶

为妥善安置好移民中的弱势群体，2010年5月，省民政厅召开了全省南水北调丹江口库区移民安置民政工作会议，对全省南水北调丹江口库区移民弱势群体安置工作进行了部署。

移民搬迁前，迁安双方民政部门密切配合，以安置地为主，摸清了移民中优抚对象、五保对象、低保对象和其他民政对象四个底数，合力做好优抚、优待、救助手续的转接工作。据统计，在16.5万移民中，民政对象有11 993人，占移民总数7.2%。其中，优抚对象936人、城市低保对象1 640人、农村低保对象7 740人、五保对象1 632人（集中供养约650人）、精简退职人员45人。淅川县民政局按批次、按去向、分类型、逐户逐人将民政对象名单和档案资料整理出来，分类造册，提供给对应的安置地县级民政部门。安置地民政部门主动与淅川县协调，办理各种手续的转接，并及时将新增优抚对象和符合安排工作条件的退役士兵名单，报送省民政厅相关业务处。移民中的民政对象，各项优抚、优待、救助金的发放由迁出地延续到移民搬迁当年年底，所有手续于当年年底前转接完毕，安置地自次年1月1日开始接供。

移民搬迁后，安置地开展了细致的摸底排查工作，按照当地制定的城乡最低生活保障标准，并适当扩大了救助范围，及时将没有纳入保障范围的贫困移民人口纳入低保范围，做到了应保尽保，对新增低保对象和原有低保对象，采取同期分榜公示的办法进行公示，接受群众监督，做到程序规范、操作透明、公开公平。在最低生活保障和其他专项社会救助制度覆盖范围之外，由于特殊原因造成基本生活出现暂时困难的低收入移民家庭和低保边缘家庭，以及已经纳入低保或其他专项救助制度覆盖范围，但由于特殊原因导致基本生活暂时出现较大困难的家庭，安置地结合本地实际，依照程序也给予了必要的临时救助，帮助他们渡过难关。

安置地民政部门对移民中原有分散供养的五保对象，及时协调村委会安排村民提供专人照料，按照当地制定的供养标准及时调整，五保供养所需资金由安置地政府负担。安置地根据需要适当扩大敬老院入住规模，提前准备床位和相关的生活物资，对移民中原有集中供养的五保对象，搬迁后及时入住敬老院，并指定管理人员给予重点照顾，防止因初来乍到，人生地疏，受到冷落。对符合五保供养条件而没有纳入五保对象的，依照程序规定及时办理相关手续，做到应保尽保。对原有五保对象、低保对象和新增的救助对象，依照有关规定，全额或参照当地比例，资助救助对象参加当地新型农村合作医疗；对新型农村合作医疗报销医疗费用后生活仍然困难或长期患病的困难群众，及时给予相应的医疗救助。

省民政厅投入80万元，为所分包的平顶山市宝丰县试点、第一批移民新村所在的周庄镇和杨庄镇两个敬老院各资助40万元用于扩容改造，改善居住条件；对淅川县九重镇敬老院倾斜10万元，用于改善基础设施。

三、移民权益保护

河南省始终把维护南水北调丹江口库区移民的合法权益作为移民搬迁安置工作的出发点和落脚点，坚持以人为本、阳光操作，充分征求移民群众的意见和建议，切实保障移民的知情权、参与权和监督权。

（一）知情权

河南省坚持“移民未动，宣传先行”，通过各种形式的宣传报道，营造浓厚的社会舆论氛围，使移民群众充分认识南水北调工程建设的重大意义，提高了移民群众支持国家重点工程建设的自觉性。在移民安置过程中，各级各部门从实物指标调查、迁安双方对接、新村建设、搬迁安置、资金兑付、后期帮扶、生产发展等方面，都充分征求移民群众的意见，广泛宣传国家移民安置政策和安置地的实际情况，确保了各阶段移民群众的知情权。如在人口和实物指标调查登记时，告知移民户主，并签字确认，将登记结果以村组为单位公示；在移民对接过程中，组织移民代表到安置地参观考察，让移民充分了解安置地的各方面条件，保证公平、公正、合理对接；在移民搬迁前，印发移民政策宣传手册，通过各种媒体广泛宣传南水北调工程建设意义、移民方针政策，将移民安置原则、安置标准、补偿项目、补偿标准及有关迁转手续办理程序、时间、部门告知移民群众。为每家每户发放了“实物卡”和“资金明白卡”,让移民知道自己房屋、财产、附属物等实物数量、补偿金额等,移民对自家补偿补助情况心中有数、一目了然;在移民搬迁后,引导移民村成立民主议事会,重大事项由民主议事会讨论决定,使移民对村务管理有了更广泛的知情权。

图 3-6-2 移民政策宣传(2009 年)

图 3-6-3 移民核对资金明白卡(2009 年)

(二)参与权

移民群众是移民工作的主体,移民群众的积极参与是搞好移民工作的基础和保证。河南省南水北调丹江口库区移民安置各项工作,每一阶段移民群众都积极参与。在安置方案确定、新村工程建设、搬迁日期安排、土地分配、后期帮扶、村集体事务等方面都在充分征求移民意见的基础上补充完善,充分保障了移民的参与权。在实物指标调查方面,采用逐家入户调查,调查表填写完毕,必须经由移民户主签字确认;在安置方案确定方面,移民代表分批次赴安置地实地考察,达成一致意见,迁安双方签署书面承诺文字后方为完成;在新村建设方面,建房户数、房屋类型、各项工程建设等都在移民的全程参与下确定和完成。在搬迁实施中,搬迁日期、搬迁车辆、搬迁批次等都在移民参与下确定实施;在生产安置方面,移民生产用地调整移民参与并认可,土地整体交付移民村,由移民村自主确定分配方案;在后期帮扶方面,帮扶资金的使用、帮扶项目的确定等广泛邀请移民群众座谈,听取移民代表意见。

(三)监督权

河南省在南水北调丹江口库区移民安置过程中,全面贯彻落实南水北调工程移民安置办法中对监督管理的要求,鼓励移民群众参与监督。移民群众监督活动主要体现在实物指标调查、安置点确定、土地调整、新村房屋建设、移民资金使用等方面。

一是对实物指标调查的监督。在相关代表、移民和产权人共同参与下,进行调查、测量、登记和统计工作。相关代表和产权人对其财产进行确认,并签字、盖章,保证实物调查的公开、公正,并接受移民群众的监督。

二是对安置点确定过程的监督。河南省安置点对接主要采取总体理论对接和具体对接两个环节,具体对接是移民和移民迁安组织主要参与的阶段。为保障移民的合法权益,具体对接只有在移民迁安代表在安置确认书签字后,安置对接才算完成。

三是对土地调整过程的监督。土地是移民群众的主要生产资料,也是移民收入的来源之一。因此,移民的土地调整过程必须有移民的参与和监督。移民和移民迁安组织到安置地查看安置点位置、生产用地质量、灌溉条件等,提出自己的意见,安置地根据移民的要求,提出对策或解决措施。在这个过程中,移民也进行了全程监督,切实维护了自身的利益。

图 3-6-4　移民村代表安置对接签字(2010 年)

图 3-6-5　移民迁安组织代表检查施工质量(2010 年)

四是新村房屋建设的监督。省移民安置指挥部建立了"四位一体"质量监督体系,"移民参与"是其中重要的一环。移民迁安组织对移民新村建设招标投标、价格确定、布局确认、户型选择、房屋建设关键环节和部位、房屋验收等方面进行全面跟踪监督。特别是在房屋建设期间,移民迁安代表常驻移民新村建设工地,在施工现场对房屋建设的各个环节进行监督。每一道工序,必须由移民代表签字同意后才能进行下一道工序。在房屋验收过程中,省、市、县三级政府部门的验收也是在移民验收的基础上完成的。

五是移民资金使用的监督。移民补偿费的发放由设计单位按照实物卡,依据补偿标准,建立移民补偿资金明白卡,做到每户一卡,县级移民管理机构或乡(镇)政府张榜公布三次,对有异议的组织复核,接受移民监督。移民村集体补偿资金、各类帮扶资金等收支情况、集体收益的使用等,通过村务公开栏进行公示,接受移民群众监督。

第七节　安置效果

河南省按照社会主义新农村建设"生产发展、生活宽裕、乡风文明、村容整洁、管理民主"20 字要求,根据国务院颁布的《移民安置条例》,按照建设一流新村、建设新农村样板村的指导思想,提出了高起点规划、高标准建设的工作思路,在南水北调丹江口库区移民规划和建设过程中,把移民新村建设与社会主义新农村建设结合起来,并把移民安置点确定和移民新村建设纳入城乡规划和新农村示范村、试点村范畴,统一布局、统一规划、统一设计、统一建设、统一管理,有效整合移民资金、支农惠农资金、新农村建设资金,确保把移民新村建设成为社会主义新农村的示范村。移民新村水、电、路、通信、有线电视、绿化、环卫等基础设施均已配套,实现了安全、规范的集中饮用水供应,道路全面硬化,广播电视、网络的全覆盖,学校、医疗设施的就近服务等,移民搬迁后居住环境、生产生活条件均超越了搬迁前水平。在各级各有关部门的帮扶下,移民村生产发展项目从无到有,逐步发展壮大。

一、生活安置

河南省南水北调丹江口库区农村移民以集中安置为主。在移民新村建设过程中,通过有效整合移民资金、支农惠农资金、新农村建设资金,移民新村建设标准大大提高。建成后的移民新村,房屋美观漂亮,街道宽敞明亮,基础设施完善,公益设施齐全,村容干净整洁,移民和谐稳定,初步具备新型农村社区的雏形,为逐步实现农村基础设施城镇化、生活服务社区化、生活方式市民化的新的城乡一体化居住模式和服务管理模式创造了基本条件。

(一)移民房屋

搬迁前,南水北调丹江口库区移民村大多是自然形成的村落,缺乏统一规划,居住环境较差。移民房屋分布零散,人均房屋面积 20.9 平方米,大部分移民房屋为砖木结构。搬迁后,移民新村经统一规划,住房整齐有序,移民人均住房面积增加到 34.27 平方米。新建移民房屋均为砖混结构,房屋质量显著提高,其中 57%的移民房屋为砖混二层楼房,房屋通风、采光条件良好,每户还建有外观漂亮、整齐划一的门楼院墙。

图 3-7-1 搬迁前的南阳市淅川县盛湾镇姚营移民村(2010 年)

图 3-7-2 搬迁后的平顶山市舞钢市尚店镇姚营移民新村(2012 年)

(二)基础设施

搬迁前,南水北调丹江口库区移民村缺乏统一规划,基础设施薄弱。按照河南省南水北调丹江口库区移民安置规划标准,移民新村供水、排水、供电、村内外道路、广播电视网络、绿化以及环卫等基础设施建设均进行了统一规划和建设。完善的基础设施、良好的生活环境,不仅满足了移民生产生活需要,提高了移民生活质量,也为搬迁后移民拓展致富道路奠定了基础。

1. 供水

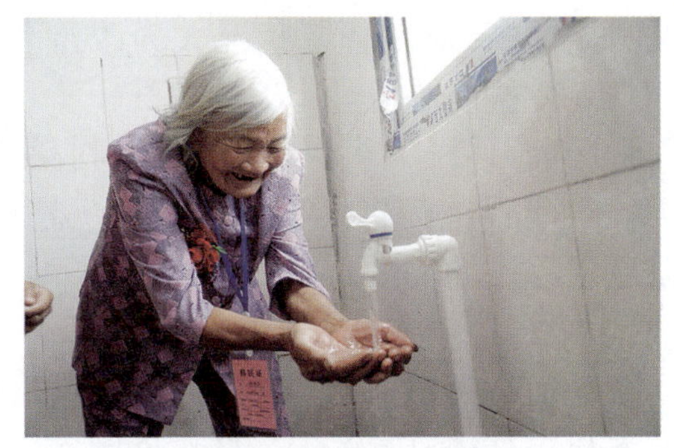

图 3-7-3　南水北调丹江口库区移民用上清澈的自来水(2012 年)

搬迁前,库区移民生活饮用水主要靠引山泉水、自打手压井或建小水窖保障,人畜饮用水和水质安全难以保证。搬迁后,按照人均生活用水每天 100 升供水,且水质符合《生活饮用水卫生标准》(GB 5749—2006),通过纳入集镇自来水管网或在安置点打井、修建无塔供水设备集中供水方式,建设了标准的自来水供水系统,入户率达到 100%,确保了移民群众饮水安全。

2. 供电

搬迁前,库区移民村供电设施老化,供电保障率不高,移民家用电器的拥有率和使用率都较低。搬迁后,移民新村用电进行了统一规划,建设了电力台区,架设了输电线路,户户通上了电,供电稳定。移民家庭用电标准大大提高,移民添置了冰箱、洗衣机、空调、电磁炉等家用电器,生活条件得到很大改善。

3. 道路

搬迁前,库区大多数移民居住在山地或丘陵地带,交通十分不便。乡村道路绝大部分是土石路面,部分村庄甚至要通过坐船才能到县城。村内大多为泥土路,群众出行时,经常“晴天一身土、雨天两腿泥”。搬迁后,移民新村基本上选择在交通发达的平原或微丘,距离集镇较近,并且统一规划了对外连接路。移民村通往集镇和县城的道路均为硬化道路,交通十分便利。移民村村内道路全部进行硬化、亮化和绿化,不仅道路质量比搬迁前好,而且道路宽度增加,满足了移民的生产、生活需要。

4. 广电、通信网络

搬迁前,移民村固定电话拥有量和有线电视覆盖率较低,设施设备落后。搬迁后,在安置地政府及电信部门的支持帮扶下,各移民新村均架设了通信电缆,通信信号、通信质量有了很大的提高。部分移民新村实现通信村内组网,互打免费。移民新村安装了电视信号接收器,实现户户通有线电视。全面覆盖的通信、有线网络在服务移民文化休闲生活的同时,也为移民提供了更多获取信息的渠道。

5. 环境保护

图 3-7-4　平顶山市郏县白庙乡马湾移民新村人工湿地污水处理系统(2011 年)

搬迁前,移民的环境卫生意识比较薄弱,基本上为旱厕,生活垃圾随意堆放,生活废水随意排放。搬迁后,移民村铺设了污水管网,实行雨污分流,专门建有污水处理设施,垃圾有固定的堆放点,安排专人负责清运,新村村容整洁。人们的环境卫生意识明显提高，卫生环境状况大为改善。

(三)公益设施

搬迁前，移民大多居住在山区，村落比较分散，交通不便，移民就医、上学、购物很不方便。搬迁后，村委会、学校、卫生室、超市等公益设施进行了统一规划和建设，较大程度地满足了移民的需要。

1. 村部

搬迁前，多数移民村村委会办公用房简陋，办公条件较差。搬迁后，移民新村均建设了村委会综合楼，内设不同的办公区域，多数配备有电话、电脑等现代化办公用品，为移民村基层组织开展工作、推进移民村社会治理创造了条件。多数村委会综合楼内还设有远程教育、图书室、活动室等，为移民群众提供了更多的文化娱乐场所。

2. 学校

搬迁前，由于移民大多居住在山区，村落比较分散，交通不便，学生就读距离较远，读书很不方便。学校教学条件较差，师资力量不足。搬迁后，根据移民安置规划，移民子女教育纳入当地教育体系，学生就近入学。大型村和中型村，距当地最近的小学超过1公里时就新建1所小学。学生读书距离很近，十分方便。为加大对移民的帮扶，教育部门把移民新村学校纳入校安工程，加大了投资力度，并从当地学校中选拔优秀教师配备到移民村学校，充实了师资力量。搬迁后移民子女的受教育条件得到明显改善。

图 3-7-5　南阳市宛城区红泥湾镇清丰岭移民新村村委综合楼(2011年)

图 3-7-6　郑州市新郑市薛店镇观沟移民新村小学(2010年)

3. 卫生室

搬迁前，移民村内的医疗条件较差，卫生所房屋破旧、设施简陋、医护人员匮乏，难以满足移民群众的正常医疗保健需求。搬迁后，移民新村均设有标准卫生室，配备了充足的医护人员和医疗器械及药品。多数移民新村距离乡(镇)卫生所、县市级医院较近，且交通便利，移民就医十分方便。移民就医条件得到显著改善。

4. 超市

搬迁前，大多数移民村仅有小卖部，而且商品不齐全，不能满足移民的日常生活需要。搬迁后，每个移民新村均建有便民超市，商品齐全，基本满足移民日常生活需要。

图 3-7-7　平顶山市宝丰县杨庄镇马山根移民新村卫生室(2010 年)

图 3-7-8　移民新村超市(2010 年)

二、生产安置

河南省南水北调丹江口库区农村移民中的农业人口全部采取有土安置。在移民生产安置过程中,河南省严格按照规划的生产安置标准调整划拨生产用地,进行土地整理和水利设施配套,加强移民生产技能培训,帮助指导移民发展生产;同时开展移民就业和技术培训,拓宽移民就业门路,促进移民增收致富,移民生产安置成效显著。

(一)耕地资源

1. 土地类型及数量

搬迁前,库区移民人均耕地不足 1 亩,且以旱地为主。搬迁后,按照移民人均水浇地 1.05 亩或旱地 1.4 亩等进行生产用地划拨,除南阳市绝大部分县的移民生产用地为旱地外,其他外迁安置的移民生产用地大部分以水浇地为主。移民生产用地的数量、质量较搬迁前都有了很大程度的提高和改善。

2. 生产设施

搬迁前,库区灌溉设施较少,灌溉主要靠小型水利工程自流灌溉或提水灌溉。渠系配套不完善,部分水利设施基本处于荒废状态;库区移民耕地面积狭小,地块分散,田间道路条件差,农业机械化程度低。搬迁后,安置地为移民划拨的生产用地,不仅集中连片,而且进行了土地整理和水利设施配套,提高了机械化耕作程度和灌溉保证率。

(二)移民就业

搬迁前,库区移民人均耕地少,工业企业较少,年轻劳动力以外出务工为主,库区移民收入主要依靠农业生产和外出务工。搬迁后,移民新村大部分都位于主要道路边、产业集聚区边、集镇边,交通便利,就业机会较多。各级政府和移民管理机构还对移民进行了多种形式的劳动技能培训,积极协调、安排部分移民到城市或产业集聚区务工,促进移民就业。同时,鼓励移民通过小额贴息贷款等措施,进行自主创业,增加移民收入。

(三)生产发展

搬迁前,由于缺乏生产发展资金,库区移民村基本没有生产发展项目。搬迁后,省移民办在全省南水北调丹江口库区移民村实施了“强村富民”战略,各地整合移民后期扶持资金、生产发展奖补资金及各类支农惠农资金,大力扶持移民村生产发展项目,发展“一村一品”,壮大移民村集体经济,以村强带民富,生产发展初见成效。同时,组织各地加强移民就业创业培训，增加移民就业和创业收入。

（四）移民收入水平恢复

图 3-7-9　邓州市对移民开展厨师培训（2016 年）

搬迁前，移民收入主要由农副业收入和劳务收入两部分组成，移民人均纯收入仅为4 064 元。搬迁后，通过移民后期扶持政策及“强村富民”战略实施，各移民村大力发展生产发展项目，培育主导产业，移民村集体收入从无到有，不断壮大，移民就业创业能力和收入稳步增加，移民收入逐年提高。2019 年，河南省南水北调丹江口库区移民人均可支配收入已达到 13 465 元，移民收入水平较搬迁前有了大幅提高。

第四章　农村外项目处理

河南省南水北调丹江口库区农村外项目处理涉及南阳市淅川县3个集镇迁建,21家工业企业和113家单位淹没处理,以及大量的道路、电力、电信、广播电视、水利水电设施等恢复改建。因淅川县是南水北调丹江口水库大坝加高工程河南省库区的主要淹没影响县,又是南水北调中线工程渠首所在地,为服务南水北调中线工程建设和大规模移民搬迁,在河南省库区试点移民启动时,淅川县省道S335线、小三峡大桥、灌河大桥等控制性路桥工程已提前或同步实施。2011年,淅川县政府根据国家、省、市有关南水北调丹江口库区移民的法规、规章、规定,印发《淅川县南水北调丹江口库区集镇、单位、企业迁建及专业项目复建实施管理办法(试行)》,对农村外项目的规划管理、建设管理、资金管理、监督检查、竣工验收等各方面进行了规范,为农村外项目建设提供了制度保障。2012年3月,省移民安置指挥部印发《河南省南水北调丹江口库区农村外项目实施任务及投资包干意见》,对河南省库区农村外项目处理实行任务和投资双包干,由南阳市、淅川县编制实施规划,制订实施计划,组织实施。淅川县成立了县南水北调丹江口库区移民复建工作办公室,复建任务较大的乡(镇)、部门和单位也成立了相应的机构,具体负责农村外项目实施工作。河南省对农村和农村外的单位、企业淹没处理是统筹推进、一并实施的。为全面记述单位、企业淹没处理情况,本章将纳入农村移民安置规划的64家单位、15家企业有关情况一并记述。

第一节　实施管理

河南省南水北调丹江口库区农村外项目实行任务和投资双包干,由南阳市、淅川县组织实施。南阳市、淅川县建立健全了管理机构,为农村外项目处理提供了组织保障。同时,河南省、淅川县制定了相关管理制度,并严格按照管理制度实施,促进了农村外项目处理工作的顺利完成。农村外项目处理实行"集镇迁建以所在地乡(镇)政府为主,企业迁建以本企业法人为主,专业项目复建以行业主管部门为主,镇外单位迁建以本单位为主"的管理体制。

一、管理机制

根据2012年3月省移民安置指挥部下发的《河南省南水北调丹江口库区农村外项目实施任务及投资包干意见》,农村外项目实行任务和投资双包干,由南阳市、淅川县编制实施规划,制定实施计划,组织实施。为了加强对农村外项目实施管理,淅川县成立了县南水北调丹江口库区移民复建工作办公室,由1名副县长任办公室主任,从有关专业部门抽调12名业务骨干具体负责组织实施农村外项目管理,淅川县南水北调丹江口库区移民复建工作办公室下设综合协调组、进度督查组、项目管理组、质量监管组、资金监管组和效能监察及预防职务犯罪组。复建任务较大的乡(镇)、部门和单位也成立了相应的领导机构和办事机构。农村外项目复建工程建设实行"四为主"分级负责的原则,即集镇(含镇内单位)迁建以所在地乡(镇)政府为主,企业迁建以本企业法人为主,专业项目复建以行业主管部门为主,镇外单位迁建以本单位为主的管理体制。

二、制度建设

为加强淅川县南水北调丹江口库区农村外项目管理,2011年3月9日,淅川县人民政府印发了《淅川县南水北调丹江口库区集镇、单位、企业迁建及专业项目复建实施管理办法(试行)》,对农村外项目规划管理、项目前期管理、建设管理、竣工验收、资金管理、监督检查等方面进行了规范。并以此为依据,研究制定了工作台账、考核办法、考评细则、督查通报制度、工程质量巡查及处罚制度、资金监管制度等规章制度,为农村外项目建设提供了制度保障。

为加强河南省南水北调丹江口库区农村外项目实施工作的监管,落实责任,规范管理,2011年7月14日,省移民安置指挥部办公室印发《河南省南水北调丹江口库区农村外项目实施工作意见》,明确了农村外项目实施工作任务、计划安排、实施要求。同日,为加快农村外项目实施进度,保证工作质量,省移民安置指挥部办公室又印发了《河南省南水北调丹江口库区农村外项目实施工作考核奖惩办法》,对农村外项目实施工作采取日常考核、阶段考核和综合考核三种形式。日常考核由淅川县组织,阶段考核由南阳市组织,综合考核由省移民安置指挥部办公室组织。奖励额度由省移民安置指挥部办公室根据实际确定。为加强农村外非试点项目建设的管理,进一步明确任务,落实责任,控制投资,2012年3月17日,省移民安置指挥部印发了《河南省南水北调丹江口库区农村外项目实施任务及投资包干意见》,明确了包干任务、包干投资、实施要求等。

三、规划管理

河南省南水北调丹江口库区农村外项目处理的复建项目实行严格的规划管理。各类项目首先由建设单位上报实施方案，经批准后编制实施规划，实施规划经统一审定批准后方可实施。

集镇迁建由迁建乡（镇）政府编制迁建实施方案，报经淅川县政府审核批准后，乡（镇）政府组织编制总体规划。总体规划经专家评审、行业主管部门审核后，逐级报淅川县城乡规划委员会、县政府审定批准；在此基础上，编制修建性详细规划，进行施工图设计，乡（镇）政府负责组织实施。随集镇迁建的单位、企业和居民，严格执行集镇迁建总体规划和详细规划。

需迁建的单位、企业，由本单位、企业编制迁建实施方案，报经迁入乡（镇）政府、主管部门、行业主管部门和淅川县移民局审核同意，县政府批准后方可实施。迁建企事业单位需服从统一规划。不需复建的淹没线下单位、企业及线上功能影响单位，按一次性补偿处理。

专业项目复建，首先由专业部门编制复建实施方案，经审核批准后，由淅川县移民局委托有资质的专业勘测设计单位，在初步规划设计的基础上进一步开展勘察规划评估论证，并征求相关乡（镇）政府和专业部门的意见后编制实施规划。实施规划经专家评审，报县政府批准后，县移民局与相关专业部门签订委托复建协议。需复建的项目，涉及乡（镇）、有关单位、企业或其主管部门应与县移民局签订委托复建协议。

四、处理原则

企业的迁建需符合国家法律法规、国家产业政策及环境保护等要求，结合技术改造和结构调整进行；对污染严重、技术落后、浪费资源、产品质量低劣、不具备安全生产条件的企业，依法关闭，不搞原样复制。企业迁建需扩大生产规模或转产、超过移民补偿投资的，按国家规定的基本建设程序或技术改造程序开展前期工作，落实建设资金并按规定程序报批。

对需复建的项目，由建设单位负责，按照批准的建设实施方案，组织技术人员或委托有资质的专业技术单位进行工程项目施工设计。超规模、超标准建设的项目，建设单位需落实超移民补偿投资来源，并出具超移民补偿投资自筹资金承诺书，经县政府批准后，方可进行工程项目施工设计。设计单位编制的预算必须经县审计局审核把关，并出具审计报告，方可办理报批手续。施工设计完成后，经县移民局审查、县政府同意，按照行业管理部门项目管理规定进行评审、报批。

集镇、单位、企业和专业项目复建用地，分别由乡（镇）政府、单位、企业、专业部门提出迁建选址申请，报经规划、国土部门批准，办理规划和征地手续。复建用地遵循节约用地的原则，按照上级批准的用地规模和标准划拨。在控制规模和标准以内的复建用地手续，由县国土局负责统一办理，超规模、超标准用地的，由该单位、企业、乡（镇）、专业部门自行办理。

五、建设管理

农村外项目复建实行项目法人责任制、招标投标制、监理制、竣工验收制、预决算审计制。复建项目法人作为招标人,负责组织复建项目的招标投标,复建单项工程投资规模在 200 万元以上(含 200 万元)的,要进行公开招标;投资规模在 20 万~200 万元的,原则上也要进行公开招标。项目建设单位依法与确定的设计、监理、施工企业签订合同,同时依法进行公证并报县移民局备案。专业项目、集镇迁建以移民局为主,建设单位参与确定监理单位。企业、单位建设监理招标投标由建设单位组织、主管部门参与,由建设单位与中标的监理单位签订监理合同。项目施工单位按有关规定编制施工组织设计、建设进度计划和资金使用计划,经项目总监理工程师审核批准后,报项目建设单位备案。项目建设任务完成后,项目施工单位按照合同规定,对项目建设进行自验。自验完成后,施工单位向建设单位提交竣工验收申请,按有关规定提供项目建设自验报告、完整的技术档案、施工管理资料和项目结算(审计)报告等资料。同时,监理单位向建设单位提交监理规划、监理大纲、监理月报、工程质量、进度、投资控制文件、监理总结等竣工验收所需资料。项目建设单位在收到项目竣工验收申请后,一个月内组织有关单位按规定对建设项目进行竣工验收。竣工验收由设计、监理、施工、建设单位及县移民局、项目建设所在地乡(镇)政府等共同参加。复建项目竣工验收合格后,施工单位、建设单位和管理单位及时办理移交手续。

六、监督管理

河南省对南水北调丹江口库区农村外项目的建设进度、质量、资金使用实行严格的监督检查制度。根据《河南省南水北调丹江口库区移民安置建设项目管理办法》,单项工程投资规模在 200 万元以下(不含 200 万元)的,由淅川县纪检监察机关、移民管理机构负责;投资规模在 200 万~500 万元的,由南阳市纪检监察机关、移民管理机构负责;投资规模在 500 万元以上的,由省移民管理机构负责。建设单位的财审、计划部门负责人参与移民建设项目招标、合同签订、竣工验收等决策的全过程,严格按照基本建设程序和合同、计划核拨资金。各复建单位主动接受移民、财政、审计和监察部门的审计、监察和监督检查,并按要求及时提供有关资料。对违反有关规定,在工程质量、施工安全、资金管理、建设进度等方面造成重大失误的单位,依法给予行政处罚;对单位主要领导、主管领导和责任人,追究其行政、法律责任。

第二节 集镇迁建

根据《移民安置初设规划报告》,淅川县淹没影响的马蹬场镇需择新址迁建;老城集镇需安置受淹居民并复建受淹单位；滔河集镇因水库蓄水后失去了发展空间和服务对象，经批准择新址迁建。集镇所在乡（镇）政府为迁建工作的实施主体和责任主体，迁建工作与农村移民搬迁安置同步进行。2015 年 3 个集镇迁建等任务基本完成，2018 年完成扫尾，实际占地规模为 636.24 亩。

一、规划

根据《南水北调中线一期工程河南省丹江口水库建设征地农村外非试点项目实施规划汇编报告》，马蹬、滔河、老城 3 个集镇迁建规划占地规模共计 613.77 亩，老城集镇另外规划了旧城恢复项目。

（一）马蹬集镇

马蹬场镇为淅川县马蹬镇下辖的一般集镇，位于淅川县中部，紧邻丹江口水库，距马蹬镇 16 公里、距淅川县城 26 公里。镇内常住人口 435 人，单位 18 家。南水北调丹江口水库大坝加高后，马蹬场镇基本全淹，规划在现马蹬镇政府所在地的后侧进行复建。初步设计规划迁建人口规模为 846 人，占地面积 92.7 亩。实施规划期间，经淅川县申请，省移民办对马蹬集镇建设规模进行了两次调整，确定马蹬集镇迁建人口规模为 1 124 人，占地 132.18 亩。马蹬镇政府在上述规模基础上开展了相关的规划设计工作，最终规划集镇建设占地规模为 195.3 亩。根据淅川县移民安置指挥部的批复，马蹬集镇迁建区新址位于马蹬镇政府北侧，跨省道 S335 两侧，迁建区主要安置进镇建房的本镇苏庄、小草峪 2 村农村移民 160 户 689 人和 8 家受淹单位。集镇总体布局分北部商业办公区与南部移民住宅区两大功能区。

（二）滔河集镇

滔河集镇建成区虽然不在淹没影响区，但丹江口水库大坝加高工程蓄水后，集镇成为三面环水、一面靠山的绝地，且周边农村移民大部分出乡外迁，失去了发展空间和服务对象。初步设计规划对集镇内的 33 家行政单位实施搬迁，加上规划进镇复建的受淹单位滔河乡信用社后，集镇迁建规划占地面积为 183 亩。在初步设计阶段，滔河集镇未做迁建规划设计，其新址征地和镇内基础设施建设费用按完成了迁建规划的城镇综合指标推算，实施时由地方政府确定具体复建地点及迁建方案。2012 年 6 月，滔河乡政府委托哈尔滨工业大学城市规划设计研究院编制了《南阳市淅川县滔河乡总体规划（2012—2030）》。2012 年 7 月，淅川县政府对其进行了批复。滔河集镇实施规划占地 400.3 亩。

（三）老城集镇

老城集镇属局部被淹。初步设计规划中，老城镇将搬迁受淹居民 17 户 42 人，加上 5 家进镇复建的受淹单位，集镇总建设用地面积 32.85 亩。实施规划阶段，原规划进镇的 5 家受淹单位中，3 家调整为一次性补偿，1 家规划于镇外复建，老城镇小学规划在镇内原明德小学旁复建；17 户受淹居民规划安置在 X011 线西侧、新建路及明德小学南侧的老城镇穆山新型农村社区。实施规划占地 18.17 亩。

南水北调丹江口水库大坝加高后，水库淹没至集镇南端的皇冠地毯集团有限公司，淹没线下管网系统由于淹没中断。为保持集镇剩余部分功能的完整性，恢复旧城功能，初步设计规划确定对中断的道路和其他管线工程进行复建。在实施规划中，新建道路2条，其中镇兴北路红线宽度12米全长1 004米，新建路红线宽度20米全长346米，以及部分电力、电信、广电工程线路等。

二、组织实施

河南省南水北调丹江口库区集镇迁建以所在乡（镇）政府为实施主体和责任主体。迁入集镇的单位、企业以迁入地乡（镇）政府为管理主体，单位、企业或其主管部门为实施主体，分别对实施方案、施工设计进行把关。随集镇迁建的单位、企业和居民，按照“四定”（定区、定位、定界、定用地面积）进行迁建，严禁任何单位和个人乱占乱建。非移民项目不得“搭车”挤占集镇迁建用地指标，不准超规模、超标准建设。经批准的集镇迁建实施规划，不得擅自调整；确需调整的，由建设单位向县移民局提出申请，按原程序报批。原规划进集镇单位或企业，原则上不得改变安置去向。确需改变安置去向，要求迁出镇外或一次性补偿的，由该单位、企业提出申请，报经主管部门、行业管理部门、集镇所在地乡（镇）政府同意，经县移民局审核、县政府批准后，按镇外单位、企业规划处理，所需调整的征地费、基础设施费，从集镇征地和基础设施补偿费中核减后支付。原规划的镇外单位、企业，如要求调整规划方案，进集镇迁建，由该单位、企业提出申请，报经主管部门、行业管理部门、集镇所在地乡（镇）政府同意，经县移民局审核、县政府批准后，按镇内单位、企业规划处理，原补偿给该单位、企业的征地费、基础设施费，不再支付给该企业、单位，统一交由迁入地乡（镇）政府，统筹用于集镇征地和基础设施建设。

集镇迁建的项目法人是乡（镇）政府；集镇用地，由乡（镇）政府提出迁建选址申请，报经规划、国土部门批准，办理规划和征地手续。在控制规模和标准以内的复建用地手续，由县国土资源局负责统一办理，超规模、超标准用地的，由乡（镇）政府自行办理用地手续。

三、实施成果

河南省南水北调丹江口库区涉及的马蹬、滔河、老城3个集镇迁建等任务2018年全面完成。

（一）马蹬集镇

2011年11月，马蹬集镇迁建工程开工建设。2012年1月底，完成房屋及公益设施的基础处理。6月，马蹬集镇基础设施建设全部完成，淅川县电业局马蹬供电所、马蹬供销合作社、马蹬信用社、马蹬敬老院等8家镇内单位房屋已建设完成并搬迁入住，进镇建房农户全部按规划搬迁入住。马蹬集镇迁建实际占地197.03亩。

图 4-2-1　迁建前的马蹬场镇

图 4-2-2　迁建后的马蹬集镇

（二）滔河集镇

2012 年 1 月，滔河集镇迁建工程涉及的乡政府办公楼、综合办公楼、综合服务楼开工建设。2016 年 4 月，乡政府办公楼、综合办公楼和综合服务楼建设完成，总建筑面积 8 886.8 平方米，占地面积 18 亩。2018 年，进集镇单位全部完成搬迁。滔河集镇迁建实际占地 421.04 亩。滔河乡政府从原来三面环水的孤岛迁至新集镇后，规模得到扩大，功能得到完善，成为全乡政治、经济、文化、社会发展、生态文明建设新的中心。

图 4-2-3　迁建前的滔河乡政府

图 4-2-4　迁建后的滔河乡政府

（三）老城集镇

2012 年 6 月，老城集镇迁建工程开工建设。新址征地 4.25 亩，进镇居民每户按照 0.25 亩标准划拨宅基，房屋户型由镇政府统一推荐和规划设计，居民自行建设。其他公建用地和基础设施与新型社区居民共用。2012 年年底，老城集镇建设任务全面完成，老城镇直小学按规划搬迁入住，2013 年 1 月 17 户 42 人受淹居民全部搬迁入住老城镇穆山新型农村社区，居民生活得到恢复。老城集镇迁建实际占地 18.17 亩。老城集镇旧城功能恢复项目镇兴北路扩改建工程、镇区新建道路工程，以及电力、电信、广播电视等，也同期建设完成。

第三节　单位、工业企业淹没处理

根据《移民安置初设规划报告》,淅川县共有177家单位、36家工业企业需淹没处理,处理方式分一次性补偿和复建两种。单位、企业淹没处理与农村移民搬迁安置同步进行,2016年单位和工业企业淹没处理任务全部完成。

一、规划

《移民安置初设规划报告》中,需淹没处理177家单位,其中淹没影响区142家、随迁单位2家(香花张义岗学校和淅川县电信局马蹬支局)、滔河集镇内行政事业单位33家。淹没处理方式为,进镇复建57家,一次性补偿或在镇外复建120家。需淹没处理36家工业企业,其中16家一次性补偿,20家异地迁建或后靠复建。

在实施规划阶段,单位、工业企业淹没处理在试点、第一批、第二批移民实施规划和农村外非试点项目实施规划中都做了相应规划。2008年,国务院南水北调办批复了《试点规划报告》,其中9家村属单位(全部一次性补偿)、1家村属工业企业(一次性补偿)纳入试点规划。2010年、2011年,省移民安置指挥部先后批复了《南水北调中线一期工程河南省丹江口水库建设征地第一批农村移民安置实施规划报告》和《南水北调中线一期工程河南省丹江口水库建设征地第二批农村移民安置实施规划报告》,其中29家单位(全部一次性补偿)、4家工业企业(一次性补偿1家,复建3家)纳入第一批规划;26家单位(规划27家,取消重复的淅川县农场老城分场后为26家,全部一次性补偿)、10家工业企业(一次性补偿6家,复建4家)纳入第二批规划。2013年,南阳市移民安置指挥部批复《南水北调中线一期工程河南省丹江口水库建设征地农村外非试点项目实施规划汇编报告》,其中113家单位(一次性补偿58家;复建55家),21个工业企业(一次性补偿14家,复建7家)。

在实施过程中,淅川县除委托编制了《南水北调中线一期工程河南省丹江口水库建设征地农村外非试点项目实施规划汇编报告》外,还对纳入农村移民实施规划报告、县内安置移民涉及或自愿在淅川县内复建的单位和企业编制了淹没处理实施方案。根据实施方案,177家单位中,一次性补偿69家,复建108家;36家企业中,一次补偿26家,复建10家。

二、组织实施

迁入集镇的单位,以迁入地乡(镇)政府为管理主体,单位或其主管部门为实施主体。需迁建的单位,由本单位编制迁建实施方案,报经迁入乡(镇)政府、主管部门、行业主管部门和县移民局审核同意,县政府批准后实施。国有、集体单位迁建方案报批前,应分别提交领导班子会议和职工代表会议讨论通过。

需迁建的工业企业，迁建前由本企业编制迁建实施方案，以文件形式报经迁入乡(镇)政府、主管部门、行业主管部门和县移民局审核同意，县政府批准后实施。国有企业迁建方案报批前，应分别提交领导班子会议和职工代表会议讨论通过；股份制企业迁建方案报批前，应报经董事会讨论通过。上述会议记录经整理后，作为附件随迁建方案一并上报。迁入集镇的企业以迁入地乡(镇)政府为管理主体，企业或其主管部门为实施主体，分别对实施方案、施工设计进行把关。

对不需要迁建的单位和工业企业，本单位和企业提出资金使用和职工安置方案，经单位班子会议和职工代表会议讨论通过，逐级审批后，按一次性补偿处理，并及时将补偿费直接兑付给权属人，由其自行处理。

三、实施成果

2016 年，河南省南水北调丹江口库区单位、工业企业淹没处理工作全面完成。177 家单位，在实施过程中，滔河乡政府招待所因不符合移民政策被取消补偿资格，淅川县恒达液化气公司自愿放弃补偿；实际迁建补偿 175 家单位，均已签订协议并兑付了补偿资金。其中，复建 108 家(村属单位 53 家，农村外单位 55 家)；一次性补偿 67 家(村属单位 11 家，农村外单位 56 家)。36 家工业企业中，迁建 10 家，其中村属工业企业 3 家，农村外工业企业 7 家；一次性补偿 26 家，其中村属工业企业 12 家，农村外工业企业 14 家。

图 4-3-1　镇内单位滔河乡原派出所

图 4-3-2　镇内单位滔河乡新派出所

图 4-3-3　原皇冠地毯集团有限公司

图 4-3-4　复建后的皇冠地毯集团有限公司

单位淹没处理情况详见表4-3-1,工业企业淹没处理情况详见表4-3-2。

表4-3-1　单位淹没处理情况表

序号	类别	规划范围	单位名称	实施方案	实施情况	备注
1	滔河集镇	农村外	电管所	镇外复建	进滔河集镇复建	进滔河集镇复建20家
2	滔河集镇	农村外	乡政府	进镇复建	进镇复建,8家整合进政府办公楼	
3	滔河集镇	农村外	广播站			
4	滔河集镇	农村外	农机站			
5	滔河集镇	农村外	农技推广站			
6	滔河集镇	农村外	兽医站			
7	滔河集镇	农村外	移民所			
8	滔河集镇	农村外	文化站			
9	滔河集镇	农村外	水利站			
10	滔河集镇	农村外	卫生院	进镇复建	进镇复建	
11	滔河集镇	农村外	乡二中	进镇复建	整合复建为乡中、乡小2所	
12	滔河集镇	农村外	乡小学			
13	滔河集镇	农村外	中心学校(教办)			
14	滔河集镇	农村外	乡一中			
15	滔河集镇	农村外	财政所	进镇复建	进镇复建	
16	滔河集镇	农村外	计生办	进镇复建	进镇复建	
17	滔河集镇	农村外	派出所	进镇复建	进镇复建	
18	滔河集镇	农村外	信用社	进镇复建	进镇复建,整合为1个	
19	淹没	农村外	滔河乡信用社	镇内复建		
20	滔河集镇	农村外	邮政所	进镇复建	进镇复建	
21	淹没	农村外	淅川县马蹬供电所	镇内复建	进马蹬镇复建	
22	淹没	农村外	淅川县移民局原办公室	镇内复建	进马蹬镇复建	
23	随迁	农村外	淅川县电信局马蹬支局	镇内复建	进马蹬镇复建	
24	淹没	农村外	淅川县马蹬镇农村信用合作社	镇内复建	进马蹬镇复建	
25	淹没	第一批移民	黄庄食品经营处	镇外复建	镇外复建	镇外复建15家
26	淹没	农村外	河南省国营淅川县农场老城分厂	镇外复建	镇外复建	
27	淹没	农村外	淅川县渔兴水产开发有限责任公司	镇外复建	镇外复建	
28	淹没	第二批移民	淅川县马蹬镇石桥水产养殖公司	镇外复建	镇外复建	
29	淹没	第二批移民	南丹旅游开发公司小三峡度假山庄	镇外复建	镇外复建	
30	淹没	农村外	淅川县马蹬镇敬老院	镇外复建	镇外复建	
31	淹没	农村外	淅川县木材实业有限公司	镇外复建	镇外复建	
32	淹没	农村外	淅川县柑桔研究所	镇外复建	镇外复建	
33	淹没	农村外	淅川县国营苗圃	镇外复建	镇外复建	
34	淹没	农村外	县水产局	镇外复建	与水产码头整合复建	
35	淹没	农村外	淅川县马蹬镇粮管所卡房粮站	镇外复建	镇外复建,整合为2所	
36	滔河集镇	农村外	粮管所	镇外复建		
37	淹没	农村外	淅川县老城镇粮管所	镇外复建		
38	淹没	第二批移民	石桥避暑山庄	镇外复建	镇外复建	
39	淹没	农村外	湖北引丹工管局	镇外复建	镇外复建	

续表 4-3-1

序号	类别	规划范围	单位名称	实施方案	实施情况	备注
40	淹没	农村外	金河镇供销社	镇外复建	整合复建19家供销社	
41	淹没	农村外	老城镇供销社老城分社	镇外复建		
42	淹没	农村外	老城镇供销社	镇外复建		
43	淹没	农村外	大石桥供销社	镇外复建		
44	淹没	农村外	仓房供销社	镇外复建		
45	淹没	第二批移民	滔河供销社	镇外复建		
46	滔河集镇	农村外	供销社	进滔河新集镇复建		
47	淹没	农村外	淅川县黄庄供销合作社卡房门市部	镇外复建		
48	淹没	农村外	淅川县黄庄供销合作社桐柏门市部	镇外复建		
49	淹没	农村外	上集镇供销社	镇外复建		
50	淹没	农村外	上集镇供销社	镇外复建		
51	淹没	农村外	盛湾供销社姚营供销点	镇外复建		
52	淹没	农村外	盛湾镇供销社宋湾采购点	镇外复建		
53	淹没	第二批移民	盛湾供销社兴化寺代销点	镇外复建		
54	淹没	农村外	滔河乡供销社	镇外复建		
55	淹没	农村外	淅川县日杂废旧物质公司	镇内复建		
56	淹没	农村外	淅川县生产资料公司	镇内复建		
57	淹没	农村外	淅川县土产果品公司	镇内复建		
58	淹没	农村外	淅川县黄庄供销社马蹬门市部	镇内复建		
59	滔河集镇	农村外	烟办	进滔河新集镇复建	进镇复建	
60	滔河集镇	农村外	交管站	一次性补偿	一次性补偿	
61	滔河集镇	农村外	地税所	一次性补偿	一次性补偿	
62	滔河集镇	农村外	工商所	进滔河新集镇复建	镇外自行复建	
63	滔河集镇	农村外	敬老院	一次性补偿	一次性补偿	
64	滔河集镇	农村外	农行营业所	一次性补偿	一次性补偿	
65	滔河集镇	农村外	乡定点办	一次性补偿	一次性补偿	
66	滔河集镇	农村外	乡幼儿园	一次性补偿	一次性补偿	
67	滔河集镇	农村外	医药管理站	一次性补偿	一次性补偿	
68	滔河集镇	农村外	政府招待所	一次性补偿	取消	
69	滔河集镇	农村外	种子站	一次性补偿	一次性补偿	
70	滔河集镇	农村外	国税所	一次性补偿	一次性补偿	
71	淹没	农村外	仓房信用社	一次性补偿	一次性补偿	
72	淹没	农村外	恒达碳酸钙厂	一次性补偿	一次性补偿	
73	淹没	农村外	恒达液化气公司	一次性补偿	放弃补偿	
74	淹没	农村外	淅川县科力养殖有限公司	一次性补偿	一次性补偿	
75	淹没	农村外	林场	一次性补偿	一次性补偿	
76	淹没	农村外	企业办	一次性补偿	一次性补偿	
77	淹没	农村外	移民局东湾蔬菜基地	一次性补偿	一次性补偿	
78	淹没	农村外	渔场	一次性补偿	一次性补偿	
79	淹没	农村外	淅川县天缘水上娱乐城	一次性补偿	一次性补偿	
80	淹没	农村外	淅川县国营苗圃	一次性补偿	一次性补偿	
81	淹没	农村外	老城镇兽医站	一次性补偿	一次性补偿	

续表 4-3-1

序号	类别	规划范围	单位名称	实施方案	实施情况	备注
82	淹没	农村外	淅川县对外经济贸易局老城外贸站	一次性补偿	一次性补偿	
83	淹没	农村外	淅川县房屋租金征收所	一次性补偿	一次性补偿	
84	淹没	农村外	淅川县丹江库区绿化站	一次性补偿	一次性补偿	
85	淹没	农村外	淅川县工艺品进出公司马蹬转运站	一次性补偿	一次性补偿	
86	淹没	农村外	淅川县农业银行马蹬办事处	一次性补偿	一次性补偿	
87	淹没	农村外	淅川县烟草公司马蹬批发部	一次性补偿	一次性补偿	
88	淹没	农村外	马蹬镇政府原办公室	一次性补偿	一次性补偿	
89	淹没	农村外	淅川县第二运输公司	一次性补偿	一次性补偿	
90	淹没	农村外	淅川县港航监督站	一次性补偿	一次性补偿	
91	淹没	农村外	淅川县工商局库区工商所	一次性补偿	一次性补偿	
92	淹没	农村外	淅川县国税局马蹬水上税务所	一次性补偿	一次性补偿	
93	淹没	农村外	淅川县马蹬镇卫生院	一次性补偿	一次性补偿	
94	淹没	农村外	淅川县盐业公司	一次性补偿	一次性补偿	
95	淹没	农村外	淅川县公安局水上派出所	一次性补偿	一次性补偿	
96	淹没	农村外	淅川县公路管理局卡房道班房	一次性补偿	一次性补偿	
97	淹没	农村外	淅川县航管站	一次性补偿	一次性补偿	
98	淹没	农村外	淅川县航运公司	一次性补偿	一次性补偿	
99	淹没	农村外	淅川县航运局	一次性补偿	一次性补偿	
100	淹没	农村外	淅川县机船队	一次性补偿	一次性补偿	
101	影响	农村外	淅川县移民局养殖场	一次性补偿	一次性补偿	
102	淹没	农村外	上集镇罗寨水泥制品厂	一次性补偿	一次性补偿	
103	淹没	农村外	上集镇建安公司	一次性补偿	一次性补偿	
104	淹没	农村外	上集镇社办企业	一次性补偿	一次性补偿	
105	淹没	农村外	上集镇卫生院	一次性补偿	一次性补偿	
106	淹没	农村外	淅川县公路局蛮子营道班	一次性补偿	一次性补偿	
107	淹没	农村外	淅川县上集镇农场	一次性补偿	一次性补偿	
108	淹没	农村外	淅川县水利局灌河灌区管理所	一次性补偿	一次性补偿	
109	淹没	农村外	淅川县电力局盛湾供电三班	一次性补偿	一次性补偿	
110	淹没	农村外	县电力局电工值班室	一次性补偿	一次性补偿	
111	淹没	农村外	农行滔河营业所	一次性补偿	一次性补偿	
112	淹没	农村外	宋岗新码头	一次性补偿	一次性补偿	
113	淹没	农村外	太阳岛渡假村	一次性补偿	一次性补偿	
114	影响	农村外	枫叶植物园	一次性补偿	一次性补偿	
115	淹没	农村外	南阳引丹灌区管理局陶岔管理处	一次性补偿	一次性补偿	
116	淹没	农村外	清泉沟泵站	一次性补偿	一次性补偿	
117	淹没	农村外	清源养殖厂	一次性补偿	一次性补偿	
118	淹没	农村外	宋岗电灌站	一次性补偿	一次性补偿	
119	淹没	第二批移民	淅川县丰岐副食品门市部	一次性补偿	一次性补偿	
120	淹没	第一批移民	淅川县国柱大理石矿厂	一次性补偿	一次性补偿	
121	淹没	农村外	老城镇镇直小学	镇内复建	老城镇镇直小学	

续表 4-3-1

<table>
<tr><th>序号</th><th>类别</th><th>规划范围</th><th>单位名称</th><th>实施方案</th><th>实施情况</th><th>备注</th></tr>
<tr><td>122</td><td>淹没</td><td>第一批移民</td><td>王井小学</td><td rowspan="47">整合复建</td><td rowspan="47">王井小学
东岳庙小学
郭家渠村小学
淅川县九重镇张冲村小学
上集贾沟小学
金河姚湾小学
金河北沟小学
马蹬镇崔湾中心小学
金河井沟小学
金河后洼小学
马蹬镇卡房中心小学
老城官富山小学
老城小街小学
李营小学
上集镇简营李山希望小学
老城武前小学
大石桥乡小学
滔河孔家峪小学
盛湾镇马湾小学
滔河闫楼小学
盛湾陈庄小学
申明铺小学
盛湾河扒小学
马蹬张竹园小学
马蹬寇楼小学
仓房刘裴小学
九重十里庙小学
九重官岗小学
印山小学
张湾小学
九重王岗村小学(油坊村)
九重王岗小学
石门村小学
淅川县老城镇裴岭中心小学
蛮子营小学
九重周岗小学
九重小张冲小学
黄连树村小学
厚坡七里小学
厚坡胡岗小学
厚坡陈庄小学
柴沟小学</td><td rowspan="47">整合42所学校</td></tr>
<tr><td>123</td><td>淹没</td><td>第一批移民</td><td>东岳庙小学</td></tr>
<tr><td>124</td><td>淹没</td><td>第一批移民</td><td>郭家渠村小学</td></tr>
<tr><td>125</td><td>淹没</td><td>第一批移民</td><td>淅川县九重镇张冲村小学</td></tr>
<tr><td>126</td><td>淹没</td><td>第一批移民</td><td>安洼小学</td></tr>
<tr><td>127</td><td>淹没</td><td>第一批移民</td><td>岵山铺小学</td></tr>
<tr><td>128</td><td>淹没</td><td>第一批移民</td><td>下湾村学校</td></tr>
<tr><td>129</td><td>淹没</td><td>第一批移民</td><td>马蹬镇崔湾中心小学</td></tr>
<tr><td>130</td><td>淹没</td><td>第一批移民</td><td>黄庄桐柏中学</td></tr>
<tr><td>131</td><td>淹没</td><td>第一批移民</td><td>马蹬镇卡房初中</td></tr>
<tr><td>132</td><td>淹没</td><td>第一批移民</td><td>马蹬镇卡房中心小学</td></tr>
<tr><td>133</td><td>淹没</td><td>第一批移民</td><td>马蹬镇向阳村小学</td></tr>
<tr><td>134</td><td>淹没</td><td>第一批移民</td><td>马蹬镇任沟村任沟小学</td></tr>
<tr><td>135</td><td>淹没</td><td>第一批移民</td><td>李营小学</td></tr>
<tr><td>136</td><td>淹没</td><td>第一批移民</td><td>上集镇简营李山希望小学</td></tr>
<tr><td>137</td><td>淹没</td><td>第一批移民</td><td>上集镇张营小学</td></tr>
<tr><td>138</td><td>淹没</td><td>第一批移民</td><td>陈营村茅坪小学</td></tr>
<tr><td>139</td><td>淹没</td><td>第一批移民</td><td>陈营小学</td></tr>
<tr><td>140</td><td>淹没</td><td>第一批移民</td><td>盛湾镇马湾小学</td></tr>
<tr><td>141</td><td>淹没</td><td>第一批移民</td><td>盛湾镇宋湾村小学</td></tr>
<tr><td>142</td><td>淹没</td><td>第一批移民</td><td>刘伙村小学</td></tr>
<tr><td>143</td><td>淹没</td><td>第一批移民</td><td>申明铺小学</td></tr>
<tr><td>144</td><td>淹没</td><td>第一批移民</td><td>水田营村小学</td></tr>
<tr><td>145</td><td>淹没</td><td>第一批移民</td><td>杜寨小学</td></tr>
<tr><td>146</td><td>淹没</td><td>第一批移民</td><td>管理区小学</td></tr>
<tr><td>147</td><td>淹没</td><td>第一批移民</td><td>南王营小学</td></tr>
<tr><td>148</td><td>淹没</td><td>第一批移民</td><td>吴田小学</td></tr>
<tr><td>149</td><td>淹没</td><td>第二批移民</td><td>西岭小学</td></tr>
<tr><td>150</td><td>影响</td><td>第二批移民</td><td>印山小学</td></tr>
<tr><td>151</td><td>淹没</td><td>第二批移民</td><td>张湾小学</td></tr>
<tr><td>152</td><td>淹没</td><td>第二批移民</td><td>九重王岗村小学(油坊村)</td></tr>
<tr><td>153</td><td>淹没</td><td>第二批移民</td><td>陈岭中心学校</td></tr>
<tr><td>154</td><td>淹没</td><td>第二批移民</td><td>石门村小学</td></tr>
<tr><td>155</td><td>淹没</td><td>第二批移民</td><td>淅川县老城镇裴岭中心小学</td></tr>
<tr><td>156</td><td>淹没</td><td>第二批移民</td><td>蛮子营小学</td></tr>
<tr><td>157</td><td>淹没</td><td>第二批移民</td><td>白亭中心小学</td></tr>
<tr><td>158</td><td>淹没</td><td>第二批移民</td><td>陈家湾小学</td></tr>
<tr><td>159</td><td>淹没</td><td>第二批移民</td><td>黄连树村小学</td></tr>
<tr><td>160</td><td>淹没</td><td>第二批移民</td><td>老人仓小学</td></tr>
<tr><td>161</td><td>淹没</td><td>第二批移民</td><td>双庙小学</td></tr>
<tr><td>162</td><td>淹没</td><td>第二批移民</td><td>滔河乡梁庄小学</td></tr>
<tr><td>163</td><td>淹没</td><td>第二批移民</td><td>滔河乡双庙初中(小学)</td></tr>
<tr><td>164</td><td>淹没</td><td>第二批移民</td><td>文坑小学</td></tr>
<tr><td>165</td><td>淹没</td><td>第二批移民</td><td>张庄小学</td></tr>
<tr><td>166</td><td>影响</td><td>第二批移民</td><td>柴沟小学</td></tr>
<tr><td>167</td><td>淹没</td><td>第二批移民</td><td>黄庄村小学</td></tr>
<tr><td>168</td><td>淹没</td><td>第二批移民</td><td>张寨小学</td></tr>
</table>

续表 4-3-1

序号	类别	规划范围	单位名称	实施方案	实施情况	备注
169	淹没	试点移民	张湾村教会	一次性补偿	一次性补偿	
170	淹没	试点移民	狮子岗学校	一次性补偿	一次性补偿	试点9所学校
171	淹没	试点移民	周湾小学	一次性补偿	一次性补偿	
172	淹没	试点移民	姬家营小学	一次性补偿	一次性补偿	
173	淹没	试点移民	曹湾小学	一次性补偿	一次性补偿	
174	淹没	试点移民	魏营小学	一次性补偿	一次性补偿	
175	随迁	试点移民	张义岗小学	一次性补偿	一次性补偿	
176	淹没	试点移民	姚湾村库区中心小学	一次性补偿	一次性补偿	
177	淹没	试点移民	马川中心小学	一次性补偿	一次性补偿	

表 4-3-2 工业企业淹没处理情况表

序号	类别	规划范围	企业名称	实施方案	实施情况
1	淹没	试点移民	老城镇狮子岗村机砖厂	一次性补偿	一次性补偿
2	淹没	第一批移民	香花南王营轧油厂	复建	邓州市迁改建
3	淹没	第一批移民	淅川县滔河文源造纸厂	一次性补偿	一次性补偿
4	淹没	第一批移民	马蹬任沟三粉加工厂	复建	马蹬镇迁改建
5	淹没	第一批移民	黄庄乡任沟胶合板厂	复建	马蹬镇迁改建
6	淹没	第二批移民	淅川县大石桥乡淀粉制品厂	一次性补偿	一次性补偿
7	淹没	第二批移民	淅川县长军砖厂	一次性补偿	一次性补偿
8	淹没	第二批移民	淅川县胶合板厂	一次性补偿	一次性补偿
9	淹没	第二批移民	淅川县豪志制砖厂	一次性补偿	一次性补偿
10	淹没	第二批移民	滔河乡军宇压板厂	一次性补偿	一次性补偿
11	淹没	第二批移民	淅川县张龙玉器厂	一次性补偿	一次性补偿
12	淹没	第二批移民	淅川县香花辣椒制品总厂韦沟分厂	一次性补偿	一次性补偿
13	淹没	第二批移民	淅川县石门移民胶合板芯厂	一次性补偿	一次性补偿
14	淹没	第二批移民	淅川县绿源食品开发有限公司	一次性补偿	一次性补偿
15	影响	第二批移民	仓房乡侯家坡石膏矿	一次性补偿	一次性补偿
16	淹没	农村外	淅川县水产局饲料厂	复建	邓州市迁改建
17	淹没	农村外	淅川县台子山大理石厂	复建	复建
18	淹没	农村外	淅川县水产局船厂	复建	复建
19	淹没	农村外	淅川县台子山编织袋厂	一次性补偿	一次性补偿
20	淹没	农村外	淅川县九重镇福利磷肥厂	一次性补偿	一次性补偿
21	淹没	农村外	淅川县盛湾镇金属镁厂	一次性补偿	一次性补偿
22	淹没	农村外	淅川县矿业化工公司石膏二矿	一次性补偿	一次性补偿
23	淹没	农村外	淅川县矿业化工公司化工二厂	一次性补偿	一次性补偿

续表 4-3-2

序号	类别	规划范围	企业名称	实施方案	实施情况
24	淹没	农村外	淅川县滔河缫丝厂	一次性补偿	一次性补偿
25	淹没	农村外	滔河乡红光面粉加工厂	一次性补偿	一次性补偿
26	淹没	农村外	淅川县黄庄乡移民砖厂	一次性补偿	一次性补偿
27	淹没	农村外	淅川县航运公司制柒厂	一次性补偿	一次性补偿
28	淹没	农村外	淅川县船舶修造厂	一次性补偿	一次性补偿
29	淹没	农村外	淅川县机船队饮料厂	一次性补偿	一次性补偿
30	淹没	农村外	淅川县天惠牛奶厂	复建	厚坡镇迁改建
31	淹没	农村外	河南淅川水泥有限公司	复建	上集镇罗寨社区(厂区内)迁改建
32	淹没	农村外	淅川县益源肉制品有限公司	复建	县城工业园区迁改建
33	淹没	农村外	淅川县老城钢窗厂	一次性补偿	一次性补偿
34	淹没	农村外	淅川移民机械铸造厂	一次性补偿	一次性补偿
35	淹没	农村外	淅川县皇冠地毯集团有限公司	复建	县城迁改建
36	淹没	农村外	淅川县通达建材有限责任公司	一次性补偿	一次性补偿

第四节　专业项目恢复改建

专业项目恢复改建涉及淅川县大量的道路、电力、电信、广播电视、水利水电设施等恢复改建。为满足移民搬迁安置需要,省道 S335 线、灌河大桥和小三峡大桥等控制性路桥工程于 2006 年陆续启动实施,其他项目随农村移民安置同步启动实施。2015 年专业项目恢复改建基本完成,2017 年全面完成。

一、规划

《移民安置初设规划报告》中,规划恢复改建等级公路 123. 47 公里,大中型桥梁 26 座、2742. 6 延米;码头 12 座;新建、迁建 35 千伏变电站 4 座,复建 10 千伏及以上电力线路 487. 6 公里,10 千伏安变压器 326 台;复建通信线路 742. 54 公里,迁建、新建模块局 18 个;复建广播电视线路 360. 79 公里,广播站 1 座;对受淹的 5 座水电站、灌溉渠道、引丹取水工程进行一次性补偿,对受淹的宋岗电灌站进行复建,对灌河防洪大堤建设给予一次性补助;对淹没线上与留置老居民有关的、受淹没影响的库周交通、供水、供电、广播等基础设施进行复建。

实施规划阶段,《试点规划报告》将淅川县省道 S335 线、小三峡大桥等控制性专业项目纳入其中并先期实施。《南水北调中线一期工程河南省丹江口水库建设征地农村外非试点项目实施规划汇编报告》中，规划复建等级公路 89.42 公里，大中型桥梁 19 座、2031.2 延米；复建码头 10 处；新建变电站 3 座，复建电力线路 548.25 公里、10 千伏配电台区 100 个；规划复建通信中继线路 724.69 公里、模块局及接入点 98 个、基站 12 个；规划复建广播电视线路 443.97 公里、广播电视站 1 个；规划建设宋岗提灌站、灌河防洪大堤等水利设施以及恢复库周基础设施等。

二、组织实施

专业项目恢复改建以行业主管部门为主，由淅川县移民局委托交通、公路、航运、电力、联通、移动、广电、水利等行业主管部门组织实施。专业部门编制的实施方案，经专家评审，报县政府批准后，再依据实施规划，与相关专业部门签订委托复建协议，由相关专业部门负责组织实施。

专业项目恢复改建坚持原规模、原标准、恢复原功能的原则，对超规模、超标准建设的项目，建设单位必须落实移民补偿投资以外的资金来源，并出具超移民补偿投资自筹承诺书，经淅川县政府批准后，方可进行工程项目施工设计。

各专业项目工程开工后，项目建设单位、监理单位在施工过程中实行现场办公会制度，适时召集施工、监理、设计等单位参加的协调会，协调解决项目施工进度、质量、设计、资金使用等有关问题，确保了专业项目恢复改建的顺利进行。

三、实施成果

截至 2017 年年底，河南省南水北调丹江口库区专业项目恢复改建全部完成。

（一）交通设施

共恢复改建等级公路 131.63 公里（含桥梁），其中恢复改建省道 S335 线 26.26 公里，灌河大桥及连线 1.35 公里；县道 X011 线 71.69 公里，X035 线 2.4 公里，X029 线 0.97 公里；Y004 线 4.42 公里，Y006 线 11.35 公里；小三峡大桥及连线 13.19 公里。恢复改建码头 10 座，其中宋岗码头、下寺码头、张营—石桥码头于 2008 年交付使用，其他 7 个码头于 2013 年 9 月底已完工并投入使用。

1. 省道 S335 线公路复建项目

省道 S335 线是河南省干线公路网的重要组成部分和区域内的主要交通运输动脉，也是服务南水北调中线工程的重要道路，其中淅川境内 86 公里。因南水北调中线工程建设，淅川境内马蹬至上集段需复建。2005 年，为更好地服务南水北调中线工程建设，经淅川县政府请示，省移民办和中线水源公司同意提前实施。2006 年 2 月，淅川县成立 S335 线淅川境马蹬至上集段公路复建项目工程建设指挥部，具体负责项目招标和施工管理工作。2006 年 4 月，该项目开工建设，2007 年 9 月完工，按二级公路技术标准复建道路 26.26 公里，路基宽 15 米，路面宽 12 米，设计时速 80 公里/小时，完成投资 1.46 亿元。2009 年 12 月，南阳市交通运输局成立竣工验收委员会，于 2010 年 1 月组织相关单位和人员对工程进行了竣工验收，并交由淅川县公路局，办理了移交手续。项目建成后为服务南水北调中线工程建设、库区移民搬迁和淅川县县域经济发展及旅游开发发挥了重要作用。

2. 鹳河大桥工程项目

为更好服务南水北调中线工程建设，中线水源公司2005年复函同意淅川县政府提前组织实施鹳河大桥工程建设项目。灌河大桥采用13跨30米预应力混凝土简支T型梁桥方案，后期增设一跨20米简支梁，桥长422米，桥宽12米；左岸修建1条长583米的连接线与现有城市道路相接，路面宽12米，等级为三级公路。鹳河大桥复建工程由河南省万通路桥建设有限公司承担施工，于2006年11月26日开工建设，2008年9月27日竣工通车。南阳市交通运输局于2017年2月23日组织完成竣工验收，项目质量合格。工程决算金额为2438.09万元，其中移民补偿投资1 434.71万元。

3. 县道X011线公路复建项目

县道X011线复建线路分为A段、B段和马沟段。A段公路复建工程路线起自金河镇、鹳河大桥，经老城镇止于大石桥乡。A段工程2011年8月开工建设，2013年10月竣工通车。建设规模为，道路全长35.205公里，按二级公路标准建设，设计车速为60(40)公里每小时，路基宽12 m，路面宽9米。公路全线共布置26座桥梁，其中大桥6座1 083.74米、中桥12座874.98米、小桥7座247.24米，桥梁总长2 205.96米。桥涵与路基同宽，设计荷载为公路一级。B段公路复建工程路线起自滔河乡三岔，经滔河乡集镇止于盛湾街。B段2011年8月开工建设，2014年10月1日完工。建设规模为，道路全长33.076公里，按三级公路标准建设，设计车速为30公里每小时，路基宽7.5米，路面宽6.5米。公路全线共布置9座桥梁，其中大桥3座427.27米、中桥5座319.34米、小桥1座23米，桥梁总长769.61米。桥涵与路基同宽，设计荷载为公路一级。A、B段工程决算投资总计54 313.62万元。马沟段起点位于马沟东北X011线上，引线设计全长0.331公里，按三级公路标准建设，设计时速为30公里每小时，路基宽8.5米，路面宽7米。建中桥1座(5X13米)，桥长70.08米，桥面全宽8.5米。工程投资419.18万元。马沟段2012年4月25日开工建设，2013年5月25日完工。2016年11月26至11月30日，X011线通过了南阳市交通运输局组织的竣工验收，验收合格。

图4-4-1　复建的X001线A段

4. 小三峡大桥工程项目

2009年3月，位于淅川县马蹬镇余沟村和盛湾镇瓦房村之间的小三峡大桥工程项目开工建设。2012年11月项目完工，完成预应力连续刚构桥332米，桥面全宽11米，行车道宽9米，按四级公路标准修建桥两端连接线12.86公里，共完成投资

图4-4-2　复建的小三峡大桥

4 517. 12 万元,其中移民补偿投资 4 387. 83 万元。2017 年 2 月,南阳市交通运输局组织对该项目进行了竣工验收。小三峡大桥建成通车后,彻底解决了本地群众跨越丹江的难题,打通了淅川县连接湖北十堰市和丹江口市的省际交通动脉,完善了南水北调中线工程陶岔渠首路网,并带动了淅川县的旅游业发展。

5. 宋岗码头复建项目

2006 年 11 月,位于淅川县香花镇的宋岗码头复建项目开工建设,2008 年 10 月完工,建成货运、客运和汽渡泊位各一个,并完成进港公路、平台、下河路、挡土墙等工程建设,共完成投资 1 454. 86 万元,其中移民补偿投资 374 万元。2018 年 6 月该项目通过了南阳市交通运输局组织的竣工验收。复建的宋岗码头客运年吞吐量 30 万人次,货运年吞吐量 5 万吨,投入运营后,通过汽渡连接了淅川县香花镇和仓房镇两岸的交通运输,完善了淅川县和湖北省的水上交通运输,助推了淅川县的经济发展。

图 4-4-3 复建的宋岗码头

(二)电力设施

共恢复改建 35 千伏变电站 3 座,新建电力线路 294 条 528. 15 公里(包括库周电力恢复),其中 110 千伏电力线路 4 条 12. 32 公里,35 千伏电力线路 5 条 57. 31 公里,10 千伏电力线路 159 条 331. 66 公里,低压线路 126 条 126. 86 公里,安装 10 千伏安变压器 101 台。

1. 110 千伏丹香一线复建项目

2012 年 2 月,110 千伏丹香一线复建项目在淅川县九重镇桦栎扒村开工建设,项目总投资 342. 63 万元,由淅川县电业局负责承建。5 月,丹香一线 110 千伏复建项目完成并通过竣工验收,共新建 110 千伏单、双回路 2. 6 公里,复建徐香线 2. 22 公里,并入徐香线共塔双回线路工程,恢复了库区供电功能,保障了周边群众生产生活用电。

2. 35 千伏盛湾变电站新建工程

2012 年 5 月,35 千伏盛湾变电站新建工程在淅川县盛湾镇开工建设,项目总投资 637. 52 万元,由淅川县电业局负责承建。6 月底完成并通过竣工验收。安装 6 300 千伏安主变压器两台,35 千伏出线两回,10 千伏出线 10 回。

(三)电信设施

共恢复改建通信中继线路 730. 28 公里,新建模块局及接入点 98 个,新建移动基站 12 个。

1. 老城至大石桥中继线路改造工程

2012 年 4 月,位于淅川县老城至大石桥乡之间的通信网络中继线路改造工程开工,项目总投资 110. 64 万元。2012 年 6 月,老城至大石桥中继线路改造工程完成,共架设 48 芯光缆 7 000 米、144 芯 11 000 米,12 月通过竣工验收。该工程恢复了大石桥、滔河、盛湾等 3 个乡(镇)使用宽带及无线业务功能,惠及用户 5 200 余户。

2. 老城镇接入网点复建工程

2011 年 5 月，老城镇接入网点复建工程开工建设，项目总投资 167.60 万元。2011 年 12 月，老城镇接入网点复建工程完成并通过竣工验收，共架设 12 芯光缆 21 150 米、架设 36 芯光缆 7 100 米、架设电缆共 700 多米，安装华为语音宽带交换机 6 套及其他配套设施，恢复了老城镇石沟、杨家山、叶沟等 14 个村庄使用宽带及无线业务，惠及用户 4 000 余户。

（四）广播电视设施

经优化整合，共恢复改建广播电视线路 74 条 444.5 公里，其中县乡干线 14 条 246.5 公里，乡村线路 60 条 198 公里；新建滔河乡广播站 1 处；村级以上广播电视设施功能全部恢复。

2011 年 9 月，淅川县环库周乡（镇）广播电视线路拆迁及复建工程开工建设，项目总投资 3 373.5 万元（村以上 2 282.86 万元，村以下 1 096.64 万元）。2012 年 9 月，项目建设完成，完成了光纤线路复建、滔河广播电视站复建、环库周广播电视设施复建等项目。库周原有广播电视服务功能全部恢复，沿线乡（镇）居民可通过有线电视收看中央、省、市、县 100 多套电视节目，库区群众在家里能看电视能上网，而且还能通过智慧乡村平台体验到智慧党建、数字城管、雪亮工程、智慧教育、智慧医疗、河道监控、电子商务等多个智慧栏目。2012 年 12 月，村以上广播电视线路复建项目工程通过验收；2017 年 1 月，村以下广播电视线路复建项目工程通过验收。

（五）水利水电设施

完成了库周 10 个乡（镇）水源工程，恢复改建了宋岗电灌站，灌河防洪堤工程 8.1 公里。南阳引丹取水工程、5 座小水电站、25 条灌溉渠道 36.72 公里给予一次性补偿处理。

图 4-4-4　复建的灌河防洪大堤

1. 库周水源恢复项目

2013 年 9 月，淅川县库周水源恢复项目开工。工程规划投资 895 万元，涉及淅川县九重镇、马蹬镇、上集镇等 10 个乡（镇）61 个行政村。2014 年，库周水源恢复项目先后完成，新打管井 31 眼、筒井 58 眼、山泉引水 4 处、井台加高 6 处，利用原有管井 3 眼和原有提灌站 3 处，配套潜水泵 42 台，架设 400 伏输电线路 4 510 米，建机井管护房 36 座，无塔供水器 28 台。2014 年 6～12 月，淅川县移民局组织有关单位和专家分三次进行了验收并移交项目所在移民村组管理，解决了库区群众因水库蓄水造成的人畜饮水困难，促进了库周生产发展。

2. 宋岗电灌站复建工程

淅川县宋岗电灌站位于香花镇境内，是 20 世纪 70 年代为改善丹江口库区淅川县移民重点安置区生产生活条件而兴建的大型电力提灌工程，设计效益覆盖淅川县香花、九重、厚坡 3 镇 91 个行政村 32.12 万亩耕地。根据南水北调中线工程规划，宋岗电灌站复建工程提水流量 12 立方米/秒，设计扬程 19.6 米，最高扬程 28.0 米，安装 4 台 120051-24A 离心水泵，单机流量 3 立方米/秒，总装机容量 4 000 千瓦。工程主要建筑物由引水渠、泵房、出水管道(出口建筑物)、进厂路(桥)、变电站及管理房等六部分组成。该工程于2011年10月开工建设,2014年12月完工。累计完成土石方682 314.22立方米,混凝土及钢筋混凝土22 260.55立方米,砌体2 961.42立方米,出水管道693.22米,管理房1 557.81平方米,完成投资9 215.84万元。2017年3月宋岗电灌站复建工程通过竣工验收并投入使用,为灌区高效农业示范区建设、促进农业增效、农民增收发挥了积极的作用。

(六)库周基础设施

恢复改建库周道路221条170.22公里,桥梁12座,渡口38个,停靠点17个。低压线路结合电力设施10千伏及以上线路整合实施,供电功能全部恢复;广电线路按规划完成;恢复改建水源工程156处,打井136眼,改建14眼,修建扬水站6处。

库周交通复建项目。2012年8月,淅川县库周交通复建项目开工建设。工程规划投资1.25亿元,涉及淅川县九重镇、香花镇、马蹬镇等10个乡(镇)61个行政村。2012年10月,淅川县库周交通复建项目完成,新建(扩建)道路200条,总长约153.9公里,硬化原有道路路面21条,总长约16.32公里;架设桥梁12座,总长380.98延米;恢复渡口38个,其中人行渡口9个,生产渡口29个;恢复停靠点17个。2013年7~12月,淅川县移民局组织有关单位和专家分三次进行了验收并移交项目所在地移民村组管理,基本解决了库周群众因水库蓄水造成的上学、就医、生产生活及物资运输等出行难问题。

第五章　文物保护

淅川县历史文化底蕴深厚,地上、地下文物非常丰富,是河南省文物大县。根据文献记载与既往的考古工作,淅川县内既发现有恐龙蛋化石、古人类化石地点,还有极其丰富的楚文化遗存,也是新石器仰韶时代仰韶文化、大溪文化、屈家岭文化,龙山时代石家河文化、王湾三期文化分布的重要范围,文物分布具有时代跨度长、文物点分布密集、文化内涵丰富、学术研究价值大等特点。2005 年丹江口水库大坝加高工程开工后,省文物局组织专业文物保护队伍在淅川县库区开展了文物发掘和保护工作。2013 年 6 月,国务院南水北调办组织专家对河南省库区文物保护工作情况进行了蓄水前技术性验收。验收组认为河南省丹江口库区文物保护工作程序完善,地下文物点文物保护项目均进行了完工验收,地面文物保护项目顺利完成,总体上达到了丹江口水库蓄水的文物保护要求。2013 年 8 月蓄水前验收后,河南省文物部门对水库消落区进行了文物巡护,对考古发掘的资料进行了整理,成果出版。

第一节　规划编制与审批

1994 年,南水北调中线工程建设提上议事日程,河南省按照国家有关部门的要求,对南水北调丹江口水库大坝加高工程河南省库区的文物进行了调查。2005 年,河南省库区文物调查工作全面完成,河南省编制完成了《丹江口水利枢纽大坝加高工程水库淹没区(河南省)文物保护专题报告》。国务院南水北调办先后于 2005 年、2007 年、2008 年、2009 年对河南省库区的文物保护项目和方案进行了批复。

一、文物调查

1994 年,长江委委托河南省文物考古研究所、河南省古代建筑与保护研究所、中国科学院古脊椎动物与古人类研究所等科研机构对南水北调丹江口水库大坝加高工程河南省库区进行了文物调查。

1997 年,长江委组织有关专家对调查成果进行了论证,并编撰了《南水北调工程丹江口水库淹没区文物调查报告》,报告比较全面、系统地摸清了河南省库区文物分布情况,确认河南省库区古文化遗址、古墓葬、地面文物 102 处,古化石和古人类地点 19 处,总计121处。

2003年9月，由河南省文物考古研究所牵头，南阳市和淅川县参与组成了联合调查队，在前期调查的基础上再次对河南省库区文物分布情况进行了实地调查。11月，编制完成了河南省丹江口库区文物调查报告初稿。

2004年8月，长江设计院组织专家实地对河南省库区的文物分布情况进行了复查。

二、规划编制

2005年，河南省文物考古研究所编制完成了《丹江口水利枢纽大坝加高工程水库淹没区(河南省)文物保护专题报告》，并报长江设计院。《丹江口水利枢纽大坝加高工程水库淹没区(河南省)文物保护专题报告》共确认文物点169处，建议普探面积625.82万平方米，重点勘探面积85.61万平方米，考古发掘面积69.35万平方米，总概算共计4.64亿元，包括考古普探经费、重点勘探经费、遥感经费、考古发掘经费、文物征集与保护经费等。长江设计院根据河南、湖北两省上报的文物保护专题报告，编制完成了《南水北调中线工程丹江口库区文物保护初步设计报告》并上报国务院南水北调办。

三、规划审批

鉴于文物保护工作的特殊性，《南水北调中线工程丹江口库区文物保护初步设计报告》上报后，针对文物保护规划按正常程序批复时间较长的情况，国务院南水北调办会同国家发展改革委以《南水北调中线工程文物保护初步设计报告》为依据，对南水北调丹江口水库大坝加高工程文物保护项目分4批进行了批复，共批准河南省库区实施文物保护工作的项目127处，其中地下文物点114处、地面文物点13处，考古发掘面积331 680平方米，地面文物保护面积5 448平方米，总投资1.76亿元。

2005年11月，国务院南水北调办印发《关于南水北调东、中线一期工程控制性文物保护方案的批复》，其中批准河南省库区第一批控制性文物保护项目毛坪墓群1个，面积2 000平方米，经费97万元。

2007年4月，国务院南水北调办印发《关于南水北调东、中线一期工程第二批控制性文物保护方案的批复》，其中批准河南省库区第二批控制性文物保护项目22个(毛坪墓群为续报项目)，发掘面积114 500平方米，经费5 047万元。

2008年6月，国务院南水北调办印发《关于南水北调中线一期工程丹江口库区文物保护项目的批复》，其中批准河南省库区文物保护项目27项，发掘面积93 210平方米，经费4 224万元。

2009年9月，国务院南水北调办印发《关于南水北调东、中线一期工程初步设计阶段文物保护方案的批复》，其中批准河南省库区地下文物保护项目65项，普通勘探面积1 347 200平方米，重点勘探面积20000平方米，考古发掘面积121 970平方米；地面文物13项，保护面积5 448平方米，其中搬迁复建面积3 965平方米，原地保护面积150平方米，登记存档面积1 333平方米，经费8 270.55万元。

第二节　保护实施

2005 年 4 月，南水北调丹江口水库大坝加高工程河南省库区第一批控制性工程文物保护项目的开工，标志着库区文物保护工作正式启动。在文物保护工作实施中，省文物部门在充分借鉴三门峡水库、丹江口水库初期工程、小浪底水库以及参与三峡文物发掘管理经验的基础上，对丹江口库区文物保护的管理体制、制度建设进行了完善和创新，保证了文物保护工作的顺利进行。2013 年，河南省库区田野考古发掘和地面文物搬迁复建工作基本完成，6 月顺利通过了国务院南水北调办组织的蓄水前技术性验收。此后，省文物部门又开展了水库消落区文物巡护和发掘、考古发掘资料的整理和成果出版等工作。

一、机构及制度建设

2004 年，省文物局成立了南水北调中线工程（河南段）文物保护工作领导小组，负责文物保护工作的组织与管理。领导小组下设办公室，具体负责文物保护工作。

为加强对南水北调中线工程文物保护项目的管理，确保资金专款专用，保证考古质量，河南省按照国家文物局、国务院南水北调办出台的《南水北调东、中线一期工程文物保护管理办法》和《南水北调工程建设文物保护资金管理办法》，先后制定了《河南省南水北调中线工程文物保护工作暂行管理办法》《河南省南水北调中线工程文物发掘项目经费拨付管理办法》《河南省南水北调中线工程文物保护项目完工财务验收办法》《河南省大型建设项目文物勘探考古发掘工作监理办法（试行）》等相关制度办法，指导开展文物保护工作。

二、地面文物保护

根据国务院南水北调办批复的《关于南水北调东、中线一期工程初步设计阶段文物保护方案》，省文物部门对淅川县库区 15 处比较重要的地面文物进行了搬迁或者原地保护，其中搬迁面积 3 965 平方米，原地保护面积 150 平方米，登记存档面积 1 333 平方米。具体保护措施为，大石桥、全家大院和印山祖师庙采取原地保护措施；张湾土地庙、吴氏祠堂、《重修雷山廻阳观记》碑、白亭村商业店铺、朱家桥、蛮子营民居、王家大院、贾氏民居、陈氏宗祠、张湾民居和姬氏祠堂采取搬迁复建措施；后凹民居采取登记存档保护措施。

2013 年 5 月底，地面文物保护涉及的陈氏祠堂、王家大院等 11 处文物主体建筑的搬迁复建工作基本完成，又对地面文物配套设施进行了完善。截至 2019 年年底，新建扩建白亭商业街 14 间；扩建贾氏民居披檐 17 间，扩建门楼 2 个，院内道路硬化 300 平方米；

修建王家大院围墙 41 米，门楼 1 座，凉亭 1 座，道路硬化 95 平方米；修建张湾民居围墙 44 米，门楼 1 座，假山 1 座，道路硬化 106 平方米；修建土地庙围墙 56 米，道路硬化 57 平方米；修建蛮子营和姬氏祠堂间及吴氏祠堂右侧院院门 2 座，围墙 150 米；修建主干道 620 平方米，石亭 1 座，木亭 1 座，卫生间 1 座，排水渠 210 米，花架 2 座，木栈道 90 米，平整土地 6 200 平方米，绿化面积约 6 000 平方米。

三、地下文物保护

2013 年 5 月底，河南省库区共完成 127 处地下文物点的考古发掘工作，完成考古发掘面积 32.8 万平方米，累计出土石器、陶器、铜器、玉器、铁器、金银器等各类文物 3.7 万余件（套），其中沟湾遗址、坑南旧石器地点、龙山岗遗址、下寨遗址分别获得年度河南省五大考古发现，沟湾遗址获得 2007~2008 年度国家文物局田野考古质量三等奖。

（一）古遗址发掘

南水北调丹江口水库大坝加高工程河南省库区文物保护共发掘古遗址 9 处，分别为双河—狮子岗旧石器遗址、沟湾遗址、下王岗遗址、龙山岗遗址、下寨遗址、全岗遗址、上凌岗遗址、盆窑遗址、申明铺遗址。

双河—狮子岗旧石器遗址位于淅川县老城镇、鹳河与丹江交汇处丹江左岸的二级至三级阶地之上。2010~2011 年，中国科学院古脊椎动物与古人类研究所和中国科学院大学合作，对该遗址进行考古发掘，揭露面积近 3 000 平方米，发现旧石器时代中晚期到新石器时代早中期各类石制品 8 000 余件，同时出土新石器时代早中期陶器残片、石磨盘、研磨球、燧石制品等重要遗存。

沟湾遗址原名下集遗址，位于淅川县上集镇张营村沟湾组东，老灌河（古称淅水）东岸二级台地上。1958 年河南省文化局文物工作队调查发现该遗址，并于 1959 年进行了小规模发掘，发现有仰韶、屈家岭、龙山 3 个时期的文化遗存。1989 年该遗址被确定为河南省重点文物保护单位。2007 年 7 月至 2009 年 8 月，郑州大学历史学院考古系对其进行了考古勘探与发掘，发掘面积共 5 000 平方米，发现了仰韶文化、屈家岭文化、石家河文化、王湾三期文化和历史时期的壕沟、房基、墓葬、灰坑、陶窑等各类遗迹 920 处，发掘成果对探讨黄河与长江中游两地区的文化交流与融合具有十分重要的学术意义。该遗址的发掘荣获 2008 年度河南省五大考古新发现和 2007~2008 年度国家文物局田野考古奖三等奖。

图 5-2-1　淅川县沟湾遗址发掘现场（2008 年）

下王岗遗址位于淅川县盛湾镇河扒村东北。1971~1974 年，河南省博物馆曾在此发掘。2008 年 8 月，中国社会科学院考古研究所对该遗址进行了钻探与发掘，发掘面积 5 300 平方米，发现了仰韶文化、屈家岭文化、龙山文化、二里头文化、西周等不同时期各类遗迹 556 处，出土陶、石、骨、玉、铜、石、蚌不同质地遗物 926 件，以仰韶文化、龙山文化以及西周文化最为丰富。其中发现西周时期灰坑48座,为研究丹淅地区西周时期文化提供了十分丰富的考古资料。

龙山岗遗址位于淅川县滔河乡黄楝树村西,丹江口水库初期工程时称黄楝树遗址,距县城约56公里。遗址所处的丹江下游属长江水系,古文化相当发达,遗址东西10公里范围内的丹江南岸分布有下王岗、单岗、水田营、金营北、下寨等多处新石器时代聚落遗址。2008~2012年,河南省文物考古研究所对该遗址进行了大规模考古勘探和发掘,发掘面积13 600平方米。遗址堆积丰富,以新石器时代遗存为主,包含仰韶时代晚期、屈家岭文化、石家河文化、王湾三期文化等时期遗存,另有少量西周、汉代、宋元、明清等历史时期遗存。其中,仰韶时代晚期城址的发现是本次发掘最重要的收获。

下寨遗址位于淅川县滔河乡下寨村东北。2009~2013年,河南省文物考古研究所对该遗址进行了考古勘探和发掘,共揭露面积16 000平方米,发现有明清、汉、唐、东周、西周、二里头时代早期、王湾三期文化、石家河文化和仰韶文化等时期遗存。其中以史前和东周时期遗存最为丰富。发现各时期遗迹共计2 869个,出土银、铜、铁、陶、石、玉、骨、角等文物1 600余件。

全岗遗址位于淅川县盛湾镇河扒村,距淅川县城约25公里。2010~2012年,武汉大学考古与博物馆学系对全岗遗址进行了考古发掘,累计完成发掘面积6 100平方米,出土了大量新石器时代、西周、东周、汉、唐、宋、清时期的遗迹与遗物,其中主要是新石器时代相当于龙山文化时期的遗迹与遗物。本次发现的新石器时代遗存最为丰富,时代从朱家台文化时期到石家河文化时期。最重要的是,发现了保存比较完整的屈家岭和石家河文化的聚落。出土新石器时代陶鼎、壶形器、豆、罐、高圈足杯红顶钵、红陶杯、斝、纺轮,鹿角等文物760余件。

上凌岗遗址位于淅川县滔河乡凌岗村,东南邻张庄汉墓群,西边2公里为龙山岗(黄楝树)遗址,东距下王岗遗址约7公里。2008~2009年,中山大学人类学系对该遗址进行了考古勘探与发掘,发掘面积2 032平方米。该遗址分属新石器时代龙山时期、汉代至元代、清代多个时期,其中以龙山时期堆积最为丰富,出土陶器有豆、罐、鼎等,型式多样,可清楚地排出演变序列;出土石器200余件,磨制精美,以长方形穿孔小石刀、圭形凿、斧、锛、镰、锥、石镞等为主;出土骨器有笄等;出土玉器有钺、环、璧等。

盆窑遗址位于淅川县滔河乡门伙村丹江右岸的河谷平原,丹江、滔河交汇处,距盆窑村约600米,距淅川县城52公里。地表采集有龙山时期、周代、汉代及明代遗物。2010年,中山大学人类学系对盆窑遗址进行了勘探和发掘,共发掘3 200平方米,除明代、汉代和龙山时期的文化层堆积外,还发现各类遗迹498个,涵盖明代、宋代、汉代、周代(西周和春秋)、商代、夏代、新石器时代龙山文化时期。其中以汉晋、周代、夏商时期、龙山时期的堆积较为普遍。

申明铺遗址位于淅川县滔河乡申明铺村北丹江南岸二级阶地上。2007~2009年,河南省文物考古研究所与中国科学院大学合作,对该遗址进行了系统调查和大规模发掘,揭露面积5 500余平方米。发掘表明,该遗址文化内涵丰富,时代从新石器时代的仰韶文化、龙山文化,东周时期的楚文化,一直延续到西汉、东汉、魏晋、唐、宋、清等若干历史时期。共发现墓葬、灰坑、陶窑、窖穴、祭祀坑等各类遗迹530余处,出土金、银、青铜、铁、铅、陶、瓷、石、玉、釉陶、玻璃等各类文物2 000余件。

(二)古墓葬发掘

南水北调丹江口水库大坝加高工程河南省库区文物保护共发掘古墓葬7处,分别为徐家岭楚墓、郭庄墓地、熊家岭古墓群、马川墓地、柳家泉墓地、葛家沟墓群和李沟墓群。

徐家岭楚墓位于淅川县仓房镇沿江村东南,此地又称凤凰头,距和尚岭4公里。1990~1991年河南省文物考古研究所等在和尚岭和徐家岭发掘12座春秋战国楚墓,其中徐家岭发掘10座。和尚岭、徐家岭楚墓被评为1992年全国十大考古发现之一。2004年出版的《淅川和尚岭与徐家岭楚墓》公布了发掘成果。本次共发掘楚墓3座,这批楚墓是丹江地区发现的规模较大、规格较高的东周时期楚国的贵族墓葬,对楚文化的研究有重要的参考价值。2006~2007年,南阳市文物考古研究所对其进行抢救性发掘,发掘面积1 300平方米,发掘墓葬3座。根据墓葬的形制、结构、随葬品组合及埋葬习俗等分析,这三座墓葬分别相当于春秋晚期楚国高级贵族墓葬、战国早期楚国大夫级高级贵族墓葬和战国中期楚国中小贵族墓葬。本次发掘为丹江地区东周时期楚文化的研究提供了重要的实物资料,对研究楚国的埋葬习俗具有重要的参考价值。

图5-2-2　淅川县徐家岭楚墓出土的铜小口鼎(2007年)

郭庄墓地位于淅川县香花镇西南的郭庄自然村。继河南省文物研究所1992~1997年3次发掘之后,南阳市文物考古研究所于2008年及2014年分两次又进行了大规模的考古发掘,揭露面积7 000余平方米,发掘及清理了142座古代墓地,其中战国墓133座,汉墓9座;出土珍贵文物1 300余件,尤其重要的是发现了战国时期楚国家族墓地。

熊家岭古墓群位于淅川县仓房镇沿江村东部伸入丹江口水库的半岛上,距淅川县城约60公里,距仓房镇约10公里,墓地面积约30 000平方米。该墓群发现于1991年,2010~2011年,三门峡市文物考古研究所对熊家岭古墓群进行了考古调查、钻探和发掘工作,完成发掘面积4 860平方米。共清理出战国、汉代和明清等各时期墓葬82座,其中战国墓葬67座,汉代墓葬9座,明清墓葬6座,出土陶、铜、玉、水晶、石、海贝和骨等各种质地的文物670余件(枚)。

马川墓地位于淅川县盛湾镇马川村北,丹江、黄水河交汇处。1981年,淅川县文物管理委员会抢救性清理了一座出土有铜器的秦人墓葬,后被淅川县政府定为文物保护单位。2007~2010年,河南省文物考古研究所、驻马店市文物考古管理所对马川墓地进行了全面普查及大规模考古勘探和发掘工作,完成勘探面积近10万平方米,累计揭露面积13 000平方米,发掘清理东周、秦、汉、晋、唐、宋、清等时期的墓葬416座,龙山文化时期及东汉时期的灰坑103座、东汉时期的陶窑16座、灰沟12条、水井6眼,出土玉、铜、铁、陶、瓷、漆器等不同质地的文物1 982件。其中发现大量战国晚期至秦汉的墓葬,为这一地区秦楚交替提供了重要资料。

柳家泉墓地位于淅川县柳家泉村与清风岭村交界处丹江北岸二级台地上。2007~2008年,由辽宁省文物考古研究所和沈阳市文物考古研究所组成的联合考古队,对该墓群开展了考古勘探及发掘工作,发掘面积约1 200平方米,共发现墓葬38座,其中东汉至六朝时期墓葬28座,唐墓葬1座,清墓葬9座;其中包括有明确纪年的南朝时期墓葬,宋元时期窑址1座。

葛家沟墓群位于淅川县丹江口水库淹没区西岸,为消落区文物巡护时发现。2015~2016年,南阳市文物考古研究所对该墓葬进行抢救性考古勘探和发掘清理工作,共发掘清理战国至西汉时期墓葬80座,其中南岭中部2座,南岭东部丹江岸边12座,南岭南部丹江岸边66座(包括土坑墓58座,砖室墓8座)。出土陶、铜、铁、石器等300余件,主要有铜锭、铜方壶、铜铃、铁剑、陶罐、陶壶、陶钵、陶鼎、陶盘、陶甑等。

李沟墓群位于淅川县丹江口水库淹没区西岸,为消落区文物巡护时发现,共发现汉墓40余座。2015~2016年,南阳市文物考古研究所对该墓葬进行抢救性考古勘探和发掘清理工作,已发掘清理37座,包括土坑墓33座,砖室墓4座。出土陶、铁、铜、银器等200余件,主要有铜洗、陶鼎、陶壶、陶甑、陶釜、银手镯、银耳饰、铜钱等。

四、消落区文物巡护

2013年后,省文物局安排省文物考古研究院、南阳市文物考古研究所、淅川县文化广电新闻出版局在南水北调丹江口水库消落区开展了文物巡护工作。按照省文物局要求,淅川县文化广电新闻出版局成立了文物稽查大队,专门负责消落区的文物巡护工作。淅川县文物部门制定了巡护制度,安排专职的文物巡护人员,每天沿库区的水路、陆路进行巡查。在巡护过程中,巡护人员发现有古墓葬、古遗址被库水冲刷露出,及时上报并由省文物局组织相关单位进行抢救性清理保护;发现盗墓现象,立即联系当地派出所立案查处。截至2019年年底,淅川县文物部门在消落区巡护中先后清理古墓葬100余座,查处盗墓案件3起。

省文物局在加强消落区文物巡护工作的同时,对巡护中新发现的墓葬进行了抢救性考古勘探和发掘清理工作。2015~2016年,南阳市文物考古研究所对消落区被盗扰的墓葬进行了调查,共发现100多座墓葬被盗扰。为避免文物遭到进一步破坏,省文物局及时安排南阳市文物考古研究所对这批墓葬进行抢救性考古勘探和发掘清理工作,取得了重要收获,新发现墓群2处,发掘清理古墓葬117座。

五、保护成果

南水北调中线工程丹江口水库河南省库区田野考古发掘工作完成之后,各发掘单位加快出土文物修复、发掘资料整理、考古报告编写等工作,同时开展科研工作。截至2019年年底,出版考古发掘报告12部,发表考古发掘简报和综合性研究论文131篇,其他综合性研究成果3部。

为使南水北调文物保护的成果惠及社会公众,2008年省文物局在郑州举办了南水北调出土文物陈列展览,产生了良好的社会反响。此后,省文物局在安阳博物馆举办了南水北调中线工程河南段文物保护成果展,展期 3 年,展览面积 2 400 平方米,征调南水北调中线工程出土文物 6 000 余件,展出 3 800 余件,种类包括陶器、玉器、青铜器、瓷器、金银器、骨器、石器、蚌器、墓志等。器形多种多样,年代序列完整,包含了从旧石器时代至清代的各个时期。

第六章　库底清理

库底清理是保证水库水质安全的重要措施之一。河南省淅川县是南水北调丹江口水库大坝加高工程主要淹没区，移民人数多，淹没面积大，清理任务重，共淹没土地面积144平方公里，库岸线总长1 057公里，库底清理涉及淅川县11个乡（镇）187个村，3个集镇，177家单位，36家工业企业，以及大量的交通、电力、广电、通信、水利等专业项目。为全面完成南水北调丹江口水库大坝加高工程河南省库区库底清理任务，河南省成立了库底清理工作领导小组，南阳市、淅川县也成立了相应机构。河南省库区的库底清理工作，从2009年开始实施，至2013年5月完成，2013年8月通过了国务院南水北调办组织的南水北调丹江口水库大坝加高工程蓄水前验收，为南水北调中线工程2014年汛后通水创造了条件。

第一节　规划编制

南水北调丹江口水库大坝加高工程河南省库区库底清理规划编制，主要分初步设计和实施规划两个阶段。

一、初步设计规划

2010年5月，国务院南水北调办批复《移民安置初设规划报告》。根据报告，淅川县丹江口水库库底清理任务涉及建（构）筑物清理、卫生清理和林木清理等。

由于物价变动较大，尤其人工费用涨幅明显，《移民安置初设规划报告》暂列的价差难以满足实际需要，2013年中线水源公司委托长江设计院，在《移民安置初设规划报告》基础上，按照《南水北调中线一期工程丹江口水库库底清理技术要求》，编制了《南水北调中线一期工程丹江口水库库底清理补充规划专题报告（报批稿）》。国务院南水北调办2014年2月以国调办征移〔2014〕47号予以批复，长江设计院据此编制了《南水北调中线一期工程丹江口水库库底清理补充规划专题报告》，河南、湖北两省库底清理投资均有所增加。

二、实施规划

2012 年 5 月，中线水源公司委托长江设计院根据国家有关法律法规、技术标准，结合南水北调丹江口水库大坝加高工程实际，编制了《南水北调中线一期工程丹江口水库库底清理技术要求》。10 月，长江设计院组织人员赴河南省库区，与淅川县政府、移民、交通、电力、广电、卫生、环保、林业等部门有关人员组成联合工作组，结合有关乡（镇）前期开展的库底清理工作，对卫生、固体废物、建（构）筑物、林木、漂浮物等清理量进行了全面调查和复核，在此基础上编制完成了《南水北调中线一期工程丹江口水库库底清理规划专题报告（初稿）》。11 月，长江设计院进一步复核了库底清理工程量和清理方案，并结合河南省库底清理工作方案，编制完成《南水北调中线一期工程丹江口水库河南省库底清理实施规划报告》。

2013 年 1 月，省移民安置指挥部对《南水北调中线一期工程丹江口水库河南省库底清理实施规划报告》予以批复。

第二节　清理任务

根据《南水北调中线一期工程丹江口水库河南省库底清理实施规划报告》，南水北调丹江口水库大坝加高工程河南省库区库底清理任务主要包括建（构）筑物清理、卫生清理、林木清理、固体废弃物及易漂浮物清理等。

一、建（构）筑物清理

建（构）筑物共需清理各类房屋 391.12 万平方米；清理砖石围墙 34.88 万平方米、土围墙 3.68 万平方米、门楼 7 777 个、烤烟房 1.07 万平方米、地窖 32 612 个、水池 4.29 万立方米、压水井 4 881 个、大口井 3 766 个、炉灶 38 982 个；炉窑 69 处、烟囱 11 处、水塔 1 860.36 立方米、储油罐 159.68 立方米、油槽 46 立方米、其他独立柱体 67.6 立方米、地下建筑物 2 处、牌坊 3 处；大中型桥梁 22 座、杆塔 4.41 万根（基）、堤坝 64 处、渡槽 4 处、泵闸 3 处等。

二、卫生清理

卫生清理包括一般污染源清理、传染性污染源清理和生物类污染源清理。一般污染源清理任务为，化粪池 1 个、沼气池 1 848 个、粪池 32 756 个、牲畜栏 27 668 个、污水池 1 处、公共厕所 309 处、网箱 26.96 万平方米、普通坟墓 18 737 座（其中 15 年以内 1 399 座）；传染性污染源清理任务为，医疗卫生机构工作区 116 处、兽医站 15 处、屠宰场 2 处、牲畜交易所 3 处、病死牲畜的掩埋场地 2 处;生物类污染源清理任务为,灭鼠面积 136 671.5 亩,其中居住区 3 978 亩,耕作区 131 003 亩,垃圾堆放场 1 689 亩,屠宰场 1.5 亩;同时需消毒 66.48 万平方米,清运污物 8.39 万立方米,回填坑穴 9.01 万立方米。

三、林木清理

林木清理涉及成片林地 25 246 亩,其中园地 6 146 亩,经济林 754 亩,用材林 12 937 亩,灌木林 5 409 亩;零星树木(含绿化树、行道树)124.93 万株,主要为栽种在房前屋后、田边地角的果树,其他经济林、用材林,集镇、镇外单位、企业的绿化树木以及等级道路、机耕路两旁的行道树等。

四、固体废弃物清理

固体废物清理涉及 11 个乡(镇)169 个村、1 个集镇、97 家镇外单位、27 家镇外企业的生活垃圾 5.3 万立方米,18 097 吨;工业固体废物涉及淅川县皇冠地毯集团有限公司、淅川县航运公司制漆厂和淅川县金属镁厂 3 家的管道污泥、煤渣和尾矿渣,共 1.38 万立方米;危险废物仅涉及淅川县皇冠地毯集团有限公司 1 家的印染等车间遗留废酸废碱,共 4.5 立方米;被污染的土壤 18 处,共 0.6 万立方米,分别为 17 家淹没的供销社、生产资料公司化肥农药堆放场地和淅川县皇冠地毯集团有限公司危险废物污染地等。

五、易漂浮物清理

易漂浮物主要包括建(构)筑物清理后废弃的木质门窗、木质杆材、油毡、塑料等;伐倒的树木及其枝丫;田间和农舍旁堆置的秸秆等。

第三节　技术要求

按照库区建(构)筑物、卫生、林木、固体废弃物、易漂浮物等清理任务,设计单位制定了相应的清理技术要求,保证了河南省库区库底清理工作的顺利进行。

一、建(构)筑物清理技术

清理范围内的各类建(构)筑物全部拆除,清理残留高度不得超过地面 0.5 米。建(构)筑物内的易漂浮物全部运至库外。

二、卫生清理技术

一般污染源,如化粪池、沼气池、粪池、公共厕所、牲畜栏、污水池的残留污物,彻底清掏运至移民迁移线外指定地点消毒、填埋；化粪池、沼气池、粪池的坑穴用漂白粉按每立方米1公斤撒布浇湿后，用农田土或建筑渣土填平压实；牲畜栏、公共厕所、污水池的地面用4%漂白粉上清液喷洒，坑穴表面用漂白粉撒布浇湿后，用农田土或建筑渣土填平压实。

坟墓墓碑等障碍物全部推倒摊平；埋葬15年以内的坟墓，将尸体迁出后，墓穴及周围土用4%漂白粉上清液按每平方米2公斤消毒，墓穴用农田土或建筑渣土回填压实；埋葬15年以上的坟墓，推倒摊平碾压压实。

清理范围内的养鱼网箱全部拆除并运至移民迁移线以上。

传染性污染源，如医疗卫生机构工作区、兽医站、屠宰场及牲畜交易所，粪便污物加漂白粉进行消毒处理，混合2小时后运至移民迁移线外指定场所消毒、填埋；粪坑用漂白粉撒布浇湿后，用农田土或建筑渣土填平压实；地面及以上2米的墙壁用4%漂白粉上清液按每平方米0.3公斤喷洒，消毒时间不少于30分钟。医院垃圾全部集中焚烧，焚烧残留物集中填埋处理。病死牲畜掩埋地的尸骨挖出后就地焚烧。坑穴用10%漂白粉上清液按每平方米2公斤消毒处理后用农田土或建筑渣土填平压实。

生物类传染源，如对居民区、集贸市场、仓库、屠宰场、码头、垃圾堆放场200米区域耕作区的鼠类采用药物灭杀。投饵量，居民区原则上室内面积小于15平方米时，投放毒饵2堆；室内面积大于15平方米时，投放毒饵3堆；耕作区每亩投放毒饵10堆。

三、林木清理技术

林木清理包括成片林地清理、零星树木清理。林木全部砍伐并运至移民迁移线以上，残留树桩高度不得超过地面0.3米。

四、固体废弃物清理技术

固体废弃物清理包括生活垃圾清理、工业固体废物清理、危险废物清理、被污染的土壤清理四项。农村生活垃圾全部运至县城垃圾场填埋处置。危险废物统一运至南阳康卫(集团)有限公司专业处置。其他工业固体废物清理、被污染的土壤全部运至库外指定地点填埋处置。

五、易漂浮物清理技术

易漂浮物不得堆放在移民迁移线以下，全部运出库外或就地焚烧，灰烬掩埋。

第四节　实施组织

库底清理工作是确保“一库清水永续北送”及保证水库按时蓄水的重要环节。河南省把库底清理作为一项重要工作，全力抓好实施。河南省库区库底清理工作分两个阶段，一是每批次移民搬迁前后对建(构)筑物的集中清理，二是移民搬迁全部完成后的全面清理。2011年第二批移民集中搬迁结束后，淅川县制定了“县委、县政府统一领导，移民部门综合协调，库区乡(镇)各负其责，县直单位全面参与”的对口清理工作管理体制，明确了各库区乡(镇)和复建单位是库底清理的实施主体和责任主体，并对移民、卫生、林业、环保等相关部门的职责进行了分工，全力开展库底清理工作。2013年5月，南水北调丹江口水库河南省库区库底清理任务完成。

一、组织保障

为做好南水北调丹江口水库大坝加高工程河南省库区库底清理工作，河南省成立了由省政府副省长任组长，省政府副秘书长、省移民安置指挥部副指挥长、省移民办主任任副组长，省环保厅、省住房城乡建设厅、省林业厅、省卫生厅、南阳市政府等相关部门主管领导及设计、监督评估单位负责人为成员的河南省南水北调丹江口水库库底清理工作领导小组。领导小组下设办公室，负责库底清理工作的监督检查、协调指导和验收工作。南阳市也成立了相应的机构，负责库底清理工作的组织实施、监督检查和自验工作。淅川县成立了淅川县南水北调丹江口库区库底清理工作领导小组，各移民乡(镇)和县直相关单位成立了相应的工作机构，一把手亲自负责，任务层层分解，责任层层落实；先后印发《库底清理工作实施方案》《关于认真贯彻执行〈南水北调中线一期工程丹江口水库库底清理技术要求〉进一步做好库底清理工作的通知》等文件，明确了县库底清理工作领导小组办公室、移民局、卫生局、环保局、林业局、公安局、南水北调丹江口库区移民复建工作办公室等有关部门的工作职责；有关部门和单位做好本部门、本单位所属建(构)筑物、专项设施、固体废物、林木、易漂浮物清理；各库区乡(镇)是库底清理的实施主体和责任主体，负责做好建(构)筑物、卫生、固体废弃物、林木、易漂浮物清理量调查统计，组织实施清理，负责本乡(镇)库底清理档案资料收集管理。

二、质量控制

在设计单位指导下，淅川县开展库底清理实物量调查摸底工作；采取以会代训的办法，对乡(镇)和有关部门的清理专干进行专题培训；印发《库底清理技术要求》，库底清理人员人手一份。卫生、环保、林业、移民等部门按照各自分工分别提出了技术要求。

淅川县各乡(镇)均抽调卫生、防疫、林业、移民干部组成专业清理队伍，具体实施清理工作，清理人员一律先培训后上岗。县卫生局抽调20多名业务技术骨干，巡回到各地现场监督指导库底清理，确保库底清理工作不走过场，不留死角。各乡(镇)、各部门均成立了档案资料工作组；按照库底清理规范，对本单位承担的清理任务、清理对象、数量、范围、时间、方法、过程和效果认真做好记录，制作留存照片、录像资料；对建(构)筑物清理和卫生清理合同、卫生清理药品等材料购货凭证、拨款票据以及各类文件资料、表册及时收集、整理、立卷、归档，并指定专人负责管理，为做好验收工作奠定了基础。

三、监督管理

根据省移民安置指挥部办公室批准的库底清理实施方案，淅川县制订了《淅川县南水北调丹江口库区库底清理督察工作方案》，抽调30多人成立10个驻乡（镇）工作督导组、3个巡回督导组。通过不定时督导、巡回督导组巡回督导、驻乡（镇）工作组跟踪督察，形成了强有力的督察网络，并采取一天一小评通报、五天一奖惩总结的办法，有力地推进了工作。淅川县先后拿出100万元，采取以奖代补的形式，实施排序奖惩。通过督察、评比、排序、奖惩，有力地推进了工作开展，确保了库底清理质量。

在库底清理过程中，省南水北调丹江口水库库底清理工作领导小组办公室采取一月一督察的办法，对淅川县库底清理工作进行监督检查，根据督察情况和存在的问题，印发督察通报；组织设计、监督评估单位有关人员定期不定期深入淅川县协调指导库底清理工作。库底清理工作完成后，南阳市、淅川县及时组织了自验工作，省南水北调丹江口水库库底清理工作领导小组办公室组织有关部门和专家按时完成了省级初验，为顺利通过国务院南水北调办组织的蓄水前验收创造了条件。

四、实施成果

库底清理工作于2013年5月底完成，累计清理面积146平方公里，投入人力15万人次，大型机械7 800台次，油锯、喷雾器等专业工具1.2万件，漂白粉114吨，柴油97吨，灭鼠药29吨，灭鼠器械7万个。

（一）建（构）筑物清理

共清理移民各类房屋（含新建房及错漏登房屋）388.8万平方米；清理砖石围墙34.15万平方米、土围墙3.65万平方米、门楼7 580个、烤烟房0.99万平方米、地窖32 598个、水池4.2万立方米、压水井4 869个、大口井3 603个、炉灶38 675个；清理炉窑69处、烟囱11处、水塔1 860.35立方米、储油罐159.68立方米、油槽46立方米、其他独立柱体67.62立方米、地下建筑物2处、牌坊3处；清理大中型桥梁22座，电力、通信、电视等杆塔4.41万根（基）、线路4 416公里，堤坝64处、渡槽4处、泵闸2处。

图6-4-1 建（构）筑物清理（2009年）

（二）卫生清理

共清理一般污染源化粪池1个、沼气池1 848个、粪池32 756个、牲畜栏27 668个、污水池1处、公共厕所309处，清运污物84 426.6立方米。消毒面积602 851平方米，回填摊平压实80 841立方米，污物按要求运至库外指定地点，原地面用消毒液按要求喷洒消毒，坑穴用漂白粉撒布浇湿后，用农田土或建筑渣土填平压实。清理普通坟墓18 765座，其中迁移15年以内坟墓1 415座，墓穴及周围土用清毒液消毒，并用农田土回填压实;清理15年以上坟墓17 350座,已按要求摊平压实。清理网箱27.98万平方米。共清理传染性污染源医疗卫生机构工作区116处,清运粪池2处,消毒坑穴面积69.6立方米,回填坑穴43.2立方米。清理兽医站15处、屠宰场2处、牲畜交易所3处、病死牲畜的掩埋场地2处,消毒面积1.2万平方米,开挖病死牲畜的掩埋场地3 600立方米,完成回填3 845立方米。共清理生物类传染源(灭鼠)面积136 672亩,其中居住区3 978.5亩,垃圾堆放场1 689亩,屠宰场1.45亩,耕作区131 003.4亩,投放灭鼠药物23.38吨。

图6-4-2　卫生清理(2009年)

(三)林木清理

林木清理方式分砍伐和移植两种,对经济价值较低的林木采取砍伐方式进行清理,对古树名木和经济价值相对较高的林木采取移植方式进行清理。共砍伐成片林地55 971亩(含新增灌木林),其中园地6 146亩,经济林755亩,用材林12 937亩,灌木林36 133亩(含新增灌木林30 724亩);零星树木(含绿化树、行道树)清理130.6万株。树干全部移至库外,枝丫就地焚烧掩埋或运至库外。古树名木和经济价值相对较高的林木已全部移植库外。

(四)固体废弃物清理

清理生活垃圾15 742吨,涉及11个乡(镇)169个村,97家镇外单位、27家镇外企业等,全部运至淅川县城生活垃圾处进行集中处理。清运一般工业固体废弃物2处9 647.8立方米,主要是淅川县皇冠地毯集团有限公司、淅川县金属镁厂的管道污泥、煤渣及矿渣,做填埋处理,并对清理后原址进行了检测。清运危险废弃物4.5立方米,折合11.25吨,为淅川县皇冠地毯集团有限公司印染等车间遗留的废酸碱,在县环保局的全程指导和监督下,全部转运至南阳康卫(集团)有限公司,按照有关规范要求进行了处理,并对清理后原址进行了检测,满足库底清理要求。清理被污染的土壤5 960立方米,涉及17家供销社和生产资料公司及1家工业企业。

(五)易漂浮物清理

共清理淹没线下建(构)筑物易漂浮的材料、树木及其枝丫和柴草、秸秆等易漂浮物29 800处,主要涉及建(构)筑物拆除后舍弃的木质门窗、木质杆材和树木砍伐后没有利用价值的枝丫以及柴草、秸秆等,采取就地焚烧,灰烬就地掩埋。

第五节　清理验收

按照国务院南水北调办关于南水北调丹江口库区移民蓄水前阶段验收工作的安排部署,河南省于2013年5~6月先后完成了库底清理县级自验和省级初验工作。2013年

8月,河南省库区库底清理工作通过了国务院南水北调办组织的蓄水前验收。

一、县级自验

2013年5月25日至6月10日,淅川县按照《河南省南水北调丹江口库区移民安置验收工作大纲》和《河南省南水北调丹江口库区移民安置验收工作实施细则》的要求,成立了淅川县南水北调丹江口库区移民安置自验委员会,下设库底清理验收组,成员由县卫生、环保、林业、移民等部门和有关乡(镇)的领导与专业技术人员组成,具体负责全县库底清理自验工作。库底清理验收组根据各乡(镇)及各复建单位上报的库底清理请验报告,对全县库底清理工作进行了自验。

库底清理验收组对照《南水北调中线一期工程丹江口水库河南省库底清理实施规划报告》和《南水北调中线一期工程丹江口水库库底清理技术要求》,采取听取汇报、现场检查、查阅资料、综合评定的方式,对各有关乡(镇)和各复建单位承担的库底清理任务进行了检查验收。验收组采取定量与定性分析相结合的方法,对库底清理工作进行了综合评定,评定结果为合格。

通过县级自验,库底清理验收组对各有关乡(镇)和复建单位库底清理工作中存在的问题进行归纳整理,并及时反馈给了所在乡(镇)和县南水北调丹江口库区移民复建工作办公室,各有关乡(镇)和相关复建单位对存在的问题进行了整改。

二、省级初验

2013年6月14~18日,由省移民办、中线水源公司、省环保厅、省卫生厅、省林业厅、省住房城乡建设厅、移民安置设计与监督评估单位的代表和专家组成的省级初验库底清理技术验收组,分卫生清理、固体废弃物清理、建(构)筑物清理、林木清理、易漂浮物清理五个验收小组,对河南省库区库底清理工作进行了验收。验收组采取“听汇报、看现场、查档案、验项目、综合评”的方法,对上集、马蹬、香花、九重、仓房、盛湾、滔河、大石桥、老城、金河等10个乡(镇)的26个移民搬迁村和32个单位企业进行了现场抽验。通过综合评定,省级初验库底清理初验技术验收组认为,河南省库区库底清理任务已经完成,清理质量符合库底清理相关技术规范和要求,能够满足丹江口水库170米正常蓄水和调水的要求。

图6-5-1 2013年6月14~18日,省级初验库底清理技术验收组开展验收工作

三、国家终验

2013年8月7~9日,国务院南水北调办在河南省淅川县开展丹江口水库库底清理

终验技术性初步验收,形成了《南水北调丹江口水库大坝加高工程建设征地补偿和移民安置蓄水前—河南省库底清理终验技术性初步验收报告》。

2013 年 8 月 21～22 日,在完成对库底清理终验技术性初步验收的基础上,国务院南水北调办在湖北省丹江口市组织开展了南水北调丹江口水库大坝加高工程建设征地补偿和移民安置蓄水前终验行政验收工作。验收委员会听取了湖北省移民局、河南省移民办、中线水源公司等单位关于丹江口库区移民安置实施和验收工作报告以及南水北调工程设计管理中心关于蓄水前终验技术性初步验收工作报告,查阅了相关验收资料。验收委员会认为,南水北调丹江口水库库底清理工作按照批复的实施规划任务已经完成,卫生清理、固体废弃物清理、建(构)物清理、林木清理及易漂浮物清理总体质量符合库底清理技术要求。

第七章　后期帮扶

南水北调丹江口水库大坝加高工程移民受《停建通知》影响，长期处于待迁状态，国家、集体和移民群众在库区大量减少基础设施投入，移民生产生活条件改善和发展受到严重制约，集体经济薄弱；搬迁时大部分移民将多年的积蓄投入到房屋建设和装饰装修中，缺乏生产发展启动资金，发展后劲严重不足；移民搬迁后因集中安置，房前屋后没有空间种植蔬菜和经济作物，也无栏舍饲养家禽家畜，收入渠道减少，生活日常消费等刚性支出增加。因此，对移民开展后期帮扶，使他们“稳得住、能发展、可致富”，十分必要。河南省南水北调丹江口库区移民搬迁后，各级各有关部门根据《实施方案》和省政府《关于加强南水北调丹江口库区移民后期帮扶工作的意见》，结合自身职能，出台帮扶政策，整合帮扶资金，积极开展帮扶活动。省政府督察室对省直有关单位和有关市县开展了专项督察。省移民办作为丹江口库区移民后期帮扶的主管部门，研究实施了“强村富民”战略等一系列措施，使移民搬迁后收入水平有了显著提高，移民群众逐步融入当地社会。

第一节　部门帮扶

2009 年 7 月，省委、省政府印发《实施方案》后，省直有关部门结合各自职能制定了具体的帮扶措施。2012 年 7 月，省政府印发《关于加强南水北调丹江口库区移民后期帮扶工作的意见》，确定了南水北调丹江口库区移民后期帮扶的指导思想和基本原则，提出了完善提高新村建设成果、着力夯实农业生产基础、积极推进产业结构调整、全力抓好移民培训就业、大力推进社会事业发展等具体任务；制定了实行省直单位对口帮扶、加大移民产业发展投入、抓好移民优惠政策延续、加强移民技能培训和职业教育、完善后期扶持政策等帮扶措施。省直有关部门又根据要求制订了后期帮扶实施方案。在移民搬迁后，省直有关部门帮扶分为对移民帮扶和对迁安两地的帮扶。对移民的帮扶，主要包括对移民在教育、医疗卫生和生产发展等方面的帮扶；对迁安两地的帮扶，主要包括省直部门在安排行业资金项目时向迁安两地给予倾斜支持，以及在包县帮扶过程中对分包县(市、区)给予的各种帮扶。

一、移民帮扶

移民搬迁后，河南省组织省直有关单位和有关市县开展帮扶。有关部门结合自身职能,一方面大力提高移民教育、卫生等条件,方便移民生活,提高移民生活质量;另一方面,对移民开展技能和就业创业培训,倾斜整合资金发展生产项目,提高移民收入水平。

(一)生活帮扶

生活帮扶主要体现在文化教育、医疗卫生等几个方面。

1.文化教育

省教育厅先后印发《关于南水北调中线工程丹江口水库移民考生录取、教师调动等有关问题的通知》等10多个移民安置涉教文件,各地教育部门根据要求在安排学校建设资金时,对移民学校给予倾斜和照顾,在安排教学仪器、图书资料、电教器材、体音美器材等教学设施设备时,也对移民学校给予倾斜和照顾;在安排调配移民学校教师时,本着适度宽松、优势互补原则,结合迁移教师的学历、学科、年龄、职称结构等情况,科学配置各学科教师,使师资配置达到最优;在安排中央彩票公益金资助中西部县镇和农村公办普通高中家庭经济困难学生项目时,本着移民优先的原则,对从南水北调丹江口库区迁出的全部移民家庭普通高中学生给予资助,标准为每生每年1 000元。为了提高移民小学的教育质量,省教育厅邀请北京师范大学等国内知名院校,举办两期移民学校校长培训班和移民学校骨干教师培训班;启动移民学校教师远程培训项目,拨出1 000个"国培"计划名额,长期扶持移民学校;在全省开展当地优质学校与移民学校结队帮扶活动,送设备、捐图书、赠书包等,培训教师、巡回讲学、定期支教,有效提升了移民学校的办学质量和办学水平,并召开专题会议进行总结、推广,对8个教育行政部门、25所帮扶学校、10所移民小学进行表彰;根据省政府文件精神,贯彻落实移民考生高考、中招录取照顾和加分政策,移民考生在普通高校招生中照顾5分录取,在高中阶段招生中照顾10分录取,优惠照顾时限5年。省教育厅围绕移民学校开学准备、师生安置、学校建设、教育结对帮扶等方面,先后组织了多次督导检查,实地到25个县(市、区)开展指导,督促各项移民教育政策的落实。截至2015年包县工作结束,移民安置区学校共配备校长和任课教师1 000余名;新购学生课桌凳21 813套,购置教学仪器设备资金超过1 200万元,新购图书资料15.91万余册;免费培训移民学校校长180名、教师740名;免除移民中职学生学费280万元,免除移民高中生择校费430万元,资助移民高中生1 085人次,发放资助经费108.5万元;筹措远程教育经费250万元,优先为全省移民学校配备了现代化远程教育设备。

为使全省南水北调丹江口库区所有移民初高中毕业未升学子女及同等学历适龄青年得到较好职业教育培养,使之取得国家承认的中等职业教育学历,掌握一技之长,拓宽就业致富门路,为移民安居乐业、持续发展奠定基础,省教育厅根据经济社会发展需求和移民需要,筛选优势专业,指定实力较强的河南机电学校、河南省轻工业学校等10所厅属中等职业学校承担移民子女培养任务。取得全日制正式学籍的一、二、三年级移民家庭学生,根据《河南省财政厅 河南省发展和改革委员会 河南省教育厅 河南省人力资源和社会保障厅关于印发〈河南省中等职业学校农村家庭经济困难学生和涉农专业学生免学费实施方案〉的通知》精神,优先享受免除学费待遇;其中一、二年级全日制在校学生每生每年发放1 500元国家助学金,主要解决受助学生的生活费用问题。

省教育厅协调资金600余万元，支援所包的许昌县新建小学7所（移民小学5所，高标准完全小学2所），投入250万元添置电脑教学仪器，支持80万元搭建许昌县远程教育服务平台，协调省实验小学、许昌市两所知名小学与许昌县3所移民小学结成帮扶对子，赠送电视机25台，电脑桌椅50套，还有多媒体设备、图书等，价值20万元；协调省教育科研所将3所移民学校列为省级教科研基地；协调省第二实验中学与许昌新区实验学校结成帮扶对子，使新区学校依托名校创品牌；协调郑州大学和郑州轻工业学院，为移民学校捐赠电脑90台；协调有关部门支持许昌县创建职教攻坚强县，服务移民转产就业。

图7-1-1　2011年1月14日，郑州大学向许昌县移民学校捐赠电脑

省农业厅协调有关部门对2009年、2010年报考河南农业职业学院和河南省农业经济学校的学生优先录取，并对其中家庭经济较困难和困难的移民子女减除和免除部分学费。省商务厅协调河南省外贸学校制定了对丹江口库区移民子女实施教育扶贫措施，在享受国家每年1 500元助学金基础上，全免学费和住宿费。

2. 医疗卫生

省卫生厅联合省财政厅将全省南水北调丹江口库区208个移民新村卫生室全部纳入当地村卫生室建设计划，全面改善移民新村卫生服务条件。省卫生厅印发《关于做好南水北调丹江口库区移民帮扶工作的通知》，各地根据有关要求，为移民群众办好10件实事。一是免费培训移民新村医生，各安置地移民当中有具备执业资格的乡村医生或执业（助理）医师的，直接聘用到移民新村卫生室执业；移民当中没有具备执业资格人员的，由安置地所在乡（镇）卫生院选派或从周围行政村中调配，并按照有关规定及时免费办理变更注册手续。对已选聘的乡村医生或执业（助理）医师，优先纳入农村卫生人才队伍建设乡村医生培训计划，加快提高移民新村乡村医生服务水平，更好地为移民群众服务。二是免费建立移民健康档案。淅川县卫生部门、乡（镇）卫生院将已建立的移民健康档案，统一移交至安置地县级卫生部门。安置地对已接收的移民健康档案及时归档，对未建立健康档案的移民纳入当地居民建档对象，免费建立健康档案。三是推进儿童规划免疫。由安置地摸清辖区内移民儿童底数，并纳入当地常规免疫规划管理，配合当地教育部门，开展移民儿童预防接种证查验工作，及时统计、掌握儿童既往免疫史，按照程序做好漏种儿童的补种、补证工作，预防传染病的发生。按照全国统一部署，开展移民儿童麻疹疫苗强化免疫活动，集中组织开展儿童麻疹免疫史摸底调查，掌握需补种的儿童底数，为儿童免费进行麻疹疫苗强化免疫。四是全面加强疾病预防和控制。对严重危害移民健康的公共卫生隐患进行排查和干预，将移民安置地纳入结核病防治规划管理，继续落实现代结核病防治策略，预防和控制传染病疫情的发生和蔓延。加强移民安置地碘盐监测管理和健康宣传教育，确保移民购买、使用合格碘盐，帮助移民形成科学的饮食生活习惯；确保移民群众食品饮用水安全。各安置地开展食品安全示范县、食品安全示范乡

(镇)、食品安全示范村创建工作,全面提升食品安全保障水平。组织制定并落实移民新村饮用水卫生监督监测方案,加强移民新村饮用水卫生监督和监测,确保群众饮用水安全。五是优先享受白内障复明手术。将移民中贫困白内障患者优先纳入享受“百万贫困白内障患者复明工程”项目补助范围,优先享受白内障复明手术。六是有关省辖市卫生部门在帮扶期间,每年至少组织两次移民新村义诊活动。七是移民安置卫生支农。根据省卫生厅“城市医师支援农村卫生工程”要求,全省二级以上医疗机构支援300所乡(镇)卫生院总数不变,各省辖市在原对口支援单位总数不变的情况下,调整支援对象,将移民安置地所在乡(镇)卫生院纳入对口支援范围。八是建立健全基层爱国卫生组织,落实专兼职工作人员,建立卫生清扫保洁制度,加强环境卫生基础设施建设和管理,加大对移民新村改厕工作的支持力度,加强移民安置区饮用水水质卫生监测和城乡环境卫生治理,加强移民安置地卫生县城(乡镇、村)创建工作的指导,提高移民群众的环境卫生意识。九是全省卫生部门连续两年春节前到各移民村,开展“情系移民,关爱健康”慰问义诊活动,免费提供常用药品,对活动不便及危重病人,组织医疗专家上门服务。在全省义诊活动中,卫生系统共派出医疗队130个,出动医护人员1 354人,义诊29 065人次,发放各种健康宣传资料3万余份,投入药品器械45.4万元。十是省卫生厅专门筹资105万元为辉县市7个移民新村援建了高标准村卫生室,并免费配备了电视机、健康宣教影碟、观察床、诊断床、治疗车、治疗盘、高压消毒锅、诊断桌椅、药品柜等必要的医疗器械和设备。

2014年11月,为改善移民新村医疗卫生条件,提升移民新村医疗卫生服务能力,确保移民能够享受优质、高效的医疗卫生服务,省移民办、省卫生计生委联合印发《关于在南水北调丹江口库区移民新村开展卫生室“优美环境优质服务”创建活动的通知》,决定评选“优美环境、优质服务村卫生室”50名。2015年11月,省移民办、省卫生计生委评选邓州市穰东镇北王营社区等50个移民村卫生室为全省南水北调丹江口库区移民村“优美环境优质服务”卫生室,并奖励每个卫生室各1万元。

3.其他方面

省移民安置指挥部办公室与省环保厅联合下发《关于加快移民新村推进省级生态村创建工作的通知》,明确各级环保部门要把移民新村纳入生态文明村创建工作,从工作措施、创建机制、创建进度、创建标准、验收程序等方面加强服务,积极支持,重点推进。截至移民搬迁结束,全省已有32个移民新村通过省级“生态文明村”验收,移民新村生态创建工作取得明显成效。

省移民安置指挥部在移民搬迁后发出通知,要求各地根据实际情况,尽快帮助移民新村通上公交,解决移民出行难问题,方便移民生产生活。各地都积极协调交通运输管理部门为移民新村开通移民公交专线,80%的移民新村都能从村口直达县城,有的外迁安置县(市、区)甚至开通了到淅川县的客运专线,让移民在家门口就能上车直达库区老家,解决了移民探家省亲不便的问题。如封丘县交通局于2011年8月开通了县城通往移民新村的公交专线,方便了移民出行。

南水北调丹江口库区移民搬迁后,因经济基础薄弱且生活成本上升,生产生活出现了暂时的困难。为帮助移民尽快恢复和发展生产,改善移民生活条件,省移民安置指挥部对丹江口库区移民补助16 431万元,其中农业人口每人补助1 000元,主要用于购买种子、化肥等生产资料和生活补助;非农业人口每人500元,用于生活补助。

省司法厅出台《关于做好南水北调移民迁安工作的意见》,安排全省移民安置市县司法部门充分发挥职能作用,为移民迁安两地党委政府提供法律、政策咨询,为困难移民群众提供法律服务及法律援助,举全系统之力营造移民搬迁安置的良好法制氛围。截至2015年包县工作结束,全省移民安置市县司法部门累计出动宣传车540台(次)、宣传版面1 000余块、张贴标语600多条,印发宣传材料22 000多份,编印并免费发放《农民必备法律常识》《人民调解员读本》《法律明白人读本》《农民工法律读本》《婚姻法》等法律知识书籍20 000余册。组织律师、公证、司法鉴定、法律援助工作人员深入移民村,开展咨询活动百余次。广泛开展人民调解化解矛盾纠纷专项活动,构筑维护迁安两地社会稳定第一道防线。组织建立了"移民新村法律援助工作站",设立了法律援助联络员,开辟了移民援助绿色通道。如新乡市法律援助中心先后为移民免费起草各类合同200多份,办理涉及移民法律援助案件18起,为受援移民挽回经济利益和损失共计35万余元。

省人力资源社会保障厅将淅川县列为新农保试点县,使库区移民全部进入新农保,每年通过国家和省转移支付为淅川县参保对象补贴5 594万元。

其他省直部门也结合各自职能,出台帮扶移民生活的政策措施,组织有关市县认真落实,切实解决了移民群众的一些实际困难。

(二)生产帮扶

移民搬迁后,河南省组织开展了移民技能培训、劳动力就业转移和生产发展等工作,使移民群众真正扎下根来,融入当地社会,实现安居乐业。

1.培训就业

省人力资源社会保障厅在全省南水北调丹江口库区移民中开展了送技能培训、送就业岗位、送发展项目、送社会保障为主要内容的"四送"活动。针对移民群众意愿,省人力资源社会保障厅组织有关市县人力资源社会保障部门分期分批开展送技能培训活动。一是开展适应性培训。以每个移民村组为单位,普遍开展适应性培训,宣讲移民安置政策,宣传村规民约和文明礼仪,开展心理咨询和心理疏导,引导移民牢固树立"舍小家、顾大家、为国家"的思想,消除心中的焦虑情绪。绝大多数接受过适应性培训的移民群众,情绪趋于稳定,对新环境的认同感明显增强。二是开展技能培训。2015年包县工作结束,6个省辖市和25个县(市、区)人力资源社会保障部门已先后投入培训经费1 600余万元,开展各类技能培训548个班次,培训移民劳动力28 605人次,移民群众适应现代农业发展、市场开发拓展和信息技术应用的能力明显提升。三是开展创业培训。把具有成熟经验的创业培训项目推广到移民培训中,开展创业培训120个班次,培训有创业愿望移民2 610人,为自主创业人员提供小额担保贷款700余万元。各地还紧密结合当地产业发展实际,以特色产业作为重点创业项目,以创业带动特色产业发展,带动移民创业致富。四是开展基层干部培训。该厅充分发挥省外国专家局的资源优势,联合省移民安置指挥部办公室,安排专项培训经费120万元,组织17名移民村"两委"班子主要负责人赴日本学习先进技术和先进理念。

省农业厅组织对农村户口、年龄在16周岁以上、在农业生产第一线从事劳动的移民或普通初、高中毕业回乡青年进行培训。内容以用工量大的机械制造、电子电器、焊工、计算机应用、餐饮旅游服务等行业技能培训为主,并加强农产品加工业、地方特色手工业、农村服务业等相关技能培训。同时,根据年度省"阳光工程"办公室的标准确定培训补助资金,用于移民培训学费补助。省"阳光工程"办公室根据国家"阳光工程"政策,在国家的任务下达后优先向移民安置区倾斜任务和资金,共倾斜资金近2 000万元。

省林业厅组织林果专家到淅川县开展科技下乡活动,采用科普讲座、技术咨询、现场示范、赠送科技书籍、分发科普资料、播放科技电影等形式,广泛宣传和传播林业科技知识,传授林业先进适用技术。活动期间共发放宣传资料3万余份、张贴宣传标语100余条、悬挂条幅50多条、摆放展板12块,并在淅川县电视台开设了林业科技活动周专题节目。

省住房城乡建设厅针对分包县移民搬迁前有外出参与工程建筑施工经验的具体情况,与中国建设总公司、国华国际工程承包公司等多家单位联系,为移民争取到了80人的援外工程务工机会。

图7-1-2　2013年10月,省农科院专家给新乡市延津县胙城乡杨山移民新村群众讲解葡萄种植技术

省科技厅开展了"科技下乡帮扶移民"活动,组织省农科院、河南农业大学和河南科技学院等单位的小麦、玉米、蔬菜种植和生猪养殖专家,在所分包县移民新村开展技术培训、咨询服务和现场指导等多项活动,为1 000余名移民群众进行培训。

省商务厅将库区移民培训纳入农村劳动力技能就业计划,分期分批分专业开展职业技能培训。该厅还积极为平顶山瑞祥牧业公司申报中央储备肉活畜储备基地项目,协调企业优先安排移民群众就业。

其他厅局也根据各自职能,开展了移民劳动力培训就业工作,如省财政厅将移民劳动力转移就业培训纳入"阳光工程"和"雨露计划",安排专项资金提供培训补贴。省移民办会同省委组织部、民建河南省委等单位开展了移民村党支部书记培训班、致富带头人培训班等。截至2019年年底,仅省移民办就累计下达南水北调丹江口库区移民技术培训费6 160万元,支持有关市县大力开展培训,提升移民劳动力素质。

2. 生产发展

为做好南水北调丹江口库区移民后期帮扶及生产发展工作,省直有关部门及各级党委政府采取一系列措施,帮助移民发展生产。省移民安置指挥部2012年印发《关于继续实行省直部门对口帮扶南水北调丹江口库区移民工作责任制的通知》,省直部门对口帮扶丹江口库区移民实行联络组制度,按照省移民迁安包县工作组的分包对象,原25个省直部门成立包县联络组,组长由副厅级及以上干部担任,副组长由处级干部担任,另设联络员1~2人,继续负责丹江口库区移民后期对口帮扶工作。2013年省政府办公厅印发

《河南省十项重点民生工程工作方案》，要求扎实做好丹江口库区移民后期扶持工作，改善移民生产生活条件。

各省直有关部门按照有关要求，结合本厅局职能，制订帮扶规划或计划，在资金、项目、技术等方面全力支持移民生产发展工作。省发展改革委结合自身工作职责和移民后期帮扶工作实际，对南水北调丹江口库区移民后期帮扶工作任务进行分工，从库区发展、农业基础设施建设等多个方面提出了明确目标，并将责任落实到有关处室。省移民办实施了“强村富民”战略，积极推动移民企业挂牌上市、发展乡村旅游和探索金融扶持，并根据省移民安置指挥部印发的《关于我省南水北调丹江口库区试点移民生产开发工作指导意见》《关于我省南水北调丹江口库区移民生产开发工作指导意见》等文件，筹措下达移民生产发展奖补资金 5.56 亿元，倾斜大中型水库移民后期扶持结余资金 7.48 亿元，用于移民村发展特色种植、养殖和加工等项目。省人力资源社会保障厅印发《关于深入开展移民安置对口帮扶工作的通知》《关于组织丹江口库区移民新村推荐“一村一品”引智示范基地的通知》等文件，让移民群众享受到民生政策，并筹措项目资金 1 920 万元，扶持移民种、养、加项目 256 个。省农业厅共落实各类农业项目帮扶资金近 8 160 万元，其中农业结构调整专项扶持资金 2 160 万元，农村沼气项目建设资金 6 000 万元。省水利厅把库区、安置区农田水利建设纳入规划，优先安排，制订了移民新村农田水利和饮水安全工程建设两个实施方案，并向淅川县移民村倾斜资金 3 364 万元。省工商局出台了《关于大力支持南水北调丹江口库区移民创业的意见》，实行“零收费制度”和建立移民创业“绿色通道”支持移民创业，对库区移民从事个体经营或创办各类企业的(国家限制行业除外)，自登记注册之日起 5 年内免收登记类和证照类行政事业性收费；从事农产品加工，经营商店、旅店、饭店、理发店等个体工商业，创办合伙企业、独资企业或农民专业合作社等，一律不受注册资本数额限制，大力支持帮扶移民自主创业。省政府金融办组织协调农村信用社、农业发展银行等主要涉农金融机构，针对移民题材积极开展产品创新研究，开辟贷款“绿色通道”，切实服务好移民群众的生产生活。其他省直部门也结合职能，对移民生产发展给予了大力帮扶。

省直部门在对全省移民进行面上帮扶的同时，也积极帮助分包县(市、区)移民村发展生产。如省水利厅向分包的新郑市移民村支持生产发展资金 100 万元。省公安厅会同安置地党委、政府为移民新村牵线搭桥，成功引进一家容纳千余人就业的羽毛精加工企业，并拨出 20 万元资金对新村联姻企业后承担的部分建设项目进行帮扶。河南日报报业集团向分包的临颍县送去了《农村实用性先进农业养殖系列丛书》等种植、养殖、法律法规方面的书籍数千本。

二、安置区帮扶

河南省直有关部门在直接帮扶移民村和移民群众的同时，也积极出台政策对安置区给予帮扶。

省发展改革委在有关部门配合下，积极争取国家的支持，在国家发展改革委编制完成的丹江口库区及上游经济发展规划中将邓州、淅川等6县(市)全境纳入国家规划,设立库区经济发展基金,对库区内经济社会发展项目给予贴息或补助,建立生态补偿机制,加大对库区财政转移支付的力度,实施生态补偿。2009年,中央首次生态补偿转移支付资金,共安排河南省3.77亿元。经省政府同意,省发展改革委会同有关部门印发《关于对淅川县实施重点扶持若干政策的通知》,支持淅川县产业集聚区建设,对淅川用电给予优惠等各项政策;支持库区及移民安置县(市、区)的基础设施建设。2009~2012年共安排库区及安置区用于农林、水利、交通、社会事业、资源节约和环境保护等方面基础设施建设资金71.59亿元。此外,省发展改革委在项目安排上对分包的邓州市给予了重点帮扶,会同当地政府研究制定支持邓州市的农林、水利、交通、能源、社会事业等方面经济社会发展的相关措施,帮助当地政府理思路、找项目,争取资金支持。

省财政厅协调将移民安置县(市、区)纳入农业综合开发土地整理,全省共安排中低产田改造和高标准农田建设68.15万亩;在选择国家级重大项目时把丹江口库区移民安置作为一个重要因素,25个移民安置县(市、区)中有16个被纳入国家级农田水利建设重点县,6个被纳入专项县;加大对淅川县转移支付力度、多渠道争取资金支持库区经济发展。争取中央生态保护专项转移支付资金5.1亿元;筹措资金9.47亿元支持淅川南水北调渠首及沿线土地整治整理;将淅川纳入高标准农田建设和小农水建设重点县,两个项目仅中央和省级财政三年累计投入就达8 000万元;安排油料倍增计划资金1 300万元,支持淅川油脂加工企业发展;安排资金3 160万元,支持淅川铝业、福森药业等龙头企业发展和淅川产业集聚区建设。

省工业和信息化厅对25个移民安置县(市、区),在承接产业转移、产业集聚区建设、工业项目建设、中小企业融资、中小企业帮扶、生产要素保障、就业安置等7个方面给予了重点帮扶。2009~2012年,每年都安排拨付给分包的新野县项目贴息、中小企业担保机构补助资金、出口补贴、节能减排等各项资金1 000余万元,有力地支持了新野县的经济发展。

省环保厅协调环保资金100余万元帮助分包的郏县马湾移民村建设高标准污水处理设施。省交通运输厅为分包的社旗县实施交通帮扶项目11个,投入资金1.25亿元。省林业厅按照"统筹兼顾、重点扶持、全面帮扶"原则,除给全省所有移民新村每村补助绿化配套专项经费5万元外,还对淅川县水源地生态保护给予重点扶持,筹措林业生态建设专项资金6 784万元。

其他省直单位也根据省委、省政府的文件精神,结合自身职能,出台了对移民迁安地区的帮扶政策。

第二节　生产发展

移民搬迁后,省移民办根据省政府《关于加强南水北调丹江口库区移民后期帮扶工作的意见》,陆续实施了"强村富民"战略、促进移民企业挂牌上市等一系列措施,帮助移民发展致富。截至2019年年底,河南省各级共帮扶南水北调丹江口库区移民生产发展资金15.63亿元,其中利用南水北调预备费等资金帮扶6.06亿元(省移民办下达5.56亿元、市县帮扶0.5亿元),倾斜后期扶持结余资金7.48亿元,安排淅川县九重镇产业发展试点项目资金1.02亿元(中央投资0.72亿元、省财政0.3亿元),郑州市财政安排政府产业发展基金1.07亿元,另外加上招商引资、支农惠农资金和群众自筹等资金共计30多亿元,帮助移民村发展了一大批生产发展项目,移民收入持续提高,移民村集体经济从无到有,逐步发展壮大。

一、强村富民战略

根据省政府《关于加强南水北调丹江口库区移民后期帮扶工作的意见》,为促进南水北调丹江口库区移民经济发展,2013年省移民办在全省南水北调丹江口库区移民村开展了“强村富民”竞赛活动。2014年2月,省移民工作领导小组印发《关于在全省移民村实施“强村富民”战略的意见》,在全省移民村实施“强村富民”战略。

(一)工作目标

到2015年末,全省各移民村“一村一品”的产业发展格局基本形成,集体经济实力明显增强,每个村都有一个科学的产业发展规划、一批致富能人、建立经济合作组织、形成1~2个主导特色项目(产业);每户至少转移一个劳动力。南水北调丹江口库区移民要率先发展,2/3以上的移民村人均收入达到或超过当地居民平均收入水平。到2020年,实现移民群众与全省人民同步小康的目标。实现路径为科学制订发展规划、加强移民后期帮扶、夯实移民发展基础及创新移民村级管理。保障措施包括加强组织领导、强化人才支撑、搞好资金保障、坚持分类指导和建立激励机制等。

(二)主要内容

1.规划编制

突出主导产业发展,根据移民村的不同类型、不同区位、不同产业传统和立地条件,在充分论证的基础上,科学编制产业发展规划。按照“一村一品”的产业培育目标,以优质粮食产业、特色种植业、现代养殖业、传统手工业、休闲观光农业、农村服务业、农产品加工业为发展重点,集中利用生产要素,连片推进专业生产,重点规划一批主导产品突出、经营规模适度、经济效益显著的特色优势产业。围绕主导产业,大力发展加工、储藏、包装、运输等相关产业,逐步构建结构优化、产业延伸、竞争力强的产业体系;完善社会服务组织,鼓励移民群众发展专业合作、股份合作等多种形式的专业合作社和其他经济组织,推行合作式、订单式、托管式等社会化服务模式,提高产业发展的组织化程度。突出对家庭农场、专业大户、农民合作社、产业化龙头企业等新型农业经营主体的规划培育,努力形成“一村一品”、特色鲜明、组织化水平高的发展格局;壮大村级集体经济,积极整合移民后期扶持项目资金、生产发展奖补资金和各种支农惠农资金,实行“扶持资金项目化、项目资产集体化、集体收益全民化”,把各类扶持资金以项目资产的形式注入村集体,增加集体收入。通过租赁、入股等方式,让移民群众参与集体资产经营,推进共同致富。选择不同发展路径,各地根据移民村所处区域位置、资源禀赋、立地条件、产业传统的不同,宜农则农、宜工则工、宜商则商,编制各自富有特色的、短中长期结合的"强村富民"发展规划。

2. 后期帮扶

突出帮扶重点,落实帮扶项目,形成帮扶合力。积极争取各类涉农项目资金向移民村倾斜,捆绑使用,扩大效果;加强指导,搞好协调,优化服务,组织和引导移民村积极参与、推进"强村富民",充分调动移民群众的积极性和创造性;建立结对帮扶机制,动员协调党政机关、群团组织、企事业单位与移民村结对子,从移民村实际出发,以加快基础设施和公共服务设施、服务体系建设及产业结构调整为重点,明确帮扶责任,研究帮扶方案,切实加强对移民村的帮扶;认真落实《关于加强南水北调丹江口库区移民后期帮扶工作的意见》,帮扶工作列入督察考评范围,定期督察、通报,促进帮扶政策和资金的落实。

3. 完善设施

按照公益性、基本性、均等性、便利性的要求,坚持以村级自我发展为先行、以社会保障为基础、以移民政策扶持为辅助,不断完善移民村基础设施和公益事业,构建比较完善的移民公共服务体系。在移民村着力实施"四大工程":实施基础工程,抓好移民村道路硬化、供水、供电、通信、广播电视等基础设施完善工作和学校、卫生室、超市、村民文化广场等公益设施配套工作,满足移民群众生产、生活和文化需求;实施整治工程,每个移民村都要有污水和垃圾处理设施,实现村内污水垃圾集中处理;实施美化工程,村内道路两旁全部绿化,主要干道要有路灯,创造优美生活环境;实施健身工程,配套完善的体育设施,方便移民群众进行体育锻炼和休闲活动。

4. 创新社会治理

在全省移民村中全面推行社会治理创新工作,在村"两委"的领导下,建立健全民主议事会、民主监事会、民事调解委员会等"三会"组织,规范管理,实施民主决策、民主管理、民主监督,不断提高移民村民主管理水平。

(三)主要措施

1. 组织领导

省移民办 2014 年 2 月成立了"强村富民"工作领导小组,主任任组长,4 个副主任任副组长,5 个处长任成员。领导小组下设办公室,负责"强村富民"活动日常工作的组织协调。同时,"强村富民"工作领导小组成立 4 个督导组,4 个副主任分别为责任人,定期对全省"强村富民"战略实施情况进行督导。省移民办还把推进"强村富民"战略与为贯彻落实党的群众路线教育实践活动而开展的"下基层、解民忧、办实事"活动结合起来,督促各级领导干部深入基层,解决移民实际问题,指导和推动移民村科学发展。省移民办群众路线教育办公室、"强村富民"工作领导小组办公室每周都对副处长以上领导干部下基层活动进行通报。各地也结合本地实际,制订系统配套的实施方案,细化工作任务,量化工作目标,完善保障措施,确保本地区"强村富民"各项任务顺利完成。

2. 分村规划

2014 年 4 月,省移民办印发《河南省南水北调丹江口库区移民"强村富民"规划编制指导意见》,并下拨经费 989 万元用于各地组织编制移民村"强村富民"规划,规划主要内容为生产发展、基础设施和公益设施完善、培训就业创业和创新社会治理等。各地根据《关于在全省移民村实施“强村富民”战略的意见》的有关要求,委托有资质的设计单位,对移民村开展全村调查,利用当地资源优势,结合区域产业发展规划和市场需求,在各移民村民主议事会充分讨论的基础上,按照“一村一品”的产业培育目标,为南水北调丹江口库区每一个移民村编制了“强村富民”规划,重点规划一批主导产品突出、经营规模适度、经济效益显著的特色优势产业。

3. 示范引领

省移民办组织各地抓好移民“强村富民”重点村建设,打造亮点,实行典型示范带动。2014~2015 年,省移民办组织各地开展了 3 批“强村富民”示范村评选,由县(市、区)移民部门推荐,省辖市移民部门把关上报,省移民办综合考评确定,评选出 30 个示范村,每村奖励 100 万元;2016 年,省移民办组织各地开展重点村评选,共选出 12 个重点村,每村奖补 300 万~350 万元;2016~2017 年评选乡村旅游试点村 23 个,每村奖补 300 万元。这些“强村富民”示范村、重点村和乡村旅游试点村经重点帮扶后,起到了示范推动作用。

4. 政策帮扶

省移民办在对示范村、重点村等重点帮扶的同时,又筹措资金对全省南水北调丹江口库区移民村进行产业扶持,帮助移民发展生产,壮大集体经济,增加移民收入。截至 2019 年年底,省移民办利用预备费下达 3 批移民生产发展奖补资金 3.1 亿元(不含示范村、重点村和美好移民村示范村等奖补资金),后期扶持结余资金倾斜 7.48 亿元。地方各级政府也相继出台帮扶政策,帮助指导移民发展生产。如郑州市将“强村富民”工作列入市政府“重点工作”台账,市县两级财政从 2012 年起按照每位移民每年各 1 000 元的标准,建立移民产业发展基金,连续扶持 5 年,安排移民发展基金项目 60 余个,投入资金 1.07 亿元,群众另外自筹 0.27 亿元;南阳市委常委专题民主生活会把“强村富民”战略列入整改的主要内容,出台了移民村发展规划,高标准打造 6 个市级、22 个县级移民美丽乡村重点示范村。

5. 考评奖励

为调动移民村大力发展生产的积极性,促进移民村经济社会快速发展,2013 年 9 月,省移民办印发《关于在丹江口库区移民村开展“强村富民”竞赛活动的通知》,决定在全省南水北调丹江口库区移民村开展“强村富民”竞赛活动。年底,省移民办又印发《河南省南水北调丹江口库区移民村“强村富民”竞赛活动考评办法》,对考评的原则、内容及评分细则、考评时间和方法步骤等做了规定。考评的主要内容为移民村生产发展、加强和创新社会治理、信访稳定和移民群众评议四大类。2014 年,经综合评定,共评出 30 个南水北调“强村富民”竞赛先进移民村,并给予了一等奖 80 万元、二等奖 60 万元、三等奖 50 万元的奖励,奖励资金采取以奖代补形式,主要用于移民村发展生产、完善设施等。

6. 交流学习

河南省每年都召开全省南水北调丹江口库区移民“强村富民”观摩会议,组织有关市县甚至移民村代表参观先进单位生产发展项目,会议交流工作经验。2014~2017 年,省移民办分别在南阳市社旗县、郑州市、许昌市、平顶山市召开了 4 次全省南水北调丹江口库区移民“强村富民”观摩会。

（四）发展模式

1. 招商引资

图 7-2-1　2017 年 8 月 22 日，省移民办在平顶山市召开“强村富民”及创新社会治理观摩会

全省南水北调丹江口库区移民村通过招商引入了一大批特色种植、规模养殖、现代加工等较大项目，移民既化解了土地流转风险，又实现了就近就业，集体资产高收益租赁。这种模式风险小、集体收益相对较高。如南阳市卧龙区杨营移民村流转土地 800 亩，引进南阳市养殖龙头企业三色鸽集团建设一个总投资 6 000 万元的“三色鸽集团农牧游示范园”奶牛养殖基地，该基地主要以牧草种植、奶牛养殖、景观树木种植、特色农家乐为主。2019 年该基地入栏奶牛已达千头，年产出鲜奶 6 000 吨，价值 3 亿元，纯利润 3 000 万元，年综合收益达 5 000 万元。杨营村成立了丹源牧草专业合作社与“三色鸽乳业”养殖基地联手，采用“公司+农户”的模式，群众以土地入股。项目安排该村中老年劳动力 150 余人就业，年人均可增收 7 000 元。

2. 租赁经营

统一建设基础设施和生产设施，公开招租，既可增加集体收入，移民还可在流转土地项目打工。这是河南省南水北调丹江口库区移民村生产发展的主导模式。如许昌市襄城县移民办帮助黄桥移民村打造了观光旅游为一体的莲鱼共养项目，项目占地 35 亩，投资约 220 万元，建设藕池 40 座，4 米宽观光道路 800 米。依托该项目，黄桥村实施了农家乐项目——丹江鱼苑，以对外承包的方式经营。租赁方每年上交黄桥村集体 18 万元承包费，同时可安排移民群众 15 人就业，每年移民群众务工收入总额达 40 余万元。

3. 自主建管

一是村集体统一建设基础设施，移民个人建设生产设施，自主经营。这种模式适合有一定的产业基础和资金实力的移民村。如漯河市临颍县王岗镇闫楼移民村 2011 年在县移民办帮助下建设了养殖小区，先后投资 8 万元修建混凝土道路；投资 10 余万元安装了自来水管道，方便了养殖小区生产、生活；按照环保部门的要求，投入近 7 万元建成了污水排放管道 3 条和沉淀池 3 座，确保养殖小区的正常生产。在此基础上，该村养殖户筹集资金，县移民办适当扶持（每座鸡棚扶持 5 000~6 000 元，每只鸡补偿 3 元），共投资 100 余万元，建成蛋鸡养殖场 64 座，发展蛋鸡养殖 16 万只，年净收益 30 余万元。

二是移民个人自主建设基础设施和生产设施，自主经营，主要是商贸、餐饮、运输等，以及移民自主发展的种植、林果、养殖等项目。如荥阳市高村乡李山村移民李定乾，2010 年搬迁到郑州市荥阳市后，发现荥阳市还没有一家以丹江野生鱼为卖点的饭店。在丹江边长大的他，知道丹江野生鱼生长在没有污染的丹江里，肉质鲜嫩，细腻滑口，在南阳及周边县市，野生丹江鱼都是非常受欢迎的美味佳肴，颇受广大消费者喜爱。于是他将移民新村自家房屋改造成饭店，专门做丹江鱼菜肴，生意十分兴隆。在李定乾的带动下，该村村民陆续在移民新村开了好几家丹江鱼餐馆，非常受欢迎。

（五）实施成效

省移民办组织各地围绕“强村富民”战略实施，整合移民后期扶持结余资金、生产发展奖补资金和各项支农惠农资金、政府产业资金和移民村自筹资金、招商引资资金，集中投放，捆绑使用。截至2019年年底，河南省累计整合包含招商引资在内的各类资金30多亿元，发展生产项目1 000余个，培育了新乡市辉县市仓房村，郑州市新郑市新蛮子营村、中牟县金源社区，许昌市襄城县黄桥村，南阳市卧龙区杨营村、社旗县寇楼村，邓州市和谐社区等一批先进典型村。通过帮扶，河南省南水北调丹江口库区移民2019年移民人均可支配收入达到13 465元。移民村集体收入有了明显提高，208个移民村90%以上有集体收入。

图7-2-2　2017年8月15日，省水利厅副厅长、省移民办主任吕国范（前排左二）调研郑州市新郑市移民新村生产发展情况

二、创新发展

2016年，省移民办为加快移民村转变发展方式、促进一二三产业融合发展、带动移民脱贫致富，会同省有关单位推出了移民企业挂牌上市、移民乡村旅游、金融扶贫“移民贷”3项创新举措。创新举措实施后，河南省确定了一批试点，探索经验。

（一）移民企业挂牌上市

2016年4月，省移民办与省政府金融办联合印发《关于加快推进河南省移民企业挂牌上市工作的指导意见》，鼓励移民企业挂牌上市，利用资本市场，进一步做大做强。

企业挂牌上市，在引入发展所需的社会资本的同时，可以在企业中植入现代企业管理理念、建立现代企业管理机制，规范企业管理，实现企业管理制度、方法、手段、技术的创新，进而促进企业快速、长远发展。随着全国中小企业股份转让系统（“新三板”）和中原股权交易中心（“四板”）的开通运行，大量中小企业挂牌上市迎来了大好机遇。省移民办在深入调研基础上，提出以移民企业在“新三板”“四板”挂牌为抓手，促进移民企业快速发展，实现移民脱贫致富的工作思路，并与省政府金融办积极沟通，出台了相关政策。

《关于加快推进河南省移民企业挂牌上市工作的指导意见》提出，按照“成功上市一批、辅导改制一批、签约启动一批、培育储备一批”的工作思路，针对“新三板”和“四板”市场、不同行业，遴选一批符合产业发展方向、示范带动性强、成长性高的移民企业作为重点后备企业，建立拟挂牌上市企业后备资源库；对有挂牌上市要求的移民企业，按照有关法律和河南省有关企业股份制改造管理规范，指导其规范改制，及早建立现代企业制度；有计划、有步骤地推进企业挂牌上市工作，筛选一批自主创新企业和高成长创业企业到“新三板”挂牌上市，暂时达不到在“新三板”上市条件的可推动在“四板”挂牌上市。

为鼓励移民企业挂牌上市，省移民办出台了移民企业挂牌上市奖补政策。对移民村企业在“新三板”挂牌上市的，奖补移民村 100 万元，用于生产发展，可参股相关企业；奖补企业挂牌上市工作经费（按移民村集体和移民个人参股比例×2×100 万元奖补，100 万元封顶）。对移民村企业在“四板”挂牌上市的，奖补移民村 50 万元，用于生产发展，可参股相关企业；奖补企业挂牌上市工作经费（按移民村集体和移民个人参股比例×2×50 万元奖补，50 万元封顶）。

为更好地促进移民企业挂牌上市工作，本着“政企合作、互惠互利、发展共赢”的原则，经过协商，省移民办与中原股权交易中心 2016 年 6 月签订了《支持移民企业挂牌展示战略合作框架协议》，充分发挥中原股权交易中心在登记托管、私募融资、直接投资、资产管理、财富管理等在内的全面区域股权市场服务优势，在设立挂牌企业后备库、企业股份制改造、移民企业挂牌展示、私募和股权融资、推动挂牌移民企业转板升级、设立风险缓释基金等方面对河南省移民企业挂牌上市提供全面服务。

为提高各级移民管理机构、移民企业、移民村对移民企业挂牌上市工作重要意义的认识，掌握企业挂牌上市工作规则、流程，增强做好挂牌上市工作的主动性，提升挂牌上市的积极性，2016 年 6 月，省移民办与中原股权交易中心在郑州举办移民企业挂牌上市业务培训班。培训班邀请中原股权交易中心、有关中介机构的专家，对企业在“新三板”和“四板”挂牌上市的意义、程序、股份制改造以及法律、财务风险防范等内容进行了培训。在省移民办培训的基础上，各市也结合本地情况组织了专门培训。通过培训，提高了有关方面和人员的思想认识，理清了工作思路、明确了工作重点。

截至 2019 年年底，南水北调丹江口库区移民村已有 8 家移民企业成功在“四板”挂牌。

（二）移民乡村旅游

为贯彻落实中央关于“转变经济发展方式、促进一二三产业融合发展”的精神，2016 年 4 月，省移民办与省旅游局、省扶贫办、省国土资源厅、中国人民银行郑州中心支行联合出台了《关于在全省移民村大力扶持乡村旅游产业发展的指导意见》，在全省移民村大力扶持乡村旅游产业发展，鼓励有条件的市县移民管理机构会同有关部门科学编制乡村旅游规划，加强移民村乡村旅游公共服务体系和基础设施建设，大力开发移民村乡村旅游产品，加强移民村乡村旅游教育培训，创新移民村乡村旅游组织管理方式，并加强移民村乡村旅游规范化管理。

旅游产业号称绿色产业、朝阳产业和“无烟”工厂，是一项综合性的服务行业，具有投资少、收效快、利润高等特点，不仅能扩大就业，还能带动当地经济发展。发展移民村乡村旅游，对转变农村经济发展方式、促进一二三产业融合发展、促进贫困移民脱贫、引导移民创业致富、推动移民村经济社会发展具有重要意义。河南省南水北调丹江口库区不少移民村地处丹江口水库边、伏牛山系和太行山系，自然资源丰富；大部分移民村交通便利、离城镇较近，便于发展采摘、垂钓、观光、餐饮等旅游项目，发展乡村旅游具有独特的优势和前景。

根据《关于在全省移民村大力扶持乡村旅游产业发展的指导意见》，全省移民村发展乡村旅游产业按照试点先行、分批推进的步骤实施，先由省辖市、省直管县（市）移民管理机构推荐有一定旅游资源和条件、村集体有相对稳定的收入且班子团结、移民自愿的移民村，省移民办会同旅游、扶贫、国土、人民银行等部门筛选确定，最终河南省选定 56 个试点村给予重点扶持，其中南水北调丹江口库区移民村 23 个。2016 年 9 月，省移民办补助 23 个南水北调丹江口库区移民试点村每村规划设计费 5 万元，由有关市县委托有资质的单位编制试点村乡村旅游总体规划。省移民办于 2016 年、2017 年批复了南水北调丹江口库区移民村乡村旅游投资 4 640 万元，支持移民村发展生态、餐饮、垂钓、采摘观光等乡村旅游项目。

截至 2019 年年底，已批复的部分项目已实施完毕并初步发挥效益，其中淅川县上集镇以农游为特色的张营村、以蒙古风情为特色的贾沟村、以孔雀产业为特色的竹园村，连片打造旅游区，形成规模优势；以休闲观光、采摘、餐饮为特色的郏县马湾村和新郑市新蛮子营村，以垂钓、餐饮为主的中牟县金源社区等旅游产业已初具规模。

(三) 金融扶贫"移民贷"

为解决移民村普遍存在担保难、贷款难、发展缺乏资金保障等问题，2016 年，省移民办与邮储银行河南省分行联合出台了《关于联合开展金融扶贫"移民贷"工作的指导意见》。各地通过搭建金融扶持服务平台，由移民村民主议事会议事表决，利用村集体收入、移民后期扶持未来直补资金期权、移民后期扶持结余资金设立担保基金，试点放大 5 倍，最高可放大 10 倍贷款，对农村移民及其经营、容纳移民就业的各种经济实体，包括移民户、个体工商户、农民专业合作社及社员、扶贫龙头企业、专业大户、家庭农场等进行贷款支持，帮助移民创业就业，加快库区和移民安置区移民群众脱贫致富奔小康步伐。如平顶山市出台了相关文件，有关县(市、区)批复移民贷后期扶持资金担保资金共计 1 020 万元。其中鲁山县 630 万元惠及 13 个移民村，含 1 个南水北调丹江口库区移民村；舞钢市 50 万元惠及 3 个移民村，含 1 个南水北调丹江口库区移民村；宝丰县 50 万元、郏县 20 万元分别惠及 3 个、1 个南水北调丹江口库区移民村。但一部分县(市、区)由于担心有收不回本金的风险，而没有实施。

有的县(市、区)则利用本地财政或其他资金帮助移民免除贷款利息。如邓州市出台移民生产发展贴息政策，每年为移民贴息 300 万元，用于支持移民"种养加"等特色农业项目贷款利息补贴，截至 2019 年年底，已累计对 50 家移民户、移民村专业合作社(公司)补贴贷款利息 106.87 万元，拉动贷款 2 967 万元。淅川县借助北京市对口支援契机，积极探索地方特色"移民贷"，争取贴息资金 500 万元，年可贷款 5 000 万元，解决 1 000 户移民贷款问题，截至 2019 年年底已办理贷款 3 500 万元，涉及 702 户移民户(经济组织)。

三、美好移民村建设

为贯彻落实党的十九大提出的乡村振兴战略，省移民办在 2018 年伊始提出了开展美好移民村建设工作的思路，并联合省社会科学院开展了研究。2019 年 7 月，省移民工作领导小组印发《河南省美好移民村建设指导意见》。2019 年 11 月，省移民办启动了首批53个美好移民村示范村建设。

(一)前期研究

2018年,省移民办联合省社会科学院开展了两项工作,一是对全省移民人数在300人以上的1 358个村的基本情况、产业发展、社会治理、文化建设、居住环境等情况进行全面现状调查研究;二是在对省内外不同类型移民村实地调研基础上,开展了河南省美好移民村建设研究。2018年12月,省社会科学院提交了《河南省重点移民村调查分析报告》《河南省美好移民村建设研究》,以及《河南省美好移民村建设指导意见》初稿。

(二)主要内容

2019年上半年,省移民办对省社会科学院提交的《河南省美好移民村建设指导意见》初稿进行多次征求意见和研究修改,期间不断吸收国家和省新出台的有关改革文件新精神、新思想补充完善。6月22日,水利厅厅长办公会议讨论通过了该指导意见。7月13日,省移民工作领导小组印发《河南省美好移民村建设指导意见》。《河南省美好移民村建设指导意见》的主要内容为:按照"产业兴旺、生态宜居、乡风文明、治理有效、生活富裕"的总要求,以美好移民村建设为抓手,积极整合各类资金资源,通过促进产业发展、改善人居环境、提升基础和公益设施、倡塑乡风文明、创新社会治理等措施,建设产业兴、生态优、乡风美、治理好、生活富的美好移民村,并计划全省2019年启动50个美好移民村示范村建设,2020年启动100个示范村建设,之后在总结的基础上全面推开。

(三)示范村建设

2019年11月,省移民办印发《关于做好2019年美好移民村示范村建设工作的通知》,原则同意各地上报的53个2019年度美好移民村示范村名单(其中南水北调丹江口库区移民村16个),对资金筹措、建设管理等提出了要求。同月,省移民办下达南水北调丹江口库区16个示范村每村313万元建设补助,共5 008万元。

四、产业发展试点

2015年4月,中共中央政治局常委、国务院副总理、国务院南水北调工程建设委员会主任张高丽到河南省调研南水北调中线工程建设管理工作。在淅川县九重镇桦栎扒移民村调研时,张高丽副总理提出"九重镇移民情况特殊,要把该镇移民发展作为试点,给予重点扶持"。河南省据此编制了方案。淅川县九重镇南水北调移民村产业发展试点总投资12 113万元,试点范围为淅川县九重镇8个南水北调丹江口库区移民村。

(一)方案批复

2015年4月,省委召开常委(扩大)会议,传达学习张高丽副总理讲话精神,研究部署落实工作。5月,国家发展改革委、财政部和国务院南水北调办派出调研组到九重镇现场调研。按照省委、省政府的安排和国家有关部委的意见,河南省启动了《淅川县九重镇南水北调移民村产业发展试点工作实施方案(2016~2020年)》的编制工作。6月,国家发展改革委农经司在北京组织召开了由财政部农业司、国务院南水北调办征地移民司、北京市对口协作办、河南省发展改革委、河南省移民办等单位参加的试点工作座谈会,对实施方案编制进行了专题研究,并对试点工作提出了指导性意见。随后,河南省组织编制了《淅川县九重镇南水北调移民村产业发展试点工作实施方案(2016~2020年)》,并上报国家发展改革委、财政部、国务院南水北调办。

2015年10月,国家发展改革委、财政部、国务院南水北调办以《关于〈淅川县九重镇南水北调移民村产业发展试点工作实施方案(2016~2020年)〉的复函》予以批复,批复总投资12 113万元,其中中央财政通过大中型水库移民后期扶持结余资金安排7 200万元,省财政安排4 000万元,其他913万元通过北京市对口协作资金和南阳市财政统筹解决。试点范围涉及淅川县九重镇桦栎扒、邹庄、张冲、东王岗、临江、周岗、小张冲、九重农场等8个南水北调移民村,移民共5 125人。试点工作计划从2016年开始,2019年完成并初见成效,2020年验收总结。

(二)组织管理

在试点工作中,省发展改革委、财政厅、移民办多次研究磋商重大问题,南阳市委、市政府和相关部门领导经常过问试点工作开展情况并给予及时指导帮助。淅川县成立了以县长任组长,县政府分管领导为副组长,县发展改革委、财政、移民、九重镇等19个职能部门及乡(镇)主要负责同志为成员的九重镇南水北调移民村产业发展试点推进工作领导小组,并明确了责任分工。

从2016年起,淅川县委托专业规划设计部门结合每年的实际情况编制年度实施方案,经县财政局财政评审后,报南阳市审批。南阳市发展改革委、财政局、移民局组织专家对年度实施方案评审后,联合予以批复,并报省发展改革委、财政厅、移民办申请年度投资。省财政厅、水利厅、移民办将省级配套资金批复下达南阳市,并向财政部、水利部申请中央投资。中央投资下达后,省财政厅、水利厅、移民办联合下达南阳市有关部门,由其下达淅川县。

在严格执行《关于〈淅川县九重镇南水北调移民村产业发展试点工作实施方案(2016~2020年)〉的复函》文件精神的前提下,淅川县委、县政府提出了试点村"以移民项目为依托,以特色产业为支柱,以招商引资为载体,大力发展移民村经济"的工作思路和"一村一品、多村一品"的产业定位。在试点村项目选择上做到"三个结合",一是发展新型产业与巩固老产业相结合。通过发展短平快项目,尽量实现移民当年收益,通过巩固、壮大原有产业,确保移民持续增收致富。二是产业发展与水质保护相结合。立足实现生态效益与经济效益双赢目标,发展种植业、旅游业和林果业。三是产业定位和发展与移民实际技能相结合。移民会什么技能、发展什么产业对路,就发展什么项目。项目收益比例与分配均实行民主决策、民主监督。实现了移民群众对项目的认识由抽象到具体,对项目的态度由事不关己到人人关心的转变,保证了试点项目建设资金的精准投放。与此同时,淅川县通过流转土地,利用地租、打工、入股分红等形式,让移民群众获得财产性、工资性和经营性多方面收入;通过培训技能,转移就业,就近劳务输出,实现移民经济持续快速增长;通过招商引资,引进企业建基地和村企合作共发展,带动其他企业(实体)到试点村办厂(场)兴业,带动就业,积极拓宽移民致富渠道。

为抓好项目建设,淅川县印发《淅川县人民政府关于成立九重镇南水北调移民村产业发展试点推进工作领导小组的通知》《淅川县人民政府关于设立淅川县移民后扶项目建设管理局的批复》等文件,就机构设置、领导分工、职责划分、资金管理、项目实施等进行明确,使试点工作有章可循。把试点工作作为淅川县政府向全县人民承诺的十件实事之一,写入年度工作报告,纳入县委、县政府重点督察范围。淅川县严格落实试点项目建设工作项目法人责任制、招标投标制、建设监理制和合同管理制,保障了试点项目的规范推进。

(三)项目实施

截至2019年年底,淅川县九重镇南水北调丹江口库区移民村产业发展试点共实施了2016年、2017年和2018年三个年度项目。其中,2016年度实施了桦栎扒村蔬菜大棚基地、九重农场赵四仙果苑、河南合一园林工程有限公司渠首红豆杉科技生态示范园、中线渠首农业发展有限公司张冲村温室大棚、九重镇丹江源绿色果蔬生产观光园、渠首快速通道到邹庄移民新村道路等6个项目,涉及4个村,总投资4 075万元。2017年度实施了丹江源农业有限公司邹庄猕猴桃种植园、淅川县今禾生物科技有限公司张冲村食用菌种植、东王岗村蔬菜大棚、福森药业中药材种植基地、小张冲村温室大棚基础设施配套等5个项目,涉及5个村,总投资4 020万元。2018年度实施了福森药业中药材种植基地、邹庄村丹江源农业有限公司猕猴桃种植园、东王岗村葡萄园大棚、张冲村食用菌等4个项目,涉及4个村,总投资2 128.87万元。2019年度计划安排邹庄村绿色果蔬生态观光园农旅服务设施配套、东王岗村葡萄园大棚、东王岗村塑料大棚、小张冲村蔬菜大棚等4个项目,涉及3个村,总投资1 637.22万元。但由于个别变更项目未及时完善变更程序,导致项目当年没有批复实施。

第三节 治理创新

2012年,在省移民办深入调研、广泛论证的基础上,省移民工作领导小组印发《关于加强和创新移民村(社区)社会管理的指导意见(试行)》,在18个移民村(其中南水北调丹江口库区移民村17个)启动了加强和创新移民村社会管理试点工作;2013年省移民办印发《关于加强和创新移民村(社区)社会管理的实施意见》,在全省384个重点移民村全面推广加强和创新社会管理工作,其中包括南水北调丹江口库区所有移民村。2013年11月,党的十八届三中全会提出了“社会治理”的概念。2015年,省移民工作领导小组印发《关于进一步深化移民村社会治理创新工作的指导意见》,通过完善移民村民主管理、集体资产经营管理、公共服务管理,着力构建村党支部领导、“两委”主导、“三会”(民主议事会、民主监事会、民事调解委员会)协调、社会协同、法制保障的新型村级社会治理模式。

一、实施背景

南水北调丹江口库区移民搬迁后,一方面,移民群众居住集中,新村基础设施和公益设施完善,生产和生活条件有了很大改善,具有一定的辐射带动能力,具备城镇化的条件和社会管理的基础;另一方面,移民经济特别是集体经济还很薄弱,社会管理比较滞后,不和谐、不稳定因素仍较多,移民安稳致富奔小康任重而道远。具体表现为:一是群众日益增长的物质文化需求与移民村经济发展滞后的矛盾。群众期盼有更好的教育、更稳定的工作、更满意的收入、更可靠的社会保障、更高水平的医疗卫生服务、更舒适的居住条件、更优美的环境。但搬迁之后,移民生产生活方式需要转变,村级集体经济的发展壮大需要相当一段时间,移民致富能力还有待提高,一定时期内收入水平可能暂时下降,水电气等刚性支出反而明显增加,全面建成小康社会任务十分繁重。二是群众日益增强的自我管理意识、维权意识与村级民主管理滞后的矛盾。随着社会的发展,群众参与社会管理、维护个人权益等方面的需求不断增强,但部分村存在村干部“一言堂”、少数人说了算、决策不透明、群众的意见和呼声难以采纳,造成群众对村干部不信任、不拥护、干群关系紧张,在重大事务面前群众各执己见、意见难统一、工作难推动,权力过分集中、监管缺失、政务不透明等问题。三是城镇化进程加快与村级社会管理滞后的矛盾。由于移民新村是按照社会主义新农村示范村和新型农村社区标准建设的,区位优越,交通便利,房屋美观,基础设施配套,公益设施完善,加上各级党委、政府和各有关部门的倾力帮扶,城镇化进程在加快。但与此同时,移民村管理不善,公共设施无人维护,乱搭乱建、乱堆乱放、乱排污水、垃圾围村,影响了移民新村形象。因此,加强和创新移民村社会治理,通过建立健全民主、科学的村级治理模式,让移民群众在民主管理中实现自我教育、自我管理、自我发展、自我提升,为移民村和谐稳定和生产发展创造良好环境,十分必要。

二、主要内容

加强和创新移民村社会治理,核心是构建村党支部领导、“两委”主导、“三会”协调、社会协同、法治保障的新型基层社会治理模式。主要包含三方面的内容:一是村务民主管理创新。推行村“两委”领导下的“民主议事会+民主监事会+民事调解委员会”的移民村民主管理模式。民主议事会是受村民会议委托,在其授权范围内行使村级自治事务议事权、决策权,讨论决定村级日常事务的常设议事机构,以村民小组为单位,采取“一户一票”的方式选举适量代表和县乡驻(包)村干部、“两委”班子、组长、党员代表及其他相关人员组成。民主议事会制度坚持依法办事、民主讨论、公开表决和少数服从多数的原则,充分发挥村民代表的作用,通过代表的参政议政,实现村“两委”班子决策的民主化、科学化。民主监事会主要是监督村务管理、决策执行和财务收支等重大情况。民主监事会一般设监事5名,由村民会议在村“两委”干部及其近亲属、报账员以外村民中选举产生。县乡驻(包)村干部进入民主监事会,对民主监事会自身工作进行监督。民事调解委员会的主要任务是调解民间纠纷,防止纠纷激化,并通过调解工作宣传法律、法规、政策和社会公德,预防民间纠纷发生。民事调解委员会成员由村委会主任、治保主任、组长及移民家族中德高望重者组成,这些人有威信、有办法、有工作经验,能够更好地处理移民矛盾和问题,真正实现“小事不出村、矛盾不上交”。二是经济组织管理创新。鼓励各移民村因地制宜成立工业公司、农业公司、专业合作社和专业协会等经济组织，采取市场化运作的方式，依法开展经营服务活动，在移民的产、供、销方面发挥龙头作用。三是公共服务管理创新。按照主体多元化、服务专业化、运行市场化的方向，在各移民村物业管理公司基础上，建立便民服务中心，妥善解决公益事业、和谐维稳、群众事务、村民创业等问题，为移民提供便捷式、一条龙服务，方便移民生产生活。鼓励移民村成立红白理事会、老年协会、妇联会、文体协会等群众组织，移风易俗、倡导节约、活跃群众精神文化生活，营造文明和谐新风。公共服务费用前期省移民办给予适当补助，此后从村集体收益支出，以从根本上解决移民村基础设施和公益设施的养护、公共卫生保洁、垃圾清运、污水处理、水费收缴、村容村貌整治、安全保卫、政策咨询、代办服务等瓶颈制约，促进移民村和谐发展。

三、主要措施

省移民办把移民村社会治理创新工作纳入整体工作布局，集中优势资源，采取了一系列措施，促进移民村社会治理创新工作快速、有序开展。

(一)试点引路

本着“稳妥实施、有序推进”的原则，2012 年选定 18 个村(其中南水北调丹江口库区移民村 17 个)作为试点，省移民办班子成员、有关处和省辖市移民管理机构联系移民村，加强对试点村的协调、督导和帮扶。省移民办先后召开移民村社会管理创新工作动员会、中牟现场观摩会、南阳推进会、郑州座谈会等 7 个会议，促进创新工作的有序开展。明确各级移民管理机构主要领导为移民村社会管理创新的第一责任人，负总责、亲自抓，加强创新实践，加大支持力度，推进移民村管理水平不断上水平、上台阶。各相关责任人自觉承担起在社会管理创新中的职责任务，形成一级抓一级、层层抓落实的工作格局。2013 年初，在试点取得成效的基础上，启动全省 384 个重点村加强和创新社会管理工作，其中南水北调丹江口库区移民村全覆盖。

(二)制度规范

为规范管理，河南省在深入调研、广泛论证的基础上，结合移民村实际，先后制定了《关于加强和创新移民村(社区)社会管理的指导意见》《关于加强和创新移民村(社区)社会管理的实施意见(试行)》《关于加强和创新移民村(社区)社会管理试点工作的意见》《关于进一步深化移民村社会治理创新工作的指导意见》，以及《河南省移民村(社区)民主议事会议事导则》《河南省移民村(社区)民主监事会监督导则》《河南省移民村(社区)民事调解委员会调解导则》等有关制度，印发会议、监督、公示等运作过程一系列记录表格，指导创新活动的开展。各地结合实际，分别制定了相应的制度和工作规范，做到了以制度管人、以制度管事、以制度推进工作。

图 7-3-1 郑州市中牟县刘集镇姚湾村“三会”章程

(三)重点帮扶

2013年1月,省移民办下达17个南水北调丹江口库区试点村生产发展和创新社会管理补助经费1 190万元,主要用于移民村生产发展、设施完善和初期物业管理等。2013年3月又给予南水北调丹江口库区创新社会管理非试点移民村一次性补助经费1 050万元,每村3万~10万元,作为各村创新社会管理工作启动经费,用于"三会"运作和初期物业管理等补助。同时,移民后期扶持结余资金也向南水北调丹江口库区移民村倾斜,帮助移民村发展生产,壮大集体经济。各有关市、县产业资金也向移民村倾斜。

(四)政策激励

对移民村社会治理创新工作实行"三挂钩",即与生产发展奖补资金和后期扶持项目资金挂钩,与移民村创新社会治理奖补资金挂钩,与移民系统评先评优挂钩。通过建立激励约束机制,激发了各地实施移民村社会治理创新的积极性和主动性。

四、实施成效

河南省丹江口库区移民村社会管(治)理创新工作自2012年开始实施,各地按照省移民办的部署和要求,制订方案,推进实施,取得了一定的成效。

(一)治理水平提高

各地按照村民自治法和有关规定,通过广泛宣传,营造氛围,组建了各类经济管理组织和社会服务组织。通过层层推选,村民会议通过,产生了村级民主议事会、民主监事会、民事调解委员会;移民村的物业管理,有的直接委托物业公司管理,有的成立物业公司自己管理,有的拓展社会化服务链条成立便民服务中心。截至2019年年底,全省南水北调丹江口库区移民村建立物业公司183个,成立便民服务中心191个,成立红白理事会、老年协会等群众组织83个;成立工业公司、农业公司、专业合作社和专业协会等各类经济服务组织272个;根据省移民办制订的"三会"议事导则,结合本村实际,制定了村务民主管理、经济组织管理和社会服务管理的章程和制度,为规范管理奠定了基础,确保了公开、公正、公平开展工作。特别是"三会"制度的实施,各移民村生产项目、招商引资、集体资产和收益管理、农村低保及春节慰问等重大事项的确定都由村民主议事会决定,受到了干部群众的一致好评,移民村民主决策、民主监督、民主实施的管理体制初步形成。

(二)干群关系改善

移民群众广泛参与村务决策、管理与监督,成为移民村管理的主人、发展的主人、监督的主体,涉及广大移民群众利益的事项得以顺利决策实施和监督,把权力关进制度的笼子里,使公权在阳光下运行,使得党群关系、干群关系日益改善。

(三)社会和谐稳定

由于民主化运作,移民村"两委"的权力在阳光下运行,各种不和谐因素逐步减少,加上民事调解委员会的有效调解,"小事不出村、矛盾不上交",使一些长期困扰移民村的矛盾纠纷得到及时化解,社会大局和谐稳定。

五、总结提升

移民村社会治理创新工作,对河南省来说是一个全新的尝试和探索,既没有一套成功的经验可资借鉴,又面临许多不确定因素,需要在实践中总结,在完善中提升。为确保这项工作取得成效,省移民办专门请国家水电可持续发展研究中心和中国社会科学院等部门做课题研究,请有关专家做技术指导;同时与省委组织部、省民政厅等有关部门沟通衔接,探索将这项工作与基层党建、基层民主管理结合起来,发挥综合效应。

2013年3月,受省移民办的委托,国家水电可持续发展研究中心专门成立了由中国科学院陈祖煜院士领衔的河南省水库移民社会管理理论体系及实施效果评价课题组。经过理论文献梳理、研究方案制订、调研问卷设计和调研人员培训等前期准备,调研小组先后深入11个创新社会管理试点移民村,通过入户访问、问卷调查、逐级座谈交流,对社会管理体系的理论依据、实施现状、影响因素和作用效果进行了系统研究和绩效评价。课题组研究认为:河南省移民村(社区)社会管理创新模式有效加强了水库移民村基层组织建设,整合了移民村各项资源,形成了移民新村建设合力,得到了社会各界的充分肯定和一致好评,为全国水库移民村乃至农村社会管理工作提供了宝贵经验。

2015年,省移民工作领导小组印发《关于进一步深化移民村社会治理创新工作的指导意见》,在全省范围内推进和完善移民村村务民主管理、经济组织管理、公共服务管理创新工作。创新工作目标提升为深化移民村社会治理创新,全省水库移民村基层组织健全,村"两委"领导有力,"三会"制度完善,组织严密,运行规范,群众的知情权、参与权、表达权和监督权得到充分保障,民主管理科学有序。到2020年,实现全省移民群众与全省人民同步小康。深化民主管理体系提升为强化基层民主法制,建设"和谐家园"。主要内容为规范"三会"运作,发挥群众的主体作用;深化普惠制帮扶体系,发展壮大村级集体经济;培育各类农村经济组织,实行市场化运作,依法开展经营服务活动,推进农业适度规模经营,提高农业综合效益。深化公共服务体系提升为提高服务水平,建设"幸福家园"。主要内容为搭建服务平台,成立移民村公共服务中心,负责受理、承办、代办、转办包括政策咨询、信息服务、村民创业和物业管理等内容的公益事业和群众事务;完善村级幼儿园、小学、图书阅览室、文化广场等,增加公共体育设施,开展群众性文体活动;建设卫生基础设施,配备基本诊疗设备;依托"万村千乡"工程建设村级超市,方便群众日常生活。

2016年8月,受省移民办的委托,中国社会科学院农村发展研究所调研组一行在所长魏后凯带领下,赴河南省7个县(市、区)11个南水北调丹江口移民村调研"强村富民"和创新社会治理工作。2017年,该所编制了《河南省南水北调丹江口库区移民村社会治理创新研究》报告,认为河南省的"三会"创新,完善了村一级民主自治的组织架构,夯实了村民自治和基层民主的基础。"三会"适应目前中国正在进行大规模经济和社会结构转型、农村正由熟人社会向公民社会转变、公民参与公共事务意愿不断增加的特征,这一治理模式完善后可以在农村其他地区推广。

第八章 监督评估

2005年,国务院南水北调工程建设委员会印发《南水北调工程建设征地补偿和移民安置暂行办法》,明确要求项目法人会同省级主管部门通过招标方式确定中介机构,对移民安置及生产生活情况实施监理、监测。为规范南水北调工程建设征地补偿和移民安置监理和监测评估工作,国务院南水北调办制定了《南水北调工程建设征地补偿和移民安置监理暂行办法》及《南水北调工程建设移民安置监测评估暂行办法》。2006年,国务院颁布的《移民安置条例》明确规定,大中型水利水电工程移民安置实行全过程监督。河南省按照国家、国务院南水北调办相关规定,对南水北调丹江口库区移民安置实行监督评估制度。通过移民监理,及时发现和整改了移民安置进度、移民安置质量、移民资金的拨付和使用等各个方面的问题,保障了移民合法权益,促进了移民安置规划的有序实施,保证了移民搬迁安置工作的顺利进行。通过移民监测评估,及时了解和掌握了移民生产生活水平恢复情况,为各级移民管理机构落实移民政策提供了决策依据。

第一节 移民安置监理

根据《南水北调工程建设征地补偿和移民安置监理暂行办法》和省移民办、中线水源公司与移民监理单位签订的合同,移民监理主要采取巡视、督察、座谈、协调等方法对移民安置进度、移民安置质量、移民资金的拨付和使用进行监督,客观获取各类移民安置信息,查找存在的问题,监督移民活动依法有序进行,保障了国家利益、集体利益和移民个人的合法权益。

一、任务

河南省南水北调丹江口库区移民安置规划主要包括农村移民安置、农村外(集镇迁建、工业企业淹没处理、专业项目复建)项目、库底清理等。农村移民搬迁安置分为试点、第一批、第二批共3个批次实施,涉及郑州、平顶山、新乡、许昌、漯河、南阳6个省辖市的25个县(市、区)。农村外项目、库底清理涉及南阳市淅川县。

省移民办和中线水源公司将河南省丹江口库区移民监理工作划分为试点和1标、2标、3标共4个标段。2008年10月,通过公开招标方式,确定江河水利水电咨询中心承担河南省南水北调丹江口库区试点移民监理工作，移民监理工作范围为郑州等6个省辖市的11个县(市)1.1万人的试点移民搬迁安置。2010年5月，通过公开招标方式，确定黄河设计公司、河南黄河移民经济开发公司、江河水利水电咨询中心分别承担河南省南水北调丹江口库区大规模移民监理1标、2标、3标工作。其中，黄河设计公司承担大规模移民监理1标，移民监理工作范围为除淅川县以外的南阳市唐河、社旗、新野、宛城、卧龙、邓州6个县(市、区)7.7万人农村移民搬迁安置。河南黄河移民经济开发公司承担大规模移民监理2标，移民监理工作范围为郑州、平顶山、新乡、许昌、漯河5个省辖市18个县(市、区)5.8万人农村移民搬迁安置。江河水利水电咨询中心承担1标、2标、3标移民监理技术归口，以及淅川县内1.9万人农村移民搬迁安置、3个集镇迁建、36家工业企业淹没处理、专业项目恢复改建、库底清理等移民监理工作。

二、内容

河南省南水北调丹江口库区移民监理的内容主要包括对移民安置进度、安置质量、资金拨付使用的监督及信息管理等。

(一)移民安置进度监督

根据省移民办和中线水源公司的总体计划和年度工作计划，督促实施方采取切实措施，实现进度目标要求，当实施进度发生较大偏差时，及时向省移民办和中线水源公司提出调整控制性进度计划意见，经省移民办和中线水源公司批准后，完成进度计划的调整。根据批准的移民安置实施规划，对各类移民安置项目的实施进度进行监控。重点控制农村移民新村基础设施、公益设施及房屋的建设进度，以及农村移民生产用地划拨分户和其他生产措施的实施进度；集镇迁建、企业单位淹没处理、专业项目恢复改建进度，库底清理以及移民搬迁进度等，及时向省移民办和中线水源公司反映移民安置实施规划的执行情况。

(二)移民安置质量监督

协助省移民办审查实施方提交的移民安置实施方案和质量保证体系，并监督实施；按照移民安置的综合质量目标检查移民的生产安置质量和生活安置质量是否按照规划实施、移民生产生活条件恢复是否达到规划目标、各单项工程是否按规划设计质量目标实施、是否正常发挥功能等；检查移民安置有关工程质量的监理和监督工作；对移民安置项目实施情况进行监督检查，不符合要求的及时责令整改；对移民安置工作中存在突出问题和发生重大事件时及时报告，在进行必要的调查后，提交专题报告；参与移民安置有关验收，并提交各阶段的移民监理工作报告。

(三)移民资金拨付使用监督

监督移民补偿资金的拨付、使用，分项检查项目资金使用情况，定点抽查移民个人补偿费的兑现。协助省移民办审查移民的概预算和预备费的使用。协助省移民办督促移民资金按计划及时到位，检查移民资金的使用情况，监督实施方按审定的规模、标准和投资实施。参与移民安置规划设计成果审核以及漏项、设计方案变更等审查，提出监理意见。

（四）信息管理

移民监理单位向省移民办和中线水源公司提交移民监理规划、移民监理实施细则，对移民安置以及专业项目和移民安置工程建设信息进行收集、整理，定期编制移民监理旬报、月报、季报和年报等，主要反映阶段内移民监理工作开展情况、移民安置进度、移民安置质量、移民资金拨付使用及移民安置工作经验和做法、存在问题及建议等情况，及时向省移民办和中线水源公司报送。

三、方法

河南省南水北调丹江口库区移民监理主要采取巡查、督察、座谈、协调等方法。

（一）巡查

在河南省南水北调丹江口库区移民安置过程中，移民监理对全省 6 个省辖市的 25 个县（市、区）移民新村建设、生产用地划拨等工作现场进行了巡查，全面了解了移民安置工作进展情况。在移民新村建设、移民搬迁等关键节点，移民监理人员每周 1~2 次到移民新村进行现场巡查，移民新村建房高峰时期每个安置点巡查保持在 2 天一次，对于现场发现的问题，及时向省移民办报告，并要求有关责任方进行整改。对移民安置进度、质量和批复的规划执行情况，提出移民监理意见。

（二）督察

根据河南省南水北调丹江口库区移民安置进度及工作时间节点安排，确定各阶段的工作重点，进行督促检查，并就督促检查中发现的问题，提出整改意见和建议，重大问题及时向省移民办报告。在移民新村建设“三通一平”阶段，重点了解和督察移民新村征地及供水、供电、道路、场地平整情况；在移民新村房屋基础设施建设阶段，重点了解和督察移民迁安组织建立和到位、房屋户型确定、房屋工程建设招标投标、施工单位和工程监理等的确定和进场、移民建房合同签订以及房屋基础开挖和基础施工进度、质量等情况；在移民房屋主体施工阶段，重点了解和督察工程监理、质检人员到位，移民房屋建设进度、质量，公益设施、基础设施建设等情况；在移民搬迁阶段，重点了解和督察移民新村是否具备入住条件、生产用地调整划拨移交、移民搬迁方案报批情况、搬迁工作落实情况及安全措施、移民搬迁进度和入住等情况。

在移民安置实施过程中，移民监理还参加了省移民办组织的进度、质量督察和检查。

（三）座谈

移民监理除参加安置地省辖市、县（市、区）移民管理机构有关会议外，到各移民安置地巡查时，根据实际情况，与县（市、区）移民管理机构、乡（镇）、工程监理和施工单位、移民迁安组织等相关人员座谈，调查了解移民安置工作进展、质量情况，及时掌握现场进度第一手资料，总结推广好的做法，对存在的问题提出处理意见及建议。

（四）协调

移民监理参加省、市、县移民安置工作现场协调会议，以及有关问题处理协调会，按移民监理工作要求提出意见和建议，为省移民办和中线水源公司决策提供依据。在移民搬迁安置过程中，移民监理针对诸如安置点的确定、移民新村选址、生产安置用地的调整等各种矛盾和问题,兼顾国家、集体、个人三者利益,实事求是地进行协商,以达到化解矛盾、解决纠纷、维护稳定的目的;加强移民政策法规的宣传,增强移民群众的法律意识和自我保护能力;主动对移民安置进度计划拟定、规划设计方案审查、工程招标、工程检查及验收提供技术服务,协助地方政府移民管理机构对移民工作人员进行业务培训,参加和组织相关会议提出移民监理意见,促进移民安置工作有序进行。

四、效果

移民监理通过对移民安置进度、移民安置质量、移民资金拨付使用进行监督和评价,编写移民监理周报、旬报、月报、年报、专题报告,并适时提出移民安置工作咨询建议,有效地推动了移民安置工作的顺利进行。

(一)移民安置进度

移民监理依照省移民办制定的农村移民安置、农村外项目淹没处理、库底清理等实施工作方案,采取现场巡查方式及时对移民新村房屋建设、移民搬迁、后续工作开展、库底清理等情况进行检查、统计和汇总,对移民安置实施进度进行监控,并将移民安置实施情况与进度计划进行对照比较,查找移民安置进度方面存在的问题,督促实施方严格执行移民安置年度计划,采取有效措施,实现了总体计划进度;及时、全面地向省移民办和中线水源公司反映、提供移民安置的动态信息,为移民政策的制定和调整提供了大量依据和咨询建议,发挥了参谋和助手的作用,促进了移民安置管理决策的科学化。

(二)移民安置质量

移民监理依照批准的移民安置规划,对移民安置规划实施情况进行全面的质量控制,及时发现移民安置过程中存在的质量问题,并督促实施方采取有效措施进行整改,促使移民安置质量满足规划确定的移民安置标准。农村移民安置方面,通过对移民生产安置和生活安置质量实施监督,河南省南水北调丹江口库区移民安置实施质量满足规划确定的生产安置标准和生活安置标准,移民生产条件和居住环境得到较大改善。农村外项目方面,移民监理根据项目的类别不同确定质量监督重点,通过对单位企业淹没处理、复建项目建设管理等进行质量监督,河南省南水北调丹江口库区农村外项目按照规划得以恢复,工程质量总体受控,满足了移民群众生活需要,有利于库区经济持续发展。

(三)移民资金拨付使用

移民监理按照国家、河南省有关移民资金管理的相关规定,以批复的移民安置规划概算为依据,主要参与了资金结算调查、专项资金拨付审查、变更项目复核、门楼院墙和沼气池建设情况复核、预备费使用等工作。通过对移民资金的监督,有效地促进了各级移民管理机构资金管理制度的建立健全,规范了移民安置资金拨付程序,加强了移民安置资金财务管理,保证了移民安置资金计划的有效实施。

第二节　移民安置监测评估

移民安置监测评估主要通过对移民安置实施开始到生活水平恢复期间移民生产生活水平的跟踪调查,并与移民搬迁前基本情况和移民规划目标对比分析,对移民安置效果及规划目标是否实现进行评估。2008 年 10 月及 2010 年 6 月,省移民办与中线水源公司分别对南水北调中线一期工程河南省丹江口库区移民安置试点和大规模移民监测评估进行了公开招标,均为江河水利水电咨询中心中标。

一、组织实施

2009 年 5 月,河南省南水北调丹江口库区移民监测评估工作正式启动。江河水利水电咨询中心根据《南水北调工程建设移民安置监测评估暂行办法》及签订的监测评估合同,主要采取文献分析法、访谈法、抽样调查等方法,对移民活动进行周期性的监测和客观评估,反馈给各级移民管理机构,推动了移民安置工作的不断改进和完善。

(一)监测评估对象与范围

监测评估对象为南水北调中线一期工程河南省丹江口库区移民安置的试点及第一批、第二批移民。初期监测评估范围涉及河南省丹江口库区淅川县大石桥、老城、金河、盛湾、滔河、马蹬、上集、香花等 10 个主要淹没乡(镇)。移民搬迁后,监测评估范围随之扩展到移民安置区,涉及郑州、新乡、许昌、平顶山、漯河、南阳 6 个省辖市的 25 个县(市、区)的 155 个出县集中安置点,以及 53 个淅川县内安置点。

(二)监测评估内容

结合河南省丹江口库区移民搬迁安置实际情况,监测评估主要内容包括:移民管理机构运转情况,移民资金使用和管理情况,农村移民生活安置和生产安置情况,农村外项目实施情况,库底清理情况,农村移民收入水平恢复情况,移民后期帮扶情况,移民权益保障情况,移民满意度,移民社会适应性调整情况等。

(三)监测评估方法

监测评估每个周期工作分为前期准备、外业调查和报告编写 3 个阶段。主要通过文献分析法、参与观察法、访谈法、专题调查会、问卷调查、抽样调查 6 种方法,对移民安置实施活动进行数据信息的收集,在此基础上对移民活动进行周期性的监测和客观评估,发现存在或潜在的问题,提出解决问题的意见和建议,并反馈给各级移民管理机构,以推动移民安置工作的不断改进和完善。

(四)监测评估进程

江河水利水电咨询中心组建监测评估项目组,配备满足移民安置监测评估需要的人员,并将项目组组织形式、人员构成等报送省移民办和中线水源公司;根据监测评估合同以及与委托方的协商,按照有关要求编制了监测评估工作大纲与工作计划,以此指导监测评估工作的开展。2009 年 5 月至 2012 年 12 月,对河南省丹江口库区试点移民进行了 8 次实地调查;2010 年 8 月至 2016 年 7 月,对大规模移民进行了 12 次实地调查。

(五)监测评估成果

监测评估成果主要有阶段性报告、总报告、验收报告。截至 2019 年年底,江河水利水电咨询中心共编制了监测评估报告 20 期、试点移民监测评估总报告 1 期、库区移民监测评估总报告 1 期、蓄水验收监测评估工作报告 1 期、总体验收监测评估工作报告 1 期。

二、评估结论

江河水利水电咨询中心通过对移民生产生活水平恢复情况的跟踪调查,并与移民搬迁前基本情况和移民规划目标对比分析,从而对移民搬迁后的影响、效果及移民规划目标是否实现做出评估;对移民生产生活水平恢复中发现的问题,分析原因,提出建议,为省移民办、中线水源公司、实施机构决策提供参考。

根据江河水利水电咨询中心对河南省丹江口库区移民生产生活水平恢复情况的连续跟踪和监测评估,结果显示:生产安置方面,坚持以土为本、大农业安置为主的原则,在移民生产安置过程中,按照规划的标准调整划拨生产用地,通过土地整理和水利设施配套,耕地集中连片耕种条件较好;加强移民生产技能培训,拓宽移民就业门路,帮助指导移民发展生产,促进了移民增收致富。生活安置方面,移民新村房屋、供水、排水、供电、村内外道路、广播电视网络、绿化以及环卫等基础设施建设均进行了统一规划,各项设施齐全,移民生活居住环境比搬迁前有较大的改善,为逐步实现农村基础设施城镇化、生活服务社区化、生活方式市民化的新的城乡一体化居住模式和服务管理模式创造了基本条件。收入恢复方面,移民人均收入增幅明显,2009 年为 4 064 元,2015 年监测评估工作结束时为 9 317 元,增长了 129. 26%,收入结构也更加多元化;90%以上移民村有集体收入,高的每年达 200 余万元。移民家庭、移民村的经济已纳入良性、快速发展的轨道。同时移民搬迁后也逐步融入当地生活,思想情绪稳定,移民后期帮扶工作取得了较明显的成效。

第九章　后期扶持

2006 年 5 月,《国务院关于完善大中型水库移民后期扶持政策的意见》提出"继续按照开发性移民的方针,完善扶持方式,加大扶持力度,统一筹集资金集中扶持 20 年"。8 月,河南省结合实际,印发《河南省完善大中型水库移民后期扶持政策实施方案》,组织开展全省大中型水库移民后期扶持政策实施工作。从 2009 年起,省移民办分批次将南水北调丹江口库区农村移民纳入大中型水库移民后期扶持范围。通过发放后期扶持直补资金、加强后期扶持项目扶持、实施精准扶贫等各项移民后期扶持政策,促进了河南省南水北调丹江口库区移民的生产生活水平恢复和丹江口水库库区、移民安置区可持续发展,移民逐步进入稳定发展阶段。

第一节　人口核定与扶持方式

2010~2015 年,中央分批次对河南省南水北调丹江口库区移民进行核定。省移民办根据《国务院关于完善大中型水库移民后期扶持政策的意见》《新建大中型水库农村移民后期扶持人口核定登记暂行办法》《河南省完善大中型水库移民后期扶持政策实施方案》和《河南省大中型水库农村移民后期扶持人口核定登记办法》等文件,以县(市、区)为单位、行政村为单元,在充分尊重移民村和移民群众意愿的基础上,确定了河南省南水北调丹江口库区移民的扶持方式。

一、移民人口核定

2006 年,中央核定河南省 2006 年大中型水库移民后期扶持人数为 163.2 万人,其中在建未搬迁的南水北调丹江口库区移民 14.92 万人。南水北调丹江口库区移民搬迁后,中央分 3 批核定河南省南水北调丹江口库区移民后期扶持人口 17.39 万人。

(一)人口核定

河南省南水北调丹江口库区移民为 2006 年 7 月 1 日后搬迁的大中型水库移民,移民人口核定登记实行属地管理,由省政府负总责,县级以上政府负责本行政区域内人口核定登记的组织和实施。根据有关规定,省移民办在每批次移民搬迁完成后,及时组织完成了移民后期扶持人口核定登记工作。

（二）核定结果

1. 中央核定

2006年4月，水利部主持召开了全国大中型水库移民后期扶持人数核定会议，核定河南省2006年大中型水库移民后期扶持人数为163.2万人，其中在建未搬迁的南水北调丹江口库区移民14.92万人。中央分别于2011年、2013年、2014年对河南省南水北调丹江口库区移民后期扶持新增人口指标进行了核定，最终核定南水北调丹江口库区移民后期扶持人口17.39万人。其中：2011年，水利部印发《关于2010年度新建大中型水库农村移民后期扶持人数核定成果的函》，核增河南省南水北调丹江口库区搬迁安置人口1.21万人。2013年，水利部印发《关于2012年度新建大中型水库农村移民后期扶持人数核定成果的函》，核增河南省南水北调丹江口库区搬迁安置人口0.42万人。2014年，水利部印发《关于2013年度新建大中型水库农村移民后期扶持人口核定成果的函》，核增河南省南水北调丹江口库区生产安置人口0.84万人。

2. 河南省核定

2010年，按照国务院和省政府有关规定，省移民办对郑州、平顶山、新乡、许昌、漯河、南阳6个省辖市南水北调丹江口库区试点移民进行了核定登记。试点搬迁安置移民人口共计1.1万人，其中丹江口水库初期工程移民0.83万人，实际核增移民后期扶持人口0.27万人。2011年，省移民办在对2010年全省后期扶持范围移民人口进行审核的基础上，核定南水北调丹江口库区第一批搬迁安置移民人口6.56万人，其中丹江口水库初期工程移民3.34万人，实际核增移民后期扶持人口3.22万人。2012年，省移民办在对2011年全省后期扶持范围移民人口进行审核的基础上，确定南水北调丹江口库区第二批搬迁安置移民人口8.67万人，其中丹江口水库初期工程移民2.52万人，实际核增移民后期扶持人口6.15万人。2015年，根据水利部批复，核增淅川县南水北调丹江口库区生产安置移民人口0.84万人。最终核定南水北调丹江口库区移民后期扶持人口17.17万人，其中试点移民1.1万人，第一批移民6.56万人，第二批移民8.67万人，淅川县生产安置移民0.84万人。

二、扶持方式确定

2006年，《国务院关于完善大中型水库移民后期扶持政策的意见》对水库移民后期扶持方式确定的原则、程序等进行了明确，提出了后期扶持资金能够直接发放给移民个人的应尽量发放到移民个人，用于移民生产生活补助；也可以实行项目扶持，用于解决移民村群众生产生活中存在的突出问题；还可以采取两者结合的方式，即“一个尽量，两个可以”。为让移民直接受益，政策还特别规定，具体扶持方式的确定，必须充分尊重移民意愿并听取移民村群众意见。

在充分尊重移民意愿并听取移民村群众意见的基础上，逐级汇总上报，最终河南省确定南水北调丹江口库区移民除淅川县0.84万生产安置移民进行项目扶持外，其余后期扶持人口均采取直补资金发放扶持方式。

三、人口动态管理

河南省南水北调丹江口库区移民分批次纳入后期扶持范围后,各级移民管理机构依照国家、河南省的相关规定随同其他大中型水库移民后期扶持人口实行动态管理,其中郑州、平顶山、许昌3个省辖市还制订了移民后期扶持人口动态管理规定或年度实施方案。实施中,各县(市、区)后期扶持移民人口年度审核对象主要包括:自然减员人口、农转非人口、大中专院校毕业已在城市就业人口、部队院校毕业提干和士兵转士官人口、举报查实和打假治假的非移民人口以及其他不符合扶持条件的非移民人口。后期扶持人口动态管理由丹江口库区移民安置涉及的县级移民管理机构具体负责实施。县级移民管理机构以村为单位,组织乡(镇)、村干部入户进行调查,对60岁以上的移民重点审核,对符合核减条件的人口进行登记,经村、乡(镇)政府和县级移民管理机构核实后,张榜进行公示,接受群众监督。公示无异议后,逐级上报省级移民管理机构,批复后作为下一年度移民后期扶持资金调整的依据。2010~2019年,河南省对包括丹江口库区移民在内的全省移民共进行了10次后期扶持人口年度核定。

按照《河南省完善大中型水库移民后期扶持政策实施方案》,移民后期扶持人口动态管理核减的移民人口形成的结余资金统筹用于项目扶持。2015年以前,河南省每年对各省辖市、省直管县(市)移民后期扶持人数以文件形式予以调整,对核减的移民人口指标予以收回。2015年3月10日,省移民办、省财政厅、省水利厅以豫移办〔2015〕28号文印发《关于下放大中型水库移民后期扶持人口审核管理工作权限的通知》,规定以2015年全省移民后期扶持人数161.89万人为基础,对各省辖市和省直管县(市)大中型水库移民后期扶持人数一次核定,不再调整。

第二节　直补资金发放与管理

2007年,河南省先后印发《河南省大中型水库移民后期扶持基金使用管理暂行办法》《河南省大中型水库移民后期扶持基金发放办法》等文件,对后期扶持基金的使用管理及发放工作进行了明确的规定。同时印发《河南省大中型水库移民后期扶持资金发放实施方案》,从2007年起在邮政储蓄银行为水库移民开设个人存款账户,直接兑付移民后期扶持直补资金。河南省核定南水北调丹江口库区移民后期扶持人口17.17万人,其中16.33万人采取直补到人扶持方式。后期扶持直补资金发放纳入全省后期扶持工作统一管理,实行政府负责、属地管理的原则,由县级财政部门和移民管理机构具体办理。

一、直补资金发放

为做好丹江口水库移民后期扶持资金发放工作,省移民办按照《河南省大中型水库移民后期扶持资金发放实施方案》文件精神,在邮政储蓄等银行为已纳入后期扶持范围的南水北调丹江口库区移民开设个人存款账户,以存折(卡)的形式兑付移民后期扶持资金。

(一)发放范围和期限

南水北调丹江口库区移民分试点、第一批、第二批搬迁,后期扶持人口分批次核定。在后期扶持人口核定和扶持方式确定后,试点、第一批、第二批采取直补资金发放扶持方式的移民分别自2010年、2011年、2012年起纳入全省后期扶持资金发放范围,并从扶持当年算起,扶持20年;扶持资金的发放标准为每人每年600元。

(二)发放程序及进度

移民后期扶持直补资金发放按照“身份确认、统一管理、社会监督”的运行管理机制,由县级移民管理机构负责移民信息的校核与解释工作。县级财政部门负责管理和及时拨付资金,县邮政储蓄等银行负责定期发放资金。县级移民管理机构、县级财政部门、县邮政储蓄等银行建立了后期扶持资金发放账册、移民个人档案,按程序将直补资金发放到移民个人账户。

后期扶持直补资金由省财政厅经省辖市财政部门拨付至县级财政部门;省直管县(市)、扩权县(市)由省财政厅直接拨付至县级财政部门。县级移民管理机构负责提供移民后期扶持资金发放底册给县级财政部门、县邮政储蓄等银行,县级财政部门将移民后期扶持资金拨入县级移民管理机构在县邮政储蓄等银行开设的“移民后期扶持资金”专户,县邮政储蓄等银行根据底册将资金转入移民账户。

省财政厅、省移民办从2010年起开始下达南水北调丹江口库区移民后期扶持直补资金。各市、县按年度下达的移民直补资金及时兑付到了移民个人,同时采取项目扶持形式的后期扶持直补资金也全部拨付到位。

二、直补资金管理

移民后期扶持直补资金管理主要包括资金发放管理、资金年度计划管理和资金拨付管理。

(一)资金发放管理

移民后期扶持资金按照《河南省关于完善大中型水库移民后期扶持政策实施方案》规定的范围、期限和对象发放。其中,直接发放给移民个人的后期扶持资金,按照县级移民管理机构提供的移民名册、补助标准和备案的移民个人账户,由财政部门直接支付到相关银行,再由银行划拨到移民个人账户。淅川县南水北调丹江口库区生产安置移民0.84万人实行项目扶持的直补资金,由淅川县移民局报南阳市移民局审批后实施。

在移民后期扶持直补资金发放过程中,省移民办和有关市县移民管理机构对移民后期扶持直补资金发放工作进行了检查。同时直补资金发放还接受了审计、监察等部门的监督检查以及第三方评估机构的后期扶持监测评估,确保了移民后期扶持直补资金的合理使用。

（二）资金年度计划管理

移民后期扶持直补资金严格按照预算安排使用，年终结余资金结转下年度继续使用。省财政厅按照各市县后期扶持移民人数和国家规定的扶持标准，会同省移民办核定各地移民后期扶持直补资金额度，向各省辖市、省直管县（市）、扩权县（市）财政部门下达年度直补资金计划。

（三）资金拨付管理

移民后期扶持直补资金实行专户管理，专款专用。因移民后期扶持对象减少形成的结余资金，用于移民项目扶持。具体程序是国家、省、市财政部门将资金逐级拨付到移民后期扶持资金专户；有关县级移民管理机构根据上级移民管理机构和财政部门下达的资金计划，向同级财政部门提出用款申请，经财政部门审核后，通过银行将资金兑付到移民个人账户。

第三节　项目实施与管理

从2008年起，河南省根据全省后期扶持相关规划，利用大中型水库移民后期扶持结余资金、跨省大中型水库库区基金、省内大中型水库库区基金等资金，加大对全省水库移民的扶持力度。2009年南水北调丹江口库区试点1.1万移民搬迁后，省移民办即倾斜下达后期扶持项目资金1 000万元。至2019年，按年度下达南水北调丹江口库区移民后期扶持项目资金7.48亿元。项目的实施，促进和提升了河南省南水北调丹江口库区和移民安置区基础设施、生态环境建设和长远经济发展，促进了移民的生活水平不断提高。

一、项目规划

在发放直补资金的同时，为促进库区和移民安置区的长远发展，省移民办按照“以水库移民村为基本单元，优先解决突出问题”的原则，每五年组织编制一次大中型水库库区和移民安置区基础设施和经济发展规划，指导各地开展后期扶持项目建设，促进移民增收。截至2019年年底，河南省先后完成了《河南省大中型水库库区和移民安置区基础设施和经济发展规划（2006~2010年）》《河南省大中型水库库区和移民安置区基础设施和经济发展规划（2011~2015年）》和《河南省大中型水库移民后期扶持“十三五”规划（2016~2020年）》。南水北调丹江口库区农村移民后期扶持人口核定后，及时纳入以上三期规划之中。

各期后期扶持项目规划，重点是加强基本口粮田及配套水利设施建设，完善交通、供电、通信和社会事业等设施建设，同时开展生态建设、环境保护、移民劳动力就业技能培训及职业教育等。规划投资主要来源于大中型水库移民后期扶持结余资金、跨省大中型水库库区基金、省内大中型水库库区基金等，均由中央财政或省级财政统一征收后分年度下达预算额度，省移民办组织各级移民管理机构编制项目计划，经批准后组织实施。

南水北调丹江口库区移民因刚搬迁安置不久,项目规划重点是种养加等生产开发项目。

二、实施管理

2010 年,省移民工作领导小组印发《河南省大中型水库库区和移民安置区基础设施建设和经济发展规划项目实施管理办法(试行)》,实行“省政府领导,分级负责,县为基础,分步实施”的管理体制,由县级移民管理机构会同同级财政部门编制年度计划,逐级上报至省财政厅、省移民办审批后,由县级移民管理机构负责组织实施。2011 年,为规范全省后扶项目竣工验收管理工作,省移民工作领导小组制定了《河南省水库移民扶持规划项目竣工验收管理办法》。2013 年,省移民工作领导小组对《河南省大中型水库库区和移民安置区基础设施建设和经济发展规划项目实施管理办法(试行)》进行修订,并印发《河南省大中型水库库区和移民安置区基础设施建设和经济发展规划项目实施管理办法》,对后期扶持规划项目年度计划编制、前期工作文件审批、项目验收以及对移民管理机构工作的考核等进一步明确。2013 年 12 月,为进一步简政放权,提高工作效率,省移民办印发《关于全省水库移民后期扶持项目管理有关事项的通知》,明确全省后期扶持项目实行“政府领导,分级负责,县为基础”的管理体制和“县级申报、市级审批、省级备案”的计划管理制度。2018 年,为进一步规范大中型水库移民后期扶持项目管理,简化审批程序,提高工作水平,发挥后期扶持资金效益,省移民工作领导小组印发《河南省大中型水库移民后期扶持项目管理办法》,对后期扶持规划编制和审批、项目库建设、实施计划管理、建设管理、监督管理等进行了明确。南水北调丹江口库区移民后期扶持项目实施管理依照河南省相关规定、办法执行。

(一)项目库建设

县级移民管理机构根据经批准的移民后期扶持规划和年度目标任务,结合当地实际、移民意愿等,参照本年度后期扶持项目投资规模,于当年度 11 月底前完成下年度后期扶持项目库建设。项目库建设的基本程序包括项目申报、项目筛选审查、项目实施方案编制和核准、项目入库。

1. 项目申报

移民村根据本村基础设施、公共服务和产业发展现状,依据村级发展规划,在充分征求群众意愿的基础上,提出项目申请报告,经乡(镇)人民政府审核汇总后报县级移民管理机构。项目申请报告内容主要包括项目建设目的,项目名称、地点、内容、规模、投资估算、资金筹措、效益分析等。

2. 项目筛选审查

县级移民管理机构在实地调查的基础上,对申报项目可行性、合规性、民主推选程序及大中小项目级配的合理性等进行筛选审查,初步确定入库项目。

3. 项目实施方案编制和核准

对初步确定入库的项目,县级移民管理机构要及时组织乡(镇)政府或者项目实施单位编制项目实施方案。

工程建设项目实施方案内容主要包括项目建设背景、建设规模、建设条件、建设内容、建设方案、工程概算、工程设计图、进度安排、效益分析、运行管理等。教育培训项目实施方案主要内容包括培训原则、培训目标、培训对象及时间、培训机构、培训方式、投资、效益评价等。

项目实施方案由市级移民管理机构核准或者由市、县移民管理机构分级核准,分级核准权限的划分由市级移民管理机构确定。省直管县(市)和扩权县(市)项目实施方案由本级人民政府核准。

4. 项目入库

县级移民管理机构在项目实施方案核准后15日内将入库项目录入移民后期扶持管理信息系统;加强项目库动态管理,项目库如需调整,要及时完善核准程序,补充录入移民后期扶持管理信息系统。

(二)实施计划管理

县级移民管理机构根据省、市下达的年度资金使用计划,于每批次资金下达后15日内从项目库中选取项目,编制批次实施计划,并录入移民后期扶持管理信息系统。实施计划主要内容包括:项目类别、项目名称、建设地点、建设工期、建设内容、投资总额及构成、项目资产产权、效益情况、主管单位、受益移民、受益总人口、项目实施方案核准文号等。

后期扶持项目在实施计划编制完成后,原则上3个月内完成相关法定程序,开工建设。对已确定的实施计划,报市级移民管理机构备案,省直管县(市)实施计划报省级移民管理机构备案,录入移民后期扶持管理信息系统。

(三)建设管理

后期扶持项目实施按照项目所属行业规定和有关法律法规进行管理。项目实施过程中有关事项属于政府采购范围的,要按照政府采购有关规定执行。未达到政府采购限额标准的,项目实施单位要结合项目具体情况,依法选择适当的采购方式。按照分级管理、分级负责的原则,落实移民项目各相关单位质量管理责任。参照执行各类工程质量法规体系标准和管理规定,建立质量管理体系。县级移民管理机构按照有关要求,将项目实施情况信息及时录入移民后期扶持管理信息系统。

后期扶持项目完工后,市、县移民管理机构按照有关规定及时组织竣工验收。竣工验收后,要明确产权归属,按照"谁受益、谁负责"的原则,落实管护主体,及时办理项目权属移交手续,建立健全各项运行管护制度,保证项目正常运转,发挥效益。

县级移民管理机构要按照国家及省档案管理有关规定,按照"一项一档"的原则,建立健全项目档案,分类保存。对于打捆招标的项目,可对招标部分建立项目公共档案,实施部分建立单项档案,并建立两者互查索引。以其他资金为主、移民后期扶持资金为辅的项目,县级移民管理机构要参与建立能反映项目建设管理整体情况的项目档案。

(四)监督管理

省级移民管理机构对后期扶持规划、项目实施计划编报及实施情况加强监督与管理。市级移民管理机构履行项目实施的监督检查和管理责任。

实行后期扶持项目绩效评价制度。由各级移民管理机构牵头,对后期扶持项目资金开展绩效评价工作。绩效评价结果作为后期扶持项目资金分配和奖励表彰的依据。

三、资金管理

移民后期扶持项目资金管理主要包括年度计划管理和资金使用管理。

(一)年度计划管理

省财政厅会同省移民办依据有关市县核定的农村移民人数,结合有关市县水库移民突出问题等情况,将大中型水库移民后期扶持结余资金、跨省大中型水库库区基金切块分配到有关市县。

省财政厅、省移民办在安排省内大中型水库库区基金时,75%用于支持库区及移民安置区基础设施建设和经济发展规划、解决水库移民的其他遗留问题;25%部分用于库区防护工程及移民生产、生活设施维护。

(二)资金使用管理

移民后期扶持项目确定坚持民主程序,尊重和维护移民群众的知情权、参与权和监督权,实行公示制度,接受移民群众的监督;项目承建单位的确定及工程物资的采购,按照招标投标和政府采购有关规定办理。项目资金由县级财政部门专账核算、统一管理,执行财政国库集中支付制度和县级报账制。项目实施单位根据批复的项目投资概算和施工进度,提出用款申请并附合法有效的报账凭据,按规定程序报县级移民管理机构审核同意,再报同级财政部门审批。财政部门审批确认后,通过国库集中拨付,将项目款拨付给施工单位。

第四节　扶持效果

2009年,河南省开展了南水北调丹江口库区移民后期扶持工作。通过直补资金发放,增加了移民家庭的收入;通过后期扶持项目的实施,进一步改善了移民的生产生活条件,促进了移民劳动力转移就业,使移民收入逐年提高。移民后期扶持政策的实施,促进了库区和移民安置区稳定发展。

一、经济效益

大中型水库移民后期扶持政策实施,促进了丹江口水库河南省库区和移民安置区发展,改善了移民生产生活条件,助力了移民收入水平的提高,经济效益显著。

(一)区域经济

后期扶持资金的发放,增加了移民家庭收入,对于缓解移民家庭尤其是贫困家庭的生活困难发挥了积极作用;后期扶持项目实施带动了其他部门对丹江口水库库区和移民安置区的投入。截至2019年年底,河南省累计安排后期扶持项目资金、南水北调移民生产发展奖补资金、政府产业基金等 15.63 亿元，加上支农惠农资金、移民自筹及招商引资资金，总计投入生产发展资金超过 30 亿元，促进了库区和移民安置区经济发展。如新乡市辉县市共安置南水北调丹江口库区磊山、党子口、王井、沿江、仓房、侯家坡、胡坡等 7 个移民村 1 092 户 4 689 人。移民搬迁完成后至 2019 年，通过后期扶持、“强村富民”战略实施、招商引资等多渠道筹集资金 6 128 万元，用于移民村建设种植、养殖、加工等项目 20 余个，初步形成了“一村一品”的产业发展格局。7 个移民村开设丹江口水库特色鱼宴 21 家，带动、催生了活鱼运输专业户 5 家、客运专业户 21 家，形成了独具特色的鱼饮食文化；仓房村成立了“香菇种植专业合作社”，发展社员 51 户，对购种、购料、育苗、培养、销售等生产环节实行统一管理，提供全方位服务，已建成香菇大棚 91 座，年产值约 1 200 万元，利润 500 万元以上，成为远近闻名的香菇大棚专业村，同时通过香菇种植技术输出，带动周边县乡村发展大棚 160 余座，种植香菇 200 多万袋，形成了规模效应；侯家坡村引进的河南众兴食品有限公司，每年上缴该村土地分红 13 万元，创造就业岗位 30 余个，该村还先后引进 1 家机械制造厂和 1 家食品加工厂在村内投产。

（二）移民增收

河南省在南水北调丹江口库区移民实现顺利搬迁后，及时将其纳入全省大中型水库移民后期扶持范围，相关县（市、区）以项目为依托，在农田水利、美丽家园建设、生产开发等方面对库区和移民安置区倾斜，重点支持，优先安排，拓宽了移民帮扶渠道，改善了移民的生产条件和生活环境，促进了库区和移民安置区产业结构调整；实施移民生产技能培训项目，对符合农业实用技术培训、职业技能培训、职业教育等培训教育条件的移民，重点支持、优先安排，加大了移民智力帮扶力度，提升了移民自我发展能力，促进了农村移民劳动力向二、三产业转移，为移民收入水平的提高奠定了基础。如南阳市唐河县结合移民生产发展需要，充分利用移民村养殖小区用地，集中使用移民后期扶持资金，选择环绕县城、基础好、交通便利的移民村，重点打造“移民后续发展示范区”，建设效益好、可持续发展的大项目。如该县分别投资 600 万元和 800 万元建设的桐寨铺镇梁庄新村和张店镇老人仓村生猪代养场，通过租赁形式对外承租，2019 年仅此一项可分别为两村增加集体收入 30 万元、50 万元，同时可安排就业 50 人。漯河市临颍县王岗镇是中国辣椒种植之乡，当地农民有“小麦辣椒套种”传统。县移民办为使该镇移民有一技之长，熟练掌握相关实用技能，尽快适应安置地生产模式的转变，拓宽增收致富渠道，安排后期扶持培训项目，并选派致富带头人和种养殖大户外出参观学习，推广了“小麦辣椒套种”技术，增强了移民自我发展能力。河南省南水北调丹江口库区移民搬迁后收入逐年递增，2019 年移民人均可支配收入达到 13 465 元，与全省农村居民人均可支配收入相比，差距在缩小。

二、社会效益

南水北调丹江口库区移民搬迁完成后，各地通过加强农田水利基础设施建设，提高了土地利用率。许多移民村发挥土地集中连片、基础设施完备的优势，引入外来企业，利用扶持资金建设农产品深加工等项目,并把扶持项目作为村集体固定资产进行租赁,村集体有了稳定收入,与新型工业化、城镇化大潮有机融合。通过逐年实施生产开发项目,加快了当地农业生产向高标准、规模化经营方向发展,农业生产和地方经济由粗放型经营向集约化经营转变,促进了农村产业融合发展。结合美丽家园建设,完善了基础设施和社会事业设施,丰富了移民群众的文化生活,对促进社会和谐发展起到了积极作用。

三、环境效益

"十一五"规划实施期间,移民后期扶持项目实施主要侧重于基本口粮田及农田水利设施配套、基础设施完善等。"十二五"规划实施期间,通过社会事业设施建设、生态建设、环境保护等项目建设,加大了对移民村庄环境整治的扶持力度,移民村的村容村貌得到明显改善。农田水利项目建设,在促进移民收入增加的同时,灌溉用水有效保持了土壤水分,缓解了土地沙化,增加了植被,减少了水土流失,对水资源可持续利用和生态良性运行具有重要促进作用;通过田间道路整修、道路边沟疏通,有效地减少了农田田坎垮塌,减少了水土流失和泥沙淤积,加强了农田和灌排设施的保护;通过基础设施建设,改善了移民群众的生产生活环境。2016 年,"十三五"规划进入实施期,各地从移民村基础设施和社会事业设施提升及人居环境改善出发,加大了对移民村美丽家园建设、乡村旅游投资力度,对库区和移民安置区的生态环境产生了积极影响。

第五节　监测评估

2011 年 5 月 19 日,国家发展改革委、财政部、水利部以发改农经〔2011〕1033 号文印发《关于开展大中型水库移民后期扶持政策实施情况监测评估工作的通知》,要求省级移民管理机构编制本行政区域年度监测评估工作报告。河南省南水北调丹江口库区移民搬迁完成后,省移民办及时将其纳入了全省水库移民后期扶持范围,后期扶持政策实施情况监测评估与全省水库移民后期扶持监测评估工作同步进行。从 2011 年开始,已组织开展了 2006~2010 年度、2011 年度、2012 年度、2013~2014 年度、2015 年度、2016 年度、2017 年度、2018 年度、2019 年度共 9 次后期扶持政策实施情况监测评估工作,累计对郑州、平顶山、新乡、许昌、漯河、南阳 6 个省辖市南水北调丹江口库区移民后期扶持人口数量较多的 22 个县(市、区)移民后期扶持政策实施情况进行了监测评估。

一、主要任务

移民后期扶持政策实施情况监测评估的主要任务是对后期扶持政策实施情况、后期扶持资金使用管理情况、后期扶持政策实施效果进行跟踪监测和系统评估。

(一)政策实施

一是后期扶持政策实施保障机制的建立与运行情况,主要包括后期扶持政策实施的组织领导、移民管理机构能力建设、配套政策及规章制度的制定情况，政策宣传和人员培训的开展情况，移民信访稳定预案的制订及落实情况等；二是后期扶持规划的实施情况，主要包括后期扶持规划的审批和年度计划的实施情况，后期扶持资金的发放情况，规划项目的实施与管理情况等；三是大中型水库库区和移民安置区基础设施建设和经济发展规划的实施情况，主要包括项目规划的审批和年度计划的实施情况，规划资金的落实情况，规划项目的确定、实施与管理情况等。

（二）资金使用管理

主要包括后期扶持基金、库区基金及其他各类后期扶持资金使用计划的编制情况，资金使用和管理情况，资金的稽察、检查、监督及审计情况等。

（三）实施效果

一是移民群众收入水平变化情况，主要包括库区和移民安置区移民人均收入、年均增长情况，贫困移民脱贫情况，以及与当地平均水平的比较等；二是移民群众生产、生活条件变化情况，主要包括库区和移民安置区基础设施建设和经济发展状况，特别是解决“五难”（行路难、用电难、饮水难、上学难、就医难）问题的进展情况等；三是库区和移民安置区社会稳定情况，主要包括非农业户口移民、淹地不淹房人口、原住村民等连带影响处理情况，移民信访人次、批次和变化情况等；移民的知情权、参与权和监督权等权益的保障情况。

二、工作方法

监测评估工作方法包括监测方法和评估方法。

（一）监测方法

监测方法主要包括文献调研、座谈、访谈、实地查勘、典型个案调查、抽样调查等方法。

1. 文献调研

监测评估单位对与移民后期扶持政策实施活动有关的各种文献进行系统而有针对性的收集、整理、分析、研究。在资料收集中，监测评估单位不仅要全面收集监测县的资料，还要收集监测县所在省辖市及河南省全省的后期扶持人口核定、动态管理、项目年度计划、资金拨付、保障机制等资料，为完成监测评估报告编写提供全面的基础资料。

2. 座谈

监测评估单位通过与各级移民管理机构进行座谈，了解后期扶持政策实施的全面信息，掌握后期扶持政策实施进展情况、实施中存在的主要问题和处理情况以及移民管理机构运行情况；在库区和移民安置区召开移民和移民村群众代表参加的座谈会，收集后期扶持人口核定登记情况、后期扶持资金发放及使用情况、后期扶持项目的进展及效果、移民群众生产生活条件变化情况、移民群众对后期扶持政策实施工作的意见和建议，以及信息公开、公众参与和协商、抱怨的申诉及解决情况等。

3. 访谈

监测评估工作人员深入移民家庭，与移民群众进行面对面的访谈，了解后期扶持政策实施情况。入户访谈内容主要包括移民家庭情况,后期扶持资金发放及使用情况,移民生产条件、生活水平情况,后期扶持相关政策宣传与信息公开、公众参与、诉求及解决情况。需要时,监测评估单位还对县级移民管理机构、乡(镇)、移民村等进行重点访谈。

4. 实地查勘

监测评估工作人员通过实地查勘,获知移民后期扶持政策实施进度、效果,发现实施中存在或潜在的问题。

5. 典型个案调查

针对需要调查研究的问题,监测评估工作人员通过深入库区和移民安置区,对典型户和典型项目进行调查,获取第一手资料,进行分析研究,提出解决问题的建议。

6. 抽样调查

对移民样本户采取抽样调查的方法,包括基底调查和跟踪调查,但需注意所选样本的代表性。对移民样本户的抽取比例一般为所在村组总移民家庭户数的5%~10%,合同有约定的从其约定。

(二)评估方法

评估方法主要包括统计分析、对比分析、参与式评价、综合评价等方法。

1. 统计分析

监测评估单位通过对直补资金兑现、项目实施进展等情况进行全面的统计分析,并与后期扶持规划、年度计划的适应性做比较,评估规划项目实施的可能性。

2. 对比分析

监测评估单位通过纵向对比移民后期扶持政策实施基准年与监测评估年移民自身生产生活条件变化,横向对比监测评估年移民与当地农村居民的生产条件、生活水平变化情况,评估后期扶持政策实施对移民生产、生活水平的影响。

3. 参与式评价

监测评估单位通过在库区和移民安置区召开移民代表参加的座谈会,开展问卷调查,听取移民群众对后期扶持政策实施的意见、建议,以及对后期扶持政策实施情况、效果的评价。

4. 综合评价

监测评估单位通过统计分析、对比分析、参与式评价等方法,对后期扶持政策实施所产生的经济效益、社会效益、环境效益影响汇总后进行总体综合评价,对后期扶持政策实施情况提出总体评价并提出相关建议。

三、工作程序

监测评估工作程序主要包括前期工作、外业调查和报告编写。

(一)前期工作

监测评估单位开展监测评估工作之前,由省移民办组织监测评估技术归口单位编制技术工作大纲、制定统一的调查提纲及表格、研究确定监测评估技术路线与工作方式、设计典型样本村和样本户的跟踪调查方案等。组织对各监测评估单位进行培训,学习监测评估技术工作大纲及调查表格,明确工作深度,统一调查口径、指标和方法。

(二)外业调查

监测评估单位到库区和移民安置区监测评估县开展外业调查工作,了解监测评估县的经济社会情况并收集相关资料,全面调查有关移民后期扶持政策实施的执行情况,对样本村、样本户进行问卷调查和访谈。

(三)报告编写

监测评估单位对调查资料进行整理,计算、统计、分析,评估并得出结论,编写完成监测评估报告;省移民办组织专家和有关单位代表对全省监测评估报告进行评审验收,按照评审意见修改完善后,在规定时间内将省级监测评估汇总报告上报国家发展改革委,抄送财政部、水利部。

四、工作开展

河南省历次大中型水库移民后期扶持监测评估,在对全省后期扶持政策实施情况进行全面调查的同时,结合水库移民人口分布、基础设施状况、经济发展水平等因素,采取连续跟踪、间隔跟踪、新增监测方式,不断扩大水库移民后期扶持监测评估工作的覆盖面。截至2019年,已开展9次水库移民后期扶持监测评估工作,涉及南水北调丹江口库区移民安置的有6个省辖市、22个县(市、区)。

(一)监测评估单位的确定

河南省大中型水库移民后期扶持监测评估工作由省移民办统一组织开展,通过直接委托、公开招标、竞争性谈判、竞争性磋商等方式,确定由河南黄河移民经济开发公司、江河水利水电咨询中心、中水移民开发中心、河南华北水电工程监理有限公司、河南省河川工程监理有限公司等有资质的第三方监测评估单位承担全省水库移民后期扶持监测评估工作,监测评估单位按照合同约定,分年度、按标段开展监测评估工作。

2011年12月,省移民办通过直接委托的方式,选择4家监测评估单位承担全省及20个县(市、区)的2006~2010年度移民后期扶持监测评估工作,其中涉及南水北调丹江口库区移民安置的仅有平顶山市鲁山县和省直管县(市)邓州市。2012年12月,省移民办通过直接委托的方式,选择4家监测评估单位承担全省及44个县(市、区)的2011年度移民后期扶持监测评估工作,其中涉及南水北调丹江口库区移民安置的有10个县(市、区)。2014年1月,省移民办通过公开招标的方式,确定8家监测评估单位承担全省及64个县(市、区)的2012年度移民后期扶持监测评估工作,其中涉及南水北调丹江口库区移民安置的有18个县(市、区)。2015年2月,省移民办通过竞争性谈判的方式,确定8家监测评估单位承担全省及44个县(市、区)的2013~2014年度移民后期扶持监测评估工作,其中涉及南水北调丹江口库区移民安置的有10个县(市、区)。2015年12月,省移民办通过公开招标的方式,确定8家监测评估单位承担全省及40个县(市、区)的2015年度移民后期扶持监测评估工作,其中涉及南水北调丹江口库区移民安置的有12个县(市)。2016年12月,省移民办通过竞争性磋商的方式,确定9家监测评估单位承担全省及34个县(市、区)的2016年度移民后期扶持监测评估工作,其中涉及南水北调丹江口库区移民安置的有 15 个县(市、区)。2017 年 12 月,省移民办通过竞争性磋商的方式,确定 9 家监测评估单位承担全省及 36 个县(市、区)的 2017 年度移民后期扶持监测评估工作,其中涉及南水北调丹江口库区移民安置的有 9 个县(市、区)。2018 年 12 月,省移民办通过公开招标的方式,确定 8 家监测评估单位承担全省及 24 个县(市、区)的 2018 年度移民后期扶持监测评估工作,其中涉及南水北调丹江口库区移民安置的有 3 个县(市)。2019 年 12 月,省水利厅通过公开招标的方式,确定 8 家监测评估单位承担全省及 24 个县(市、区)的 2019 年度移民后期扶持监测评估工作,其中涉及南水北调丹江口库区移民安置的有 6 个县(市、区)。河南省南水北调丹江口库区移民后期扶持监测评估开展情况见表 9-5-1。

表 9-5-1　河南省南水北调丹江口库区移民后期扶持监测评估一览

序号	省辖市、省直管县(市)	县(市、区)	开展次数	第 1 次	第 2 次	第 3 次	第 4 次	第 5 次	第 6 次	第 7 次	第 8 次	第 9 次
				2006~2010 年度	2011 年度	2012 年度	2013~2014 年度	2015 年度	2016 年度	2017 年度	2018 年度	2019 年度
一	监测评估开展时间			2011 年	2012 年	2014 年	2015 年	2015 年	2016 年	2017 年	2018 年	2019 年
二	委托方式			直接委托	直接委托	公开招标	竞争性谈判	公开招标	竞争性磋商	竞争性磋商	公开招标	公开招标
三	监测评估单位			4	4	8	8	8	9	9	8	8
四	监测评估涉及范围			20	44	64	44	40	34	36	24	24
	涉及南水北调移民			2	10	18	10	12	15	9	3	6
1	郑州市	中牟县	5		1	1		1	1	1		
2		荥阳市	4		1	1	1	1				1
3		新郑市	2			1			1			
4	平顶山市	舞钢市	4		1	1	1		1			1
5		宝丰县	4		1	1	1	1				1
6		郏县	3			1			1	1		
7		鲁山县	5	1	1	1	1	1				
8	新乡市	辉县市	5		1	1	1	1	1			1
9		原阳县	3			1		1	1			
10		延津县	2						1	1		
11		平原示范区	2						1	1		
12	漯河市	临颍县	3					1	1	1		
13	许昌市	长葛市	2			1		1				
14		许昌县	3			1			1	1		
15		襄城县	4			1		1	1	1		
16	南阳市	淅川县	3				1	1	1			1
17		唐河县	4		1	1	1	1			1	
18		宛城区	3			1			1	1		
19		卧龙区	4		1	1	1		1			1
20		社旗县	3		1	1	1				1	
21		新野县	2			1			1			
22	省直管县	邓州市	6	1	1	1	1	1		1	1	

(二)监测评估工作的管理

河南省水库移民后期扶持监测评估机制已初步建立,在全省水库移民后期扶持监测评估工作实施过程中,省移民办通过做好监测评估管理工作顶层设计、依法依规确定监测评估单位、提高监测评估质量管理、重视监测评估成果运用等措施不断加强对监测评估工作的监督管理工作。

省移民办在加强对监测评估单位现场工作巡回检查的同时，自 2015 年开始，明确提出全省水库移民后期扶持监测评估要以“严谨求实去泡沫，提质增效出干货，齐心协力创一流”为目标，监测评估单位在工作中要坚持“讲实情、重实用、求实效”的原则，提交的监测评估报告要“文字严谨、数据准确、评价客观、亮点突出、问题鲜明、建议可行”。同年，省移民办将监测评估报告评审范围由省级汇总报告扩大到重点监测评估县报告逐一评审。同时，探索性地开展第三方技术审查工作，即委托第三方在全省报告汇总阶段和监测评估报告评审阶段分别对各标段提交的监测评估报告相关数据、文字材料进行技术审查，提高了监测评估成果的质量和应用价值。

2016 年 11 月，省移民办委托华北水利水电大学开展《移民后期扶持政策实施监测评估提质增效课题研究》，通过对已完成年度后期扶持监测评估工作开展情况的梳理和总结，提出了监测评估工作提质增效的思路和对策。

五、监测评估效果

移民后期扶持政策实施情况监测评估工作的持续开展，一是为各级移民管理机构提供了全面、翔实的后期扶持政策实施情况和实施效果数据，帮助各级移民管理机构和相关单位了解水库移民后期扶持目标的实现程度及水库移民后期扶持政策实施的社会效果、经济效果和环境效果；二是通过对水库移民后期扶持政策实施过程的跟踪调查，与水库移民后期扶持政策实施前的基本情况和后期扶持规划、目标的对比分析，对水库移民后期扶持政策落实、效果及水库移民后期扶持目标是否实现做出评估，并就水库移民后期扶持政策实施过程中发现的问题提出建议，提请各级政府、移民管理机构、实施机构及有关各方改进，为全省后期扶持工作的有序开展提供了决策参考和依据，对保障资金安全、发挥政策效益起到了监督和促进作用；三是通过监测评估，及时发现、总结各级移民管理机构在后期扶持管理工作中的经验做法，推动积极探索移民后期扶持的有效途径。

通过监测评估，及时发现并总结出平顶山市采取市级移民管理机构与同级财政部门联合发文方式，进一步规范后期扶持项目前期工作经费、财政评审与招标投标、项目管理与监督、竣工决算与资金结算等项目管理方面的经验：一是项目预算由市财政投资评审中心评审，决算由县级评审或审计报市移民和财政部门备案，评审或审计费用由同级财政承担；二是将项目的勘测设计、咨询评估、建设管理、监理等费用，参照行业标准列入项目预算并明确了计列上限，既考虑到当地财政实际困难、不影响项目实施，又避免了随意提取、违规使用有关费用的现象；三是明确项目实施过程每个节点各方任务、职责，做到无缝对接。此做法不仅解决了市、县两级移民管理机构实际工作中存在的难点，还有效规范了后期扶持项目管理。省移民办及时以文件形式在全省推广平顶山市的经验做法，促进了后期扶持项目的规范管理。

通过监测评估，及时发现实际工作中存在的问题，并提出改进措施，促进了全省移民后期扶持工作管理水平的提高。2015 年度监测评估发现南水北调丹江口库区部分监测评估重点县(市)在后期扶持项目安排方面,将绝大多数后期扶持资金投向交通道路,而涉及移民劳动力技能培训及职业教育、移民能够直接受益的生产开发等项目资金投入不足,移民收入增长缓慢。为此,监测评估单位提出相关县(市)移民管理机构应当结合当地的实际情况,紧密衔接本地区经济社会发展规划和各行业规划,整合各方资源和相关涉农资金,加大培训和生产开发投资力度,拓展扶持渠道的建议。针对监测评估中发现的问题,省移民办在组织编制后期扶持"十三五"规划中,对项目规划比例予以调整和重点倾斜,其中移民增收规划投资占规划总投资的31.1%,"强村富民"规划投资占规划总投资的17.6%,两项合计48.7%,移民增收方面的项目逐渐增多。

随着国家移民安置政策和后期扶持政策的全面实施,移民后期扶持监测评估工作的深度和广度不断加强,监测评估工作的精准度和覆盖面得到了提高和拓展。移民后期扶持"十三五"规划期,根据后期扶持相关政策要求,移民监测评估工作增加了水库移民脱贫攻坚、避险解困、美丽家园建设等内容,在监测评估工作中探索性地引入审计和稽察的工作方法,采取与会计师事务所合作,加大对后期扶持资金、项目的监测力度。

第十章　移民安置资金

根据国家批复的《移民安置初设规划报告》,河南省移民办与中线水源公司 2018 年签订了《南水北调中线水源工程丹江口水库建设征地移民安置任务和投资包干(河南)协议书》(简称《河南省移民安置包干协议》),河南省南水北调丹江口库区包干移民投资共计 214.25 亿元。为管好用好移民资金,河南省建立了资金管理和会计核算体系,制定了移民资金管理制度;严格资金监管,坚持政府审计、内部监督、多方检查相结合;通过以会代训、集中培训、现场观摩、警示教育等多种形式,适时开展政策、业务等各方面的培训。

第一节　投资概算

根据国家批复的《试点规划报告》《移民安置初设规划报告》《南水北调中线一期工程丹江口水库建设征地移民安置环境保护和水土保持初步设计(环保、水保部分)报告(审定本)》《南水北调中线工程文物保护初步设计报告》《南水北调中线一期工程丹江口水库移民房屋及点内基础设施补偿投资价差分析报告》等,南水北调丹江口库区移民安置投资共计 515.38 亿元,其中项目直接费在规划报告中直接计列到河南、湖北两省,勘测规划设计科研费等其他费用和基本预备费、价差预备费由中线水源公司统筹掌握,根据有关单位承担的任务进一步分解,签订任务和投资包干协议。在试点移民安置期间,为保障工作需要,2009 年 11 月中线水源公司与河南省移民办签订了《南水北调中线水源工程丹江口水库建设征地移民安置试点任务和投资包干协议书》。2010~2017 年,双方因实施管理费分配存在较大分歧,一直无法签订剩余投资的包干协议书,但中线水源公司根据河南省年度投资计划和双方签订的年度投资支付协议书,按时拨付了资金,没有影响工作进度。2018 年 6 月,水利部协调双方签订了《河南省移民安置包干协议》,内容包含此前签订的试点移民投资有关内容。根据《河南省移民安置包干协议》,河南省包干经费共计 214.25 亿元。

一、移民投资

根据《河南省移民安置包干协议》,河南省移民安置投资共计 2 070 248.44 万元。其中,移民安置直接费 1 308 901.55 万元(农村移民安置补偿费 1 159 773.73 万元、集镇迁建补偿费 27 217. 37 万元、企业迁建补偿费 9 148. 18 万元、专业项目恢复改建补偿费 107 092. 22 万元、库底清理费 5 670. 05 万元),基本预备费 137 818. 32 万元,价差 123 702. 17 万元,地质灾害监测与防治费 975 万元,有关税费 414 831 万元,其他费用 84 020. 4 万元。

二、环保水保投资

根据国务院南水北调办批准的《南水北调中线一期工程丹江口水库建设征地移民安置工程环境保护初步设计报告》《南水北调中线一期工程丹江口水库建设征地移民安置工程水土保持初步设计报告》和移民安置包干协议,河南省环保水保投资共计 17 728. 5 万元,其中环境保护 15 995. 77 万元、水土保持 1 732. 73 万元。

三、文物保护投资

国务院南水北调办会同国家发展改革委以《南水北调中线工程文物保护初步设计报告》为依据,对文物保护项目的具体实施分四批进行了批复,共批准丹江口库区实施文物保护工作的项目 127 处(地下文物点 114 处、地面文物 13 处),考古发掘面积 331 680 平方米,地面文物保护面积 5 448 平方米,总投资 17 638. 55 万元。

四、其他投资

其他投资包括库底清理补充投资、新增投资、新增价差、应急地灾,总投资 36 858. 69 万元。其中,库底清理补充投资 2 963. 69 万元、新增投资 17 000 万元、新增价差投资 15 967 万元、应急地质灾害投资 928 万元。

第二节　资金管理

2005~2016 年,河南省移民办先后制定了《河南省南水北调工程建设征地补偿和移民安置资金管理办法(试行)》等一系列制度、办法,有关市、县也结合本单位实际建立健全规章制度和内控制度,以制度管人,用制度管事。河南省各级采取集中培训、以会代训、现场观摩、警示教育等多种形式,培训各级财务干部,确保移民资金安全高效使用。工作中,各级统一核算口径,细化资金拨付核销程序,保证资金及时、足额兑付。

一、管理体制

河南省南水北调丹江口库区移民安置资金管理实行省、市、县三级主管部门管理核算,县(市、区)为基础会计核算单位,乡(镇)、村为报账单位的管理体制。各市、县移民管理机构均按规定设置了会计机构,配备了专职财务人员,按照财政部、国务院南水北调办及省移民办的有关规定建账核算和管理。

南水北调工作开展伊始,省移民办作为河南省移民安置组织实施工作机构,立即着手开展南水北调财会体系建设工作,指导有关市、县移民管理机构设置会计机构,选配专职会计人员。乡(镇)、村报账单位也视工作任务大小确定了专职或兼职会计人员,明确了各级财务人员的岗位职责。2009 年,各地又通过调整南水北调丹江口库区移民安置指挥部充实财务人员。如南阳市按照《关于调整南阳市南水北调丹江口库区移民安置指挥部组成人员的通知》要求,成立了财务审计工作组,从市财政局和审计局选配专职人员充实到财务审计组工作。

2005 年 3 月,省移民办印发通知,要求各级移民财务部门根据资金流向,在统一使用定向开发的《河南省南水北调移民资金会计核算软件》基础上,正式投入使用《河南省在建水利工程移民资金辅助管理系统》。该系统要求,涉及移民资金到位和资金使用中相关的单、证,都要通过辅助管理系统生成,并连同其他原始凭证一并入账。通过使用该系统,河南省建立了南水北调征地移民资金会计核算体系,使移民资金管理业务处理手段逐步规范,征地移民资金核算关系得到理顺。

省移民办指导各级南水北调丹江口库区移民会计单位按照国务院南水北调办有关移民资金管理办法规定、移民安置实施规划及上级移民投资计划,依法、依规进行资金管理和会计核算,对拨付所属非独立核算单位的移民资金实行报账管理,对支付非所属单位的移民资金实行合同管理,使移民资金收支活动得到准确、及时反映;指导各地监督计划、项目合同执行,分析概(预)算及计划执行情况,提高资金使用效益;指导各地考核计划执行情况和资金使用效果,提出合理化建议,为领导决策当好参谋;指导各地及时组织业务培训,提高财务人员政策水平和业务素质;强化内部监督管理,规范资金拨付程序,保证资金安全。全省形成分级负责、管理有序、核算规范的资金管理体系,保证了征地移民资金的有效使用、管理和监督。

二、制度建设

2005 年 11 月 11 日,根据《中华人民共和国会计法》《南水北调工程建设管理的若干意见》《南水北调工程建设征地补偿和移民安置暂行办法》及其他有关法规,财政部印发《南水北调工程征地移民资金会计核算办法》,作为南水北调工程征地移民资金会计核算的依据。同年,国务院南水北调办印发《南水北调工程建设征地补偿和移民安置资金管理办法(试行)》,指导南水北调工程征地移民资金管理工作。在此基础上,省移民办结合实际,借鉴其他在建水利工程移民资金管理经验,经咨询国家审计署驻郑州特派员办事处、河南省审计厅、南水北调中线干线建设管理局和中线水源公司等单位和专家,并征求了有关市、县移民管理机构的意见,制定了《河南省南水北调工程建设征地补偿和移民安置资金管理办法(试行)》。2006 年 7 月,省移民办又印发《南水北调中线工程河南省征地移民资金会计核算补充规定(试行)》,规范了河南省南水北调丹江口库区移民安置资金的管理和核算。2009～2010年，省移民办又陆续出台了《河南省水利移民项目会计报表考核评比办法(试行)》《关于进一步加强南水北调移民资金管理的通知》《关于进一步规范丹江口库区报账单位征地移民资金管理使用的通知》《关于南水北调干线征迁资金及丹江口库区征地移民资金使用核销的补充规定》等规章制度，这些制度对南水北调资金的管理原则、明细核算、报账管理、会计报表考核等方面都进行了统一规定。2016年7月，根据国务院南水北调办《关于印发南水北调工程竣工完工财务决算编制规定的通知》和验收工作有关要求，省移民办组织编制了《河南省南水北调完工财务决算实施方案》，明确了完工财务决算的编制原则、编制内容、工作步骤。在规章制度实施过程中不断修订、完善，增强了可操作性，达到了满足系统资金管理和核算的目的。

在建立健全系统规章制度的基础上，省移民办还督促有关市、县移民管理机构建立健全各级管理制度和内部规章细则。各市、县移民管理机构依据国家和河南省相关法规，结合本地区实际情况，制定和完善了相关内部管理制度，如制定了《南阳市南水北调丹江口库区移民安置资金管理暂行办法(试行)》《南阳市南水北调丹江口库区移民安置资金报账单位会计核算管理办法(试行)》《南阳市南水北调丹江口库区乡村移民资金管理暂行办法(试行)》《许昌市南水北调工程项目征地移民资金内部审计管理办法》《荥阳市移民局征地移民资金拨付和报账的管理制度》等，规范南水北调征地移民资金管理、项目管理，确保资金安全，提高资金使用效益。

三、业务培训

每年初，省移民办根据年度工作计划制订培训计划，拟定培训内容，确定培训规模。在资金管理工作开展的同时，针对不同对象、基础状况、专业水平等情况，采取集中培训、以会代训、现场观摩、警示教育、实地操作、经验交流等多种形式，开展系统资金管理培训工作。培训对象包括市、县、乡分管移民工作的领导和财务主办人员。培训内容包括相关法律、法规规章、有关制度及管理办法、财务软件使用等。在培训中，培训人员结合实际讲解南水北调丹江口库区移民概算执行要求，单位领导和财会人员如何运用移民政策法规管好用好移民资金、提高移民资金使用效益，会计基础工作规范、会计核算及补充规定，报账单位报账的要求和费用的核销原则、操作技术等。省移民办采取重点培训和市、县培训相结合，先后共举办财会培训班120余期，培训各级财务干部4 800余人次。

图10-2-1　省移民办在郑州举办南水北调征地移民资金会计电算化培训班(2007年)

图10-2-2　省移民办在安阳市举办南水北调征地移民财务管理工作培训班(2017年)

各市、县按照南水北调工程丹江口库区移民搬迁安置任务要求，及时对移民财务和报账单位人员进行培训，如南阳市共举办财务管理和完工财务决算培训班 30 期 1 200 余人次，旨在提高移民干部和财会人员的业务素质和财务管理水平，强化资金管理，规范资金使用和会计核算。为规范资金支付核销手续，省移民办持续督促、引导县级移民管理机构通过每月定期集中乡村会计人员办公、定期报账核销等措施，将政策教育、管理制度学习、会计操作技能与移民资金收支业务处理结合起来，取得了较好效果。通过培训和业务指导，有效提高了会计人员的业务素质和财务管理水平。

四、会计核算

省移民办依据《南水北调中线工程河南省征地移民资金会计核算补充规定（试行）》，指导各级移民管理机构及报账单位统一会计核算口径。各项资金经省、市逐级拨付至县级，县（市、区）是最基础的会计核算单位。乡（镇）、村作为县级会计单位的一部分，对所实施业务向县（市、区）报账。各级移民管理机构和报账单位分别按照补充规定设账核算，填制报表并逐级上报，省移民办汇总后报送中线水源公司及国务院南水北调办。全省形成统一账簿、统一会计明细科目、统一报表、统一拨款业务单证、统一报账管理程序的“五统一”会计核算模式，能够清晰反映南水北调移民资金的实施完成情况。

在具体核算管理工作中，各级移民管理机构均建立了严格的移民资金业务授权层级审批制度，明确各级审批人的授权审批方式、权限、程序、责任和相关的控制措施；明确经办人员办理移民资金业务的职责范围和工作方式；严格按照申请、审批、复核、支出的程序办理移民资金支付业务，并及时准确入账；重要的资金支出业务实行集体决策和审批。

移民资金专户存储、专款专用，任何部门、单位和个人不得截留、挤占、挪用。不准以移民资金进行委托贷款和为任何单位或个人提供借贷款抵押、担保等。各项移民资金支出要严格按照制度规定和支付程序要求办理，严禁以拨代支。

严格执行会计与出纳分设制度。出纳负责办理现金和银行收支业务，做好现金和银行业务的账务登记，不得兼管稽核、会计档案保管和收入、费用、债权债务账目的登记及电算化管理工作。

加强印鉴控制，严禁一人保管支付款项所需的全部印鉴。财务专用章保管人不得同时保管银行支付票据；按规定需要有关负责人签字盖章的移民业务，必须严格履行签字盖章手续。

各县（市、区）移民管理机构按规定向上一级移民管理机构报送财务报告，并根据批复下达的移民投资计划和实施进度，及时向各乡（镇）、移民村拨付资金。县（市、区）移民管理机构对所属乡（镇）移民资金使用情况进行定期或不定期检查，发现问题及时纠正。

乡（镇）、村作为报账单位，移民资金实行专账管理，专户存储，专款专用。会计业务由县级移民管理机构管理。县级移民管理机构按照下达的移民资金计划，填制“拨款计划通知单”“预付项目款通知单”，将移民资金预付到移民村或外迁安置地所涉及的乡

(镇)等报账单位。县级移民管理机构督促和监督报账单位移民资金的实施和补偿费的兑付。对预付款项进行定期核对,及时清结核销。前账不清的,原则不予支付下笔款项。各报账单位严格按照下达的资金计划实施,严格资金支付手续,及时报账。

各报账单位对预付到村并由其具体实施的项目资金,按照《南水北调中线工程河南省征地移民资金会计核算补充规定(试行)》所规定的报账单位会计科目设账核算,共设置总账、明细账及相关的明细登记簿。移民个人(集体)补偿费明细登记簿、移民工程支付情况财务备查登记簿,分别依据淹没补偿费涉及的村、组、姓名(单位)、补偿金额等信息内容和按移民工作的名称、合同序号、投资控制额度、实际支付结算等情况进行详细登记。定期或根据要求向县级移民管理机构报送报表。

报账单位严格按照国家有关规定,妥善保管各种账簿、契约、凭证、银行对账单、报表等重要会计档案资料。至下一会计年度过后,除专用登记簿暂留报账单位(待实施完毕后报县),以便连续使用外,其他均移交县级移民管理机构统一保管。县级移民管理机构可以根据当地移民工作实际确定报账会计资料归集时间。

五、资金兑付与核销

河南省南水北调丹江口库区移民资金实行包干使用制度。除国家批准的因政策调整、不可抗力等因素引起的投资增加外,严格控制包干数额。省移民办根据国家批准的移民补偿概算和项目法人下达的年度移民投资计划,按照实施规划和移民工作进展要求,结合资金到位情况,分解下达具体投资计划到省辖市和有关单位,由省辖市组织协调落实,县(市、区)负责具体实施。有关省辖市组织县(市、区)及报账单位按照资金权属和使用方向,严格兑付程序,严把兑付手续,保证各项移民资金兑付到位。

(一)移民个人补偿补助费

移民个人补偿补助费包括个人房屋及附属物、零星树木、农副业补偿费、建房困难补助费和移民搬迁费、坟墓迁移费、其他移民安置补助费等。移民个人补偿补助费应优先用于建房。对于集中安置的移民,根据核定的分户资金卡,填写补偿费领款单(表),安置地县级移民管理机构按进度分期支付,搬迁后结清,凭移民户签收的补偿领款单(表)核销。对于投亲靠友安置的农村移民,由本人向淅川县政府提出申请,并提交安置地县级政府出具的接收证明;淅川县政府确认其具有土地等农业生产资料后,与安置地县级政府、移民共同签订协议,将土地补偿费、安置补助费交给安置地县级政府,由其统筹安排移民的生产生活,将个人财产补偿费和搬迁费发给移民个人。

对移民个人建房补助费的兑付,南阳市指导有关乡(镇)按移民安置点对所有建房户统一进行"户编号",并编制每个施工标段所辖建房户及户编号表。根据移民户提供的建房及资金管理"双委托"协议书,按施工标段户编号表、工程进度、施工合同,由施工单位提出用款申请,经移民村迁安委员会、监理单位、乡(镇)政府审核同意后,由乡(镇)移民资金财务管理机构将用款申请表汇总上报县级移民管理机构。县级移民管理机构审核后,下达投资计划,将预付项目款划拨到乡(镇)移民资金专户。项目款到账后,由乡

(镇)移民资金财务管理机构将预收项目款拨付给施工单位。待工程竣工验收和投资概算调整后,凭移民个人补偿费领款单(表)核销。

移民搬迁费含搬迁运输、车船补助、搬迁损失、误工补助、途中食宿、途中医药、临时住房补助等,在移民搬迁后据实兑付。集中统一搬迁的,在扣除相应的搬迁费,经有关安置地乡(镇)政府审核同意后,兑付给移民;个人自主搬迁的,搬迁费兑付给个人。兑付程序为,乡(镇)移民资金财务管理机构依据资金明白卡将预收项目款拨付信用社,信用社按照移民花名册分别转入移民提供的账户,移民凭身份证、签字(盖章)后领取存折。乡(镇)移民资金财务管理机构同时填制"报账单位征地移民资金支出汇总核销表",一份上交县级移民管理机构,一份作为核销依据冲减预付项目款。

(二)农村移民征地补偿补助费

农村移民征地补偿补助费由县级移民管理机构根据概算和搬迁安置实施计划分期支付,凭被补偿村(组或个人)出具的领款手续(移民补偿费领款单等)报账核销。村集体留用的征地补偿补助费经村移民专账转入村账管理,用于发展生产和集体公益事业等方面,不能用于发放干部报酬、支付招待费用等非生产性开支。征地补偿补助费实行村务公开和民主管理,让移民参与村各类支出项目的讨论和决策研究过程;财务活动情况及有关的账目,以易于群众理解和接受的方式定期公布,接受群众监督。如南阳市征地补偿款的兑付,县乡政府采用"四议两公开"的办法确定征地补偿费分配方案,县级移民管理机构审核后,下达投资计划,按权属将预付项目款划拨到乡(镇)移民资金专户。乡(镇)开户的金融机构出具资金发放承诺书,并依据被征地村出具的补偿费分配方案、乡(镇)政府审核审批意见,将补偿补助费以存折形式直接发放到每个被征地农户或集体组织。郑州市根据省移民办规定,进一步细化报账程序及所需资料要求,将报账步骤分为三步:按计划预付资金、完善手续支(兑)付资金、验收及报账核销;所需材料分为报账表格、项目资料、凭证发票等。对于土地补偿费兑付,由县(市、区)根据省、市下达计划将资金预付到乡(镇),由乡(镇)政府直接兑付到村组。各乡(镇)凭补偿费领款单(表)、村组收款收据、汇总核销表到县(市、区)进行报账核销。

(三)新村基础设施补偿费

新村基础设施补偿费在批准下达的项目计划范围内实施。由县级移民管理机构根据批复的实施规划,编制实施计划,由实施管理责任单位与施工单位签订合同,根据合同分期预付款项,按项目验收的有关规定组织验收。财会部门根据项目计划,凭项目合同、工程(预)决算、付款票据、竣工验收报告及交付使用手续等列支核销。

(四)集镇和单位企业迁建补偿费

集镇、单位和工业企业等迁建补偿费,按批准的投资概算和实施进度分期拨款,凭被补偿单位收款凭证核销。

(五)专业项目复建补偿费

专业项目复建,按批复的投资概算和基本建设管理程序组织实施,由实施责任管理单位与施工单位签订合同,根据合同分期预付款项,按项目验收的有关规定组织验收。财会部门按项目进行核算,凭计划、合同、预决算、验收报告和交付使用手续核销。委托地方行业主管部门实施的项目,经验收结算后,予以核销。

六、资金拨付

每个年度,省移民办根据实施规划和年度工作任务,经中线水源公司向国务院南水北调办报送年度资金使用计划,国务院南水北调办批复同意后,中线水源公司根据资金筹措情况分批将资金拨付省移民办。省移民办收到后,根据各地工作任务进展情况,将资金经省辖市拨付至各迁安县(市、区)移民管理机构。县(市、区)移民管理机构依据实施规划报告和乡(镇)、专业项目等管理单位工作进度,将资金拨付至其资金专户,再由其根据实施情况拨付至施工单位,或兑付给移民个人。

截至2019年年底,省移民办累计收到中线水源公司拨入的征地移民资金2 142 710.26万元(含包干外资金),其中:农村移民安置1 238 064.2万元,集镇迁建27 171.74万元,工业企业迁建9 190.74万元,专业项目复建124 730.77万元,库底清理8 207.03万元,地质灾害监测防治1 903万元,有关税费412 176.34万元,其他费用89 611.4万元,预备费231 655.04万元(含价差);已拨(支)资金2 090 012.33万元,其中:农村移民安置1 375 449.94万元,集镇迁建29 088.78万元,工业企业迁建10 016.37万元,专业项目复建139 464.98万元,库底清理7 965.49万元,地质灾害监测防治1 902.7万元,有关税费415 435.76万元,其他费用85 946.66万元,预备费24 741.65万元,占到位资金的97.54%。

第三节　检查监督

河南省采取多层级、全方位、多角度的监管模式,实行内部审计与外部审计相结合、审计监督与稽查监督相结合,事前、事中与事后监管相结合的移民资金监督管理体系。为加强移民资金管理,配合国家审计署专项审计、国务院南水北调办内部审计和国家发展改革委稽查、财政部及中纪委检查,对上级提出的问题,健全规章制度,建立长效机制,确保问题不再发生。同时,适时开展内部审计和各种督导、检查工作,为移民资金安全、高效使用提供了保证。

一、审计

2008~2019年,河南省各级移民管理机构先后接受国家审计署审计3次、财政部投资评审中心检查2次、国务院南水北调办审计11次、水利部审计1次。在审计(检查)期间,各级移民管理机构主要领导高度重视,亲自部署,组织相关部门抽调精干力量参与,落实有关工作责任,协调所辖移民管理机构和涉及的财政、国土、住建、信访等部门做好审计(检查)配合工作。根据审计(检查)组要求,河南省各级移民管理机构本着学习、纠错、提高的态度，全面准备实施规划报告、招标投标、合同管理、价款结算、会计核算等各项资料备查，并充分利用国家各部门不同的视角，总结借鉴工程项目管理的好方法、新思路，及时改正实施管理中暴露出的问题，更好地推动工作。

在配合好国务院南水北调办组织的年度内部审计的同时，自南水北调中线工程开工以来，省移民办结合年度工作重点，以内审、巡查、督导、资金清理、审计整改复查等形式，每年对南水北调系统资金使用管理情况开展监督检查，必要时还委托中介机构共同参与，涉及项目管理、合同管理、资金管理、会计基础工作等各个方面，覆盖移民安置工作的各个环节，对发现的问题及时督促有关单位整改、纠正，有效保证了移民资金的安全、合理使用。

有关省辖市移民管理机构在配合国家审计、检查及国务院南水北调办、省移民办组织的内部审计的同时，每年还组织对所辖县、乡、村移民资金进行内部检查、委托审计等，切实加强资金监管，提高了资金管理和会计核算水平。

二、稽查

在南水北调丹江口库区移民安置过程中，国家有关部门共开展了 2 次专项稽查。2008 年 12 月，为了解中央 2008 年新增 1 000 亿资金使用情况，国家发展改革委重大项目稽查特派员办公室派出稽查组到河南，通过听汇报、查阅资料、现场检查等形式，对南水北调丹江口库区移民安置等工作进行了稽查。2010 年 4 月，国务院南水北调办委派稽查专家组对河南省丹江口库区试点移民工作完成情况进行了专项稽查。稽查专家通过查阅资料、召开座谈会、察看现场、走访移民户等方式开展了稽查工作，重点抽查了淅川县移民搬迁及邓州市、唐河县、宝丰县试点移民新村建设和移民搬迁安置等情况。5 月，国务院南水北调办印发《南水北调中线丹江口水库征地移民安置试点工作（河南省）专项稽查报告》。省移民办对 2 次稽查提出的问题，组织有关市、县及时进行了整改。

图 10-3-1　2010 年 4 月，国务院南水北调办稽查专家组向河南省移民办反馈稽查情况

三、督促检查

2009 年 6 月 23～25 日，国务院南水北调办监督司一行 4 人到河南省对南水北调征地移民有关专业项目实施和资金管理进行检查，就进一步做好征地移民项目实施和资金管理与省移民办交换了意见。

2009 年 11 月 3～12 日，中央扩大内需促进经济增长政策落实第二十三检查组，对河南省南水北调中线工程征地拆迁及丹江口库区移民安置情况进行检查。检查组在向河南省政府正式反馈意见时指出：河南省的南水北调工作取得了显著成效，库区移民工作干净利索，质保体系健全完善，工程质量始终可控，建管队伍克难攻坚、朝气蓬勃，中央新增投资做到了专款专用、专项核算，展示了河南省委、省政府和中原人民讲政治、讲大局、讲奉献的精神境界和确保“一渠清水送北京”的绵绵情谊。可以说，河南不仅是南水北调工程建设的主战场、大舞台，也是教育广大党员干部牢记宗旨、感恩人民的生动课堂。对检查组提出的将部分淹没土地耕地占用税用于试点移民建房搬迁奖励、移民新村建设用地手续未及时办理等问题，省移民办会同省财政厅以先征后返的方式完善了淹没土地耕地占用税征缴手续，对建设用地手续办理存在的困难进行了说明。

2011 年 2 月，省移民办联合省监察厅对南水北调中线工程 2010 年度移民安置资金收支管理情况进行专项效能监察，共检查南阳、平顶山、漯河、许昌、郑州、焦作、新乡、鹤壁、安阳 9 个省辖市 33 个县（市、区），抽查了 200 余个报账单位。专项效能监察组印发《河南省 2011 年南水北调中线工程移民征迁资金专项效能监察工作实施意见》，制定了《河南省 2011 年南水北调中线工程移民征迁资金专项效能监察监督监察阶段工作实施方案》，按照全省统一组织、各地分级实施的工作模式开展专项效能监察工作，经过自查自纠、互督互查和巡查督导三个阶段，形成了各市专项效能监督监察报告。提出了移民资金核销比例偏低、大额现金支付、公款私存、资金拨付不合规、未按规定约定或扣除质保金、合同签订不规范、内容不完整、未严格执行合同条款及未签订合同支付款项等问题。针对发现的问题，省移民办又联合监察厅对突出问题的整改情况进行巡查督办，督促重点事项及尚未整改到位问题的落实。经监察组督促，相关单位对提出的问题进行了整改。

各市、县根据工作需要，对南水北调征地移民有关专业项目实施和资金管理开展了督促检查，2012 年 4 月，南阳市组织市审计局、市监察局、市移民局和市南水北调办组成联合审计督导组，对南水北调丹江口水库移民及干线征迁资金历次检查、审计问题整改情况开展全方位督导，并制定了《南阳市南水北调丹江口水库移民及干线征迁资金审计督导方案》，督导组每组 4～5 人，有关单位及有关会计师事务所各抽 1 人。重点督导招标投标方面合同签订执行情况、工程款拨付情况、有无通过虚假招标和虚假合同骗取移民资金问题，对需要追还的资金是否追还、有无资金损失浪费问题，对难以整改的问题是否建章立制、杜绝此类问题再次产生，并视具体情况由督导组提出行政问责处理意见，通过市审计督导领导小组报有关部门处理。

第十一章　信　访

河南省在南水北调丹江口库区移民搬迁安置过程中，认真解决移民群众关心的热点难点问题，建立了标本兼治、综合治理的长效主动信访机制，将移民信访工作纳入全省大信访管理，并专门设立窗口，纳入移民工作目标管理。2009年，省移民安置指挥部、省移民办先后印发《河南省南水北调丹江口库区移民群体性上访事件应急预案》《信访突发事件应急预案》。2015年，省移民办又制定《河南省征地移民信访工作办法》，对信访工作程序进行规范和完善。地方各级党委政府也制定完善移民信访工作制度和办法，建立健全了移民信访稳定工作机制。移民搬迁安置后，各级移民管理机构转移工作重心，重点关注移民的生产生活、后续发展等涉及移民切身利益的问题，保证了广大移民群众逐步融入当地社会。

第一节　信访现象

河南省南水北调丹江口库区移民搬迁人数多，安置任务重，情况复杂，既有初期工程移民需再次搬迁的移民，又有南水北调大坝加高工程重新核定的移民；既要解决初期工程移民的遗留问题，又要解决新形势下移民搬迁产生的新问题，矛盾纠纷错综复杂。针对矛盾纠纷，各级党委政府及移民管理机构进一步畅通移民信访渠道，全面解决移民群众的合理诉求，维护移民群众的切身利益，同时对移民群众的不合理诉求，耐心细致地做好说服解释工作，赢得了移民群众的理解和支持。

一、分类

河南省南水北调丹江口库区移民安置信访共性问题，主要涉及以下几个方面。

（一）移民身份核定

国家高度重视南水北调丹江口库区移民安置工作，考虑到受初期工程的影响，库区基础设施和公益设施条件差、移民生产生活困难等特殊情况，为妥善安置移民，采取了一系列特殊补偿补助政策，相当一部分是按移民人数奖补的。库区部分不符合移民条件的农转非户口、婚出姑娘等人口纷纷要求享受移民政策，有的甚至突击往库区迁转户口、伪造虚假人口等。各级移民管理机构严格执行移民安置政策，对不符合移民身份的群众经甄别后予以剔除,由于不合理诉求得不到满足,部分群众不断到各级上访。另外,部分人由于常年在外打工、躲避计划生育和缴纳统筹等造成漏登,还有部分处于政策边缘的特殊人口等一时难以界定,也多次上访要求认定为移民。

(二)安置去向选择

河南省南水北调丹江口库区移民群众对安置点条件的优劣十分关注。尽管在实施规划编制中,河南省根据国家有关规定,结合南水北调丹江口库区移民的迁入地经济社会发展总体规划、土地利用总体规划、新农村建设规划等,在安置点选择上坚持"三靠近"原则,使移民在搬迁后拥有更好的发展条件。但在具体实施过程中,因各种原因,部分移民村仍以安置地条件不如其他淹没村、生产条件不满意、居住环境不适应等,提出调整安置点位置、提高生产用地质量和缩短耕作半径等要求,个别村移民甚至拒迁或要求返迁,从而到各级上访。部分后靠移民因区位、生活生产条件和外迁移民差距较大,强烈要求外迁。库区留置人口因移民搬迁和水库蓄水后,人口减少、基础设施被淹、消落地无法耕种等,生活生产条件恶化,多次集体上访,要求作为移民外迁。

(三)补偿补助政策

虽然国家为南水北调丹江口库区移民制定了一些特殊补偿补助政策,但在安置工作中,仍有部分移民和安置区群众反映一些补偿标准偏低。主要有:一是村组副业补偿政策。根据初步设计批复的标准,库区凡是达不到企业认定标准的加工厂、养殖场等,除固定资产予以登记外,其他无论规模大小,一律按每家7 000元补助,部分规模较大的所有者无法认可多次上访。二是线上资源补偿政策。按照规定,淹没线上的果园、林地不予补偿,但移民迁出后难以管理,外迁移民对此反映强烈。三是生产用地及附属物补偿政策。根据政策,征用和划拨的土地每亩补偿费只有2万多元,且国家只对调整给移民的土地上的附属物给予补偿。河南省为移民调整和划拨生产用地20余万亩,"推磨调地"面积达220余万亩。在调整土地过程中,群众原地块上的作物、配套机井及浇灌管线设施、变压器配电盘等设施大多易主,所需的大量补偿资金没有着落,加之群众抱怨补偿费太低而不愿让出土地,为此不断上访。另外,也存在个别地方移民政策不公开、不透明,少数基层工作人员因没有认真研究导致移民政策未执行到位的情况,致使移民上访。

(四)干群家族矛盾

南水北调丹江口库区移民在搬迁前大多数地处偏远山区,大部分村基层组织软弱涣散,缺乏民主管理意识,部分村干部工作中方法简单、态度粗暴,遗留问题较多。加之个别村存在村务账务不公开,村干部存在利用移民身份核定和实物登记等工作以权谋私、借机敛财等问题,群众意见较大。另外,部分村级组织由本村较大的家族主要成员组成,容易实行家族式管理,部分没有进入村"两委"班子的家族不满现状,趁着社会高度关注移民搬迁安置这一契机力争改变现状、成为村干部。因此,在南水北调丹江口库区移民搬迁安置时,以移民村利益纠葛和家族矛盾为背景的干群矛盾集中爆发,导致一部分移民利用搬迁安置过程中存在的各种矛盾问题上访,或以为大家争取利益为由,相互串联,集体上访,从而达到个人的目的。

(五)其他诉求

移民其他诉求有:反映实物错、漏登,要求追加补偿补助;反映房屋建设过程中施工队有转包、偷工减料等问题,房屋存在质量瑕疵;举报部分移民骗取国家补偿补助;移民村不同安置去向的移民在集体财产分割中出现纠纷;移民之间存在债权债务处理纠纷,部分移民要求兑付农村合作基金会和民政救灾互助基金会存贷款;反映各地出台的建房搬迁奖补政策不平衡,要求享受更多政策;反映基层干部推诿扯皮、作风粗暴、包庇村干部等;移民因自身意外伤害事件受到重大损失而要求政府补偿补助等。在工作中发现,有个别移民不符合有关补偿补助等政策,不惜通过造假或欺骗手段拿到虚假“证据”,再通过闹访意图实现目的。安置地群众反映的其他诉求有:被划拨的土地补偿费用使用情况不公开、自己没有受益。施工队反映的主要问题有:在新村建设施工中因物价上涨、工程量增加导致工程亏本,施工中工程量有争议导致无法要到全部工程款等。

二、特征

河南省南水北调丹江口库区移民搬迁人数多,安置任务重,时间要求紧,移民安置实施正处于国家经济社会快速发展期,移民维权意识增强,诉求多样化。针对移民反映的信访问题,河南省各级党委政府及各级移民管理机构都高度重视,并根据国家、省、市相关政策,予以妥善解决和处理,最大限度地维护了广大移民群众的切身利益,确保了丹江口库区和移民安置区社会的和谐稳定,为移民恢复生产生活水平奠定了基础。与其他水库移民相比,河南省南水北调丹江口库区移民信访具有以下特征。

(一)新老移民问题并存

河南省南水北调丹江口库区移民安置,不仅涉及大坝加高淹没产生的新移民,还涉及部分初期工程老移民。尤其是初期工程移民,由于历史原因,盲目后靠和外迁,外迁移民返迁回流,造成这部分移民存在基础设施落后、公共服务薄弱、居住条件差、人多地少矛盾突出、库区生态环境恶化、发展滞后等一系列遗留问题。新老移民重叠,历史遗留问题和现实问题交织,导致移民信访问题复杂,移民诉求多样化。如移民之间的私人恩怨、邻里纠纷,宗族、干群矛盾纷争,债权债务纠纷,移民身份核定及人口登记问题,辞退的民办教师、临时工要求复职等问题都在此次移民搬迁之际爆发。同时,新老移民在安置政策、补偿标准等方面的差异容易引发攀比现象。原有的历史遗留问题,加上移民安置本身在安置方式、资源分配、基础设施和社会事业建设等方面的复杂性,新时期移民的觉悟和维权意识不断增强,移民诉求不断增多。

(二)身份核定问题凸显

在河南省黄河小浪底等水库移民搬迁安置过程中,大多数实物补偿补助是以移民户为单位计算的,移民户中多核定一个移民对其补偿补助费总额影响不大,所以争当移民的情况不多。在南水北调丹江口库区移民安置工作中,国家采取了一系列特殊政策,如增列土地增补费、计列建房困难补助费、外迁移民增列每人 1 200 元的补助费和 1 200 元的过渡期生活补助费等,河南省各级也制定了移民建房搬迁奖励政策。而这些都是按人奖补的,涉及重大利益诉求。正是由于有如此惠民的移民政策,导致一些不符合移民身份的库区群众,想方设法、千方百计争当移民,且数量较大、处理复杂,给各地移民部门造成了很大的压力。加之安置过程中移民人数不断变动,导致新村占地、建房、生产用地划拨数量和移民户补偿补助数量等难以确定，使工作出现反复，一定程度上影响了安置工作的顺利实施。

（三）行业补偿标准不同

在南水北调丹江口库区移民搬迁安置期间，由于国家经济社会发展需要，水电工程、高速公路、铁路项目等各种工程不断修建。国家对各类工程征地补偿政策不统一，各工程征地补偿标准变化较大，尤其是水利水电项目的土地补偿费用，远远低于高速公路、铁路、城市改造等项目。水库移民、安置区群众与其他工程移民之间比较，补偿政策和标准差别较大，容易引起移民和安置区群众的攀比心理，尤其是获得补偿标准相对较低的水库移民对这种差异较为敏感，从补偿标准、安置方式、优惠政策等多方面进行横向比较，容易对国家的征地补偿与移民政策产生不公平感，甚至产生不满情绪，不利于移民搬迁工作的顺利展开。

（四）移民法制意识增强

南水北调丹江口库区移民搬迁正处于国家经济社会高速发展时期，一方面经济快速增长，人民群众生活水平不断提高，移民群众利益诉求也随之提高；另一方面随着经济社会发展，移民思想活跃，信息渠道多样，移民法制意识不断增强，各种矛盾纠纷以案件形式进入司法渠道，涉法涉诉信访问题逐步凸现。移民在反映诉求时，通过信息公开、行政复议、行政诉讼方式的不断增多。但也有个别移民滥用诉讼等程序，对同一诉求，败诉后以同一理由或变换起诉对象反复多次起诉，或通过检察院抗诉，耗费了大量的行政和司法资源。

第二节　息访措施

河南省在南水北调丹江口库区移民搬迁安置工作中，借鉴和吸取以往水库移民工作经验和教训，坚持以人为本，采取畅通信访渠道、健全信访机制、制订应急预案、化解矛盾纠纷等一系列措施，维护了广大移民群众的切身利益，确保了社会大局稳定。

一、畅通渠道

河南省南水北调丹江口库区移民人数多，搬迁安置持续时间长，移民反映的问题多、矛盾纠纷多、信访上访多。为使移民群众的问题得到充分及时的反映，河南省采取多种措施，确保移民信访渠道畅通，维护好移民群众的合法权益。一是进一步强化机关干部首问负责制。机关人员凡遇到移民群众电话、信件、来访等反映问题，不管自己是否分管此事，都要热情接待、积极应对，或按照政策予以解答，或尽快转交他人办理，绝不容许态度生硬、简单粗暴、敷衍了事、推诿扯皮的现象发生。二是进一步完善了接待来信来访制度。进一步明确了省移民办主管领导主抓、综合处（后期为监督处）归口负责、有关业务处室具体接待处理的移民来信来访处理机制。凡移民来信、上级及有关部门批转的信访件由综合处(监督处)统一登记,根据来信反映的问题,由主管领导批转到主管处室具体答复办理。凡移民来访由综合处(监督处)接待,具体由移民业务主管处室负责解释和答复。三是移民安置指挥部办公室成立后,专门从省信访局、公安厅等有关部门抽调人员设立了信访稳定组,负责南水北调丹江口库区移民信访稳定工作。四是在省信访局专门设立了南水北调丹江口库区移民信访来访接待窗口,专门接待处理移民信访来访问题。五是对移民信访案件不论是匿名举报信件、电话,或是上级批转的信访件,分类整理、登记造册,并及时批转有关市、县妥善处理,做到有信访案件必查,有查必有结果,不拖不压,限期处理。六是坚持干部下访制度。定期不定期深入基层,走访群众,聆听移民群众的呼声,排查有关问题,按照有关政策及时给予解决和答复,千方百计把不稳定因素消灭在基层,消灭在萌芽状态。相关市县也采取了一系列措施,保障信访渠道畅通。

二、健全机制

在南水北调丹江口库区移民搬迁安置过程中,河南省始终把维稳工作作为一项重要任务来抓,建立健全信访机制,落实维稳责任,确保了丹江口库区和移民安置区的大局稳定。一是将移民信访纳入全省大信访管理。坚持“属地管理、分级负责”的原则,实行“党委统一领导、党政齐抓共管,政府分级负责、县乡政府为主体”的管理体制,把移民信访纳入“大信访”范围,明确地方政府“一把手”是移民维稳第一责任人。二是建立健全机制。2013 年,省移民办印发《关于进一步完善移民信访稳定工作机制的实施意见》,各地先后建立了联席会议机制、接访机制、挂消反馈机制、督察督办机制、社会管理机制、发展帮扶机制等 6 个方面的移民信访稳定工作机制。省移民办采取经常排查与定期排查相结合,重点抽查与普遍排查相结合,每月进行一次重点排查,每季度进行一次普遍排查。各地定期排查,每月上报排查情况,确保问题早发现、早解决。

三、制订应急预案

在南水北调丹江口库区移民安置过程中,河南省坚持未雨绸缪、提前防范,科学合理地制订各类应急预案。2009 年 8 月,省移民安置指挥部印发《河南省南水北调丹江口库区移民群体性上访事件应急预案》,对群体性事件坚持早发现、早介入、早处置,对可能发生的上访苗头认真排查、积极化解。为有效避免群体性事件发生,确立了“统一领导、分级负责,预防为主、化解矛盾,加强疏导、防止激化,快速反应、相互配合”四大原则,对群体性赴京、赴省上访事件,制定了应急处理办法,对 5 人、30 人、50 人、100 人、150 人以上的群体性上访事件,制定了具体细化的工作流程,对后期处理做出了明确规定,确保一旦出现群体性上访事件,主要领导在第一时间赶到现场,依法果断处置,尽快控制局面,就地平息事端,坚决防止因处置不当而激化矛盾,有效预防群体事件的发生。2009 年 9 月,省移民办印发《信访突发事件应急预案的通知》,成立了由一把手任组长的信访突发事件应急领导小组。对突发性事件迅速及时反应,依法果断处置。同时,对于个别无理取闹、寻衅滋事、纠访缠访、违反《信访条例》的,给予坚决的打击。如 2010 年 11 月 5 日,唐河县城郊乡水田营村部分移民群众以要求退还多收的门面房1万元建房款名义到县上访，冲击县委、县政府办公场所，损毁公共财物，造成恶劣影响。在公安机关依法对上访群众进行行政拘留后，水田营村部分群众又在个别人员的组织串联下，欲再次集体上访。县、乡得知情况后，立即启动应急预案，组成工作组，会同水田营村、组干部对排查出的重点人员逐一做细致的思想教育工作，宣传政策和法律法规，教育、劝诫相关人员不能再有错误思想和过激行为。经过耐心细致的劝导，绝大多数群众思想得到进一步稳定，成功消除了移民群众欲再次集体上访的不安定因素。

四、明确信访责任

在南水北调丹江口库区移民安置工作中，河南省把维护社会稳定工作纳入全省移民工作目标管理，细化任务，明确责任，落实奖惩。省、市、县移民管理机构逐级签订了目标责任书，明确任务和奖惩，年终进行考核。在目标管理责任书中，明确县、乡政府为移民安置实施的责任主体，也是维护社会稳定的责任主体，提高了做好征地移民工作的积极性，强化了做好维稳工作的责任感。一方面，按照“属地管理、分级负责”和“谁主管、谁负责”的原则，强化信访稳定工作责任制，明确单位主要负责人是第一责任人，分管领导为主要责任人，其他负责人按照“一岗双责”要求，抓好职责范围内的信访稳定工作，确保了移民信访稳定工作落到实处。另一方面，省、市、县各级移民部门把信访工作列为年度考核的重要内容，严控集体越级上访事件和重大社会问题的发生。对不认真履行职责造成群众利益受到侵害引发信访问题的，对在信访工作中因官僚主义、弄虚作假、简单粗暴、推诿扯皮、敷衍塞责、瞒报漏报、失职渎职造成严重后果和重大社会影响的，进行通报，并按照有关规定追究有关领导和直接责任人的责任。

五、化解矛盾纠纷

在南水北调丹江口库区移民搬迁过程中及搬迁后，河南省各级移民管理机构每年都在库区和移民安置区深入开展矛盾纠纷排查化解专项活动，重点排查移民房屋质量、补偿补助兑付、生产项目实施等移民群众关心的热点难点问题，全面排查存在的矛盾纠纷及问题，对排查出的矛盾纠纷及问题，实行领导包案制，制订化解方案，及时解决有关问题，把矛盾解决在基层，问题化解在萌芽状态。如南阳市移民局成立了以局长为组长，分管领导任副组长的领导小组，强化组织实施及工作督导，注重矛盾问题化解，确保了移民稳定。郑州市采取依法化访、变通化访、听证化访、教育化访、帮扶化访“五化访”措施，因案施策，分类施治，切实化解矛盾纠纷问题，取得较好效果。平顶山市建立了矛盾纠纷排查化解机制，对排查出的问题按照“四个一”（一名包案领导、一个工作班子、一套化解方案、一套稳控措施）和“四个到位”（合理诉求解决到位、思想教育到位、生活困难帮扶救助到位、无理诉求政策解释到位）的要求，推动矛盾问题妥善化解。新乡市移民办领导带队下访，深入一线，摸排矛盾纠纷问题，做到“四个不漏”（不漏一个安置点、不漏一个家庭、不漏一个对象、不漏一个问题），对于排查出的矛盾问题化解情况，每日一统计、每周一通报,收到了良好效果。

六、以发展促稳定

2012年,河南省南水北调丹江口库区移民搬迁安置完成后,为确保库区和移民安置区社会稳定,省移民办在全省丹江口库区移民村开展了社会管理创新工作。208个移民村都成立了村党支部领导、"两委"主导、"三会"协调、社会协同、法制保障的新型村级社会管理模式,其中民事调解会专门负责调解处理村矛盾纠纷,为移民村发展、稳定奠定了基础。2012年末,省移民办在南水北调丹江口库区移民村开展了"强村富民"竞赛,2014年在全省实施了"强村富民"战略,发展移民村经济,增加移民收入,把发展作为解决矛盾问题的关键,促进移民增收,打牢稳定基础。一是精准培育产业,实施"一村一品"。变"输血"为"造血",实施产业化帮扶,发展"一村一品",培育移民村内生动力。二是精准投放资金,壮大集体经济。改变资金使用中的"撒胡椒面"做法,由多头分散向统筹集中转变,实行"扶持资金项目化、项目资产集体化、集体收益全民化",将各类扶持资金以集体资产的形式投向生产项目,壮大集体经济,移民通过出租、入股等方式从集体项目中获益,实现滚动发展。三是精准培训指导,提升移民技能。按照"大众创业、万众创新"要求,省移民办组织有关市县举办致富带头人培训班,同时发挥各地人事、扶贫等部门的培训资源,有针对性地实施技能培训,提高移民就业创业能力和水平。截至2019年年底,全省南水北调丹江口库区208个移民村累计投入资金超过30亿元,共建成和在建生产发展项目1 000余个,移民人均可支配收入达到13 465元,移民村集体经济不断壮大,90%以上的南水北调移民村有集体收入。通过创新社会管(治)理和"强村富民"战略实施,提高了移民村自我管理水平,增加了移民收入,促进了社会稳定。

第三节　信访事项处理

在南水北调丹江口库区移民安置过程中,河南省全过程开展了矛盾纠纷排查化解活动,坚持以人为本,妥善解决移民群众关心的热点、难点问题,认真处理信访事项,维护了移民群众的合法权益,保证了丹江口水库库区和移民安置区社会大局稳定。

一、制度建设

省移民办建立了信访信息报送和重大信访事项报告制度、领导接访和包案处理重大信访问题制度、矛盾纠纷排查化解台账和信访督察督办制度、信息矛盾纠纷排查和重点对象监控制度等一系列制度,切实做好丹江口水库移民信访稳定工作。

(一)信访信息报送和重大信访事项报告制度

省移民办要求各市移民管理机构每月月底上报受理移民群众来信来访情况;本部门

发生的重点信访事项,在24小时内报省移民办,不得迟报、漏报、瞒报。

(二)领导接访和包案处理重大信访问题制度

河南省各级移民管理机构定期主持召开会议,分析研判丹江口水库移民信访稳定工作形势;坚持领导接访日制度,主管领导带头定期接待群众,面对面解决群众问题,并明确重大问题实行领导接访和包案处理。其中,对发生赴京、到省上访事件,分管领导第一时间按规定到场劝返;对中央和省立案交办的信访案件,按照业务分工实行领导包案制,包案领导对所包案件亲自研究案卷资料,亲自组织调查处理,亲自审签查处意见,亲自督查处理结果落实,并上报落实情况。

(三)矛盾排查化解台账和信访督察督办制度

省移民办建立各级矛盾排查化解台账,对排查出来的问题,分门别类地登记造册,建立健全排查台账,按照"属地管理,分级负责"和"谁主管、谁负责"的原则,落实包案领导、具体工作单位和具体责任人,限期化解。建立信访工作督察督办制度,采取经常督察与定期督察相结合,电话督办、发函督办和实地督办相结合的方法,对各单位移民管理机构的信访问题进行全方位督察督办。如为确保移民顺利搬迁,在每批移民搬迁前,全省集中进行为期两个月的"矛盾排查月"活动。一是抽调足够力量,深入基层,排查矛盾;二是对排查出来的矛盾和问题,分类进行登记,按照工作流程,建立台账;三是通过定人员、定责任、包调查处理、包化解和跟踪督察、定期考核等措施,使各种矛盾纠纷和重大不稳定因素都得到了有效化解,为移民搬迁的顺利进展扫清了工作障碍。

(四)信访矛盾纠纷排查和重点对象监控制度

河南省采取经常排查与定点排查相结合,重点抽查与普遍抽查相结合的方式,每月在全省进行一次重点排查,每季进行一次普遍排查,确保矛盾纠纷问题早发现、早解决。省移民安置指挥部办公室和省信访局在移民搬迁安置期间每三个月对各地信访问题进行一次通报,对问题突出的地方进行重点监控。在监控期间,主要领导干部不能提拔、调动和重用。

二、来信来访处理

河南省南水北调丹江口库区移民人数多,搬迁安置任务重,移民反映的问题多、矛盾纠纷多、信访上访多。为使移民群众的问题得到充分及时的反映,河南省采取多种措施,确保移民信访渠道畅通,维护好移民群众的合法权益。

(一)强化干部问责制

河南省明确要求,各级移民管理机构工作人员,特别是移民干部,工作中遇到移民群众通过电话、信件、来访等反映问题,首先要热情接待、积极应对;其次根据工作职责,或按政策予以解答,或尽快转交相关人员办理。通过强化干部问责制,有效地避免了移民来信来访工作中态度生硬、应付了事、推诿扯皮等问题。

(二)完善信访接待制

省移民安置指挥部办公室设有信访稳定组,同时省移民办还明确了主管领导主抓,综合处(监督处)归口负责、有关业务处室具体负责解释和答复的移民来信来访处理工作机制。要求凡移民来信、上级有关部门批转的信访件由综合处（监督处）统一登记，根据反映的问题，由主管领导批转到相关处室具体答复办理。

（三）坚持干部下访制

省移民办开展了“下基层、解民忧、办实事”活动，各级移民管理机构也采取定期不定期的方式，深入基层，通过移民干部和群众接触，密切干群关系，认真聆听移民群众的呼声，及时掌握了解移民群众情绪和想法，在大力做好群众思想工作的同时，梳理排查有关问题，按照有关政策及时给予解决和答复，力争把不稳定因素消灭在基层，消灭在萌芽状态。

（四）妥善处理信访事项

对南水北调丹江口库区移民反映的问题，无论是匿名举报信件、电话，还是上级批转的信件，一律分类整理、登记造册，及时批转有关市、县处理，并做到有信访事项必查，查必有结果，限期处理。符合政策的，不拖不压，及时解决；不符合政策的，耐心细致地做好思想工作，取得移民群众理解和支持，既维护了移民群众的利益，又保障了社会稳定。

第十二章　移民安置验收

2011 年 3 月,国务院南水北调办印发《南水北调丹江口水库大坝加高工程建设征地补偿和移民安置验收管理办法(试行)》。根据规定,南水北调丹江口库区移民安置验收分为大坝加高蓄水前验收和总体验收两个阶段,均分为自验、初验和终验。自验由县级政府负责;初验由省政府负责,中线水源公司参与;终验由国务院南水北调办负责。验收内容主要包括农村移民安置、集镇迁建、工业企业迁建、专业项目复建、非地方项目复建、库底清理、文物保护、地质灾害处理、资金使用管理、档案管理等。文物保护项目按《南水北调东、中线一期工程文物保护管理办法》的规定验收。河南省南水北调丹江口库区移民安置蓄水前验收工作于 2012 年 8 月启动,2013 年 8 月通过终验;总体验收工作 2015 年 9 月启动,2019 年 12 月通过了水利部组织的终验。

第一节　蓄水前验收

根据国务院南水北调办的安排部署,2012 年 8 月,省移民安置指挥部印发《关于开展南水北调丹江口库区移民安置县级自验工作的通知》,要求县级自验和市级资金、档案管理自验工作于 2012 年 12 月 31 日前完成;省级初验于 2013 年 6 月 30 日前完成。省移民安置指挥部印发《河南省南水北调丹江口库区移民安置验收工作大纲》。省移民安置指挥部办公室委托河南黄河移民经济开发公司根据验收工作大纲,编制了《河南省南水北调丹江口库区移民安置验收工作实施细则》,作为县级自验和省级初验的依据。8 月 22~24 日省移民安置指挥部在郑州召开全省南水北调丹江口库区移民自验工作培训会,对县级自验工作进行了安排部署,对有关移民干部进行了培训。有关市、县均按要求成立了验收委员会,下设技术验收组,对所在县(市、区)的移民安置开展逐点逐项验收。在完成县级自验、省级初验的基础上,2013 年 8 月河南省南水北调丹江口库区移民安置工作通过了国务院南水北调办组织的蓄水前终验。

一、县级自验

河南省有关市、县根据省移民安置指挥部统一安排,启动了自验工作,进一步加大工作力度,加快农村移民安置收尾和农村外项目实施等工作,以验收促进各项工作完成。

把 2012 年作为问题处理年，逐县逐村逐项排查梳理存在的问题，并集中处理，为移民安置验收创造了条件。

在县级自验工作中，平顶山市郏县率先完成。2012 年，郏县政府成立了以县长为组长，县移民局、公安局、财政局等 20 多个部门及有关乡（镇）主要负责人参加的郏县丹江口库区移民安置自验工作领导小组，负责自验工作的组织和协调，拟定了《郏县丹江口库区移民安置自验工作方案》，编写了《郏县丹江口库区移民安置实施与管理工作报告》。2012 年 9 月，该县成立了以县长为主任，由市移民局、县移民局、县公安局、县财政局等部门及安置乡的领导和专家及长江设计院、监督评估等单位负责人为成员的自验委员会，自验委员会下设综合组、技术验收组（分设移民生活安置组、移民生产安置组、资金管理和档案管理组）。验收委员会召开了郏县丹江口库区移民自验工作动员会，明确了各验收工作组人员和职责分工。技术验收组于 2012 年 11 月对郏县丹江口库区移民生产安置、生活安置、资金管理和档案管理使用情况进行了自验，通过听取汇报、查阅相关资料、现场检查、与移民座谈，广泛听取意见，进行综合考评，各小组编写了分组报告，在此基础上汇总编写了自验工作报告，报请县自验委员会审查。同月，县自验委员会召开自验工作会议，听取了技术验收组自验工作报告，现场查看了马湾移民新村的安置情况，对郏县丹江口库区移民生产、生活安置，资金和档案管理取得的成果和存在的问题及整改建议进行了充分的讨论和认真研究，形成了验收报告，经自验委员会表决获得一致通过。

2012 年 11 月，省移民安置指挥部办公室在郏县召开了县级自验观摩会，总结和推广了郏县的经验和做法，对下一步自验工作进行了安排。2012 年年底，河南省丹江口库区各市县农村移民县级自验工作基本完成。2013 年年初，有关省辖市将农村移民安置自验成果上报省移民安置指挥部，申请省级初验。2013 年 6 月中旬，淅川县完成了农村外项目和库底清理县级自验工作，南阳市将该县自验成果上报，申请省级初验。

二、省级初验

2013 年，在各有关省辖市将自验成果陆续上报的同时，省移民安置指挥部启动了省级初验工作。2013 年 5 月省移民安置指挥部分别成立河南省南水北调丹江口水库库底清理工作领导小组、河南省南水北调丹江口库区移民蓄水前初验委员会。省南水北调丹江口水库库底清理工作领导小组组长由省政府副省长担任，副组长由省政府、省水利厅、省移民办有关领导担任，成员为省直有关单位、南阳市政府、移民安置设计和监督评估单位有关领导。省南水北调丹江口水库库底清理工作领导小组下设办公室，办公室设在省移民办，具体负责库底清理工作的监督检查、协调指导和验收工作。办公室主任由省移民办主任兼任。省南水北调丹江口库区移民蓄水前初验委员会主任委员由省政府副省长担任，副组长由省政府、省水利厅、省移民办、中线水源公司有关领导担任，成员为省直有关单位、有关省辖市、移民安置设计和监督评估单位有关领导。6 月，河南省完成省级初验，将验收成果上报国务院南水北调办申请国家终验。

（一）技术验收

2013 年 5 月，省移民安置指挥部办公室印发《河南省南水北调丹江口水库蓄水前验收实施方案》,成立了河南省南水北调丹江口水库蓄水前验收组,组长由省移民安置指挥部办公室主任担任,副组长由省移民安置指挥部办公室副主任担任,成员由省移民安置指挥部办公室、省直有关单位、中线水源公司和设计、监督评估单位有关人员担任。验收组下设农村移民安置、农村外项目、文物保护 3 个组,共 40 余人。同月 29 日,农村移民安置蓄水前验收首先启动,共抽查 36 个近迁外迁安置点、5 个后靠安置点及部分分散移民安置情况,检查验收了移民新村征地、房屋建设、基础设施和公益设施建设情况,移民户口和组织关系迁转、新农合接转、农村养老保险、用地手续等各项手续办理,生产用地划拨、移交及分配到户,土地整理、土地整合、水利设施配套等生产措施规划的落实,各项移民帮扶政策落实和生产发展等情况,移民生产生活水平恢复情况,分散安置有关规划、资料及协议签订等情况。农村移民安置组分设两个小组,其中第一组承担南阳、平顶山市等 11 个县(市、区)共 25 个安置点的验收任务,第二组承担郑州、新乡、许昌、漯河市 16 个县(市、区)16 个安置点的验收任务。6 月 7 日,农村移民安置技术验收结束。

图 12-1-1　2013 年 6 月 1 日,河南省南水北调丹江口水库蓄水前省级初验技术验收组在邓州市查验资料

2013 年 6 月,省移民安置指挥部印发《关于开展南水北调丹江口水库蓄水前库底清理和农村外项目省级初验技术验收的紧急通知》,对库底清理和农村外项目省级初验技术验收工作进行了安排。省移民安置指挥部办公室印发《河南省南水北调丹江口库区移民蓄水前库底清理和农村外项目省级初验技术验收工作实施方案》,14~18 日组织完成了库底清理和农村外项目省级初验技术验收工作。验收重点是检查库底清理和农村外项目完成情况,主要侧重评价上述各项工作是否影响水库蓄水。库底清理主要检查卫生清理、固体废弃物清理、建(构)筑物清理、林木清理和易漂浮物清理任务完成情况和清理质量,查阅清理档案,检查清理项目的清理任务、清理方案、清理质量检测报告、专业主管部门验收意见等。农村外项目主要检查集镇迁建情况、单位和企业淹没处理情况、专业项目恢复改建情况,以及居民搬迁安置情况等。库底清理验收以省南水北调丹江口水库库底清理工作领导小组办公室人员为主,邀请部分专家参加;农村外项目验收以《河南省南水北调丹江口水库蓄水前验收实施方案》分组和人员为主。抽查比例为库底清理每个乡(镇)各类均不低于 15%;集镇选取 2 个;单位和企业不低于 20%;专业项目按不同类别分别选取样本,各类均不低于 20%。等级以上道路、35 千伏及以上输变电工程、宋岗电灌站、小三峡大桥、灌河大桥、县城防护工程及中心码头等项目全部验收。验收采取审查自验报告、听取汇报、查阅资料、现场检查的方式,在县级自验的基础上抽查验收,抽查比例全部符合有关规定。

经抽查，验收组认为，河南省丹江口水库库底清理基本完成，清理质量符合相关规范和技术要求；农村移民搬迁安置按规划完成，移民房屋建成，基础设施配套，公益设施完善，生产用地划拨到位并分配到户，生产发展初具规模，移民收入水平基本得到恢复或提高；集镇迁建、单位及工业企业淹没处理、专业项目复建等按规划基本完成，功能基本得到恢复，不影响水库蓄水。

（二）行政验收

2013 年 6 月 28 日，河南省政府在郑州召开河南省南水北调丹江口库区移民蓄水前阶段验收省级初验委员会会议，初验委员会成员听取了省移民安置指挥部办公室关于初验技术验收情况的汇报，审议通过了《河南省南水北调丹江口库区移民蓄水前阶段验收省级初验工作报告》。7 月，省移民安置指挥部以《关于申请对河南省南水北调丹江口库区移民蓄水前阶段验收进行终验的请示》，将《河南省南水北调丹江口库区移民蓄水前阶段验收省级初验工作报告》等上报，申请国家终验。

三、国家终验

2013 年 5 月，国务院南水北调办印发《关于印发南水北调中线一期工程丹江口水库大坝加高工程建设征地补偿和移民安置蓄水前终验工作方案的通知》，对国家终验工作进行了安排。根据终验工作方案，蓄水前验收主要侧重评价库底清理是否完成，以及移民搬迁、城（集）镇迁建、工业企业迁建、专业项目复建及文物保护工作是否影响水库蓄水，外迁移民安置情况原则上采用河南、湖北两省验收报告的结论。7 月，国家终验工作正式启动，8 月完成国家终验。

（一）技术验收

受国务院南水北调办委托，技术性初步验收由南水北调工程设计管理中心组织。

2013 年 6 月 16~17 日，南水北调工程设计管理中心对河南省开展了南水北调丹江口水库大坝加高工程建设征地补偿和移民安置蓄水前文物保护终验技术性初步验收，形成了《南水北调中线一期工程丹江口水库大坝加高工程建设征地补偿和移民安置蓄水前—河南省文物保护终验技术性初步验收报告》。

7 月 16~18 日，南水北调工程设计管理中心在河南省淅川县组织开展了南水北调丹江口水库大坝加高工程建设征地补偿和移民安置蓄水前移民搬迁安置终验技术性初步验收，形成了《南水北调中线一期工程丹江口水库大坝加高工程建设征地补偿和移民安置蓄水前—河南省移民搬迁安置终验技术性初步验收报告》。

8 月 7~9 日，南水北调工程设计管理中心在河南省淅川县组织开展了南水北调丹江口水库大坝加高工程建设征地补偿和移民安置蓄水前库底清理终验技术性初步验收，形成了《南水北调中线一期工程丹江口水库大坝加高工程建设征地补偿和移民安置蓄水前—河南省库底清理终验技术性初步验收报告》。

(二)行政验收

2013 年 8 月 21~22 日,在库底清理、移民搬迁安置、文物保护等方面的终验技术性初步验收全部完成的基础上,国务院南水北调办在湖北省丹江口市召开南水北调丹江口水库大坝加高工程建设征地补偿和移民安置蓄水前终验行政验收会议,审议并通过了《南水北调丹江口水库大坝加高工程建设征地补偿和移民安置蓄水前终验报告》。

图 12-1-2 2013 年 8 月 22 日,南水北调丹江口库区移民安置蓄水前终验会议在湖北省丹江口市召开

根据《南水北调丹江口水库大坝加高工程建设征地补偿和移民安置蓄水前终验报告》,南水北调丹江口水库库底清理工作按照批准的实施规划任务已经完成,卫生清理、固体废弃物清理、建(构)筑物清理、林木清理及易漂浮物清理质量总体符合《库底清理技术要求》;库区农村移民搬迁安置按规划完成,移民房屋建成并搬迁入住,各项基础设施和公共服务设施配套完善,生产用地已分配到户,移民比较稳定;城(集)镇迁建、单位及工业企业淹没影响处理、专业项目复建等项目按规划基本完成,功能得到恢复,不影响水库蓄水;库区文物保护总体完成了淹没区地下文物的野外发掘工作和地面文物的搬迁保护工作,文物存放地点安全,文物保护状况良好。经评议,南水北调丹江口水库大坝加高工程建设征地补偿和移民安置蓄水前终验评定为合格,能够满足丹江口水库大坝加高蓄水要求。

2013 年 9 月,国务院南水北调办以国调办征移〔2013〕224 号印发《关于印发〈南水北调丹江口水库大坝加高工程建设征地补偿和移民安置蓄水前终验报告〉的通知》,标志着南水北调丹江口水库大坝加高工程建设征地补偿和移民安置蓄水前验收工作全面完成。

第二节 总体验收

2015 年 9 月,省移民办按照国务院南水北调办《关于加快完成丹江口库区移民尾工项目扫尾开展总体验收工作的通知》精神在郑州召开会议,对南水北调丹江口库区移民安置总体验收工作进行了部署。省移民安置指挥部制定了《河南省南水北调丹江口库区移民安置总体验收工作大纲》,省移民安置指挥部办公室制定了《河南省南水北调丹江口库区移民安置总体验收工作实施细则》,作为县级自验和省级初验的依据。省移民办、省档案局联合印发《河南省南水北调丹江口库区移民安置档案验收实施办法》,对档案验收做出了规定。12 月,省移民安置指挥部办公室在许昌市举办南水北调丹江口库区移民安置总体验收培训班，对有关市县负责计划、安置、财务和档案等工作的有关领导和业务人员进行了培训。2016 年 9 月，有关市县自验工作全部完成。2017 年 8 月，省级初验完成。2019 年 12 月，通过了水利部组织的终验。

一、县级自验

验收工作启动后，各有关市县根据省移民安置指挥部统一要求，加快移民安置的扫尾，全面完成移民安置未完成项目，加大实施问题处理力度，同时加快计划调整、结算和核销，促进账面资金使用，排查化解矛盾纠纷等，为顺利通过验收打好基础。各有关省辖市成立了移民安置验收工作领导小组，具体组织协调指导县级自验和本级资金管理、档案管理自验工作。有关县（市、区）成立了移民安置验收委员会，设主任委员 1 名，副主任委员若干名，委员由县级政府（或移民安置指挥部）、市级移民管理机构、县级有关部门、有关乡（镇）、移民安置设计与监督评估单位代表和专家等不少于 15 人组成。移民安置验收委员会下设技术验收组，对移民安置项目在完工验收的基础上开展全面验收。

省移民安置指挥部办公室实施验收进展情况半月报制度，市县每半月上报一次工作进展情况，省移民安置指挥部办公室根据情况研究解决重大问题；委托河南黄河移民经济开发公司赴各地开展巡查和技术指导，督促各地加快工作进度，指导解决存在的技术问题。如邓州市于 2016 年 1 月成立了邓州市南水北调丹江口库区移民安置总体验收自验委员会，市委副书记任主任委员，市政府主管副市长任副主任委员，市政府办、移民局、住房城乡建设局等 22 个部门主要领导及 19 个乡（镇）长任委员。移民安置总体验收自验委员会下设综合组和技术验收组。6 月，技术验收组对全市 31 个移民安置点生活安置、生产安置，以及有关单位的资金管理和档案管理情况进行了自验，在此基础上编写了自验工作报告。同月，邓州市移民安置总体验收自验委员会召开会议，听取了自验工作汇报，现场查看了移民新村安置情况，经自验委员会表决，邓州市南水北调丹江口库区移民安置顺利通过了自验。

至 2016 年 9 月底，河南省南水北调丹江口库区移民安置涉及的 6 个省辖市、1 个省直管县（市）和 27 个县（市、区）的自验工作全部完成并申请省级初验。

二、省级初验

2016 年 11 月，市、县自验工作完成后，省移民安置指挥部启动了省级初验工作。省移民安置指挥部印发《河南省南水北调丹江口库区移民安置总体验收初验工作方案》，成立了河南省南水北调丹江口库区移民安置总体验收初验委员会。初验委员会设主任委员 1 名，由省政府有关领导担任，设副主任委员 2 名，由省移民办和中线水源公司领导担任，成员由省直有关单位、有关省辖市及省直管县（市）政府、移民安置设计与监督评估单位的领导和专家担任。验收委员会下设技术验收组，由省移民安置指挥部办公室、中线水源公司、省直有关部门、移民安置设计与监督评估单位的代表和专家等 50 余人组成。2017 年 8 月，河南省南水北调丹江口库区移民安置通过了省级初验。2018 年 2 月，省移民安置指挥部向国务院南水北调办申请国家终验。

（一）技术验收

2016年11月，省移民安置指挥部办公室正式启动省级初验技术验收。档案验收组于11月2~15日率先对全省有关市、县34个移民管理机构和农村外项目管理有关单位的档案管理开展了技术验收；农村移民安置组和资金管理组分为2个小组联合开展工作，第一小组负责平顶山市、南阳市、邓州市，第二小组负责新乡市、郑州市、许昌市、漯河市，于11月11~20日对34个市县农村移民安置和资金管理情况开展技术验收；集镇和单位企业、专业项目、农村外项目资金管理验收组于11月21~25日，对农村外项目实施情况开展了技术验收；文物保护验收组于12月1日对文物保护工作情况进行了验收。验收组共抽查了全省农村移民集中安置点42个，占20.2%；分散安置移民相对集中安置点2个；集镇2个，占66.7%；单位企业41家，占30%；等级以上道路、35千伏及以上输变电工程、宋岗电灌站等专业项目全部验收，其他库周恢复项目按比例进行抽验。

在初验技术验收工作中，验收组全面听取市、县自验工作情况汇报，查阅移民规划设计、招标投标、施工、监理、验收等项目档案及会计资料，审查县、市实施管理和自验工作报告，了解自验工作的程序、方法及自验问题整改等情况；现场查验实物，召开由县有关部门、乡村干部、移民代表参加的座谈会，了解移民搬迁安置、资金兑付、生产发展等情况；最后对验收发现的问题向当地政府和有关部门进行反馈。

初验技术验收情况显示，河南省南水北调丹江口库区移民安置工作已按批准的规划完成。移民均已得到安置，生产用地已经调整到位，补偿补助资金已兑付到移民手中，各项迁转手续办理完毕；农村外复建项目已经完成，一次性补偿项目手续齐全；文物保护蓄水后有关工作已经完成；资金管理和档案管理总体较好。但也存在个别项目未按要求完成建设和行业验收、部分地方资金管理不规范、档案收集不完整等问题。

2016年12月，省移民安置指挥部印发《关于对我省南水北调丹江口库区移民安置省级初验技术验收发现问题进行整改的通知》，分市县列出了整改清单，要求各地2017年3月底前将问题整改到位。2017年5月11~20日，省移民安置指挥部办公室派出人员对有关市县整改工作开展复核检查。经抽查，省级初验技术验收发现问题绝大部分已得到整改，个别项目因特殊原因正在加快推进，如淅川县还有个别码头未完成建设和行业验收，部分单位档案没有严格按照要求整理等，但并不影响开展省级初验行政验收。

（二）行政验收

2017年8月15日，省移民安置指挥部在郑州召开河南省南水北调丹江口库区移民安置总体验收省级初验委员会会议，省级初验委员会成员赴郑州市新郑市新蛮子营村、观沟村现场察看了移民安置实施情况，听取各有关单位汇报，审议通过了《河南省南水

图12-2-1　2017年8月15日，河南省南水北调丹江口库区移民安置总体验收省级初验委员会会议在郑州召开

北调丹江口库区移民安置总体验收省级初验工作报告》,河南省南水北调丹江口库区移民安置总体验收省级初验评定为合格。

2018年2月,在省级初验技术验收发现问题全部整改完成的基础上,省移民安置指挥部以《关于申请开展河南省南水北调丹江口库区移民安置总体验收终验的函》,将《河南省南水北调丹江口库区移民安置总体验收省级初验工作报告》报国务院南水北调办,申请国家终验。

三、国家终验

2015年12月,国务院南水北调办印发《关于印发南水北调工程丹江口水库移民总体验收(终验)工作方案的通知》,对国家终验工作进行了部署。根据终验工作方案,总体验收通过对丹江口水库初步设计阶段建设征地移民安置规划所涉项目进行逐项验收,全面评价移民安置规划任务完成情况,客观评价移民安置效果。2018年10月,国家终验工作正式启动,2019年12月完成国家终验。

(一)技术验收

受水利部委托,技术性初步验收由南水北调工程设计管理中心组织。

2018年10月29日至11月22日,南水北调工程设计管理中心组织开展了南水北调工程河南省丹江口水库移民档案总体验收终验技术性验收,抽查了郑州市中牟县、平顶山市郏县、邓州市、南阳市唐河县、南阳市淅川县5个县(市),形成了《南水北调工程丹江口水库移民总体验收(终验)—河南省档案技术性验收报告》。

10月29日至11月2日,南水北调工程设计管理中心组织开展了南水北调工程河南省丹江口水库文物保护项目总体验收终验技术性验收,在淅川县查勘了文物保护情况,在郑州市查勘了南水北调中线工程河南段文物保护成果展和考古发掘资料档案室,形成了《南水北调工程丹江口水库移民总体验收(终验)—河南省文物保护项目技术性验收报告》。

11月9~15日,南水北调工程设计管理中心组织开展了南水北调工程河南省丹江口水库移民搬迁安置总体验收终验技术性验收,抽查了郑州市新郑市、中牟县,平顶山市郏县,新乡市获嘉县,许昌市襄城县,漯河市临颍县,南阳市淅川县、社旗县、卧龙区、宛城区,邓州市共11个县(市、区),形成了《南水北调工程丹江口水库移民总体验收(终验)—河南省移民安置技术性验收报告》。

图12-2-2 2019年12月6日,南水北调中线工程丹江口水库移民安置总体验收终验委员会在淅川县开展行政验收现场检查

(二)行政验收

2019年12月6~7日,在现场查

看了河南、湖北两省南水北调丹江口库区部分移民安置、文物保护项目和档案整理情况后，水利部在武汉召开南水北调中线工程丹江口水库移民总体验收（终验）行政验收会议，审议并通过了《南水北调中线工程丹江口水库移民安置总体验收（终验）报告》。

根据《南水北调中线工程丹江口水库移民安置总体验收（终验）报告》，南水北调丹江口水库移民安置规划任务已完成，移民生产生活条件得到显著改善，收入水平达到或超过其原有水平，后续发展初具规模，社会治理稳步推进，移民正逐步融入当地社会，确定的安置规划目标基本实现；库区文物保护项目全面完成，文化遗产得到保护和利用，文物保护工作取得了丰硕成果，对延续库区文化脉络、传承地方优秀文化传统、加强社会主义文化建设、服务和满足群众精神文化需求发挥了积极作用；移民档案管理措施有力，应归档文件材料收集较齐全，档案整体质量达到规范要求，保管条件良好，能够满足查询利用需求。经评议，南水北调中线工程丹江口水库移民通过总体验收。

2019 年 12 月，水利部以办移民函〔2019〕1437 号印发《关于印发〈南水北调中线工程丹江口水库移民安置总体验收（终验）报告〉的通知》，标志着南水北调中线工程丹江口水库移民安置总体验收工作全面完成。

第十三章　安置帮扶政策

随着南水北调中线工程的开工,自2003年起,省政府、省移民办先后印发《关于严格控制丹江口水利枢纽大坝加高工程库区淹没线以下区域人口增长和基本建设的通知》《关于加强南水北调丹江口库区移民后期帮扶工作的意见》《河南省南水北调工程丹江口水库农村移民安置实施工作细则(试行)》《河南省南水北调工程建设征地补偿和移民安置资金管理办法(试行)》等。2009年7月,省移民安置指挥部和指挥部办公室成立后,相继下发了《关于省直单位分包南水北调丹江口库区移民迁安工作的通知》《河南省南水北调丹江口库区移民安置实施办法(试行)》《河南省南水北调丹江口库区移民安置建设项目管理办法》等政策;省委组织部、省发展改革委、省财政厅、省文化厅、省教育厅、省农业厅、省水利厅、省卫生厅等36个省直部门,先后出台了60余项针对南水北调丹江口库区移民安置的配套政策。这些都为全省南水北调丹江口库区移民工作的顺利进行提供了强有力的政策保障,使移民搬迁安置做到了有法可依、有章可循。

第一节　安置政策

2009年11月,为切实做好河南省南水北调丹江口库区移民搬迁安置工作,省委、省政府根据国家有关文件精神制订了《实施方案》。省移民安置指挥部根据实施方案,印发《河南省南水北调丹江口库区移民安置实施办法(试行)》(简称《移民安置实施办法》)。该办法为制定全省南水北调丹江口库区移民搬迁安置其他相关政策提供了纲领性的原则和依据。

一、搬迁安置

根据省委、省政府有关政策规定,省移民安置指挥部、指挥部办公室及省移民工作领导小组、省移民办出台了一系列南水北调丹江口库区移民搬迁安置具体政策措施,涉及搬迁安置、计划管理、资金管理、档案管理、信访稳定、组织保障、文物保护及宣传报道等方面。

(一)移民安置实施办法

2009年11月16日,省移民安置指挥部根据省委、省政府制订的《实施方案》,印发

《移民安置实施办法》,该办法从组织领导、实施规划、补偿补助、生活安置、生产安置、移民搬迁及库底清理、实施管理、扶持措施、资金管理、监督管理、奖励与惩罚等方面做了明确规定,指导各地开展南水北调丹江口库区移民搬迁安置工作。

《移民安置实施办法》总则提出:丹江口库区农村移民安置,贯彻开发性移民方针,以大农业为主,妥善安置移民,使移民达到或者超过原有生活水平,实现“搬得出、稳得住、能发展、可致富”的目标。丹江口库区移民安置工作,坚持以人为本,满足移民生存与发展的需求;坚持公开、公平、公正,接受社会监督,维护移民的合法权益;坚持顾全大局,服从国家整体安排,兼顾国家、集体、个人的利益;坚持可持续发展,与资源综合开发利用、生态环境保护相协调,节约利用土地;坚持因地制宜,统筹规划;坚持与社会主义新农村建设相结合,与农村经济社会发展相结合,与促进农村和谐稳定相结合。

组织领导方面,全省丹江口库区移民安置工作,在省委、省政府统一领导下,由省移民安置指挥部负责。指挥部下设办公室,作为指挥部的日常办事机构,负责移民安置工作的组织、协调、指导和监督检查。有关市、县党委、政府负责本辖区丹江口库区移民安置工作的组织和领导,相应的移民管理机构具体负责本辖区移民安置工作的管理和监督。县、乡两级政府是农村移民安置工作的责任主体和实施主体。迁安双方应按照职责分工,完善工作机制,建立协调沟通制度。移民迁安乡(镇)原则上应互派工作组(干部),加强协调沟通,确保移民迁安的顺利进行。实行省直部门分包责任制,每个迁安县(市、区)派驻一个工作组,一包到底,直至移民搬迁安置完成。各级党组织要加强基层组织建设,充分发挥党组织的战斗堡垒作用和共产党员的先锋模范作用,加强对村组干部和党员的教育培训,引导广大党员干部服从大局,积极搬迁,带头搬迁。

实施规划方面,农村移民安置以土地为依托,以大农业安置为主,其他安置为辅;以出县安置为主,县内安置为辅,尽量保持移民村原有建制。1 000 人以下的移民村,原则上在一个点安置;1 001~2 000 人的移民村,有条件的地方应尽量在一个点安置,最多不超过相邻的 2 个点安置;2 000 人以上的移民村,有条件的地方也应尽量在一个点安置,最多不超过相邻的 3 个点安置。农村移民集中安置居民点的规划,应遵循因地制宜、有利生产、方便生活、保护生态和节约用地的原则,与社会主义新农村建设相结合;有条件的地方,可以结合小城镇进行规划。居民点建设用地人均 80 平方米,宅基地户均 167 平方米。集中居民点按人均 5 平方米规划坑塘,坑塘用地与居民点建设用地可统筹使用。

补偿补助资金使用方面,移民个人房屋及附属物、零星树木、农副业补偿费、建房困难补助费、外迁移民生活安置补助费,应优先用于建房。按建房形象进度,经迁入地县级移民管理机构或乡(镇)政府核定后,分期支付。统一建房的,可按地基完成兑付 30%,主体封顶兑付 30%,竣工验收合格后兑付 30%,移民搬迁入住后兑付除质保金以外的其他资金;自主建房的,可按开工兑付 30%,地基完成兑付 30%,主体封顶兑付 30%,搬迁入住后兑付 10%。移民搬迁应尽量集中统一组织。搬迁费在移民搬迁后兑付。集中统一搬迁的,在扣除相应的搬迁费后,结余部分由迁入地县级移民管理机构或乡(镇)政府组织兑付给移民;个人自主搬迁的,搬迁费兑付给移民个人;移民搬迁保险由迁入地县级移民管理机构统一办理;临时住房补助用于移民建房期间临时住房补助。

生活安置方面,移民新村对外连接路、供水、供电、通信、有线电视和场地平整工程,由迁入地县级政府组织有关部门和乡(镇)政府,根据批准的实施规划和项目管理有关规定统一建设;居民点内的街道、排水、学校、村部、卫生室等基础设施和公益设施建设,由迁入地县级移民管理机构或乡(镇)政府商移民村组织实施。新村建设用地和宅基地面积要控制在批准的实施规划范围内。

生产安置方面,按水田、水浇地划拨的生产用地,应具备基本的灌溉条件(机井灌溉的,水田30亩地一眼井,水浇地、菜地、果园50亩地一眼井;灌区灌溉的,有固定的灌溉设施,灌溉保证率符合规定的标准)。

移民搬迁方面,尽量统一组织,在规定时限内完成。移民搬迁以迁入地为主,迁出地配合。迁安两地要根据各自的职责,研究制订科学合理的移民搬迁方案,确保文明搬迁、平安搬迁、和谐搬迁。迁出地政府应做好移民搬迁宣传动员,配合迁入地制订移民搬迁实施方案,协助迁入地做好移民搬迁、入住及后续工作。迁入地政府应在移民搬迁前,完成移民新村建设,具备入住条件;会同迁出地制订移民搬迁实施方案;做好移民搬迁组织实施。迁入地政府应做好移民搬迁后临时生活安置等后续工作。及时办理移民户口及党团组织关系迁移,以及军烈属、五保户、农村低保、新农合、后期扶持等有关手续转接工作,协调办理有关证照,及时纳入当地管理。奖励与惩罚规定:对在移民搬迁安置阶段性工作或总体工作中成绩显著的单位和个人,由各级政府给予表彰奖励。按照相关规定,对提前或按时完成建房搬迁的移民给予奖励。按照移民安置规划必须搬迁的单位和移民,应当在迁出地县级政府的统一安排下实施搬迁,不得拒绝搬迁或者借故拖延搬迁;已经搬迁并得到补偿和安置的,不得返迁或者要求再次补偿。

(二)移民新村建设政策

2009年2月12日,省政府办公厅印发《关于进一步推进南水北调中线工程丹江口库区移民新村建设的意见》,明确提出,按照“生产发展、生活宽裕、乡风文明、村容整洁、管理民主”的要求,围绕增加移民收入、加快移民村发展,多措并举,强力推进,使移民新村成为“主导产业明确、移民生活宽裕、基础设施和公共服务设施完备、村容村貌整洁、文体教卫场所齐全、民主管理规范、村风民俗文明”的社会主义新农村示范村。通过采取相应措施,实现“八个一”的目标:一是每个移民有一个符合基本居住条件的住房。按照国家对丹江口库区移民采取的特殊政策,保证移民每人拥有24平方米砖混结构住房,切实解决移民居住问题。二是每户移民有一个良好的人居环境。按照制订的规划,搞好供排水、供电、道路、电信、广播电视、文化、卫生、体育、环卫等设施的配套建设,搞好移民新村绿化和美化,使移民有一个生产方便、生活便利、环境优美、设施齐全的人居环境。三是每个移民新村都是一个生态文明村。引导移民群众树立生态文明观念,提高环境保护意识,积极主动地建设资源节约型和环境友好型社会主义新农村。采取国家补偿、省里补贴和移民个人投入的办法,原则上每户移民新建一座“两位一体”的沼气池。要积极探索依托移民养殖小区建设大、中型沼气池的新路子。四是每个移民有一份基本的口粮田。按照国家批复的移民安置规划,确保移民人均拥有水田、水浇地1.05亩(或旱地1.4亩),解决移民口粮问题。安置区政府要根据有关规定,通过调整土地、搞好土地整理等措施,为移民提供一份基本口粮田。对按水田和水浇地划拨的口粮田,要搞好农田水利设施配套;对按旱地划拨的,有条件的地方可发展成水浇地。五是每个移民新村有一个生产发展“三步走”的规划。第一步是确保移民土地调整到位,完成土地整理、水利设施配套等任务,保证移民发展农业生产的基本需要;第二步是引导移民发展特色种植、养殖及农产品加工,调整优化农业结构,使移民尽快从生产发展中得到实惠;第三步是积极稳妥地发展第二、三产业,扩大移民就业门路,提高移民收入水平。六是每户移民家庭转移一个劳动力。劳动保障、扶贫、农业、移民等部门要大力开展移民实用技术培训和技能培训,通过多种举措,力争平均每户移民家庭向其他产业转移 1 名劳动力,逐步提高其自我发展能力。七是每个符合条件的移民享受一份国家后期扶持资金。按照国家现行的水库移民后期扶持政策,确保农村农业人口的移民从完成搬迁之日起纳入后期扶持范围,每人每年直补 600 元,连续扶持 20 年。八是每个符合条件的移民逐步办理一份养老保险。按照国家和省里的部署,逐步建立健全适合移民特点和需求的社会养老保险制度,为符合条件的移民逐步办理养老保险,最终纳入河南省新型农村社会养老保险范围,切实解决移民老有所养的问题。

按照“八个一”目标,省移民安置指挥部及其办公室从招标投标管理、质量与安全管理、新村生态建设等方面研究制定了一整套管理办法、工作标准和技术规范,要求各有关市县在新村建设中签订《建设工程廉政合同》,切实加强施工安全及项目与计划管理,实行政府监督、中介监理、企业自控、移民参与的“四位一体”的工程质量监督管理模式,落实各方责任,建立健全行之有效的考核机制,按照规划设计标准,努力将移民新村打造成美丽、生态、文明新村,为移民创造良好的居住和生活环境。

2009 年 10 月 15 日,省移民安置指挥部办公室印发《河南省南水北调丹江口库区移民新村建设招标投标管理办法》。这是河南省出台的第一个关于水利移民新村建设实施招标投标的管理办法。该办法明确了评标定标和招标投标的总体原则,对管理与职责、工作程序及过程监督做出了具体规定:招标投标活动坚持集体决策、明确职责、分级管理的原则,评标定标遵循报价合理、方案可行、技术先进、确保工期和工程质量与安全总体原则。招标投标活动的具体职责分工为:省辖市政府在移民新村建设招标投标活动中负总责,指导、协调、监督和审批县级政府招标投标的有关事宜;安置区县级政府是第一责任人,负责组织实施移民新村建设的招标投标工作;迁出区县、乡政府负责组织指导移民建立、健全移民迁安组织,积极配合安置区政府做好移民新村建设的招标投标工作。投标人必须具有施工总承包三级以上(含三级)资质证书、安全生产许可证、营业执照等有效证件,方可投标。投标过程中,投标人不得挂靠、借用资质进行投标,一经发现,立即停止其投标资格,已经中标的,取消其中标资格,并记入企业诚信档案,一年内停止其投标活动。移民新村建设项目采用工程量报价清单招标制度,由省直包县工作队对招标投标的程序进行全过程监督。为做好丹江口库区第一批移民新村建设管理工作,进一步规范招标投标行为,加强廉政建设,12 月 7 日,省移民安置指挥部办公室印发《关于进一步加强第一批移民新村建设招标投标管理的通知》,要求有关省辖市政府与安置县(市、区)、乡(镇)政府层层签订廉政责任书,建设单位与设计、监理、施工单位,施工单位与主要建筑材料供应商要签订《建设工程廉政合同》,明确廉政要求,实行合同管理和造价管理,严把原材料的进场关和施工质量关,杜绝暗箱操作、串标、围标和恶意压价等违法违纪现象的发生;再次明确省直包县工作组和各级纪检监察部门全过程参与招标投标的监督工作,重点对招标的组织和程序进行监督,同时对廉政建设进行考核和评价,并写出书面的廉政报告。

2009 年 11 月 25 日,省移民安置指挥部办公室印发《河南省南水北调丹江口库区移民新村建设工程质量和施工安全管理办法》。明确各有关省辖市政府对本辖区内的工程质量和施工安全负总责,县(市、区)政府是工程质量和施工安全的第一责任人,乡(镇)政府和移民村迁安组织对移民新村各项建设工程实施监督管理,实行"政府监督、中介监理、企业自控、移民参与"的四位一体的工程质量监督管理模式,齐抓共管,确保工程质量和施工安全。在质量管理上,要求每个安置县(市、区)建设行政主管部门的建设工程质量监督机构对每个安置点都要派出不少于 2 人的监督人员,进驻移民新村建设项目现场,开展全过程监督;移民村迁安组织应提前介入,在工程建设中全程参与工程质量监督管理。在安全管理上,项目施工单位要制定安全施工管理制度和各工种安全技术操作规程,按规定配备安全技术管理人员,并制定切实可行的创建"安全文明工地"工作方案和措施,并在施工活动中认真落实。加强责任管理,安置县(市、区)、乡(镇)政府和移民村迁安组织不得将工程发包给不具有施工资质和安全生产条件的施工单位施工,不得盲目压缩施工工期,不得私自肢解工程项目。为了建立健全行之有效的考核机制,12 月 7 日,省移民安置指挥部办公室印发《河南省南水北调丹江口库区移民新村房屋和市政道路工程质量考核标准(试行)》。规定考核标准满分为 100 分,考核内容分为地基基础工程、房屋主体工程、屋面防水工程、装饰工程、水电安装和建设管理等六大项;移民新村市政道路工程质量考核标准分为原材料出厂合格证书及进场检测报告、标准养护和同条件试件的抗压、抗折强度,抗冻、抗渗性能试验报告、地基处理和隐蔽工程施工记录、混凝土铺筑后按施工规范要求养护及安全文明施工情况等 17 项指标。明确驻点工程质量监督员为该质量考核标准执行的主体,并对考核的结果负责,省移民安置指挥部办公室采用定期、不定期检查和抽查的方式开展工作,并依据考核标准进行打分,打分的结果作为阶段考核、最终考核和排序的重要依据。为加强对移民新村建设中蒸压粉煤灰砖砌体工程的质量控制,规范各有关单位在蒸压粉煤灰砖砌体施工过程中的行为,12 月 20 日,省移民安置指挥部办公室印发《河南省南水北调丹江口库区移民新村建设蒸压粉煤灰砖砌体工程质量控制措施》,从材料、设计、施工、验收等方面制定了具体的操作规程和技术标准。

2010 年 3 月 17 日,省移民安置指挥部办公室印发《河南省南水北调丹江口库区移民新村房屋建设工程质量通病防治措施》,对在移民新村房屋建设中易出现的墙体裂缝,屋面渗漏,水泥楼地面起砂、空鼓、裂缝,楼梯踏步阳角开裂或脱落、尺寸不一致,门窗变形、渗漏,墙面空鼓、开裂,给水排水管道系统渗漏,电气工程电气线路连接不可靠、保护接地不良,主筋移位、混凝土保护层厚度偏小及变形缝处理不规范等 10 个方面,从设计到施工都提出了明确的要求。6 月,针对个别安置点存在未经相关部门批准移民擅自扩(改)建房屋的现象,省移民安置指挥部办公室专门印发通知,禁止移民擅自扩(改)建房屋,要求各地要维护规划设计的严肃性,任何单位和个人不得私自变更规划设计内容,不得破坏现有建筑主体结构,施工单位必须严格按照规划设计内容进行施工,设计变更手续必须按照法定程序进行。南水北调丹江口库区第二批移民新村建设启动后,9月19日,省移民安置指挥部办公室印发《关于规范河南省南水北调丹江口库区移民新村建设部分工程部位做法的通知》,对屋面防水、伸缩缝、室内地坪等部分工程部位提出了具体的技术要求,从严控制建材质量和施工工艺水平。为防范移民新村建设在冬期施工中产生的质量问题,11月19日,省移民安置指挥部办公室印发《河南省南水北调丹江口库区第二批移民新村建设工程冬期施工要点》,明确了移民新村建设冬季施工的14项具体操作流程和防范措施。全省南水北调丹江口库区第二批移民新村移民房屋工程建设全面进入装饰装修阶段后,为进一步规范施工工艺,统一标准,2011年3月23日,省移民安置指挥部办公室印发《关于规范第二批移民新村建设部分工程部位做法的通知》,就屋面防水、水泥楼地面、门窗变安装、墙面粉刷、给水排水管道安装和电气工程安装等6个方面制定了具体标准。

2010年7月15日,省移民安置指挥部办公室、省环保厅联合印发《关于加快移民新村推进省级生态村创建工作的通知》,要求坚持"因地制宜,分类指导,扎实推进"的原则,针对每个移民村的人口规模和自然条件,建设适宜规模和工艺的环境保护基础设施,同时规定,距城市和产业集聚区污水管网较近的移民村,生活污水可就近纳入城市或产业集聚区管网。推进移民新村省级生态村创建工作由各县移民局(办)、县环保局、省直包县工作组根据移民村的实际,指导移民村按照省级生态村的标准,进行自查和申报;对于环保设施建成且达到生态村标准的移民新村,省环保厅和省移民安置指挥部办公室从农村环保"以奖代补"资金和移民安置资金中给予适当补助。2011年5月26日,省移民安置指挥部又制定了《河南省南水北调丹江口库区移民新村污水及垃圾处理工作实施意见》,明确了移民新村污水及垃圾处理的主要任务、处理原则及标准要求,制定了建设及投资标准。

(三)计划管理政策

2009年11月16日,省移民安置指挥部办公室印发《河南省南水北调丹江口库区移民安置计划管理办法》。明确要求:移民安置计划管理实行"静态控制,动态管理,统筹安排,分级负责"的原则,项目投资实行静态控制,实施单位应严格按照批准的概算和投资计划执行,不得擅自扩大规模、提高标准、增加投资;严禁实施计划外项目和越权调整计划;加强日常投资计划管理,建立健全计划审核、投资拨付、计划档案、检查监督等计划管理制度,对投资计划实行动态统计管理。

2009年8月14日,省移民办印发《河南省南水北调丹江口库区移民试点基本预备费分配及使用意见》,对丹江口库区移民试点基本预备费的使用原则、使用范围、分配、管理和使用要求等做了明确规定。2009年11月16日,省移民安置指挥部办公室印发《河南省南水北调丹江口库区农村移民基本预备费使用意见》,对丹江口库区农村移民基本预备费的使用原则、使用范围、分配意见、使用管理、包干数额和计划下达、使用要求等做了明确规定。为规范南水北调丹江口库区移民迁安管理补助费的使用管理,2010年3月2

日,省移民安置指挥部办公室印发《河南省南水北调丹江口库区移民迁安管理补助费分配使用管理办法(试行)》,对移民迁安管理补助费的提取原则、分配意见、下达时间、使用范围、使用管理、使用要求等做了明确规定。为切实解决南水北调丹江口库区农村移民基础设施和房屋价差等问题,提高处理效率,省移民安置指挥部办公室从丹江口库区移民价差中列支1亿元,由各地包干用于移民新村基础设施和房屋价差等问题处理,2012年7月19日,省移民安置指挥部办公室印发《河南省南水北调丹江口库区农村移民基础设施和房屋价差等问题包干处理意见》,对基础设施和移民房屋包干价的使用原则、使用范围、分配意见、使用管理、使用要求等做了明确规定。

(四)移民人口管理政策

2002年12月27日,国务院总理朱镕基宣布南水北调中线工程开工,标志着举世瞩目的南水北调工程由规划阶段转入实施阶段。河南省为加强丹江口库区淹没线以下人口管理,严格控制基本建设项目,依法制止在淹没区突击建房,根据国务院办公厅《停建通知》要求,2003年4月11日,省政府办公厅印发《关于严格控制丹江口水利枢纽大坝加高工程库区淹没线以下区域人口增长和基本建设的通知》,要求南阳市和淅川县政府从《国务院关于南水北调工程总体规划的批复》下发之日(2002年12月23日)起,丹江口工程区域内人口的增长,要严格按照国家计划生育政策和河南省的规定执行,人口自然增长率控制在不超过本地2001年的水平;人口的机械增长,要严格按现行政策掌握。自本通知发布之日起,丹江口水库大坝加高工程淹没区的人口迁入审批权限,收归南阳市政府,凡未经批准自行迁入的人口,一律不按丹江口工程区域移民对待,也不负责搬迁安置。

河南省南水北调丹江口库区第一批移民搬迁安置启动后,为进一步加强对丹江口库区移民人口的管理,2010年1月9日,省移民安置指挥部印发《河南省南水北调丹江口库区移民人口管理办法》,要求南阳市、淅川县要制定切实可行的人口管理规定,严格迁入库区人口管理,加强库区计划生育管理,教育移民依法结婚生育,力争将移民人口控制在国家批复范围内。主要内容一是复核基准年移民人口核定工作,由南阳市政府负总责,淅川县政府为责任主体,长江设计院技术归口,共同完成。南阳市、淅川县应组织公安、财政、计生、民政、卫生等有关部门严格核查有关证件,对调查基准年至复核基准年期间的移民人口变动情况核实到人。移民人口核定工作,按照国家和省有关移民政策及认定程序,坚持公开、公正、公平,张榜公示,三榜定案,接受群众监督,逐人核实。核定结果经南阳市政府复核认定后,报省移民管理机构备案,并作为设计单位编制实施规划的依据。二是第一批移民人口包干基数计算,以复核基准年核定的移民人口为依据,按照第二批移民人口年综合增长率推算至规划移民搬迁完毕日。第二批移民人口包干基数,以国家批复初步设计移民人口为准。三是复核基准年至移民搬迁完毕期间变动移民人口核定分两个阶段,即移民搬迁前核定和搬迁后核定。四是实行移民人口及相应经费包干制度。以核定的移民人口包干基数,实施包干,并依此为标准进行奖惩。五是迁出地政府在移民人口公示复核时,应建立举报制度。向群众公布举报电话和联系人,受理群众举报,接受群众监督,并对举报人和举报信息保密。

2014年2月8日，省移民安置指挥部印发《关于南水北调丹江口库区移民人口有关问题的处理意见》，明确南水北调丹江口库区移民人口有关问题的核定工作，由迁入地负责，迁出地配合，设计单位技术指导，监理单位监督。迁安两地严格执行省移民安置指挥部批准的《南水北调中线一期工程河南省丹江口水库建设征地移民安置实施规划工作大纲》有关人口复核的相关规定，以及各批次规划调整报告确定的移民人口核定截止日（规划移民搬迁完毕日）。零星错漏登人口的申报，由户主所在地受理；整户人口（含财产户）的申报，由迁出地受理。核增的零星人口随户主安置；核增的整户人口（含财产户）原则上在迁出地安置；对迁入地县级移民部门出具同意随村外迁安置意见的，也可在迁入地安置。错漏登人口的申报截止时间为2014年12月31日，逾期将不再受理。核增移民人口所需安置费用，从各市县包干预备费列支。对移民人口有关问题的核定程序分八步进行了详细规定。该意见自印发之日起施行，《河南省南水北调丹江口库区移民人口管理办法》同时废止。

（五）考核奖惩政策

2008年12月26日，省移民工作领导小组印发《河南省南水北调工程丹江口库区移民安置工作督察办法》，确定南水北调丹江口库区移民安置督察工作的基本任务是对移民安置工作情况进行全过程的监督管理。以省政府与有关省辖市政府签订的丹江口库区移民安置工作责任书为依据，以年度工作任务和计划为主要内容，以农村移民安置为重点，对移民安置工作分阶段分项进行督察。督察方式为有关省辖市政府每月的28日以《政府工作快报》的形式，向省政府督察处报告本市丹江口库区移民安置工作情况，包括进展情况、存在问题及下月工作安排等。省政府根据有关省辖市政府报告中移民工作情况和监理报告等有关情况，组织相关部门不定期对各省辖市丹江口库区移民安置工作情况进行现场督察。每年年底或移民安置阶段性目标完成和移民安置完毕后，省政府或省移民工作领导小组将根据督察情况，对有关省辖市或其他单位的丹江口库区移民安置工作完成情况进行总结、奖惩。

为加快移民搬迁安置进度，保证移民安置质量，2009年1月22日，省移民工作领导小组印发《河南省南水北调丹江口库区移民搬迁安置奖惩暂行办法》，明确了移民搬迁安置奖惩原则、奖惩对象和奖惩条件。规定：有关省辖市、县（市、区）政府和移民管理机构，以及移民个人的奖惩，由省移民工作领导小组或省移民办负责；有关乡（镇）政府和行政村（安置点）的奖惩，由县级政府或县级移民管理机构负责。对市县和有关单位的奖励，根据需要设立移民新村建设、移民搬迁、生产安置、政策帮扶等单项奖励；对移民个人建房奖励和搬迁奖励，以户为单位核定，按人进行奖励，具体规定为：按时完成建房搬迁的，给予奖励；提前10天以上（含10天）完成建房搬迁的，奖励额度再提高10%；超过规定时间的，不予奖励。2009年7月，省委、省政府为贯彻落实党中央、国务院关于进一步加快南水北调工程建设步伐的有关精神，如期落实“四年任务、两年完成”的总体要求，印发《实施方案》，其中明确提出建立激励机制和责任追究制，要求各级各部门继续执行丹江口库区试点移民新村建房搬迁奖励的有关规定和标准，对库区移民进行奖励，激励库区移民积极建房、积极搬迁。对顾全大局、积极主动、表现突出的优秀干部，在晋级、晋职、评先时要优先考虑；对响应号召、带头搬迁、积极做好群众工作的村支部书记和村主任，要给予适当奖励，符合招录国家公务员条件的，同等条件下优先录用。要切实加强监督检查，制定相应的奖惩政策，对工作不力、行动迟缓、敷衍塞责，经帮助教育无明显改进的，要及时采取相应的组织措施，造成严重后果的，要依法依纪追究责任。2010 年 2 月，全省第一批移民新村建设工作开始压茬启动，为了促进大规模移民建房和搬迁顺利进行，2 月 1 日省移民安置指挥部办公室印发《河南省南水北调丹江口库区第一批移民新村工程建设奖励办法(试行)》，明确移民新村工程建设以县(市、区)为单位进行考核和奖励，按照阶段性考核与平时考核相结合，定性考核与定量考核相结合的方法，将工程管理、工程质量、工程进度和廉政建设纳入考核内容，并作为阶段性和年终奖惩的依据。同时，奖励采用一票否决制，即：凡发生重大工程质量事故、重大安全生产责任事故，或项目建设单位负责人及工程管理有关人员在项目管理中以权谋私、严重失职、渎职受到责任、政纪处分或被依法追究刑事责任的；按规定应招标投标而未进行的；驻点质量监督人员降低标准、把关不严的；擅自改变规划设计的；未按时间节点要求完成任务的，一律取消其参加评奖资格。为加快南水北调丹江口库区社区移民安置进度，保障移民安置质量，2011 年 6 月 1 日，省移民安置指挥部印发《河南省南水北调丹江口库区社区移民安置考核奖惩办法》。规定：迁入地社区移民安置符合先进单位条件，并按时完成各阶段任务的，将分阶段考核奖补。对移民个人的奖励，以户为单位核定，凡是按照省移民安置指挥部规定的时间节点，按时完成建房和搬迁的，每人发放建房搬迁奖金 2 000 元。为做好南水北调丹江口库区农村外项目实施工作，2011 年 7 月 14 日，省移民安置指挥部办公室印发《河南省南水北调丹江口库区农村外项目实施工作考核奖惩办法》，对农村外项目实施工作采取日常考核、阶段考核和综合考核三种形式。日常考核由淅川县组织，阶段考核由南阳市组织，综合考核由省移民安置指挥部办公室组织。奖励额度由省移民安置指挥部根据实际确定。

二、资金管理

在南水北调丹江口库区移民搬迁前，2005 年 10 月 20 日，省移民办就印发《河南省南水北调工程建设征地补偿和移民安置资金管理办法(试行)》，明确移民资金管理遵循责权统一、计划管理、专款专用、包干使用的原则；移民资金实行与征地移民任务相对应的包干使用制度；实行省、市、县三级主管部门负责管理和核算，县(市、区)为基础会计核算单位，乡(镇)、村为报账单位的管理体制；移民资金要专户存储，专款专用；各项移民资金支出要严格按照制度规定和支付程序要求，严禁以拨代支；各级移民主管部门应在一家国有或国家控股商业银行开设移民资金专用账户，专门用于移民资金的管理。2006 年 7 月 26 日，省移民办又印发《南水北调中线工程河南省征地移民资金会计核算补充规定(试行)》。

在搬迁安置期间，省移民办依据实施进度的要求，结合实际情况，制定了具体的资金管理政策，内容涉及会计报表考核评比、银行账户开设与核算、补偿资金的支付与核销、建设项目资金的支付与核销、乡村工作经费和移民外迁管理补助费的使用与核销、会计档案的管理与移交、财会人员培训、监督检查、完工财务决算等方面，强化了移民资金管理，规范了移民资金使用行为，确保移民资金发挥最大效益。

三、档案管理

2010年6月25日，省移民办、省档案局根据国务院南水北调办和国家档案局制定的《南水北调工程征地移民档案管理办法》及国家有关规范和标准，结合河南省移民工作实际情况，联合印发《河南省〈南水北调工程征地移民档案管理办法〉实施细则》，明确了征地移民档案管理“统一领导、分级管理、县为基础”的原则，要求省、市、县各级南水北调征地移民管理机构和有关参与单位，须建立、健全征地移民档案管理体系，确保征地移民档案的完整、准确、系统、安全和有效利用。建立健全移民档案管理体制，各市、县征地移民主管部门作为征地移民档案工作主管部门，负责对本行政区域内征地移民档案工作的统一领导和管理；各项目法人和设计、勘测定界、监理、监测评估等单位按照责任分工，负责各自的征地移民档案收集、整理、归档和管理工作。县级以上征地移民主管部门应设置征地移民档案工作机构，配备专（兼）职档案工作人员，落实档案库房，配备档案设备、设施，收集、整理、保管使用好本单位的征地移民档案。在档案整理与归档方面，首次明确将外迁移民迁出前形成的档案资料由迁出县（市、区）征地移民主管部门负责收集并按户整理后，将分户档案复制件交迁入县（市、区）征地移民主管部门保管。明文规定，征地移民档案验收是南水北调中线工程征地补偿和移民安置专项验收的前提。未通过档案验收或档案验收不合格的，不得进行或通过专项竣工验收。2018年6月19日，省移民办、省档案局对《河南省〈南水北调工程征地移民档案管理办法〉实施细则》的个别条款进行了修订完善。

四、安置验收

根据国务院南水北调办的部署，2012年8月17日，省移民安置指挥部印发《关于开展南水北调丹江口库区移民安置县级自验工作的通知》，附《河南省南水北调丹江口库区移民安置验收工作大纲》。9月10日，省移民安置指挥部办公室印发《河南省南水北调丹江口库区移民安置验收工作实施细则》，作为县级自验和省级初验的依据。2013年5月28日，省移民安置指挥部办公室印发《河南省南水北调丹江口水库蓄水前验收实施方案》；2013年6月13日，省移民安置指挥部办公室印发《河南省南水北调丹江口库区移民蓄水前库底清理和农村外项目省级初验技术验收工作实施方案》，明确了蓄水前验收的内容、组织与方法，保证了水库蓄水验收顺利进行。

2015年8月21日，省移民安置指挥部印发《关于切实做好南水北调丹江口库区移民安置总体验收自验工作的通知》，附《河南省南水北调丹江口库区移民安置总体验收工作大纲》。11月12日，省移民办、省档案局印发《河南省南水北调丹江口库区移民安置档案验收实施办法》，明确了丹江口库区移民安置档案验收的内容、组织、程序等，并制定了

《河南省南水北调丹江口库区移民安置档案验收赋分标准》,对移民档案管理及档案质量进行量化赋分,为统一档案验收标准,确保档案验收质量提供了依据。同月26日,省移民安置指挥部办公室印发《河南省南水北调丹江口库区移民安置总体验收工作实施细则》,作为县级自验和省级初验的依据。2016年11月7日,省移民安置指挥部印发《河南省南水北调丹江口库区移民安置总体验收初验工作方案》,明确了总体验收的内容、组织与方法,保证了总体验收顺利进行。

五、后期帮扶

2010年5月4日,省移民安置指挥部印发《关于我省南水北调丹江口库区试点移民生产开发工作指导意见》,提出加快丹江口库区试点移民农业产业结构调整,因地制宜、积极稳妥地开展多种形式的生产开发,以拓宽增收渠道,增加经济收入。省移民办一次性安排2 000万元,用于养殖小区征地补助和生产开发项目奖励,其中养殖小区征地补助资金1 350万元,按照每人0.05亩的标准和试点移民农业人口进行分配;生产开发项目奖励资金650万元,主要用于大棚蔬菜、特色林果、大型沼气池建设等项目的帮扶奖励。10月20日,省移民安置指挥部印发《关于我省南水北调丹江口库区移民生产开发工作指导意见》,参照试点移民生产开发的做法和标准,一次性安排奖补资金3 878万元,用于生产开发以奖代补,养殖小区征地按规划移民农业人口每人0.05亩及各安置地生产用地标准计算,已纳入各县(市、区)移民安置实施规划。生产开发奖补资金主要用于大棚蔬菜、特色林果、大型沼气池建设等项目的帮扶奖励,按照移民农业人口分配到省辖市,由省辖市统筹掌握,包干使用。

为扎实做好移民后期帮扶工作,帮助移民发展生产、增加收入、安居乐业,促进移民村经济社会持续快速发展,2012年7月17日,省政府印发《关于加强南水北调丹江口库区移民后期帮扶工作的意见》,明确要求各级政府及各相关部门要以"生产发展、生活宽裕、乡风文明、村容整洁、管理民主"为总体要求,通过3年的后期帮扶,使移民新村基础设施配套,公益设施完善,农业生产基础稳固,移民劳动技能明显提高,转移就业能力增强,收入水平显著提高,社会事业不断发展,乡风更加文明,村两委班子带领移民致富的能力明显提高。工作任务是巩固移民村建设成果,夯实农业生产基础,推进产业结构调整,搞好移民培训就业,促进移民尽快致富,加快发展社会事业。

为促进移民经济发展,2013年9月省移民办在全省南水北调丹江口库区移民村开展了"强村富民"竞赛活动。12月26日,省移民办又印发《河南省南水北调丹江口库区移民村"强村富民"竞赛活动考评办法》,对考评的原则、内容及评分细则、考评时间和方法步骤等做了规定。考评的主要内容为移民村生产发展、加强和创新社会管理、信访稳定和移民群众评议四大类。2014年2月8日,省移民工作领导小组印发《关于在全省移民村实施"强村富民"战略的意见》,在全省移民村实施"强村富民"战略。工作目标是到2015年末,全省各移民村"一村一品"的产业发展格局基本形成,集体经济实力明显增强,每个村都有一个科学的产业发展规划,一批致富能人,建立经济合作组织,形成1~2

个主导特色项目(产业);每户至少转移一个劳动力。南水北调丹江口库区移民要率先发展,2/3以上的移民村人均收入达到或超过当地居民平均收入水平。到2020年,实现移民群众与全省人民同步小康的目标。实现路径为科学制定发展规划、加强移民后期帮扶、夯实移民发展基础及创新移民村级管理。保障措施包括加强组织领导、强化人才支撑、搞好资金保障、坚持分类指导和建立激励机制等。2014年4月21日,省移民办印发《河南省南水北调丹江口库区移民"强村富民"规划编制指导意见》,并下拨经费989万元用于各地组织编制移民村"强村富民"规划,规划主要内容为生产发展、基础设施和公益设施完善、培训就业创业和创新社会治理等。

为贯彻落实党中央、国务院和省委、省政府关于加强和创新社会管理的决策部署,逐步提高包括南水北调丹江口库区208个移民新村在内的全省水库移民村(社区)社会管理水平,在深入调研、广泛论证的基础上,2012年12月5日,省移民工作领导小组印发《关于加强和创新移民村(社区)社会管理的指导意见(试行)》,通过加强和创新移民村社会管理体制,积极探索具有时代特征和移民特色的新型、高效、科学、民主的社会管理模式,促进移民区经济社会全面发展,到2015年年底,形成"一村一品"的产业发展格局,集体经济发展壮大,生态文明建设得到加强,移民劳动力基本实现就业,移民人均纯收入达到或者超过当地群众平均收入水平,实现"移民区社会关系更加和谐、基层基础更加牢固、社会管理更加民主科学、社会服务更加完善、社会环境更加文明"的工作目标。创新内容包括创新村务民主管理,推行村党支部领导、"两委"主导下的"民主议事会+民主监事会+民事调解委员会"的移民村民主管理模式;创新经济管理组织,引导移民村因地制宜地成立工业公司、农业公司、专业合作社和协会等经济管理组织;创新社会服务管理,逐步成立物业公司,实行物业管理制度。同日,省移民工作领导小组印发《关于加强和创新移民村(社区)社会管理试点工作的意见》,决定在全省选择18个移民村(其中丹江口库区移民村17个)启动了加强和创新移民村社会管理试点工作,并实行了省移民办班子成员及有关处长联系移民村制度。2013年1月4日,省移民办印发《关于加强和创新移民村(社区)社会管理的实施意见》,并附有《河南省移民村(社区)民主议事会议事导则》《河南省移民村(社区)民主监事会监督导则》《河南省移民村(社区)民主调解委员会调解导则》,决定在全省384个大中型水库移民村开展加强和创新社会管理工作,其中包括南水北调丹江口库区所有移民村。为巩固提升移民村民主管理、经济发展、公共服务水平,加快建设富强文明、幸福美丽、和谐稳定的移民新村,进一步深化移民村社会治理创新工作,2015年1月21日,省移民工作领导小组印发《关于进一步深化移民村社会治理创新工作的指导意见》,总体目标是通过深化移民村社会治理创新工作,全省水库移民村基层组织健全,村"两委"领导有力,"三会"制度完善,组织严密,运行规范,群众的知情权、参与权、表达权和监督权得到充分保障,民主管理科学有序;"强村富民"战略扎实推进,扶持资金项目化、项目资产集体化、集体收益全民化的普惠帮扶机制引领移民村经济社会发展,村级集体经济不断壮大,移民收入显著提高;基础设施日益完善,服务领域不断拓展,社会环境和谐文明,服务群众规范高效,移民群众能够享受基本的城市公共服务功能,使全省移民村尽快达到"生产发展、生活宽裕、乡风文明、村容整洁、管理民主"的新农村标准;到 2020 年,实现全省移民群众与全省人民同步小康。主要任务是深化民主管理体系,强化基层民主法制,建设“和谐家园”;深化普惠制帮扶体系,实施“强村富民”战略,建设“富强家园”;深化公共服务体系,提高服务水平,建设“幸福家园”。

为贯彻落实中央关于“转变经济发展方式、促进一、二、三产业融合发展”精神,2016 年 4 月 22 日,省移民办与省旅游局、省扶贫办、省国土资源厅、中国人民银行郑州中心支行联合印发《关于在全省移民村大力扶持乡村旅游产业发展的指导意见》,在全省移民村大力扶持乡村旅游产业发展,鼓励有条件的市县移民管理机构会同有关部门科学编制乡村旅游规划,加强移民村乡村旅游公共服务体系和基础设施建设,大力开发移民村乡村旅游产品,加强移民村乡村旅游教育培训,创新移民村乡村旅游组织管理方式,并加强移民村乡村旅游规范化管理。全省移民村发展乡村旅游产业按照试点先行、分批推进的步骤实施,先由省辖市、省直管县移民管理机构推荐有一定旅游资源和条件、村集体有相对稳定的收入且班子团结、移民自愿的移民村,省移民办会同国土资源、旅游、扶贫、人民银行等部门筛选确定。

为解决移民村普遍存在的担保难、贷款难、发展缺乏资金保障等问题,2016 年 4 月 26 日,省移民办与邮政储蓄银行河南省分行联合印发《关于联合开展金融扶贫“移民贷”工作的指导意见》。各地通过搭建金融扶持服务平台,由移民村“民主议事会”议事表决,利用村集体收入、移民后期扶持未来直补资金期权、移民后期扶持结余资金设立担保基金,试点放大 5 倍,最高可放大 10 倍贷款,对农村移民及其经营、容纳移民就业的各种经济实体,包括移民户、个体工商户、农民专业合作社及社员、扶贫龙头企业、专业大户、家庭农场等进行贷款支持,帮助移民创业就业,加快库区和移民安置区移民群众脱贫致富奔小康步伐。

为加快移民发展致富,引导和鼓励移民企业充分利用资本市场转型升级、快速发展、做大做强,2016 年 4 月 29 日,省移民办与省政府金融办联合印发《关于加快推进河南省移民企业挂牌上市工作的指导意见》,提出,按照“成功上市一批、辅导改制一批、签约启动一批、培育储备一批”的工作思路,针对全国中小企业股份转让系统“新三板”和中原股权交易中心“四板”市场、不同行业,遴选一批符合产业发展方向、示范带动性强、成长性高的移民企业作为重点后备企业,建立拟挂牌上市企业后备资源库;对有挂牌上市要求的移民企业,按照有关法律和河南省有关企业股份制改造管理规范,指导其规范改制,及早建立现代企业制度;有计划、有步骤地推进企业挂牌上市工作,筛选一批自主创新企业和高成长创业企业到“新三板”挂牌上市,暂时达不到在“新三板”上市条件的可推动在“四板”挂牌上市。为鼓励移民企业挂牌上市,2017 年 10 月 11 日,省移民办与省政府金融办联合出台了《河南省移民企业挂牌奖补细则(试行)》,对移民村企业在“新三板”挂牌上市的,奖补移民村 100 万元,用于生产发展,可参股相关企业;奖补企业挂牌上市工作经费(按移民村集体和移民个人参股比例×2×100 万元奖补,100 万元封顶)。对移民村企业在“四板”挂牌上市的,奖补移民村 50 万元,用于生产发展,可参股相关企业;奖补企业挂牌上市工作经费(按移民村集体和移民个人参股比例×2×50 万元奖补,50 万元封顶)。

为贯彻落实省委、省政府关于实施乡村振兴战略的意见,补齐水库移民发展的短板,顺应移民的美好期盼,2019 年 7 月 13 日,省移民工作领导小组印发《河南省美好移民村建设指导意见》,明确要求各地要按照"产业兴旺、生态宜居、乡风文明、治理有效、生活富裕"的总要求,以美好移民村建设为抓手,积极整合各类资金资源,通过促进产业发展、改善人居环境、提升基础和公益设施、倡塑乡风文明、创新社会治理等措施,建设产业兴、生态优、乡风美、治理好、生活富的美好移民村,并计划全省 2019 年启动 50 个美好移民村示范村建设,2020 年启动 100 个示范村建设,之后在总结的基础上全面推开。

六、信访稳定

2009 年 8 月 13 日,省移民安置指挥部印发《河南省南水北调丹江口库区移民群体性上访事件应急预案》,明确了丹江口库区移民群体性上访事件预防和处置的指导思想、工作原则、应急处置办法、后期处置措施。为进一步规范信访工作程序,明确信访工作责任,2010 年 9 月 30 日,省移民办印发《关于进一步规范信访工作程序的通知》,对各处室在移民群众来访接待及问题处理、移民群众来信办理、领导指示件的办理、群体性事件的处理、信访制度建设、信访案件的督察督办方面进行了规范。为进一步完善移民信访稳定工作机制,推进全省移民信访稳定工作程序化、制度化、规范化、常态化,2013 年 1 月 4 日,省移民办印发《关于进一步完善移民信访稳定工作机制的实施意见》,明确移民信访稳定工作机制包括联席会议机制、接访机制、挂消反馈机制、督察督办机制、社会管理机制、发展帮扶机制六个方面,要求各地要认真研究移民信访稳定工作中的新情况、新问题,不断深入基层、深入移民村(社区)组调查研究,具体指导,要创新思路、创新方法,大胆实践,不断丰富完善移民信访稳定工作机制。为更加有效地解决好移民群众的实际矛盾和问题,2013 年 6 月 14 日,省移民办印发《关于建立信访突出问题集中会诊制度的通知》,要求对重大信访问题和信访积案、疑点难点、重信重访问题进行集中会诊。2015 年 1 月 22 日,省移民办印发《河南省征地移民信访工作办法》,进一步规范了全省征地移民信访工作,明确了各级移民管理机构工作职责,对信访受理、信访办理、信访机制、信访督察进行了系统规定。

七、组织保障

为确保南水北调中线工程按期通水,2009 年 7 月 27 日,省委、省政府印发《关于成立河南省南水北调丹江口库区移民安置指挥部的通知》,成立了由省委副书记任政委、省政府主管副省长任指挥长的河南省南水北调丹江口库区移民安置指挥部。省移民安置指挥部印发《关于印发河南省南水北调丹江口库区移民安置指挥部领导分工的通知》,对省移民安置指挥部政委、指挥长、副政委、副指挥长进行了分工;印发《关于成立河南省南水北调丹江口库区移民安置指挥部办公室的通知》,决定河南省南水北调丹江口库区移民安置指挥部下设办公室,作为指挥部的日常办事机构,负责移民迁安工作的组织、协调、指导、监督检查和服务,办公室设在省移民办,办公室内设综合组、协调组、建设组、督察组、宣传组、稳定组，各组工作由办公室统一协调，人员从省直有关单位抽调，与原有工作脱钩，实行集中统一办公，并明确了各组的具体职责；印发《关于省直单位分包南水北调丹江口库区移民迁安工作的通知》，对南水北调丹江口库区移民迁安工作实行省直单位分包责任制，综合考虑各迁安县（市、区）的移民任务和省直有关单位的情况，从省直单位中选择25个，分包25个县（市、区），并实行派驻移民工作组制度，每个省直单位组成一个工作组，常驻迁安县（市、区）开展工作，直到移民搬迁安置结束，移民工作组成员从本单位抽调，与原工作脱钩，人数5~6人。工作组组长由副厅级干部担任，工作组成员要政治素质高、工作能力强、身体健康、年富力强。省直分包县（市、区）的主要职责是督促分包县（市、区）按照完成南水北调丹江口库区移民迁安任务，具体职责一是对丹江口库区移民搬迁安置工作的组织领导、政策落实、实施进度、资金管理等进行督导；二是协调安置县（市、区）与对应的库区县、乡（镇）的关系，协调解决移民搬迁安置有关问题；三是对移民搬迁安置给予对口帮扶。

2009年10月29日，省移民安置指挥部印发《关于实行南水北调丹江口库区第一批移民迁安乡（镇）互派工作组制度的通知》，决定实行迁安乡（镇）互派工作组制度。要求凡有第一批移民安置任务的安置区乡（镇）要组成不少于2人的工作组，常住对应库区乡村，熟悉情况，宣传政策，联络感情，反馈信息，开展工作，工作组由1名实职副乡级干部带队。迁出乡（镇）要根据实际情况，向每个安置县（市、区）派驻一个2人以上的工作组，协调解决移民新村建设、搬迁安置、宅基地分配、土地分户等有关问题，工作组原则上由1名副乡级干部带队。迁出任务重、对应迁入县（市、区）多的乡（镇），应在每个迁入县（市、区）至少设一名联络员，在迁入市设立工作组。

2012年8月11日，省移民安置指挥部印发《关于继续实行省直部门对口帮扶南水北调丹江口库区移民工作责任制的通知》，决定省直部门对口帮扶丹江口库区移民实行联系人制度，按照省移民迁安包县工作组的分包对象，原25个省直部门成立包县联络组，组长由副厅级以上干部担任，副组长由处级干部担任，另设联络员1~2人，继续负责丹江口库区移民后期对口帮扶工作。主要工作任务一是指导和帮助移民迁安县（市、区）搞好移民新村建设、改善生产条件、发展生产项目、做好信访稳定等，协调解决移民后期帮扶有关问题，为移民提供项目、技术、资金等方面的帮扶；二是把支持移民发展作为重点，把增加移民的投入作为落实后期扶持的重要任务，积极筹措资金，加快建立促进库区和移民安置区经济持续发展、基础设施完善、移民持续增收、社会和谐稳定长效机制。

八、文物保护

河南省地处中原，文物资源十分丰富，尤其是南水北调丹江口水库大坝加高工程淅川库区是楚始都所在地，有着大量的地下文物和地表文物遗存。为加强南水北调中线干线和丹江口库区文物保护工作，2005年7月28日，省文物局、省移民办、省南水北调办联合印发《河南省南水北调中线工程文物保护工作暂行管理办法》，就文物保护工作的管理体制、项目管理、经费管理、出土文物及文物资料管理和奖惩等方面做了具体的规定，明确河南省境内南水北调中线工程设计区域内一切地下文物、水下文物、地上文物属国家所有,古脊椎动物化石和古人类化石地点、古文化遗址、古墓葬、古碑刻等属国家所有。属于集体所有和私人所有的具有文物价值的建筑、民居等,在办理移民补偿后,属于国家所有。河南省文物管理局负责河南省境内南水北调中线工程文物抢救保护管理工作,南水北调建设、管理部门参与南水北调中线工程文物保护工作的协调。工程设计区域内的沿线各级政府和有关部门负责协调辖区内南水北调中线工程文物保护工作过程中的各种工作关系。省南水北调中线工程文物保护办公室按年度编制文物保护项目实施计划、经费计划,报省移民办安排计划后实施;河南省境内南水北调中线工程文物抢救保护经费进行统一管理,实行专款专用,按省级移民资金管理规定专户存储并进行单独核算,向移民管理机构报送有关报表,并接收国家有关部门进行的项目经费审计。河南省南水北调丹江口库区移民搬迁安置政策一览见表13-1-1。

表13-1-1　河南省南水北调丹江口库区移民搬迁安置政策一览

序号	文件名	发文时间	发文机关	文号
一、搬迁安置政策				
1	河南省南水北调丹江口库区移民安置实施办法(试行)	2009年11月16日	省移民安置指挥部	豫移指〔2009〕54号
2	河南省南水北调工程丹江口水库农村移民安置实施工作细则(试行)	2008年11月20日	省移民办	豫移办〔2008〕76号
3	关于切实做好南水北调丹江口库区移民安置对接工作的紧急通知	2009年7月5日	省移民办	豫移办〔2009〕73号
4	关于开展河南省南水北调丹江口库区试点移民文明搬迁创建活动的通知	2009年8月7日	省移民安置指挥部办公室、省文明办、省交通运输厅	豫移指办〔2009〕2号
5	河南省南水北调丹江口库区试点移民搬迁实施方案	2009年8月11日	省移民安置指挥部	豫移指〔2009〕4号
6	河南省南水北调丹江口库区第一批移民安置工作实施意见	2009年10月18日	省移民安置指挥部	豫移指〔2009〕51号
7	河南省南水北调丹江口库区移民安置建设项目管理办法	2009年11月16日	省移民安置指挥部办公室	豫移指办〔2009〕19号
8	河南省南水北调丹江口库区第一批移民搬迁实施方案	2010年6月6日	省移民安置指挥部	豫移指〔2010〕19号
9	关于切实做好丹江口库区第一批移民搬迁有关事项的通知	2010年6月9日	省移民安置指挥部办公室	豫移指办明电〔2010〕39号
10	河南省南水北调丹江口库区第二批移民安置工作实施意见	2010年6月10日	省移民安置指挥部	豫移指〔2010〕21号

续表 13-1-1

序号	文件名	发文时间	发文机关	文号
11	关于南水北调丹江口水库建设征地南阳市农村外非试点项目实施意见的通知	2010 年 10 月 20 日	省移民安置指挥部	豫移指〔2010〕34 号
12	关于推进南水北调丹江口库区社区移民安置工作的指导意见	2011 年 3 月 9 日	省移民安置指挥部	豫移指〔2011〕2 号
13	河南省南水北调丹江口库区第二批移民搬迁实施方案	2011 年 4 月 27 日	省移民安置指挥部	豫移指〔2011〕6 号
14	关于转发淅川县老城镇推行轻装搬迁的通知	2011 年 5 月 19 日	省移民安置指挥部办公室	豫移指办〔2011〕43 号
15	河南省南水北调丹江口库区农村外项目实施工作意见	2011 年 7 月 14 日	省移民安置指挥部办公室	豫移指办〔2011〕60 号
16	河南省南水北调丹江口库区农村外项目实施任务及投资包干意见	2012 年 3 月 17 日	省移民安置指挥部	豫移指〔2012〕2 号
17	河南省南水北调丹江口库区社区移民安置工作实施意见	2011 年 4 月 4 日	省移民安置指挥部	豫移指〔2011〕5 号
18	关于我省南水北调丹江口库区移民安置若干问题的意见	2012 年 4 月 23 日	省移民安置指挥部办公室	豫移指办〔2012〕22 号
19	关于进一步推进南水北调中线工程丹江口库区移民新村建设的意见	2009 年 2 月 12 日	省政府办公厅	豫政办〔2009〕11 号
20	关于河南省丹江口库区移民安置试点新村建设和生产安置的实施意见	2009 年 2 月 12 日	省移民办	豫移办〔2009〕8 号
21	关于下发《河南省南水北调丹江口库区移民新村户型方案设计图集》的通知	2009 年 9 月 17 日	省移民安置指挥部办公室	豫移指建〔2009〕3 号
22	河南省南水北调丹江口库区移民新村建设招标投标管理办法	2009 年 10 月 15 日	省移民安置指挥部办公室	豫移指建〔2009〕5 号
23	关于做好南水北调丹江口库区移民新村建设用地征收、“三通一平”和房屋基础工作的意见	2009 年 10 月 16 日	省移民安置指挥部办公室	豫移指建〔2009〕6 号
24	河南省南水北调丹江口库区移民新村建设工程质量和施工安全管理办法	2009 年 11 月 25 日	省移民安置指挥部办公室	豫移指办〔2009〕21 号
25	河南省南水北调丹江口库区移民新村房屋和市政道路工程质量考核标准(试行)	2009 年 12 月 7 日	省移民安置指挥部办公室	豫移指办〔2009〕24 号
26	关于进一步加强第一批移民新村建设招标投标管理的通知	2009 年 12 月 7 日	省移民安置指挥部办公室	豫移指办〔2009〕25 号
27	河南省南水北调丹江口库区移民新村建设蒸压粉煤灰砖砌体工程质量控制措施	2009 年 12 月 20 日	省移民安置指挥部办公室	豫移指办〔2009〕27 号

续表 13-1-1

序号	文件名	发文时间	发文机关	文号
28	河南省南水北调丹江口库区第一批移民新村建设工程冬期施工要点	2010 年 1 月 4 日	省移民安置指挥部办公室	豫移指办明电〔2010〕3 号
29	关于转发南阳市南水北调丹江口库区第一批移民新村建设质量管理若干规定的函	2010 年 1 月 6 日	省移民安置指挥部办公室	豫移指办〔2010〕1 号
30	河南省南水北调丹江口库区移民新村房屋建设工程质量通病防治措施	2010 年 3 月 17 日	省移民安置指挥部办公室	豫移指建〔2010〕6 号
31	关于进一步加强第一批移民新村建设装饰装修及安装工程质量管理的通知	2010 年 5 月 4 日	省移民安置指挥部办公室	豫移指办〔2010〕31 号
32	关于加快移民新村推进省级生态村创建工作的通知	2010 年 7 月 15 日	省移民安置指挥部办公室、省环保厅	豫移指办〔2010〕58 号
33	关于规范河南省南水北调丹江口库区移民新村建设部分工程部位做法的通知	2010 年 9 月 19 日	省移民安置指挥部办公室	豫移指办〔2010〕80 号
34	河南省南水北调丹江口库区第二批移民新村建设工程冬期施工要点	2010 年 11 月 19 日	省移民安置指挥部办公室	豫移指办〔2010〕98 号
35	关于规范第二批移民新村建设部分工程部位做法的通知	2011 年 3 月 23 日	省移民安置指挥部办公室	豫移指办〔2011〕24 号
36	河南省南水北调丹江口库区移民新村污水及垃圾处理工作实施意见	2011 年 5 月 26 日	省移民安置指挥部	豫移指〔2011〕8 号
37	河南省南水北调丹江口库区移民试点基本预备费分配及使用意见	2009 年 8 月 14 日	省移民办	豫移办〔2009〕82 号
38	河南省南水北调丹江口库区移民安置实施规划以外项目经费管理暂行办法	2009 年 10 月 17 日	省移民安置指挥部办公室	豫移指办〔2009〕13 号
39	河南省南水北调丹江口库区移民安置计划管理办法	2009 年 11 月 16 日	省移民安置指挥部办公室	豫移指办〔2009〕19 号
40	河南省南水北调丹江口库区农村移民基本预备费使用意见	2009 年 11 月 16 日	省移民安置指挥部办公室	豫移指办〔2009〕19 号
41	河南省南水北调丹江口库区移民迁安管理补助费分配使用管理办法(试行)	2010 年 3 月 2 日	省移民安置指挥部办公室	豫移指办〔2010〕12 号
42	河南省南水北调丹江口库区农村移民基础设施和房屋价差等问题包干处理意见	2012 年 7 月 19 日	省移民安置指挥部办公室	豫移指办〔2012〕36 号
43	关于严格控制丹江口水利枢纽大坝加高工程库区淹没线以下区域人口增长和基本建设的通知	2003 年 4 月 11 日	省政府办公厅	豫政办文〔2003〕8 号

续表 13-1-1

序号	文件名	发文时间	发文机关	文号
44	河南省南水北调丹江口库区移民人口管理办法	2010 年 1 月 9 日	省移民安置指挥部	豫移指〔2010〕1 号
45	关于认真做好丹江口库区第一批原迁农村移民后期扶持人口核定登记工作的通知	2010 年 9 月 2 日	省移民工作领导小组	豫移〔2010〕12 号
46	关于南水北调丹江口库区移民人口有关问题的处理意见	2014 年 2 月 8 日	省移民安置指挥部	豫移指〔2014〕2 号
47	河南省南水北调工程丹江口库区移民安置工作督察办法	2008 年 12 月 26 日	省移民工作领导小组	豫移〔2008〕9 号
48	河南省南水北调丹江口库区移民搬迁安置奖惩暂行办法	2009 年 1 月 22 日	省移民工作领导小组	豫移〔2009〕2 号
49	关于对我省南水北调丹江口库区试点移民建房搬迁给予奖励的通知	2009 年 2 月 10 日	省移民工作领导小组	豫移〔2009〕4 号
50	河南省南水北调丹江口库区第一批移民新村工程建设奖励办法(试行)	2010 年 2 月 1 日	省移民安置指挥部办公室	豫移指建〔2010〕3 号
51	关于对南水北调丹江口库区移民门楼院墙建设实行奖补的通知	2010 年 5 月 29 日	省移民安置指挥部办公室	豫移指办明电〔2010〕36 号
52	关于对我省南水北调丹江口库区第一批移民建房搬迁给予奖励的通知	2010 年 5 月 31 日	省移民安置指挥部	豫移指〔2010〕17 号
53	河南省南水北调丹江口库区移民门楼院墙建设奖补办法	2010 年 8 月 26 日	省移民安置指挥部办公室	豫移指办明电〔2010〕47 号
54	河南省南水北调丹江口库区第二批移民新村工程建设第二次互督互查方案	2010 年 11 月 29 日	省移民安置指挥部办公室	豫移指办〔2010〕102 号
55	河南省南水北调丹江口库区第二批移民新村工程建设先进施工、监理单位奖励办法	2010 年 11 月 29 日	省移民安置指挥部办公室、省住房城乡建设厅	豫移指办〔2010〕103 号
56	开展"大干 60 天,夺取移民新村建设全面胜利"劳动竞赛活动办法	2011 年 3 月 18 日	省移民安置指挥部办公室	豫移指办〔2011〕19 号
57	关于对我省南水北调丹江口库区第二批移民建房搬迁给予奖励的通知	2011 年 3 月 28 日	省移民安置指挥部	豫移指〔2011〕4 号
58	河南省南水北调丹江口库区社区移民安置考核奖惩办法	2011 年 6 月 1 日	省移民安置指挥部	豫移指〔2011〕9 号
59	河南省南水北调丹江口库区农村外项目实施工作考核奖惩办法	2011 年 7 月 14 日	省移民安置指挥部办公室	豫移指办〔2011〕60 号

续表 13-1-1

序号	文件名	发文时间	发文机关	文号
二、资金管理政策				
60	河南省南水北调工程建设征地补偿和移民安置资金管理办法(试行)	2005 年 10 月 20 日	省移民办	豫移综〔2005〕69 号
61	南水北调中线工程河南省征地移民资金会计核算补充规定(试行)	2006 年 7 月 26 日	省移民办	豫移资〔2006〕8 号
62	河南省水利移民项目会计报表考核评比办法(试行)	2009 年 3 月 2 日	省移民办	豫移资〔2009〕7 号
63	关于加强南水北调工程干线征迁和库区移民资金管理的通知	2009 年 6 月 12 日	省移民办	豫移资〔2009〕19 号
64	关于进一步规范丹江口库区报账单位征地移民资金管理使用的通知	2010 年 1 月 20 日	省移民办	豫移资〔2010〕3 号
65	关于进一步加强南水北调移民资金管理的通知	2010 年 3 月 23 日	省移民办	豫移资〔2010〕13 号
66	关于南水北调干线征迁资金及丹江口库区征地移民资金使用核销的补充规定	2010 年 5 月 13 日	省移民办	豫移资〔2010〕20 号
67	河南省南水北调完工财务决算实施方案	2016 年 7 月 25 日	省移民办	豫移办〔2016〕78 号
三、档案管理政策				
68	河南省《南水北调工程征地移民档案管理办法》实施细则	2010 年 6 月 25 日	省移民办、省档案局	豫移办〔2010〕32 号
69	关于修订《河南省〈南水北调工程征地移民档案管理办法〉实施细则》部分内容的通知	2018 年 6 月 19 日	省移民办	豫移办〔2018〕49 号
四、安置验收政策				
70	关于开展南水北调丹江口库区移民安置县级自验工作的通知	2012 年 8 月 17 日	省移民安置指挥部	豫移指〔2012〕11 号
71	河南省南水北调丹江口库区移民安置验收工作实施细则	2012 年 9 月 10 日	省移民安置指挥部办公室	豫移指办〔2012〕45 号
72	河南省南水北调丹江口水库蓄水前验收实施方案	2013 年 5 月 28 日	省移民安置指挥部办公室	豫移指办〔2013〕5 号
73	河南省南水北调丹江口库区移民蓄水前库底清理和农村外项目省级初验技术验收工作实施方案	2013 年 6 月 13 日	省移民安置指挥部办公室	豫移指办〔2013〕6 号
74	关于切实做好南水北调丹江口库区移民安置总体验收自验工作的通知	2015 年 8 月 21 日	省移民安置指挥部	豫移指〔2015〕1 号

续表 13-1-1

序号	文件名	发文时间	发文机关	文号
75	关于开展南水北调丹江口库区移民安置档案市县自验工作的通知	2015年9月7日	省移民办	豫移办〔2015〕52号
76	河南省南水北调丹江口库区移民安置档案验收实施办法	2015年11月12日	省移民办、省档案局	豫移办〔2015〕60号
77	河南省南水北调丹江口库区移民安置总体验收工作实施细则	2015年11月26日	省移民安置指挥部办公室	豫移指办〔2015〕3号
78	河南省南水北调丹江口库区移民安置总体验收初验工作方案	2016年11月7日	省移民安置指挥部	豫移指〔2016〕1号
五、后期帮扶政策				
79	关于我省南水北调丹江口库区试点移民生产开发工作指导意见	2010年5月4日	省移民安置指挥部	豫移指〔2010〕11号
80	关于我省南水北调丹江口库区移民生产开发工作指导意见	2010年10月20日	省移民安置指挥部	豫移指〔2010〕33号
81	关于切实做好南水北调丹江口库区第二批移民搬迁有关后续工作的通知	2011年6月7日	省移民安置指挥部	豫移指〔2011〕10号
82	河南省南水北调丹江口库区第二批移民后续帮扶工作意见	2011年9月5日	省移民安置指挥部	豫移指〔2011〕11号
83	关于加强南水北调丹江口库区移民后期帮扶工作的意见	2012年7月17日	省政府	豫政〔2012〕63号
84	河南省南水北调丹江口库区移民村“强村富民”竞赛活动考评办法	2013年12月26日	省移民办	豫移库〔2013〕86号
85	关于在全省移民村实施“强村富民”战略的意见	2014年2月8日	省移民工作领导小组	豫移〔2014〕1号
86	河南省南水北调丹江口库区移民“强村富民”规划编制指导意见	2014年4月21日	省移民办	豫移办〔2014〕27号
87	关于创建南水北调丹江口库区移民“强村富民”示范村的通知	2014年7月14日	省移民办	豫移库〔2014〕37号
88	关于加强移民后期扶持工作的指导意见	2015年1月22日	省移民办	豫移办〔2015〕9号
89	关于加强和创新移民村(社区)社会管理的指导意见(试行)	2012年12月5日	省移民工作领导小组	豫移〔2012〕30号
90	关于加强和创新移民村(社区)社会管理试点工作的意见	2012年12月5日	省移民工作领导小组	豫移〔2012〕31号

续表 13-1-1

序号	文件名	发文时间	发文机关	文号
91	关于加强和创新移民村(社区)社会管理的实施意见	2013 年 1 月 4 日	省移民办	豫移办〔2013〕2 号
92	关于印发加强和创新移民村(社区)社会管理配套记录表格的通知	2013 年 2 月 4 日	省移民办	豫移办明电〔2013〕3 号
93	关于进一步深化移民村社会治理创新工作的指导意见	2015 年 1 月 21 日	省移民工作领导小组	豫移〔2015〕1 号
94	关于在全省移民村大力扶持乡村旅游产业发展的指导意见	2016 年 4 月 22 日	省移民办、省旅游局、省扶贫办、省国土资源厅、中国人民银行郑州中心支行	豫移办〔2016〕47 号
95	关于联合开展金融扶贫“移民贷”工作的指导意见	2016 年 4 月 26 日	省移民办、中国邮政储蓄银行河南省分行	豫移办〔2016〕48 号
96	关于加快推进我省移民企业挂牌上市工作的指导意见	2016 年 4 月 29 日	省移民办、省政府金融办	豫移办〔2016〕51 号
97	河南省移民企业挂牌奖补细则(试行)	2017 年 10 月 11 日	省移民办、省政府金融办	豫移办〔2017〕122 号
98	河南省美好移民村建设指导意见	2019 年 7 月 13 日	省移民工作领导小组	豫移〔2019〕1 号
六、信访稳定政策				
99	关于印发河南省南水北调丹江口库区移民群体性上访事件应急预案的通知	2009 年 8 月 13 日	省移民安置指挥部	豫移指〔2009〕5 号
100	关于印发信访突发事件应急预案的通知	2009 年 9 月 8 日	省移民办	豫移办〔2009〕85 号
101	关于进一步规范信访工作程序的通知	2010 年 9 月 30 日	省移民办	豫移办〔2010〕70 号
102	关于进一步完善移民信访稳定工作机制的实施意见	2013 年 1 月 4 日	省移民办	豫移办〔2013〕3 号
103	关于建立信访突出问题集中会诊制度的通知	2013 年 6 月 14 日	省移民办	豫移办〔2013〕75 号
104	河南省征地移民信访工作办法	2015 年 1 月 22 日	省移民办	豫移办〔2015〕8 号
105	河南省政府移民办公室机关信访工作规程(试行)	2017 年 5 月 16 日	省移民办	豫移办〔2017〕61 号
七、组织保障政策				
106	关于成立河南省南水北调丹江口库区移民安置指挥部的通知	2009 年 7 月 27 日	省委、省政府	豫文〔2009〕115 号
107	关于印发河南省南水北调丹江口库区移民安置指挥部领导分工的通知	2009 年 7 月 27 日	省移民安置指挥部	豫移指〔2009〕1 号

续表 13-1-1

序号	文件名	发文时间	发文机关	文号
108	关于成立河南省南水北调丹江口库区移民安置指挥部办公室的通知	2009年7月27日	省移民安置指挥部	豫移指〔2009〕2号
109	关于省直单位分包南水北调丹江口库区移民迁安工作的通知	2009年7月27日	省移民安置指挥部	豫移指〔2009〕3号
110	关于印发河南省南水北调丹江口库区移民安置指挥部办公室领导分工的通知	2009年8月3日	省移民安置指挥部办公室	豫移指办〔2009〕1号
111	关于南水北调丹江口库区移民迁安工作包县工作组有关管理问题的通知	2009年8月13日	省移民安置指挥部	豫移指〔2009〕7号
112	关于实行南水北调丹江口库区第一批移民迁安乡镇互派工作组制度的通知	2009年10月29日	省移民安置指挥部	豫移指明电〔2009〕8号
113	关于南水北调丹江口库区移民安置指挥部办公室实行联系人制度的通知	2012年8月11日	省移民安置指挥部	豫移指〔2012〕9号
114	关于继续实行省直部门对口帮扶南水北调丹江口库区移民工作责任制的通知	2012年8月11日	省移民安置指挥部	豫移指〔2012〕10号
115	关于成立河南省南水北调丹江口水库库底清理工作领导小组及办公室的通知	2013年5月30日	省移民安置指挥部	豫移指〔2013〕4号
116	关于成立河南省南水北调丹江口库区移民蓄水前初验委员会的通知	2013年5月30日	省移民安置指挥部	豫移指〔2013〕5号
八、文物保护政策				
117	河南省南水北调中线工程文物保护工作暂行管理办法	2005年7月28日	省文物局、省移民办、省南水北调办	豫文物〔2005〕165号

第二节　帮扶政策

自省委、省政府印发《实施方案》以后，省直有关部门和相关市、县按照省委、省政府的统一部署，结合本单位的职责分工和移民实际，强化领导，精心安排，分别制定了移民搬迁安置的具体帮扶政策，在项目、资金、政策、技术等方面开展移民帮扶工作。

一、省委省政府帮扶

为做好南水北调丹江口库区的移民安置工作，省委、省政府抢抓机遇，提出“四年任务、两年完成”的目标，并根据本省的实际，2008年10月27日出台了《关于南水北调中线工程丹江口水库移民安置优惠政策的通知》，要求各级、各部门要整合支农惠农资金和新农村建设资金，落实具体的帮扶政策。为了便于监督落实，省移民安置指挥部于2009年12月8日印发

《关于印发省直单位支持南水北调丹江口库区移民安置配套政策措施分解任务的通知》,进一步明确了省直单位落实移民安置帮扶政策的具体任务,见表13-2-1。

表13-2-1　河南省直单位支持南水北调丹江口库区移民安置配套政策措施分解任务

单位	主要任务
省委组织部	负责移民新村村级场所建设
省委农办	负责将移民村纳入社会主义新农村示范性村建设
省委综治办	以创建平安新村为目标,出台移民村治安防范具体措施
省文明办	1. 协调有关收费站点开展服务支持移民文明搬迁活动; 2. 负责抓好迁安移民文明、移民迎送亲人文明县乡创建工作
省发展改革委	1. 在安排建设项目时优先考虑库区和移民安置区; 2. 制定对库区淅川县发展实施重要扶持政策; 3. 会同有关部门参照支持黄淮四市发展情况,出台支持南阳经济社会发展的具体措施; 4. 会同有关部门搞好移民新村村级场所、文化大院及人口计生指导室建设
省教育厅	1. 负责将移民学校纳入农村中小学校舍安全工程和校舍维修工程,对移民建校资金缺口给予支持; 2. 落实移民学校对等入学、移民迁出教师安置和移民考生高招、中招降分录取
省公安厅	1. 负责落实免费办理移民户籍迁移、换发户口簿及身份证,做好库区移民户籍管理工作; 2. 要按照职责做好外迁安置相关政策和手续接转工作
省民政厅	1. 做好外迁安置相关政策和手续接转工作; 2. 做好移民安置涉及的优待抚恤、社会救助、行政区划、退役士兵安置等工作
省财政厅	1. 及时划转外迁移民所涉及的有关财政补助和地方配套资金; 2. 优先安排移民区中低产田改造资金; 3. 加大对淅川县财政转移支付力度; 4. 对安置区政府为接收移民增加的投入给予支持; 5. 会同有关部门将加大库区帮扶力度,在政策帮扶、资金投入、项目建设和经费保障上给予倾斜支持; 6. 会同省教育厅搞好将移民学校纳入农村中小学校舍安全工程和校舍维修工程,对移民建校资金缺口给予支持; 7. 会同有关部门搞好移民新村村级场所、文化大院及人口计生指导室建设

续表 13-2-1

单位	主要任务
省人力资源社会保障厅	1. 负责对移民村劳动力进行职业技能培训； 2. 对移民劳动力转移就业给予支持，为参加转移就业培训的移民提供培训补贴，免费介绍就业，实现每户培训转移一个劳动力的目标； 3. 根据国家统一安排，逐步将移民纳入新型农村社会养老保险
省国土资源厅	1. 结合工作职责，为移民新村建设提供优质、高效服务，并减免相关费用； 2. 要督促有关县(市、区)将库区、安置区高产农田土地整理项目建设纳入规划，优先安排
省环保厅	负责将移民村纳入生态文明村建设
省住房城乡建设厅	负责对移民建房、基础设施和公益设施建设进行指导，对招标投标进行监督，对村庄规划、环境整治和污水处理给予指导
省交通运输厅	1. 负责把移民新村道路建设纳入农村道路规划，按农村公路建设补助标准给予资金支持，确保移民新村至少有一条主干道与国、省、县、乡公路连接； 2. 协调收费站点开展服务支持移民文明搬迁活动，在移民集中搬迁时段免除运输车辆过路过桥通行费
省水利厅	1. 负责将移民新村纳入国家农村安全饮水计划； 2. 要把库区、安置区农田水利建设纳入规划，优先安排
省农业厅	1. 将移民村的沼气建设纳入计划，优先安排； 2. 重点支持库区、安置区的优势特色农业基地建设； 3. 负责对移民村劳动力进行农业技术技能培训； 4. 对移民劳动力转移就业给予支持，为参加转移就业培训的移民提供培训补贴，免费介绍就业，实现每户培训转移一个劳动力的目标
省林业厅	负责对移民新村绿化进行指导和支持，每村补助绿化费 5 万元
省商务厅	负责将农村连锁超市和“万村千乡”市场工程在移民村优先布点，每村补助 0.6 万元
省卫生厅	1. 负责将移民新村村级卫生室建设纳入专项资金补助计划，每村补助 1 万元； 2. 做好移民安置前后新农合工作的衔接，并及时纳入安置地合作医疗； 3. 指导移民新村做好卫生防疫
省计生委	1. 负责移民新村村级人口计生指导室建设； 2. 做好移民安置前后计划生育工作的衔接
省地税局	1. 在移民安置后 5 年内对移民二、三产业按国家政策规定减免有关税费； 2. 对移民的建房免征税费
省国税局	在移民安置后 5 年内对移民发展二、三产业按国家政策规定减免有关税费
省工商局	在移民安置后 5 年内对移民发展二、三产业按国家政策规定减免有关税费

续表 13-2-1

单位	主要任务
省广电局	负责解决移民村收听收看广播电视问题，免收有线或无线电视入户费
省新闻出版局	负责为每个移民村建设一个新农村书屋
省体育局	负责落实移民新村的体育健身器材和篮球场建设，每村补助 5 万元(其中省补助 3 万元)
省人防办	要结合工作职责，为移民新村建设提供优质、高效服务，并减免相关费用
省扶贫办	1. 负责实施贫困村整村推进； 2. 做好库区移民贫困村的劳动力培训
省政府金融办	1. 要创造条件，为自主创业的移民提供小额担保贷款； 2. 协调省农村信用社为移民村发展生产提供小额贷款； 3. 协调省农村发展银行加大对库区、安置区农业开发和农村基础设施建设的信贷支持力度
省文物局	要提前介入选址工作，并免除相关费用
省畜牧局	1. 负责移民村养殖小区建设； 2. 移民搬迁自养的畜禽给予免费检疫
省地震局	结合工作职责，为移民新村建设提供优质、高效服务，并减免相关费用
省通信管理局	负责做好移民村配套通信设施建设，提供优质通信服务
省邮政局	负责在移民村设立邮政营业网点
省移民办	负责落实移民后期扶持项目和资金，积极开拓移民就业和移民增收渠道
省电力公司	负责免收移民电力工程施工费，确保移民供电

二、省直部门帮扶

省财政厅印发《南水北调丹江口库区移民安置配套政策具体落实方案》等文件，积极对安置区政府为接受移民增加的投入给予支持，及时划转外迁移民所涉及的有关财政补助和地方配套资金，优先安排移民区中低产田改造资金，加大对淅川县财政转移支付力度，使其享受省对县最高扶持政策，落实移民新建住宅用地耕地占用税减免政策，做好库区帮扶工作。

省国土资源厅印发《关于南水北调丹江口库区移民安置配套政策措施落实方案》等，对涉及南水北调移民的县(市、区)安置区域优先安排项目，对纳入当地土地整理规划的移民生产安置用地优先安排土地整理项目。

省住房城乡建设厅印发《关于南水北调丹江口库区移民安置工作的实施落实方案》，负责对移民建房、基础设施和公益设施建设进行指导，对招标投标进行监督，对村庄规划、环境整治和污水处理给予指导。

省交通运输厅印发《关于落实南水北调丹江口库区移民安置配套政策措施分解落实的实施方案》，把移民新村道路建设纳入农村道路规划，按农村公路建设补助标准给予资金支持，确保移民新村至少有一条主干道与国、省、县、乡公路连接。

省教育厅先后印发《河南省教育厅南水北调丹江口库区移民安置配套政策措施落实方案》等文件，为移民学校建设、移民学校管理、移民子女就学、移民老师安置提供了政策支持。主要优惠政策规定：移民考生在普通高校招生中照顾 5 分录取，在中等学校招生中照顾 10 分录取，优惠照顾时限 5 年；要求各地积极做好移民学生转学、教师调动等工作；移民村凡需要新建小学的，要按照移民相关政策和“中小学校舍安全工程”相关要求设计建设，所需资金除移民学校建设资金外，缺口部分由移民安置县列入“中小学校舍安全工程”优先安排。

省体育局印发《河南省南水北调丹江口移民安置配套体育设施工作方案》，对每个移民村投入 5 万元，其中省补助 3 万元，用于建设“一场两台”（一个混凝土标准篮球场，一副室外篮球架，两副室外乒乓球台）；其余 2 万元由有关省辖市配置体育健身器材。

省人力资源社会保障厅印发《关于进一步做好南水北调丹江口库区移民安置工作的通知》《关于大力开展“四送”活动着力抓好十五项移民安置对口帮扶措施落实的通知》等文件，大力促进库区移民转移就业，努力实现凡是有转移就业愿望的库区移民零就业家庭，至少实现一人相对稳定就业；加大库区移民培训力度；根据库区移民的培训意愿分期分批开展职业技能培训，使每一位有转移就业愿望的库区移民都能掌握一技之长；要求各有关地区积极探索解决库区移民养老保险问题的路子，争取尽早将库区移民全部纳入新型农村社会养老保险试点范围。

省外专局、省移民安置指挥部办公室印发《关于组织丹江口库区移民新村推荐“一村一品”引智示范基地的通知》，对经考察被确定纳入“一村一品”建设规划的，每个示范基地资助 3 万元扶持资金，并在项目上优先安排，引智上优先保障。

省卫生厅先后印发《南水北调丹江口库区移民安置配套政策措施卫生工作落实方案》等文件，要求有关地区把移民新村卫生室纳入当地村卫生室建设计划，确保在移民搬迁当年村卫生室能够建成并投入使用，确保移民搬迁安置前后新农合工作的连续性，确保为参合移民服务不断档；及时将移民新村的疾病预防控制、基本医疗、妇幼保健、卫生监督、健康教育等工作纳入管理范围。省卫生厅负责将移民新村村级卫生室建设纳入专项资金补助计划，每村补助 1 万~5 万元。

省环保厅印发《关于做好南水北调丹江口库区移民迁安村帮扶工作的通知》《关于对南水北调丹江口库区移民安置村生态创建工作加强督导的通知》等文件，要求各级环保部门将移民村纳入生态文明村建设。

省民政厅印发《关于做好南水北调丹江口库区移民迁安相关工作的通知》《河南省民政厅南水北调丹江口库区移民安置配套政策措施落实方案》等文件，要求各地认真做好库区移民优待抚恤、社会救助政策的衔接和延续工作，对库区移民中的困难家庭，及时纳入社会救助范围，并适当扩大救助覆盖面，对移民遭受暴雨、冰雹、洪涝等自然灾害的，给予及时救助，使库区移民感受到党和政府的关心。

省水利厅印发《河南省南水北调丹江口库区移民新村农田水利项目建设实施方案》和《河南省南水北调丹江口库区移民新村饮水安全工程建设实施方案》，对有南水北调丹江口库区移民安置任务的25个县（市、区）移民新村在农田水利项目上优先安排，按50亩一眼机井对移民新村进行灌溉设施建设；将移民新村优先纳入农村饮水安全工程项目，建设资金按每人500元的标准由中央和地方共同负担。

省农业厅印发《河南省农业厅落实南水北调丹江口库区移民安置配套政策措施工作方案》，将移民新村户用沼气建设纳入国债专项资金补助计划。按照国家补贴标准，户用沼气建设每户补助1 320~1 650元，每个移民新村沼气服务网点补助5万元。

省商务厅印发《关于抓好河南省南水北调丹江口库区移民村"万村千乡市场工程"农家店建设的通知》，在规划"万村千乡市场工程"农家店建设中优先考虑移民村，做到每建设一个移民村布局一个农家店。

省工业和信息化厅印发《关于做好移民迁安帮扶工作的通知》，在承接产业转移、产业集聚区建设、工业项目建设、中小企业融资、中小企业帮扶、就业安置、要素保障等7个方面，对有关市、县给予重点帮扶。

省林业厅印发《河南省林业厅南水北调丹江口库区移民安置新村绿化配套措施实施方案》，对移民新村的绿化进行规划指导和技术支持，并对每个移民新村补助绿化费5万元。

河南省直部门出台主要帮扶政策一览见表13-2-2。

表13-2-2　河南省直部门出台主要帮扶政策一览

省直部门	帮扶政策名称
省财政厅	河南省财政厅关于印发《南水北调丹江口库区移民安置配套政策具体落实方案》的通知（2009年11月23日，豫财办〔2009〕61号）
省发展改革委	河南省发展和改革委员会关于南水北调丹江口库区移民安置配套政策具体落实方案的报告（2009年8月28日） 河南省发展改革委员会 河南省财政厅 河南省南水北调中线工程建设领导小组办公室关于对淅川县实施重点扶持若干政策的通知（2010年5月10日，豫发改地区〔2010〕623号）
省国土资源厅	河南省国土资源厅《关于南水北调丹江口库区移民安置配套政策措施落实方案》（2009年10月19日，豫国土资发〔2009〕115号） 河南省国土资源厅关于对南水北调丹江口库区移民安置区土地整理项目资金安排意见的函（2011年12月29日）

续表 13-2-2

省直部门	帮扶政策名称
省教育厅	河南省教育厅关于印发《河南省教育厅南水北调丹江口库区移民安置配套政策措施落实方案》的通知(2009 年 10 月 26 日,教办〔2009〕826 号) 河南省教育厅《关于做好丹江口库区移民学校秋季开学前各项准备工作及有关问题的通知》(2009 年 8 月 25 日,教办〔2009〕654 号) 河南省教育厅《关于加强移民学校管理有关问题的通知》(2009 年 10 月 26 日,教办〔2009〕829 号) 河南省教育厅《关于进一步落实将移民学校纳入农村中小学校舍安全工程和校舍维修工程有关问题的通知》(2009 年 12 月 28 日,教办〔2009〕998 号) 河南省教育厅、河南省移民办公室《关于南水北调中线工程丹江口水库移民考生录取、教师调动等有关问题的通知》(2009 年 5 月 13 日,豫教发规〔2009〕92 号) 河南省教育厅《关于做好移民初高中毕业未升学子女中等职业学历教育工作的通知》(2010 年 3 月 6 日,教办〔2010〕273 号) 河南省移民安置指挥部办公室 河南省教育厅 河南省体育局《关于进一步加强移民涉教涉体帮扶工作的通知》(2011 年 11 月 23 日,教办〔2011〕957 号)
省人力资源社会保障厅	河南省人力资源社会保障厅《关于进一步做好南水北调丹江口库区移民安置工作的通知》(2009 年 9 月 23 日,豫人社〔2009〕334 号) 河南省人力资源和社会保障厅《关于大力开展“四送”活动着力抓好十五项移民安置对口帮扶措施落实的通知》(2009 年 11 月 4 日,豫人社〔2009〕400 号)
省卫生厅	河南省卫生厅关于印发《南水北调丹江口库区移民安置配套政策措施卫生工作落实方案》的通知(2009 年 10 月 28 日,豫卫农卫〔2009〕17 号) 河南省卫生厅 河南省财政厅《关于做好南水北调中线工程丹江口库区移民安置有关卫生工作的通知》(2009 年 4 月 28 日,豫卫合农〔2009〕5 号) 河南省卫生厅《关于做好南水北调丹江口库区移民帮扶工作的通知》(2011 年 10 月 27 日,豫卫办〔2011〕79 号) 河南省卫生厅《关于进一步加强移民新村卫生室管理暨切实落实卫生室建设补助资金的通知》(2011 年 10 月 31 日,豫卫办〔2011〕81 号)
省环保厅	河南省环境保护厅《关于做好南水北调丹江口库区移民迁安村帮扶工作的通知》(2009 年 9 月 14 日,豫环文〔2009〕275 号) 河南省环境保护厅《关于对南水北调丹江口库区移民安置村生态创建工作加强督导的通知》(2010 年 1 月 10 日,豫环文〔2010〕11 号) 河南省移民安置指挥部办公室 河南省环境保护厅《关于加快移民新村推进省级生态村创建工作的通知》(2010 年 7 月 15 日,豫移指办〔2010〕58 号)
省民政厅	河南省民政厅《关于做好南水北调丹江口库区移民迁安相关工作的通知》(2009 年 8 月 19 日,豫民文〔2009〕161 号) 河南省民政厅关于印发《河南省民政厅南水北调丹江口库区移民安置配套政策措施落实方案》的通知(2009 年 10 月 22 日,豫民文〔2009〕210 号) 河南省民政厅《关于做好南水北调丹江口库区试点移民春节慰问和救助工作的通知》(2010 年 1 月 15 日,豫民文〔2010〕20 号)

续表 13-2-2

省直部门	帮扶政策名称
其他厅(局)	河南省交通运输厅《关于落实南水北调丹江口库区移民安置配套政策措施分解落实的实施方案》(2009年9月14日) 河南省住房和城乡建设厅《关于南水北调丹江口库区移民安置工作的实施落实方案》(2009年9月4日,豫建函〔2009〕204号) 河南省水利厅关于印发《河南省南水北调丹江口库区移民新村农田水利项目建设实施方案》和《河南省南水北调丹江口库区移民新村饮水安全工程建设实施方案》的通知(2010年3月18日,豫水农〔2010〕10号) 河南省公安厅关于南水北调丹江口库区移民户口迁移工作方案(2009年8月10日) 河南省公安交通警察总队《关于做好我省南水北调中线工程移民车辆和驾驶人管理工作的通知》(2009年10月16日,豫公交办〔2009〕244号) 河南省商务厅《关于抓好河南省南水北调丹江口库区移民村"万村千乡市场工程"农家店建设的通知》(2009年9月4日,豫商建〔2009〕96号) 河南省工业和信息化厅《关于做好移民迁安帮扶工作的通知》(2010年1月6日,豫工信〔2010〕8号) 河南省文化厅关于印发《南水北调丹江口库区移民安置配套文化工作落实方案》的通知(2010年3月26日,豫文社〔2010〕26号)　河南省司法厅关于印发《关于做好南水北调移民迁安工作的意见》的通知(2010年4月13日,豫司文〔2009〕87号) 河南省扶贫开发办公室关于印发《河南省扶贫开发办公室关于积极做好南水北调移民贫困村整村推进和劳动力转移培训工作意见》的通知(2009年12月18日,豫扶贫办〔2009〕135号) 河南省农业厅关于呈送《河南省农业厅落实南水北调丹江口库区移民安置配套政策措施工作方案》的报告(2009年9月3日,豫农综法〔2009〕8号) 河南省林业厅关于印发《河南省林业厅南水北调丹江口库区移民安置新村绿化配套措施实施方案》的通知(2009年11月2日,豫林计〔2009〕274号) 河南省体育局关于下发《河南省南水北调丹江口移民安置配套体育设施工作方案》的通知(2009年10月14日,豫体群〔2009〕29号) 河南省体育局《关于完善省南水北调丹江口库区移民新村农民体育健身工程设施的通知》(2011年10月27日,豫体群〔2011〕35号) 河南省外国专家局、河南省移民指挥部办公室《关于组织丹江口库区移民新村推荐"一村一品"引智示范基地的通知》(2010年3月5日,豫外专〔2010〕8号) 河南省广播电影电视局《关于做好南水北调移民新村通广播电视工作的通知》(2009年10月16日,豫广〔2009〕121号) 河南省国家税务局关于下发《南水北调丹江口移民安置配套政策落实方案》的通知(2009年12月10日,豫国税发〔2009〕322号) 河南省工商行政管理局《关于大力支持南水北调丹江口库区移民创业的意见》(2009年9月4日,豫工商〔2009〕28号) 河南省电力公司《关于加强南水北调丹江口库区移民新村供电工作的通知》(2009年9月8日,豫电农〔2009〕1048号) 河南省委组织部关于南水北调丹江口库区移民安置配套政策措施落实方案(2009年9月15日) 河南省委农村工作办公室关于贯彻落实豫移指〔2009〕9号文件精神的报告(2009年9月10日)

续表 13-2-2

省直部门	帮扶政策名称
其他厅(局)	河南省社会治安综合治理委员会办公室《关于开展创建平安移民新村确保移民群众平安和谐稳定的通知》(2009 年 8 月 3 日,豫综治办〔2009〕48 号) 河南省精神文明建设指导委员会办公室关于印发《创建"迁安移民文明村"实施细则》的通知(2009 年 9 月 15 日,豫文明办〔2009〕27 号) 河南省人口计生委《关于做好南水北调移民迁安中人口和计划生育工作的意见》(2009 年 12 月 24 日,豫人口〔2009〕102 号) 河南省农家书屋工程建设领导小组关于河南省南水北调丹江口库区移民安置配套政策中农家书屋建设方案(2009 年 10 月 15 日,豫出农〔2009〕6 号) 河南省通信管理局《关于做好我省南水北调丹江口库区移民新村配套通信设施建设的通知》(2009 年 8 月 11 日,豫通局〔2009〕61 号) 河南省人民政府金融服务办公室关于报送南水北调丹江口库区移民安置配套政策具体落实方案的函(2009 年 8 月 31 日) 河南省邮政管理局《关于做好移民新村邮政服务工作的通知》(2009 年 11 月 11 日,豫邮管〔2009〕48 号) 河南省地震局关于印发《河南省南水北调丹江口库区移民安置配套政策措施落实方案》的通知(2009 年 10 月 12 日,豫震防发〔2009〕27 号) 河南省畜牧局印发《河南省畜牧局关于南水北调丹江口库区移民安置配套政策措施落实方案》的通知(2009 年 10 月 14 日,豫牧〔2009〕95 号) 河南省文物管理局关于报送南水北调丹江口库区移民安置配套政策措施落实方案的报告(2009 年 9 月 9 日,豫文物〔2009〕210 号)

三、市县帮扶

各地出台帮扶政策,整合支农惠农资金,倾力支持移民。

(1)对新村建设进行补助。各地为把移民新村建设成社会主义新农村示范村,出台奖补政策。如平顶山市对建设二层房屋的移民户每户最高奖励 8 000 元,南阳市对按要求建房的给予每户以奖代补 1 500~8 000 元,郑州等地也出台了类似的措施。在新村建设中,由于设计标准的提高,特别是由于 2010 年建筑材料价格的上涨,房屋建设单价较高,在移民不愿多付钱的情况下,各地采用各种形式对施工企业进行补助,保障了新村建设的正常进行。南阳市还协调电力部门保障新村建设用电,确定 4 家水泥生产企业为移民新村建设直供水泥。另外,各地还在移民村部、学校、超市、卫生室、屋顶防水、院墙门楼建设等方面给予了资金支持。

(2)对生产用地划拨进行补助。由于国家规划的征地和地面附属物补助标准偏低,在实际工作中存在困难。河南省部分地方出台了奖补政策,如郑州市对每亩土地另外奖补 7 000 元,地面附属物每亩奖补 1 500 元;在生产用地分配过程中,个别地方还自筹资金,多征了一部分土地。

(3)对生产开发进行帮扶。各地为使移民早日致富,积极谋划移民培训就业和生产发展,在省直有关部门出台帮扶政策的基础上,有关县(市、区)国土、水利、农业、人力资源社会保障、扶贫等部门也下达配套资金,给予大力支持。

(4)对移民进行慰问。移民搬迁后,各地都采购了米、面、油、蔬菜等满足一周生活的大礼包,挨家挨户送到移民手中;在元旦和春节来临之时,各级各部门又开展了内容丰富多彩的"送温暖"活动,送钱、送物、送文化、送科技、送医药,受到了移民群众的热烈欢迎。

第十四章 组织机构

2004年10月,省水利厅下发《关于明确我省南水北调工程移民管理工作的通知》,要求河南省境内丹江口水利枢纽大坝加高工程移民工作在当地政府和省移民办领导下,由各级移民局(办)负责,没有设移民局(办)的,暂由市县水利局指定科室负责。河南省南水北调丹江口库区移民安置工作自2008年试点移民开始之后,省、市、县大多都成立了移民主管部门,负责区域内所有移民的日常管理工作;同时成立了南水北调丹江口库区移民安置指挥部或领导小组,专门负责南水北调丹江口库区移民的搬迁安置工作。2009年7月,为确保全省南水北调丹江口库区大规模移民安置"四年任务、两年完成",省委、省政府决定成立省移民安置指挥部,指挥部下设办公室,作为指挥部的日常办事机构,专门负责移民搬迁安置工作的组织、协调、指导、监督检查和服务。办公室内设综合组、协调组、建设组、督察组、宣传组、稳定组6个组,人员从省直有关单位抽调,与原有工作脱钩,实行集中统一办公,办公地点设在省移民办。各有关市、县也都抽调人员,先后分别成立了以当地党委、政府领导挂帅的丹江口库区移民安置指挥部或领导小组,具体负责移民的搬迁安置组织工作。2012年5月,移民搬迁安置工作重心转入后期帮扶后,从省直有关单位抽调的人员,陆续返回原工作单位。各有关市、县也参照省有关做法,对当地移民安置指挥部的人员及工作做了安排处理。2012年8月,25个省直部门包县工作组撤销,成立包县联络组,实行联系人制度。各单位包县联络组受省移民安置指挥部的领导,日常工作由省移民安置指挥部办公室组织协调。截至2019年年底,全省共有负责南水北调丹江口库区移民的工作机构35个,其中省级1个,市级6个,县级(含省直管县)28个。

第一节 省级移民管理机构

1994年10月,省政府将小浪底水库工程协调领导小组办公室(即省移民安置局)和省水利厅移民安置办公室2个机构合并,成立了省人民政府移民工作领导小组办公室,统一管理和全面负责全省移民工作,同时负责丹江口水库大坝加高工程移民的前期准备和移民搬迁安置工作。河南省南水北调丹江口库区试点移民开始后,为了加强全省南水北调丹江口库区移民搬迁安置的组织领导,2009年7月,省委、省政府从省直有关职能部门抽调人员,成立了省移民安置指挥部,下设办公室,办公地点设在省移民办。全省南水北调丹江口库区移民搬迁安置工作全面结束后,2012 年 5 月,省移民安置指挥部办公室抽调人员陆续返回原工作单位,指挥部办公室的职责和任务,由指挥部办公室综合组承担。

一、省移民办

1994 年 10 月,为加强和统一管理全省水库移民工作,省政府决定成立由省政府副省长李成玉任组长的省人民政府移民工作领导小组,下设办公室(即省移民办)。办公室由小浪底水库工程协调小组办公室(省移民安置局)与省水利厅移民安置办公室合并组成,挂小浪底水库工程协调领导小组办公室牌子,主要负责全省移民安置工作,并承担小浪底水库工程协调小组的日常工作。1995 年 1 月,原小浪底水库工程协调小组办公室(省移民安置局)与省水利厅移民安置办公室合署办公,新成立的省移民办正式开始运转,原省移民安置局副局长刘金亭任主任,原省水利厅移民安置办公室主任苏清礼任副主任。4 月,省政府办公厅印发《河南省人民政府移民工作领导小组办公室职能配置、内设机构和人员编制方案》,省移民办为副厅级机构,内设综合处、规划计划处、移民安置一处、移民安置二处、财务审计处 5 个处,行政编制 45 名。1996 年 10 月,省政府印发《关于调整河南省人民政府移民工作领导小组成员的通知》,省政府副省长张以祥任组长,省政府办公厅副主任王春生、省水利厅厅长马德全、省移民办主任刘金亭、省计委副主任范保国、省财政厅副厅长赵江涛任副组长,省经贸委等 25 个厅(局)单位副职为成员,下设办公室,刘金亭兼任办公室主任,苏清礼、王常春任副主任。1998 年 3 月,河南省编制委员会批准,省移民办共有行政编制 47 名,实有工作人员 54 人(7 名老同志主动提前离岗,其他干部全部过渡为公务员)。1998 年 8 月,省政府以豫政文〔1998〕139 号文发出通知,根据机构、人事变动情况,对省移民工作领导小组成员进行调整,由省政府副省长王明义任组长,省政府副秘书长王春生、省水利厅厅长韩天经、省移民办主任刘金亭、省计委副主任马连兴、省财政厅副厅长张成智为副组长,其他有关厅、局负责人为成员。

1999 年 10 月,省委组织部任命李连栋为省移民办主任、水利厅党组成员(李连栋暂未到任,省移民办工作仍由刘金亭主持)。12 月 14 日,省政府任命李连栋为省移民办主任。

2000 年 4 月,省委、省政府印发《河南省人民政府关于机构改革实施意见的通知》,其中明确“河南省移民办并入水利厅,保留河南省人民政府移民工作领导小组办公室牌子”。7 月,省政府办公厅印发《河南省水利厅职能配置内设机构和人员编制规定的通知》,厅机关设 12 个职能处室,其中,省移民办由原综合处、规划计划处、移民安置一处、移民安置二处、财务审计处 5 个职能处,调整为移民综合资金管理处、移民规划计划处、移民安置处 3 个职能处,由一名副厅长兼任省移民办主任。9 月 21 日,省水利厅印发《关于印发水利厅领导工作分工的通知》,李连栋负责省人民政府移民工作领导小组办公室及小浪底水库移民协调工作,协助厅长管理人事劳动处及安全工作,分管移民综合资金管理处、移民规划计划处、移民安置处。2000 年 9 月,根据省政府、省水利厅党组关于机构改革的有关意见,省移民办仍保留原班子,暂维持现状,由主任负责;副主任苏清礼、王常春仍留任原职；保留副总工位置；综合处、财审处合并为移民综合资金管理处，暂由王国栋处长全面负责；规划计划处由原安置二处处长万汴京任处长；安置一处、二处合并为移民安置处，由原安置一处处长党基群任处长；12月，根据省水利厅党组决定及机构改革方案，省移民办原有的47个行政编制，减为26个行政编制。至此，按照省政府批复的省水利厅机构改革方案，省移民办人员调整基本结束。

2001年7月，省政府根据机构、人员变动情况，印发《关于调整河南省人民政府移民工作领导小组成员的通知》，对省移民工作领导小组成员进行调整，组长继续由省政府副省长王明义担任，省政府副秘书长李庆贵，省水利厅厅长韩天经、副厅长李连栋，省计委副主任马连兴，省财政厅副厅长张成智任副组长，省经贸委、教育厅等20个相关厅（局）副厅（局）长等任成员，李连栋兼任省移民办主任。2003年4月，省政府印发《关于调整河南省人民政府移民工作领导小组成员的通知》，省政府副省长吕德彬为组长，省政府副秘书长李庆贵，省水利厅厅长张海钦、副厅长李连栋，省发展计划委员会副主任张远达，省财政厅副厅长杨舟为副组长，省经贸委副主任宋春迎等20个厅（局）有关领导为组员。2005年5月，省移民工作领导小组印发《关于调整河南省人民政府移民工作领导小组的通知》，省政府副省长吕德彬任组长，省政府副秘书长张同立，省水利厅厅长张海钦、副厅长李连栋，省发展改革委副主任张远达、省财政厅副厅长杨舟为副组长，有关18个厅局副厅（局）长为成员。

2006年3月，省编委印发《关于调整河南省水利厅内设机构和人员编制的通知》，决定撤销移民综合资金管理处，设置移民综合处、移民资金管理处，保留移民规划计划处和移民安置处，省移民办由原3个处变为4个处；增加副厅级领导职数1名，任省移民办主任、水利厅党组成员。6月，经水利厅党组研究决定，万汴京任移民综合处处长，鲁慧任移民资金管理处处长，樊超产任移民规划计划处处长，吕志辉任移民安置处处长。8月，省政府印发《关于调整河南省人民政府移民工作领导小组成员的通知》，省政府副省长刘新民为组长，省政府副秘书长王树山，省水利厅厅长张海钦，水利厅副厅长、省移民办主任李连栋，省发展改革委员会副主任张远达，省财政厅副厅长杨舟，监察厅副厅长郭锝昌为副组长，其他20个省直厅（局）负责人为成员。

2008年8月，省政府印发《河南省人民政府关于调整河南省人民政府移民工作领导小组成员的通知》，省政府副省长刘满仓为组长，省长助理何东成、省水利厅厅长王仕尧、省南水北调办主任王树山、省移民办主任李连栋、省发展改革委副主任张远达、省财政厅副厅长杨舟、省监察厅副厅长郭锝昌为副组长，省政府办公厅副巡视员郑林、省教育厅副厅长肖新生等21个厅（局）副厅（局）长等为成员。领导小组下设办公室，具体负责全省水库移民工作和河南省境内南水北调中线工程征地移民工作。原省移民办主任、副主任等领导人员不变。9月，为加强对南水北调中线工程建设和征地移民工作的协调领导，省委任命王树山担任省水利厅党组副书记、副厅长和省移民办主任（同时担任省南水北调办主任、省南水北调中线建管局局长职务）。10月，根据领导变动和南水北调征地移民工作需要，省移民办、省南水北调办主任王树山就有关领导分工做了短期安排，省南水北调办副主任刘正才协助王树山主任负责南水北调中线工程干线征地补偿和移民安置工作;省南水北调办副主任王小平协助王树山主任负责南水北调中线工程丹江口水库、小浪底水库库区征地补偿和移民安置工作;省南水北调办副巡视员蒋立协助王小平副主任工作,重点负责全省大中型水库移民后期扶持、中央和省管大型水库移民遗留问题处理、小型水库移民困难问题处理、省内其他在建水库征地补偿和移民安置工作;省移民办副主任王常春负责移民办日常工作,主要分管移民综合处、移民资金管理处;省移民办主任助理范治晖协助王树山主任联系南水北调中线工程干线、丹江口库区征地补偿和移民安置工作。同时,省移民办在维持4个职能处整体框架不变的基础上,对省移民办规划计划处、安置处暂做调整,分为3个业务工作组:中线干线征迁工作组,负责人为范治晖、张西辰,具体负责南水北调中线干线征地补偿和沿线群众安置、施工环境维护工作;丹江口库区移民安置工作组,负责人为党基群、朱明献,具体负责南水北调丹江口水库、小浪底水库征地补偿和移民安置工作;水库移民后期扶持工作组,负责人为吕志辉,具体负责全省大中型水库移民后期扶持、中央和省管大型水库移民遗留问题处理、小型水库移民困难问题处理、省内其他在建水库征地补偿和移民安置工作。移民综合处、移民资金管理处管理职能不变。

2011年12月,省政府印发《关于崔军等3人职务任免的通知》,任命崔军为省水利厅副厅长、省移民办主任。2012年6月,省移民工作领导小组印发《关于调整省人民政府移民工作领导小组成员单位和组成人员的通知》,省政府副省长刘满仓任组长,省政府副秘书长胡向阳、省水利厅厅长王树山、省委农办副主任马万里、省发展改革委巡视员陈永石、省监察厅副厅长周富强、省财政厅副厅长赵庆业、省水利厅副厅长兼省移民办主任崔军任副组长;成员由省直有关28个单位副职担任。蒋立任省移民办常务副主任,万汴京、李定斌任副主任。2013年9月,省政府任命张松林为省移民办副主任。2014年1月,省政府办公厅印发《河南省人民政府办公厅关于调整部分议事协调机构组成人员的通知》,对省移民工作领导小组组成人员进行了调整,省政府副省长王铁任组长,省政府副秘书长胡向阳、省水利厅厅长王小平、省移民办主任崔军、省发展改革委副主任郭玮、省财政厅副厅长赵庆业任副组长。2014年6月,省政府办公厅印发《关于印发河南省水利厅主要职责和人员编制的通知》,其中明确省移民办增设移民监督处、移民后期扶持处,保留移民综合处、移民资金管理处、移民安置处,撤销移民规划计划处。同时,省移民办根据工作需要,决定撤销机关内部原设立的南水北调中线干线征迁工作组和丹江口库区移民工作组,其原有业务随负责人带到新的处室,其中干线征迁工作由移民安置处承担,丹江口库区移民工作由移民资金管理处承担。2016年3月,省政府任命李定斌为省移民办常务副主任。11月,省委组织部任命杜晓琳为省移民办副主任。12月,省委组织部任命吕国范为省移民办主任。2017年2月,南水北调丹江口库区移民工作由移民综合处承担。

2018年10月,省委办公厅、省政府办公厅印发《河南省机构改革实施方案》,河南省水利厅加挂河南省移民办公室牌子。2019年2月,省委办公厅、省政府办公厅印发《河南省水利厅职能配置内设机构和人员编制规定》,河南省水利厅内设移民安置处、移民后期扶持处,设副厅长、省移民办公室主任1名。根据上述文件精神,原河南省人民政府移民工作领导小组办公室停止运行，原移民综合处、移民资金管理处、移民监督处相关业务分别纳入省水利厅办公室、财务处、监督处等管理。吕国范任省水利厅副厅长、省移民办公室主任，省移民办公室不再设置副主任职位，朱明献、马朝运分别任移民安置处、移民后期扶持处处长，南水北调丹江口库区移民工作由移民安置处承担。

二、省移民安置指挥部及办公室

2009年7月，为确保南水北调丹江口库区移民安置工作“四年任务、两年完成”，省委、省政府决定成立河南省南水北调丹江口库区移民安置指挥部，省委副书记陈全国任政委，省政府副省长刘满仓任指挥长，省人大常委会副主任铁代生、省政协副主席靳绥东任副政委，省长助理何东成、省纪委副书记王流章、省委组织部副部长宗义、省委宣传部副部长权红军、省委政法委副书记卢永礼、省委农村工作办公室常务副主任余学友、省民政厅厅长杨云、省水利厅厅长王仕尧、省南水北调办主任兼省移民办主任王树山、南阳市委书记黄兴维任副指挥长，河南日报报业集团副总编辑杜时国、省发展改革委副主任张远达等34个省直单位副职和郑州市等6个省辖市市长、副书记、副市长为成员。

图14-1-1　2009年8月3日，省移民安置指挥部办公室挂牌仪式

7月27日，省移民安置指挥部印发通知，指挥部下设办公室，具体负责移民搬迁安置工作的组织、协调、指导、监督、检查和服务工作，办公地点设在省移民办。指挥部副指挥长王树山兼任办公室主任，省委农办副主任马万里，省南水北调办副主任王小平，南阳市政府副市长崔军，省委组织部省直干部处调研员申涛，省纪委农村党风室副主任刘清理（正处级），省文明办创建处调研员何铁志，省公安厅、省委维稳办稳定处调研员蔡信民，省信访局接访处调研员杨俊法任副主任。指挥部办公室内设综合组、协调组、建设组、督察组、宣传组、稳定组。各组工作由办公室统一协调，人员从省直有关单位抽调，与原有工作脱钩，实行集中统一办公。综合组主要负责移民综合协调、规划计划、搬迁安置、资金管理、档案管理、政策法规、公文运转、会议组织等工作，组长由指挥部办公室副主任王小平兼任。督察组主要负责对移民安置政策落实、组织领导、实施进度、资金管理等进行督察，负责对分包县（市、区）省直单位工作组人员的日常管理和考核等工作，组长由省委组织部调研员刘胜利担任。协调组主要负责协调落实省有关移民优惠政策，整合各项支农惠农资金和新农村建设资金支持移民搬迁安置等工作，组长由省发展改革委重大项目稽查特派员李有良担任。建设组主要负责移民新村房屋、基础设施及公益设施建设管理的业务指导和建设质量及施工安全检查等工作，组长由省城乡建筑设计院副院长刘红生担任。宣传组主要负责对外宣传管理，协调有关媒体宣传移民政策法规、安置规

划、先进事迹等工作,组长由指挥部办公室副主任何铁志兼任。稳定组主要负责移民来信来访督办、不稳定因素排查、应急预案拟定、应急事件处置等工作,组长由指挥部办公室副主任蔡信民兼任。

2010 年 7 月,省移民办副主任万汴京任指挥部办公室副主任,省水利厅移民综合处处长吕志辉任指挥部办公室综合组副组长;2010 年 8 月,省财政厅副处长王成才任指挥部办公室协调组副组长;2010 年 11 月,省水利厅移民综合处处长杜晓琳任指挥部办公室综合组副组长。

为加强南水北调丹江口库区移民搬迁安置的督促检查、对口帮扶和协调工作,省移民安置指挥部根据省委、省政府关于"对全省南水北调丹江口库区移民迁安工作实行省直单位分包责任制,每个省直单位分包一个县(市、区),一包到底,直至移民搬迁安置结束"的要求,从所有省直单位中选择了 25 个,具体分包南水北调丹江口库区移民搬迁安置涉及的 25 个县(市、区),并实行派驻移民工作组制度。每个省直单位组成一个工作组,成员从本单位抽调,组长由副厅级干部担任,与原工作脱钩,常驻迁、安县(市、区)开展工作,业务上接受省移民安置指挥部办公室的领导。分包工作组的具体职责是,对丹江口库区移民搬迁安置工作的组织领导、政策落实、实施进度、资金管理等进行督导,协调安置县(市、区)与对应的库区县、乡(镇)的关系,协调解决移民搬迁安置有关问题,对移民搬迁安置给予对口帮扶。

2012 年 5 月,随着全省南水北调丹江口库区移民搬迁安置工作的圆满结束,工作重心转入后期帮扶后,省移民安置指挥部办公室不再集中办公,从省直有关单位抽调的人员,陆续返回原工作单位;指挥部办公室内设的 6 个组的职责和任务,原则上由省移民安置指挥部综合组承担。8 月,省移民安置指挥部结合省政府《关于加强南水北调丹江口库区移民后期帮扶工作的意见》要求,印发《关于继续实行省直部门对口帮扶南水北调丹江口库区移民工作责任制的通知》,决定 25 个省直部门包县工作组撤销,成立包县联络组,实行联系人制度。各单位包县联络组受省移民安置指挥部的领导,日常工作由省移民安置指挥部办公室组织协调。

截至 2019 年 12 月,省移民安置指挥部办公室仍在运行,与省移民办并存。省移民安置指挥部、省移民安置指挥部办公室、省直单位移民迁安包县工作组任职情况参见表 14-1-1~表 14-1-3。

表 14-1-1　省移民安置指挥部任职情况

姓名	职务	备注
陈全国	政委	省委副书记
刘满仓	指挥长	省政府副省长
铁代生	副政委	省人大常委会副主任
靳绥东	副政委	省政协副主席
何东成	副指挥长	省长助理
王流章	副指挥长	省纪委副书记

续表 14-1-1

姓名	职务	备注
宗　义	副指挥长	省委组织部副部长
权红军	副指挥长	省委宣传部副部长
卢永礼	副指挥长	省委政法委副书记
余学友	副指挥长	省委农办常务副主任
杨　云	副指挥长	省民政厅厅长
王仕尧	副指挥长	省水利厅厅长
王树山	副指挥长	省南水北调办主任、省移民办主任
黄兴维	副指挥长	南阳市委书记

表 14-1-2　省移民安置指挥部办公室任职情况

姓名	职务	备注
王树山	主任	省南水北调办主任、省移民办主任
马万里	副主任	省委农办副主任
王小平	副主任,兼综合组组长	省南水北调办副主任
崔　军	副主任	南阳市副市长,2011. 12~2016. 12 任省移民办主任
申　涛	副主任	省委组织部省直干部处调研员
刘清理	副主任	省纪委农村党风室副主任
何铁志	副主任,兼宣传组组长	省文明办创建处调研员
蔡信民	副主任,兼稳定组组长	省公安厅、省委维稳办稳定处调研员
杨俊法	副主任,兼稳定组副组长	省信访局接访处调研员
万汴京	副主任,兼综合组副组长	省移民办副主任

表 14-1-3　省直单位移民迁安包县工作组组长一览

分包县(市、区)	省直单位	工作组组长	职务
新郑市	水利厅	王新伟	副厅长
荥阳市	国土资源厅	吴红杰	副巡视员
中牟县	农业厅	郭鹏亮	副厅长
鲁山县	广电局	李亦博	副局长
宝丰县	民政厅	董颖生	副厅长
郏县	环保厅	马新春	副厅长
舞钢市	商务厅	苗永清	副厅长
长葛市	质监局	袁静波	副局长

续表 14-1-3

分包县(市、区)	省直单位	工作组组长	职务
襄城县	司法厅	杨　骁	副厅长
许昌县	教育厅	肖新生	副厅长
封丘县	人力资源社会保障厅	韩志奎	副厅长
辉县市	卫生厅	张智民	副巡视员
获嘉县	科技厅	易先荣	副厅长
原阳县	粮食局	杨天义	副局长
延津县	住房城乡建设厅	石迎军	副厅长
临颍县	河南日报报业集团	董　林	副社长
郾城区	公安厅	程德民	副厅长
召陵区	工商局	杨文生	副局长
淅川县	财政厅	赵庆业	副厅长
社旗县	交通运输厅	赵国强	副厅长
唐河县	地税局	楚新民	副局长
宛城区	林业厅	刘有富	副厅长
卧龙区	国资委	阮少华	副主任
新野县	工业和信息化厅	杨新方	副厅长
邓州市	发展改革委	张远达	副主任

第二节　市级移民管理机构

河南省南水北调丹江口库区移民安置区共涉及郑州、平顶山、新乡、许昌、漯河、南阳6个省辖市。6个省辖市均成立了移民组织管理机构，负责区域内所有水利移民的日常管理工作；2009年南水北调丹江口库区大规模移民安置工作开始后，都分别成立了南水北调丹江口库区移民指挥部或领导小组，专门负责移民搬迁安置的指导、协调和组织工作。

一、郑州市

2003年12月，郑州市机构编制委员会批复同意成立郑州市南水北调工程建设管理领导小组办公室、郑州市南水北调移民局，一个机构两块牌子，经费实行全额预算管理。2010年4月，郑州市机构编制委员会通知郑州市南水北调工程建设管理领导小组办公室不再挂郑州市南水北调移民局牌子，将移民工作职能交由郑州市水务局管理，市水务局增设移民规划处和移民安置处。由于市水务局增加移民职能而没有增加人员编制，移民工作无法开展正常,且当时郑州市承担的南水北调丹江口库区移民安置任务比较繁重,郑州市政府要求移民工作仍由市南水北调办公室承担。2013年2月,郑州市机构编制委员会同意在郑州市南水北调工程建设管理领导小组办公室增挂郑州市移民局牌子,将市水务局承担的移民工作职责划转到市南水北调工程建设管理领导小组办公室(市移民局),撤销市水务局移民规划处、移民安置处。2019年机构改革前,郑州市南水北调工程建设管理领导小组办公室是"一个机构,三块牌子":郑州市南水北调工程建设管理领导小组办公室、郑州市移民局、郑州市南水北调配套工程建设管理局,内设综合处、财务处、建设管理处、计划处、移民处、质量安全监督管理处共6个处,工作人员70人。

2019年3月,郑州市委办公厅、市政府办公厅印发《郑州市水利局职能配置、内设机构和人员编制规定》,郑州市水利局承担相关移民工作行政职能,下设南水北调和移民管理处(工作人员3人)。2019年5月,郑州市委机构编制委员会印发《关于调整市水利局所属部分事业单位的通知》,将市南水北调工程建设管理领导小组办公室(市移民局)有关工程监管、移民管理等行政职责划入市水利局,更名为郑州市南水北调工程运行保障中心(郑州市水利工程移民服务中心),主要承担配套工程的运行调度、维护管理和水利工程移民服务等职能,规格仍为正处级,其他机构编制事项保持不变。

二、平顶山市

2006年12月,平顶山市机构编制委员会同意成立平顶山市南水北调中线工程建设领导小组办公室,规格为正县级,隶属市水利局领导,专门负责南水北调工程征地移民工作;核定事业编制19名,其中领导职数3名(正职1名、副职2名),经费纳入财政全额预算管理。2008年7月,平顶山市机构编制委员会批复市水利局,同意市南水北调办公室内设综合科、计划建设科、环境与移民科共3个科室。2009年6月,为加强全市移民工作的统一领导,平顶山市机构编制委员会批复市水利局,同意将平顶山市移民安置办公室与平顶山市南水北调办公室合并成立为平顶山市移民安置局,挂平顶山市南水北调办公室的牌子,隶属平顶山市水利局领导,机构规格为正处级,内设综合科、安置协调科、计划建设科、环境与移民科、财务科共5个科室,经费实行财政全额预算管理,原"两办"人员整体划转到平顶山市移民安置局。2009年8月,平顶山市委、市政府决定成立平顶山市南水北调丹江口库区移民安置指挥部,指挥部下设办公室,办公室设在市移民局。2013年9月,平顶山市机构编制委员会同意平顶山市移民安置局增设质量安全科,增加科级领导职数3名、正科2名、副科1名。2019年机构改革前,移民安置局内设综合科、安置协调科、计划建设科、环境与移民科、财务科、质量安全科等6个科室和总工室、机关党总支。

2019年4月,平顶山市委办公室、市政府办公室印发《平顶山市水利局职能配置内设机构和人员编制规定》,市水利局承担水利工程移民管理工作。同年5月,平顶山市委机构编制委员会印发《关于市移民安置局机构编制事项调整的通知》,明确平顶山市移民安置局(市南水北调中线工程建设领导小组办公室、市南水北调配套工程建设管理局)更名为平顶山市南水北调工程运行保障中心，机构规格仍相当于正处级，隶属关系不变，其他机构编制事项另行规定。截至2019年年底，机构改革尚未到位，市水利局未设立相关科室；市南水北调工程运行保障中心内设科室还没有调整，核定事业编制32名，实有工作人员25人。移民工作仍由市南水北调工程运行保障中心承担。

三、新乡市

2005年2月，新乡市机构编制委员会下发了《关于设置市移民领导小组办公室的批复》，移民工作领导小组办公室正式成立，副处级规格，挂牌在市农业办公室，领导职数1正1副，主任由农办副主任兼任，增设秘书科、资金管理科、计划安置科3个科室，增加科级领导职数3名，全供事业编制12名，与市农业办公室同属参公事业单位。2010年6月，新乡市机构编制委员会根据2009年12月市委常委会研究意见及市委、市政府《关于印发〈新乡市人民政府机构改革实施意见〉的通知》要求，重新下发了《关于调整市移民领导小组办公室机构设置的通知》，核定新乡市移民办公室为事业单位，经费实行财政全额预算管理，原内设三个科室不变，核定领导职数为1正2副，主任由副市级干部兼任，设常务副主任1名，由正处级干部担任，科级领导职数为4名，其人员编制从原市农村经济工作领导小组办公室划转。2011年6月，市机构编制委员会下发了《关于移民工作领导小组办公室内设机构更名的通知》，市移民办公室原内设的秘书科、资金管理科、计划安置科三个科室，分别更名为综合科、移民规划安置科、移民后扶管理科，人员编制、领导职数保持不变。2011年8月，根据省公务员局《关于新乡市部分事业单位参照公务员法管理的批复》及新乡市人力资源和社会保障局《关于市移民工作领导小组办公室参照公务员法管理的批复》，市移民工作领导小组办公室由事业单位改为参照公务员管理单位。2012年9月，根据新乡市机构编制委员会《关于新乡市移民工作领导小组办公室清理规范意见的通知》，市移民工作领导小组办公室内设综合科、移民安置管理科、法规信访科、移民资金管理科4个科室，经费仍实行财政全额拨款。2012年9月至2019年2月，新乡市移民工作领导小组办公室机构名称、内设科室没有改变，工作人员13人。

2019年3月，新乡市委办公室、市政府办公室印发《新乡市水利局职能配置、内设机构和人员编制规定》，新乡市水利局挂市移民工作领导小组办公室牌子，内设移民工作科，编制1名。2019年5月，新乡市委办公室、市政府办公室印发《市直承担行政职能事业单位改革实施方案》，将市南水北调中线工程领导小组办公室（市南水北调配套工程建设管理局）、市移民工作领导小组办公室承担的行政职能划入市水利局，整合组建市南水北调工程运行保障中心，规格相当于正处级。截至2019年年底，机构改革尚未到位，工作尚未移交，移民工作暂由原市移民工作领导小组办公室承担。

四、许昌市

2004年4月，为做好南水北调中线工程建设及干线征迁前期工作，许昌市政府批准成立许昌市南水北调中线工程建设领导小组，同年8月经市机构编制委员会批准成立许昌市南水北调中线工程建设领导小组办公室。2007 年 1 月，许昌市政府印发《关于成立许昌市移民工作领导小组的通知》，领导小组下设办公室，办公室设在市水利局，负责南水北调丹江口库区移民搬迁安置工作，与许昌市南水北调中线工程建设领导小组办公室合署办公。2009 年 9 月，许昌市委、市政府成立许昌市南水北调丹江口库区移民安置指挥部，指挥部下设办公室，办公室设在市南水北调办公室。2010 年 2 月，许昌市政府办公室《关于印发许昌市水利局主要职责内设机构和人员编制规定的通知》，批准成立许昌市水利局移民综合科，规格为正科级，公务员管理，编制 1 名，负责全市其他水库移民搬迁安置，移民后期扶持项目（含南水北调丹江口库区移民）的建设管理、监督和验收，以及移民信访等日常工作。2011 年 7 月，许昌市机构编制委员会批复市南水北调办公室，将其内设的环境与移民科更名为移民安置科。

2019 年 4 月，许昌市委办公室、市政府办公室印发《许昌市水利局职能配置、内设机构和人员编制规定》，水利局负责水利工程移民管理工作，内设农村水利与移民科，具体承担全市大中型水库移民后期扶持政策落实等工作（工作人员 2 名）。2019 年 7 月，根据《中共许昌市委机构编制委员会关于调整规范部分处级事业单位名称的通知》，许昌市南水北调中线工程领导小组办公室（许昌市南水北调配套工程管理局）更名为许昌市南水北调工程运行保障中心，机构规格仍相当于正处级。许昌市移民工作领导小组办公室与许昌市南水北调工程运行保障中心合署办公，内设办公室、计划与财务科、运行管理科、移民安置科、工程保障科，参照公务员管理事业（财政全供）单位，正处级规格，人员编制 21 名，实有人数 17 人，负责全市南水北调丹江口水库移民安置、信访稳定及生产开发等工作。截至 2019 年年底，许昌市移民工作领导小组办公室与许昌市水利局两个机构并存，分工负责南水北调丹江口库区移民工作。

五、漯河市

2003 年至 2008 年 1 月，漯河市水利局根据市政府的安排，指定下设的规划科兼管全市的移民工作。2008 年 2 月，漯河市设立市移民安置局，挂漯河市南水北调中线工程建设领导小组办公室牌子，隶属市水利局，副处级单位，事业编制 10 名，经费实行财政全额预算管理，内设办公室（财务科）、中线工程科和移民科 3 个科室。2009 年，为做好南水北调丹江口库区移民的安置工作，先后成立了漯河市南水北调丹江口库区移民安置指挥部和漯河市人民政府移民工作领导小组，并下设办公室，办公地点设在市移民安置局。2013 年 6 月，漯河市政府办公室印发《关于漯河市水利局主要职责内设机构和人员编制规定的通知》，漯河市移民安置局更名为漯河市移民安置办公室，由独立的事业单位变为市水利局内设机构，设工作人员 2 名，其中主任（副处级）、副主任（正科级）各 1 名。

2019 年 3 月，漯河市委办公室、市政府办公室印发《漯河市水利局职能配置、内设机构和人员编制规定》，漯河市水利局挂漯河市移民办公室牌子，内设水旱灾害防御科（南水北调配套工程与移民管理科），科室工作人员 2 名，负责原移民安置办公室的全部工作。2019 年 8 月，漯河市委常委会研究同意市水利局局长兼任市移民办公室主任。

六、南阳市

1997年，南阳市人民政府成立移民安置办公室，规格为正科级事业单位，1998年被列入参照公务员管理单位。2004年，南阳市机构编制委员会发文撤销南阳市移民安置办公室，成立南阳市移民局，同时挂牌南阳市人民政府移民工作领导小组办公室牌子，为副处级事业单位，内设办公室、财务审计科、规划安置科、扶持科4个科室，归口市水利局领导；人员编制30名，经费实行财政全额预算管理。2007年，根据南阳市机构编制委员会《关于2006年度市直安置军队转业干部增加事业编制的通知》，市移民局增加2名事业编制。2009年10月，南阳市南水北调丹江口库区移民安置指挥部印发《关于成立南阳市南水北调丹江口库区移民安置指挥部工作机构的通知》，指挥部下设办公室、安置协调组、政策宣传组、监督检查组、信访稳定组、工程建设组和财务审计组等一室七组，办公地点设在市移民局。2009年，南阳市机构编制委员会发文通知南阳市移民局为正处级事业单位，内设办公室、规划计划科、安置扶持科、信访科、财务审计科共5个科室；参照公务员管理，直属市政府领导。2010年，南阳市移民局增加纪检监察室。2015年，南阳市移民局内设机构中的原安置扶持科分设为安置科和扶持发展科两个科，增设总会计师职数1名，按正科级配备，调整后南阳市移民局内设机构7个，分别是办公室、财务审计科、规划计划科、安置科、扶持发展科、信访科、纪检监察室。

2019年4月，南阳市委办公室、市政府办公室印发《南阳市水利局职能设置、内设机构和人员编制规定》，明确水利局承担水利工程移民管理工作，下设移民与南水北调工程管理科。同年，南阳市南水北调中线工程领导小组办公室、南阳市南水北调配套工程管理中心、南阳市移民局，整合组建南阳市南水北调工程运行保障中心（南阳市移民服务中心），机构规格相当于正处级，为南阳市水利局所属事业单位，人员编制62名，经费实行财政全额拨款，为公益一类事业单位，内设机构12个，分别是综合科、人事科、党建办公室、财务科、规划计划科、工程管理科、运行保障科、安置科、扶持发展科、信访科、培训科、技术服务科。

第三节　县级移民管理机构

为确保移民工作的有效开展，河南省南水北调丹江口库区移民安置涉及的县（市、区）均成立有不同形式的移民管理机构。河南省对县级移民管理分为2个层次，一是省直管县（市）工作机构，二是省辖市所属县（市、区）工作机构。截至2019年年底，全省涉及南水北调丹江口库区移民安置的县级机构有28个，其中省直管县（市）1个，市管县（市、区）27个。

一、省直管县(市)

邓州市是河南省10个省直管县(市)中唯一一个承担有南水北调丹江口库区移民安置任务的省直管县(市)。2003年5月,邓州市机构编制委员会印发《关于邓州市移民安置办公室升格并更名为邓州市移民局的通知》,将邓州市水利局移民安置股(邓州市人民政府移民安置办公室)升格并更名为邓州市移民局,为市水利局领导的副科级事业单位,内设办公室、综合业务科、计划财审科。2004年12月,邓州市机构编制委员会将邓州市移民局升格为正科级财政全供事业单位,仍由市水利局领导,核定全供事业编制15名;2009年6月,邓州市机构编制委员会下发《关于市移民局增设内设机构的通知》,在市移民局内增人事科、信访科,将综合业务科分为规划科和安置科;2009年8月,邓州市委、市政府印发通知,成立邓州市南水北调丹江口库区移民安置指挥部,指挥部下设办公室,办公地点设在市移民局。2011年3月,邓州市机构编制委员会印发《关于将市移民局调整为市政府直属事业单位的通知》,将市移民局调整为市政府直属事业单位。2014年,邓州市被确定为省直管县(市)。2019年机构改革前,邓州市移民局内设办公室、计划财审科、规划科、安置科、信访科、人事科共6个科室。在编人数25名,实有工作人员47人。

2019年3月,邓州市委机构编制委员会印发《关于党政机构改革相关单位职责划转和人员转隶等工作的通知》,组建市南水北调和移民服务中心,为市水利局领导的事业单位,将市移民局、市南水北调中线工程领导小组办公室人员编制划入市南水北调和移民服务中心,不再保留市移民局。2019年4月,邓州市委办公室、市政府办公室印发《邓州市水利局职能配置、内设机构和人员编制规定》,水利局承担水利工程移民管理工作。截至2019年年底,机构改革尚未到位,水利局设移民与南水北调工程管理科,工作人员1人;新组建的市南水北调和移民服务中心领导班子尚未任命,原市移民局、市南水北调中线工程领导小组办公室尚未实质合并,暂仍按原有机制开展工作。

二、市管县(市、区)

河南省南水北调丹江口库区移民安置涉及的市管县(市、区),在移民搬迁安置期间共有25个,其中郑州市3个(新郑市、荥阳市、中牟县),平顶山市4个(鲁山县、宝丰县、郏县、舞钢市),许昌市3个(长葛市、襄城县、许昌县),新乡市5个(封丘县、辉县市、获嘉县、原阳县、延津县),漯河市3个(临颍县、郾城区、召陵区),南阳市7个(淅川县、邓州市、社旗县、唐河县、宛城区、卧龙区、新野县)。移民搬迁后,因行政区划调整,移民安置区增加3个区,分别为郑州市郑东新区、航空港区和新乡市平原示范区;加之邓州市升格为直管县(市),截至2019年12月安置市管县(市、区)共有27个。27个市管县(市、区)根据水库移民工作需要,均在不同时期建立了专职移民组织管理机构或由其他部门负责的代管机构,负责本地的水库移民工作。同时,除3个区因成立时间较晚外,其他24个县(市、区)都在南水北调丹江口库区移民搬迁安置工作启动后,分别成立了以县(市、区)委、政府领导挂帅的南水北调丹江口库区移民安置指挥部,并下设办公室,专门负责南水北调丹江口库区移民搬迁安置的组织、协调工作。

（一）新郑市

2004年8月，根据新郑市机构编制委员会《关于成立新郑市南水北调工程建设管理领导小组办公室（挂新郑市南水北调移民局牌子）的批复》和《关于调整市水利局部分事业单位机构编制的批复》，成立新郑市南水北调移民局，事业单位，正科级规格，经费实行市财政差额预算管理，编制15名。2008年8月，新郑市机构编制委员会研究决定，新郑市南水北调移民局由事业差补编制变更为事业全供编制，编制人数不变。2009年8月，新郑市委、市政府印发通知，成立新郑市南水北调丹江口库区移民安置指挥部，指挥部下设办公室。2019年机构改革前，新郑市南水北调移民局内设综合科、后扶科、财务科共3个科室。在编人员15名，实有工作人员23人。2019年12月，新郑市委机构编制委员会办公室印发《关于调整新郑市水利局事业机构的通知》，明确水利局承担水利工程移民管理工作，下设南水北调和移民管理科；整合新郑市南水北调移民局和新郑市南水北调办公室，组建新郑市南水北调工程运行保障中心（新郑市水利工程移民服务中心），隶属新郑市水利局，机构规格相当于正科级，领导职数3名（1正2副）。

（二）荥阳市

2005年8月，荥阳市机构编制委员会批复成立荥阳市南水北调工程建设管理办公室（挂荥阳市移民局牌子），一套班子、两块牌子，事业单位，编制12名。2006年4月，荥阳市机构编制委员会批准荥阳市移民局为独立机构，编制12名。2010年7月，荥阳市委、市政府印发通知，成立荥阳市南水北调工程暨移民安置工作指挥部，指挥部下设办公室，办公室设在市移民局。2019年4月，荥阳市委办公室、市政府办公室印发《荥阳市水利局职能配置、内设机构和人员编制规定》，明确水利局承担水利工程移民管理工作，下设南水北调和移民管理科。截至2019年年底，荥阳市水利局南水北调和移民管理科有工作人员6人；荥阳市移民局还未启动机构改革，内设办公室、计划财务科和业务科3个科室，工作人员40人。

（三）中牟县

1997年4月，中牟县机构编制委员会印发通知，成立中牟县移民办公室，设在水利局，规格为副科级，事业编制10名，办公室主任由水利局局长兼任，人员由水利局及局二级机构编制中调配，经费自收自支。2006年2月，中牟县机构编制委员会批复成立中牟县南水北调工程建设管理领导小组办公室，挂中牟县移民局牌子，为正科级事业单位，核定事业编制12名，领导职数设1正2副，经费形式实行县财政差额预算管理，机构设在县水利局。2009年8月，中牟县委、县政府决定成立中牟县南水北调丹江口库区移民安置指挥部，指挥部下设办公室，地点设在县水务局，办公室主任由水务局局长兼任。2012年7月，根据中牟县机构编制委员会《关于中牟县南水北调工程建设管理领导小组办公室更名、增加编制和变更经费形式的批复》，中牟县南水北调工程建设领导小组办公室更名为中牟县移民局，挂中牟县南水北调工程建设管理领导小组办公室牌子，编制30名，经费形式由财政差额预算管理变更为财政全额预算管理，县水务局不再挂县移民局牌子。2012年，中牟县机构编制委员会办公室印发《关于中牟县水务局所属事业单位清理规范意见的通知》,中牟县移民局隶属于中牟县水务局管理。2019 年机构改革前,中牟县移民局内设办公室、人事财务科、后期扶持规划科、南水北调工程运行管理科、移民安置稳定科共 5 个科室,工作人员 38 人。2019 年 11 月,根据《中共中牟县委机构编制委员会关于核减中牟县移民局事业编制的通知》,核减中牟县移民局全供事业编制 16 名,核减后其全供事业编制为 13 名,实有在编人员 15 名,在岗人员 51 人。2019 年 12 月,中牟县机构编制委员会印发《中共中牟县委机构编制委员会关于调整县水利局所属部分事业单位的通知》,将县移民局(挂县南水北调工程建设管理领导小组办公室牌子)的移民工作和南水北调配套工程运行管理等行政职责划入县水利局,更名为县水利工程移民服务中心,不再挂南水北调工程建设管理领导小组办公室牌子,承担支持辅助或技术性、事务性等公益职能,机构规格仍相当于正科级,仍隶属于县水利局。

(四)郑州市郑东新区

2014 年 2 月,郑州市机构编制委员会批复郑东新区管委会设立水务局,为管委会内设机构,增加中层领导职数 2 名,所需人员编制由管委会内部调剂解决。2015 年 3 月,郑东新区管委会办公室明确了水务局职责,其中包括移民工作。截至 2019 年年底,郑东新区水务局有从事移民工作的人员 5 人。

(五)郑州市航空港区

2010 年 3 月,郑州市航空港区成立南水北调工程建设管理领导小组,领导小组下设办公室,主任由国土资源局局长兼任,工作人员从国土、拆迁、市政等部门抽调。2011 年 6 月,航空港经济综合实验区机构编制委员会办公室批准成立航空港区南水北调办公室。2013 年 10 月,根据郑州市航空港经济综合实验区机构编制委员会关于郑州航空港经济综合实验区(郑州新郑综合保税区)规划与国土资源局主要职责内设机构和人员编制等规定,区南水北调办公室作为事业单位划入规划与国土资源局管理,级别为正科级,设主任 1 名,副主任 2 名,工作人员从规划与国土资源局人员编制中调剂。2016 年 7 月,郑州航空港经济综合实验区南水北调办公室划归郑州航空港经济综合实验区城市管理局(综合执法局)管理。截至 2019 年年底,办公室设主任 1 名,副主任 1 名,设 4 个科室(综合科、移民科、运管科、工程科),工作人员共有 9 人(从城市管理局人员编制中调剂),从事移民工作人员 1 人。

(六)鲁山县

1989 年,鲁山县成立县水库移民安置办公室,副科级事业单位,编制 10 名。2003 年 1 月,鲁山县政府批准县水库移民安置办公室规格升为正科级事业单位,编制 12 名,领导职数 1 正 2 副。2009 年 9 月,鲁山县委、县政府决定成立鲁山县南水北调丹江口库区移民安置指挥部,指挥部下设办公室,办公室设在县移民办公室。2012 年 6 月,鲁山县政府将鲁山县水库移民安置办公室更名为鲁山县移民安置局,机构规格、编制及隶属关系不变。2019 年机构改革前,鲁山县移民安置局内设办公室、后扶股、工程质量安全监督股、南水北调协调股、财务股、培训股、规划股、纪检监察室共 8 个职能股室,工作人员 62 人。2019 年 3 月,鲁山县委办公室、县政府办公室印发《鲁山县水利局职能配置、内设机构和人员编制规定》,县水利局承担水利工程移民管理工作。2019 年 12 月,鲁山县机构编制委员会将鲁山县移民安置局更名为鲁山县移民工作服务中心,机构规格、编制及隶属关系不变。

(七)宝丰县

1986年,宝丰县成立水利移民安置办公室,属于宝丰县水利局的一个股室,后逐步成为水利局的二级管理机构。2009年8月,宝丰县委、县政府决定成立宝丰县南水北调丹江口库区移民搬迁工作指挥部,指挥部下设办公室,办公室设在县移民安置办公室。2013年8月,宝丰县机构编制委员会印发通知,宝丰县水利移民安置办公室与宝丰县南水北调中线工程建设领导小组办公室合署办公,成立宝丰县移民安置局,正科级,隶属宝丰县政府。2019年9月宝丰县机构编制委员会印发通知,宝丰县移民安置局更名为宝丰县移民安置服务中心,挂宝丰县南水北调工程运行保障中心牌子,机构规格调整为副科级。

(八)郏县

2005年8月,郏县机构编制委员会批准成立郏县移民局,隶属县水利局,事业单位,规格相当于副科级,核定事业编制2名,经费实行全额预算管理,所需人员从县水利局内部调剂。2006年10月,郏县政府成立郏县移民工作领导小组,领导小组下设办公室,办公室设在县移民局。2006年12月,郏县机构编制委员会批复郏县移民局升格为正科级单位,机构编制事项不变。2009年9月,郏县县委、县政府决定成立郏县南水北调工程及移民安置指挥部,指挥部下设办公室,办公室设在县移民局。2010年11月,郏县机构编制委员会批复成立郏县南水北调中线工程建设领导小组办公室,与郏县移民局合署办公,正科级事业单位,隶属县水利局领导,在原有编制基础上增加7名全供事业编制。2013年9月,郏县机构编制委员会印发《郏县移民局(县南水北调办公室)主要职责内设机构和人员编制规定的通知》,郏县移民局(县南水北调办公室)内设办公室、移民安置股、中线管理股、人事财务股和工程管理股共5个股室,核定事业编制12名,经费实行全额预算管理。2019年机构改革前,郏县移民局内设股室和编制人数不变,工作人员31人。2019年3月,郏县县委办公室、县政府办公室印发《郏县水利局职能配套内设机构和人员编制规定》,明确县水利局承担水利工程移民管理工作。同年7月,郏县县委机构编制委员会印发了《关于郏县部分科级事业单位更名的通知》,郏县移民局(县南水北调办公室)更名为郏县南水北调工程运行保障中心(郏县移民安置服务中心),机构规格仍相当于正科级。

(九)舞钢市

2004年6月,舞钢市机构编制委员会批准市移民迁移安置办公室纳入市政府直接管理,正科级规格。2006年6月,舞钢市委决定组建市移民迁移安置办公室党组。2009年12月,舞钢市委、市政府决定成立舞钢市南水北调丹江口库区移民安置指挥部,指挥部下设办公室,办公地点设在市移民办。2012年10月,舞钢市机构编制委员会批复舞钢市移民迁移安置办公室更名为舞钢市移民安置局,核定事业编制15名,其中局长1名、副局长2名,经费实行财政全额预算管理。2019年机构改革前,舞钢市移民安置局内设综合股、财务股、规划安置股、信访股、后扶管理股共5个股室,工作人员17人。2019年8

月，舞钢市委机构编制委员会印发《市移民安置局机构编制事项调整的通知》，舞钢市移民安置局更名为舞钢市移民安置服务中心，挂舞钢市南水北调工程运行保障中心牌子，机构规格仍相当于正科级，隶属关系和职能不变。

（十）封丘县

2004年，封丘县政府成立移民工作领导小组，下设办公室，办公室设在县农办。2009年8月，封丘县委、县政府成立由县委书记任政委，县长任指挥长，县四大班子有关领导任副指挥长，34个县直部门及乡（镇）为成员的南水北调丹江口库区移民安置指挥部，下设办公室。2012年4月，封丘县机构编制委员会批准成立封丘县移民领导小组办公室，全供事业单位，规格为正科级，核定事业编制6名，其中领导职数1正1副，内设综合管理科、财务科、法规信访科共3个科室，经费实行全额预算管理，所需人员从县直单位同性质人员中调剂解决。截至2019年12月，封丘县移民领导小组办公室内设综合科、资金科、安置管理科、法规信访科共4个科室，工作人员6人。2019年12月26日，根据《中共封丘县委机构编制委员会关于封丘县水利局所属事业单位机构编制调整的通知》，封丘县移民办公室予以撤销，行政职能划入水利局，水利局设移民工作股，配备工作人员3名，承担移民工作。

（十一）辉县市

2004年10月，辉县市政府成立辉县市移民工作领导小组，领导小组下设办公室，办公室主任由市农办主任兼任，为市政府常设临时机构，主要负责南水北调丹江口库区移民安置前期工作；同年12月，办公室内设综合科、移民安置科、资金管理科共3个科室。2006年5月，辉县市政府对市移民工作领导小组办公室的职能和人员进行调整，主要职责为负责全市移民工作。2009年8月，辉县市委、市政府成立辉县市南水北调丹江口库区移民安置指挥部，下设办公室。2010年12月，辉县市机构编制委员会印发《关于调整市移民领导小组办公室机构设置的通知》，辉县市移民工作领导小组办公室纳入政府事业单位编制。2019年3月，辉县市委办公室、市政府办公室印发《辉县市水利局职能配置、内设机构和人员编制规定》，辉县市水利局内设移民工作股。2019年9月，辉县市委办公室、市政府办公室印发《辉县市市直承担行政职能事业单位改革实施方案》，撤销辉县市移民工作领导小组办公室，将其承担的行政职能划入辉县市水利局。截至2019年年底，辉县市水利局移民工作股有工作人员10人。

（十二）获嘉县

2004年8月，获嘉县政府成立县移民工作领导小组，领导小组下设办公室，人员从县计委、农业局等部门抽调，办公地点设在县农办。办公室下设信访室、财务室、档案室3个业务室。2009年8月，获嘉县委、县政府印发《关于成立获嘉县南水北调工程丹江口库区移民安置指挥部的通知》，在移民工作领导小组的基础上，成立移民安置指挥部，下设办公室。2019年1月，获嘉县党政机构改革领导小组根据《中共新乡市委办公室、新乡市人民政府办公室关于印发<获嘉县机构改革方案>的通知》，将移民工作职责划入水利局，具体工作由县水利局南水北调移民工作股承担。截至2019年年底，水利局有工作人员4人。

（十三）原阳县

1992年8月，原阳县机构编制委员会批准成立原阳县移民安置办公室，属于县政府水库移民安置工作的行政职能部门，定编6~8人，挂靠县农委。2010年12月，经原阳县机构编制委员会批准，原阳县移民安置办公室属县政府直属正科级事业全供单位。2015年3月，原阳县机构编制委员会批准原阳县移民安置办公室为从事公益服务的公益一类事业单位。2019年10月，原阳县党政机构改革领导小组印发《原阳县党政机构改革领导小组关于机构改革涉及县直事业单位机构编制调整工作安排》，将原阳县移民安置办公室承担的行政职能划入原阳县水利局，整合组建原阳县移民安置服务中心，规格由原正科级事业全供单位转变为正股级财政全额拨款单位。2019年12月，原阳县委机构编制委员会印发《中共原阳县委机构编制委员会关于原阳县水利局所属事业单位机构编制事项的通知》，原阳县移民安置服务中心机构规格相当于股级，核定事业编制10名，其中领导职数1正1副，内设综合股、资金管理股、后扶规划管理股3个股室。

（十四）延津县

2004年，延津县政府成立延津县移民工作领导小组，领导小组下设办公室，办公室设在县农村工作领导小组办公室，办公室主任由县农村工作领导小组办公室分管副主任兼任。2009年9月，延津县委、县政府成立延津县南水北调丹江口库区移民安置指挥部，指挥部下设综合协调组、治安稳定组、宣传教育组、规划建设组和办公室5个专项工作组（室），办公地点设在县农村工作领导小组办公室。2019年，延津县委办公室、县政府办公室印发《延津县水利局职能配置内设机构和人员编制规定》，移民安置管理及后期扶持工作职能划归县水利局，具体工作由县水利综合业务股承担。截至2019年年底，水利局有工作人员3人。

（十五）新乡市平原示范区

平原示范区移民工作领导小组成立于2012年，根据新乡市平原新区党工委印发的《新乡平原新区各局（办）内设机构设置方案》和《关于成立平原新区移民工作领导小组的通知》，组长由示范区党工委委员、管委会副主任兼任，领导小组下设办公室，办公室设在社会事务局，主任由原武镇科级干部兼任，社会事务局2名同志辅助移民工作。截至2019年年底，机构改革文件尚未出台，移民工作仍由社会事务局承担。

（十六）长葛市

2009年11月，长葛市机构编制委员会批复成立长葛市南水北调中线工程领导小组办公室，正科级事业单位，隶属市水利局管理，主要负责辖区内南水北调主体工程和支线工程占地、拆迁、建设、管理等工作；内设综合股、审计与财务股、计划建设股共3个股室，核定编制15名，其中主任1名，副主任2名，股级职数5名，经费实行财政全额预算管理。同月，长葛市委、市政府成立长葛市南水北调工程及移民安置指挥部，指挥部下设办公室，办公室设在市水利局，与长葛市南水北调中线工程领导小组办公室合署办公，具体负责南水北调工程建设及移民迁安的组织、协调、指导、监督、检查和服务工作。2010年4月，长葛市水利局成立移民工作办公室，负责移民后期扶持直补资金发放，负责移民后期扶持项目的组织规划、建设管理和监督、验收，承担移民信访工作。为更好地完成各项移民安置任务，2011 年 4 月，长葛市机构编制委员会印发《关于长葛市南水北调中线工程领导小组办公室有关问题的通知》，批准长葛市水利局将承担的移民安置任务移交给长葛市南水北调中线工程领导小组办公室负责。根据文件精神，长葛市南水北调中线工程领导小组办公室成立移民管理股，主要负责移民安置及移民后期扶持工作，并增加正科级领导职数 2 名，副科级领导职数 1 名。2019 年 4 月，长葛市委办公室、市政府办公室印发《长葛市水利局职能配置、内设机构和人员编制规定》，长葛市水利局承担水利工程移民管理工作，下设移民后扶股。截至 2019 年年底，机构改革尚未到位，市水利局有工作人员 3 人，负责市全部移民直补资金发放与南水北调丹江口库区之外移民后扶工作；市南水北调中线工程领导小组办公室尚未启动改革，内设综合股、财务审计股、干线管理股、支线管理股、移民管理股共 5 个股室，工作人员 15 人，承担南水北调丹江口库区移民直补资金发放之外的其他工作。

（十七）襄城县

2007 年 6 月，襄城县政府成立襄城县移民工作领导小组，领导小组下设办公室，办公地点在县水利局。2009 年 5 月，襄城县机构编制委员会批复县移民工作领导小组办公室核定为正科级事业单位，事业全供编制 18 名，其中科级领导职数 4 名。2009 年 11 月，襄城县移民工作领导小组办公室更名为襄城县南水北调中线工程建设及移民工作领导小组办公室；同月，襄城县委、县政府成立襄城县南水北调丹江口库区移民安置指挥部，指挥部下设办公室，办公室设在襄城县南水北调中线工程建设及移民工作领导小组办公室。2011 年 4 月，襄城县机构编制委员会批准襄城县南水北调中线工程建设及移民工作领导小组办公室增加事业全供编制 2 名，共有财政全供事业编制 20 名。2019 年 4 月，襄城县委办公室、县政府办公室印发《襄城县水利局职能配置、内设机构和人员编制规定》，水利局承担水利工程移民管理工作，下设移民后扶股。截至 2019 年年底，县水利局有工作人员 2 人，负责南水北调丹江口库区之外的移民工作；县南水北调中线工程建设及移民工作领导小组办公室机构改革尚未启动，内设办公室、移民股、工程股、财务股、监察室共 5 个股室，工作人员 20 人，负责南水北调丹江口库区移民工作。

（十八）许昌市建安区

许昌市建安区在 2017 年 2 月之前地域名称为许昌县。2004～2007 年许昌县移民工作由许昌县水利局下属移民办负责。2007 年 6 月，许昌县机构编制委员会经请示上级主管部门，成立许昌县移民工作领导小组办公室（挂南水北调中线工程领导小组办公室牌子），与县水利局合署办公。2009 年 9 月，许昌县委、县政府决定成立许昌县南水北调丹江口库区移民安置指挥部，指挥部下设办公室，办公室内设建设组、协调组、宣传组和稳定组 4 个组，办公地点设在县移民办。2009 年 10 月，许昌市机构编制委员会批复许昌县成立南水北调中线工程领导小组办公室，事业单位，隶属于县水利局，规格相当于正科级。2011 年 6 月，许昌县机构编制委员会明确许昌县移民工作领导小组办公室（挂许昌县南水北调中线工程领导小组办公室牌子），隶属县水利局，正科级事业单位，核定事业编制 8 名，内设综合股、计划建设股、经济与财务股共 3 个股室，经费实行全额预算管理。2017 年 2 月，许昌县撤县划区，改为许昌市建安区。2017 年 5 月，许昌县移民工作领导小组办公室改称为许昌市建安区移民工作领导小组办公室。2019年4月,建安区委办公室、区政府办公室印发《许昌市建安区水利局职能配置、内设机构和人员编制规定》,明确水利局承担水利工程移民管理工作。截至2019年年底,区水利局未设置股室;区移民工作领导小组办公室机构改革尚未启动,内设综合股、计划建设股、经济与财务股、移民信访股、南水北调配套工程管理股共5个股室,工作人员21人,负责南水北调丹江口库区移民工作。

(十九)临颍县

2003年4月,临颍县南水北调中线工程移民工作领导小组成立。2004年7月,临颍县政府印发《关于调整县南水北调中线工程移民工作领导小组的通知》,领导小组下设办公室,办公室主任由县水利局局长兼任,副主任由水利局分管领导兼任。水利局下设移民办,属于水利局的内设股室(事业单位),共有人员6人。2008年12月,临颍县委、县政府印发《关于成立县南水北调中线工程移民安置工作指挥部的通知》,指挥部下设办公室,办公室主任由县水利局局长兼任,副主任由水利局分管领导兼任,水利局移民办人员调整为8人。2019年1月,按照临颍县委、县政府印发的《临颍县机构改革方案》,县水利局挂临颍县移民办公室牌子,工作人员5人。

(二十)漯河市郾城区

2003年7月,郾城县政府发文成立郾城县南水北调中线移民工作领导小组,领导小组下设办公室,办公室设在县水利局。2005年6月,由于漯河市行政区划调整,郾城县改称为郾城区,原郾城县南水北调中线移民工作领导小组更名为郾城区南水北调中线移民工作领导小组。2009年9月,郾城区成立南水北调丹江口库区移民安置指挥部,下设办公室,办公地点设在县水利局。2011年8月,郾城区机构编制委员会批准成立郾城区移民安置办公室,为郾城区水利局内设机构,设主任1名(副科级),工作人员10人。2019年3月,按照《漯河市郾城区水利局职能配置、内设机构和人员编制规定》,漯河市郾城区水利局挂漯河市郾城区移民办公室牌子,水利局局长兼任移民办主任,办公室人员10人。

(二十一)漯河市召陵区

2006年6月,召陵区政府成立召陵区移民工作领导小组及办公室,区水利局局长兼任移民工作领导小组办公室主任,副局长兼副主任。2009年9月,根据南水北调丹江口库区移民安置工作需要,召陵区委、区政府成立南水北调丹江口库区移民安置指挥部,指挥部下设办公室,办公室设在区水利局。2010年12月,召陵区机构编制委员会批准成立召陵区移民安置办公室,为水利局内设机构,设主任1名,可高配为副科级,工作人员3人。2019年3月,按照《漯河市召陵区水利局职能配置、内设机构和人员编制规定》,漯河市召陵区水利局挂漯河市召陵区移民办公室牌子,人员无变动。

(二十二)淅川县

2002年10月,淅川县机构编制委员会批准成立淅川县移民局,全供事业单位,内设办公室(老干部股)、规划股、后扶股、计财股、计划股、纪检监察股、建设管理中心、信访办公室共8个股室,编制73名,实有人数61人;下辖香花镇、九重镇、厚坡镇、仓房镇、马蹬镇、上集镇、金河镇、老城镇、大石桥乡、滔河乡、盛湾镇、城区等 12 个乡(镇)移民所。2008 年 12 月,淅川县委、县政府成立淅川县南水北调丹江口库区移民安置指挥部,指挥部下设办公室及综合协调组、规划安置及政策研究组、债权债务及集体财产分割组、宣传培训组、督察监察组、安全稳定组、政策项目组、后勤保障组、新村建设组、移民工程复建办等 10 个职能小组,办公地点设在县移民局。截至 2019 年 3 月,淅川县移民局内设的 8 个股室没有变化,下辖上集、金河城镇中心、老城大石桥中心、盛湾滔河中心、马蹬仓房中心、香花、九重、厚坡等 8 个乡(镇)移民所,工作人员 63 人。2019 年 4 月,根据《中共淅川县委办公室淅川县人民政府办公室关于印发<淅川县移民局职能配置、内设机构和人员编制规定>的通知》,淅川县移民局为县政府工作部门,正科级,加挂淅川县南水北调中线工程领导小组办公室牌子,内设办公室、计财股、移民工作股、南水北调工程管理股共 4 个股室,机关行政编制 8 名。

(二十三)社旗县

2006 年 7 月,根据南水北调丹江口库区移民安置工作需要,社旗县机构编制委员会批复成立移民安置办公室,规格为副科级,为水利局下属单位,内设人秘股、规划安置股、扶持股和财审股 4 个股室,事业编制 10 名,领导职数 2 名,所需人员从水利局人员中调整,经费实行全额预算管理。2009 年 8 月,社旗县委、县政府决定成立社旗县南水北调丹江口库区移民安置指挥部,指挥部下设办公室,办公室内设综合组、财务组、政策法规组、规划组、质量监督组、安置组、宣传组、信访稳定组、生产扶持组和专项工作组等 10 个组,办公地点设在县移民办。2009 年 9 月,社旗县机构编制委员会批准成立社旗县移民局,为县政府直属正科级事业单位,内设人秘股、规划安置股、扶持股、科技培训股、财务审计股、监察室共 6 个股室;单位在编人员 16 名,实有人数 16 人。2019 年机构改革前,社旗县移民局内设人秘股、财务审计股、规划安置股、扶持股、科技培训股共 5 个业务股。编制人数 16 名,实有工作人员 14 人。2019 年 4 月,社旗县委办公室、县政府办公室印发《社旗县水利局职能配置、内设机构和人员编制规定》,明确水利局承担水利工程移民管理工作,下设农村水利股(移民与南水北调工程管理股)。截至 2019 年年底,机构改革尚未到位,县水利局尚未配备移民管理工作人员;县移民局尚未启动改革,仍承担南水北调丹江口库区移民管理工作。

(二十四)唐河县

2005 年 8 月,根据《唐河县机构编制委员会关于成立唐河县移民局(唐河县移民工作领导小组办公室)的通知》,批准成立唐河县移民局(唐河县移民工作领导小组办公室),正科级事业单位,由县水利局管理,负责全县移民安置各项工作,内设办公室、安置扶持股、财审股。核定编制 15 名,其中领导职数 1 正 2 副,总工程师 1 名,中层领导职数 4 名,工勤人员 2 名,经费全额预算管理。2019 年 4 月,唐河县委办公室、县政府办公室印发《唐河县水利局职能配置、内设机构和人员编制规定》,明确水利局承担移民工作行政职能,下设移民与南水北调工程管理股。截至 2019 年年底,机构改革尚未到位,县水利局尚未配备移民管理工作人员;县移民局机构改革尚未启动,仍承担南水北调丹江口库区移民管理工作。

（二十五）南阳市宛城区

2009年8月，南阳市宛城区委、区政府成立宛城区南水北调中线工程征地拆迁暨丹江口库区移民安置指挥部，指挥部下设办公室，办公室设在区移民局，所需人员从有关单位抽调。12月，宛城区机构编制委员会批准成立宛城区移民局，正科级全供事业单位，内设综合科、移民安置科、移民后期扶持科、计划财务审计科、信访科共5个科室，工作人员18人。2019年3月，经宛城区机构编制委员会研究决定，整合南阳市宛城区南水北调中线办公室、南阳市宛城区移民局，组建南阳市宛城区南水北调工程运行保障中心，挂南阳市宛城区移民服务中心牌子，机构规格相当于正科级，为区水利局所属的事业单位，中心设9个职能科室，分别为：综合办公室、人事教育科、财务审计科、群众信访科、综合治理科、后期扶持科、移民安置科、运行保障科、环境保护科。核定编制30名，其中主任1名、副主任2名，经费实行财政全额预算管理。2019年4月，宛城区委办公室、区政府办公室印发《南阳市宛城区水利局职能设置、内设机构和人员编制规定》，明确水利局承担水利工程移民管理工作，下设行政法规股（移民与南水北调工程管理股）。截至2019年年底，机构改革尚未到位，区水利局尚未配备移民管理工作人员；区移民服务中心尚未挂牌，仍承担南水北调丹江口库区移民管理工作。

（二十六）南阳市卧龙区

2003年7月，南阳市卧龙区政府成立南阳市卧龙区移民安置工作领导小组，下设办公室，办公室设在区水利局，水利局局长任办公室主任。2008年1月，卧龙区机构编制委员会批准成立卧龙区移民局，正科级全供事业单位，归口区水利局管理，内设办公室、财务审计股、规划安置股、生产发展股、监察室和扶持股共6个科室；10月，卧龙区委批准成立移民局党组，移民局的党务和行政直接由区委、区政府领导。2009年9月，南阳市卧龙区委、区政府决定成立卧龙区南水北调丹江口库区移民搬迁安置指挥部，指挥部下设办公室、移民安置协调组、政策宣传组、监督检查组、信访稳定组、工程建设组和移民业务财务组，办公地点设在区移民局。2011年8月，卧龙区机构编制委员会明确卧龙区移民局为区政府直属事业单位，正科级规格，挂南阳市卧龙区人民政府移民工作领导小组办公室牌子，全供事业编制15名，经费实行全额预算管理。截至2019年机构改革，卧龙区移民局内设办公室、财务审计股、规划安置股、生产发展股、监察室，扶持股共6个股室，工作人员24人。2019年3月，南阳市卧龙区委机构编制委员会印发《关于区水利局等部门职能划转的通知》，原区南水北调中线工程领导小组办公室、区移民局的行政职能，划转区水利局，由水利局履行其行政职能，水利局下设计划建设与运行管理股（农村水利水电股、移民与南阳水调工程管理股）。2019年9月，南阳市卧龙区委机构编制委员会下发《关于调整卧龙区部分科级事业单位的通知》，整合南阳市卧龙区移民局、南阳市卧龙区南水北调中线工程领导小组办公室，组建南阳市卧龙区南水北调工程运行保障中心，挂南阳市卧龙区移民服务中心牌子，机构规格相当于正科级，为卧龙区水利局所属事业单位，原区移民局、区南水北调中线工程领导小组办公室人员整建制转隶到区南水北调工程运行保障中心。截至2019年年底，机构改革尚未到位，区水利局尚未配备移民管理工作人员；新组建的区南水北调和移民服务中心领导班子尚未任命，原区移民局、区南水北调中线工程领导小组办公室尚未实质合并，暂仍按原有机制开展工作。

（二十七）新野县

2008 年 12 月，新野县委、县政府决定成立新野县南水北调中线工程移民安置工作领导小组，下设办公室，办公室内设维稳组、协调组、质量监督组。2009 年 1 月，新野县政府成立新野县移民安置工程建设指挥部，指挥部下设办公室，办公室设在县移民办。2009 年 7 月，新野县政府将新野县移民办公室更名为新野县移民局，为县政府直属全供事业单位，规格为正科级。内设办公室、财务审计股、规划计划股、安置扶持股共 4 个股室，工作人员 19 人。2019 年 4 月，新野县委办公室、县政府办公室印发《新野县水利局职能设置、内设机构和人员编制规定》，明确水利局承担水利工程移民管理工作，下设移民与南水北调工程管理股。截至 2019 年年底，机构改革尚未到位，县水利局尚未配备移民管理工作人员；县移民局尚未启动改革，仍承担南水北调丹江口库区移民管理工作。

第十五章　人　物

为保证一渠清流北上,使南水北调丹江口库区广大移民群众安居乐业、长治久安,在移民搬迁安置过程中,河南省涌现出一大批为南水北调丹江口库区移民事业做出突出贡献的移民工作者和移民群众代表,他们舍小家、为大家,有些甚至献出了宝贵的生命。省移民安置指挥部办公室对此进行了研究总结,提炼出了“忠诚担当,大爱报国”的南水北调移民精神,作为焦裕禄精神、红旗渠精神、大别山精神的传承和发扬,鼓励各级移民干部继续干好移民工作。本章收录人物传记 15 人、简介 71 人、名录 317 人。

第一节　传　记

人物传记主要收录了 15 位为了河南省南水北调丹江口库区移民事业做出重大贡献并献出生命的代表人物,以卒年为序排列。

李春英

李春英(1954~2008 年),女,群众,南阳市淅川县上集镇魏营村人,上集镇信访办干部。2008 年 12 月,因上集镇魏营村移民对郑州市荥阳市安置点不满意,迟迟不愿签订安置确认书。已经离岗的李春英,响应镇党委、镇政府号召回村做亲戚亲属的动员工作。2008 年 12 月 12 日,李春英夫妇骑电动车在返程途中发生车祸,李春英遇难不幸去世。

2012 年 5 月,李春英被省委、省政府追授河南省南水北调丹江口库区移民迁安工作先进个人称号。

武胜才

武胜才(1960~2010 年),男,中共党员,南阳市淅川县香花镇柴沟村人。1980 年 5 月至 1987 年 10 月任柴沟村治保主任兼民兵连长,1987 年 11 月至 2009 年 10 月任柴沟村党支部书记。柴沟村地处香花镇南部偏远山区,自然条件落后,不通电、不通乡村公路,群众进出办事很难。他担任柴沟村党支部书记后,主动与县、乡领导和主管部门对接,积极争取上级资助。1988 年冬到 1989 年 12 月,他带领全村 1 200 多名群众,打通了南王营村至柴沟村 15 公里的乡村公路。1993 年 5~12 月,他白天带领群众在工地劳动,晚上又到各小组做部分群众的思想工作,最终架通了 15 公里的高低压线路。2009 年南水北调丹江口库区移民搬迁安置工作开始后，他不分昼夜地挨家挨户登门拜访，经过2个多月的努力，终于说服了群众。由于长期劳累，他先后两次晕倒在工作现场。2010年1月13日，他到几个搬迁组逐户排查问题，做群众思想工作，一直忙到深夜才回家，由于劳累过度，与世长辞。

2010年，武胜才被中共淅川县委追认为优秀共产党员。2012年5月，被省委、省政府追授河南省南水北调丹江口库区移民迁安工作移民模范称号。

刘伍洲

刘伍洲（1958~2010年），男，中共党员，南阳市淅川县人。1988年12月参加工作，越战退伍军人，历任淅川县上集镇信访办主任、北岗管理区书记兼刘庄村支部书记。刘伍洲工作认真踏实，有魄力。2009年12月被镇党委政府任命为北岗管理区书记，任职后北岗管理区的整体工作有了很大进步，受到领导的信任和群众的好评。南水北调丹江口库区移民搬迁安置工作启动后，他分包该镇李山村移民，由于李山村群众工作基础差、工作难度大，他每天都工作到深夜，非常劳累和疲惫。2010年4月8日，刘伍洲忙碌了一天，晚上8时召集部分干部开会，不久他突感头晕，身体严重不适，被紧急送往县医院治疗，医生诊断为急性脑出血，经紧急抢救无效后逝世。

2012年5月，刘伍洲被省委、省政府追授河南省南水北调丹江口库区移民迁安工作先进个人称号。

马有志

马有志（1958~2010年），男，中共党员，南阳市淅川县马蹬镇马家村人。1978年参加工作，南水北调丹江口库区移民搬迁安置期间任县委机关党委副书记。2009年11月，第一批移民搬迁启动，51岁的马有志主动请缨，任县委办驻马蹬镇向阳村移民工作队队长，负责该村1 800多人的搬迁工作。马有志每天在村中向移民群众宣讲南水北调的重大意义和国家政策，饿了就泡桶方便面，困了就在车上打个盹，一犯病，服几片药，马上投入工作。最忙的一天，他召开了8次党员小组会议，研究解决工作中的各种问题。2010年4月16日下午，连续忙了几天几夜的马有志又乘车赶往他分包的移民村，由于过度劳累，突发疾病，当晚9时40分，因抢救无效逝世。

2012年5月，马有志被省委、省政府追授河南省南水北调丹江口库区移民迁安工作先进个人称号。

郭保庚

郭保庚（1957~2010年），男，中共党员，南阳市人。1988年从部队转业到南阳电视台，先后担任记者、副主任、主任职务。在20余年的电视从业历程中，他先后参与了300多余场次的电视直播活动，拍摄制作的30余部新闻作品在全国、全省获奖。2009年以后，他所在的外宣部相继承担了第七届全国农运会、南水北调丹江口库区移民搬迁安置等重点工程的资料拍摄和宣传片制作任务，他和年轻同志一道，深入一线采访拍摄，经常通宵达旦地加班加点。2010年8月7日，为配合全市抗洪救灾和灾后重建宣传，同时收集南水北调移民搬迁有关资料,郭保庚驾车200多公里,冒着酷暑,到淅川县部分移民乡(镇)采访电力保畅通等工作。当日中午他感觉身体不适,下午仍坚持工作在拍摄现场,由于过度劳累,晚上返回淅川县城后,心脏病突然发作逝世。

2012年5月,郭保庚被省委、省政府追授河南省南水北调丹江口库区移民迁安工作先进个人称号。

金存泽

金存泽(1955~2010年),男,中共党员,南阳市淅川县滔河乡金营村人。1978年12月参加工作,先后在滔河乡土地管理所、村镇发展服务中心工作。在土地管理所工作期间,金存泽严格按照国家土地管理法律法规办事;在村镇发展服务中心工作期间,积极做好乡村建设规划,依据规划做好各项为民服务工作。南水北调丹江口库区移民搬迁安置工作开始后,他不顾患有高血压、心脏病,主动包户做工作,协助移民搬迁,多次召集村组干部,深入移民户家中开展动员,宣讲移民政策,解释工作要求。2010年9月17日清晨,他走出家门,前往严湾村解决移民矛盾纠纷,途中突发脑出血,不治而逝。

2009年、2010年金存泽被淅川县滔河乡党委政府评为移民工作先进个人。2012年5月,被省委、省政府追授河南省南水北调丹江口库区移民迁安工作先进个人称号。

马保庆

马保庆(1953~2010年),男,群众,南阳市淅川县香花镇土门村人。因聪明好学,1971年被土门大队推荐到林场工作,1975年经大队推选、公社考核进入淅川县电灌局县大队工作,1977年调任电灌局汤山水泥厂技术指导员,1985年因家庭原因辞职回乡务农。2009年被选为土门村移民代表,任该村移民工地组小组长。在土门村生活生产期间,他积极为群众办实事、办好事,经常帮助村民收庄稼、下粉条、运输蜂箱等,并充分发挥从事水泥生产多年积累的建筑施工经验,帮助周边群众建造新房、翻修房屋等。因当地农村电力不足、线路老化,他出资购买发电机一台,为群众排忧解难。2009年南水北调库区移民搬迁安置工作开始后,他积极申请并经批准,被选为移民代表,参与移民政策宣传动员、移民点考察和排查疑难问题等事务。2010年10月28日,马保庆被派往邓州市林扒镇移民安置点,负责住房建设质量监督工作。由于劳累过度,又遇冰雪天气,2010年11月19日凌晨突发脑出血,后经抢救无效,21日不幸去世。

2012年5月,马保庆被省委、省政府追授河南省南水北调丹江口库区移民迁安工作移民模范称号。

赵竹林

赵竹林(1973~2011年),男,中共党员,南阳市淅川县大石桥乡东湾村人。2009年12月,被群众推选为东湾村迁安委员会代表。在移民新村建设期间,为确保工程质量,赵竹林带领迁安委员会成员提前入住。为了加快工程进度,他吃住都在工地,起早贪黑对工程材料、进度等环节把关。由于劳累过度,在新村门面房封顶施工关键阶段,他突然晕倒在施工现场。经医院检查,他的血压升至180毫米汞柱以上。可第二天他又准时来到工地。为了让乡亲们住上放心房,他连续4个月没有回过一次家。2010年8月,赵竹林当选为搬迁后的南阳市宛城区高庙乡东湾村党支部书记。在麦播期间,他从9月25日忙到10月15日,每天早上3点起床,晚上10点才回家。经常是早上不吃饭,中午吃方便面喝矿泉水,有时就露宿在田间地头。那些天,为将生产用地分配到户,赵竹林挨家挨户做群众思想工作。期间,他常感到头疼、头晕、失眠,妻子多次催他去医院检查,但他都是一笑了之。2011年1月2日下午5时许,由于连续多天的忙碌和连续劳累,赵竹林倒下了,再也没有起来,年仅38岁。

2012年5月,赵竹林被省委、省政府追授河南省南水北调丹江口库区移民迁安工作移民模范称号。

陈新杰

陈新杰(1951~2011年),男,群众,南阳市淅川县香花镇白龙沟村人,任该村乌龙泉组组长。他为人忠厚、责任心强,几十年来一直担任组长。南水北调丹江口库区移民搬迁安置工作启动后,陈新杰积极参与各项工作,被大家推选为移民迁安组织代表。在得知本组要远迁移民后,陈新杰夜以继日挨家挨户地做群众思想工作,并带头动员本家家族人员签协议、扒房屋,以实际行动带领群众主动搬迁。在移民新村建设过程中,他长期驻守在移民安置地邓州市彭桥镇,忙于移民房屋建设、土地流转等工作。2011年6月12日,也就是在该村群众迁入新居的当晚,由于长期操劳,22时左右他感到身体不适,睡下后再也没有醒来。陈新杰为大家创造了舒适安定的新环境,而自己却没有来得及享受一天。

2012年5月,陈新杰被省委、省政府追授河南省南水北调丹江口库区移民迁安工作移民模范称号。

王玉敏

王玉敏(1955~2011年),男,中共党员,南阳市淅川县人。历任淅川县金河镇司法所干部、副所长和上集镇司法所副所长。2008年南水北调丹江口库区移民搬迁安置工作启动,王玉敏开始到上集镇13个移民村入户宣传移民政策,化解矛盾纠纷。2008年7月,王玉敏的妻子已是肺癌晚期,她希望丈夫能够在家里陪陪她,可是王玉敏仍然骑着他破旧的自行车,白天黑夜地在移民村做思想工作。7月20日,他妻子在家中病逝,而王玉敏正在魏营移民村解决纠纷。他患有严重肺气肿,工作期间身上经常装着一毛钱一包的止疼粉,疼了就吃一包。2011年6月16日,是淅川县上集镇白石崖村移民搬迁装车的日子,凌晨3点多,王玉敏骑着自行车,赶到了20公里外的移民村。中午,气温高达40摄氏度,浑身浮肿的他流着汗水,帮助移民群众抬家具、搬木头、扛粮食,一直忙到下午3点才吃上饭,手抖得连菜都夹不住。第2天早上4点多,他又骑着自行车来到移民搬迁现场。同事劝他休息,他也不听。6月21日,人们进入他家时,发现他仰面躺在地上,身体已经僵硬。去世时,他借住在亲戚家,外面欠着10万元的债。尽管生活如此艰难,但他没有伸手向单位要过一分钱,没有向大家诉过一句苦。

2012年5月，王玉敏被省委、省政府追授河南省南水北调丹江口库区移民迁安工作先进个人称号。

韦华峰

韦华峰（1975~2011年），男，群众，南阳市淅川县上集镇韦岭村人。1985年开始担任韦岭组组长。他任职期间带领组村民发展种植产业，起到了带头致富的良好作用，在村两委干部安排工作中，积极配合，一直都得到了村两委干部和组村民的信任。在移民搬迁中，他积极配合上集镇要求，协调村组移民工作，挨家挨户安抚移民存在的各种情绪，不断帮助和解决移民提出的各种问题。2011年6月，他连续帮助移民搬家，因过度操心、劳累，在移民搬迁中不幸离世。

2012年5月，韦华峰被省委、省政府追授河南省南水北调丹江口库区移民迁安工作移民模范称号。

范恒玉

范恒玉（1950~2011年），曾用名范恒雨，男，中共党员，南阳市淅川县九重镇人。历任九重镇桦栎扒村文书、主任、支部书记、第一支部书记。作为长期生活在桦栎扒村的基层干部，范恒玉既有与广大移民一样的故土难离的情结，又深知搬迁对本村发展的重大意义。在该村移民搬迁安置工作中，他团结带领村干部忍辱负重，协调解决各种矛盾纠纷。为化解部分移民的不满情绪，他经常是在做好自己亲戚工作之后，再找情绪比较激烈的移民座谈。他说，人要算“活账”，不能算“死账”，他与移民算建房账，算交通账，算发展账，耐心帮助他们提高认识。在2个多月的宅基地分户工作中，他晚上12点以前基本上都在移民户中走访座谈，倾听移民心声，收集移民意见，酝酿分户方案。他制订的方案得到了绝大多数移民的坚决支持，同时耐心做个别移民的思想工作，最终使宅基地分户工作顺利完成。2011年1月2日早晨，范恒玉冒雪在移民安置点处理房屋建设和其他矛盾纠纷，由于劳累过度，昏倒在移民安置工地上。邓州市人民医院诊断为脑颅出血。同年7月，范恒玉经医治无效逝世。

2012年5月，范恒玉被省委、省政府追授河南省南水北调丹江口库区移民迁安工作移民模范称号。

谢少郁

谢少郁（1963~2012年），男，中共党员，许昌市鄢陵县人。1984年分配到许昌地区公安处工作。1986年调入漯河市公安局，先后任办公室科员、副主任、主任、副局长等职务。2012年1月26日晚上8时多，漯河市郾城区商桥镇申明铺村一移民群众驾驶三轮摩托车，在107国道由南向北行驶时，与一辆发生故障停车待修的拖拉机发生追尾事故，造成1人当场死亡、2人重伤、1人轻伤的重大交通事故。得知消息后，谢少郁很快赶到现场处置。当日深夜，他还在为此事的处理奔波不止。第二天，也就是大年初五，谢少郁又赶到事发现场，安抚死伤者家属。当天下午5时25分，48岁的他突然倒在地上不省人事，虽经全力抢救，终因猝发心脏病不幸殉职。

谢少郁先后荣获全省优秀人民警察、漯河市“五一劳动奖章”等称号,多次荣立个人二、三等功。2012 年 5 月,被省委、省政府追授河南省南水北调丹江口库区移民迁安工作先进个人称号。

张巧新

张巧新(1954~2012 年),女,中共党员,濮阳市南乐县人。1976 年 10 月参加工作,历任郑州市水利局总会计师、副调研员、调研员等职务。张巧新为人公道正派,锐意进取,资金管理工作扎实。在工作中,她不仅及时对各县(市、区)南水北调办财务管理和移民专项资金运行情况进行全面监督指导,还主动邀请市纪检监察部门对全市南水北调和移民系统开展廉政效能监督检查,确保了郑州市南水北调及移民各项资金规范有序,安全可靠。2012 年 10 月 25 日,张巧新在赴中牟县参加全省南水北调丹江口库区移民安置县级自验资金座谈会返回途中,发生车祸,因公去世。

2012 年 4 月,张巧新被中共郑州市委、郑州市人民政府授予南水北调丹江口库区移民安置工作先进个人称号。

陈廷江

陈廷江(1957~2014 年),男,中共党员,南阳市淅川县盛湾镇陈营村人。陈廷江 1982 年担任陈营村党支部书记,1993~2010 年为照顾淅川县城的家庭和生意,他 3 次辞职又 3 次当选。由于部分移民不能接受安置地的生活方式,不愿意接受分配的土地,群众多次到省、市、县各级上访。为使该村移民长治久安,唐河县湖阳镇干部邀请陈廷江继续担任村党支部书记,但遭到了其家人的激烈反对。陈廷江最终决定履行自己作为一名共产党员的义务,第 4 次回陈营村并满票当选村支部书记。之后,他带领两委班子协调解决矛盾纠纷,带领移民创办养殖场、发展地毯纺织,发动移民到周边企业就业,使陈营村完成了从“乱”到“稳”,从“稳”到“富”的转变。凡事总是先为群众着想,宁肯自己吃亏不能让群众吃亏,成了陈廷江多年的习惯。2014 年 8 月 18 日陈廷江因病去世。

2012 年 5 月,陈廷江被省委、省政府授予河南省南水北调丹江口库区移民迁安工作移民模范称号。2014 年,被省委宣传部、省委组织部、省民政厅等单位联合评为 2014 年河南最美村官,并被南阳市委授予学习弘扬焦裕禄精神十佳村(社区)党支部书记等荣誉称号。

第二节 简 介

人物简介所选人物为从事河南省南水北调丹江口库区移民工作期间荣获省部级以上表彰及荣立功勋的移民工作人员代表,共计 71 人。人物简介先按省直有关单位、郑州市、平顶山市、新乡市、许昌市、漯河市、南阳市、邓州市排列,在各单位(行政区)内再按生年为序排列。

杨俊法

杨俊法，男，生于1960年9月，中共党员，本科学历，许昌市禹州市人。2009年9月至2014年从省信访局接访处抽调到省移民安置指挥部办公室任副主任兼稳定组副组长，负责移民安置稳定和政策解释工作。由于省委、省政府提出移民安置“四年任务、两年完成”的目标，时间紧，任务重，各地难免出现一些移民群众反映强烈的热点难点问题，他带领稳定组积极配合有关部门和市、县、乡做好移民搬迁安置工作，协调解决了大批移民群众反映的问题，及时处理了一批侵害移民群众利益和违犯移民政策的人和事，另外他还组织制定了移民赴京到省上访考核办法等规章制度，对移民安置区社会稳定做出了突出贡献。2010年10月，被省委、省政府授予河南省南水北调丹江口库区第一批移民迁安工作先进个人称号。2012年荣获省直优秀共产党员称号。2012年5月，被省委、省政府荣记河南省南水北调丹江口库区移民迁安工作一等功。

董建华

董建华，男，生于1962年10月，中共党员，本科学历，洛阳市偃师市人。1979年10月入伍，历任学员、干事、政治指导员、秘书等职，先后荣立三等功3次；1997年转业到河南省劳动保障厅工作，历任副主任科员、主任科员、副主任、调研员等职务。2009年9月至2012年9月，被省人力资源社会保障厅选派到厅移民迁安包县工作组工作。在3年的南水北调丹江口库区移民安置工作中，他围绕省委、省政府提出的“四年任务、两年完成”的目标，突出部门职能优势，整合政策资源，在全省25个移民安置县（市、区）实施“送技能培训、送就业岗位、送社会保障、送发展项目”为主要内容的移民民生工程，为河南省丹江口库区移民安置工作顺利完成做出了突出贡献。2010年6月，被国务院南水北调办评为南水北调工程丹江口库区移民试点和干线征迁工作先进个人。2012年5月，被省委、省政府授予河南省南水北调丹江口库区移民迁安工作先进个人称号。

朱明献

朱明献，男，生于1965年2月，中共党员，本科学历，新乡市长垣县人。1987年7月到省移民办参加工作，历任科长、副处长、调研员、处长及省移民安置指挥部办公室综合组副组长等职务。在丹江口库区移民安置工作中，他克服时间紧任务重等困难，组织制订了移民安置规划、实施方案及配套政策等，规范了移民工作；组织有关市县多次反映和呼吁，争取国家解决了移民建房困难补助、生产安置增补等问题；他加班加点，带领省移民安置指挥部办公室业务骨干研究解决了规划、安置和搬迁中的诸多重大问题，为河南省丹江口库区移民安置工作“四年任务、两年完成”做出了突出贡献，被同事们称为“铁人”。1997年荣获省政府先进工作者称号。2010年先后荣获国务院南水北调办和省委、省政府南水北调丹江口库区移民先进工作者称号。2012年荣获省“五一”劳动奖章，并被省委、省政府荣记河南省南水北调丹江口库区移民迁安工作一等功。2015 年荣获全国水利系统先进工作者称号。

张水潮

张水潮，男，生于 1967 年 10 月，中共党员，在职博士，许昌市鄢陵县人。1991 年 7 月参加工作，先后在省教育厅(原省教育委员会)人事、科外等处工作。2010 年 2 月至 2012 年 3 月，他响应省教育厅党组号召，作为联络员到许昌县开展南水北调移民迁安对口帮扶。工作中，他积极协助厅包县工作组正副组长，理清思路，当好参谋，较好完成了对口帮扶和移民包县工作任务；发挥督导、协调、服务职能，全力推进移民帮扶工作。尤其是在发挥教育系统优势推动移民学校建设、强化移民学校教师和校长培训、开展“一对一”帮扶学校和“手拉手”联谊学生、优先安置移民家庭学生并给予资助等方面，体现了建好学校稳民心、育好孩子留住民的正确导向，既有力推动许昌县顺利实现库区移民“平安、文明、和谐”搬迁，又为全省南水北调移民安置工作提供了良好的教育环境。2010 年 10 月，被省委、省政府授予河南省南水北调丹江口库区第一批移民迁安工作先进个人称号。2012 年荣获省直优秀共产党员称号。2012 年 5 月，被省委、省政府授予河南省南水北调丹江口库区移民迁安工作先进个人称号。

刘红生

刘红生，男，生于 1968 年 6 月，中共党员，本科学历，周口市太康县人。1988 年 8 月参加工作，历任省质监总站副站长、省城乡建筑设计院副院长、省执法监察总队执法二处处长、河南省建筑工程标准定额站书记等职务。刘红生长期从事工程建设管理和工程定额造价管理等工作，在 2008 年 7 月至 2012 年 4 月任省移民安置指挥部办公室建设组组长期间，全程参与了丹江口库区移民新村规划、设计、建设和管理工作。在移民新村工程建设工作中，克服了时间紧、任务重等困难，严格控制移民新村建设的质量和进度，完善落实质量保证体系，制定完善了检查奖惩机制，圆满地完成了移民新村建设任务，为河南省丹江口库区移民安置工作“四年任务、两年完成”做出了突出贡献。2010 年荣获省委、省政府南水北调丹江口库区移民先进工作者称号。2012 年 5 月，被省委、省政府荣记河南省南水北调丹江口库区移民迁安工作一等功。

王建民

王建民，男，生于 1962 年 2 月，中共党员，本科学历，郑州市新郑市人。南水北调丹江口库区移民搬迁安置期间任新郑市政府党组成员、南水北调办主任。从移民房屋建设初始，他就超前谋划、狠抓落实，科学界定时间节点，保证充裕的施工时间，拔高规划设计标准，按照“四位一体”工程质量监督管理体系确保工程质量。他十分重视发挥集体的力量和智慧，通过制定责任制，把责任分解到移民安置各个乡(镇)、部门，通过沟通协调监督指导,充分调动大家的积极性和主动性,形成有凝聚力、战斗力、创造力的战斗集体,较好地完成了各项移民工作任务。2012 年 5 月,被省委、省政府荣记河南省南水北调丹江口库区移民迁安工作一等功。

马锁文

马锁文,男,生于 1963 年 3 月,中共党员,硕士研究生学历,郑州市人。2007 年 12 月至 2011 年 12 月任中牟县委副书记、中牟县人民政府县长。2011 年 12 月至 2014 年 2 月任荥阳市委书记。他在中牟县工作期间,经常研究移民安置工作中的重大问题,给予有关部门大力支持,促进了中牟县 9 000 余名移民搬迁安置任务的顺利推进。在荥阳工作期间,他关心南水北调丹江口库区移民村发展问题,多次到移民村察看后期扶持项目建设。2012 年 5 月,被省委、省政府授予河南省南水北调丹江口库区移民迁安工作先进个人称号。

袁三军

袁三军,男,生于 1963 年 3 月,中共党员,本科学历,郑州市人。2008 年 10 月至 2013 年 6 月任荥阳市委副书记、荥阳市人民政府市长,兼任荥阳市南水北调工程领导小组组长。他在荥阳任职期间,全程参与领导了南水北调丹江口库区试点批、第一批、第二批移民的搬迁安置工作,经常深入移民安置点工地调研指导工作、处理问题,节日到工地慰问一线工人,在各批次移民搬迁时亲自带领搬迁车队迎接移民,移民搬迁后经常深入移民村关心移民生活和移民村的发展。2012 年 5 月,被省委、省政府授予河南省南水北调丹江口库区移民迁安工作先进个人称号。

吴耀田

吴耀田,男,生于 1963 年 9 月,中共党员,本科学历,郑州市中牟县人。1981 年 7 月参加工作,1998 年 10 月至 2014 年 3 月,历任郑州市水利工程局局长、水利局副局长、南水北调办常务副主任、南水北调办主任。在移民搬迁安置期间,深入思考全市移民安置工作中的各种问题,相继研究、制订了多项举措,有力地促进了郑州市移民安置工作的顺利进展,确保了各项目标任务的按时完成。2010 年 10 月,被省委、省政府授予河南省南水北调丹江口库区第一批移民迁安工作先进个人称号。2012 年 5 月,被省委、省政府授予河南省南水北调丹江口库区移民迁安工作先进个人称号。

黄刘建

黄刘建,男,生于 1964 年 7 月,中共党员,本科学历,开封市尉氏县人。南水北调丹江口库区移民搬迁安置期间任中牟县水务局局长。中牟县安置的移民较多,任务较重。黄刘建利用协调能力强的特点,帮助协调、解决了工作中遇到的一些重大困难和问题,并向县委、县政府争取了必要的支持。在移民搬迁工作中,他随同县有关领导亲赴淅川县迎接移民，指挥、组织搬迁，对推动移民安置工作做出了一定的贡献。2012 年 5 月，被省委、省政府授予河南省南水北调丹江口库区移民迁安工作先进个人称号。

刘玉钊

刘玉钊，男，生于 1965 年 10 月，中共党员，硕士研究生学历，郑州市登封市人。1987 年 8 月参加工作。2005 年 5 月至 2013 年 9 月，先后任郑州市南水北调办公室（郑州市移民局）副主任（副局长）、党支部书记。2017 年 10 月任郑州市水务局副局长。在市南水北调办工作期间分管移民安置工作，带领干部深入一线，掌握第一手资料，对于出现的棘手问题能够迅速理清思路，研究制定有关措施，协调解决了大量实际难题，扫清了很多障碍，确保了移民安置工作的顺利实施。积极为移民争取政策，不折不扣地落实移民政策，维护群众的合法权益，为移民安置工作和社会稳定做出了突出贡献。2010 年 10 月，被省委、省政府授予河南省南水北调丹江口库区第一批移民迁安工作先进个人称号。2012 年 5 月，被省委、省政府授予河南省南水北调丹江口库区移民迁安工作先进个人称号。

张新杰

张新杰，男，生于 1965 年 11 月，中共党员，本科学历，郑州市中牟县人。南水北调丹江口库区移民搬迁安置期间，先后任中牟县水务局党委副书记、移民局局长、南水北调办主任。在移民搬迁安置工作中，他与移民局全体干部职工一起，没有节假日，一方面忙移民新村建设，一方面忙移民搬迁后的稳定和发展，经常吃住在工地，有时昼夜在移民村工作。中牟县数次被国务院南水北调办和河南省委、省政府授予移民迁安工作先进单位称号。2012 年 5 月，被省委、省政府授予河南省南水北调丹江口库区移民迁安工作先进个人称号。

滕飞

滕飞，男，生于 1967 年 2 月，中共党员，硕士研究生学历，漯河市临颍县人。2009 年 3 月至 2011 年 5 月任中共荥阳市委常委、荥阳市人民政府副市长。他在分管南水北调丹江口库区移民工作后，组织带领有关干部，认真做好移民安置对接；在安置点建设中，他代表市移民安置指挥部定期到各安置点召开工作例会，对工程施工进行具体的安排督导；在移民搬迁中，他亲自带领车队到库区迎接移民；在移民搬迁后的后期扶持工作中，关心支持移民村后扶项目建设，在南水北调移民安置工作中做出了重要贡献。2012 年 5 月，被省委、省政府荣记河南省南水北调丹江口库区移民迁安工作一等功。

张舒春

张舒春，男，生于 1971 年 3 月，中共党员，大专学历，郑州市荥阳市人。1990 年 8 月参加工作。2010 年 4 月至 2019 年 2 月，任荥阳市移民局局长、书记。2019 年 4 月，任荥阳市水利局副局长。在南水北调中线丹江口库区移民安置工作中，他组织人员拟定移民搬迁方案，对搬迁中的各项工作进行了周密安排。搬迁前带领荥阳市移民局干部赶赴淅川，与安置地乡（镇）工作组一起入驻迁出村，了解移民群众的想法和建议，认真做好搬迁人数确定、车辆安排、行程路线确定、搬迁中移民生活安排、移民搬迁迎接等事项的对接和最终核定工作，保障了搬迁工作的顺利进行。2012 年 4 月，荣获郑州市南水北调丹江口库区移民安置工作先进个人称号。2012 年 5 月，被省委、省政府荣记河南省南水北调丹江口库区移民迁安工作一等功。

徐相锋

徐相锋，男，生于 1971 年 4 月，中共党员，本科学历，濮阳市清丰县人。1993 年 7 月参加工作；2008 年 11 月至 2011 年 5 月，任中牟县委常委、组织部部长，分管移民安置工作。在中牟县移民安置工作开展伊始他就担任了县移民安置指挥部副指挥长，2008 年他带领相关人员南下淅川，顺利完成试点对接，与淅川县结为友好县。在新村建设中，他亲临施工一线，并建议县委办、县政府办成立督察组，对工程建设情况进行督察通报，严抓工程建设质量和进度。2010 年 6 月，被国务院南水北调办评为南水北调工程丹江口库区移民试点和干线征迁工作先进个人。2012 年 5 月，被省委、省政府授予河南省南水北调丹江口库区移民迁安工作先进个人称号。

景建国

景建国，男，生于 1973 年 9 月，中共党员，本科学历，郑州市登封市人。1995 年 5 月参加工作，2005 年 5 月至 2019 年在郑州市南水北调办（市移民局）、市南水北调工程运行保障中心（市水利工程移民服务中心）工作，历任移民处处长、综合处处长、四级调研员。他多次赴库区统计搬迁人员、财产数量、特殊人群等，建立一对一服务机制；到安置县（市）督导安置房屋建设进度、质量等，实行工作联系人制度，帮助移民群众关系结转、转岗就业、土地分配、子女上学等工作，协调解决迁安过程中存在的问题 100 多件。移民搬迁后，拟定了《郑州市南水北调丹江口库区移民稳定发展的实施方案》，推动 22 个移民村形成了“一村一品”的产业发展格局。2010 年被国务院南水北调办评为移民安置工作先进个人。2012 年被郑州市委、市政府评为南水北调移民安置工作先进个人。2012 年 5 月，被省委、省政府荣记河南省南水北调丹江口库区移民迁安工作一等功。

邢延松

邢延松，男，生于 1953 年 8 月，中共党员，大专学历，平顶山市郏县人。1975 年 11 月参加工作。2007 年 2 月担任郏县人民政府正县级干部，分管农业、水利、移民等部门。长期分管水库移民工作，在南水北调移民安置工作中，他优中选优把全县耕地条件最好、交通最为便利、发展潜力最大的原县农场作为移民新村安置点。他带头实行“五加二”“白加黑”工作法，几乎没有过一个星期天和节假日，生病后仍带病工作，在新村工地边打针边召开工作会议。新村建设后期吃住在工地,家属生病住院也无法陪护。2012 年 5 月,被省委、省政府授予河南省南水北调丹江口库区移民迁安工作先进个人称号。

李庆铎

李庆铎,男,生于 1957 年 12 月,中共党员,大专学历,平顶山市宝丰县人。1977 年参加工作,2008 年调入平顶山市移民办工作,任副调研员。李庆铎经常深入移民区和移民群众调查研究,了解移民群众的疾苦和呼声,为移民排忧解难。移民搬迁前,多次带队深入移民村挨家挨户走访,摸清病残老幼孕情况,反复勘线,细化方案,完善保障措施,最终实现了“不亡、不伤、不掉、不漏一人”零事故搬迁目标。2010 年 6 月,被国务院南水北调办评为南水北调工程丹江口库区移民试点和干线征迁工作先进个人。2010 年 10 月,被省委、省政府授予河南省南水北调丹江口库区第一批移民迁安工作先进个人称号。2012 年 5 月,被省委、省政府授予河南省南水北调丹江口库区移民迁安工作先进个人称号。

世利平

世利平,男,生于 1962 年 3 月,中共党员,本科学历,许昌市襄城县人。1980 年 12 月参加工作,南水北调丹江口库区移民安置期间任舞钢市人民政府副市长。作为分管移民安置工作的市领导,对于移民新村的规划建设、移民搬迁、后续稳定及发展等方面都全程参与,亲力亲为,倾注了大量心血,做出了突出贡献。2010 年 8 月,历时 8 个月,经过上下共同努力,淅川县盛湾镇姚营村移民 1 400 余人全部安全、顺利地搬迁至新村。2010 年 10 月,被省委、省政府授予河南省南水北调丹江口库区第一批移民迁安工作先进个人称号。2012 年 5 月,被省委、省政府授予河南省南水北调丹江口库区移民迁安工作先进个人称号。

夏应顺

夏应顺,男,生于 1962 年 12 月,中共党员,本科学历,平顶山市石龙区人。1987 年 7 月参加工作。2009 年 7 月至 2015 年 5 月任平顶山市移民安置局局长。他具有强烈的事业心、责任感,坚持“五加二”“白加黑”工作法,日夜奔波在工作第一线。能创造性地开展工作,以人为本,善于做思想工作,深入基层,了解基层干部和移民群众的疾苦,积极协调解决移民工作中的重点和难点,得到广大基层干部群众的支持,使平顶山的移民安置工作始终走在全省前列。平顶山市数次被省委、省政府评为南水北调丹江口水库移民安置工作先进市。2012 年 5 月,被省委、省政府荣记河南省南水北调丹江口库区移民迁安工作一等功。

王铁周

王铁周,男,生于 1963 年 10 月,中共党员,本科学历,开封市尉氏县人。1984 年参加工作,1999 年 8 月任平顶山市移民安置办副主任,2011 年 12 月任平顶山市移民安置局副局长,2019 年 9 月任平顶山市南水北调工程运行保障中心副主任。他全程参与了平顶山市南水北调丹江口库区移民迁安工作,勇挑重担,深入基层,深入一线,帮助解决了移民安置中的一个个难题,与移民群众打成一片,耐心做移民思想工作,解开了移民的一个个心结,为平顶山市圆满完成丹江口库区移民安置任务做出了应有的贡献,受到移民群众的赞扬和组织的肯定。2010 年 10 月,被省委、省政府授予河南省南水北调丹江口库区第一批移民迁安工作先进个人称号。2011 年被评为全国水库移民后期扶持工作先进工作者,荣记市政府二等功。2012 年 5 月,被省委、省政府授予河南省南水北调丹江口库区移民迁安工作先进个人称号。

荆建刚

荆建刚,男,生于 1966 年 9 月,中共党员,博士研究生学历,平顶山市郏县人。2008 年 10 月任中共鲁山县委书记。2009 年 9 月鲁山县南水北调丹江口库区移民迁安工作正式启动,任县南水北调丹江口库区移民安置指挥部政委,全程参与、组织、决策移民安置工作。特别是在鲁山县安置工作起点晚、任务重的情况下,组织县移民安置指挥部各成员单位,同心协力、攻坚克难,圆满完成了搬迁安置任务。2012 年 5 月,被省委、省政府授予河南省南水北调丹江口库区移民迁安工作先进个人称号。

谢水池

谢水池,男,生于 1966 年 10 月,中共党员,本科学历,平顶山市宝丰县人。1987 年参加工作,2004~2017 年 10 月历任宝丰县水利移民安置办主任、移民安置局局长兼南水北调办主任,2017 年 11 月至 2019 年 3 月任宝丰县水利局局长。他全程参与组织宝丰县三个南水北调丹江口库区移民村的规划、建设、搬迁和后期帮扶工作,开创性地开展各项工作,取得了显著成效。全省多次在宝丰县召开现场会,宝丰县也多次被省委、省政府评为南水北调丹江口库区移民安置工作先进县。2010 年 6 月,被国务院南水北调办评为南水北调工程丹江口库区移民试点和干线征迁工作先进个人。2010 年 10 月,被省委、省政府授予河南省南水北调丹江口库区第一批移民迁安工作先进个人称号。2012 年 5 月,被省委、省政府授予河南省南水北调丹江口库区移民迁安工作先进个人称号。

周国召

周国召,男,生于 1968 年 7 月,中共党员,本科学历,平顶山舞钢市人。1989 年 7 月参加工作。2006 年 6 月至 2019 年任舞钢市移民办(局)、市移民安置服务中心党组书记、主任(局长)。在移民新村建设和移民搬迁安置过程中,周国召全程参与,带领机关全体干部职工牺牲周末和节假日,加班加点工作。他长期劳累,曾因眼部患病住院一个多月,也没耽误白天工作,等晚上处理完全部工作后才拖着疲惫的身体到医院打点滴,终于顺利完成移民搬迁安置任务。2010 年 10 月,被省委、省政府授予河南省南水北调丹江口库区第一批移民迁安工作先进个人称号。2012年5月,被省委、省政府授予河南省南水北调丹江口库区移民迁安工作先进个人称号。

龚琳

龚琳,男,生于1972年1月,中共党员,本科学历,平顶山市郏县人。1991年参加工作,2006~2014年任郏县移民局局长。他具有很强的协调能力,能创造性地开展工作。他善于做思想工作,注重和移民沟通交流,创造一种和谐的环境和气氛,使工作得以顺利开展。他提出“移民满意是我们的工作目标”的工作原则和“组织周密化、管理军事化、施工标准化、帮扶亲情化、工程廉政化”的工作模式,坚持高标准规划建设移民新村,对移民代表在生活上给予关心照顾,使郏县的移民安置工作始终走在全省全列。2012年5月,被省委、省政府授予河南省南水北调丹江口库区移民迁安工作先进个人称号。

汪庆平

汪庆平,男,生于1959年11月,中共党员,大专学历,新乡市获嘉县人。1978年8月参加工作。2008年3月至2012年3月任辉县市委常委、宣传部部长。他分管南水北调移民安置工作期间,经常到新村建设工地,研究推动工作,协调解决问题。他会同移民管理机构和乡(镇),提出了社区化安置移民的新思路,引导移民入住大型社区,丰富了移民安置方式。在他和同事们的严格监管和努力下,辉县市移民新村建设质量一直处于全省前列,4600余名移民安全搬迁,按照时间节点提前完成各阶段移民工作任务。2012年5月,被省委、省政府荣记河南省南水北调丹江口库区移民迁安工作一等功。

郭其松

郭其松,男,生于1960年2月,中共党员,大专学历,新乡市获嘉县人。1978年7月参加工作。2010年2月至2016年7月任获嘉县移民办主任。他具有强烈的事业心、责任感,日夜奔波在工作第一线,能创造性地开展工作,以人为本,善于做思想工作,深入基层,了解基层干部和移民群众的疾苦,积极协调解决移民工作中的重点和难点,得到广大基层干部群众的支持,使获嘉县的移民安置工作始终走在全省前列。获嘉县先后两次被省委、省政府评为南水北调丹江口水库移民迁安工作先进县。2012年5月,被省委、省政府授予河南省南水北调丹江口库区移民迁安工作先进个人称号。

陈刚

陈刚,男,生于1962年3月,中共党员,本科学历,湖北省枣阳市人。1982年10月参加工作,2005年8月至2019年先后任新乡市农办移民秘书科科长、移民工作领导小组办公室综合科科长、市南水北调工程运行保障中心副调研员。在移民安置过程中,他团结带领本科室人员深入各移民安置点调研90余次,起草各类公文材料20余万字,刊发宣传稿件70余篇,受到了广大移民干部群众的赞扬。2010年10月,被省委、省政府授予河南省南水北调丹江口库区第一批移民迁安工作先进个人称号。2012 年 5 月,被省委、省政府授予河南省南水北调丹江口库区移民迁安工作先进个人称号。

贺海晨

贺海晨,男,生于 1962 年 10 月,中共党员,本科学历,新乡市获嘉县人。1975 年 3 月参加工作,2010 年 1 月至 2012 年 3 月任新乡市移民工作领导小组办公室党组书记、主任。在移民安置过程中,他统筹兼顾,突出重点,强化措施,狠抓落实,保证了移民安置工作的顺利开展;在他的组织下,全市移民安置点建设工作走在全省先进行列,移民搬迁工作在全省率先完成,新乡市数次被省委、省政府评为南水北调丹江口水库移民安置工作先进市。2012 年 5 月,被省委、省政府荣记河南省南水北调丹江口库区移民迁安工作一等功。

刘文喜

刘文喜,男,生于 1970 年 10 月,中共党员,大专学历,新乡市延津县人。1992 年 3 月参加工作,2009~2019 年先后任延津县农开办纪检组长、副主任及延津县水利局副主任科员,一直从事丹江口库区移民安置工作。移民新村建设期间,他坚守在第一线,亲自协调全县 5 个移民安置点的规划选址、三通一平、新村建设等工作;在移民搬迁过程中,先后 6 次到淅川县组织移民搬迁;搬迁后,他到移民村走访,协调解决移民群众反映的困难和问题,确保了延津县移民村社会大局稳定。2012 年 5 月,被省委、省政府授予河南省南水北调丹江口库区移民迁安工作先进个人称号。

衡秀珂

衡秀珂,女,生于 1981 年 1 月,中共党员,本科学历,新乡市封丘县人。2000 年 7 月参加工作。2010 年 2 月至 2018 年 5 月任封丘县移民办财务科科长。她在资金管控方面严格按照有关财经法规的规定,认真执行资金管理办法,紧密联系业务部门,实现业财一体化。资金运营方面,她认真研读移民安置规划,确保资金安全、高效、透明化运作。资金监管方面,加强对移民资金全过程的监管,做到横向到边,纵向到底。资金流向哪里,监管跟踪到哪里。2012 年 5 月,被省委、省政府授予河南省南水北调丹江口库区移民迁安工作先进个人称号。同年 12 月,被国务院南水北调办授予南水北调系统资金管理工作先进个人称号。

范晓鹏

范晓鹏,男,生于 1962 年 10 月,中共党员,本科学历,许昌市长葛市人。1984 年参加工作。2009 年 11 月至 2019 年 10 月任许昌市南水北调办、市南水北调工程运行保障中心分管移民工作的副主任。自 2009 年接手移民工作后,他经常深入一线,与移民交心谈心,为他们谋发展想出路。尤其是在移民新村建设时期,每周都要多次带领督察组,对各县(市)移民新村建设进度、质量、安全生产等各方面进行督察,对许昌市按时高质量高标准完成新村建设起到了推动作用。2010年10月,被省委、省政府授予河南省南水北调丹江口库区第一批移民迁安工作先进个人称号。2012年5月,被省委、省政府授予河南省南水北调丹江口库区移民迁安工作先进个人称号。

李国林

李国林,男,生于1963年9月,中共党员,本科学历,漯河市郾城区人。1981年8月参加工作,2005年调入许昌市南水北调办任财务科科长,2009年11月至2019年任市南水北调办、市南水北调工程运行保障中心分管财务管理工作的副主任、三级调研员。在工作中强化财务管理,及时了解移民项目工程进展情况,掌握第一手资料,严格执行移民安置计划,规范移民工程项目实施程序,对移民资金流程进行全过程跟踪监督,发现问题,及时纠正,确保资金发挥最大效益,保障了南水北调资金安全、规范、高效运行。分管的财务科2012年被国务院南水北调办公室评为南水北调系统资金管理工作先进单位。2012年5月,被省委、省政府荣记河南省南水北调丹江口库区移民迁安工作一等功。

胡吉星

胡吉星,男,生于1963年10月,中共党员,大专学历,许昌市长葛市人。历任增福庙乡乡长、党委书记,长葛市人民政府党组成员、副县级领导干部等职务。自负责移民迁安工作以来,始终坚持"移民工作无小事、移民利益大于天"的理念,不畏艰难、敢于担当,一心扑在移民工作上。由于种种原因,长葛市移民安置存在着进度滞后、生产用地调整困难等情况。特别是在第二批移民安置工作中,又出现了因建材涨价、建房资金不足影响施工进度等问题,他亲临一线现场指挥,多方奔走协调,使一个个难题迎刃而解,最终如期完成了移民迁安工作。2012年5月,被省委、省政府授予河南省南水北调丹江口库区移民迁安工作先进个人称号。

赵连恩

赵连恩,男,生于1963年12月,中共党员,本科学历,许昌市建安区人。1982年8月至2008年5月在水利局工作。2009年5月至2019年先后任移民办副主任、主任科员。赵连恩在移民迁安工作中,始终坚持"真情换真心,移民先移心"的理念,长期在迁安两地宣传移民搬迁政策,引导两地群众支持国家移民事业。移民村建设期间,他坚守在施工一线,巡查质量,督促进度,规划的4个移民村都如期完成了建设任务。移民搬迁后,他患上眼疾,仍然穿梭在各移民村中,及时了解他们的心声,设身处地地帮助移民解决实际问题。2012年5月,被省委、省政府荣记河南省南水北调丹江口库区移民迁安工作一等功。

田中央

田中央,男,生于1964年1月,中共党员,大专学历,许昌市建安区人。1985年7月参加工作。2005年1月至2015年11月,在许昌市南水北调办工作,历任计划建设科科长、总工程师。2008年至2011年10月从事南水北调丹江口库区移民安置工作,他指导县(市)全力抓好新村工程建设。移民搬迁后,他组织制订切实可行的帮扶方案,积极落实省、市移民村帮扶政策,整合支农项目资金,把移民新村建成新农村的示范村。同时,对于移民反映的信访上访问题,他认真调查研究,妥善处理。2012年5月,被省委、省政府授予河南省南水北调丹江口库区移民迁安工作先进个人称号。

魏战标

魏战标,男,生于1964年3月,中共党员,本科学历,许昌市襄城县人。1983年参加工作,2009年11月任襄城县移民办主任,2016年调县水利局。魏战标任职移民办主任后,不到一周时间,他学习了国家、省有关南水北调移民安置的政策法规,为今后的工作打下了坚实的基础。他始终坚持"以人为本,以移民群众为本"的工作思路,带领襄城县移民办20名工作人员,奋斗在移民搬迁安置工作的第一线,圆满完成了移民搬迁安置任务。2010年10月,被省委、省政府授予河南省南水北调丹江口库区第一批移民迁安工作先进个人称号。2012年5月,被省委、省政府授予河南省南水北调丹江口库区移民迁安工作先进个人称号。

吴志强

吴志强,男,生于1965年10月,中共党员,本科学历,许昌市长葛市人。1988年参加工作,历任长葛市商务局整顿办主任、水利局党委书记、南水北调办主任等职务。2010年4月,在移民新村房屋建设落后的情况下,他接任办公室主任。一直吃住在张营移民新村临时指挥部,现场解决实际问题。在短期内很快进入工作状态,由外行变内行。他吃透了上级的文件精神和方针政策,在工程建设时间节点、用地征迁、资金使用等方面及时出台指导性文件,并亲自到乡(镇)提出意见,为基层出谋划策,使各项工作不走弯路,让各项政策不折不扣地落到实处。2012年5月,被省委、省政府荣记河南省南水北调丹江口库区移民迁安工作一等功。

常子厚

常子厚,男,生于1965年10月,中共党员,大专学历,许昌市襄城县人。1987年参加工作。2009~2019年,任襄城县南水北调办和移民办副主任。在南水北调丹江口库区移民搬迁工作中,带领同志们吃住在工地,几乎没有过一个完整的节假日,为新村建设又好又快完成,曾先后60多次到淅川县滔河乡与乡、村代表协商,对存在的问题反复协调,求大同存小异,和移民群众从"谈判对手"变成了"铁哥们儿",为移民搬迁安置工作圆满完成做出了突出贡献。2010年10月，被省委、省政府授予河南省南水北调丹江口库区第一批移民迁安工作先进个人称号。2012年5月，被省委、省政府荣记河南省南水北调丹江口库区移民迁安工作一等功。

朱东峰

朱东峰，男，生于1969年10月，中共党员，本科学历，许昌市建安区人。1995年5月参加工作，2008年11月至2015年7月任榆林乡党委书记参与移民工作。任榆林乡党委书记期间，按照“搬得出、稳得住、能发展、可致富”的工作思路，结合全乡开展的“创先争优”活动和“强两基、重民生、转方式、促发展”活动，组织全乡机关干部情系移民，心系群众，驻移民村开展各项帮扶工作，圆满完成了姬家营移民村搬迁安置任务，逐步理顺了干群关系，理清了发展思路，移民群众生活水平日益提升。2012年5月，被省委、省政府授予河南省南水北调丹江口库区移民迁安工作先进个人称号。

颜富营

颜富营，男，生于1970年7月，中共党员，本科学历，许昌市建安区人。1996年1月参加工作。2008年1月至2016年9月担任许昌县移民办主任。移民安置期间，他带头吃住在土地，监督工作进度、协调处理新村建设的问题。移民搬迁安置工作结束后，他不断协调农业、人劳等部门，为移民群众请专家，办培训，找工作，谋发展，为实现省委、省政府提出的“搬得出、稳得住、能发展、可致富”目标下了坚实基础。2012年5月，被省委、省政府授予河南省南水北调丹江口库区移民迁安工作先进个人称号。

马晓伟

马晓伟，男，回族，生于1972年12月，中共党员，本科学历，许昌市襄城县人。2009年任襄城县姜庄乡党委书记，2011年任襄城县人民政府副县长。在姜庄乡任党委书记时，移民新村工程在全县进度领先。分管全县移民安置工作后，他更是觉得担子重、压力大，坚持每天到移民村工地查看进度和质量，听取移民群众心声，协调县移民办等部门解决了存在的很多困难和问题，推动了工作进展。2012年5月，被省委、省政府授予河南省南水北调丹江口库区移民迁安工作先进个人称号。

王有亮

王有亮，男，生于1959年3月，中共党员，本科学历，漯河市舞阳县人。1976年8月参加工作，南水北调移民安置期间任漯河市移民安置局局长。在前期规划设计时，他协调安置县(区)选择土地肥沃、交通便利、经济条件好的地方作为安置点；在移民新村建设中，他从县(区)住建、质监部门选派业务精、能力强、负责任的质量监督员实施严格的质量监督；在移民搬迁阶段，他数次奔赴淅川，与迁出地党委政府和移民代表协商搬迁安置方案；移民顺利搬迁入住新居后，他协调及时为移民妥善办理了各种证照、手续和档案，解除了移民群众的后顾之忧。2012年5月，被省委、省政府荣记河南省南水北调丹江口库区移民迁安工作一等功。

黄宾礼

黄宾礼，男，生于1963年2月，中共党员，大专学历，漯河市临颍县人。1983年7月参加工作，南水北调移民安置期间任临颍县水利局局长兼临颍县移民办主任。在南水北调移民搬迁安置期间，他督促协调各有关单位高度重视、加强沟通，形成工作合力。他终日带领同事忙于移民新村建设、搬迁安置、矛盾调解等工作，几乎没有休息时间。在他的带领下，临颍县移民新村不但实现了三批次平安搬迁、和谐搬迁，而且移民群众发展致富势头良好，实现了移民新村健康发展、和谐稳定。2012年5月，被省委、省政府荣记河南省南水北调丹江口库区移民迁安工作一等功。

丁明照

丁明照，男，生于1964年3月，中共党员，本科学历，漯河市郾城区人。1986年8月参加工作，2007年12月任郾城区水利局局长，南水北调移民安置期间兼任郾城区移民办主任。在移民前期规划设计及安置期间，他亲临安置一线，与移民工作人员吃住在一起，协调选择土地肥沃、交通便利、经济条件好的地方作为安置地；在移民新村建设中，选派业务精、能力强、负责任的工作人员实施严格的质量监督；在移民搬迁阶段，他几乎每周都要奔赴淅川，与迁出地党委政府和移民代表协商搬迁安置方案；移民顺利搬迁入住新居后，他协调及时为移民妥善办理了各种证照、手续和档案，解除了移民群众的后顾之忧。2012年5月，被省委、省政府授予河南省南水北调丹江口库区移民迁安工作先进个人称号。

任向群

任向群，男，生于1964年7月，中共党员，本科学历，漯河市临颍县人。1983年7月参加工作。南水北调移民安置期间时任临颍县委群众工作部部长、信访局局长。移民安置工作之初，他就召开专题会议，成立了以县乡村组成的信访稳定工作领导小组，制订了实施方案，明确了工作职责。移民安置工作当中他常常利用农闲、午饭、夜晚等时间，到安置区和移民村宣传信访政策，调查安置区民情，了解移民群众意愿，促进了安置区群众和移民村群众相互理解。他建立了信访调处机制，加强县、乡、村三级稳定排查机制，并坚持每月对移民村存在的问题进行排查摸底，建立台账，归口办理，限期解决，实现了移民和谐稳定。2012年5月，被省委、省政府授予河南省南水北调丹江口库区移民迁安工作先进个人称号。

张正凯

张正凯，男，生于1968年10月，中共党员，硕士研究生学历，漯河市临颍县人。1989年7月参加工作，南水北调移民安置期间任临颍县巨陵镇党委书记兼镇移民办主任。移民安置之初，他数次赴淅川与当地对接，全面把握罗山村情民情。移民安置过程中，他带领镇全体人员“五加二”“白加黑”开展工作，采取包组、包户形式，相继完成了新村建设、移民搬迁、生产用地分配和移交等工作。移民搬迁入住后，他加强村级组织建设，结束了罗山村将近10年无村委班子的历史，实现了移民群众和谐稳定。2012年5月，被省委、省政府授予河南省南水北调丹江口库区移民迁安工作先进个人称号。

宋新超

宋新超，男，生于1969年1月，中共党员，本科学历，漯河市临颍县人。1989年8月参加工作，南水北调移民安置期间任临颍县王岗镇镇长兼镇移民办副主任。在移民安置工作中，他定期到迁出地走家串户，深入移民家庭，了解移民生产生活中的问题，真正使移民感受到了政府的关爱和温暖。他带领镇工作人员反复研究工作方法，完善工作制度，明确工作职责。他始终坚持身先士卒、率先垂范，在他带领下，移民安置工作队成为有凝聚力、战斗力、创造力的战斗集体，形成大家齐心协力抓移民安置的良好局面。2012年5月，被省委、省政府授予河南省南水北调丹江口库区移民迁安工作先进个人称号。

李克明

李克明，男，生于1969年11月，中共党员，大专学历，漯河市源汇区人。1990年10月参加工作，2007年12月任漯河市郾城区商桥镇党委书记，南水北调移民安置期间直接负责移民安置工作。在移民前期规划设计及安置期间，他亲自协调征收土地并做好涉及村的其他工作。在移民新村建设和搬迁阶段，他每天都要到移民工作现场协调解决各种问题，参与解答移民代表提出的各种疑惑；移民顺利搬迁入住新居后，他组织商桥镇有关部门及时为移民迁转有关手续，帮助移民发展生产。2012年5月，被省委、省政府授予河南省南水北调丹江口库区移民迁安工作先进个人称号。

艾孝玲

艾孝玲，女，回族，生于1976年4月，中共党员，本科学历，漯河市召陵区人。历任漯河市移民安置局移民科科长、南水北调中线工程维护中心总工。移民新村建设期间，她多次与市建委设计、质监等方面专家深入工地，逐排逐户进行质量检查，发现的问题及时反馈并要求整改，纠正质量方面问题上百个，下发质量整改通报近百份。她基本上没有过节假日和星期天，加班加点是家常便饭，无暇顾及年幼的女儿和心脏不好的母亲，以实际行动践行了一个移民干部的坚定誓言。2012年5月，被省委、省政府授予河南省南水北调丹江口库区移民迁安工作先进个人称号。

雷卫华

雷卫华，男，生于1979年9月，中共党员，研究生学历，漯河市临颍县人。历任漯河市移民安置局副局长、南水北调中线工程维护中心主任。移民新村建设期间，无论天寒地冻，还是骄阳酷暑，他都蹲在新村建设的第一线，与移民代表一起督进度查质量。对发现问题及时提出整改意见，曾把四座不符合质量要求的移民房屋墙体推倒重建，保证了建设质量，使移民放心满意。他会同全局同志们发扬苦拼实干和忘我的工作精神，加班加点,圆满完成移民搬迁安置任务。2012 年 5 月,被省委、省政府授予河南省南水北调丹江口库区移民迁安工作先进个人称号。

冀建成

冀建成,男,生于 1960 年 3 月,中共党员,大专学历,邓州市人。2007 年 11 月至 2019 年先后担任淅川县移民局局长、主管移民副县长、人大党组副书记和移民安置指挥部副指挥长,全程参与了移民工作。淅川县是河南省唯一的迁出县,既要面对全省 24 个县(市、区)做好 14 万余移民外迁安置,又要完成近 2 万移民县内安置,还有库底清理和大量工程复建任务。他带领有关同志,日夜加班,在移民登记、规划制定、移民对接、搬迁组织、工程建设、矛盾化解、财务管理和验收等各个环节,都做出了突出贡献,推动了移民安置工作顺利进行。他每天工作 10 多个小时,每天需注射两支胰岛素,有时吃着救心丸仍然坚持工作。2010 年 6 月,被国务院南水北调办公室评为南水北调丹江口库区移民试点和干线征迁工作先进个人。2012 年 5 月,被省委、省政府授予河南省南水北调丹江口库区移民迁安工作先进个人称号。

王玉献

王玉献,男,生于 1961 年 11 月,中共党员,本科学历,南阳市方城县人。2009~2012 年任南阳市移民局局长、市政府副秘书长。南阳市承担着 16 万余移民的迁出任务,又承担着其中 10 万人的市内安置任务,工作非常繁重。他一心扑到工作上,没有星期天,没有节假日,困了就在车上打个盹,或在办公室的沙发上躺一会儿,饿了就胡乱吃一口,领导和同志们称他为“拼命三郎”。他带领有关同志把移民工作细分为 10 个阶段 200 个工作环节,制定了一系列规章制度,采取了很多得力措施,创造性地开展工作,使南阳市的各项工作始终处于全省领先水平。2012 年 5 月,被省委、省政府授予河南省南水北调丹江口库区移民迁安工作先进个人称号。

秦性奇

秦性奇,男,生于 1962 年 3 月,中共党员,本科学历,南阳市南召县人。2010 年 1 月至 2014 年 3 月,任唐河县委副书记。2014 年 3 月至 2019 年 1 月,任南阳市移民局党组书记、局长。在唐河县任职期间,他组织有关部门认真研究如何又好又快地建设移民新村,创造出一些先进经验,被南阳市在全市推广。他会同有关同志克服了推磨调地等一系列困难,顺利完成了 2 万人的移民安置任务。到南阳市任职后,他推动移民美丽乡村和文明移民村建设,发展移民企业挂牌上市等,取得了较好的成效。2012 年 5 月,被省委、省政府荣记河南省南水北调丹江口库区移民迁安工作一等功。

宋超

宋超,男,生于 1962 年 5 月,中共党员,大专学历,南阳市南召县人。1978 年 12 月参加工作。2008 年 10 月至 2014 年 12 月在淅川县工作,历任县委常委、县纪委书记,县委副书记、县纪委书记,县委副书记、县人大主任等职务。2008 年 5 月至 2015 年 1 月任南水北调丹江口库区移民指挥部党委书记、常务副指挥长。南水北调丹江口库区移民安置工作启动后,他主要抓好了组织领导、宣传发动、关键环节、工作创新、协作配合和典型带动六个方面工作。通过开展"百千万工程"创建活动,激发全县干部群众投身移民工作的积极性和创造性,为顺利实现168个村16.5万移民平安、顺利搬迁做出了突出贡献。2012年5月,被省委、省政府授予河南省南水北调丹江口库区移民迁安工作先进个人称号。

李海宪

李海宪,男,生于1962年8月,中共党员,大专学历,南阳市唐河县人。1981年8月参加工作,2008年11月至2015年1月,历任唐河县政府县长助理、主管移民副县长、副县长。唐河县是全省南水北调丹江口库区移民安置第二大县。李海宪全过程组织和参与了移民搬迁安置工作,妥善处置了许多重大疑难问题。因他经常工作在新村建设一线,被社会和媒体誉为"民工县长"。在他的努力下,唐河县移民工作始终走在全省前列,省、市在唐河县召开了八次现场会。2010年6月,被国务院南水北调办评为南水北调工程丹江口库区移民试点和干线征迁工作先进个人。2012年5月,被省委、省政府荣记河南省南水北调丹江口库区移民迁安工作二等功。

徐虎

徐虎,男,生于1962年11月,中共党员,本科学历,南阳市淅川县人。1989年1月参加工作。南水北调移民工作期间,任香花镇党委书记、九重镇党委书记。2009年9月,时任香花镇党委书记的徐虎到九重镇上任伊始,承接总干渠、高速、移民三大战役。在移民新村房屋建设上,提出了"三抓三保",即抓质量就是保民生、抓质量就是保稳定、抓质量就是保财政,构筑分指挥部、迁安代表、工地监理、企业自控四道质量防线,强化责任,严格督察,极大地推动了工程建设进度,确保了建房质量。2010年6月,被国务院南水北调办公室评为南水北调丹江口库区移民试点和干线征迁工作先进个人。2010年10月,被省委、省政府授予河南省南水北调丹江口库区第一批移民迁安工作先进个人称号。2011年6月,被省委授予全省优秀共产党员称号。2012年5月,被省委、省政府授予河南省南水北调丹江口库区移民迁安工作先进个人称号。

畅建辉

畅建辉,男,生于1962年12月,中共党员,本科学历,南阳市社旗县人。1982年10月参加工作。2008~2013年,任职南阳市公安局党委委员、淅川县公安局局长。在南水北调丹江口库区移民搬迁安置期间,畅建辉紧紧围绕"维护移民稳定、确保搬迁安全"这一中心任务,充分发挥移民安保第一主力军作用,团结和带领淅川县公安局全体同志,克服任务重、警力严重不足等困难,探索创新了移民安保组织指挥机制、领导层层分包机制、搬迁车队"错峰运行工作法"和一批次"十四步"工作法等,在维护道路交通安全、排查化解矛盾纠纷、处置突发性案事件、审核户籍等方面发挥了重要作用。2010年10月,被省委、省政府授予河南省南水北调丹江口库区第一批移民迁安工作先进个人称号。

2012 年 5 月,被省委、省政府授予河南省南水北调丹江口库区移民迁安工作先进个人称号。

詹恩强

詹恩强,男,生于 1963 年 4 月,中共党员,本科学历,南阳市新野县人。1991 年 1 月至 2002 年 3 月,先后在沙堰镇政府、新甸铺镇党委工作;2002 年 3 月至 2012 年 5 月,先后在新野县水利局、移民局工作,分别任副局长、局长,主要负责南水北调丹江口库区移民安置工作。为保证第一批移民安置工作顺利进行,宣传动员移民搬迁,结合实际制定一系列保障措施,主动负责施工企业进度质量,组织为移民送生活用品及文化科技下乡。2010 年 10 月,被省委、省政府授予河南省南水北调丹江口库区第一批移民迁安工作先进个人称号。2012 年 5 月,被省委、省政府授予河南省南水北调丹江口库区移民迁安工作先进个人称号。

刘贵献

刘贵献,男,生于 1963 年 6 月,中共党员,本科学历,南阳市淅川县人。2009 年 9 月任南阳市移民局副局长,2019 年 2 月任南阳市南水北调和移民服务中心副主任。移民搬迁安置期间先后任市移民安置指挥部安置协调组、政策宣传组副组长及移民搬迁指挥中心副主任等职务,同时分包全省第二移民安置大县唐河县的移民安置工作。在对接协调工作中,他不辞辛苦,奔波于迁安两地 200 余次,行程近 10 万公里,协调解决各类难题 500 余件次。在宣传教育工作中,他综合利用媒体力量,挖掘和宣传一大批先进典型。在迁安调度工作中,他发挥迁安两地各级党组织的社会控制能力和资源整合能力,建立了高效运转的指挥体系。2010 年 10 月,被省委、省政府授予河南省南水北调丹江口库区第一批移民迁安工作先进个人称号。2012 年 5 月,被省委、省政府授予河南省南水北调丹江口库区移民迁安工作先进个人称号。

王培理

王培理,男,生于 1964 年 7 月,本科学历,南阳市西峡县人。2008 年起任淅川县副县长兼任县移民安置指挥部副指挥长,分管移民迁安、南水北调工程建设与水质保护等工作。南水北调移民安置工作启动后,常常奔赴在一线指挥,实地查看,现场指导,足迹踏遍了全县所有移民乡(镇)和移民村及县外 100 多个移民安置点,走访了 1 000 余名移民干部群众。创立了移民安置“六讲八对比”宣传主题活动,营造了良好的移民迁安氛围。在移民搬迁中,先后把 20 个批次的移民护送到安置地,亲自接待协调解决信访案件 300 余起,800 余人次。2010 年 10 月,被省委、省政府授予河南省南水北调丹江口库区第一批移民迁安工作先进个人称号。2012 年 5 月,被省委、省政府授予河南省南水北调丹江口库区移民迁安工作先进个人称号。

王福骞

王福骞,男,生于 1966 年 3 月,中共党员,本科学历,南阳市唐河县人。1986 年 8 月参加工作,2009 年 2 月至 2019 年 3 月,历任唐河县移民局副局长、正科级干部,2019 年 4 月起主持移民局全面工作。该同志具有会计师资格证,从事财务管理工作 20 余年,专业知识过硬,工作经验丰富。自试点工作开始,他一直负责移民资金管理工作,主持研究制定了《唐河县移民资金管理细则》等 10 余项规章制度,在工作中注重会计核算、内部控制、会计基础及审计整改,确保移民资金发挥更大效益。因工作突出,多次受到南阳市委、市政府嘉奖。2012 年 12 月,被国务院南水北调办评为南水北调系统资金管理工作先进个人。

刘宝聚

刘宝聚,男,生于 1967 年 10 月,中共党员,本科学历,南阳市卧龙区人。2009 年任南阳市移民局副局长,2019 年 2 月任南阳市南水北调和移民服务中心副主任。在南水北调丹江口库区移民新村建设过程中,组织制定了《南阳市丹江口库区移民房屋建设设计参考意见》《移民安置工程建设工作实施方案》,指导全市移民房建工作。在吸收移民试点工作经验教训的基础上,十易其稿,组织制定了《南阳市南水北调丹江口库区移民新村建设管理暂行办法》等,并以市政府文件形式印发执行,为移民安置工作提供了有力保障。2010 年 10 月,被省委、省政府授予河南省南水北调丹江口库区第一批移民迁安工作先进个人称号。2012 年 5 月,被省委、省政府授予河南省南水北调丹江口库区移民迁安工作先进个人称号。

张明体

张明体,男,生于 1968 年 9 月,中共党员,本科学历,南阳市镇平县人。2008 年 3 月 3 日当选社旗县人民政府县长。2011 年 12 月至 2014 年 3 月任社旗县委书记。张明体在社旗县工作期间,把南水北调丹江口库区移民安置工作作为全县重点工作,经常召开常委会议研究、解决移民安置工作中的重大困难,并多次到新村建设工地现场指导工作,对该县移民安置工作起到了较大的推动作用。2012 年 5 月,被省委、省政府授予河南省南水北调丹江口库区移民迁安工作先进个人称号。

文孟尧

文孟尧,男,生于 1968 年 10 月,中共党员,本科学历,南阳市社旗县人。1988 年 9 月参加工作,2009 年 9 月至 2015 年 9 月任社旗县移民局局长。社旗县移民安置人口 1.3 万人,任务较重。他带领全局干部职工,落实各项政策,化解各类矛盾,解决疑难问题,做好服务保障,完成了 13 个行政村、17 个安置点 1.3 万余人的搬迁安置任务。移民搬迁后,他利用移民村土地集中等优势,组织开展招商引资活动,为每个村建起了大棚种养加工等项目,使社旗县成为移民后期帮扶的先进县。2012 年 5 月,被省委、省政府荣记河南省南水北调丹江口库区移民迁安工作一等功。

陈杰森

陈杰森,男,生于 1968 年 10 月,中共党员,硕士研究生学历,南阳市新野县人。1989

年8月参加工作,先后任南阳市移民办科长、副主任,南阳市移民局副调研员,南阳市南水北调和移民服务中心三级调研员。2007年8月至2008年7月在国务院南水北调办交流锻炼一年。他参与了南阳市南水北调丹江口库区移民安置规划编制、实施、验收等全过程工作。在移民政策执行中,坚持"不突不破、不折不扣","刚性政策、亲情操作"。在移民搬迁后,及时组织开展帮扶和发展生产,协调解决移民人口、关系迁转、财产分割、房产证办理等困难和问题。2010年6月,被国务院南水北调办公室评为南水北调丹江口库区移民试点和干线征迁工作先进个人。2010年10月,被南阳市委、市政府荣记南水北调丹江口库区移民迁安工作二等功。2012年5月,被省委、省政府荣记河南省南水北调丹江口库区移民迁安工作一等功。

赵向龙

赵向龙,男,生于1969年12月,中共党员,本科学历,南阳市镇平县人。1992年9月参加工作。2008年3月至2015年9月任社旗县郝寨镇党委书记。他在担任郝寨镇党委书记期间,正值河南省南水北调丹江口库区第二批移民搬迁安置,他带领镇有关干部,加班加点,吃住在新村工地,协调解决了大量问题,保障了新村建设质量,并多次到库区对接,顺利完成了丹阳和马家2个移民村的搬迁安置任务。2012年5月,被省委、省政府授予河南省南水北调丹江口库区移民迁安工作先进个人称号。

张君伟

张君伟,男,生于1970年5月,中共党员,硕士研究生学历,天津市武清区人。1992年10月参加工作,先后任南阳市移民办副科长、科长,南阳市移民局科长、总工程师,南阳市南水北调和移民安置服务中心四级调研员。他全程参与了南水北调丹江口库区移民实物指标调查、规划编制和审查、实施及问题处理、验收等工作。他组织或参与移民安置规划审查50余次,累计争取建房困难户补助、生产安置增补费等约1.5亿元,解决规划实施中问题210余个,接待并答复上访移民群众1 200余人次,为移民搬迁安置工作做出突出贡献。2010年10月,被省委、省政府授予河南省南水北调丹江口库区第一批移民迁安工作先进个人称号。2011年,被南阳市委、市政府荣记南水北调丹江口库区第二批移民工作二等功;南阳市"五一"劳动模范。2012年5月,被省委、省政府荣记河南省南水北调丹江口库区移民迁安工作一等功。

赵文林

赵文林,男,生于1963年7月,中共党员,本科学历,南阳市镇平县人。2010年任邓州市委副书记,兼任邓州市南水北调丹江口库区第一批移民搬迁指挥部副政委。在南水北调丹江口库区移民安置工作中,组织移民安置乡(镇),发挥移民房屋建设第一责任人的作用,对工程质量实施监督管理,组织建设部门完善制度,明确现场监督人员的监督职责,实现了移民房屋质量、投资、进度三大控制目标,使工程质量始终处于可控状态。在搬迁工作中,组织全市上下把做好移民搬迁工作作为压倒一切的政治任务,统一领导,精心组织,密切协作,圆满完成了各项任务。2012 年 5 月,被省委、省政府荣记河南省南水北调丹江口库区移民迁安工作一等功。

赵显三

赵显三,男,生于 1963 年 12 月,中共党员,本科学历,邓州市人。2010 年 7 月任邓州市政府副市长,兼任邓州市南水北调丹江口库区第一批移民搬迁指挥部副指挥长。在南水北调丹江口库区移民安置工作中,严格按照各个阶段的要求,高标准、高质量推进工作,圆满完成了各项任务。在移民新村建设阶段,通过深入调研和广泛征求意见,探索建立了科学的工作机制,有效保障了工程质量,推进了工程进度,保证了施工安全。在第一批移民安置工作中,组织各移民安置乡(镇)认真做好耐心细致的思想工作,引导群众自觉、主动地理解、支持移民迁安工作,有效维护了社会和谐稳定的大局。2012 年 5 月,被省委、省政府荣记河南省南水北调丹江口库区移民迁安工作一等功。

李林

李林,男,生于 1970 年 9 月,中共党员,本科学历,邓州市人。1992 年 7 月到邓州市移民办参加工作,至 2003 年 7 月历任科员、副主任、主任。2003 年 7 月至 2013 年 4 月任邓州市移民局书记、局长。邓州市是全省南水北调丹江口库区移民安置第一大县,安置移民 3 万人,需建设移民新村 30 个,任务繁重。李林带领有关同志,迎难而上、加班加点地解决安置对接、新村建设、推磨调地、集中搬迁中的大量难题,并积极主动开展工作,使邓州市第二批移民安置工作在全省一直处于领先位置。2010 年 6 月,被国务院南水北调办评为南水北调工程丹江口库区移民试点和干线征迁工作先进个人。2010 年 10 月,被省委、省政府授予河南省南水北调丹江口库区第一批移民迁安工作先进个人称号。

第三节　名　录

名录主要收录参与南水北调丹江口库区移民工作,并因工作成绩突出受过市级以上(含市级)表彰的各级移民管理机构及相关单位的工作人员,共计 317 人。人物简介先按省直有关单位、郑州市、平顶山市、新乡市、许昌市、漯河市、南阳市、邓州市、移民安置设计和监督评估单位、新闻媒体排列;在各单位(行政区)内再以获奖时间为序排列,同一年月获奖的以职务或职称为序排列。

人物名录见表 15-3-1。

表 15-3-1　受表彰移民工作人员名录

序号	姓名	性别	获奖时工作单位	授奖时间（年.月）	获奖时职务或职称	获奖名称	授奖单位
一、省直有关单位							
1	郭安强	男	省移民安置指挥部办公室、省南水北调中线建管局	2010.11	成员、副主任科员	南水北调宣传工作先进个人	国务院南水北调办
2	刘清理	男	省移民安置指挥部办公室、省纪委农村党风室	2012.5	副主任、副主任	河南省南水北调丹江口库区移民迁安工作二等功	省委、省政府
3	何铁志	男	省移民安置指挥部办公室、省文明办	2012.5	副主任、调研员	河南省南水北调丹江口库区移民迁安工作二等功	省委、省政府
4	万汴京	男	省移民安置指挥部办公室、省移民办	2012.5	副主任、副主任	河南省南水北调丹江口库区移民迁安工作二等功	省委、省政府
5	刘胜利	男	省移民安置指挥部办公室、省委组织部	2012.5	组长、正处级巡视专员	河南省南水北调丹江口库区移民迁安工作二等功	省委、省政府
6	李有良	男	省移民安置指挥部办公室、省发展改革委	2012.5	组长、处长	河南省南水北调丹江口库区移民迁安工作二等功	省委、省政府
7	吕志辉	男	省移民安置指挥部办公室、省移民办	2012.5	副组长、主任助理	河南省南水北调丹江口库区移民迁安工作二等功	省委、省政府
8	鲁慧	女	省移民安置指挥部办公室、省水利厅	2012.5	副组长、处长	河南省南水北调丹江口库区移民迁安工作二等功	省委、省政府
9	李维刚	男	省移民安置指挥部办公室、省人力资源和社会保障厅	2012.5	副组长、正处级纪检监察员	河南省南水北调丹江口库区移民迁安工作二等功	省委、省政府
10	王守刚	男	省移民安置指挥部办公室、省水利厅	2012.5	副组长、调研员	河南省南水北调丹江口库区移民迁安工作二等功	省委、省政府
11	郭贵明	男	省移民安置指挥部办公室、省水利厅	2012.5	副组长、调研员	河南省南水北调丹江口库区移民迁安工作二等功	省委、省政府
12	王成才	男	省移民安置指挥部办公室、省财政厅	2012.5	副组长、副处长	河南省南水北调丹江口库区移民迁安工作二等功	省委、省政府

续表 15-3-1

序号	姓名	性别	获奖时工作单位	授奖时间（年.月）	获奖时职务或职称	获奖名称	授奖单位
13	冯晓玲	女	省移民安置指挥部办公室、省水利厅	2012.5	成员、副处长	河南省南水北调丹江口库区移民迁安工作二等功	省委、省政府
14	卢生焱	女	省移民安置指挥部办公室、省水利厅	2012.5	成员、副处长	河南省南水北调丹江口库区移民迁安工作二等功	省委、省政府
15	陈战武	男	省移民安置指挥部办公室、黄河水利委员会	2012.5	成员、副处长	河南省南水北调丹江口库区移民迁安工作二等功	省委、省政府
16	武良玉	男	省移民安置指挥部办公室、洛阳市水务局	2012.5	成员、副调研员	河南省南水北调丹江口库区移民迁安工作二等功	省委、省政府
17	韩俊奎	男	省移民安置指挥部办公室、焦作市水利局	2012.5	成员、副调研员	河南省南水北调丹江口库区移民迁安工作二等功	省委、省政府
18	王德国	男	省移民安置指挥部办公室、省委组织部	2012.5	成员、副调研员	河南省南水北调丹江口库区移民迁安工作二等功	省委、省政府
19	张苒	女	省移民安置指挥部办公室、省水利厅	2012.5	成员、主任科员	河南省南水北调丹江口库区移民迁安工作先进个人	省移民安置指挥部
20	范凤霞	女	省移民安置指挥部办公室、省水利厅	2012.5	成员、主任科员	河南省南水北调丹江口库区移民迁安工作先进个人	省移民安置指挥部
21	马文博	男	省移民安置指挥部办公室、巩义市委宣传部外宣办	2012.5	成员、副主任	河南省南水北调丹江口库区移民迁安工作先进个人	省移民安置指挥部
22	焦中国	男	省移民安置指挥部办公室、三门峡市水利局	2012.5	成员、主任科员	河南省南水北调丹江口库区移民迁安工作先进个人	省移民安置指挥部
23	薛庆春	男	省移民安置指挥部办公室、省审计厅	2012.5	成员、主任科员	河南省南水北调丹江口库区移民迁安工作先进个人	省移民安置指挥部
24	李世超	男	省移民安置指挥部办公室、省发展改革委	2012.5	成员、主任科员	河南省南水北调丹江口库区移民迁安工作先进个人	省移民安置指挥部

续表 15-3-1

序号	姓名	性别	获奖时工作单位	授奖时间（年.月）	获奖时职务或职称	获奖名称	授奖单位
25	周斌	男	省移民安置指挥部办公室、省委宣传部	2012.5	成员、主任科员	河南省南水北调丹江口库区移民迁安工作先进个人	省移民安置指挥部
26	石磊	男	省移民安置指挥部办公室、省公安厅	2012.5	成员、主任科员	河南省南水北调丹江口库区移民迁安工作先进个人	省移民安置指挥部
27	孙爱民	男	省移民安置指挥部办公室、省水利厅	2012.5	成员、副主任科员	河南省南水北调丹江口库区移民迁安工作先进个人	省移民安置指挥部
28	方南	男	省移民安置指挥部办公室、省水利厅	2012.5	成员、副主任科员	河南省南水北调丹江口库区移民迁安工作先进个人	省移民安置指挥部
29	程俊	男	省迻民安置指挥部办公室、省质量技术监督稽查总队	2012.5	成员、副主任科员	河南省南水北调丹江口库区移民迁安工作先进个人	省移民安置指挥部
30	刘新芳	女	省移民安置指挥部办公室、黄河设计公司	2012.5	成员、环境与移民工程院副主任	河南省南水北调丹江口库区移民迁安工作先进个人	省移民安置指挥部
31	王五周	男	省移民安置指挥部办公室、新安县移民办	2012.5	成员、科长	河南省南水北调丹江口库区移民迁安工作先进个人	省移民安置指挥部
32	党国强	男	省移民安置指挥部办公室、孟州市移民安置局	2012.5	成员、项目办主任	河南省南水北调丹江口库区移民迁安工作先进个人	省移民安置指挥部
33	尤宏涛	男	省移民安置指挥部办公室、孟津县移民局	2012.5	成员、副股长	河南省南水北调丹江口库区移民迁安工作先进个人	省移民安置指挥部
34	赵兴华	男	省移民安置指挥部办公室、孟州市移民安置局	2012.5	成员、项目办副主任	河南省南水北调丹江口库区移民迁安工作先进个人	省移民安置指挥部
35	闫明途	男	省移民安置指挥部办公室、孟津县移民局	2012.5	成员、督察室主任	河南省南水北调丹江口库区移民迁安工作先进个人	省移民安置指挥部
36	张文博	男	省移民安置指挥部办公室、省建筑工程标准定额站	2012.5	成员、科员	河南省南水北调丹江口库区移民迁安工作先进个人	省移民安置指挥部

续表 15-3-1

序号	姓名	性别	获奖时工作单位	授奖时间（年.月）	获奖时职务或职称	获奖名称	授奖单位
37	千继亮	男	省移民安置指挥部办公室、省装修装饰行业管理办公室	2012.5	成员、科员	河南省南水北调丹江口库区移民迁安工作先进个人	省移民安置指挥部
38	李延旗	男	省移民安置指挥部办公室、省基本建设工程质量检测中心	2012.5	成员、科员	河南省南水北调丹江口库区移民迁安工作先进个人	省移民安置指挥部
39	窦东杰	男	省移民安置指挥部办公室、河南电视台	2012.5	成员、首席记者	河南省南水北调丹江口库区移民迁安工作先进个人	省移民安置指挥部
40	苏长缨	男	省移民安置指挥部办公室、河南人民广播电台	2012.5	成员、科长	河南省南水北调丹江口库区移民迁安工作先进个人	省移民安置指挥部
41	刘国挺	男	河南日报驻漯河记者站	2012.5	站长	河南省南水北调丹江口库区移民迁安工作先进个人	省委、省政府
42	崔献忠	男	省发展改革委	2012.5	主任科员	河南省南水北调丹江口库区移民迁安工作先进个人	省委、省政府
43	杨文超	男	省科技厅	2012.5	调研员	河南省南水北调丹江口库区移民迁安工作先进个人	省委、省政府
44	聂子明	男	河南煤炭卫生学校	2012.5	校长	河南省南水北调丹江口库区移民迁安工作先进个人	省委、省政府
45	陈松山	男	省公安厅	2012.5	副调研员	河南省南水北调丹江口库区移民迁安工作先进个人	省委、省政府
46	杨卫东	男	省民政厅	2012.5	主任科员	河南省南水北调丹江口库区移民迁安工作先进个人	省委、省政府
47	张守国	男	省司法厅	2012.5	副处长	河南省南水北调丹江口库区移民迁安工作先进个人	省委、省政府
48	袁玉友	男	省财政厅	2012.5	副处长	河南省南水北调丹江口库区移民迁安工作先进个人	省委、省政府

续表 15-3-1

序号	姓名	性别	获奖时工作单位	授奖时间（年.月）	获奖时职务或职称	获奖名称	授奖单位
49	张华	男	省国土资源厅地质博物馆	2012.5	副馆长	河南省南水北调丹江口库区移民迁安工作先进个人	省委、省政府
50	王福洲	男	省环保厅	2012.5	副处长	河南省南水北调丹江口库区移民迁安工作先进个人	省委、省政府
51	易明杰	男	省住房城乡建设厅	2012.5	副处长	河南省南水北调丹江口库区移民迁安工作先进个人	省委、省政府
52	罗伟	男	省交通高级技工学校	2012.5	副调研员	河南省南水北调丹江口库区移民迁安工作先进个人	省委、省政府
53	陈家芝	男	省水利厅	2012.5	调研员	河南省南水北调丹江口库区移民迁安工作先进个人	省委、省政府
54	琚恒功	男	省农业厅	2012.5	处长	河南省南水北调丹江口库区移民迁安工作先进个人	省委、省政府
55	朱先文	男	省退耕还林和天然林保护工程管理中心	2012.5	副科长	河南省南水北调丹江口库区移民迁安工作先进个人	省委、省政府
56	刘建平	男	省商务厅机关服务中心办公室	2012.5	主任	河南省南水北调丹江口库区移民迁安工作先进个人	省委、省政府
57	宋振宇	男	省卫生厅	2012.5	科员	河南省南水北调丹江口库区移民迁安工作先进个人	省委、省政府
58	张恩强	男	省政府国资委	2012.5	科员	河南省南水北调丹江口库区移民迁安工作先进个人	省委、省政府
59	成军	男	省地税局直属税务分局	2012.5	副局长	河南省南水北调丹江口库区移民迁安工作先进个人	省委、省政府
60	陈新宇	男	省工商局漯河市源汇分局	2012.5	局长	河南省南水北调丹江口库区移民迁安工作先进个人	省委、省政府

续表 15-3-1

序号	姓名	性别	获奖时工作单位	授奖时间（年.月）	获奖时职务或职称	获奖名称	授奖单位
61	孙玉玺	男	省质量技术监督局	2012.5	调研员	河南省南水北调丹江口库区移民迁安工作先进个人	省委、省政府
62	岳巍峰	男	省纪委监察厅驻省广电局纪检组监察室	2012.5	副主任	河南省南水北调丹江口库区移民迁安工作先进个人	省委、省政府
63	闫良兴	男	省粮食局河南国家粮食储备库	2012.5	总经理	河南省南水北调丹江口库区移民迁安工作先进个人	省委、省政府
二、郑州市							
64	王予军	男	郑州市南水北调办公室（郑州市移民局）	2010.10	处长	河南省南水北调丹江口库区第一批移民迁安工作先进个人	省委、省政府
65	许彦鸣	男	郑州市南水北调办公室（郑州市移民局）	2010.10	处长	河南省南水北调丹江口库区第一批移民迁安工作先进个人	省委、省政府
66	刘素娟	女	郑州市南水北调办公室（郑州市移民局）	2010.2	副处长	南水北调丹江口库区移民信息工作先进个人	省移民安置指挥部办公室
67	韩慧慧	女	郑州市南水北调办公室（郑州市移民局）	2012.1	科员	河南省水库移民先进工作者	省移民工作领导小组
68	陈松林	男	郑州市水务局	2012.4	局长	郑州市南水北调工程丹江口库区移民安置工作先进个人	郑州市委、市政府
69	秦月琴	女	郑州市南水北调办公室（郑州市移民局）	2012.4	支部书记	郑州市南水北调工程丹江口库区移民安置工作先进个人	郑州市委、市政府
70	吴平	女	郑州市南水北调办公室（郑州市移民局）	2012.4	副局长	郑州市南水北调工程丹江口库区移民安置工作先进个人	郑州市委、市政府
71	魏志乾	男	郑州市南水北调办公室（郑州市移民局）	2012.4	副调研员	郑州市南水北调工程丹江口库区移民安置工作先进个人	郑州市委、市政府
72	张向奥	男	郑州市南水北调办公室（郑州市移民局）	2012.4	主任助理	郑州市南水北调工程丹江口库区移民安置工作先进个人	郑州市委、市政府

续表 15-3-1

序号	姓名	性别	获奖时工作单位	授奖时间（年.月）	获奖时职务或职称	获奖名称	授奖单位
73	何晓波	男	郑州市南水北调办公室（郑州市移民局）	2012.4	处长	郑州市南水北调工程丹江口库区移民安置工作先进个人	郑州市委、市政府
74	王铁亮	男	郑州市南水北调办公室（郑州市移民局）	2012.4	副主任科员	郑州市南水北调工程丹江口库区移民安置工作先进个人	郑州市委、市政府
75	申振营	男	郑州市南水北调办公室（郑州市移民局）	2012.4	副主任科员	郑州市南水北调工程丹江口库区移民安置工作先进个人	郑州市委、市政府
76	屈云萍	女	郑州市南水北调办公室（郑州市移民局）	2012.4	副主任科员	郑州市南水北调工程丹江口库区移民安置工作先进个人	郑州市委、市政府
77	卜令庆	男	郑州市南水北调办公室（郑州市移民局）	2012.4	科员	郑州市南水北调工程丹江口库区移民安置工作先进个人	郑州市委、市政府
78	王粉菊	女	郑州市南水北调办公室（郑州市移民局）	2012.4	科员	郑州市南水北调工程丹江口库区移民安置工作先进个人	郑州市委、市政府
79	秦海敏	男	郑州市南水北调办公室（郑州市移民局）	2012.4	科员	郑州市南水北调工程丹江口库区移民安置工作先进个人	郑州市委、市政府
80	张莹	女	郑州市南水北调办公室（郑州市移民局）	2012.5	处长	河南省南水北调丹江口库区移民迁安工作二等功	省委、省政府
81	陈桂娟	女	郑州市南水北调办公室（郑州市移民局）	2012.9	科员	南水北调丹江口库区移民迁安宣传工作先进个人	省移民安置指挥部
82	李广涛	男	郑州市南水北调办公室（郑州市移民局）	2013.3	科员	郑州市2012年度南水北调和移民系统先进个人	郑州市南水北调办公室（郑州市移民局）
83	王大庆	男	郑州市南水北调办公室（郑州市移民局）	2013.3	科员	郑州市2012年度南水北调和移民系统先进个人	郑州市南水北调办公室（郑州市移民局）
84	王姬	女	郑州市南水北调办公室（郑州市移民局）	2013.3	科员	郑州市2012年度南水北调和移民系统先进个人	郑州市南水北调办公室（郑州市移民局）

续表 15-3-1

序号	姓名	性别	获奖时工作单位	授奖时间（年.月）	获奖时职务或职称	获奖名称	授奖单位
85	靳付军	男	郑州市南水北调办公室（郑州市移民局）	2015.2	科员	郑州市2014年度南水北调移民工作先进工作者	郑州市移民局
86	吴慧青	男	郑州市南水北调办公室（郑州市移民局）	2015.2	科员	郑州市2014年度南水北调移民工作先进工作者	郑州市移民局
87	李颖竹	女	中牟县移民局	2011.11	科员	郑州市2011年度水库移民工作先进个人	郑州市移民工作领导小组办公室
88	楚惠东	男	中牟县人民政府	2012.5	县委常委、组织部部长	河南省南水北调丹江口库区移民迁安工作先进个人	省委、省政府
89	李芳	女	中牟县人民政府	2012.5	县委常委、宣传部部长	河南省南水北调丹江口库区移民迁安工作先进个人	省委、省政府
90	杨书立	男	中牟县人民政府	2012.5	副县长	河南省南水北调丹江口库区移民迁安工作先进个人	省委、省政府
91	龚战强	男	中牟县移民局	2013.3	副局长	郑州市2012年度南水北调和移民系统先进工作者	郑州市南水北调办公室（郑州市移民局）
92	韩冰	男	中牟县移民局	2015.2	党支部书记	郑州市2013年度南水北调和移民系统先进个人	郑州市南水北调办公室（郑州市移民局）
93	万传文	男	中牟县移民局	2015.2	办公室主任	郑州市2014年度南水北调和移民系统先进个人	郑州市南水北调办公室（郑州市移民局）
94	王志成	男	中牟县移民局	2015.2	科长	郑州市2014年度南水北调和移民系统先进个人	郑州市南水北调办公室（郑州市移民局）
95	黄玉玲	女	中牟县移民局	2015.2	科长	郑州市2014年度南水北调和移民系统先进个人	郑州市南水北调办公室（郑州市移民局）
96	靳永杰	男	中牟县移民局	2016.3	纪检组长（副科）	郑州市2015年度移民工作先进个人	郑州市移民局
97	张清立	男	中牟县移民局	2016.4	副局长（正科）	南水北调东中线一期工程建成通水先进工作者	人力资源社会保障部、国务院南水北调办

续表 15-3-1

序号	姓名	性别	获奖时工作单位	授奖时间（年.月）	获奖时职务或职称	获奖名称	授奖单位
98	校华	女	中牟县移民局	2017.2	办公室主任	郑州市2016年度移民工作先进个人	郑州市移民局
99	李奇	男	中牟县移民局	2017.2	科长	郑州市2016年度移民工作先进个人	郑州市移民局
100	张鹏辉	男	荥阳市移民局	2008.12	工会主席、科长	河南省征地移民资金管理先进工作者	省移民办
101	张福龙	男	荥阳市移民局	2010.1	副书记	河南省南水北调丹江口库区第一批移民迁安工作先进个人	省委、省政府
102	袁西峰	男	荥阳市移民局	2010.1	纪检书记	河南省南水北调丹江口库区第一批移民迁安工作先进个人	省委、省政府
103	靳西杰	男	荥阳市移民局	2011.11	办公室主任	郑州市2011年度水库移民工作先进个人	郑州市移民工作领导小组办公室
104	苏慧丽	女	荥阳市移民局	2011.11	科长	郑州市2011年度水库移民工作先进个人	郑州市移民工作领导小组办公室
105	付枝芹	女	荥阳市移民局	2011.11	副科长	郑州市2011年度水库移民工作先进个人	郑州市移民工作领导小组办公室
106	禹涛	男	荥阳市移民局	2012.4	科长	郑州市南水北调丹江口库区移民安置工作先进个人	郑州市委、市政府
107	王智明	男	荥阳市人民政府	2012.5	副市长	河南省南水北调丹江口库区移民迁安工作先进个人	省委、省政府
108	杨国强	男	荥阳市人民政府	2012.5	党组成员	河南省南水北调丹江口库区移民迁安工作一等功	省委、省政府
109	姚蕾	女	荥阳市移民局	2017.2	副科长	郑州市2016年度移民工作先进个人	郑州市移民局
110	李俊岭	男	新郑市南水北调移民局	2010.1	局长	河南省南水北调丹江口库区第一批移民迁安工作先进个人	省委、省政府

续表 15-3-1

序号	姓名	性别	获奖时工作单位	授奖时间（年.月）	获奖时职务或职称	获奖名称	授奖单位
111	穆明池	男	新郑市南水北调移民局	2010.10	副局长	河南省南水北调丹江口库区第一批移民迁安工作先进个人	省委、省政府
112	赵治国	男	新郑市南水北调移民局	2012.4	办公室主任	郑州市南水北调丹江口库区移民安置工作先进个人	郑州市委、市政府
113	沈玉宝	男	新郑市南水北调移民局	2012.4	科长	郑州市南水北调丹江口库区移民安置工作先进个人	郑州市委、市政府
114	闵献红	男	新郑市南水北调移民局	2012.4	科长	郑州市南水北调丹江口库区移民安置工作先进个人	郑州市委、市政府
115	牛志刚	男	新郑市南水北调移民局	2012.4	科长	郑州市南水北调丹江口库区移民安置工作先进个人	郑州市委、市政府
116	王广国	男	新郑市人民政府	2012.5	市委副书记、市长	河南省南水北调丹江口库区移民迁安工作先进个人	省委、省政府
117	李志强	男	新郑市人民政府	2012.5	副市长	河南省南水北调丹江口库区移民迁安工作先进个人	省委、省政府
118	张宪军	男	新郑市南水北调移民局	2015.2	局长	郑州市2014年度南水北调和移民系统先进个人	郑州市南水北调办公室（郑州市移民局）
119	李舢	男	新郑市南水北调移民局	2017.2	科长	郑州市2016年度移民工作先进个人	郑州市移民局
120	陈刚	男	郑东新区水务局	2016.3	科长	郑州市2015年度移民工作先进个人	郑州市移民局
121	周海阔	男	郑州航空港区南水北调办公室	2017.2	科长	郑州市2016年度移民工作先进个人	郑州市移民局
三、平顶山市							
122	王义民	男	平顶山市移民安置局	2011.5	副主任科员	平顶山市丹江口库区移民安置先进个人	平顶山市政府

续表 15-3-1

序号	姓名	性别	获奖时工作单位	授奖时间（年.月）	获奖时职务或职称	获奖名称	授奖单位
123	连小燕	女	平顶山市移民安置局	2012.5	科长	河南省南水北调丹江口库区移民迁安工作先进个人	省委、省政府
124	毛燕	女	平顶山市移民安置局	2012.5	副科长	河南省南水北调丹江口库区移民迁安工作二等功	省委、省政府
125	岳战胜	男	平顶山市移民安置局	2012.5	科员	河南省南水北调丹江口库区移民迁安工作先进个人	省委、省政府
126	雷俊萍	女	舞钢市移民安置办公室	2010.10	副主任	河南南水北调丹江口库区第一批移民迁安工作先进个人	省委、省政府
127	付国安	男	舞钢市移民安置办公室	2012.5	副书记	河南省南水北调丹江口库区移民迁安工作先进个人	省委、省政府
128	贾姝予	女	舞钢市移民安置办公室	2012.9	科长	南水北调丹江口库区移民迁安宣传工作先进个人	省移民安置指挥部
129	边新义	男	宝丰县水利移民安置办公室	2010.10	工会主席	河南省南水北调丹江口库区第一批移民迁安工作先进个人	省委、省政府
130	李新安	男	宝丰县水利移民安置办公室	2010.10	股长	河南省南水北调丹江口库区第一批移民迁安工作先进个人	省委、省政府
131	马淑珍	女	宝丰县水利移民安置办公室	2011.5	股长	平顶山市移民后期扶持工作先进个人	平顶山市政府
132	张俊英	女	宝丰县水利移民安置办公室	2011.5	股长	平顶山市丹江口库区移民安置先进个人	平顶山市政府
133	汪建伟	男	郏县移民局	2010.10	副局长	河南省南水北调丹江口库区第一批移民迁安工作先进个人	省委、省政府
134	王旭升	男	郏县移民局	2010.10	股长	河南省南水北调丹江口库区第一批移民迁安工作先进个人	省委、省政府

续表 15-3-1

序号	姓名	性别	获奖时工作单位	授奖时间（年.月）	获奖时职务或职称	获奖名称	授奖单位
135	白同欣	男	鲁山县水库移民安置办公室	2010.10	主任	河南省南水北调丹江口库区第一批移民迁安工作先进个人	省委、省政府
136	毛凤莲	女	鲁山县水库移民安置办公室	2010.12	股长	平顶山市水库移民后期扶持工作先进个人	平顶山市移民安置局
137	李建文	女	鲁山县水库移民安置办公室	2011.5	股长	平顶山市水库移民后期扶持工作先进个人	平顶山市政府
138	刘新伟	男	鲁山县水库移民安置办公室	2013.4	副股长	平顶山市南水北调暨移民工作先进个人	平顶山市政府
139	张江河	男	鲁山县人民政府	2012.5	党组成员	河南省南水北调丹江口库区移民迁安工作二等功	省委、省政府
140	叶春花	女	鲁山县移民安置局	2015.1	工会主席	河南省2014年度移民后期扶持工作先进工作者	省移民办
141	李春玲	女	鲁山县移民安置局	2015.1	副股长	河南省2014年度移民后期扶持工作先进工作者	省移民办
四、新乡市							
142	郭树东	男	新乡市南水北调办	2010.6	主任	南水北调工程丹江口库区移民试点和干线征迁工作先进个人	国务院南水北调办
143	张永亮	男	新乡市移民办	2011.4	科长	南水北调移民征迁宣传工作先进个人	省移民办
144	李国钧	男	新乡市移民办	2012.5	主任	河南省南水北调丹江口库区移民迁安工作先进个人	省委、省政府
145	孙会民	男	新乡市移民办	2015.1	副主任	河南省2014年度移民后期扶持工作先进工作者	省移民办
146	董咏梅	女	新乡市移民办	2015.1	科长	河南省2014年度移民后期扶持工作先进工作者	省移民办

续表 15-3-1

序号	姓名	性别	获奖时工作单位	授奖时间（年.月）	获奖时职务或职称	获奖名称	授奖单位
147	王乐天	男	新乡市移民办	2016.3	副主任科员	新乡市南水北调工作先进个人	新乡市委、市政府
148	贠荣芹	女	辉县市移民办	2010.10	主任	河南省南水北调丹江口库区第一批移民迁安工作先进个人	省委、省政府
149	李宏睿	男	辉县市移民办	2011.4	科员	南水北调移民征迁宣传工作先进个人	省移民办
150	聂长明	男	辉县市政府	2012.5	常委、副市长	河南省南水北调丹江口库区移民迁安工作先进个人	省委、省政府
151	孙爱芬	女	辉县市移民办	2012.12	科长	南水北调系统资金管理工作先进个人	国务院南水北调办
152	高炜	男	获嘉县委	2010.10	县委副书记	河南省南水北调丹江口库区第一批移民迁安工作先进个人	省委、省政府
153	徐鹏亮	男	获嘉县人民政府	2010.10	副县长	河南省南水北调丹江口库区第一批移民迁安工作先进个人	省委、省政府
154	任红海	男	获嘉县委统战部	2010.10	部长	河南省南水北调丹江口库区第一批移民迁安工作先进个人	省委、省政府
155	景永	男	获嘉县移民办	2011.10	副主任	河南省水库移民先进工作者	省移民工作领导小组
156	冯新征	男	获嘉县移民办	2011.4	科员	南水北调移民征迁宣传工作先进个人	省移民办
157	浮俊红	女	获嘉县位庄乡政府	2012.5	党委书记	河南省南水北调丹江口库区移民迁安工作二等功	省委、省政府
158	孙智	男	获嘉县移民办	2015.1	科员	河南省 2014 年度移民后期扶持工作先进工作者	省移民办
159	宋治国	男	原阳县移民办	1997.12	主任	河南省移民工作先进工作者	省移民办

续表 15-3-1

序号	姓名	性别	获奖时工作单位	授奖时间（年.月）	获奖时职务或职称	获奖名称	授奖单位
160	曹荣欣	女	原阳县移民办	2010.10	科长	河南省南水北调丹江口库区第一批移民迁安工作先进个人	省委、省政府
161	李怀庄	男	原阳县移民办	2010.10	科员	河南省南水北调丹江口库区第一批移民迁安工作先进个人	省委、省政府
162	王春伟	男	原阳县移民办	2010.10	科员	河南省南水北调丹江口库区第一批移民迁安工作先进个人	省委、省政府
163	韩文安	男	原阳县移民办	2010.6	科长	南水北调工程丹江口库区移民试点和干线征迁工作先进个人	国务院南水北调办
164	李济乐	男	原阳县移民办	2011.4	主任科员	南水北调移民征迁宣传工作先进个人	省移民办
165	聂光营	男	原阳县政协委员会	2012.5	主席	河南省南水北调丹江口库区移民迁安工作二等功	省委、省政府
166	王伟峰	男	原阳县移民办	2012.5	主任	河南省南水北调丹江口库区移民迁安工作先进个人	省委、省政府
167	周景峰	男	原阳县移民办	2015.1	主任	河南省2014年度移民后期扶持工作先进工作者	省移民办
168	刘明涛	男	延津县移民办	2010.10	科员	河南省南水北调丹江口库区第一批移民迁安工作先进个人	省委、省政府
169	任秀武	女	延津县移民办	2015.1	副科级干部	河南省2014年度移民后期扶持工作先进工作者	省移民办
170	刘学成	男	封丘县移民办	2010.10	主任	河南省南水北调丹江口库区第一批移民迁安工作先进个人	省委、省政府
171	裴玉麟	男	封丘县移民办	2010.10	副主任	河南省南水北调丹江口库区第一批移民迁安工作先进个人	省委、省政府

续表 15-3-1

序号	姓名	性别	获奖时工作单位	授奖时间（年.月）	获奖时职务或职称	获奖名称	授奖单位
172	杨济怀	男	封丘县移民办	2010.10	科长	河南省南水北调丹江口库区第一批移民迁安工作先进个人	省委、省政府
173	张广平	男	封丘县移民办	2012.9	办公室主任	南水北调丹江口库区移民迁安宣传工作先进个人	省移民安置指挥部
五、许昌市							
174	张小保	男	许昌市移民工作领导小组办公室	2012.5	主任	河南省南水北调丹江口库区移民迁安工作先进个人	省委、省政府
175	屈永生	男	许昌市移民工作领导小组办公室	2012.5	科长	河南省南水北调丹江口库区移民迁安工作二等功	省委、省政府
176	张永兴	男	许昌市移民工作领导小组办公室	2012.5	副主任科员	河南省南水北调丹江口库区移民迁安工作二等功	省委、省政府
177	孙卫东	男	许昌市移民工作领导小组办公室	2012.9	科长	南水北调丹江口库区移民迁安宣传工作先进个人	省移民安置指挥部
178	张建设	男	长葛市和尚桥镇	2010.10	党委书记	河南省南水北调丹江口库区第一批移民迁安工作先进个人	省委、省政府
179	李保成	男	长葛市和尚桥镇	2010.10	区长	河南省南水北调丹江口库区第一批移民迁安工作先进个人	省委、省政府
180	王志华	男	长葛市南水北调中线工程领导小组办公室	2010.1	副主任	河南省南水北调丹江口库区移民安置包县包乡工作先进个人	省委组织部、省人力资源社会保障厅、省移民安置指挥部办公室
181	陈大鹏	男	长葛市官亭乡	2012.5	乡长	河南省南水北调丹江口库区移民迁安工作二等功	省委、省政府
182	顾景发	男	长葛市南水北调中线工程领导小组办公室	2012.9	副主任	南水北调丹江口库区移民迁安宣传工作先进个人	省移民安置指挥部

续表 15-3-1

序号	姓名	性别	获奖时工作单位	授奖时间（年.月）	获奖时职务或职称	获奖名称	授奖单位
183	李刚	男	襄城县双庙乡	2010.10	党委书记	河南省南水北调丹江口库区第一批移民迁安工作先进个人	省委、省政府
184	李进宏	男	襄城县移民办	2012.9	办公室主任	南水北调丹江口库区移民迁安宣传工作先进个人	省移民安置指挥部
185	孟宪会	男	许昌县移民工作领导小组办公室	2010.10	副主任	河南省南水北调丹江口库区第一批移民迁安工作先进个人	省委、省政府
186	靳遂金	男	许昌县移民工作领导小组办公室	2012.1	书记	河南省水库移民先进工作者	省移民工作领导小组
187	汪跃杰	男	许昌县移民工作领导小组办公室	2012.9	副主任	南水北调丹江口库区移民迁安宣传工作先进个人	省移民安置指挥部
六、漯河市							
188	于晓冬	男	漯河市移民安置局	2012.9	办公室主任	漯河市南水北调丹江口库区移民安置工作先进个人	漯河市政府
189	张会芹	女	漯河市移民安置局	2012.9	财务科长	漯河市南水北调丹江口库区移民安置工作先进个人	漯河市政府
190	陈首林	男	漯河市移民安置局	2012.9	科员	漯河市南水北调丹江口库区移民安置工作先进个人	漯河市政府
191	段波涛	男	临颍县水利局	2012.9	移民办主任	南水北调丹江口库区移民迁安宣传工作先进个人	省移民安置指挥部
192	李俊伟	男	临颍县水利局	2012.9	移民办副主任	漯河市南水北调丹江口库区移民安置工作先进个人	漯河市政府
193	张德印	男	召陵区水利局	2012.9	副局长	漯河市南水北调丹江口库区移民安置工作先进个人	漯河市政府
194	王群生	男	郾城区水利局	2012.9	副局长	漯河市南水北调丹江口库区移民安置工作先进个人	漯河市政府

续表 15-3-1

序号	姓名	性别	获奖时工作单位	授奖时间（年.月）	获奖时职务或职称	获奖名称	授奖单位
195	李新杰	男	郾城区水利局	2012.9	移民办主任	漯河市南水北调丹江口库区移民安置工作先进个人	漯河市政府
七、南阳市							
196	柏建华	男	南阳市移民局	2007.12	局长	河南省水库移民后期扶持工作先进个人	省移民工作领导小组
197	李伟	男	南阳市移民局	2007.12	总工程师	河南省水库移民后期扶持工作先进个人	省移民工作领导小组
198	沈小红	女	南阳市移民局	2007.12	副主任科员	河南省水库移民后期扶持工作先进个人	省移民工作领导小组
199	武伟	男	南阳市移民局	2010.10	副局长	河南省南水北调丹江口库区第一批移民迁安工作先进个人	省委、省政府
200	王炜逸	男	南阳市移民局	2010.10	副局长	河南省南水北调丹江口库区第一批移民迁安工作先进个人	省委、省政府
201	何俊林	女	南阳市移民局	2011.1	副科长	河南省水库移民先进工作者	省移民工作领导小组
202	刘红艳	女	南阳市移民局	2011.1	科员	河南省水库移民先进工作者	省移民工作领导小组
203	王新楷	女	南阳市移民局	2011.1	科员	河南省水库移民先进工作者	省移民工作领导小组
204	赵虎如	男	南阳市移民局	2011.9	总工程师	南阳市南水北调丹江口库区移民迁安工作二等功	南阳市委、市政府
205	刘新华	男	南阳市移民局	2011.9	办公室主任	南阳市南水北调丹江口库区移民迁安工作三等功	南阳市委、市政府

续表 15-3-1

序号	姓名	性别	获奖时工作单位	授奖时间（年.月）	获奖时职务或职称	获奖名称	授奖单位
206	李皓	男	南阳市移民局	2011.9	副科长	南阳市南水北调丹江口库区移民迁安工作二等功	南阳市委、市政府
207	胡述鑫	男	南阳市移民局	2011.9	副科长	南阳市南水北调丹江口库区移民迁安工作三等功	南阳市委、市政府
208	周根庭	男	南阳市移民局	2011.9	科员	南阳市南水北调丹江口库区移民迁安工作三等功	南阳市委、市政府
209	刘富伟	男	南阳市移民局	2011.9	科员	南阳市南水北调丹江口库区移民迁安工作三等功	南阳市委、市政府
210	杨风	男	南阳市移民局	2011.9	科员	南阳市南水北调丹江口库区移民迁安工作三等功	南阳市委、市政府
211	郭贡献	男	南阳市移民局	2012.1	副科长	河南省水库移民先进工作者	省移民工作领导小组
212	吴家宝	男	南阳市移民局	2012.5	纪检组长	河南省南水北调丹江口库区移民迁安工作先进个人	省委、省政府
213	朱玉三	男	南阳市移民局	2012.5	副调研员	河南省南水北调丹江口库区移民迁安工作先进个人	省委、省政府
214	杜仲芬	女	南阳市移民局	2012.5	科长	河南省南水北调丹江口库区移民迁安工作先进个人	省委、省政府
215	韩连和	男	南阳市移民局	2015.1	副处级干部	河南省 2014 年度移民后期扶持工作先进工作者	省移民办
216	张朝甫	男	南阳市移民局	2016.4	办公室副主任	2015 年度全市党委系统信息工作先进工作者	南阳市委
217	韦忠良	男	淅川县移民局	2009.11	副书记	南阳市南水北调丹江口库区移民试点工作先进个人	南阳市委、市政府

续表 15-3-1

序号	姓名	性别	获奖时工作单位	授奖时间（年.月）	获奖时职务或职称	获奖名称	授奖单位
218	肖勤	女	淅川县移民局	2009.11	副股长	南阳市南水北调丹江口库区移民试点工作先进个人	南阳市委、市政府
219	聂俊毅	男	淅川县盛湾镇	2010.10	镇长	河南省南水北调丹江口库区第一批移民迁安工作先进个人	省委、省政府
220	石成宝	男	淅川县移民局	2010.11	书记	南阳市南水北调丹江口库区第一批移民迁安工作先进个人	南阳市委、市政府
221	张岩	男	淅川县移民局	2010.11	副局长	南阳市南水北调丹江口库区第一批移民迁安工作先进个人	南阳市委、市政府
222	刘迎新	男	淅川县移民局	2011.1	股长	2010年度南阳市水库移民后期扶持工作先进个人	南阳市移民局
223	李小红	女	淅川县移民局	2011.1	股长	2010年度南阳市水库移民后期扶持工作先进个人	南阳市移民局
224	殷会霞	女	淅川县移民局	2011.1	股长	2010年度南阳市水库移民后期扶持工作先进个人	南阳市移民局
225	刘建朝	男	淅川县移民局	2011.1	股长	2010年度南阳市水库移民后期扶持工作先进个人	南阳市移民局
226	张芳	女	淅川县移民局	2011.1	副股长	2010年度南阳市水库移民后期扶持工作先进个人	南阳市移民局
227	韦志月	女	淅川县移民局	2011.3	办公室副主任	南阳市巾帼建功标兵	南阳市“双学双比”、“巾帼建功”活动领导小组
228	梁占佩	男	淅川县移民局	2011.4	副主任科员	南水北调移民征迁宣传工作先进个人	省移民办
229	王林	男	淅川县移民局	2011.4	党办主任	南水北调移民征迁宣传工作先进个人	省移民办

续表 15-3-1

序号	姓名	性别	获奖时工作单位	授奖时间（年.月）	获奖时职务或职称	获奖名称	授奖单位
230	张光东	男	淅川县香花镇	2011.9	镇长	南阳市南水北调丹江口库区移民迁安工作三等功	南阳市委、市政府
231	张寿昌	男	淅川县移民局	2011.9	副局长	南阳市南水北调丹江口库区移民迁安工作先进个人	南阳市委、市政府
232	侯炳耀	男	淅川县移民局	2011.9	总工程师	南阳市南水北调丹江口库区移民迁安工作先进个人	南阳市委、市政府
233	徐国亮	男	淅川县移民局	2011.9	副局长	南阳市南水北调丹江口库区移民迁安工作先进个人	南阳市委、市政府
234	简新国	男	淅川县移民局	2011.9	股长	南阳市南水北调丹江口库区移民迁安工作先进个人	南阳市委、市政府
235	桂雷	男	淅川县移民局	2015.1	办公室主任	2014年度南阳市水库移民后期扶持工作先进个人	南阳市移民局
236	杨芳	女	淅川县移民局	2015.1	股长	2014年度南阳市水库移民后期扶持工作先进个人	南阳市移民局
237	朱静芬	女	淅川县移民局	2017.2	办公室副主任	2016年度南阳市水库移民后期扶持工作先进个人	南阳市移民局
238	李书光	男	淅川县移民局	2017.2	股长	2016年度南阳市水库移民后期扶持工作先进个人	南阳市移民局
239	侯铁平	男	淅川县移民局	2017.2	副股长	2016年度南阳市水库移民后期扶持工作先进个人	南阳市移民局
240	朱耀德	男	唐河县移民局	2010.2	后扶股负责人	南水北调丹江口库区移民信息工作先进个人	省移民安置指挥部办公室
241	方建国	男	唐河县移民局	2010.11	副局长	南阳市南水北调丹江口库区第一批移民迁安工作先进个人	南阳市委、市政府

续表 15-3-1

序号	姓名	性别	获奖时工作单位	授奖时间（年.月）	获奖时职务或职称	获奖名称	授奖单位
242	张朝甫	男	唐河县马振抚乡	2010.11	党委委员、武装部部长	南阳市南水北调丹江口库区第一批移民迁安工作先进个人	南阳市委、市政府
243	韩勇	男	唐河县移民局	2010.11	副主任科员	南阳市南水北调丹江口库区第一批移民迁安工作先进个人	南阳市委、市政府
244	丁君丽	男	唐河县移民局	2010.11	副主任科员	南阳市南水北调丹江口库区第一批移民迁安工作先进个人	南阳市委、市政府
245	李文富	男	唐河县移民局	2010.11	总工程师	南阳市南水北调丹江口库区第一批移民迁安工作先进个人	南阳市委、市政府
246	胡海燕	女	唐河县移民局	2010.11	财审股负责人	南阳市南水北调丹江口库区第一批移民迁安工作先进个人	南阳市委、市政府
247	牛中杰	男	唐河县移民局	2011.4	办公室副主任	南水北调移民征迁宣传工作先进个人	省移民办
248	涂纪山	男	唐河县移民局	2016.1	办公室主任	2015 年度南阳市移民工作先进个人	南阳市移民工作领导小组
249	牛盛林	男	唐河县移民局	2016.1	后扶股长	2015 年度南阳市移民工作先进个人	南阳市移民工作领导小组
250	郭德喜	男	唐河县移民局	2017.2	局长	2016 年度南阳市移民工作先进个人	南阳市移民工作领导小组
251	孙大明	男	社旗县委宣传部	2012.5	部长	河南省南水北调丹江口库区移民迁安工作二等功	省委、省政府
252	陈睿	女	社旗县移民局	2015.1	副局长	2014 年度南阳市移民工作先进工作者	南阳市移民工作领导小组
253	李琦	男	社旗县移民局	2016.1	股长	2015 年度南阳市移民工作先进个人	南阳市移民工作领导小组
254	王秋皓	男	社旗县移民局	2016.1	股长	2015 年度南阳市移民工作先进个人	南阳市移民工作领导小组
255	平定浩	男	社旗县移民局	2016.1	股长	2015 年度南阳市移民工作先进个人	南阳市移民工作领导小组
256	王书嵩	男	社旗县移民局	2016.1	监察室主任	2015 年度南阳市移民工作先进个人	南阳市移民工作领导小组
257	张坤	男	社旗县移民局	2017.2	局长	2016 年度南阳市移民工作先进个人	南阳市移民工作领导小组

续表 15-3-1

序号	姓名	性别	获奖时工作单位	授奖时间（年.月）	获奖时职务或职称	获奖名称	授奖单位
258	刘红旗	男	社旗县移民局	2017.2	副局长	2016 年度南阳市移民工作先进个人	南阳市移民工作领导小组
259	刘世林	男	社旗县移民局	2017.2	副局长	2016 年度南阳市移民工作先进个人	南阳市移民工作领导小组
260	程佳臣	男	社旗县移民局	2018.2	副局长	2017 年度南阳市移民工作先进个人	南阳市移民工作领导小组
261	程元立	男	新野县移民局	2009.11	副局长	南水北调丹江口库区移民试点工作先进个人	南阳市委、市政府
262	杨鹏	男	新野县移民局	2011.9	股长	南阳市南水北调丹江口库区移民迁安工作先进个人	南阳市委、市政府
263	张来选	男	新野县移民局	2014.12	副局长	南阳市移民信访工作先进个人	南阳市移民工作领导小组
264	杨守刚	男	新野县移民局	2015.1	纪检组组长	2014 年度南阳市移民工作先进工作者	南阳市移民工作领导小组
265	李洁	女	新野县移民局	2016.1	副科级干部	2015 年度南阳市移民工作先进个人	南阳市移民工作领导小组
266	邓大亢	男	新野县移民局	2016.2	股长	2015 年度南阳市水库移民后期扶持工作先进工作个人	南阳市移民工作领导小组
267	李静	男	新野县移民局	2018.2	办公室主任	2017 年度南阳市移民工作先进个人	南阳市移民工作领导小组
268	黄丽轩	男	新野县移民局	2018.2	科长	2017 年度南阳市移民工作先进个人	南阳市移民工作领导小组
269	李亚卿	男	宛城区移民局	2010.10	副科级干部	河南省南水北调丹江口库区第一批移民迁安工作先进个人	省委、省政府
270	吴鑫	男	宛城区移民局	2010.11	科长	南阳市南水北调丹江口库区第一批移民迁安工作先进个人	南阳市委、市政府
271	罗一楠	男	宛城区移民局	2011.1	科长	2010 年度南阳市水库移民后期扶持工作先进个人	南阳市移民局
272	朱瑞海	男	宛城区移民局	2011.9	局长	南阳市南水北调丹江口库区移民迁安工作先进个人	南阳市委、市政府

续表 15-3-1

序号	姓名	性别	获奖时工作单位	授奖时间（年.月）	获奖时职务或职称	获奖名称	授奖单位
273	王大博	男	宛城区移民局	2011.9	副局长	南阳市南水北调丹江口库区移民迁安工作先进个人	南阳市委、市政府
274	闫淼	女	宛城区移民局	2012.12	科长	南水北调系统资金管理工作先进个人	国务院南水北调办
275	马民	男	宛城区移民局	2016.2	科长	2015 年度南阳市水库移民后期扶持工作先进个人	南阳市移民局
276	裴春艳	女	宛城区移民局	2018.2	科员	2017 年度南阳市移民工作先进个人	南阳市移民工作领导小组
八、邓州市							
277	张华献	男	邓州市孟楼镇	2009.11	副镇长	南阳市南水北调丹江口库区移民试点工作先进个人	南阳市委、市政府
278	周正云	男	邓州市孟楼镇	2009.11	移民办主任	南阳市南水北调丹江口库区移民试点工作先进个人	南阳市委、市政府
279	曾显浩	男	邓州市构林镇	2010.10	移民办主任	河南省南水北调丹江口库区第一批移民迁安工作先进个人	省委、省政府
280	王成冰	男	邓州市九龙乡	2011.9	党委书记	南阳市南水北调丹江口库区移民迁安工作三等功	南阳市委、市政府
281	赵传贤	男	邓州市林扒镇	2011.9	副镇长	南阳市南水北调丹江口库区移民迁安工作先进个人	南阳市委、市政府
282	刘银虎	男	邓州市移民局	2011.9	副局长	南阳市南水北调丹江口库区移民迁安工作先进个人	南阳市委、市政府
283	辛泽安	男	邓州市移民局	2011.9	副科级干部	南阳市南水北调丹江口库区移民迁安工作先进个人	南阳市委、市政府
284	赵子春	男	邓州市移民局	2011.9	副主任科员	南阳市南水北调丹江口库区移民迁安工作先进个人	南阳市委、市政府

续表 15-3-1

序号	姓名	性别	获奖时工作单位	授奖时间（年.月）	获奖时职务或职称	获奖名称	授奖单位
285	闫渊	男	邓州市移民局	2011.9	办公室主任	南阳市南水北调丹江口库区移民迁安工作先进个人	南阳市委、市政府
286	张李娜	女	邓州市移民局	2011.9	科长	南阳市南水北调丹江口库区移民迁安工作先进个人	南阳市委、市政府
287	赵剑青	女	邓州市移民局	2011.9	科员	南阳市南水北调丹江口库区移民迁安工作先进个人	南阳市委、市政府
288	张博	男	邓州市移民局	2011.9	科员	南阳市南水北调丹江口库区移民迁安工作先进个人	南阳市委、市政府
289	刘秀芳	女	邓州市移民局	2011.9	科员	南阳市南水北调丹江口库区移民迁安工作先进个人	南阳市委、市政府
290	张慧	女	邓州市移民局	2011.9	科员	南阳市南水北调丹江口库区移民迁安工作先进个人	南阳市委、市政府
291	金丽娜	女	邓州市移民局	2012.5	副局长	河南省南水北调丹江口库区移民迁安工作二等功	省委、省政府
292	孙天社	男	邓州市移民局	2015.1	科长	河南省 2014 年度移民后期扶持工作先进个人	省移民办
293	张松林	男	邓州市张楼乡	2016.4	人大主席	南水北调东中线一期工程建成通水先进工作者	人力资源社会保障部、国务院南水北调办
九、移民安置设计和监督评估单位							
294	胡位钦	男	长江设计院建筑处	2012.5	总工程师	河南省南水北调丹江口库区移民迁安工作先进个人	省移民安置指挥部
295	朱春芳	女	长江设计院库区处	2012.5	副总工程师	河南省南水北调丹江口库区移民迁安工作先进个人	省移民安置指挥部

续表 15-3-1

序号	姓名	性别	获奖时工作单位	授奖时间（年.月）	获奖时职务或职称	获奖名称	授奖单位
296	林仕祥	男	长江设计院岩土总公司地质公司	2012.5	副总工程师	河南省南水北调丹江口库区移民迁安工作先进个人	省移民安置指挥部
297	何丽琼	女	长江设计院库区处	2012.5	副主任	河南省南水北调丹江口库区移民迁安工作先进个人	省移民安置指挥部
298	王德兵	男	长江设计院库区处	2012.5	副主任	河南省南水北调丹江口库区移民迁安工作先进个人	省移民安置指挥部
299	袁锦明	男	长江设计院库区处	2012.5	高级工程师	河南省南水北调丹江口库区移民迁安工作先进个人	省移民安置指挥部
300	陈晓庆	女	长江设计院库区处	2012.5	工程师	河南省南水北调丹江口库区移民迁安工作先进个人	省移民安置指挥部
301	祝红	女	长江设计院施工处	2012.5	工程师	河南省南水北调丹江口库区移民迁安工作先进个人	省移民安置指挥部
302	王振刚	男	黄河设计公司环境与移民工程院	2012.5	副院长	河南省南水北调丹江口库区移民迁安工作先进个人	省移民安置指挥部
303	刘翠芬	女	黄河设计公司环境与移民工程院	2012.5	副主任	河南省南水北调丹江口库区移民迁安工作先进个人	省移民安置指挥部
304	李敬茹	女	黄河设计公司环境与移民工程院	2012.5	工程师	河南省南水北调丹江口库区移民迁安工作先进个人	省移民安置指挥部
305	崔洋	男	黄河设计公司环境与移民工程院	2012.5	工程师	河南省南水北调丹江口库区移民迁安工作先进个人	省移民安置指挥部
306	曹志刚	男	黄河设计公司	2012.5	工程师	河南省南水北调丹江口库区移民迁安工作先进个人	省移民安置指挥部
307	杨扬	男	黄河设计公司	2012.5	工程师	河南省南水北调丹江口库区移民迁安工作先进个人	省移民安置指挥部

续表 15-3-1

序号	姓名	性别	获奖时工作单位	授奖时间（年.月）	获奖时职务或职称	获奖名称	授奖单位
308	段薇	女	河南黄河移民经济开发公司	2012.5	副总监	河南省南水北调丹江口库区移民迁安工作先进个人	省移民安置指挥部
309	孙凤枝	女	河南黄河移民经济开发公司	2012.5	副总监	河南省南水北调丹江口库区移民迁安工作先进个人	省移民安置指挥部
310	王彦黎	男	河南黄河移民经济开发公司	2012.5	副总监	河南省南水北调丹江口库区移民迁安工作先进个人	省移民安置指挥部
311	丁小平	男	江河水利水电咨询中心	2012.5	副总监	河南省南水北调丹江口库区移民迁安工作先进个人	省移民安置指挥部
312	王国强	男	江河水利水电咨询中心	2012.5	副总监	河南省南水北调丹江口库区移民迁安工作先进个人	省移民安置指挥部
313	王刚	男	江河水利水电咨询中心	2012.5	监理员	河南省南水北调丹江口库区移民迁安工作先进个人	省移民安置指挥部
十、新闻媒体							
314	董学彦	男	河南日报社	2012.5	记者	河南省南水北调丹江口库区移民迁安工作先进个人	省移民安置指挥部
315	赵川	女	河南日报社农村版	2012.5	主任记者	河南省南水北调丹江口库区移民迁安工作先进个人	省移民安置指挥部
316	冯波	男	河南电视台	2012.5	记者	河南省南水北调丹江口库区移民迁安工作先进个人	省移民安置指挥部
317	梅娜	女	河南人民广播电台	2012.5	记者	河南省南水北调丹江口库区移民迁安工作先进个人	省移民安置指挥部

第十六章　移民文化

2008 年 11 月，省委、省政府在郑州召开南水北调丹江口库区移民安置动员大会，河南省丹江口库区移民搬迁安置工作的序幕正式拉开，新华社河南分社、《人民日报》《光明日报》《经济日报》、中央人民广播电台、《科技日报》《农民日报》河南记者站、《河南日报》、河南人民广播电台、河南电视台等众多中央驻豫和省新闻单位均到会进行报道，“南水北调”和“移民搬迁”瞬时成为热门词汇。此后，南水北调丹江口库区移民安置便成为各路新闻记者争相竞技的大舞台，成为文学家、艺术家及其爱好者取之不竭的创作宝库，也为移民群众喜闻乐见的民间文化提供了丰厚的土壤。河南省南水北调丹江口库区移民文化主要包括两大基本层次，一是社会广泛参与移民迁安所进行的舆论支持、文学创作、艺术加工等。如中央及地方主流媒体，还有境外媒体对移民迁安工作的广泛宣传和报道；报告文学、诗歌、散文、故事等文学创作及艺术家们以戏曲、电影、歌曲、摄影及文艺演出的豫剧《家园》、电影《天河》、歌曲《最美是故乡》等脍炙人口的优秀剧目、歌曲和数以万计的摄影作品；省、市、县组织进行了多场大型移民春节慰问巡回演出，表演了歌舞、小品、快板、相声、配乐诗朗诵节目，为观众奉献了丰盛的文化大餐；二是移民自身的文化需求，民间自我开展的文化活动，成为移民思乡的精神寄托和向往新家园的思想追求。如移民群众和一些社会人士，凭借丹江口库区移民这个文化源泉，撰写了大量情感真挚、内容新颖、颇具移民特色的对联、民谣、碑文，形成了河南省南水北调丹江口库区移民特有的民间文化。

第一节　媒体宣传

河南省南水北调丹江口库区移民搬迁工作启动后，省移民安置指挥部办公室充分利用报刊、广播、电视、网络等宣传媒介，多次组织省市主流媒体，并邀请中央驻豫媒体，到移民搬迁安置一线实地采访，对移民搬迁安置方方面面的工作进行了真实生动的报道，为促进全省南水北调丹江口库区移民安置工作的顺利开展提供了有力的舆论支持。2009~2019 年，参与河南省南水北调丹江口库区移民采访报道的中央、地方媒体及境外媒体共有 50 多家，其中省级以上媒体就有 40 余家，共刊(播)发各类新闻稿件多达 800 余条(次)。接待了英国《泰晤士报》、美国《洛杉矶时报》、芬兰广播电视三台等多个境外媒体的采访,《香港商报》也在头版刊登专版《丹江口库区移民大搬迁——河南上演跨越式奇迹》,向世界展示了中国政府以民为本、和谐移民的良好形象。

一、搬迁安置

2009年8月16日,省委、省政府在许昌县榆林乡姬家营移民新村隆重举行河南省南水北调丹江口库区试点移民搬迁启动仪式,首批来自淅川县滔河乡姬家营移民村移民喜迁新居,南水北调丹江口库区移民由此拉开搬迁序幕,《人民日报》、新华社、中央人民广播电台、《经济日报》、中新社、《中国青年报》等国家级媒体和省内主要媒体都派出记者进行报道。其中,新华社的通稿被全国36家媒体采用,新华网、搜狐网、新浪网等新兴媒体也都给予链接,"南水北调"和"移民搬迁"瞬时成为热门词汇。试点移民搬迁期间,《河南日报》、河南人民广播电台、河南电视台、《大河报》《东方今报》《河南商报》《河南法制报》等9家省内媒体组成集中采访团,先后深入淅川、宝丰、唐河、许昌、中牟、原阳移民搬迁安置一线,走访移民群众和干部,对移民搬迁安置工作进行了全方位、多角度的深入报道。《最是浓浓移民情》《留棵柿树送乡亲》《马川村搬迁记》等一批反映移民真实生活,表达群众真情实感的新闻相继播出,这些新闻以小见大,以情感人,成为试点移民搬迁活动期间宣传工作的新亮点。

在第一批移民集中搬迁期间,记者们从搬迁现场采访到安置地全程跟踪,编发了多篇感人至深的稿件。其中《人民日报》发表的《南水北调移民喜迁新居》,新华社发表的《河南多重预案保障南水北调库区移民和谐搬迁》《南水北调丹江口库区首批移民搬迁结束》,《河南日报》发表的《丹江口库区第一批大规模移民搬迁启动》,《河南日报》农村版发表的《告别桑梓地,走向新生活》,《大河报》发表的《6.47万淅川人今起别故乡》及河南电视台《孤岛生活最后一天》等新闻报道给人们留下了深刻的印象。第一批移民集中搬迁结束后,《河南日报》设立专版连续编发了《为丹江口库区移民建设美好家园》《丹水济京津,渠首立丰碑》《丹江口6万多移民如何实现和谐搬迁》等重点稿件。2010年10月26日,省委、省政府召开南水北调丹江口库区第一批移民安置总结表彰暨第二批移民安置再动员电视电话会议,《河南日报》分3次以数个版面刊登了《饱含深情的帮扶,爱心澎湃的合唱》《走和谐移民之路,创水利移民奇迹》《丹江一渠水,中原万里情》,介绍了省直25个包县工作组、6个省辖市和25个县(市、区)做好移民安置工作的先进事迹。会议之后,由《河南日报》等8家省内主流媒体组成的采访团,奔赴南阳、平顶山等地,对受表彰的先进单位和个人进行了宣传报道,先后刊发了《河南日报》的《民工县长李海宪》、河南人民广播电台的《迁徙300里,春风到我家》、河南电视台的《把真心给移民》、《河南日报(农村版)》的《移民"超人"》、《大河报》的《为了移民兄弟的笑脸》、《河南商报》的《宁让移民骂一阵子,不让移民骂一辈子》、《东方今报》的《"大喇叭"县长汗水泡坏手机》、大河网的《"老宋来了",县委副书记"走进"移民心中》等多篇典型报道,有力地宣传了移民工作先进典型,掀起了宣传先进、学习先进、争当先进的热潮。

在第二批移民集中搬迁期间,中央及省、市新闻单位对河南省的南水北调移民搬迁安置工作给予了持续不断的宣传报道。2011年5月4日,南阳市在唐河县毕店镇凌岗移民新村为百对移民新人举行了主题为“迁安两地结同心,情系移民红线牵”的“百年情缘——百对移民新人集体婚礼”活动,新华社的《百对南水北调移民新人集体结婚》、中新社的《南水北调河南百对移民联姻,打破“不通婚”历史》等多篇新闻稿件,引起了社会各界的强烈共鸣。5月5日,南阳市和省移民安置指挥部分别在淅川县大石桥乡西岭村和邓州市腰店镇西岭移民新村举行丹江口库区第二批移民欢送和搬迁启动仪式,《人民日报》发表了《南水北调第二批移民搬迁在南阳启动》、新华社发表了《难舍故乡情 难掩乔迁喜——河南省南水北调库区第二批移民搬迁现场直击》,以及中央人民广播电台、中央电视台等中央主要新闻单位都进行了报道。《河南日报》在《关注南水北调移民搬迁》专栏给予了重点报道,省内其他主流媒体也都进行了集中报道。6月8~10日,《河南日报》分别以移民干部、移民群众和移民管理机构为采访对象,以3个整版的篇幅连续刊登了《创新,破解迁安难题》《奉献,铺就迁安“心路”》《协作,奏响和谐乐章》3篇大文章。8月下旬,在河南省农村外迁近迁移民集中搬迁基本完成之际,由多家中央及省市媒体参加了记者团,连发了大量新闻稿件:8月25日,中央人民广播电台《南水北调丹江口库区农村移民集中搬迁工作基本结束》、中央电视台《新闻直播间:河南南水北调丹江口库区移民搬迁——对故乡恋恋不舍 对新家充满期待》;26日,新华社每日电讯《我的老家,在丹江下——南水北调河南境内库区移民迁安侧记》《南水北调移民:老家的最后晚餐》,中央人民广播电台《丹江口库区最后一批移民泪别家园,南水北调还要再迈几道坎》,中央电视台《朝闻天下:河南南水北调丹江口库区移民搬迁,农村移民集中搬迁基本完成》,《河南日报》的《丹江情犹在 更喜天地新》《河南:镌刻在世纪工程上的永恒印记——写在南水北调丹江口库区第二批移民结束之际》,27日,中央电视台“新闻周刊”栏目播发《“南水北调”移民》;28日,《人民日报》刊登《16.2万,淅川大移民》详细介绍了河南省丹江口库区移民搬迁“四年任务、两年完成”的成功实践;29日,《人民日报》第一版刊登《心中永远装着移民百姓——写在河南省南水北调丹江口库区移民搬迁基本完成之际》;31日,新华社播发通稿《丹江水暖移民心——南水北调丹江口移民搬迁综述》。9月,《黄河 黄土 黄种人》杂志刊登《为水而徙——河南省南水北调丹江口库区大移民纪事》。11月,《半月谈》第22期以淅川县南水北调丹江口库区移民告别故土图片为封面,刊登《“移民大考”催生社会管理创新样本》。12月2日,《中国水利报》刊登《南水北调大移民——河南卷》。2012年5月,《河南日报》连续刊登《移民精神辉耀中原——我省南水北调丹江口库区移民工作综述》《南水北调润华夏,移民壮歌动中原》。通过这些专题报道,将河南移民宣传工作推向了新的高潮。

二、后期帮扶

2012年5月,随着全省南水北调丹江口库区移民迁安总结表彰暨后期帮扶工作动员电视电话会议的召开,丹江口库区移民工作由此全面转入后期帮扶时期。为积极营造移民后期帮扶工作氛围,6~9月,省移民安置指挥部多次组织省内新闻单位到移民新村进行采访,对省直有关单位帮扶移民发展及移民新村生产致富方面的典型进行系列报道。《河南日报(农村版)》先后刊发了《移民新村爱心涌动》《周湾移民日子越过越红火》,《大河报》刊发了《9岁移民小女孩患重病,两个家乡好心人纷纷捐款》《以前一年挣一万,现在一年挣五万》,《东方今报》刊发了《周湾移民新村的幸福事儿》等稿件,营造了全社会继续关心移民、支持移民,移民自力更生勤劳致富的良好氛围。11月16日,《河南日报》刊登《移民朋友:你在新家还好吗?》,整版介绍移民搬迁后的幸福生活。

2012年12月,省移民办开始有序实施移民村社会管理创新工作,18个试点村中南水北调丹江口库区移民村就有17个。《光明日报》《人民日报》、中央电视台及《河南日报》《河南工人日报》等中央和地方主流媒体持续给予关注跟踪。2013年2月19日,《光明日报》刊发《一搬就成小康之家》一文,报道河南如何破解移民稳定发展难题。文章说:近年来,省移民办积极创新工作机制,在顺利实现丹江口库区16.5万人移民搬迁后,坚持移民安置和发展致富两手抓,出台了《关于加强和创新移民村(社区)社会管理的指导意见》,在18个移民村试点成功后,目前已在全省384个移民村全面展开,移民生活已经达到或超过原有水平,部分村人均收入已实现翻番,成功走出了一条让移民群众"稳得住、能发展、快致富"的新路。省委副书记邓凯阅读此文后批示:感谢《光明日报》对河南工作的关心和支持。河南移民工作确有许多值得总结、宣传的地方。2月24日,《人民日报》以《移民有了新奔头,移民怎么融入当地?河南省中牟县姚湾新村创新社会管理》为标题,报道南水北调丹江口库区姚湾移民村在加强和创新社会管理工作机制下,村级集体经济快速壮大,"一村一品"格局初步形成;"两委"班子的权力在阳光下运行,凝聚力和战斗力显著增强,干群关系日益密切,社会大局和谐稳定。4月2日,《河南日报》第一版刊发了《移民村社会管理的"河南探索"——我省加强和创新移民村社会管理工作纪实》,站在全局高度,以新闻记者的独特视角,从不同侧面详细报道了河南省加强和创新移民村社会管理的生动实践和成效。7月30日,中央电视台一套"新闻联播——到群众中去"栏目以河南省南水北调丹江口库区马湾移民村为背景,报道河南省当时正在开展的"对照焦裕禄精神找差距转作风"活动。新闻说:因为南水北调河南省有200多个移民村,家安置了,生产中的难题、生活水平的提高就成了重点。马湾村是河南郏县两年前新建的一个移民村。村民从库区迁到这里,也从原来的打渔为生,改成了种庄稼。但因为没有经验,收入一直上不去。包村干部邢延松来了后,多方协调,帮助村里引来一个投资2.8亿元的农业产业园项目,村民把土地流转给园区规模种植大棚蔬菜和花卉。项目建成后,村民既可以每年领取分红,也可以在里面打工赚钱。9月25日,新华网河南频道以《河南在南水北调移民村试点再造集体经济》为题,报道河南省加强和创新移民村社会管理工作情况:河南省以南水北调移民迁安为契机,整合发展扶持资金,再以项目资产的形式注入村集体,进行集体经济再造试点。在集体资产平台上,一方面创新村级经济管理模式,引导群众通过租赁、入股等方式广泛参与资产经营;一方面创新民主管理模式,依托村民自治强化资产管理。一年多来,18个试点村集体收入从无到有,农民大幅增收,河南省移民管理机构正将这一模式在300多个重点移民村中全面推开。2012年12月至2013年,河南新闻媒体重点报道全省南水北调丹江口库区移民创新社会管理情况。

《河南日报》刊发了《我省移民办1 700万元助推移民试点村管理创新》《移民村社会管理的"河南探索"——我省加强和创新移民村社会管理工作纪实》,《河南日报(农村版)》刊发了《让移民自己管自己》,《河南工人日报》刊发了《实现"一村一品"达到强村富民》等文章。

2014年2月,省移民工作领导小组印发《关于在全省移民村实施"强村富民"战略的意见》,明确提出了"争取到2015年年末,全省各移民村'一村一品'的产业发展格局基本形成,集体经济实力明显增强"的目标。5月22日,《河南日报》刊发《破解移民难题的创新之路》,以南水北调丹江口库区移民村为重点,详细介绍了全省移民村实施"强村富民"战略,发展"一村一品"的成效。10月8日,《河南日报》第一版刊登《强村富民人均收入翻番 管理创新激活村庄活力——"河南经验"破解移民稳定发展难题》的文章:丹江口库区共208个移民村,目前有集体收入的村已超过80%,集体收入超50万元的村子有30多个,辉县市侯家坡村去年集体收入已突破200万元。2015年5月3日,《光明日报》第一版刊登《此心安处是吾乡——河南省南水北调移民的幸福新生活》,介绍丹江口库区移民人均纯收入由搬迁前的4 200元增至8 485元,经济发展快的村人均年收入已经突破2万元。2017年11月17日,在南水北调丹江口库区移民搬迁5周年之际,《河南日报》第一版以《走进新时代,踏上振兴路》为题发表文章,全面反映南水北调移民搬迁5年来生产、生活新变化。

第二节　文学作品

反映南水北调丹江口库区移民的文学作品,分为报告文学、诗歌、散文和人物故事等4大类。长篇报告文学的代表作主要有《向人民报告——中国南水北调大移民》《世纪大移民》《南水北调大移民》《碧水壮歌——南水北调丹江大移民纪实》等;短篇也不少,其中《惊涛有泪——南阳大移民的故事》《淅川大声——讲述一个你应该知道的故事》最具代表性。这些作品从不同角度勾勒出了一幅幅南水北调移民悲壮豪迈的历史画卷,也为中国水利移民留下了一份珍贵的史料。诗歌创作数量巨大,总数约有数万首,除有一少部分在各类媒体登载之外,绝大多数散落在民间。散文和故事也不少,尤其是故事更能得到人们的喜爱。散文《难忘槐树情,盼望槐花香》《丹江边的小镇》《移民日记》《酸菜面条》,勾起人们难忘的故乡情结;故事《老万的冬去春来》《魏老汉的挂心事》,篇幅虽短,情节也不复杂,但却让人感受到南水北调丹江口库区移民搬迁前万志成的家长里短和魏老汉心中的苦辣酸甜,平凡中见伟大,琐碎中露真情。

一、报告文学

报告文学的作者们在采访河南省南水北调丹江口库区移民搬迁安置过程中,通过亲身的体验和真挚的情感,创作了许多具有典型意义的报告文学作品。如短篇报告文学

《淅川大声——讲述一个你应该知道的故事》在《光明日报》全文登载后，国务院南水北调办主任鄂竟平给予了高度评价，并指示有关单位组织阅研。这些报告文学作品充满了时代正能量。

（一）《惊涛有泪——南阳大移民的故事》

2010年12月1日，《人民日报》副刊刊发著名作家蒋巍创作的报告文学《惊涛有泪——南阳大移民的故事》后，在读者中产生了强烈反响，受到社会各界的广泛关注和一致好评。《惊涛有泪——南阳大移民的故事》分3个部分。第一部分"淅川人民有恩于国家"，从半个多世纪前南水北调的惊天伟构就此横空出世写到南阳数十万建设者奋战丹江口水库的感人场面以及历史上两度远地搬迁给南阳市淅川县移民带来的创伤和痛苦令人唏嘘；第二部分"移民经费是带电的高压线"，叙述新世纪新阶段省、市、县、乡各级领导和移民干部认真践行胡锦涛总书记提出的"权为民所用、情为民所系、利为民所谋"，把百姓当父母、视移民为亲人，使轰轰烈烈的移民工作如同涌流着深情、温暖和关爱的热潮成为南阳前所未有的"爱民大行动"；第三部分"北京能喝上咱家的水也是咱的光荣"，描写广大淅川移民群众深深感念中国共产党人和社会主义中国的宏大的爱，深明大义忍住骨肉分离之痛义无反顾搬离家园、开始崭新生活的感人故事。《惊涛有泪——南阳大移民的故事》是对南水北调中线工程丹江口水库南阳移民搬迁历史的真实记录，更是对南阳广大库区移民、移民干部顾全大局、艰苦创业、舍己为公、万众一心的衷心礼赞。

2010年11月29日，人民日报社副总编辑米博华在文章大样上批示：这是一篇饱含感情的力作，以南阳大移民为背景，展示了党的基层干部忍辱负重，一心为民的伟大情怀。虽然在现实生活中干部思想、作风存在这样那样的问题，但绝大多数党员干部特别是基层干部是有觉悟、有品格的，是为这个国家做出奉献和贡献的，这是主流。蒋巍同志这篇报告文学文字好，政治立意尤为难能可贵。加了小标题，意在突出亮点。

（二）《淅川大声——讲述一个你应该知道的故事》

河南省南水北调丹江口库区第一批移民搬迁期间，著名作家、《光明日报》高级记者刘先琴深入南阳市淅川县采访之后，写出了报告文学《淅川大声——讲述一个你应该知道的故事》。2010年7月20日，《光明日报》副刊整版刊发。《淅川大声——讲述一个你应该知道的故事》选材精当，笔法细腻，情感真挚，用7 000多字真实再现了南水北调大移民、大搬迁这一历史事件，反映了淅川移民干部群众甘于牺牲和奉献的可贵精神以及为呵护一库清水所做的工作。文章刊登后，引起了广大读者的共鸣，社会反响强烈。8月3日，国务院南水北调办公室主任鄂竟平就报告文学《淅川大声——讲述一个你应该知道的故事》做出专门批示："首先我要感谢先琴同志对南水北调的关心与支持。《淅川大声——讲述一个你应该知道的故事》写的好！讲大局，深刻、动人，阅时我几次落泪，阅后心情久久难平。既为移民'舍小家、为大家'精神所感动，也为我们党有众多的优秀基层干部而骄傲。同时，还增加了强烈的责任感。请综合司将此文上南水北调'网'与'报'，并告各单位组织阅研。"

（三）《一条流向北京的生命之河》

《人民日报（海外版）》2011年12月12日刊登《一条流向北京的生命之河》，作者为

《河南日报(农村版)》记者赵川。作者以饱满的感情,回顾了淅川县广大群众20世纪五六十年代为丹江口水库枢纽工程建设数次移民、搬迁返迁的艰难历史,赞美了广大移民为南水北调中线工程建设再次义无反顾、"舍小家,为大家"、离开世世代代耕耘的土地和生活的家园的伟大奉献精神,讴歌了广大移民干部为做好移民安置工作,忍辱负重、克难攻坚、"五加二,白加黑"忘我工作,甚至牺牲在工作岗位上的忠诚担当精神。

作者自2009年7月参与报道南水北调丹江口库区试点移民工作起,几年时间里跑遍了11个乡(镇)的100多个移民村,一年有300天左右在移民村采访,在《河南日报(农村版)》等报刊发表了大量南水北调移民搬迁安置、后续发展、生产生活等文章,和移民及移民干部结下了深厚的感情,被人们亲切地称为"赵淅川""移民记者"。赵川作为总撰稿,2012年5月22日河南日报报业集团编辑出版100个版《让历史铭记》专刊,以纪念河南省南水北调丹江库区移民迁安工作圆满结束,国务院南水北调办主任鄂竟平为专刊题字:"丹江北去长河清泉济世泽民,移民搬迁有情重义感天动地。"赵川远赴青海、湖北,沿着南水北调中线干渠,从渠首,到北京团城湖,采访了数百名南水北调工程参加者、移民,撰写了52万字的百名人物访谈实录《我的南水北调》,由郑州大学出版社出版,作为南阳市南水北调干部学院教材,她本人也被该学院聘为特聘教授。她作为河南省优秀志愿者,与移民的后代一起抢救保护成活丹江口库区的移民古树1 002棵,成功策划、举办两届"南水北调移民寻根文化节",作为淅川县南水北调移民精神报告团成员赴北京等地宣传河南移民工作中涌现的感人事迹。新华社新闻通稿《一个移民记者的"两缸"泪》、《经济日报》以整版的篇幅报道过赵川采访南水北调移民工作的事迹。

(四)《向人民报告——中国南水北调大移民》

长篇报告文学《向人民报告——中国南水北调大移民》,全书共分为6部15章94节,30万字。由作家赵学儒撰写,江苏文艺出版社出版发行。作品在真实、全面、客观记述南水北调大移民的基础上,突出权威性,彰显文学性,追求史诗效果。通过对众多人物和重要事件的记述,歌颂了中国共产党的正确领导,歌颂了社会主义制度的优越性,歌颂了伟大的移民精神,歌颂了中华人民共和国成立尤其改革开放以来取得的辉煌成就。同时,该书阐述了南水北调移民的成功经验,既是文学作品,也是文献资料。

作者以"我是移民的后代"为引子,引出全书的内容。他说:"1958年河北省修建大型水库——安格庄水库时,我的曾祖父带着我的爷爷、我的父亲,举家迁移到几十里外的易县西北部山区。我是水利移民的后代。"

第一部"水的国",作者以新视角从家乡的小河写起,较系统地披露中国水资源的情况。曾经的旱魔导演"人吃人",长江流的是鲜血、长城依然在流泪、沙尘暴南侵等水旱灾害,触目惊心,惨不忍睹。古代乃至今天的人们,用祈雨的方式祈求风调雨顺,然而只是竹篮打水一场空。历代仁人志士,把治水作为重中之重,不懈地奋斗,毛泽东就是其中的一员。今天的人们只知道他提出南水北调的设想,然而未必知道他的治水情结。丹江口库区很多人从20世纪50年代就开始移民,到现在搬迁了五六次,有的人一生都在搬迁的路上。

第二部"在路上",真实再现了南水北调工程实施,30多万移民再次告别故土,远离他乡的情景。一开始,从中央到地方就确定“一定要把移民安置好”的原则,彰显人性的回归,北京的牵挂。移民搬迁安置就应该一步到位,要让移民的日子有盼头,移民工作没有句号只有逗号等,把“以人为本”的理念落到了实处。尤其是移民新政,让移民得到了实惠。

第三部“大迁移”、第四部“灵与肉”,以“中原使命”“荆楚风韵”为题,真实记述了河南、湖北两省破解天下第一难的过程,鲜活地描写了众多移民干部的民生情怀和动人事迹,充分展现了伟大的移民精神。

第五部“别故乡”,记述移民离乡的情愁,如临其境。

第六部“心家园”,描写了移民稳得住,可发展,走向新生活的开始。作者以“我是移民的后代”引出全文,又以“归去来”结尾,别具匠心。

著名作家、中国作家协会副主席、中国报告文学学会会长何建明专门为该书撰写序言。他在序言中写道:每一个了解过移民的人,都无不为他们的行为和精神所感动。我也曾写过《国家行动》,每当回忆起百万三峡移民离别故乡时的情景,心情总是难以平静……所有为国家工程做出奉献牺牲的移民都是伟大的,我们当向他们致敬! 何建明说:“它使我看到了赵学儒对水的那片忠诚与挚爱。从水电工人,到中国水利报社记者,他从事的工作都是与水相关,因此对水的熟悉和了解可见一斑。我很高兴能看到这样有责任担当的作家,能够深入实地去了解移民,把最真实的、最感人的,渺小却伟大的民众的可爱之处展现出来,我想他的调查和写作是充满感情的。”

(五)《世纪大移民》

裴建军的长篇报告文学作品《世纪大移民》,内容共分为出迁青海、再迁大柴湖、搬迁移民在行动3个部分,全书20多万字、50多幅彩色图片。翔实地记录和见证了20世纪移民搬迁的艰辛,21世纪移民沐浴党的阳光雨露,实现以人为本、和谐搬迁的目标,不仅赞扬了“大局面前见大义、大义之中顾大局、大局大义铸大爱”的移民精神,也讴歌了移民干部为移民工作所做出的奉献和牺牲。中国报告文学学会副会长兼秘书长傅溪鹏为该书作序,作家出版社出版发行。

作者在基层工作近20年,丹江口库区移民搬迁时任淅川县金河镇镇长。他老家在淅川县老城镇裴岭村,家人也是这次南水北调移民。他亲自参加了这次移民搬迁组织工作,用耳闻目睹的故事及亲身亲历的第一手材料,详细记录了丹江大坝修建过程、南水北调宏伟蓝图的构成及实施……生动地描写了半个世纪以来,默默奉献的淅川移民为国家舍小家的崇高精神和他们别离故土的不舍情景,从不同角度为我们勾勒出一幅南水北调移民的悲壮豪迈的历史画卷。此书的出版,正是对淅川移民工作的一种肯定和纪念,也为淅川移民百姓留下了一份珍贵的史料。

(六)《南水北调大移民》

受南水北调建设者艰苦创业精神和千万移民奉献精神的感染,原荥阳市文联主席许满长从2007年年底开始到移民安置地和移民迁出地丹江口库区一线体验生活。经过3年多对迁安两地干部群众的深入接触,在收集大量素材的基础上,创作完成了长篇报告文学《南水北调大移民》。全书共7章54节,52万字,由河南文艺出版社出版发行。

此部作品以整个南水北调工程建设为总体视角，从1952年10月毛泽东主席登临黄河中下游分界处的小顶山提出南水北调构想写起，介绍了丹江口水库开建以来50多年间南水北调工程规划建设的曲折历程，介绍了南水北调东、中、西三条渠线的规划蓝图，并以中线丹江口库区移民搬迁和东、中两线干渠征迁为内容，以2008年年底启动的丹江口库区试点移民搬迁为线索，重点记述了库区移民迁出地河南省淅川县、安置地荥阳市安置上集镇魏营村试点移民的详细过程，概括记述了丹江口库区河南省淅川县8个试点乡(镇)和湖北省丹江口库区移民安置的过程，介绍了中线、东线京、津、冀、豫、鄂、苏、鲁干渠工程建设和征迁移民情况，赞颂了移民群众舍小家为国家、泪别故土迁异乡的牺牲精神，赞颂了安置地干群顾全大局、为移民调整土地建设新家园的奉献精神，展现了迁安两地移民干部忘我工作、无私奉献的工作作风。

全书叙述视野开阔、情节起伏跌宕、描写生动传神、语言简洁凝练，是一部有着较强可读性和艺术吸引力的报告文学作品。

(七)《碧水壮歌——南水北调丹江大移民纪实》

为真实反映16.5万河南省南水北调丹江口库区移民舍家为国的伟大壮举，讴歌感天动地的河南移民精神，南阳市本土两位作家刘正义和水兵，历时2年踏遍了移民区的山山水水，探访了移民村的里里外外，以高度的社会责任感，敏锐的时代洞察和思考，用手中的笔和真挚的情感，写就了长篇报告文学《碧水壮歌——南水北调丹江大移民纪实》。全书7章55目20余万字，在宏大的叙述中，真实地记录下这场难得的时代现场，并挖掘这场造福民众、泽被后世的伟大工程纵深处的精神内涵，同时又以细腻的笔法，描写了移民的情感世界。时任南阳市委书记李文慧为该书作序，2011年8月由中国图书出版社出版。

二、诗歌

为了歌颂并弘扬具有时代特征的南水北调移民精神，河南省有关市县通过移民诗歌有奖征文、诗歌采风及举办诗会等形式，引导、激励广大诗人和诗歌爱好者，以诗歌的形式记载下这一重大历史事件。从各地开展的移民诗歌征集活动来看，诗歌创作数量巨大，总数有数万首，并且有部分优秀作品被组织者选为“诗歌集”出版，部分在各类媒体登载。作者中有来自移民库区的诗人，有来自河南各地移民安置区和省内诗人，也有来自全国各省市的著名诗人；既有青年诗人，也有老年诗人。应征作品中既有现代新诗，也有古体诗词；既有从一个侧面反映移民搬迁的短诗作，也有全方位反映南水北调中线工程的史诗式长篇诗作。一些中央领导到河南省考察南水北调工程和丹江口库区移民工作期间，即兴赋诗，以示心境。2011年9月22~23日，中共中央政治局委员、北京市委书记刘淇率领北京市党政代表团来豫考察南水北调工程期间欣然赋诗：“南水北送真辉煌，最动情是离故乡。清水滋润京城日，共赞豫宛好儿郎”，以此表达对河南人民为南水北调工程无私奉献的感激与赞美之情。

特选诗歌代表作如下：

（一）《梦里水乡》

有时候，并不是举起手来
就能彻底完成一次告别
一个老人对故土的深情
像鱼之于水

大巴车一辆接一辆
像巨龙，从丹江出发
擦干眼泪，藏起离别的悲伤
从一个家到另一个家
龙的传人走过这段路
从山区到平原
从江下到河北

故乡啊故乡
为了更多人的安居
我们天各一方
如果
如果你的梦里有一尾鱼
那就是我
随北调的渠水，逆流回归
找寻记忆深处的那片水乡

（原载王韵华主编《丹江之歌——“移民情”诗歌有奖征文优秀作品选》；作者：胡明）

（二）散文诗《心在哪里激荡》

默默地思量：心在哪里激荡？怎能把它遗忘，跨越长江、黄河、淮河、海河四大流域，自南向北的三条千里清水长廊，还有即将被浇灌的京、津、冀北国大地。

心在哪里激荡？滔滔丹水碧浪，茫茫秦楚大地金戈铁马的古战场，袅袅香烟的千年古刹庙堂，郁郁翠绿的万顷苍竹、松林、柏杨。

心在哪里激荡？和久违的亲友共饮佳酿时的淋漓酣畅，和妻儿携手挽臂漫步郊野的惬意舒畅，和白发老娘夜灯下倾诉衷肠的快乐安详。

心在哪里激荡？流转的时光，敬畏的上苍，即使是库区、他乡，即使是跨江大桥的施工现场，移民新村的锣鼓喧响，即使是丹江大坝的异彩流光和陶岔渠首的彩旗飘扬！

我多想多想：站在基层干部政策培训班的讲堂，千遍万遍地给大家解读心中的迷茫。

我多想多想：深入库区群众，倾心解囊，在千人万人的会场上解疑释惑，陈词激昂。

我多想多想：在迁安两地奔走呼号，来来往往，千里万里星夜奔忙。

我多想多想：挽起臂膀，冲在几十万移民大军搬迁主战场的最前方，摇旗呐喊，勇往直前。

我多想多想：遨游在浩瀚的丹江河上，为过往搬迁的船只保驾护航，劈波斩浪。

我多想多想：滚滚北去的清流，像母亲的乳汁，早点滋润京津儿女干涸的口腔，在饥渴的燕赵大地自由地亲吻、流淌。

我多想多想：远离故土的众亲乡邻，舍小家、顾大家、为国家、建新家，搬得出、稳得住、能发展、可致富，早日插上腾飞的翅膀，奔向小康，奔向远方。

我多想多想：好儿女志在四方，无论走到哪里，都有爱的天堂和梦的空旷；无论走到哪里，都会在希望的田野上生根、开花、结果！

我多想多想：让徐徐清风、悠悠白云拂去身上的污垢、埃尘，让丝丝雨雾、缕缕幽香抹去心灵的忧伤、悲怆，连同昔日那曾经的骄狂和妄想……

哦，丹江风光，故乡难忘！丹江拍岸的涛浪，一代代生生不息的愿望，在八百里长河两岸闪射出璀璨的光芒。

哦，丹江儿女，民族脊梁！南水北调的宏图，一次次背井离乡的震撼，在华夏五千年文明史册上谱写华丽的乐章。

“偶然风雨惊花落，再起楼台待月明”。心，不需要激荡，只要在难忘的地方，有绵绵青山在呼唤，有茫茫碧湖在荡漾，心就在挥洒的过程中闪耀、发光！

（原载《河南移民》专刊 2010 年第 7 期；作者：沙连海）

（三）《移民的父亲》

抓一把房前熟悉的泥土
翼翼小心地用红布包好
就把故乡的芬芳
永远装进了历史

徘徊家乡小径
谛听拔节的玉米窃窃私语
就恍惚在满山遍野的玉米花香中
心，更割舍样难受

借夕阳余晖
俯视烟波浩渺的一库碧水
滔滔地流往北京、天津
此刻，伫立在家门口的父亲
一任浑浊的泪水倾盆而泄

一生历经三次搬迁
苦辣咸涩
父亲用大爱
写出了丹江口库区千千万万移民

博大宽广的襟怀

（原载《河南移民》专刊 2011 年第 6 期；作者：许纪民）

（四）《荷塘风景——记一次雨中移民搬迁》

在滂沱大雨中
丹江碧水里的鱼儿
一路漂泊
游进百里之外新家的荷塘

荷叶撑起绿伞
荷花弥散温馨
从淅川老家到宛东新居地
丹江清流与这里的水土
只为他们
而完成了一次交融

于是红蜻蜓扇动薄翼
轻溅满池诗情
太阳雨和虹泼洒水彩画
新村舒展巨幅荷塘风景

（原载《河南移民》专刊 2011 年第 6 期；作者：琳芝）

（五）《你高举一觞美酒 走向北方》

当 21 世纪韶华初放
你站在伏牛山之巅
从汉风楚韵的年轮深处
飘然来到江边
将一个金色承诺
如一尾北上的锦鲤
郑重地放入了
碧波万顷的丹江
让半个世纪的铮铮誓言
在历史与现实的撞击融合中
沉淀发酵
让坚定不移的信念
披着一片日光月色
拨开酝酿的重重碧浪

白浪卷起处

尾随远去的锦鲤之后
范蠡故里的一轮明月
诸葛茅庐弹奏的琴声
伤寒论古朴的文字
光武帝的金戈铁马
地动仪的宽广胸襟
告别故土的眼泪
移民新村的欢声笑语
像无数条鱼儿戏水弄波
演奏起一曲波澜壮阔的动人乐章

终于 在世界惊奇的目光与喝彩中
你站在神州坚实的大地上
将酿成的丹江这坛美酒托起
庄严地
斟入了南阳盆地这杯玉觞
如奥运会五星红旗下的金杯
高高举起
从此 美丽的独山
化为人类酿造史上一个
硕大的惊叹号
蜿蜒的白河 唐河
在九州改造自然版图上
擎起了两首碧绿的诗行

你高举玉觞
走向北方
这是一觥亘古未有的仙界琼浆
我依稀听到
它散播的浓郁香气
驱散了遮天蔽日的沙尘风暴
它闪耀的迷人星光
照亮了花丛中微笑的脸庞
它奔腾不息的青春
让暴虐的旱魔一醉不醒
它汹涌澎湃的碧血
让城乡泉水变得清澈深长

这是一樽人间珍贵的精神佳酿
我仿佛看见
她一望无际的关注
编成一条金绳
将中华之心联结一起
它浩浩汤汤的爱心
化为飞舞的彩虹
连接祖国的四面八方
它碧波如烟的思念
铸就一座丰碑
在大地巍然屹立
它烟波浩渺的奉献
汇聚一条北上的青龙
盘踞于世界东方

你高举玉觞
高举华夏不朽的灵魂
穿越襄汉漕渠的历史风云
跨过国人千年的叹息和梦想
向北方走去
走向黄帝故里
走向团城湖
南阳 我的故乡
请将我举起的晶莹带去吧
让一棵青莲的赤诚
和玉觞中的大爱大美一起
流进共和国的心脏
在祖国广袤壮丽的胸怀里
像大河的浪花一样
奔腾向前
永远歌唱 流淌

（原载《河南移民》专刊 2011 年第 8 期；作者：李斌）

（六）《移民情·红枫之恋》

一棵丹江岸畔的红枫
一株守望的神祇
根于大地紧拥
乃移民扯不断的魂

叶于天空郁葱
乃游子展不开的眉
千年风万年月
凝重沧桑的宇宙之眼
阅尽人类悲欢离合
它面向北方倾诉大爱
通体写满难舍的留言
……

经历的风吹雨打
使丝丝红液
从它的面颊渗出
感染了一江春水
点缀了远航的船头
丹江枫林以血样红衫
为走异乡的亲人
纵怀舞蹈纵情歌唱
启程的汽笛
像伴奏的绝响
一树的话语满枝的心事
是最好的饯行

（原载《河南移民》专刊2011年第8期；作者：赵斌）

（七）《沁园春·丹江大移民》

伏牛南麓，中线渠首，党旗飘飘。望丹江湖畔，清波浩淼；楚都丹阳，群情滔滔。舍家为国，数次搬迁，几度风雨任飘摇。凭谁问，看库区移民，节亮风高。

新村初现妖娆，引党员干部任辛劳。惜屈子行吟，踽踽独行；陶朱淡泊，泛舟踪渺。绝代佳人，浣纱西施，忍把蛾眉淡画描。信南都，健儿豪情，直冲云霄。

（原载《河南移民》专刊2011年第7期；作者：刘富伟）

三、散文

在省移民办主办的《河南移民》专刊上，基本上每期都刊载有关移民的散文。看到这些佳作，仿佛来到大槐树下，一边享受着浓浓的槐花香味，一边认真地翻看着一篇又一篇《移民日记》；然后到山清水秀的《丹江边的小镇》，去品尝充满亲情的《酸菜面条》。

特选散文代表作如下：

（一）《难忘槐树情，盼望槐花香》

春回大地、阳光明媚，在新家的院子里面转了一圈，意外地发现了一棵小小槐树，它那么的小，叶子嫩绿、体态纤弱，一定是刚刚到达这个世界。

记得在老家时,每到春天的这个季节,我和同学、小朋友们都开始忙碌起来,找竹竿、绑铁丝、背袋子准备大干一场 ,不为别的,只因为槐花开了。

老家的槐花雪白饱满,它们在浓密树枝上的样子,像雪压绿山,白色的槐花和绿色的槐树叶搭配在一起是那么的和谐,它们的交融给了我一种清淡美的享受,淡淡的享受,说不清楚的心情滋味。白绿交融的小葱拌豆腐让人食欲大增,那槐花盛开中绿中掺白的槐树就是清凉心境。

槐树叶子漂亮,它们是那么的可爱,整齐的对称,绿绿的,摸起来也柔柔的,我把一片叶子放在嘴唇上可以吹出‘吱吱’难听的声音,可我还是很高兴,很乐意吹。

在孩童时一年最期待的季节就是此时槐花盛开的早春季节,最期待的就是和朋友们一起摘槐花,每摘到一丛我们就狼狈的吃起它,把它抓在手里,大口大口、一串一串地往嘴里塞肚里咽,毕竟这是我们费了好大的力气才从带着刺的高大槐树上得到的,并且大家是一起摘槐花,要和很多同伴一起分享槐花,为了使自己吃的过瘾,大家一起争着去吃,生怕自己吃的少,这样槐花就更有滋味了。有时我会故作斯文地慢慢品尝它淡淡的香味和甜味,体验蜜入口、润到心的悠然滋味。书上说槐花很有营养,对身体很好,过量就不好哦,可大家争相狂吃哪里还能记得这句忠言,快乐的后果总会给我们的肚子带来些许小麻烦。

即使渐入初夏、槐花凋落时,在槐树下面乘凉是我们胡同里邻居们的一贯传统,此习惯不知哪一辈流传下来,我很喜欢。每到正午,太阳火辣似火、屋内闷热难耐,也正是开始吃中午饭时,家里人和邻居们都一起搬着自己家里的小靠椅坐在槐树的荫凉下,大家一起唠唠家常谈谈闲话,如果外乡人初来我村乍一看,定会感觉这是一个大家族的集体会餐。

老年人的聊天大多都是东家长西家短的,我不怎么爱听他们说的那些话,却很喜欢跟他们坐在一起,那种感觉是一种安详、一种清闲、一种无聊中的有趣。有时安静的闲聊也会被小商贩们打破,正在吃着饭呢 ,那些卖西瓜的大叔、大婶也会到槐树下面来躲避阳光,然后大声吆喝:“换西瓜!”接着槐树荫下就发出讨价还价的声音,买瓜的人们越聚越多,此刻虽然已经变为小小的槐树荫了,可变得更让我喜欢了。

在新家,我不能够再次嗅到家乡槐花的味道,没有听到家乡的卖瓜人的吆喝、没有听到家乡邻居的闲谈了。可看到了新家旁边的小槐花树,只要它深深地扎下根,快快地长大,就能让我重新找到失去的感觉,有时常常想象自己能回到从前那有颗大槐树的胡同里,或者那颗大槐树奇迹般地出现在现在的胡同里。同时我是清醒的,我相信只要接受现实,心中充满希望,自身努力奋斗,我给小槐花树勤浇水、多施肥,那些大槐花树下的感觉会有的,我会找到相依相惜的家乡感觉。

(原载《河南移民》专刊 2011 年第 4 期;作者:杨阳,根据一位移民口述整理)

(二)《丹江边的小镇》

小镇名曰滔河,位居丹江西岸,山清水秀,风景旖旎,天下独绝。因为南水北调工程,五万人的小镇,需移民三万多人。为服务国家行动,今年 8 月底前,数万名移民乡亲会像鸟一样,纷纷别离滔河这棵大树,飞向许昌、长葛、襄城、临颍、唐河……

我是在芳菲四月走进滔河的，丝丝缕缕的香甜扑面而来。循香望去，相遇的是一枝枝怒放的槐花。一些槐树，高高低低、三三两两地亭立在公路边、山坳里、河溪旁，柔美，娴静，清高，像一群身着青衣的姑娘——槐花作为银光闪闪的饰品，斜插鬓发间、悬挂耳垂下。她们，多像移民家朴实、善良的乡村女孩啊！她们的名字，应该叫作小兰、小霞或者小娟吧？

几根樱桃树枝，从一家农舍的院墙内探出来，枝上坐满了红樱桃。风吹，樱桃们前仰后合，像一群红衣红裤的少男少女婆娑起舞——树枝作为舞台；风止，他们就静默成一盏盏小红灯笼，悬挂在绿叶的窗户下，为移民家增添了几分欢庆、祥和。樱桃小口——如果一颗樱桃是一张小嘴，那么满树樱桃就是数不尽的嘴巴了。太阳下、清风中，这些小嘴在说着什么呢？就要离开老家了，他们说的是留恋、思念之类的柔声细语，还是挥手桑梓地、建设新家园之类的豪言壮语？明年春天，如果树还在、花还在、果还在，背井离乡的主人，还回来看他们吗？

小镇仅一条东西走向的街道，百余米长，如一行精短的诗。街道两侧的法桐蓊蓊郁郁，因而使这行诗充满了绿意和生机。最后一次在故乡赶集的移民乡亲，用一只公鸡、三只小羊、几把青菜，换回一叠叠钞票。一汉子醉倒树下，破自行车守在主人旁边，如一只忠诚的狗。几个打工回来的姑娘，花枝招展地从街头飘过，洒在身后的香水味，让修理铺的后生抬头回望了好一阵子。没有聒耳的叫卖声、音乐声，偶尔一辆马车"嘚嘚"路过，引导人们回想被江水吞没的古街、老店、青石路，以及将要被江水吞没的村庄、麦田、河滩……

镇后有山，名曰寺山。若干年前，山顶有庙，烧香拜佛的信男善女络绎不绝。历经风吹雨打，只留下几块青砖、几片破瓦。沿草木纠缠的山道攀缘而上，刺玫、月季和许多叫不出名的花儿灿然开放，红一片、黄一片、紫一片。几只小鸟忙着在林间对歌，婉转、流畅、清远。荷兰的一位鸟类专家指出，城市的鸟比乡村的鸟叫声大，原因是为了确保同伴能在喧闹纷乱中听见自己的叫声。必须大声地叫，才能在噪声污染中艰难地生存下来，城市之鸟喉咙的功能逐渐由歌唱演变成呐喊。与之相比，乡野之鸟是多么幸福，畅饮甘露玉液，享受清风明月，可浅唱春江花月，可放歌高山流水。站在山顶，举目四望，蜿蜒东去的丹江和两岸的麦田构成一条青白两色的飘带——荡漾江中的渔舟和伫立麦田的村舍作为印在飘带上的暗花——随风飘荡。三两年内，丹江水库水位逐步抬高，眼前的美景就成了一片汪洋，这幅丹青画，只能留存在移民乡亲的记忆里了。

在镇北，一条曲径绳子一般牵引着我走近滔河。夕阳在河水中悠悠地颤动着，两头牛、三只羊领着主人，悠然走向袅袅升起炊烟的家。几株老柳树并立河边，枝杆遒劲，柳条倒垂水中，像一把把梳子，不分昼夜地为河水梳理皱纹。终于到了滔河、丹江交接处。河道向东北一拐，形成一个洞开的嘴巴，滔滔河水从口中喷涌而出，落入丹江。滔河，滔河，滔滔不息的河，数千年的历史中，她在滔滔不绝地向丹江倾诉、倾吐着什么：白露、霜降、洞箫、长笛、才子、歌女、船工？而丹江这位阅尽沧桑的老人不动声色，依旧顶着浪花，怀抱水草、鱼虾和泥沙，赶往水库、渠首、首都。2014 年，这清冽甘甜、浩浩荡荡流进北京的丹江水，流去的有甘甜、有绿意、有文化，还有 16 万淅川移民的泪水、牺牲和奉献……

（原载《河南移民》专刊 2011 年第 5 期；作者：楚风）

(三)《移民日记》

一

我是丹江岸边一抹土生土长而又漂浮不定的水草,在这个烈日炎炎的季节,为了一个举世瞩目的工程,注定要远走他乡。

可我是故乡的儿子,我不想生活在别处。

我不想离开这世代躬耕的土地。我舍不得这五月的麦子、十月的柿子,舍不得和稻子一起抽穗、和果树一起成长的时光,舍不得这平静而又安宁的里短家长。我害怕这世代相依为命的土地,由于无人耕种而荒芜;害怕自己是故乡的一片叶子,被风吹到别处,就永远回不了家了。

炊烟滑过枣树。即使流浪,我也要做村头唯一的稻草人,守望家乡。

可是,我又不能这样做。有这样一群人,他们起早贪黑、汗流浃背地帮助我们,困了、累了,但毫不厌倦。其实我们什么都懂,他们的使命是国家的使命,国家的使命就是我们自己的使命。

即使山在远方水在远方,国家也是家。

二

我能体会得到,在他们的内心,有一种说不出的痛。这背负了几代人的沉甸甸的痛,他们就那么一直忍着、忍着。他们看起来对一切都无所谓,可在汽车鸣动的一刹那,为什么突然泪流满面?

他们不想走,因为他们对这土地爱得深沉。他们表面粗犷,内心实则细腻。他们以自己最朴素的情感和行动,诠释了一个地老天荒的诺言。为了国家,为了信仰,为了大义与大爱,甚至生命也没有什么不能放弃。他们不需要什么大道理,他们就是普天之下最懂得道理的人。

我只是想说,请慢些走,请慢些走,并非只是挽留。

跋涉千山万水之后忽然明白,其实我们原本不用这么担心,他们说走,就一定会走;说不走,也一定会走。

他们什么都不为,为的是源远流长!

三

兄弟,今晚我在新的家乡给你写信。

我把故乡的那顶草帽戴来,可永远用不着了。

这里的田野生机勃勃,比故乡的鲜亮。麦田平坦广阔,还有工厂。你不要担心我的孤独,我和邻居们门对着门、山墙连着山墙。我们的家里宽敞干净,琉璃瓦闪着亮光。我已经是个城里人,下雨的夜里,道路不再泥泞,孩子们不再害怕迷失方向。

兄弟,我不是刚毕业的那个大学生。他说他赞美这里的田园风光,他说这里的灯会一直亮着,染亮麦田,染亮厂房,染亮一个又一个日子,染亮小康。他说他什么都不缺,只是会在某一个夜里，看见丹江岸边渔舟唱晚、梅雨淅沥，还有心爱的姑娘。他说今晚月光分外明亮，丹江是一根长长的红线，我在这头，你在那头，他想顺流而上。

兄弟，我只是觉得，你帮我打的那罐丹江水我一直舍不得喝。在这个寂静祥和的夜里，我突然很想回去，看看老井，看看古槐，看看满山遍野的杜鹃花，陪你一起聊聊家常……

（原载《河南移民》专刊2011年第10期；作者：王国伟）

（四）《酸菜面条》

酸菜面条是家乡平常不过的一道家常便饭。

虽说家常，但要做得好吃，却有讲究。水要当地水，酸菜要用缸酿出的青菜，面条是传统的手擀面条。

小时候，每到初冬，生产队的白菜、腊菜、萝卜缨就要收获了，母亲就会将这些青菜酿上一大缸。先是将收获的青菜洗净，放锅里煮七成熟后，趁热捞起，放进准备好的半人高瓦缸里。这个过程叫“榨菜”。接着，用半碗稀面浆倒入缸内，或用原有酸菜浆水作引子，压块石头，一两天就酸了。这叫“沃菜”。沃好的酸菜有着金子般的色泽，吃的时候，捞一把，切碎入锅。要是吃酸菜面条，最好用辣椒、葱姜之类将酸菜炒了，往面锅一放，既省事，又开胃增食欲。那些年，我家靠母亲一人挣工分，人口多，粮食少，白菜、腊菜、萝卜缨不够吃，每到秋季挖红薯前，母亲还要领着我们去红薯地采红薯叶，连同薅回的野菜，再沃上两缸。全家一年的用菜就这么准备下了。酸菜同口粮一样重要，成了那个年代食不果腹的象征。

用白菜、腊菜沃的酸菜最好。每吃手擀面，母亲贴着案板和面、擀面，我则坐在灶门前小板凳上填柴烧火。因为缺油，下锅酸菜就免了炒了程序，常常直接切碎入锅。面条下锅，母亲即从灶旁菜缸捞一把酸菜。抓在手里的酸菜，汁液横出，从指缝间淌淌而流。不断线的汁液，丝丝缕缕，似断似连，垂扯着金黄金黄的黏液，饱满光亮，有一股清香。我喜欢那种味道，不亚于步入芝兰之室。

当然，也不是每天都能吃上这样的酸菜面条，只不过三天两头改善一次生活罢了。遇上头疼脑热，母亲总会用沃了许久的酸腊菜，待面锅滚沸，切碎入锅。然后，捞上一碗，再用捣碎的辣椒、生姜和切碎的葱花，往碗中一拌，人坐灶门前，连汤带面吃了，捂上被子，发一身汗，一觉醒来，病便好了。

擀面条要费时间。正如有人描述的那样：

……首先和面团。把生水掺进面粉盆里，掺水要适宜。多了，面粉变成稀糊糊，和不出面团；少了，水不能把面粉凝成一起，也成不了面团。面团要和均匀，成熟。成熟的面团，如同光溜溜、亮闪闪的白球，既不沾盆又不沾手，滚在案板上也不沾板。接着用擀面杖将面团擀成圆月，边擀边洒面粉在“圆月”上，慢慢将“圆月”擀成薄如素纸的小稻场。再将“小稻场”折叠成一卷。那一卷面，如同一条田埂，方方正正，有棱有角。伴随“当，当”的切面音响，经过切割的一卷面，就变成了面条。

幼年去外婆家。外婆招待我的最好饭食，莫过于手擀面了。外婆的手擀面条在村子里很叫响。每当我站在外婆身边，看着蹒跚着仄仄小脚的外婆，头顶花发，系起那素朴洁净的围裙，用力和面、擀面、切面。在淡淡的烟雾里，感觉眼前就是一幅乡村农家写意画；听着擀面杖在案板上滚动的声音，如同倾听一曲有节奏的音乐，传递的是阵阵温馨的暖意。面条擀好了，放下面杖的外婆，又颤巍巍地用双手抄起一根根、一缕缕像春蚕吐出亮亮银丝的面条，轻轻往案板上一摊。此时，我的肚子便不由"咕咕"地叫了起来。

外婆擀的面条，有筋骨，韧性强。一入锅，便在沸腾的开水里琼丝玉缕般翻滚、漂浮。待切碎的酸菜放上，盛进碗里的面条，被筷子一挑，如条条银蛇跳动。放点葱花，滴几滴香油，呼呼噜噜一搅，一股酸酸的香香的气味，便扑鼻而来……吃到嘴里，柔韧，爽滑。那个酸味，比山西陈醋还纯；那个滋润，让人久久不忘。

直到今天，我吃遍了家乡的酸菜面条，却总吃不出外婆手擀面的味道。外婆已去世30多年了，一生大字不识的她，厨间烹食，田间农活，缝补浆衣，一天也没闲着。要知道，旧时女子过门，烹茶煮饭，针黹女工，是第一门槛。外婆勤谨耐劳，多才多艺，却同旧中国所有劳动妇女一样，一辈子只会家里家外地拼命劳碌，过的却是苦巴巴的日子，临终也没吃成一顿饱饭。记得那是1978年，工作后一月工资仅30元的我，回家看外婆，临行给了她两元钱。可就在她去世那天，当我从几十里外的工作单位赶回去时，三姨却告诉我：外婆最后的日子，每天只喝点酸菜面条汤。你给的钱，一直还装在她上衣的口袋里……

听了三姨这番话，我的泪水不住地在眼中打转。外婆活了70多岁，却没赶上到来的好时光，她同外爷一起，为操持一个家，一生勤俭，舍不得吃，舍不得喝，栉风沐雨，日夜操劳，却没过上一天宽心的日子……如今，我再也吃不上外婆的手擀酸菜面条了，但外婆那慈祥的面容，连同她做的酸菜面条，却常常会定格在我记忆的脑屏，就像台湾歌手唱的《外婆的澎湖湾》一样，烙下了我生命的印记；像大作家汪曾祺先生描述家乡小吃的情感一样，充盈着文化的润泽和滋养。

家乡的酸菜，无论酿制方法，还是味觉口感，与外地酸菜相比，有本质区别。我吃过四川酸菜，也许是口味不同，总不习惯，总觉没家乡酸菜刺激、过瘾。四川的酸菜是"泡"的，家乡的酸菜是"沃"的，家乡酸菜似乎与手擀面条搭配，才最适宜，最出味。

我所居住的县城，也有几家做酸菜手擀面的面店，时而也去品尝。起先还行，后来就变味了。原因是人家嫌做手擀面太麻烦，太费工夫，所以就用机器代替手工了。结果，酸菜还是那个酸菜，样子还是那个样子，根子却走了味——不那么纯正了。

家乡的酸菜还可以晒成"霉菜"，晒成的霉菜，储存的时间自然长了，同时也便于携带。那年，我去北京看望朋友，苦无礼物捎带，同事建议我带点酸霉菜。朋友见了，比什么贵重礼物都稀罕，兴奋得当晚就亲自下厨，做了盆肉片酸菜汤，吃得一桌人不住赞叹。

有趣的是，独具品味的家乡酸菜，也只有丹江、淅水两岸，才能酿出地道的淅川酸菜，离开这里就不行了。这大约与水土水质有关。想着，家乡是南水北调的中线渠首，丹淅二水是京津地区的水源地。说不定，这里的源头活水，将会通过调水，带着家乡的水土滋味，北行千里，把丹淅沿岸的酸菜面条，送上京城的餐桌。

我怀念外婆的酸菜手擀面条，更珍视一方的饮食文化。

（原载《河南移民》专刊2012年第1期；作者：熊君平）

四、人物故事

在文学作品中,故事最被普通百姓所喜爱,也最能深入人心。《老万的冬去春来》的主人翁万志成是南水北调丹江口库区即将搬迁的淅川县香花镇张义岗村一位普通农民,在搬迁前的一百多天里,心里都想些什么,又干些什么?《魏老汉的挂心事》里的主要人物魏老汉原是淅川县金河镇姚湾村人,因为丹江口水库初期工程蓄水,于1978年春天从姚湾村搬迁到现已居住30年的上集镇李山村。南水北调移民搬迁时魏老汉又有哪些挂心事,最后都办好了没有?读者看后就会明白。

(一)《老万的冬去春来》

老万,大名,今年68岁,是淅川县香花镇张义岗村一位普通农民。他种了3亩田,开个小诊所,爱好看新闻,喜欢侃历史,属于农民中的文化人、明白人。左邻右舍都很敬重他。去冬以来,老万一下子忙活了起来,人黑了不少,瘦了一些,但精神头却很好。

2008年12月,淅川县南水北调移民试点工作启动,张义岗村是10个试点村之一,规划搬迁到邓州市孟楼镇晋公村。张义岗村位于丹江口水库东岸,背靠汤山,面对杏山,距南水北调中线工程渠首闸4公里,因村庄坐落在张义岗上故得名。张义岗村是丹江口水库初期工程后靠移民村。1971年,为兴建丹江口水库,该村从西2公里远的地方后靠搬迁到现在位置。全村有5个村民小组235户966人,主要姓氏有张、徐、房、方。老万在该村也算是“少数民族”。

试点工作开始以后,张义岗村往日的平静打破了。老万与所有村民一样期盼着、憧憬着、忙活着,有时候感觉时间真快,有时候感觉时间真慢。

多少年来,老万一直是等迁、盼迁。这种感受在雨雪天气里格外迫切。老万的住房是后靠搬迁时盖的土木排子房,当时国家穷、补助少,移民扒旧房的材料重新用到建新房上,建材越用越差,房子越盖越少,质量越建越次。1990年以前,张义岗村多数群众还挣扎在温饱线上,无钱改善居住条件,此后,经济稍微好转点,又遇上国家动议南水北调移民搬迁,移民们观望等待不敢建房。2003年,国家对库区下达了基础设施建设停建通知,移民们的新房梦彻底断了。老万和绝大多数村民一样住在破烂房里苦苦挨着,巴望着早点搬迁、快点搬迁。老万老两口住两间正房,两间偏房,都是土木结构房,历经三十多年风吹雨打,如今是千疮百孔、摇摇欲坠,老万戏言住的是“四漏房”:漏风、漏雨、漏雪、漏光。遇上雨雪天,真是愁死人、烦死人。外面大下,屋里小下;外面不下,屋里还下;外面湿,屋里湿;外面不湿,屋里还湿。睡觉都得睁半只眼,生怕墙倒屋塌。老万老伴说,要搬迁我们第一个走,这地方实在没法住了。

老万对移民的事很热心。不仅自家带头响应搬迁,还积极协助村委管理移民事务和做群众思想工作。老万对地形地理有研究,村干部请他出来担任移民迁安管理委员会的顾问。从第一次选点对接到现在,老万往返安置地不下20次,选点定点、规划布局、确定户型、分配宅基、施工监理等,老万是有求必应,随叫随到。特别是打春开始移民新村建设以后,老万是隔三岔五都要去趟孟楼,对安置地的情况非常熟悉。他说孟楼那个安置点在集镇跟儿,地块平展、土壤肥沃、交通便利,当地党委政府对接收移民很热心,尽力为移民排忧解难。村里有两户移民因邻里矛盾闹情绪,要求插迁到外地,老万就配合村干部一次次登门做工作,最终使这两户移民回心转意了。

要说老万现在的光景过得也很惬意,除居住条件差外,别的一切都好。两个儿子都成家立业,儿子、儿媳长年在外打工,长孙在浙江义乌一家大公司当翻译,吃穿都不用老两口操心。老万既种田又行医,有粮吃、有钱花,闲暇时还驾着小船到丹江河里捕鱼捞虾,自用不了就拿到集市上挣“外汇”。搬到孟楼安置点以后,离镇卫生院近,街上诊所也多,村民得了病会选择到条件好点的大诊所去看,老万的医疗收入没了保障。而且鱼虾也捞不成了,吃鱼不再是家常便饭。尽管生活受到影响,但老万对搬迁还是一百个支持。他说,算大账、看长远,搬迁的好处还是多,移民遇上了好时代。他算了一笔账,除淹没实物补偿外,国家又给每个移民生活补助费 1 200 元,外迁补助费 1 200 元,运输补助费 700 元,对补偿补助资金不够建起人均 24 平方米砖混结构房屋的特困移民,国家保证人均住房面积达到 24 平方米。此外,国家在投资概算上,补助每户建房地基处理费 1 万元,施工标准能防御 6 级地震。新村建设甚至还用上了卫星定位等高科技手段,保证所有房屋都建在一个水平线上。建成以后,全村很整齐、很漂亮,20 年都不会落后。张义岗村小学只有一、二年级,老万的小孙女今年才 9 岁,每天却要步行 10 里地到另一个村小里上三年级,老万说,搬到孟楼以后,孙女就在家门口上学,家长也都省心了。

从冬到春,再到夏,老万这一百多天来,心情都很不错。但最近几天,他有点烦了。原因是地里的麦子割不及,穗都炸头了、变黑了。前些天阴雨绵绵,张义岗村路不平,地不平,沟里、湾里积水多,大型收割机不好作业,麦客们都不愿来,严重影响了夏收。老万说,哎!要是搬到孟楼,就没了今年的烦恼。

再过两个多月,老万和他的乡亲们就要搬到安置地新家了。回望世代生活的家园,他心中还是有几分不舍。“再渴不能渴北京呀!”老万自言自语地说,像是说给自己,又像是说给脚下的热土和心中的怀念。

(原载《河南移民》专刊 2009 年第 3 期;作者:刘颖)

(二)《魏老汉的挂心事》

深冬夜晚的丹江水库岸边,除微风吹动河水的浪花声响外,显得特别的安静。

已经快十一点了,魏老汉躺在床上翻来覆去总是睡不着。听说前些天长江委设计院和县、镇上工作组在姚湾召开南水北调中线移民试点村群众会议,安排部署淹没线以下实物指标复核和淹没线以上实物指标调查工作。老百姓盼望多年的移民搬迁终于要成为现实。虽说自己不在试点村居住,但女儿在姚湾村有户口,在娘家李山村也有户口,这李山村一动迁,闺女五、七万块钱人头费一兑现,她的小洋楼梦想就会实现,剩点钱还可以还还治她老娘的病欠下的债,这咋不让人高兴。可是村上有人反映,闺女离婚户口已迁回娘家,在姚湾村的移民身份就因此被扒掉了,魏老汉为此事揣上了一块心病。

魏老汉原是姚湾村人,因为丹江口水库初期工程蓄水,时任魏营村的村委副主任就带头响应国家号召,于 1978 年春天从姚湾村搬迁到现已居住 30 年的李山村。魏老汉虽然识字不多,但善于动脑筋,接受新生事物快,与人共事丁是丁、卯是卯,工作上干得不漏汤,在方圆十里八村是有口皆碑,今年虽然快70岁了,但身体硬朗,头脑清醒,走起路来还像个四五十岁的中年汉子。魏老汉的闺女叫魏丹,属羊,30岁,经人介绍于2002年9月从李山村婚嫁到姚湾村与李二红成了亲,婚后常因为一些琐碎事情两口子闹别扭,去年前半年算正式离婚了,离婚后,魏丹便把户口转回了娘家。但她怕回娘家居住时间长了与哥嫂们闹意见,另外,心里还打着使搬迁人头费的小算盘,所以就托人做工作,使姚湾村的户口也没有扒,只是把户口从姚湾村一生产组李二红家分出来在同村三生产组另立了锅灶,自己去广州打工了。

"这闺女不在家,户口又被扒下来,移民搬迁款使不到手,那俺父女俩的愿望不就落空了。"

魏老汉正左思右想拿不定主意,床头柜上的电话铃响了,是女儿从广州打来的。

"爹,我刚下班就给你打电话,听说姚湾已确定为移民试点村,今年就要搬迁,现正在搞人口复核哩,我在姚湾村的户口本收到没有,咱情况特殊,我不在家,你可别让人们把这个户口弄丢了"。

"开始复核了,户口本装在兜里,我正准备明上午去镇上找找工作队说说,不过咱那户口有问题,你也别抱多大希望,就这吧"。魏老汉压住了电话。

魏老汉辗转反侧更睡不着了,还是老伴想出了办法:"他爹,你给姚湾村朱主任合计合计这事,再去找找乡里说说好话,哪没得一点人情,再说了,咱平常也没啥事,干这几十年村干部,镇上都不给一点情面。"

听完老伴的一番话,魏老汉拿起电话就与朱主任联系。

"朱主任,我是李山村你魏叔,有个事想和你在一起商量商量,另外还想麻烦你与我一块去找找工作队,把闺女在姚湾村的户口给保住。"

"魏叔,那咱们现在就动身,边走边说,这事应该好办,魏丹离婚时间短,又有户口,钱是国家的,给谁都是给,顺水人情谁不会做,我想工作组是会照顾的。"

朱主任骑上摩托带着魏老汉一块来到姚营村部,办公室的电灯还在明晃晃地亮着,镇上分管移民工作的李镇长、杨助理、移民所张所长、长江委设计院的何工、移民局的李局长等一行七八个人正在忙碌地记录、整理着白天收回的各样表册和相关资料。

"这么晚了,朱主任和这位老叔来这里肯定有啥关紧事要说吧"?

"李局长,这位是李山村的老魏,既是丹江水库老移民,又是南水北调新移民,还是村里的老主任,移民登记方面有些政策不太明白,想向你请教一下。他的闺女今年上半年离婚了,户口还在咱姚湾村,不知道能不能让闺女搬迁或投亲靠友。"

"她有房产和土地吗"?

"李局长,闺女结婚后,队上说没有机动地,没给她分责任田"。魏老汉接着说,"原来闺女的婆家有五间房,离婚时分得一间作价三千块钱,男方付给闺女的是现金。"

"那她在李山村有户口和责任田吗"?

"有,离婚后户口就转回去了,责任田的事在我们村是一定30年不动,添人不添地,减人不减地,她当姑娘时的地现在还在种着哩。"魏老汉如实地说。

"魏大伯,闺女属于南水北调移民,但不是本次试点姚湾村移民,村上有人反映,我也做了专题调查,魏丹属于双重户口,在姚湾村她一没有土地耕种,二没有房屋居住,仅有户口实属空挂,所以不能作为试点移民搬迁或投亲靠友安置,真对不起,必须扒掉,至于闺女的移民身份,待李山村动迁时也就顺理成章会解决的。"

"李局长,扒不扒不就是你说了算吗,老魏这情况特殊,现在闺女又不在家,你就把这好事办了吧,再说了,老魏是多年的村干部,这几年老伴患上了心脏病,儿子又刚结罢婚,家境比较困难,闺女户口不扒,搬迁时补点钱,老魏一家人啥时间能把你忘记了。"

"朱主任,我知道你们来的目的了,作为移民干部,谁都想多办好事,可移民身份的确定,从国家到省、市、县各级都有硬杠杠,触犯了高压电不得了。如果今天把闺女的问题解决了,那咱村空挂户口的其他人员咋办,你朱主任介绍的人我办了,那王书记介绍的人办不办,政策不允许我这样照顾啊。如果老魏有其他方面的困难,我们移民局在力所能及的情况下是可以照顾的,但今天的忙是帮不上了。魏大伯、朱主任二位请回吧,走,我送你们,他们还需要加会班。"

朱主任和魏老汉立马站起身来,握着李局长的手连连地说,"李局长,不用了,就这都打扰你们了,闺女不符合政策,我们会做好工作的。"

听了这番话,李局长很受感动,"谢谢你们两个对我们工作的理解和支持"。李局长便拍着二位的肩膀,扶着朱主任的摩托车,送二人步入了回家的路上。

(原载《河南移民》专刊2009年第5期;作者:梁占佩)

第三节 戏曲影视作品

南水北调丹江口库区移民是一个巨大的艺术宝库。移民搬迁期间及安置到位后,广大艺术家们以河南省丹江口库区移民为背景,以戏曲、电影、歌曲、摄影及文艺演出等为表现形式,先后创作了豫剧《家园》《丹江夜雨》,音乐广播剧《南水北调大移民》,电影《天河》《渠首欢歌》,微电影《移民村官》,歌曲《最美是故乡》《我的移民老乡》《我们的誓言》等脍炙人口的优秀剧目、歌曲,还有数以万计的摄影作品,全景式展现了全省广大移民干部群众为国家工程所做的无私奉献和社会各界对移民的真情帮扶。同时,省移民安置指挥部办公室还多次会同省文化厅组织省歌舞演艺集团的演艺人员,深入南水北调丹江口库区移民新村进行慰问演出,现场为移民群众表演快板、小品、歌舞、相声、戏曲、配乐诗朗诵等移民群众喜闻乐见的节目,极大地丰富了移民干部群众的精神文化生活。

一、戏剧

河南省以南水北调丹江口库区移民生活为素材,编排并公演的戏剧主要有豫剧《家园》《丹江夜雨》《丹水情》和音乐广播剧《南水北调大移民》等。

(一)豫剧《家园》

豫剧《家园》是由省移民办会同省文化厅组织河南豫剧院创排的大型现代戏。该剧以河南省南水北调丹江口库区移民生活为素材,展现了三代移民群众为南水北调工程舍小家、顾大家、为了国家的崇高奉献精神,倾情讴歌了各级移民干部以人为本,迎难而上,千山万水送移民、千辛万苦办实事的感人事迹。编剧:姚金成、李云、韩枫。2014 年 11 月 10~26 日,在全省南水北调丹江口库区移民涉及的郑州、新乡、许昌、平顶山、漯河、南阳、邓州等市及有关县(市)巡演了 10 余场;2014 年 12 月 16 日,在北京长安大戏院隆重演出,国家有关部委、北京市有关部门 700 余人观看了演出,移民干部群众及社会各界都给予了高度评价。

剧情简介:1969 年深秋,30 岁的何来运与移民乡亲千里迢迢回归丹江口老家,村庄已被江水淹没,只有移民前种下的连香树昭示着这里是曾经的故园。当夜妻子生下女婴后死去,临终为女儿取名连香。

40 年后,已是中年女人的连香成了村里的领头人。正当她带领乡亲为谋划村里的发展费心操劳之时,南水北调中线工程丹江水库库区第一批移民村正式开始规划实施动员。一时间,靠水湾这个老移民村被巨大的恐慌和悲情气氛所笼罩。村支书何连香也陷入深刻的思想矛盾中,甚至提出辞职。酒楼老板张才旺为了保住自己酒楼生意的丰厚收入,要串联组织大批群众到省里上访。形势面临失控。乡党委副书记马成亮临危受命,亲赴“鸿门宴”,面对张才旺和老移民激动的情绪,马成亮克服重重困难,忍辱负重,将心比心,耐心工作,终于赢得了老移民的信任,平息了一场群体上访事件,并通过自己一系列艰苦细致的工作,保护了群众合理的利益诉求。安置地的干部也做出了巨大的努力和牺牲,推动移民工作顺利展开。终于,大部分人都看懂了“同为移民,今非昔比”的事实,故土难移的情愫漫延在山水之间……

马成亮在欢送移民时含笑倒下,连香带领靠水湾人登船北上,驶向充满憧憬的崭新家园……

(二)豫剧《丹江夜雨》

豫剧《丹江夜雨》由淅川县曲剧团创作并演出,讲述的是丹江口库区移民李奶奶一家历经半个世纪的搬迁,在丈夫、儿子因为移民搬迁相继去世的情况下,孙子李丹江从留恋故土、难舍家业到支持搬迁,移民干部程书记真情服务、关爱移民,最终实现和谐搬迁的故事。南水北调丹江口库区移民搬迁声势浩大,感天动地,两年多时间内,16.5 万淅川移民抛家舍业,割舍亲情,挥别故土,远赴他乡,每一个移民的故事都催人泪下,因此取名《丹江夜雨》,有移民别家落泪、亲人落泪、上苍落泪的寓意。该剧创作中在豫剧中植入曲剧元素是一大亮点。移民顾全大局、舍家为国,比较激情豪放,适合用豫剧形式来表现;移民干部耐心说服真情为民,适合用委婉动听、韵味十足的曲剧来表现,二者有机结合使舞台剧更具感染力,更能反映淅川移民精神和可贵品质。“割一块太阳取暖怕它太烫,摘一块月亮挡寒怕它太凉,烫一壶黄酒怕它不清亮,百姓冷暖永远不能忘。”短短几句唱词恰如其分地体现了移民干部对移民群众的体贴和担当,反映了基层干部“视移民为父母,把群众当亲人”的民本思想。也正因为如此,才最终实现了平安、顺利、和谐搬迁,揭示了新时期以人为本、和谐移民的主题。2016 年 4 月，淅川县曲剧团随淅川县“弘扬移民精神 深化京淅协作”报告团赴京，在北京市朝阳区上演豫剧《丹江夜雨》，当地掀起了一股强劲的“渠首风”，社会各界反响强烈，好评如潮，“淅川移民”“移民精神”成了朝阳群众的高频热词，并纷纷为之点赞。据不完全统计，该剧自 2011 年以来，已累计巡回演出 200 多场，观众达 5 万多人。同时，该剧还被河南省南水北调精神教育基地列为党员干部必看内容，先后演出了 60 多场，受到了社会各界的广泛好评。

(三) 豫剧《丹水情》

豫剧《丹水情》由著名剧作家陈涌泉编剧，由邓州市豫剧团、越调剧团排演，被省委宣传部评为中原文化精品工程原创剧本第一名。该剧采用豫剧形式，用朴实无华的语言、生动感人的故事和满腔真挚的情感，再现了南水北调伟大工程移民期间，南阳十几名党员干部牺牲在工作第一线的感人故事，集中体现了淅川丹江一带沿江人民舍小家为大家的高尚情怀，诠释了“忠诚担当、大爱报国”的移民精神。

《丹水情》主要讲述为了南水北调中线工程建设，广大库区移民干部群众顾全大局、忠诚担当、拼搏奉献的感人故事。该剧以村民留柱一波三折的婚事为主题，通过老祖坟被撞、七奶寻女等一系列反映广大移民群众面临再次移民，因亲情隔离、文化割裂所爆发出的一系列冲突和矛盾，描述了通过移民工作的开展，移民们从不解困惑到支持拥护的心路历程，传神刻画了以何晓丹、石青山、青山婶、魏国民为代表的广大移民干部群众的生动形象。该剧语言朴实无华、唱腔独特、寓意深刻，移民风采和南阳味道十足。

(四) 音乐广播剧《南水北调大移民》

大型音乐广播剧《南水北调大移民》，是根据作者许满长创作、河南文艺出版社出版的同名长篇报告文学制作而成的，全剧共 60 集。该剧以宽广宏大的视角、激昂浑厚的播音、气势恢宏的背景音乐，对南水北调东、中、西三线干渠工程进行了全景式展示，对此项工程建设与国家经济发展战略的密切关系做了深层次解读，更以这项工程建设中 52 万移民大迁徙为背景，以南水北调中线丹江口库区移民搬迁为线索，以河南省淅川县魏营村试点移民迁离故土、荥阳市对移民精心安置为重点，透视了移民在搬迁过程中曲折复杂的心理世界，展现了安置地人民与移民的无限亲情，剧中的许多情节撼人心魄、催人泪下……该剧从 2011 年 12 月 6 日开始在河南电台信息广播的黄金时段，每天 2 集连续播出。

二、影视

反映南水北调征地移民的影视作品主要有电影《天河》《渠首欢歌》，微电影《移民村官》及大型文献纪录片《水脉》和电视专题片《52 年，一个淅川家庭的移民史》等。电影《天河》2014 年 11 月在全国各大影院同步上映后，在社会上又迅速掀起了一股南水北调文化热。

(一)电影《天河》

电影《天河》是由宁海强、沈东导演,柳建伟、黄宏编剧,李幼斌、俞飞鸿、段奕宏、王若心、赵有亮、黄梅莹、高明、宋春丽、林妙可、吴军、林永健、濮存昕、姜昆、小香玉、陈宝国、侯世甲、江平等著名演员主演的反映南水北调中线工程征地移民工作的一部优秀作品,2014 年 11 月 15 日在中国大陆首演。该片主要以南水北调工程中线建设工地为背景,讲述了在工程建设、移民搬迁和环保治污工作中的感人故事,突出表现了工程建设的“险”和“辛”,移民搬迁的“情”和“痛”,环保治污的“艰”和“难”。

1. 剧情简介

南水北调中线工程动工,董望川(李幼斌饰)被任命为南水北调中线工程副指挥兼总工程师。然而正在此时的用人之际董望川的得力助手江浩(段奕宏饰)因生活所迫为了利益放弃南水北调工程建设,为此董望川与其断绝师徒关系。董望川的家乡是南水北调中线工程水源地丹阳市槐树村,他力荐自己的妻子周晓丹(俞飞鸿饰)担任丹阳市副市长,负责移民、治污工作,但是却遭到妻子埋怨。在任期间周晓丹为保护槐树村祖坟,建议搬移烈士陵园打动槐树村村民,获得大家的肯定顺利完成移民工作。污水治污工作上,她拿董望川堂弟开刀,遭亲人唾骂也坚持工作,最后为其争取丰厚补偿也鼓励其开展绿色工业。另一方面江浩并没有放弃南水北调工程,他作为河海水利建设工程公司的代表担任“穿黄”项目部经理兼技术总监。江浩将重病的父亲接到工地宿舍,一边救险一边照顾父亲。为了给父亲筹医药费,在缺氧的状况下抢修盾土机完成前所未有的突破。北京西四环暗涵工程最关键的节点就是下穿五棵松地铁站工程,董望川提出创新技术,在南水北调专家们的质疑下,担当起责任开创新技术。林子彤负责地下指挥与工人们一起冒着危险工作,董望川在地铁里与工人们并肩作战。然而正在五棵松暗涵打通之际,董望川妻子周晓丹视察工作时心脏病突发,但是他并没有陪在妻子身边,而是一直陪着工程一线的工人们。最后五棵松暗涵工程成功,周晓丹与董望川冰释前嫌相互谅解,林子彤与江浩正式交往,并在工地现场举行婚礼。

2. 主题歌

电影《天河》主题歌名:人间天河。由黄宏作词,王黎光作曲,汤非、阿鲁阿卓演唱:

女:从前有人对我说
　天上有条古老的河
　七夕鹊桥来相会
　浩瀚苍穹不寂寞
男:今天我要对你说
　地上有条年轻的河
　清澈倒映两岸花
　迷醉彩蝶水中落
合:天上的河

地上的河
天地大爱谁懂得
大爱谁懂得
一个是神仙的故事
一个是英雄的传说
天上的河
地上的河
天地大爱谁懂得
大爱谁懂得
一个是神仙的故事
一个是英雄的传说
女:从前有人对我说
天上有条古老的河
七夕鹊桥来相会
浩瀚苍穹不寂寞
男:今天我要对你说
地上有条年轻的河
清澈倒映两岸花
迷醉彩蝶水中落
合:清澈倒映两岸花
迷醉彩蝶水中落

(二)电影《渠首欢歌》

由尹海峰导演,尹一鸣、刘国胜编剧,郝光、尚国伟、王艺禅、余海洋、丁锐、李玲、赵诚祥等主演的电影《渠首欢歌》(原片名《淅川大移民》),以南水北调中线渠首水源地移民大县——河南省南阳市淅川县为背景,以丹阳移民村为原型,讴歌了淅川移民干部和移民群众为国家南水北调中线工程“舍小家、顾大家”“顾全大局,负重拼搏,团结协作”的奉献精神。

1. 剧情简介

刘晓丽是南京知名企业家刘振业的女儿,也是淅川县走出来的第二代移民,在就读郑州大学时,好友王玉洁为救她而意外死亡。在大学毕业时,为了完成救命恩人王玉洁的遗愿,改变王玉洁家乡的面貌,那里也是刘晓丽的故乡,她从小听爸爸谈移民,深受感动。于是,刘晓丽放弃出国留学的机会,到故乡丹阳村当村官。刘晓丽上任伊始着手的是移民工作,她了解到丹阳村早就因为移民的事闹得不可开交,现实情况是村里分成赞成和反对两派。再加上农村社会关系复杂,工作很难展开。经过一系列的繁杂工作,刘晓丽曾经要选择放弃,要离开这个地方。但最后,她还是坚持了下来,并自我分析,改变了以往的工作方式,以真诚打动了村民们的心,让移民反对者在移民补偿协议上签了字。

2. 主题歌

电影《渠首欢歌》主题歌名:一生永报父母恩。由李玲作词,石焱作曲,李玲演唱:

生我养我是母亲
教我育我是父亲
无私的爱默默耕耘
再苦再累不减半分
母亲呵护是摇篮
给我一个平静的港湾
父亲的关怀是把伞
为我一路风雨遮拦
啊 母亲 啊 父亲
我生命中最亲爱的人
啊 父亲 啊 母亲
一生报不完的父母恩
父母恩情重如山
把沧桑岁月扛在肩
儿要迎风展翅飞翔
为父母撑起一片天
啊 母亲 啊 父亲
我生命中最亲爱的人
啊 父亲 啊 母亲
一生报不完的父母恩
啊 母亲 啊 父亲
我生命中最亲爱的人
啊 父亲 啊 母亲
一生报不完的父母恩
一生报不完的父母恩

(三)大型文献纪录片《水脉》

《水脉》是由中央电视台科教频道拍摄的以南水北调工程建设为主题的大型文献纪录片,是一次首开先河的中国重大水利工程电视文化传播行动,向世界展现了南水北调工程不仅为中国的和谐发展提供了核心的动力,也为人类怎样突破生存困境、谋求未来发展提供了卓越的东方智慧。《水脉》于 2014 年 10 月 17~20 日在中央电视台一套综合频道首播,每天两集连播;中央电视台科教频道从同年 10 月 18~25 日每天一集连播。同时,包括财经频道、中文国际频道、纪录频道在内的多个频道也已陆续播出。

该片共有 8 集,第一集"奔流不息",第二集"世纪构想",第三集"纵横江河",第四集"告别家园",第五集"生根他乡",第六集"国宝新生",第七集"激浊扬清",第八集"上善若水”,其中第四集“告别家园”重点讲述了南水北调丹江口库区移民搬迁过程与故事。通过河南省淅川县一个个普通移民的动人故事,反映了库区移民为了国家利益舍小家、顾大家的崇高精神,也反映了党和政府为了充分保障移民利益,做了大量周到细致的工作,使30多万移民顺利搬迁。搬迁方案设计之科学、实施之人性,得到了世界移民专家的高度肯定。第五集“生根他乡”重点讲述了河南、湖北两省对移民安置,党和政府如何系统解决移民的生存和发展的问题。通过对一个个具体移民个案的跟踪拍摄,通过移民在他乡遇到的就业、教育、血缘、文化等方方面面的问题的解决,反映了南水北调工程在以人为本、保障群众利益方面所取得的良好安置效果,成为世界移民史上的经典案例。

(四)电视专题片《52年,一个淅川家庭的移民史》

2010年8月17日,电视专题片《52年,一个淅川家庭的移民史》在河南电视台都市频道《都市报道》播出。该片由河南电视台都市频道《都市报道》节目组制作,时舜英、陈大昭编写,讲述了淅川县仓房镇沿江村村民75岁的何兆胜的传奇故事。何兆胜在1958~2011年的52年间,为了支援国家修建丹江口水库和南水北调工程,23岁西进青海支边,30岁移民南下荆门,37岁再回淅川,75岁北过黄河再次移民,期间几经辗转、几多艰辛,颠沛流离。直到2011年6月27日,何兆胜搬迁到河南省辉县市常村镇定居,从此结束了长达半个多世纪的“流亡”生涯,像所有沿江村移民一样,成为新一代南水北调移民,过上了幸福祥和的新生活。何兆胜的传奇移民故事,被世人称为丹江口库区移民的“活标本”。

(五)微电影《移民村官》

微电影《移民村官》由南阳市淅川县旅游局、淅川博翰旅游发展有限公司、淅川大自然文化旅游有限公司、北京中视广龙导演工作室联合拍摄。由著名演员李江担任主演,广龙导演携青年演员张静茹、李佳颖联合主演,整部片子是以感人至深的故事情节为主线,用电影蒙太奇的叙事手法全景式地再现了淅川人民为南水北调工程所做出的巨大奉献和牺牲,歌颂淅川人民为了南水北调工程“舍小家、顾大家、为国家”的无私奉献精神。2015年2月8日,在全国首届“情系三农”微电影大赛颁奖典礼上,首部南水北调题材微电影《移民村官》荣获大赛“优秀作品”奖。

三、歌曲

为南水北调丹江口库区移民而创作的歌曲都旋律优美,歌词质朴,感情真挚,代表作有《最美是故乡》《我的移民老乡》《别故乡》等,另有一些音乐人专门为移民干部创作的歌曲。

(一)《最美是故乡》

歌曲《最美是故乡》由淅川县金河镇党委书记裴建军作词、县第二初级中学教师王雅作曲,国内著名青年男高音歌唱家、中国人民解放军第二炮兵政治部文工团演员耿为华演唱。歌曲旋律优美,歌词质朴,感情真挚,唱出了丹江口库区移民依依不舍的浓厚乡情,唱出了移民群众舍小家为大家的崇高境界,唱出了移民在新家园建设幸福新生活的美好愿望。2013年7月1日下午在中央电视台综艺频道《天天把歌唱》栏目首次播出。

最美是故乡

1= G $\frac{4}{4}$

（耿为华 演唱）

中速稍慢 舒展地

悠扬的竹笛吹出江汉风情……

裴建军 词
王 雅 曲

5 2 1 2 #4 | 56 5 5 - - | 6 · 5 #45 65 | 6 6 6 - - | 5 2 1 6 5 |
美丽的丹 江 哎 八 百 里 长哎， 丹 江 岸

加快 热情地歌颂

232 2 - - | 4·2 45 i6 | 565 5 - - ||: (i 5·2 i76 5 | 66i 65#4 5 - |
畔 哎 是 家 乡 哎！

i 5· 2 i76 5 | 6 6i 65#45 2 - | 205 52 2171 2 | 6 2 2676 5 -) |

5 55 12 5 5 · | 6 · 5 #456 5 - | 2·5 55 321 2 | 3· 2 15 2 2 · |
美丽的丹 江 哎 八 百 里长， 丹 江 岸畔 是 家 乡 是 家 乡 哎，
甜甜的丹江水 哎 送 呀送 北方， 十 万 儿女 离 家 乡 离 家 乡 哎，

1·1 215 661 6 | 2 225 217 6 - | 6· 665 6 11 2·5 4 | 2 22 2 12#4 5 - |
鱼 虾肥 啊牛羊 壮，三川沃土米粮 仓，那 里有我童年的梦 啊，还有那青春时 光。
难 舍那 片耕过的田，难舍那座碾过的场，难 舍陈年老黄 酒 啊，难舍那丹江鱼米香。

i 5· 2 i 76 5 | 6· i 65#4 5 - | i 5· 2 i 76 5 | 66i 6 5#45 2 - |
啊， 故乡的土，故 乡 的人， 啊， 故 乡 有我 祖 辈爹 娘，
啊， 故乡的山，故 乡 的水， 啊， 故 乡 依然 在 梦 里，

2· 5 52 2 171 2 | 6 2 2 676 5 - | 4 42 4 516 5 456 | 5 - - - :||
古 树石碾老井土 房，故乡怎 能 忘， 故乡 怎 能 忘 怎 能 忘！
乡 亲乡音乡情乡 恋，最美是 故 乡， 最美 是 故 乡 是 故 乡！ D. S.

结束句

4 42 4 245 6 - | 6 6 - - | 2676 - | 5 - - - | 5 - 5 0 0 ||
最美 是 故 乡， 最 美 是 故 乡！

（二）《我的移民老乡》

淅川移民歌曲《我的移民老乡》由田野、周华瑞作词，陈黎作曲，中国人民解放军第二炮兵政治部文工团演员耿为华演唱。

我的移民老乡

1=F $\frac{2}{4}$

（耿为华 演唱）

田野、周华瑞 词
陈　黎 曲

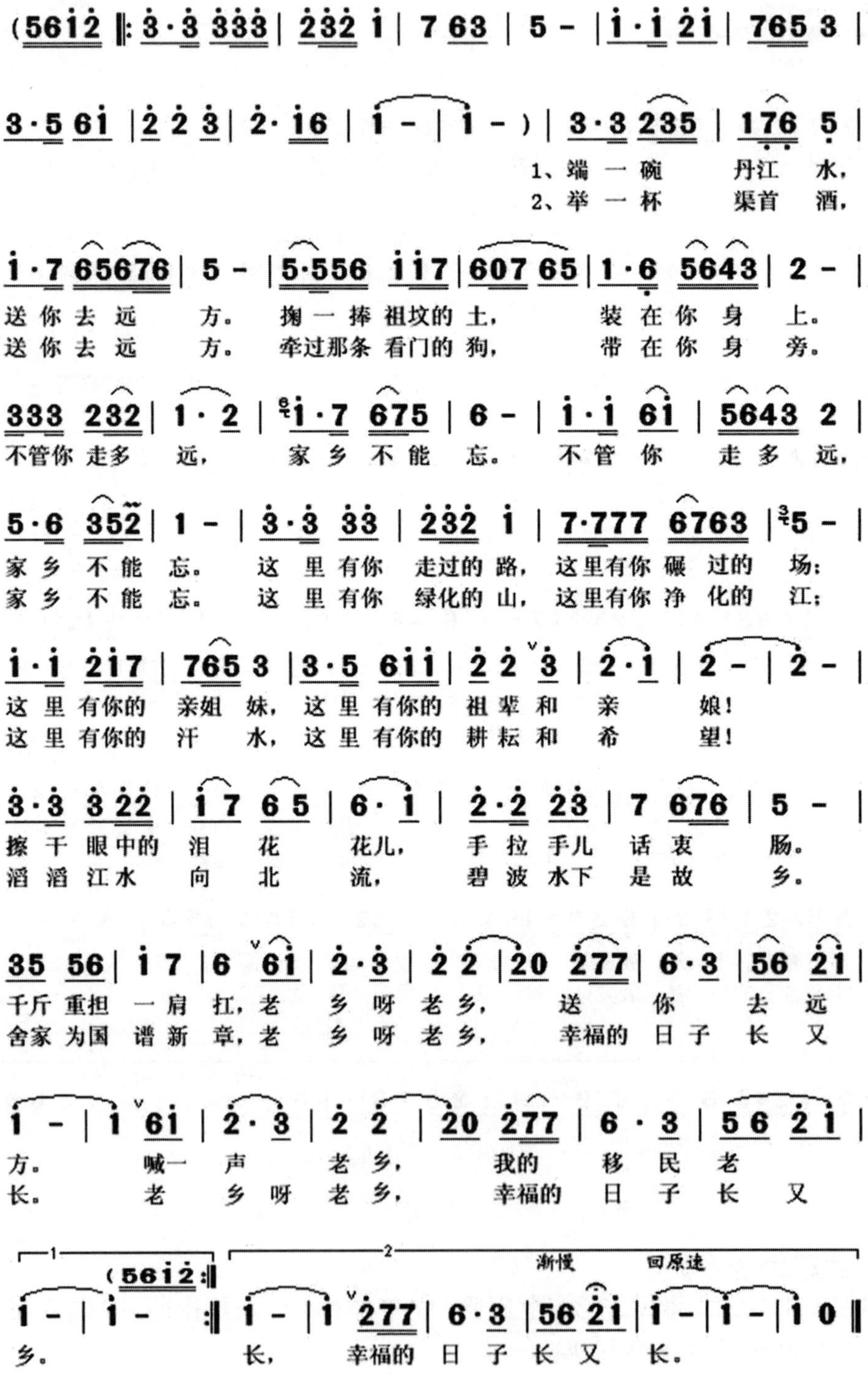

1、端一碗　丹江水，送你去远方。掬一捧祖坟的土，装在你身上。
2、举一杯　渠首酒，送你去远方。牵过那条看门的狗，带在你身旁。

不管你走多远，家乡不能忘。不管你走多远，家乡不能忘。

这里有你走过的路，这里有你碾过的场；这里有你的亲姐妹，这里有你的祖辈和亲娘！
这里有你绿化的山，这里有你净化的江；这里有你的汗水，这里有你的耕耘和希望！

擦干眼中的泪花花儿，手拉手儿话衷肠。
滔滔江水向北流，碧波水下是故乡。

千斤重担一肩扛，老乡呀老乡，送你去远方。喊一声老乡，我的移民老乡。
舍家为国谱新章，老乡呀老乡，幸福的日子长又长。老乡呀老乡，幸福的日子长又

1　乡。
2　长，幸福的日子长又长。

渐慢　回原速

(三)《别故乡》

歌曲《别故乡》由淅川县移民局原局长冀建成作词,县信息学校教师陈黎作曲,反映了库区广大移民干群“忠诚担当、大爱报国”的移民精神。

别 故 乡

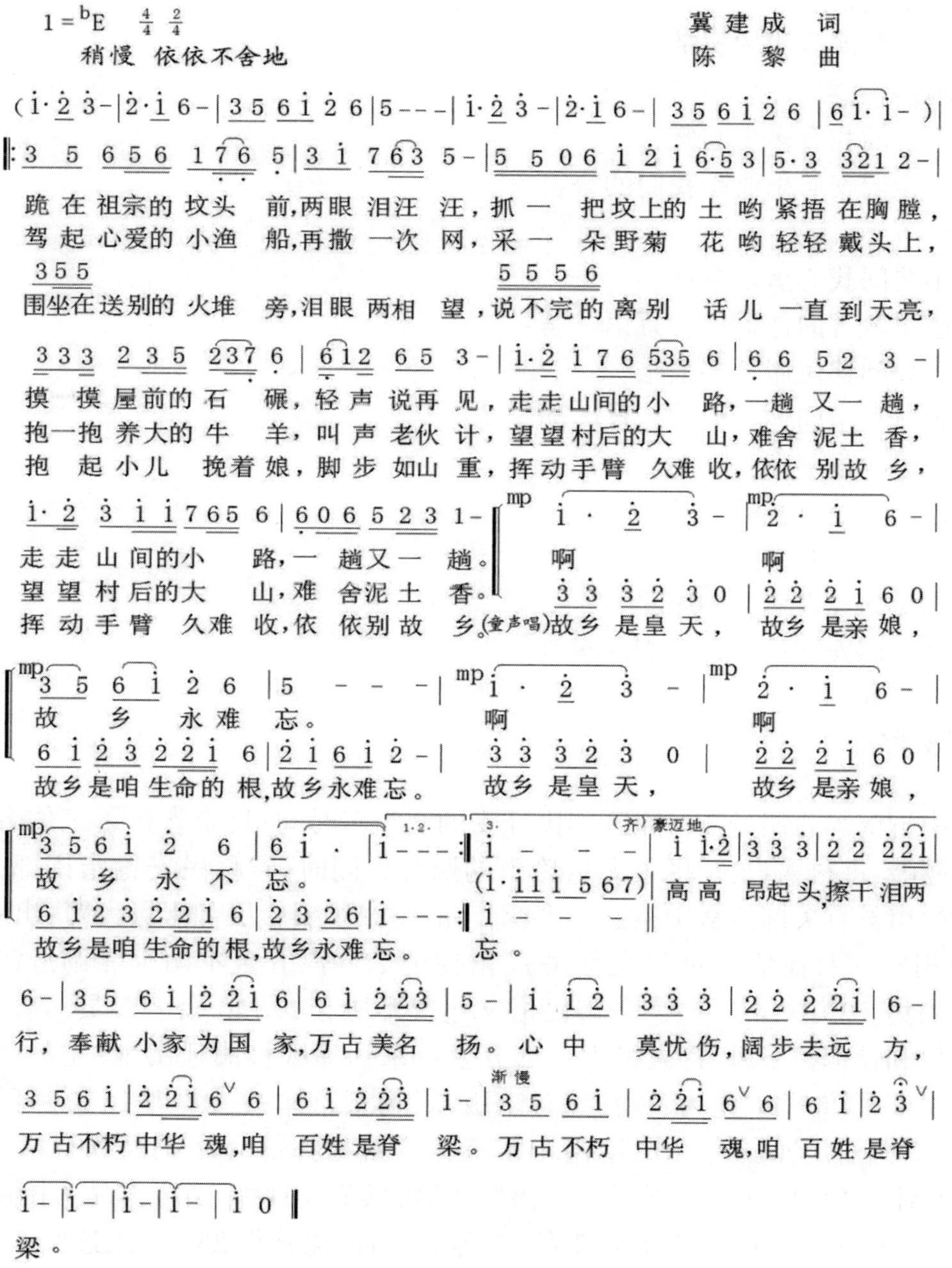

1 = ♭E　4/4　2/4　　　　冀建成　词

稍慢　依依不舍地　　　　陈　黎　曲

跪在祖宗的坟头前,两眼泪汪汪,抓一把坟上的土哟紧捂在胸膛,
驾起心爱的小渔船,再撒一次网,采一朵野菊花哟轻轻戴头上,
围坐在送别的火堆旁,泪眼两相望,说不完的离别话儿一直到天亮,

摸摸屋前的石碾,轻声说再见,走走山间的小路,一趟又一趟,
抱一抱养大的牛羊,叫声老伙计,望望村后的大山,难舍泥土香,
抱起小儿挽着娘,脚步如山重,挥动手臂久难收,依依别故乡,

走走山间的小路,一趟又一趟。　mp 啊　mp 啊
望望村后的大山,难舍泥土香。
挥动手臂久难收,依依别故乡。(童声唱)故乡是皇天,故乡是亲娘,

mp 故乡永难忘。　mp 啊　mp 啊
故乡是咱生命的根,故乡永难忘。故乡是皇天,故乡是亲娘,

mp 故乡永不忘。　(齐)豪迈地　高高昂起头,擦干泪两
故乡是咱生命的根,故乡永难忘。忘。

行,奉献小家为国家,万古美名扬。心中莫忧伤,阔步去远方,

渐慢
万古不朽中华魂,咱百姓是脊梁。万古不朽中华魂,咱百姓是脊

梁。

(四)《我们的誓言》

歌曲《我们的誓言》是由河南省诗词学会会员、河南省书法协会会员、原阳县移民办原副主任李济乐创作的原阳县移民干部之歌。歌词内容为:

不要问我流过多少汗，
汗水湿透移民新村的那一片天；
不要问我有过多少爱，
爱心托起乡亲们的每一张笑脸。
虽说我很平凡，
南水北调有我的贡献。
啦——，啦——，
不要问我有多少心愿，
乡亲们安居乐业是我们的誓言。

不要问我心里多少话，
晨星晚月向你诉说着万语千言；
不要问移民搬迁多艰难，
满身泥土向你诉说着苦辣酸甜。
莫说我很平凡，
祖国建设有我的贡献。
啦——，啦——，
不要问我有多少心愿，
乡亲们安居乐业是我们的誓言。

四、摄影

在河南省南水北调丹江口库区移民迁安的2年多时间里，全省摄影工作者和摄影爱好者翻山越岭、进村入户，拍摄了大量珍贵的照片。同时，省移民安置指挥部办公室、省文联及不少市县有关部门从中精选出多幅作品，举办了摄影展和摄影大赛，出版了《永恒的记忆》《祖国》《移民情》《淅川大移民》《留住记忆》等20余本南水北调丹江口库区移民摄影作品集。2010年2月，南阳市民俗文化摄影协会的140余名会员，到淅川县香花镇南王营村和杜寨村采风，特意组织了部分会员来到库区移民迁出地，尤其是库区移民最后一个春节采访，并以此为题材，编辑出版了《情寄京津——淅川16万移民大搬迁纪实》大型摄影画册。2011年10月，南阳市移民安置指挥部和南阳网联合举办了“移民杯”南水北调丹江口库区移民迁安全国摄影大赛，共有104幅（组）作品入围决赛，63幅作品获奖，其中一等奖1名，二等奖2名，三等奖5名，优秀奖25名，入选奖30名。来自平顶山的摄影家何进文，凭借作品《为国舍家园》获得一等奖。刘长春的作品《即将淹没的记忆》、孙少斌的作品《移民最后的秋天》分获二等奖。本次摄影大赛历时5个月，共收到摄影作品456幅（组）。这些作品以独特的视角和纪实的手法，捕捉大量难忘而精彩的移民搬迁瞬间，为移民搬迁安置工作提供了宝贵的可视资料。2012年3月，省移民办、省文联联合举办了“镌刻在世纪工程上的永恒记忆——河南省南水北调丹江口库区移民纪实摄影展”,专家们在上万幅摄影作品中遴选出149幅精品力作,在此次摄影展上展出。2012年8月,中国民族摄影协会会员、河南省摄影家协会会员、“南水北调工程(中线)全国摄影大展十佳摄影师奖”获得者、淅川县本土人士王洪连先生创作的摄影集《淅川大移民:2009~2011》正式出版。该部作品共100幅图片,是由著名策划人、摄影评论人周一波先生,从王洪连拍摄的反映南水北调工程和丹江口库区移民搬迁安置的3万多幅图片库中精选出来的。2013年5月,反映河南省南水北调丹江口库区16.5万移民大规模搬迁的摄影作品集《留住记忆》正式出版。《留住记忆》共收录摄影作品500余幅,从宏伟构想、伟大实践、深切关怀、科学部署、通力协作、别离故土、幸福征程、崭新家园等不同角度全方位如实纪录南水北调世纪大移民,全景式展现了淅川广大移民干部群众为国家工程所做的贡献和社会各界对移民的真情帮扶,是人们认识和了解移民搬迁工作的珍贵文献资料。

五、文艺演出

2009年11月6~28日,省移民安置指挥部办公室会同省文化厅联合组织省歌舞演艺集团的50多名演艺人员,行程数千公里,深入南水北调丹江口库区试点移民涉及的11个县(市)的移民新村进行慰问演出,共有近2万名移民干部群众现场观看了节目。河南省国家一级演员、著名相声演员范军、于根艺,戏曲表演艺术家刘燕丽,曲艺表演艺术家牛青兰,青年歌唱家薛青、刘乐,梨园春擂主谢宪笙、白军选,青年唢呐表演家郝晓东等艺术家,现场为移民群众表演了音乐快板《感恩》、小品《搬迁记》及歌舞、相声、戏曲、快板等20余个节目,表达了对移民群众舍小家、顾大家的感恩之情,讴歌了广大移民干部和移民群众克服重重困难,按时搬迁的感人事迹。2011年1月4~17日,省移民安置指挥部办公室会同省文化厅联合组织省歌舞演艺集团演职人员90多人,分别深入丹江口库区移民搬迁安置涉及的郑州、平顶山、漯河、许昌、新乡、南阳6个省辖市和淅川县,进行了多场大型移民春节慰问巡回演出,表演了歌舞《一脉相牵》、小品《一家亲》、音乐快板《移民礼赞》、歌舞《丹江清水送北京》、戏曲选段《朝阳沟》、相声《欢声笑语》、配乐诗朗诵《壮哉—大移民》、舞蹈《春神》等20个节目,为观众奉献了一场丰盛的文化大餐。2012年5月21日,省移民安置指挥部在河南电视台8号演播厅举行“丹江情·移民颂”河南省南水北调丹江口库区移民迁安纪念晚会。女声独唱《别故乡》《江山》,情景歌舞《再见了丹江》《幸福新家园》,戏歌《河南,中》,小品《丹江情》,诗朗诵《移民史诗·精神礼赞》,生动地再现了全省南水北调丹江口库区移民干部群众舍家为国、忘我奉献的动人场面。2014年8~9月,淅川县移民局牵头组织县农业局、司法局、文化局和县曲剧团,在全县11个移民乡(镇)进行了30个场次巡回演出。演出节目包括大型古装戏和小品、舞蹈、快板、情景剧、大合唱等贴近生活、贴近群众的作品,《我的故乡在丹江》展现了淅川丰厚的文化底蕴,加深了观众对丹江悠久历史文化的认识;《丹江号子》小合唱被列为河南省非物质文化遗产;《王宝钏大登殿》获南阳市第六届戏曲大赛一等奖;豫剧现代戏《丹江夜雨》被省委组织部确定为南水北调移民精神教育基地必演必看节目。此外,淅川县还先后组织慰问团到平顶山市郏县马湾村、南阳市卧龙区陆营镇东岳庙村等南水北调丹江口库区移民村进行文艺演出。

第四节　民间文化

南水北调丹江口库区移民搬迁安置,为河南省丰富多彩的民间文化增加了很多新的内容,从人们喜爱的对联、民谣,到以示纪念的碑刻,无不显示出民间对移民文化的热爱和强烈的创作欲望。期间,移民群众和一些社会人士,凭借丹江口库区移民这个源泉,汲取丰富的民间文化营养,撰写了大量的情感真挚、内容新颖、颇具特色的移民对联、民谣、碑文,以此弘扬南水北调移民精神。还有一些有关移民的典故,反映了古代移民的艰辛和不易,以及今天移民的尊严和幸福。

一、对联

河南省南水北调丹江口库区移民搬迁期间,移民群众从故居搬到新的家园,为了表达乔迁之喜,皆挥毫泼墨、书写对联;同时,省移民安置指挥部办公室及社会上一些对联爱好者也纷纷为移民搬迁提笔撰联。另外,春节前夕,一些团体到移民村慰问,也为移民书写对联(春联)。2012 年 1 月,新乡市获嘉县文化馆组织 6 名著名书法家赴县安洼村、王石村、武贾洲村开展“迎新春送春联、慰问移民村”活动,为移民群众义写春联,共计 600 余副。2015 年 2 月上旬,省委宣传部、省文联、省电视台在邓州市裴营乡和谐移民社区联合举行“河南省文艺家深入生活,扎根人民——文化进万家主题实践活动”,其间书法家们为移民群众书写春联 360 余幅。

下面选若干对联入书:

调水写大爱
搬迁创和谐

今日和谐搬迁
明朝跨越发展

南水北调牵缘
迁安两地结亲

南水北调展宏图
和谐移民谱新篇

离故土别情依依成追忆

奔新家壮志浩浩向未来

情切切迁安两地心相连
路漫漫干部群众手共牵

执手相送,良好祝福诉不尽
和谐搬迁,一路走来一路歌

同为华夏儿女,当不分此乡彼乡人
共享中原沃土,何必念迁入迁出地

悠悠丹水北上,叙不尽中原儿女拳拳报国情
漫漫长路延展,写不完移民干部殷殷奉献心

享今天思明天天天幸福
舍小家顾大家家家发展

调水调来新福祉
移民移出新天地

情牵丹水思伟业
心系移民谋发展

南水北调功德盖千古
移民迁安责任重泰山

南水北调谱写发展新篇章
和谐迁安开创移民好生活

搞搬迁全省同唱一台戏
谋发展干群共奏一支曲

南水北调功在当代
和谐移民泽被千秋

为和谐移民,当时时体现科学发展
欲顺利搬迁,要事事做到以人为本

大干九十天,展全省干部良好风貌
倾注满腔情,谋移民群众一生幸福

执手看泪眼,千言万语诉不尽绵绵牵挂情
驱车奔前途,万水千山隔不断浓浓相思意

牢记使命做好各项工作
全力以赴打赢搬迁硬仗

南水北调做贡献
移民迁安促发展

干部群众是一家
搬迁搬出文明花

尽心尽力服务移民
尽职尽责搞好搬迁

南水北调重于泰山
移民利益高于一切

干群相处血浓于水
和谐搬迁情大于天

迁安两地携手并肩
共建移民美好家园

政府为我盖新家
移民心中乐开花

吃水不忘掘井人
移民永远铭党恩

舍小家顾大家支持国家建设
识大体顾大局重建美好家园

日后将饮同源水
今朝便是一家人

丹水北调一千里
移民迁安万年长

早移民早日奔小康
新环境新村新气象

落实国家移民政策
实现移民和谐搬迁

国家利益高于一切
移民奉献无上光荣

搬青海迁荆门返仓房沿江喜移新乡
过丹江跨黄河安太行山下福落全家

二、民谣

淅川县作为河南省南水北调丹江口库区移民的唯一迁出地，民间文化十分丰富，也有很多民谣，其中《淅川谣》就很有特色，把淅川县的历史变迁、名人古迹及中华人民共和国成立后丹江口水库的几次大移民都描写得非常到位，值得存鉴。

古代商於地，今曰名淅川；三省交界处，位居豫西南。
几番废与兴，明朝确立县；版图多伸缩，两度省直管。
若问啥第一，移民量空前；境内人工湖，亚洲称奇观。
县小影响大，文化厚积淀；楚国建始都，先祖封子男；
文物惊天下，现藏国家馆。秦楚战丹阳，证者司马迁；
屈原游旧地，《国殇》泪涟涟。名刹香严寺，慧忠曾坐禅；
宣宗来避祸，七载归长安。宋代欧阳修，此地把书念；
一曲《秋声赋》，风流千百年。……
物华又天宝，养育好儿男。历代多俊杰，光彩照人寰；
范蠡佐越王，卧薪又尝胆；携得西施隐，商圣美名传。
范晔名天下，桑梓顺阳川；著作《后汉书》，断代史典范。
范缜不信神，斗争意志坚；力主《神灭论》，佛家心胆寒。
李荫字袭美，曾把宛平管。全琎少有名，籍贯宋家湾。
尚书彭凌霄，弃官把家还。澍生丹青妙，一笔好河山。

潘舟求真理，反蒋旗帜鲜。滔河朱华舫，水利兴波澜。
仲彝《外科学》，慈心救伤残。泽生攻史学，成绩真斐然。
树青嗓音正，唱红豫鄂陕。地杰人自灵，群星数不完。
……如此风水地，一遭被水淹。
丹江修水库，游子别家园；北方来调水，面临再搬迁。
二三十万人，漂泊四海边。自尝艰困苦，大局顾周全。
奉劝众游子，心安身即安。是土皆养人，有志路自宽。
故乡大后方，助您登巨船。淅川多忠良，理应学前贤。
奋斗改命运，前进莫畏难。续写创业史，高歌奔明天！

（原载《河南移民》专刊2006年第5期；作者：王吉成）

三、移民纪念碑

南水北调丹江口库区移民搬迁后，淅川县政府及搬迁到外县的不少移民村为了纪念这次移民大搬迁，弘扬南水北调移民精神，都建立了移民纪念碑、纪念亭、纪念墙等，以铭记历史，代代传承。

（一）南水北调“移民丰碑”纪念碑群

2015年3月11日，淅川县在盛湾镇鱼关移民村原址举行了南水北调“移民丰碑”纪念碑立碑仪式。该纪念碑群总占地1.2万平方米，由56座长8米高2米的大理石碑组成，上面镌刻淅川10个乡（镇）184个行政村1 276个村民小组共16.5万名移民的名字，并竖立“移民干部丰碑”两座。“移民丰碑”纪念碑群的建立，不仅让后人铭记历史、不忘家园，也生动地讲述了在南水北调工程中，广大干群以心血汗水甚至生命铸就的“忠诚担当、大爱报国”南水北调移民精神。

附：《丹淅移民碑记》

淅川县居豫州西南，位鄂豫陕间。丹水源自秦岭南麓，纵贯淅川。淅川古称丹阳，乃楚国之始都。烝民世代劳于此，息于斯，生聚教养，四境晏然。古哲有言，安土重迁。吾淅民居要塞之地，得山水之利，耕牧渔樵乐，魂梦依乡关。迨至新华开国，领袖发南水济北之豪语，中央定中线工程之宏案。淅川之民毅然决然，背井离乡，屡屡播迁。

前后二十年间，廿二万人远徙，几多艰辛，几多颠连。十二万人返乡，江滨野岭，重建家园……二〇〇二年十二月，中线工程开工。自二〇〇九年八月始，十六万五千九百人迁至豫辖二十市县。老幼相踵频回首，牵衣顿足泪潸潸。长哭难弃祖宗根，滚滚车尘漫长天。他乡丽日当头照，故乡明月梦中圆。噫，半世纪移民逾四十万，人数之众，历时之久，亘古无前。移民精神惊天动地，家国情怀永留人间。二〇一四年，三千里长渠竣工，浩浩丹江碧水，潺潺自流进京。解北方之渴，利国计民生。当此际，亟须勒石存史，永留令名，彰移民之德，纪渠首之功，录淅川之贡，扬豫宛之风。伟哉，万千移民身处下层，心怀社稷，浩然正气，沛然大忠。壮哉，万千移民以德为基，以善为操，落地生根，志节如松。幸哉，千百干部，服务移民，夙夜在公，备尝辛劳，不惧牺牲。南水北调欲为百世兴利，淅川移民堪作当代典型。"维桑与梓,必恭敬止。"恩泽均霑,亿民欢忭,饮水思源,毋忘淅川。巍乎丰碑,永矗此间。

(公元二零一五年元月　张鹏、周同宾撰稿)

(二)封丘县陈桥镇陈岭移民新村碑文

陈岭新村原名陈岭村。她北依伏牛,南临丹江,与河南省淅川县老城镇有一岭之隔,在其东南一公里处并归其管辖。村中有黑龙泉等众多泉水流过,河水清澈见底游鱼可见。

早在四百年前,陈岭的先民即从山西洪洞迁徙而来。陈岭人勤劳善良,素以农耕、蔬菜种植、地毯织造、大理石加工及捕鱼为业。陈岭人的大理石产品曾远销祖国各地及海外。

公元一九七二年,丹江口水库蓄水,陈岭村实施整体搬迁。其中大部分村民后靠山坡高处,另有一部分远走邓州及淅川之香花、九重、厚坡等地。而今"南水北调"工程上马,陈岭人再次挥泪告别故土,奔赴异域,开创新生。本次迁徙,除一百零四人迁往淅川厚坡碌子沟、廿四人投亲靠友、四百五十人留守原地外,其余两千一百人,均于公元二〇一一年八月八日(农历辛卯年七月十日),千里迢迢来至河南省封丘县陈桥镇陈岭新村定居。

"南水北调"事关国计民生,陈岭人识大体顾大局为大家舍小家,弘扬中华民族传统之美德,为国家建设做出了奉献。为让后世子孙永远铭记这段历史,永远怀念曾经养育过一代又一代陈岭人的那方山水,同时也为答谢友好善良的封丘人民、在搬迁过程中日夜操劳的封丘广大干部及陈岭新村的建设者,特立此碑,以兹纪念。

(三)舞钢市尚店镇瑞祥社区姚营移民新村迁安纪念碑

2010 年 8 月 18 日,从淅川县整体搬迁到舞钢市尚店镇瑞祥社区的姚营移民村举行立碑仪式,勒石纪念。石碑上刻着"移民迁安 永誌流芳"八个大字,碑文全文如下:

淅川县盛湾镇姚营村移民,因国家南水北调中线工程建设需要,响应国家号召,决心舍小家为国家义勇搬迁,辞故土建新家继往开来。2010 年 8 月整体迁徙至舞钢市尚店镇瑞祥社区。

姚营故土,位于丹江口水库南岸,潢水河流域下淤区。村域面积 4.75 平方公里,其中耕地 3 500 亩,山坡林地 2 100 亩,河滩沟溪面积 900 亩,民宅及道路占地 700 亩,故村土地肥沃,自流灌溉,生态环境好,交通方便,地理优势强劲,集贸成市,经济较发达。全村有 9 个自然村,13 个村民小组,居民 650 户 3 150 人。

村之姚姓,源于舜帝。舜帝姓姚名重华,史称虞舜,名列中华"三皇五帝"之中。姚营村始祖姚武林,于明末清初时由山西省洪洞县迁徙到淅川丹南姚营村,姚祖后裔,世代相传,现有二十三代人。自清以后,先后有左、陈、李、邱、张等 22 个姓氏者迁居姚营,多姓祖代相居,互结亲缘,和睦相处,开创基业。

姚营民风淳朴,与时俱进。为中华人民共和国的解放事业屡建奇功,1939 年至 1941 年成立淅川县第一个农村中共地下党支部,有党员 36 人,建起丹南红色革命根据地;1941 年农历十月初一,以姚营民众为骨干力量,举行了宋湾农民暴动,先后有 6 位革命者为国捐躯。新中国成立后,姚营人民在党和政府领导下,积极投入社会主义革命和建设事业中,谱写出光辉篇章。党的十一届三中全会后,姚营人沐浴着改革开放的春风,焕发出创业致富的激情,姚营村经济社会得到长足发展,村民生活水平不断提高,被淅川县委、县政府评为“百强示范村”。

2006年10月,国家南水北调中线建设工程开工,丹江口水库大坝加高到176米,库区居民172米以下者为移民搬迁区。根据河南省移民办安排,姚营村移民需整体搬迁到舞钢市。舞钢市委、市政府把移民搬迁安置工作当作一项政治任务来抓,举全市之力建造姚营移民新村。新村建设规划:由长江勘测规划设计研究有限公司设计,后又聘请清华大学设计院对移民户型、新村自然景观和配套设施规划进行补充完善。新村建设工程于2009年12月开工,由平顶山市平工建筑有限公司、南阳市建发工程有限公司等10个单位承建,全部工程于2010年8月竣工,达到移民入住条件。同时,舞钢市为姚营村移民调整生活用地170亩,生产用地2 000亩。移民住房属欧式二层别墅,单体面积169平方米,住房均坐北向南,单家独院,水、电、沼气、有线电视、电话、宽带全部入户。投资225万元,建造一座小学和一所幼儿园,建筑面积1 470平方米,教育条件完备,可容纳300名小学生和幼儿就学。投资120万元建造一幢综合服务楼,建筑面积1 033平方米,融村室、超市、卫生室、文化室、警务室、邮政电信服务室等为一体,设施配套功能齐全。投资200余万元建设休闲广场一处,运动健身设施俱全,建造村内绿地6处,面积共10 000平方米;建造人工游览湖一处,占地16 370平方米,新村居住环境优美。依托相邻的瑞祥牧业公司,投资440万元建设一大型沼气池,并铺设主支管道,免费为330户移民供应沼气。采取龙头企业带动方式,把移民生产用地统一流转,形成高效种植园区,把移民从土地上解放出来,多渠道增加移民收入。

2010年8月17日,舞钢市委、市政府组织800多人,大型货车248辆,大型豪华客车56辆,服务车49辆,赴姚营村迎接移民亲人。8月18日(农历七月初九黄道吉日),早上7点,姚营村移民330户1 430人告别世代祖居的故土,告别淅川县及盛湾镇欢送的人群,告别送行的亲朋好友,随着舞钢市领导和迎接的人员,乘车途经淅川县城,从西峡县上高速,至舞阳县下高速,路经舞钢市区,下午2时30分平安到达尚店镇瑞祥社区姚营移民新村,受到市鼓乐队、秧歌队及市直各部门、各单位工作人员的热烈欢迎和周密安排。移民入住新房,人人心旷神怡,家家喜贴对联,户户燃放鞭炮礼花,庆贺乔迁。移民入住新村,开启了姚营移民历史新篇章,大家决心弘扬姚营故土祖传美德,在舞钢新家开创美好未来。

为让世人铭记姚营村民舍小家为国家搬迁的义勇之举,记忆淅川县盛湾镇姚营村之故土,了解姚营村移民迁徙舞钢之历史,特立碑存念。(姚建勋撰文)

四、移民民俗馆

2011年1月2日,南阳丹江移民民俗馆、中国报告文学南阳创作基地在南水北调中线工程水源地丹江口水库西岸的南阳市淅川县盛湾镇鱼关村旧址同时揭牌。

鱼关村是河南省南水北调丹江口库区10个试点移民村之一，全村188户851名移民于2009年8月整体搬迁至南阳市唐河县。为铭记河南省南水北调丹江口库区移民历史，讴歌移民精神，南阳市在湖光山色、山清水秀的鱼关村旧址规划建成了移民民俗馆、作家创作基地、移民广场、移民纪念碑、移民纪念林等，收集2 000余件移民生产生活实物、2 000余幅移民图片、30余类移民图书等，再现了南水北调大移民搬迁史，弘扬了河南省南水北调丹江口库区移民“舍小家、为国家”的移民精神。

五、移民村史馆

为了支持国家南水北调工程，确保一渠清水北上，南阳市淅川县盛湾镇马湾、马沟、王沟三个村的388户1 672名村民识大体、顾大局，于2010年8月14日和2011年8月2日，分两次搬迁至郏县移民安置点——马湾新村。

移民搬迁后，为了感谢各级党和政府的亲切关怀，让后人铭记这段刻骨铭心的记忆，马湾新村于2012年建设了移民村史馆，建筑面积65平方米，投资50万元，馆内分为新村规划、基层建设、领导关怀、社会关怀、旧貌新颜、马湾特色、荣誉台、媒体关注等八部分内容进行了展示，村史馆建成七年来，截至2019年年底已累计接待四川、云南、湖北、贵州、广东、北京、河南等十余个省(市)4 000多人参观学习。

马湾新村位于郏县县城东北，距县城2公里，马湾新村自搬迁以来，已逐步融入当地社会大家庭，移民思想稳定，安居乐业。马湾新村还被省委、省政府评为“先进移民村”，被全国妇联确定为“全国妇联基层组织建设示范村”，被省移民办、省旅游局确定为“河南省移民乡村旅游试点村”，被平顶山市委、市政府评为“文明村镇”。

大事记

1990 年

11 月 18 日，长江委及河南省、南阳地区、淅川县组成 80 余人的调查组，下分 5 个小组，依据《丹江口水库大坝加高工程暨南水北调中线 170 米方案》，对河南省库区淹没指标进行调查，历时 80 多天。经调查估算，丹江口水库大坝加高工程将淹没耕地 119 751 亩，需动迁 119 085 人。

1991 年

11 月，水利部南水北调规划办公室主持会议，审查通过了长江委编制的《南水北调中线工程初步可行性研究报告》。

1992 年

10 月，中国共产党第十四次全国代表大会把“南水北调”列入中国跨世纪的骨干工程之一。

1993 年

1 月，水利部南水北调规划办公室将修改完善后的《南水北调中线工程可行性研究报告》正式上报水利部并抄报国家计委。

5 月，长江委在淅川县牵头组织召开丹江口水库河南省库区石碴地座谈会，有关省、地、县移民管理机构的领导和工程技术人员参加。

1994 年

1 月，水利部审查通过《南水北调中线工程可行性研究报告》。

2 月，为迎接国家南水北调工程会议的召开，河南省水利厅移民安置办委托淅川县移民安置办，编制了《南水北调中线工程河南库区移民安置意见和试点方案（草案）》。

7 月，由长江委牵头组织，省、地、县移民管理机构参加的南水北调丹江口水库河南省库区专业项目淹没调查组，进入淅川县开展工作。同时，对库区围堤保地工程进行勘察选址，对仓房乡后靠安置试点进行初期规划。

1995 年

3 月 29～31 日，河南省南水北调丹江口库区农村移民安置试点会议先后在南阳市淅川县和邓州市召开。会议商定淅川县仓房乡为本乡移民后靠安置试点,邓州市孟楼镇为淅川县移民出县安置试点,两点分别搬迁 3 348 人和 3 620 人。

1996 年

5 月 8~12 日,省移民办主任刘金亭带领有关人员先后到南阳市及所辖的社旗、唐河、淅川、邓州等县(市),与当地政府和有关部门就南水北调丹江口水库大坝加高工程河南省库区移民安置去向、指导思想、原则和补偿标准等深入座谈,对白河滩涂开发安置移民的可行性进行了实地察看,并与南阳市政府交换了看法,在移民安置的原则、意向等方面与市、县取得了一致意见。

1997 年

1 月 25 日,长江委、省移民办、南阳市移民办和淅川县政府在淅川县召开联席会议,一致同意将淅川县滔河乡的姬家营村、老人仓村和老城镇的狮子岗村作为河南省南水北调丹江口库区的外迁试点村,总迁人数为 3 620 人。

1998 年

5 月,水利部库区建设基金会办公室印发《关于进一步调整水库移民遗留问题处理和扶贫攻坚规划的函》,拟定湖北、河南两省丹江口水库规划总投资 6.43 亿元,其中河南 1.5 亿元。对此,河南省移民办认为分配给河南省的规划投资偏少,并于 5 月 18 日以《关于丹江口水库移民扶贫攻坚规划调整工作中若干问题的报告》一文报送水利部水库移民开发局。5 月 20 日,水利部水库移民开发局同意河南省可按 2.1 亿元总投资进行规划。

1999 年

6 月 28~30 日,省移民办在淅川县举办南水北调丹江口库区移民干部学习班,重点讲解移民政策、项目管理、财务管理知识,提高移民干部政策水平和业务工作能力。

2000 年

10 月 25 日,水利部副部长张基尧、长江委主任黎安田、河南省副省长王明义等到淅川县视察南水北调中线陶岔渠首工程。

2001 年

4 月 15 日,省水利厅副厅长、省移民办主任李连栋在南京参加水利部举办的全国水利厅厅长学习班期间,撰写了论文《南水北调中线工程移民之管见》,结合丹江口库区实际、近年形势变化和黄河小浪底移民实践,首次提出在长江委 1992 年编制的南水北调丹江口水库移民规划基础上进一步优化方案,改变河南省库区移民全部在南阳市淅川县、邓州市、社旗县、唐河县安置的方案,在河南省内整个工程受益区统筹考虑,以足够的环境容量为前提,选择安置点。此观点作为河南省的建议,引起了水利部水库移民开发局和长江委领导的重视。

11 月 19~20 日,中国国际工程咨询有限公司副董事长、水利部原副部长张春园,带领由国家计委、中国科学院、清华大学、水利部有关专家组成的考察团一行,与长江委副主任王忠法等有关领导、专家一起到河南省淅川县对丹江口库区大坝加高及移民情况进行考察评估,听取地方意见,为国家决策南水北调工程做准备。河南省委常委、副省长王明义陪同考察,并在汇报会上提出了河南省赞成丹江口水库大坝加高工程移民问题一次性解决,同时提出了河南省移民安置初步打算:由库区移民 14.3 万人(推算数字)全部在南阳市辖区淅川县、邓州市、唐河县、社旗县安置的方案,调整为南阳市安置 7 万人左右,其余 7 万人在工程沿线受益区内安置。

11 月 27~29 日,水利部水库移民开发局局长唐传利一行及长江委有关领导,到河南省淅川县、邓州市调查了解南水北调丹江口库区移民安置方面有关建议及准备情况。

12 月 11~14 日,民进中央副主席、全国政协常委邓伟志,与民进中央议政调研部副部长赵登庆、河南省人大常委会副主任袁祖亮、黄河水利委员会移民局副局长姚松龄、华北水利水电学院移民事务所所长缑元有等到河南省淅川县调查了解丹江口水库初期工程移民现状,就国家有关移民政策、南水北调丹江口库区移民安置方案等进行了座谈和调研。

12 月 29 日,省移民办根据水利部关于调整南水北调丹江口库区移民安置规划方案的要求,在郑州市召开河南省南水北调中线工程总干渠沿线受益区 11 个省辖市水利、移民管理机构负责人等参加的移民工作座谈会,安排南水北调丹江口库区移民安置预选区移民安置容量前期摸底调查工作,为省委、省政府决策和设计部门修订移民安置规划提供依据。

2002 年

4 月 12~26 日,长江委 150 人到河南省淅川县开展南水北调丹江口库区淹没村组界线勾绘复核工作。

5 月 8~9 日,中共中央政治局委员、国务院副总理温家宝及随行的有关省(市)和中央有关部门负责人俞正声、王旭东、李盛霖、刘淇、汪恕诚、刘江、马凯、张佑才、汪纪戎、张基尧等,在河南省委书记陈奎元、省长李克强、副省长李成玉和王明义等陪同下,考察了南水北调中线陶岔渠首闸、穿越黄河工程及丹江口库区淅川县移民村,并于 9 日在郑州听取了有关工作汇报,主要就丹江口库区移民情况等了解了各方面的意见和建议。河南省委、省政府领导表示,坚决支持并希望工程早日开工。对于库区移民,河南省已做了测算,拟安排在南阳市及沿线受益区的 8 个市 18 个县 74 个乡(镇),希望中央考虑河南移民实际,给予相应的政策。温家宝副总理强调,南水北调是关系中国经济、社会和生态协调发展的重大工程,要按照十五届五中全会精神,加紧做好前期工作,尽早开工建设。要高度重视库区移民工作,重点解决好移民的生计问题,切实把移民安置好、稳定住,并帮助他们脱贫致富。

9 月 10~14 日,省移民办副主任王常春到北京参加由水规总院召开的南水北调中线库区回水线复查会及库区淹没实物指标调查提纲审查会。会议确定南水北调中线工程项目由建设单位(暂定为长江委)牵头,河南、湖北两省移民主管部门参加组成调查组,待国家批复项目建议书后发布库区停建通知。

10月9日,省人大常委会副主任亢崇仁带领人大代表团到淅川县考察南水北调丹江口库区移民前期工作进展情况。

10月28日,省移民办主任李连栋带领有关人员到武汉参加水利部委托长江委主持召开的丹江口水利枢纽大坝加高工程水库淹没实物指标调查实施计划座谈会。

10月29日,水利部召开新闻发布会,张基尧副部长宣布:南水北调工程总体规划已经党中央国务院审议并原则通过,举世瞩目的南水北调工程将历史性地由规划阶段转入实施阶段。

11月5日,省委常委、省政府副省长王明义听取了省移民办关于南水北调丹江口库区移民工作等情况汇报。王明义副省长同意省移民办按长江委要求提出的参加南水北调丹江口库区实物调查领导机构人员意见,由王明义副省长任丹江口水库移民实物指标调查领导小组副组长,省水利厅厅长兼省南水北调办主任韩天经、省国土资源厅副厅长冯光、省林业厅副厅长张守印、南阳市市长何东成为成员。

11月8日,中共中央总书记江泽民在党的第十六次全国代表大会的报告中提出,要“抓紧解决部分地区水资源短缺问题,兴建南水北调工程”。

12月23日,国务院批复《南水北调工程总体规划》。

12月27日,国务院总理朱镕基在北京宣布南水北调中线工程开工。河南省委常委、副省长王明义,省移民办副主任王常春等6人前往北京,代表河南省参加了开工典礼。同日,水利部办公厅以《关于商请配合开展丹江口水利枢纽大坝加高工程水库淹没实物指标调查的函》致函河南省政府办公厅,要求河南组织有关部门和市县政府,配合长江设计院做好南水北调丹江口库区淹没实物指标调查工作。

2003年

1月7日,长江委以《关于成立南水北调中线丹江口水利枢纽大坝加高工程水库移民规划工作领导小组的通知》通知湖北省、河南省政府办公厅,经与湖北省、河南省政府协商,并报请水利部同意,成立丹江口水利枢纽大坝加高工程水库移民规划工作领导小组。其中,长江委主任蔡其华任组长,河南省委常委、副省长王明义任副组长,河南省水利厅厅长兼南水北调办主任韩天经、副厅长兼省移民办主任李连栋和国土资源厅副厅长冯光、南阳市市长何东成任成员。长江委副主任王忠法任领导小组办公室主任,河南省移民办副主任王常春任办公室副主任。

1月11日,长江委主任蔡其华在湖北省主持召开南水北调中线丹江口水利枢纽大坝加高工程水库移民规划工作领导小组第一次会议,部署库区淹没实物调查及移民规划方案编制工作。河南省政府副秘书长李庆贵、省水利厅副厅长兼省移民办主任李连栋、省国土资源厅副厅长冯光等代表河南参加会议。

2月10日,南水北调丹江口库区淹没指标调查河南省联合调查组在淅川县召开第一次工作会议,安排有关调查事宜。此次会议的召开,标志着河南省南水北调丹江口库区淹没实物指标调查工作正式开始。

2月14日，长江设计院调查人员及南阳市移民办，淅川县移民局、淅川县直有关单位、各乡(镇)配合人员290余人分赴10个乡(镇)，开始对南水北调丹江口水库河南省库区淹没指标展开全面调查。

2月28日，国务院办公厅以《停建通知》通知河南省、湖北省政府，为保证南水北调中线工程顺利实施，从2002年12月23日国务院批复南水北调工程总体规划起，丹江口工程区域内的人口自然增长，要严格按照国家计划生育政策和两省的规定执行，不得超过本地2001年的水平；在丹江口工程区域内，任何单位和个人均不得擅自新建、扩建和改建项目。否则，一律不按移民对待和不予补偿。

4月11日，省政府办公厅以《关于严格控制丹江口水利枢纽大坝加高工程库区淹没线以下区域人口增长和基本建设的通知》，通知南阳市政府、省政府有关部门：从《国务院关于南水北调工程总体规划的批复》下发之日(2002年12月23日)起，丹江口工程区域内人口的增长，要严格按照国家计划生育政策和河南省的规定执行，人口自然增长率不超过本地2001年的水平；人口迁入审批权限收归南阳市政府；省水利厅要立即公布丹江口工程区域范围。自本通知发布之日起，在丹江口工程范围内，任何单位和个人均不得擅自新建、扩建和改建项目。

4月26日，河南省南水北调丹江口库区淹没实物调查外业工作全面结束，前后历时76天。按《丹江口水利枢纽大坝加高工程初步设计阶段水库淹没实物指标调查大纲》确定的淹没处理范围，河南省南水北调丹江口库区淹没涉及土地面积137平方公里。

4月27日，南水北调丹江口库区淹没指标调查河南省联合调查组在淅川县召开调查成果认定会议。与会人员一致认为，自2月10日库区调查开展后，各方密切协作，各项工作进展顺利，调查成果真实可靠，可以作为初步设计阶段移民安置规划及上级决策的依据。

6月3日，长江委致函河南省政府办公厅，商请配合开展南水北调丹江口水库移民安置规划工作，提出河南安置区容量要达到20万人。

6月24日，省政府在郑州召开河南省南水北调中线工程移民规划工作会议，安排配合长江设计院开展丹江口水利枢纽大坝加高工程水库移民安置区容量调查和规划编制事宜，动员各级政府、各有关部门按照长江委的要求，加强领导，建立健全机构，抽调精干人员，确保安置区容量调查和规划编制工作的顺利进行。

6月29日，长江设计院奔赴河南省南阳、平顶山、焦作等市，在当地水利、移民等有关部门配合下，开始对南水北调丹江口库区外迁移民安置预选区涉及的9市25个县(市、区)容量进行实地调查。

7月5日，河南省南水北调丹江口库区淹没实物指标调查登记完成后，长江设计院移民安置规划各专业组进驻淅川县开展移民安置规划工作。

8月20日，河南省南水北调丹江口库区涉淹村民组淹没线以上剩余人口、土地、库周基础设施恢复和淅川县、外迁移民安置区安置容量外业调查全面结束，开始转入移民安置框架规划编制阶段。

9月26日,南水北调中线工程开工纪念邮票首发式在河南省淅川县综合体育场隆重举行。

10月26~28日,国务院南水北调办副主任李铁军一行到河南省调研。调研组先后到南阳市社旗县城郊乡柳营村、邓州市构林镇赵岗村等移民拟安置点和淅川县马蹬镇崔湾村、向阳村调查了解安置区、库区生产和生活情况。

11月7~9日,全国人大常委会委员、人大财经委副主任郭树言一行,到淅川县考察南水北调丹江口库区移民情况,调研组在郑州听取了河南省副省长贾连朝有关南水北调中线工作的情况汇报。河南省人大常委会副主任张以祥陪同调研。

2004年

4月18日,北京市委宣传部组织北京市《青年报》《北京晚报》、电视台等新闻单位到河南开展南水北调中线工程河南采风行,重点对移民、环保、工程进展和有关问题进行采访。

5月1~4日,国家发展改革委农经司巡视员高俊才、水利部南水北调规划设计管理局副局长尹宏伟等到河南对南水北调丹江口库区移民前期工作进展情况进行调研。

5月13日,水利部南水北调规划设计管理局在北京召开南水北调丹江口库区移民安置规划有关问题通气会,通报丹江口大坝加高工程方案论证和比选情况。省移民办主任李连栋、副主任王常春等到京参加会议。

5月26日,省政府办公厅印发《关于做好丹江口水库大坝加高工程库区外迁移民规划工作的通知》,暂定南水北调丹江口水库河南省库区出县外迁安置移民15万人,其中南阳市(不含淅川县)安置9万人,平顶山市安置0.72万人,漯河市安置0.5万人,许昌市安置1.41万人,郑州市安置1.75万人,新乡市安置1.62万人。

6月9~13日,国务院南水北调办主任张基尧一行到河南考察南水北调中线工程及移民前期工作进展情况。

7月6日,省政府在郑州召开河南省南水北调丹江口库区外迁移民安置规划工作会议,动员各有关市县政府、各有关部门积极配合长江设计院,抓紧开展并按期完成丹江口水库外迁移民安置规划工作。

8月23~24日,省移民办在郑州召开会议,分别听取长江设计院技术人员和郑州、平顶山、新乡、许昌、漯河等市水利局、移民办参加调查人员有关南水北调移民安置规划情况的汇报。

8月27日,在各级政府、移民机构配合下,长江设计院开展的南水北调中线工程河南省丹江口库区移民安置规划外业调查工作全面结束。

9月14日,河南省南水北调丹江口库区移民淹没实物指标复核工作顺利结束。复核组重点对淅川县马蹬场镇和皇冠地毯集团有限公司等6家企业所涉及的土地、房屋面积、生产状况等指标进行了全面复核检查。

9月17日,水利部规划计划司司长兼水利部南水北调规划设计管理局局长矫勇、水利部南水北调规划设计管理局副局长尹宏伟带领水利部南水北调丹江口水库移民考察组到淅川县考察库区移民及南水北调中线工程前期准备工作。

9月20日，长江委在武汉召开南水北调丹江口库区文物保护规划协调会，研究安排库区文物保护前期工作。会议商定，文物保护前期工作在水利部领导下，由长江委组织，中线水源公司和河南、湖北两省南水北调、移民、文物主管部门参与和协调。

10月14日，省移民办和南阳市、淅川县在郑州座谈，商定南水北调中线工程丹江口库区外迁移民对接方案首次根据区位和经济条件等测算，以库区乡(镇)为单位将移民人数分解对应到安置区各县。

2005年

1月23~26日，水规总院在北京主持召开南水北调丹江口水库移民规划设计有关专题预审会，会议同意河南省淅川县马蹬场镇搬迁方案，将滔河集镇的行政单位和部分事业单位列入搬迁范围。

3月12日，国务院南水北调办在郑州主持召开南水北调东、中线一期工程征地移民工作座谈会，针对已开工项目和即将开工项目征地移民工作存在的问题，部署了加强征地移民前期工作、补充和完善移民安置规划和专项改建规划的具体措施。

4月5日，省政府领导带领省移民办主任李连栋、省南水北调办副主任薛显林等到北京参加南水北调移民工作会议。会上，国务院南水北调办主任张基尧和参加会议的7省(市)分管领导签订了《南水北调主体工程建设征地补偿和移民安置责任书》，明确国务院南水北调办和各省(市)政府的相关责任。

4月8日，水规总院副院长陈伟带领征地移民规划设计报告审查专家组到丹江口库区进行现场察勘。

4月13~16日，省移民办主任李连栋一行到北京参加水规总院主持召开的南水北调丹江口水库移民规划设计报告审查会议，对长江设计院编制的可行性研究阶段移民规划进行研讨，并提出了修改意见。

5月30日，国家发展改革委批复《南水北调中线一期工程项目建议书》。

9月21日，全国政协副主席张思卿带领政协专题联合调研组到河南调研南水北调文物保护工作。

9月26日，省政府省长助理刘其文一行到湖北丹江口市参加中线水源公司举行的丹江口水库大坝加高工程开工典礼。

2006年

3月22日，省长李成玉、副省长张大卫在省南水北调办听取南水北调、水利、移民、环保、财政等有关部门的汇报，调研南水北调中线工程前期工作。省长李成玉要求各单位上下齐心，突出重点，强化责任，扎实工作，全力推进南水北调工程建设，切实保障群众利益，做好移民补偿安置工作。

5月18~19日，国务院南水北调办委托河南省移民办在郑州承办全国南水北调工程征地移民资金管理和会计核算业务培训班。

5 月 25 日,省委书记徐光春到淅川县视察南水北调中线工程陶岔渠首和丹江口库区移民工作。徐光春书记要求各地充分发挥党委、政府的主导作用,处理好国家、地方、群众的利益关系,把搬迁安置作为推进新农村建设的良机,把移民工作做细做好,使每一个移民新村都成为一道美丽的风景。

8 月 2 日,省移民办在南阳市召开南水北调丹江口库区外迁移民规划工作会议,要求各地全力配合设计人员,用 20 天左右的时间完成有关移民初步设计规划工作任务。

9 月 25 日,为配合中央各主要新闻媒体开展南水北调文物保护宣传活动,国家文物局政策法规司在郑州召开南水北调文物保护工作座谈会,介绍宣传采访目的、内容,了解河南文物工作开展情况。

2007 年

1 月 16~25 日,省移民办在漯河市举办南水北调中线工程征地移民干部培训班。

2 月 2~3 日,国务院南水北调办副主任李铁军一行到河南调研,先后到荥阳市王村镇、新郑市梨河镇了解当地群众的住房面积、建筑材料价格,到淅川县调研库周影响群众生存环境和土地面积等问题。

5 月 28~29 日,国务院南水北调办在河南省召开南水北调工程征地移民档案管理座谈会,并组织北京、天津、河北、河南、湖北、山东、江苏等省(市)南水北调征地移民管理单位和南水北调中线工程建设管理局、中线水源公司等与会人员到温县移民局、小浪底水利枢纽建设管理局观摩了小浪底工程征地移民档案管理和小浪底工程。

6 月 19~20 日,省移民办在郑州举办南水北调征地移民资金会计电算化培训班。

7 月 5 日,省移民办在许昌市召开南水北调征地移民信访稳定工作会议,传达贯彻国务院南水北调工程矛盾纠纷排查化解工作会议和全省信访工作会议精神,安排矛盾纠纷化解工作。

10 月 12 日,为加快南水北调丹江口库区移民工作进度,国务院南水北调办副主任李铁军在郑州召开座谈会,通报了拟启动库区移民试点的打算,并就试点规划编制方式、补偿标准的确定、启动时间、试点人数等方面,听取河南、湖北两省移民机构的意见。

11 月 25 日,省移民办、南阳市移民局分别在郑州市和南阳市组织召开外迁移民安置区和库区工作会议,对各移民村和拟选安置点的区位优势、土地资源、经济水平、基础设施等条件进行综合评价和排序,初步确定 10 个试点移民村对应的安置去向。

12 月 11~12 日,国务院南水北调办在平顶山市举办南水北调工程征地移民工作业务培训班。

2008 年

1 月 25~27 日,国务院南水北调办主任张基尧、副主任张野及有关司(局)领导到河南调研,在郑州主持召开南水北调丹江口库区移民试点工作座谈会,并到淅川县实地调研移民试点工作进展情况。河南省委书记徐光春、省长李成玉在郑州会见了张基尧主任一行。

2月13~15日，省移民办主任李连栋带领有关人员，先后到荥阳、许昌、临颍、宝丰、邓州、新野、唐河、社旗8县(市)，对规划安置南水北调丹江口库区移民试点村的11个安置点进行实地考察。

3月4~10日，国务院南水北调办组织国家发展改革委、国土资源部、水利部、林业局、水规总院等有关单位，到河南省对南水北调丹江口库区移民和首批移民搬迁试点村规划安置点进行专题调研。

3月13~14日，省政府副省长刘满仓到淅川县南水北调陶岔渠首和丹江口库区张义岗移民村进行考察，并慰问移民户。

4月23日，省移民办在郑州召开座谈会，对长江设计院编制的南水北调丹江口库区移民试点规划方案征求修改意见。

4月26~27日，国务院南水北调办、水规总院、长江设计院，河南、湖北移民局(办)，黄河设计公司，华东、中南、成都、贵阳、湖南等勘测设计院有关领导和专家30余人到河南省淅川库区滔河乡姬家营村、盛湾镇马川村和南阳市邓州市、平顶山市宝丰县、许昌市许昌县安置区进行现场查勘。

5月10日，国务院总理温家宝到河南视察期间，在南阳市听取了河南省南水北调办主任王树山有关南水北调中线干线河南段主体工程、水源地保护、移民安置、配套工程等情况汇报。温家宝总理强调，南水北调工程是世界瞩目的重大工程，一定要确保建成一流工程、生态工程、廉洁工程、利民工程、和谐工程。要让库区移民群众通过这项伟大工程从中受益、脱贫致富，共享改革发展的伟大成果。河南省委书记徐光春表示一定牢记温家宝总理的教导，以优异的成绩向党中央、国务院交上一份放心、满意的答卷。

6月23~25日，国务院南水北调办在郑州召开南水北调工程征地移民工作会议，总结征地移民工作经验，表彰先进单位和先进个人，部署下一步工作。国务院南水北调办主任张基尧出席会议并讲话，副主任张野主持会议。河南省副省长刘满仓到会致辞。49个南水北调工程征地移民工作先进单位，85名南水北调工程征地移民工作先进个人受到表彰。会议期间，河南省委书记徐光春、代省长郭庚茂会见了张基尧主任一行。

7月16~18日，为审批长江设计院编制的南水北调工程丹江口库区移民试点规划，国家发展改革委专家评审组到南水北调丹江口库区淅川县姬家营村、鱼关村和许昌县部队农场、中牟县马杨农场安置点现场考察。

7月30~31日，省水利厅厅长王仕尧，水利厅副厅长、省移民办主任李连栋等一行，到南阳市邓州市和淅川县，就南水北调丹江口库区移民有关情况进行实地调研。

8月18日，省政府代省长郭庚茂在淅川县调研南水北调征地移民工作，走访慰问移民户，实地考察丹江口库区及南水北调中线工程渠首。省政府副省长刘满仓，省长助理、省政府秘书长安惠元，省政府副秘书长宗长青，省水利厅厅长王仕尧，省南水北调办主任王树山，省发展改革委副主任陈永石，省移民办主任李连栋，南阳市委书记黄兴维、市长朱广平等陪同调研。

8月26日至9月5日，受国务院南水北调办政策及技术研究中心委托，省移民办、南阳市移民局有关人员会同长江设计院技术人员，到淅川县对河南省南水北调丹江口库区淹没线上土地资源、农村行政建制整合等进行典型调查,为国家决策处理库区移民规划问题提供参考。

9月23日,国家发展改革委印发《关于核定南水北调中线一期工程丹江口水库建设征地移民安置试点规划投资概算的通知》,批复河南、湖北两省试点投资。

9月27日,淅川县政府举行灌河大桥竣工通车典礼。该典礼的举行标志着淅川县提前实施的南水北调中线工程丹江口库区移民专项复建工程第一个项目投入使用。

9月28日,省委任命省南水北调办主任王树山同时担任省水利厅副厅长、省移民办主任。原水利厅副厅长、省移民办主任李连栋到龄退休。省南水北调办、省移民办开始统筹调整人员配置,合力推进南水北调中线工程建设和移民征迁工作。

10月31日,国务院南水北调工程建设委员会第三次全体会议在北京召开,会议明确2013年完成工程建设和征地移民任务,2014年通水。中共中央政治局常委、国务院副总理、国务院南水北调工程建设委员会主任李克强主持会议并讲话。河南省代省长郭庚茂、副省长刘满仓,省南水北调办、省移民办主任王树山等到京参加了会议。

11月7日,省委、省政府在郑州召开南水北调丹江口库区移民安置动员大会,全面贯彻国务院第32次常务会议和国务院南水北调工程建设委员会第三次会议精神,动员部署丹江口库区移民安置工作。省委书记、省人大常委会主任徐光春,国务院南水北调办主任张基尧,国家水库移民后期扶持政策部际联席会议办公室常务副主任、水利部水库移民开发局局长刘伟平出席会议并讲话,代省长郭庚茂动员部署丹江口库区移民安置工作,副省长刘满仓主持会议。省南水北调中线工程建设领导小组、省移民工作领导小组61个成员单位的主要负责人,丹江口库区移民安置涉及的6个省辖市市委书记、市长和分管副市长,25个县(市、区)的书记、县(市、区)长等240余人参加了会议。新华社河南分社,《人民日报》《光明日报》《经济日报》、中央人民广播电台、《科技日报》《农民日报》河南记者站,《河南日报》、河南人民广播电台、河南电视台等中央驻豫和省新闻单位记者到会进行报道。这次会议是中华人民共和国成立以来河南省水利移民史上规模最大、规格最高的一次大会,标志着丹江口库区移民搬迁安置工作正式拉开序幕。

11月8日,国家发展改革委批复《南水北调中线一期工程可行性研究总报告》。

11月25~27日,省移民办在焦作市孟州市召开南水北调丹江口库区移民安置试点实施培训会议,对丹江口库区移民安置试点涉及的县乡政府领导和市县移民干部进行政策培训,对试点工作进行再动员、再部署。

12月3日,省移民办会同中线水源公司,委托河南大河招标有限公司完成了河南省南水北调丹江口库区移民安置试点监督评估项目招标评标工作。

12月9日,省移民办邀请省发展改革委、财政厅、建设厅、省新农村建设办公室、省城市规划设计院及长江设计院、黄河设计公司等单位的专家对南水北调丹江口库区移民试点新村平面布局进行评审。

12月24~26日,国家发展改革委重大项目稽查办派出稽查组到河南,对南水北调中线干线黄河北至漳河段工程、丹江口库区移民安置工程进行稽查。

12月30日,省移民办在新乡市原阳县召开南水北调丹江口库区移民安置试点现场会,观摩学习原阳县移民安置点的成功做法,对库区移民试点工作进行再动员、再部署。

2009 年

1 月 20 日,省政府副省长刘满仓到淅川县调研河南省南水北调丹江口库区移民试点工作进展情况,并到老城镇狮子岗村慰问移民和部分驻村工作队员;当晚在郑州市主持召开移民安置工作现场督导会。

2 月 6 日,在郑州、南阳两地政府和各级移民管理机构的共同努力下,丹江口库区淅川县上集镇魏营村 30 多名移民代表到荥阳市查看移民安置点情况,并签订了安置对接协议和委托"三通一平"协议。至此,丹江口库区 10 个移民试点村和安置地的安置对接协议全部签订完毕。

2 月 8 日,省政府副省长刘满仓到临颍县、中牟县考察南水北调丹江口库区移民试点工作进展情况。

2 月 10 日,省南水北调办、省移民办主任王树山,省移民办副主任王常春等一行到荥阳市广武镇大师姑、三官庙安置点,查看魏营移民新村"三通一平"工作进展情况。

2 月 13~14 日,国务院南水北调办副主任张野一行到河南调研南水北调丹江口库区移民有关政策问题,并实地调研原阳县移民安置试点建设情况。

2 月 17 日,省移民办在漯河市召开南水北调丹江口库区移民试点新村建设转段动员会。至此,10 个试点移民村 12 个安置点全部完成新址征地和"三通一平"任务,库区移民试点工作开始转入以建房为主的第二阶段。

2 月 17~18 日,省南水北调办、省移民办主任王树山到淅川县、邓州市、社旗县检查指导南水北调丹江口库区移民试点工作。

2 月 23 日,南阳市唐河县鱼关移民新村和邓州市张义岗移民新村率先举行建房动工仪式,标志着河南省南水北调丹江口库区试点移民新村建设工作进入实施阶段。

3 月 1~2 日,省政府副省长刘满仓到许昌市许昌县、平顶山市宝丰县和漯河市临颍县等南水北调丹江口库区试点移民安置点进行考察。

3 月 5~6 日,省南水北调办、省移民办主任王树山到淅川、新野两县调研南水北调丹江口库区移民试点工作进展情况。

3 月 11 日,省南水北调办主任、省移民办主任王树山带领省移民办有关人员,先后到中牟县和荥阳市现场查看丹江口库区试点移民安置点新村建设进展情况,要求当地党委、政府和各有关部门,进一步加大力度,加快进度,确保库区移民早建房、早搬迁。

3 月 24 日,省委副书记陈全国查看原阳县狮子岗移民新村和中牟县姚湾移民新村建设情况,随后在中牟县召开了移民工作会议。

4 月 2~3 日,为进一步研究解决丹江口库区移民试点工作中遇到的疑难问题,加快推进移民试点工作整体进度,省南水北调办、省移民办主任王树山到淅川县,与县委、县政府和有关乡(镇)党委、政府负责人进行座谈,并到唐河县鱼关移民新村建设工地进行了现场查看。

4 月 7~8 日,省移民办在许昌市召开南水北调丹江口库区移民试点资金管理座谈会,对库区移民试点实施以来资金管理中发现的问题进行梳理,并就资金支付程序、会计核算方法等业务进行培训,现场参观了许昌县移民项目资金支付流程。

4 月 8 日,省移民工作领导小组印发《关于表彰南水北调丹江口库区移民试点新村建设阶段先进单位的决定》,对移民试点新村基础建设、移民房屋建设阶段工作先进的宝丰县等 4 个县(市)、盛湾镇等 4 个乡(镇)及马川村等 4 个移民村进行表彰。

4 月 9 日,省政府在平顶山市召开南水北调丹江口库区移民试点新村建设现场会。国务院南水北调办副主任张野、省政府副省长刘满仓出席会议并讲话。省南水北调办、省移民办主任王树山做工作报告。

4 月 18 日,省政府副省长刘满仓到荥阳市、中牟县南水北调丹江口库区试点移民安置点进行调研。

4 月 23 日,省水利厅厅长王仕尧分别到临颍、宝丰、许昌、中牟 4 县,对南水北调丹江口库区试点移民新村建设情况进行考察。

4 月 23~24 日,省政府副省长刘满仓到新野县和邓州市调研南水北调丹江口库区试点移民新村建设工作。

4 月 27 日,省文明办、省南水北调办、省移民办联合印发《关于在河南省南水北调中线工程丹江口库区和移民安置区开展创建“迁安移民文明村”和“移民迎送亲人文明县乡”活动的实施方案》,决定在南水北调丹江口库区移民搬迁安置工作涉及的 6 个省辖市和 25 个县(市、区)开展移民文明创建活动。

4 月 29 日,省文明办会同省南水北调办、省移民办在郑州召开南水北调中线工程丹江口库区迁安移民精神文明创建工作会议,动员开展“迁安移民文明村”“移民迎送亲人文明县乡”活动。丹江口库区移民涉及的 6 个省辖市文明办、南水北调办、移民局(办)领导参加了会议。

5 月 6 日,省委、省政府在郑州召开河南省南水北调丹江口库区移民安置方案优化整合暨实施规划编制工作动员会议。省委副书记陈全国讲话,省政府副省长刘满仓部署工作,省南水北调办、省移民办主任王树山主持。

5 月 7 日,省长郭庚茂到宝丰县、临颍县南水北调丹江口库区试点移民安置点视察,并与当地和库区乡(镇)干部、移民代表、新村建设监理、施工单位代表等进行了座谈。

5 月 18 日,为加强迁安双方沟通协调,共同做好南水北调丹江口库区移民安置工作,中牟县与淅川县缔结为友好县,并举行签约仪式。

5 月 23~25 日,国务院南水北调办在郑州召开南水北调丹江口库区移民试点及干线工程征迁工作现场经验交流会。国务院南水北调办主任张基尧出席会议并讲话。河南省省长郭庚茂代表省委、省政府致辞。国务院南水北调办副主任张野主持会议。会议期间,与会代表实地察看了宝丰县、临颍县、许昌县和荥阳市试点移民新村建设情况,学习交流了移民搬迁工作的做法和经验。

6 月 9~21 日,省移民办会同长江设计院、黄河设计公司,分组对河南省南水北调丹江口库区移民安置方案优化整合情况进行了全面检查。

6 月 16 日,省移民办在北京组织召开河南省南水北调丹江口库区移民人口核定及处理办法专家咨询会,对淅川县提出的库区特殊人口移民身份界定等研究提出解决办法。

6 月 22~23 日,省人大常委会副主任李柏拴,省第九届人大常委会主任任克礼等组成的视察组,到荥阳市魏营移民新村调查了解试点移民工作进展情况。

6 月 22~30 日,河海大学中国移民研究中心受南水北调工程设计管理中心委托,到河南省南水北调丹江口库区和移民安置区开展南水北调工程丹江口水库移民试点实施评价调研。

6 月 29 日,省政府在许昌市召开南水北调丹江口库区移民试点新村基础设施和公益设施建设现场会,进一步推进移民新村配套设施建设和移民安置方案优化整合工作。

7 月 2 日,省长郭庚茂到南阳市淅川县专题调研南水北调丹江口库区移民工作,要求各级各部门要坚定信心,下定决心,加强领导,细化措施,确保库区大规模移民安置"四年任务、两年完成"。

7 月 6 日,省移民办在郑州召开南水北调丹江口库区移民安置对接暨试点移民搬迁工作会议。

7 月 13~14 日,省委副书记陈全国、省政府副省长刘满仓先后主持召开会议,听取省南水北调办、省移民办有关南水北调丹江口库区移民安置实施方案拟定情况、河南省南水北调丹江口库区移民安置指挥部成员组成情况汇报,对实施方案和指挥部组成单位进行专题研究和修改完善。

7 月 16 日,省长郭庚茂主持召开省政府第 46 次常务会议,专题研究部署河南省南水北调丹江口库区移民安置工作。会议听取了省南水北调办、省移民办有关南水北调丹江口库区移民进展情况和移民安置工作实施方案拟定背景、主要内容等有关情况汇报,通过了省南水北调办、省移民办拟定的实施方案。

7 月 17 日,省委书记徐光春主持召开省委常委会议,专题研究部署河南省南水北调丹江口库区移民安置工作,并通过《实施方案》。

7 月 24 日,省委、省政府印发《实施方案》,要求各级、各部门提高思想认识,明确总体要求,分解目标任务,落实各项政策,搞好规划建设,广泛宣传发动,加强组织领导,如期落实"四年任务、两年完成"的总体要求,确保南水北调中线工程 2014 年汛后通水。实施方案还明确为省移民办配 1 名副厅级副主任、2 名正处级副主任,从组织上保障移民任务顺利完成。

7 月 29 日,省委、省政府在南阳市淅川县召开河南省南水北调丹江口库区移民安置动员大会,回顾总结前段工作,动员部署库区大规模移民工作,要求举全省之力确保库区大规模移民安置"四年任务、两年完成"。省委副书记陈全国、国务院南水北调办副主任李津成出席会议并讲话。

7 月 29~30 日,省政协主席王全书,省政协副主席袁祖亮、王训智等视察团一行,到许昌县榆林乡姬家营移民安置点,视察试点移民安置工作。

8 月 3 日,省移民安置指挥部办公室正式挂牌,办公地点设在省移民办。

8 月 4 日,省移民安置指挥部召开第一次全体会议,会议由省政府副省长、省移民安置指挥部指挥长刘满仓主持,省委副书记、省移民安置指挥部政委陈全国到会并讲话。

同日，省移民安置指挥部副指挥长、省移民安置指挥部办公室主任、省南水北调办兼省移民办主任王树山主持召开省移民安置指挥部办公室第一次全体成员会议，要求各成员迅速到位，从当天开始脱离原单位工作，在省移民安置指挥部办公室集中办公。

8月6~8日，省移民安置指挥部在郑州召开南水北调丹江口库区移民迁安分包工作组人员培训会议，对工作组进行业务培训，并要求各组于当月15日前进驻县(市、区)开展工作。

8月7日，省移民安置指挥部办公室会同省文明办、省交通运输厅联合印发《关于开展河南省南水北调丹江口库区试点移民文明搬迁创建活动的通知》，规定试点移民搬迁车辆凭"移民搬迁车"通行证在8月10日24时至9月20日24时集中搬迁时段免费通行。

8月16日，省委、省政府在许昌县榆林乡姬家营移民新村隆重举行河南省南水北调丹江口库区试点移民搬迁启动仪式。省委副书记陈全国，国务院南水北调办副主任张野出席启动仪式并讲话，省政府副省长刘满仓主持。省南水北调办、省移民办主任王树山介绍丹江口库区移民试点工作进展情况，许昌市委书记毛万春致辞，南阳市委书记黄兴维、姬家营村移民代表姬彦青发言，省长助理何东成、国务院南水北调办综合司司长蒋旭光、水利部水库移民开发局副局长黄凯、省委组织部副部长宗义等出席仪式，并向首批搬迁移民发放了搬迁奖金和新居钥匙。

8月23~28日，省移民安置指挥部办公室组织《河南日报》《大河报》《河南商报》《河南法制报》《东方今报》、大河网、河南电视台新农村频道、法制频道，河南卫视、河南电台等省属媒体记者到南水北调丹江口库区试点移民新村进行集中采访报道。

8月26日，省委书记徐光春到唐河县王集乡鱼关新村移民家中做客，与移民群众亲切座谈，实地查看、现场指导南水北调丹江口库区移民搬迁安置工作。

8月28日，河南省南水北调丹江口库区试点移民集中搬迁圆满结束。

8月31日，南水北调丹江口库区移民第一所小学——姬家营移民小学落成暨开学典礼在许昌县榆林乡姬家营新村举行。省移民安置指挥部、省委宣传部、省教育厅、许昌市委市政府等有关领导出席仪式。

9月7日，省移民安置指挥部印发《关于对省交通运输厅进行表彰的通报》，表彰省交通运输厅为保障南水北调丹江口库区试点移民顺利搬迁在交通保障方面所做出的突出贡献。

9月8日，省移民安置指挥部办公室召集长江设计院、黄河设计公司在郑州召开南水北调丹江口库区移民实施规划阶段实施规划设计工作分工会议，明确河南省南水北调丹江口库区移民实施规划编制工作以长江设计院为主并技术归口，黄河设计公司参加，共同完成。

9月22日，省移民安置指挥部在郑州召开会议，对南水北调丹江口库区移民安置对接工作进行总结和部署。

9月27日，省移民安置指挥部办公室会同省住房城乡建设厅从公开征集到的230个移民新村房屋建设户型设计方案中精选46个，编印成《河南省南水北调丹江口库区移民新村户型方案设计图集》发放到南水北调丹江口库区移民涉及的省辖市、县(市、区)和移民村,开创了为水库移民提供统一的户型设计指导先河。省委书记徐光春、省长郭庚茂、省委副书记陈全国、国务院南水北调办主任张基尧专门为此题词。

9 月 28 日,省移民安置指挥部在省委办公厅第三会议室召开丹江口库区移民安置包县工作组座谈会。省委副书记、省移民安置指挥部政委陈全国出席会议并讲话,省长助理何东成主持会议。

10 月 17~20 日,国务院三峡办移民管理咨询中心受国务院南水北调办委托,到河南省开展"多渠道解决南水北调丹江口大坝加高工程移民问题可行性研究"。

10 月 18 日,省移民安置指挥部印发《河南省南水北调丹江口库区第一批移民安置工作实施意见》,明确了第一批移民搬迁安置任务和完成时间。

10 月 20 日,省移民安置指挥部在郑州召开会议,动员部署丹江口库区第一批移民安置实施工作。省委副书记陈全国、国务院南水北调办副主任张野、省人大常委会副主任铁代生出席会议并讲话,副省长刘满仓安排工作,省南水北调办、省移民办主任王树山宣布了第一批移民安置实施意见。省长助理何东成主持。

10 月 23~29 日,受南水北调工程设计管理中心委托,河海大学中国移民研究中心施国庆教授一行,到河南省南水北调丹江口库区试点移民涉及的 10 个安置县(市)12 个安置点进行移民搬迁后生产生活情况调研。

10 月 29 日,省移民安置指挥部印发《关于实行南水北调丹江口库区第一批移民迁安乡镇互派工作组制度的通知》,要求各地抽调人员组成工作组于 11 月 15 日前进驻库区或安置区。

11 月 2~13 日,根据中纪委和监察部牵头组织的对新增中央投资项目进行的第三轮监督检查安排,驻新闻出版总署纪检组长宋明昌带领中央扩大内需促进经济增长政策落实检查第二十三检查组一行,到河南省对南水北调中线工程建设、库区移民、文物保护等方面新增中央投资的项目管理、资金管理和廉政建设等情况进行全面系统的检查。

11 月 6 日,省移民安置指挥部办公室、省文化厅组织省歌舞演艺集团剧组人员 50 余人,到南水北调丹江口库区试点移民 10 个安置县(市)12 个安置点进行巡回慰问演出,11 月 28 日结束。

11 月 9 日,省移民安置指挥部印发《关于深入开展为丹江口库区试点移民送温暖活动的通知》,要求有关市县及时制订计划,组织人员,深入调查,采取多种形式开展"关爱移民送温暖"活动,帮助困难移民群众安全过冬。

11 月 14 日,省移民安置指挥部在南阳市召开南水北调丹江口库区第一批移民新村征地暨"三通一平"工作现场会,回顾总结前段工作情况,学习交流先进市县移民新村"三通一平"工作经验,部署下一步主要工作。

11 月 24 日,国务院南水北调办印发《关于表彰南水北调宣传工作先进集体和先进个人的通知》,省移民办综合处、淅川县移民局被评为先进集体,省移民办郭贵明、南阳市移民局胡述鑫等被评为先进个人。

11 月 26~28 日,省移民安置指挥部办公室协调抽调 6 位副厅级干部带领 6 个督察组分赴南水北调丹江口库区外迁移民安置涉及的24个县(市、区),对库区试点移民后续工作和第一批移民63个安置点“三通一平”工作进行首次综合督察。

12月1日,省长郭庚茂、副省长刘满仓,省南水北调办、省移民办主任王树山到北京参加国务院南水北调工程建设委员会第四次全体会议,郭庚茂省长代表南水北调东、中线7省(市)在会上做了唯一的典型发言。

12月3日,驻郑全国人大代表和省人大代表郑州代表团会外活动组第6组一行,到省移民办调研南水北调中线工程及丹江口库区移民工作进展情况。

12月5~6日,省政府副省长刘满仓前往湖北省丹江口市走访中线水源公司和汉江集团,协商加快南水北调丹江口库区第一批移民搬迁安置进度、及时提供资金保障问题。

12月25日,省政府召开南水北调中线工程建设领导小组全体成员会议。省长郭庚茂讲话,省政府副省长张大卫、刘满仓出席会议并讲话。省南水北调办、省移民办主任王树山在会上传达了国务院南水北调建设委员会第四次全体会议精神,全面总结了2009年河南省南水北调工作,对2010年南水北调工作提出了安排意见。南阳市和平顶山市宝丰县介绍了移民搬迁工作经验。

12月28~29日,国务院南水北调办在郑州召开2010年全国南水北调工程建设工作会议。国务院南水北调办主任张基尧出席会议并讲话,副主任李津成主持;国务院南水北调办副主任张野,河南省副省长徐济超、刘满仓和省长助理何东成参加会议。

2010年

1月13日,省移民安置指挥部在平顶山市召开南水北调丹江口库区第一批移民新村建设工程质量管理现场会。省政府副省长刘满仓出席会议并讲话,省长助理何东成主持会议。

1月21日,省移民安置指挥部办公室与省教育厅联合在郑州召开移民新村学校建设规划会议,研究提出了有关问题的解决办法。

1月22日,省移民安置指挥部办公室在济源市召开南水北调丹江口库区试点移民生产开发观摩会。

1月28日,南水北调中线干线工程建设管理局委托省南水北调办、省移民办联合举办的《世纪梦·丹水情——南水北调中线系统迎新春慰问晚会》在河南电视台演出。

1月29日,2010年河南省南水北调工作会议在郑州召开。省政府副省长刘满仓出席会议并讲话,国务院南水北调办综合司司长蒋旭光与会,南水北调中线干线工程建设管理局局长石春先讲话,省政府副秘书长何平宣读河南省人民政府关于表彰南水北调中线工程干线征迁工作和丹江口库区试点移民工作先进单位的通报,省南水北调办、省移民办主任王树山做工作报告。

2月2~4日,国务院南水北调办副主任张野到河南省南水北调工程建设一线和南水北调丹江口库区试点移民新村检查工作,并进行新年慰问。

2月26日,省移民安置指挥部印发《关于表彰河南省南水北调丹江口库区第一批移民新村工程建设第一阶段先进单位的决定》,对南阳市社旗县、新乡市辉县市等17个先进单位进行表彰。

3 月 1 日，省文明办、省南水北调办、省移民办联合印发《关于表彰“迁安移民文明村”的决定》。开展南水北调丹江口库区移民文明创建活动以来，首次命名许昌市许昌县榆林乡姬家营村、平顶山市宝丰县周庄镇马川村、漯河市临颍县王岗镇周湾村、南阳市唐河县王集乡鱼关村为“迁安移民文明村”。

3 月 3 日，省移民安置指挥部在漯河市召开全省南水北调丹江口库区第一批移民新村建设转段动员会，总结移民房屋基础建设阶段的工作进展情况，安排部署房屋主体建设阶段的工作任务，表彰奖励先进单位。

3 月 7 日，省政府副省长刘满仓到许昌市襄城县和平顶山市鲁山县、舞钢市等 3 县（市）暗访丹江口库区第一批移民新村建设情况。

3 月 17 日，省长郭庚茂先后到南水北调丹江口库区第一批移民平顶山市郏县农场安置点和宝丰县柳沟营安置点建设现场调研，要求各级、各部门一定要下定决心，提高水平，齐心协力，打好南水北调攻坚战。

4 月 12~22 日，国务院南水北调办委派稽查组组长刘经迪带领稽查专家一行，对河南省南水北调丹江口库区试点移民工作完成情况进行专项稽查。

4 月 24 日，省移民安置指挥部在郑州召开丹江口库区移民安置工作会议，动员各级、各部门进一步加压驱动，加大力度，加快进度，坚定信念，提振精神，确保库区移民迁安任务的圆满完成。省政府副省长、省移民安置指挥部指挥长刘满仓出席会议并讲话。省委组织部副部长、省移民安置指挥部副指挥长宗义，省委政法委副书记、省移民安置指挥部副指挥长卢永礼，省纪委常委、监察厅副厅长郭锝昌，省南水北调办兼省移民办主任、省移民安置指挥部副指挥长兼办公室主任王树山，南阳市委书记、省移民安置指挥部副指挥长黄兴维等出席会议。

5 月 6~11 日，国务院南水北调办主任张基尧、副主任张野等一行，先后到河南省南阳、平顶山、安阳、鹤壁、焦作 5 个省辖市视察征地移民和工程建设情况。

5 月 17 日，国务院南水北调办批复《南水北调中线一期工程丹江口水库初步设计阶段建设征地移民安置规划设计报告》。

6 月 6 日，省移民安置指挥部印发《河南省南水北调丹江口库区第一批移民搬迁实施方案》，对第一批移民搬迁工作做出了总体安排。

6 月 8 日，省移民安置指挥部印发《关于表彰河南省南水北调丹江口库区第一批移民新村工程建设第二阶段先进单位的决定》，对南水北调丹江口库区第一批移民搬迁安置涉及的南阳市唐河县等县（市、区）进行了奖励。

6 月 9 日，省移民安置指挥部办公室会同省住房城乡建设厅印发《关于表彰河南省南水北调丹江口库区第一批移民新村工程建设先进单位和先进个人的决定》，对 79 个先进施工单位、监理单位、建设局、质监站和 172 名先进个人进行表彰。

6 月 10 日，国务院南水北调办印发《关于对南水北调工程丹江口库区移民试点和干线征迁工作先进集体和先进个人进行表彰的决定》，对 64 个单位先进集体和 141 名先进个人进行表彰，其中省移民办、省南水北调办、焦作市政府等 25 个单位和党基群、朱明献、张西辰等52名个人被分别授予先进单位称号和先进个人称号。

6月12日,省政府在郑州召开南水北调丹江口库区第一批移民搬迁暨第二批移民安置动员大会。省长郭庚茂、国务院南水北调办副主任张野出席会议并分别讲话,省政府副省长刘满仓安排部署移民搬迁安置工作。省人大常委会副主任李柏拴、省政协副主席王训智、省军区副司令员罗爱国等出席会议。

6月17日,省移民安置指挥部在南阳市唐河县毕店镇凌岗移民新村隆重举行南水北调丹江口库区第一批移民搬迁启动仪式,欢迎南阳市淅川县滔河乡凌岗村首批115户506名移民顺利入住新居,拉开了河南省南水北调丹江口库区第一批移民搬迁的序幕。

6月21日,省移民安置指挥部在平顶山市宝丰县杨庄镇马山根移民新村,隆重举行河南省南水北调丹江口库区第一批移民搬迁仪式,南阳市淅川县盛湾镇马山根村150户645名移民顺利入住新居,河南省丹江口库区第一批移民跨市搬迁全面展开。

6月23日,省纪委副书记、监察厅厅长、省移民安置指挥部副指挥长王流章到许昌市调研南水北调丹江口库区移民安置工作。

7月5日,河南省首届南水北调丹江口库区移民区小学校长专题培训班在许昌学院新校区开班,来自全省南水北调丹江口库区试点移民、第一批移民新建小学的100名校长参加了为期8天的免费培训。

7月6日,省委农办常务副主任、省移民安置指挥部副指挥长余学友带领省移民安置指挥部办公室有关人员,到南水北调丹江口库区宝丰县马山根、宋湾移民新村,慰问已搬迁的移民群众。

7月11日,省南水北调办、省移民办主任王树山到人民日报河南分社,做客人民网《高端网谈》,就如何以制度创新推动南水北调工程顺利开展相关话题接受专访。

7月15日,省住房城乡建设厅在郑州召开全省南水北调丹江口库区第一批移民新村工程建设总结表彰暨第二批移民新村建设动员会。

7月21日,省委组织部副部长、省人力资源社会保障厅厅长郭俊民带领厅班子成员及有关处室负责人,到南水北调丹江口库区封丘县险峰移民新村出席封丘县劳动就业保障服务站揭牌仪式,并调研刚刚搬迁的移民群众生活安置情况、劳动就业工作开展情况,慰问困难移民户。

8月3日,省委组织部副部长、省移民安置指挥部副指挥长宗义先后到平顶山市郏县马湾新村、鲁山县河扒新村、宝丰县马山根和宋湾新村、舞钢市姚营新村调研南水北调丹江口库区移民搬迁安置工作。

8月12日,省委宣传部副部长、省移民安置指挥部副指挥长权红军带领省移民安置指挥部办公室人员,到漯河市临颍县王岗镇闫楼新村、召陵区万金镇余营新村、郾城区商桥镇申明铺新村调研移民新村建设和移民搬迁准备工作,并出席郾城区移民搬迁欢迎仪式。

8月17~19日,国务院南水北调办主任鄂竟平一行到河南调研南水北调工程建设和移民征迁工作。省政府副省长刘满仓、省长助理何东成,省水利厅厅长王仕尧,省南水北调办、省移民办主任王树山等陪同调研。在豫期间,省长郭庚茂会见了鄂竟平一行。

8 月 19 日,省委常委、常务副省长李克到淅川县调研指导南水北调工程建设和库区移民工作。

9 月 2 日,省长郭庚茂赴新郑市薛店镇南水北调丹江口库区观沟移民新村,了解学校教师生活和移民孩子的入学情况,为学生写下"好好学习,天天向上"的寄语,叮嘱他们好好学习、长大成才,并看望了入住新居的移民群众。

9 月 2~3 日,英国《泰晤士报》中国分社社长马珍(Jane Macartney)、助理黄丽莎,美国《洛杉矶时报》北京分社社长白思卉(Barbara Demick)到南水北调穿越黄河工程和郑州市新郑市观沟移民新村采访,并在郑州采访了省南水北调办、省移民办主任王树山。

9 月 4 日,河南省南水北调丹江口库区第一批移民最后搬迁的淅川县盛湾镇河扒村和上集镇张营村移民,分别顺利迁入鲁山县辛集镇清水营安置点和长葛市和尚桥镇任庄安置点。经过 2 个月 17 天的连续奋战,南水北调丹江口库区河南省第一批移民集中搬迁工作至此圆满结束,中央驻豫和省内各大主流媒体进行了现场报道。

9 月 5 日,获悉河南省圆满完成南水北调丹江口库区第一批移民集中搬迁任务,中线水源公司向省移民办发来贺电。同日,《人民日报》《河南日报》、省电视台、省人民广播电台等中央和省主要媒体进行了报道。

9 月 9 日,国务院南水北调办向河南省政府发来贺电,祝贺河南省圆满完成南水北调丹江口库区第一批大规模移民集中搬迁任务。同日,从河南省南水北调丹江口库区移民村选出的 17 名村支部书记、主任前往日本,开始了为期 21 天的现代农业学习培训。

9 月 10 日,省委、省政府向南阳市委、市政府和淅川县委、县政府分别签发《表扬信》,表扬南阳市和淅川县各级各部门为南水北调丹江口库区第一批移民集中搬迁所做的贡献。

9 月 15~17 日,国务院南水北调办副主任蒋旭光一行,到河南省调研南水北调丹江口库区第一批移民搬迁安置完成情况,并在郑州召开座谈会。

9 月 16 日,省委书记卢展工在新乡市调研城乡一体化和文明创建期间,专程到新乡市辉县市常春社区调研南水北调丹江口库区移民安置情况。卢展工对移民社区安置的探索十分赞赏,指出"新乡市把移民安置与新型农村社区建设结合在一起,让移民直接融入社区,安居乐业;利用二三产业安排移民就业,千方百计增加移民收入,这个做法值得肯定"。

9 月 21 日,省移民安置指挥部在郑州召开全省南水北调丹江口库区移民工作座谈会,回顾总结丹江口库区第一批移民搬迁安置工作,对第一批移民后期帮扶和第二批移民新村建设工作进行安排。

9 月 29 日,省移民安置指挥部办公室与省信访局联合召开河南省南水北调征地移民信访稳定工作会议,并通报了南水北调信访稳定情况。

10 月 8~9 日,中共中央政治局常委、国务院副总理李克强到南水北调中线工程丹江口水库水源地和中线工程渠首所在地河南省南阳市,先后深入陶岔渠首建设工地、淅川县厚坡镇陈庄移民新村和宋岗码头附近库区,专程考察中线工程建设、水质保护和移民安置情况,并在南阳市主持召开南水北调工程建设工作座谈会。李克强指出,要深入贯彻落实科学发展观,又好又快地全面推进南水北调工程建设,把事关发展全局和保障民生的重大工程建设好,促进可持续发展,造福广大人民群众。

10月22日,省委、省政府印发《关于表彰南水北调丹江口库区第一批移民迁安工作优秀(先进)单位和先进个人的决定》,授予省交通运输厅等50个单位"河南省南水北调丹江口库区第一批移民迁安工作优秀单位"称号,授予省发展改革委等72个单位"河南省南水北调丹江口库区第一批移民迁安工作先进单位"称号,授予双培亮等372人"河南省南水北调丹江口库区第一批移民迁安工作先进个人"称号。此次表彰为河南省水利移民搬迁安置史上首次以省委、省政府名义进行的表彰。

10月26日,省委、省政府在郑州召开河南省南水北调丹江口库区第一批移民总结表彰暨第二批移民安置再动员电视电话会,总结第一批移民搬迁安置工作,表彰优秀(先进)单位和先进个人,并对下一步工作进行再动员、再部署。省长郭庚茂、国务院南水北调办主任鄂竟平出席会议并分别讲话,省委副书记叶冬松主持。

11月2日,省政协联谊会部分领导和委员视察南水北调工程建设和移民搬迁安置工作。

11月4~13日,人力资源社会保障部农村党员干部现代远程教育专题教材片拍摄组到河南拍摄《河南省南水北调中线工程丹江口库区移民社会保障工作的主要做法和经验》。

11月21日,省政府在南阳市邓州市召开全省南水北调丹江口库区第二批移民新村建设现场会。省政府副省长、省移民安置指挥部指挥长刘满仓出席会议。省委农村工作领导小组副组长、省移民安置指挥部副指挥长何东成主持会议。

12月24日,省人力资源社会保障厅在郑州召开南水北调丹江口库区移民安置对口帮扶工作总结表彰会议。

2011年

1月4~17日,省移民安置指挥部办公室和省文化厅联合组织省歌舞演艺集团演职人员90余人,分别到南水北调丹江口库区移民搬迁安置涉及的6个省辖市和淅川县,进行了7场"一脉相牵、情系移民"大型移民春节慰问巡回演出。

1月8日,省移民安置指挥部办公室和省文化厅在郑州联合举办"一脉相牵、情系移民"——慰问南水北调移民大型综艺晚会。

1月10日,省移民安置指挥部办公室印发《关于表彰河南省南水北调丹江口库区第二批移民新村工程建设第二阶段先进单位的决定》,对南阳市邓州市、新乡市获嘉县等13个先进单位进行表彰和奖励。

1月12日,省移民安置指挥部在新乡市召开全省南水北调丹江口库区第二批移民新村工程建设转段动员会。

1月13~15日,省卫生厅党组和南水北调丹江口库区移民迁安包辉县市工作组组织中国人民解放军一五二医院、郑州大学第一附属医院和第二附属医院、新乡医学院第一附属医院派出50位知名专家及护士,由所属医院的业务院长带队,在辉县市、宝丰县等移民新村进行义诊,并为移民群众捐赠了常用药品。

1 月 22~26 日,省移民安置指挥部办公室委托省邮政局以春节“慰问大礼包”形式,向已经搬迁的南水北调丹江口库区试点移民、第一批移民寄送了 30 000 余份慰问信。

1 月 24~25 日,国务院南水北调办主任鄂竟平受国务院南水北调工程建设委员会领导委托,带领有关人员到新乡市小街、叶沟移民新村,看望慰问南水北调丹江口库区移民群众,并为他们送去了慰问品、慰问金及新春祝福。

3 月 10 日,省移民安置指挥部在郑州市荥阳市召开南水北调丹江口库区第二批移民新村建设推进会。省政府副省长刘满仓、省委宣传部常务副部长马正跃、国务院南水北调办征地移民司司长袁松龄出席会议。

3 月 17~21 日,国务院南水北调办副主任于幼军一行到河南调研南水北调工程建设及水源保护工作。

3 月 18 日,为加快南水北调丹江口库区第二批移民新村建设步伐,省移民安置指挥部办公室印发通知,决定自 3 月 20 日至 5 月 20 日集中 60 天时间,在南水北调丹江口库区和安置区开展“大干 60 天,夺取移民新村建设全面胜利”劳动竞赛活动。

3 月 24 日,省长郭庚茂到郑州市新郑市郭店镇,实地查看南水北调丹江口库区移民新村建设情况。

4 月 2 日,省长郭庚茂在省南水北调工程建设领导小组全体成员会议上的讲话中对全省南水北调征地移民工作给予了充分肯定:河南省的南水北调工程建设在全国带了个好头,在全国南水北调战线树立了河南形象,打出了河南品牌,在解决难题、争取国家支持方面争取了主动。

4 月 7 日,省高级人民法院院长张立勇带领全院有关人员一行 50 余人,到南水北调中线穿越黄河工程和南水北调丹江口库区移民新村进行考察。

4 月 11 日,省移民办印发《关于表彰 2010 年度南水北调移民征迁宣传工作先进单位和先进个人的通知》,对郑州市南水北调办等 26 个先进单位和吴慧青等 72 名先进个人进行了表彰。

4 月 19 日,省移民安置指挥部在郑州召开南水北调丹江口库区第二批移民搬迁动员会,动员部署移民搬迁工作。

4 月 28 日,省卫生厅在郑州召开南水北调丹江口库区第二批移民搬迁医疗卫生保障工作会议,总结第一批移民搬迁医疗卫生保障工作的经验,对全省第二批移民搬迁公共卫生和医疗保障工作进行安排。

4 月 29 日,省教育厅在许昌市召开南水北调丹江口库区移民新村学校建设暨第二批移民集中搬迁工作会议,总结表彰移民学校教育结对帮扶工作,部署移民学校建设、搬迁及开学前的各项准备工作。

5 月 5 日,南阳市和省移民安置指挥部分别在南阳市淅川县大石桥乡西岭村、郑州市腰店镇西岭移民新村隆重举行南水北调丹江口库区第二批移民欢送和搬迁启动仪式。

5 月 6 日,国务院南水北调办副主任蒋旭光一行到河南省新乡市原阳县、延津县、辉县市调研丹江口库区第二批移民新村建设和搬迁准备工作情况。

5月8日,省委书记卢展工在河南省南水北调丹江口库区第二批移民搬迁工作顺利启动后做出重要批示:"好,注意持续,注意做实、做细、做到位,真正把南水北调工程做成民生工程、造福工程、生态工程。"

5月11日,省委政法委副书记、省移民安置指挥部副指挥长卢永礼到淅川县督导检查南水北调丹江口库区移民搬迁安置工作。

5月12~16日,国务院南水北调办与中国作协联合组织南水北调中线工程和丹江口库区采访采风团,到河南省郑州、南阳两市进行了采访采风。

5月16~19日,省老年科技工作者协会会长,省委原常委、省政府原副省长秦科才带领省政府原副秘书长张世余、省水利厅原厅长马德全等组成的考察组,到新乡、焦作、郑州、平顶山、南阳等市考察了南水北调工程建设、丹江口库区移民搬迁安置和水质保护工作。

5月27日,省移民安置指挥部在平顶山市召开南水北调丹江口库区移民新村污水暨垃圾处理现场观摩会议。

5月29日,应水利部水库移民开发局邀请,省南水北调办、省移民办主任王树山到海口,以《丹江口水库移民搬迁安置实施与管理》为主题,为第二期全国水库移民干部培训班与会人员做报告。

6月8~10日,世界银行原社会政策与社会学高级顾问、美国乔治华盛顿大学教授Michael M. Cernea博士,随中央电视台南水北调工程大型纪录片摄制组到河南省南水北调丹江口库区移民安置点考察,并接受了中央电视台采访。

6月16日,省移民安置指挥部办公室印发《关于表彰河南省南水北调丹江口库区"大干60天,夺取移民新村建设全面胜利"劳动竞赛先进单位的决定》,对南阳市唐河县等单位进行表彰,并给予奖励。

6月18日,省政府副省长刘满仓到郑州市荥阳市广武镇丹阳移民新村,看望刚刚搬迁的南水北调丹江口库区第二批移民群众,并到省交通运输厅高速公路管理局慰问了为移民搬迁安置交通保障工作日夜奋战的广大干部职工。

6月30日,河南省南水北调丹江口库区第二批移民搬迁累计突破3万人;搬迁距离最远、运输条件最差的南阳市淅川县仓房镇移民搬迁和全县移民水路转运工作圆满完成。省移民安置指挥部办公室专门向南阳市淅川县移民安置指挥部办公室发出贺电。

7月15日,省政协主席叶冬松到平顶山市调研南水北调丹江口库区移民搬迁安置工作。

7月28日至8月1日,全国人大常委会委员、财经委员会主任委员石秀诗一行到河南省考察南水北调工程建设、水源保护和丹江口库区移民工作。

8月3~4日,省长郭庚茂到南阳市调研南水北调工程建设和丹江口库区移民搬迁安置工作。

8月20~23日,中国国际工程咨询有限公司第四调研组有关专家对河南省南水北调丹江口库区移民搬迁安置工作进行了全面调研,现场观摩了南阳市淅川县香花镇杨河村移民搬迁准备情况。

8月21~24日,中线水源公司组织有关专家对河南省南水北调丹江口库区后靠移民安置、专项复建的进度和质量进行了检查。

8月25日,省移民安置指挥部在许昌市襄城县王洛镇张庄移民新村举行河南省南水北调丹江口库区第二批农村移民集中搬迁基本完成仪式。此次搬迁欢迎仪式的举行,标志着河南省南水北调丹江口库区第二批移民集中搬迁任务基本结束。

8月26日,《河南日报》第一版刊文《河南:镌刻在世纪工程上的永恒记忆——写在南水北调丹江口库区第二批移民结束之际》。

8月29日,《人民日报》第一版刊文《心中永远装着移民百姓——写在河南省南水北调丹江口库区移民搬迁基本完成之际》。

9月8日,省移民安置指挥部在郑州召开全省南水北调丹江口库区第二批移民搬迁后期帮扶工作动员会。省政府副省长刘满仓出席会议并讲话。

9月22~23日,中共中央政治局委员、北京市委书记刘淇,北京市委副书记、市长郭金龙等50余人组成的北京市党政代表团在国务院南水北调办副主任张野陪同下来豫考察南水北调工程。省委书记卢展工,省长郭庚茂,省领导叶冬松、李克、邓凯、李新民、刘春良、连维良、尹晋华、张大卫、徐济超,省水利厅厅长、省南水北调办主任、省移民办主任王树山等参加会见、陪同考察。刘淇在考察期间欣然赋诗:南水北送真辉煌,最动情是离故乡。清水滋润京城日,共赞豫宛好儿郎。

10月26日,南水北调丹江口库区南阳市淅川县4个社区移民分别迁入郑州市中牟、荥阳、新郑3个县(市)的3个安置点。至此,河南省南水北调丹江口库区外迁近迁安置移民搬迁全部完成,省移民安置指挥部在郑州市中牟县官渡镇举行了隆重的欢庆仪式。

10月31日至11月2日,芬兰广播电视台三台(MTV3)常驻北京记者佩特利·萨拉斯特(Petri Saraste)到河南采访南水北调工程建设和库区移民安置情况。

11月21~25日,国务院南水北调办稽查组对河南省南水北调丹江口库区第二批农村移民安置及淅川县内移民安置和农村外项目建设进行了稽查。

11月30日,省委副书记、组织部部长邓凯到南阳市社旗县李店镇寇楼移民新村调研指导南水北调丹江口库区移民安置工作。

12月9日,国务院南水北调办在平顶山市举办南水北调丹江口库区促进移民恢复生产及就业指导培训班。

2012年

1月14日,省移民安置指挥部在郑州召开河南省南水北调丹江口库区移民迁安包县工作座谈会,回顾总结南水北调丹江口库区移民迁安包县工作,座谈交流移民迁安包县工作经验。

1月18日,省水利厅副厅长、省移民办主任崔军到淅川县调研南水北调丹江口库区移民县内安置工作。

1月20日,国务院南水北调办主任鄂竟平、副主任蒋旭光一行,到河南省看望慰问南水北调丹江口库区移民群众和各级移民干部。省委书记卢展工、省长郭庚茂分别会见了鄂竟平一行。

2月,河南省大中型水库移民后期扶持政策实施情况监测评估启动,首次将南水北调丹江口库区移民纳入其中。

2月3日,省政府在郑州召开河南省南水北调工作会议,贯彻落实国务院南水北调办2012年1月在南京召开的南水北调工程建设工作会议精神,回顾总结河南省2011年南水北调工作,部署2012年全省南水北调各项工作任务。

3月24日,淅川县后靠和分散安置移民搬迁完成,标志着河南省南水北调丹江口库区移民搬迁工作全部结束。

3月27日,“镌刻在世纪工程上的永恒记忆——河南省南水北调丹江口库区移民纪实摄影展”开展仪式在省文联举行。

4月10日,国家审计署南水北调工程河南移民征迁项目审计节点汇报会议在郑州召开。根据国务院的部署和审计署关于审计南水北调工程的通知,此次南水北调工程河南移民征迁项目审计工作为期2个月,涉及南水北调工程移民征迁的10个省辖市。

4月12~13日,国务院南水北调办副主任蒋旭光一行到河南省南阳市淅川县、宛城区、卧龙区调研丹江口库区移民搬迁安置和农村外项目实施情况。

5月21日,省委、省政府印发《关于表彰全省南水北调丹江口库区移民迁安工作先进单位和先进个人的决定》,授予南阳市和淅川县“河南省南水北调丹江口库区移民迁安工作特别贡献奖”称号,授予郑州市等59个单位“河南省南水北调丹江口库区移民迁安工作先进单位”称号,授予郑州市荥阳市广武镇丹阳村等30个移民村“河南省南水北调丹江口库区移民迁安工作先进移民村”称号,授予吴忠华等157名同志“河南省南水北调丹江口库区移民迁安工作先进个人”称号,授予张群学等84名同志“河南省南水北调丹江口库区移民迁安工作移民模范”称号,为辉县市移民办等14个单位记集体一等功,为中牟县移民局等27个单位记集体二等功,为景建国等40名同志记一等功,为王明太等63名同志记二等功。同日,由省移民安置指挥部办公室主办、河南省电视台承办的“丹江情·移民颂”——河南省南水北调丹江口库区移民迁安纪念晚会,在河南电视台举行。中央农村工作领导小组副组长、办公室主任陈锡文,省政府副省长刘满仓等一同观看了演出;《河南日报》第一版和第五、六版专题刊登《移民精神辉耀中原——河南省南水北调丹江口库区移民工作综述》一文,展现了河南省南水北调丹江口库区农村移民搬迁安置的风雨历程。

5月22日,省委、省政府在郑州召开全省南水北调丹江口库区移民迁安总结表彰暨后期帮扶工作动员电视电话会议。省长郭庚茂,中央农村工作领导小组副组长、办公室主任陈锡文,国务院南水北调办主任鄂竟平出席会议并讲话。省人大常委会副主任铁代生等出席会议。省政府副省长刘满仓主持会议。水利部水库移民开发局、水利部南水北调规划设计管理局、水规总院、中线水源公司及长江设计院、黄河设计公司等单位负责同志,各相关省辖市分管领导和移民管理机构负责同志,省直包县工作组主要负责同志以及受表彰的先进单位和先进个人代表在主会场参加会议;6个省辖市、25个县(市、区)主要领导、指挥部成员,乡(镇)党委书记、乡(镇)长分别在郑州、平顶山、新乡、许昌、漯河、南阳6市分会场参加会议。会议宣读了省委、省政府关于表彰全省南水北调丹江口库区移民迁安先进单位和先进个人的决定，并为受表彰的先进单位和先进个人颁奖。

5月23日，省移民安置指挥部印发《关于表彰南水北调丹江口库区移民迁安工作先进个人的决定》，授予李建华等166人"河南省南水北调丹江口库区移民迁安工作先进个人"称号。同日，《河南日报》第三版刊登《南水北调润华夏，移民壮歌动中原》专版。

7月8日，河南省南水北调丹江口库区移民集体土地使用证和房屋所有权证发放仪式在南阳市唐河县龙潭镇王庄移民新村隆重举行。

7月17日，省政府印发《关于加强南水北调丹江口库区移民后期帮扶工作的意见》。

8月22日，省政府在郑州召开河南省丹江口库区移民工作座谈会，安排部署蓄水前县级自验工作。

8月22~24日，省移民安置指挥部办公室在郑州召开南水北调丹江口库区移民安置县级自验培训会议。

9月25日，省移民安置指挥部印发《关于表彰南水北调丹江口库区移民迁安宣传工作先进单位和先进个人的决定》，对郑州市南水北调办等20个先进单位和张保栓等54名先进个人进行表彰。

10月25日，中共中央政治局委员、国务院副总理、国务院南水北调工程建设委员会副主任回良玉在河南省委《河南信息》第311期"河南省认真贯彻落实回良玉副总理重要指示精神进一步做好丹江口库区移民发展稳定工作"上做出批示。10月29日，国务院南水北调办主任鄂竟平批示："河南认真贯彻落实回副总理指示，动作快，抓得实，见成效。其作风值得肯定，也值得学习。"

11月13~16日，水利部水库移民开发局有关领导和专家，到南阳市和淅川县开展南水北调丹江口库区移民发展帮扶途径及措施专题调研。

11月24日，省移民办在平顶山市召开南水北调丹江口库区移民工作推进会，部署移民安置县级自验、生产发展和社会管理创新等工作。

12月5日，省移民办在郑州召开全省加强和创新移民村社会管理试点工作动员会议，深入贯彻落实党的十八大精神，部署加强和创新移民村社会管理试点工作。

12月12日，省水利厅副厅长王建武带领省水利厅对口帮扶新郑市工作组到新郑市调研丹江口库区移民村生产发展工作。

12月28日，省移民办在郑州市中牟县召开加强和创新移民村(社区)社会管理现场观摩会，省水利厅副厅长、省移民办主任崔军出席会议并讲话。

2013年

2月26日，国务院南水北调办在河南省南阳市召开南水北调丹江口库区移民进度商处会。会议要求，河南、湖北两省要按照5月底前完成移民安置工作省级初验、7月底前全面完成国家终验的要求，力争2013年丹江口水库蓄水位达到160米高程，为2014年汛后通水奠定基础。

3月5~6日，省委组织部副部长朱是西先后到新乡市辉县市和郑州市中牟县、新郑市,调研南水北调丹江口库区移民村社会管理创新工作。

4月16~18日,省委组织部、省移民办在郑州联合举办全省南水北调丹江口库区移民村支部书记培训班。

5月3日,《中国南水北调报》第一版以《河南省创建南水北调移民村社会管理新模式》、第四版以《布谷催春——河南省加强和创新丹江口库区移民村社会管理纪实》为题,全面报道河南省开展南水北调丹江口库区移民村加强和创新社会管理情况。

5月8~12日,国家水电可持续发展研究中心一行,在移民研究组专家张大志、张绍山的带领下,分赴郑州、平顶山、新乡、许昌、南阳等市调研南水北调丹江口库区移民加强和创新社会管理工作。

5月15日,省长谢伏瞻看望平顶山市郏县马湾新村移民,调研移民生产生活状况。

5月23日,中央电视台中文国际频道《中国新闻》栏目,以《河南创新管理模式促移民村发展》为题,报道河南省南水北调丹江口库区移民村加强和创新移民村社会管理情况。

5月29日至6月7日,省移民安置指挥部办公室组织相关省直单位、省辖市及有关专家,对南水北调丹江口库区农村移民安置进行了蓄水前省级初验技术验收。

5月30日,省移民安置指挥部成立河南省南水北调丹江口库区移民蓄水前初验委员会,省政府副省长王铁任主任委员,省委农村工作领导小组副组长赵顷霖,省政府副秘书长胡向阳,省南水北调办主任王小平,省水利厅副厅长、省移民办主任崔军,中线水源公司副总经理齐耀华任副主任委员。

5月30日,根据国务院南水北调办安排,南水北调征地移民审计组进驻河南,对河南省南水北调丹江口库区移民有关市县征地移民实施和资金管理情况进行审计。

6月14~18日,省移民安置指挥部办公室组织相关省直单位、省辖市及专家,分别对南水北调丹江口库区农村外项目及库底清理开展了蓄水前省级初验技术验收。

6月16~17日,南水北调工程设计管理中心组织专家对河南省南水北调丹江口库区文物保护开展蓄水前终验技术性初步验收。

6月28日,河南省南水北调丹江口库区移民蓄水前阶段验收省级初验委员会在省政府召开会议。会议听取了南水北调丹江口库区移民省级初验工作情况汇报,审议通过了省级初验工作报告。

7月16~18日,南水北调工程设计管理中心组织专家对河南省南水北调丹江口库区移民安置开展蓄水前终验技术性初步验收。

7月30日,中央电视台新闻联播《到群众中去》栏目以《践行焦裕禄精神,甘当为民表率》为题,报道了河南移民干部深入群众开展“下基层、解民忧、办实事”活动情况。

8月7~9日,南水北调工程设计管理中心组织专家对河南省南水北调丹江口库区库底清理开展蓄水前终验技术性初步验收。

8月12~18日,由河南中华职业教育社、民建河南省委牵头组织,省移民办协办的新农村建设带头人培训班在信阳市举办,南水北调丹江口库区移民村70名支部书记参加了培训。

8月21~22日,国务院南水北调办在湖北省丹江口市召开省南水北调丹江口库区移民安置蓄水前终验行政验收会议。会议听取了中线水源公司、河南省、湖北省工作报告和南水北调工程设计管理中心关于丹江口水库蓄水前移民安置技术性验收的情况汇报,并通过了《南水北调丹江口水库大坝加高工程建设征地补偿和移民安置蓄水前搬迁安置终验报告》。

8月29日,省人大常委会副主任王保存带领省人大调研组一行到平顶山市郏县马湾新村调研南水北调丹江口库区移民工作。

9月4~5日,国务院南水北调办主任鄂竟平一行,到河南省调研南水北调丹江口库区移民生产发展、后期扶持、社会管理创新等工作。在豫期间,省委书记郭庚茂、省政府副省长王铁会见了鄂竟平一行,就南水北调丹江口库区移民工作交换了意见。

11月6日,河南省南水北调丹江口库区移民信访稳定工作会议在南阳市召开。

2014年

1月6~10日,省政府督察室牵头组织省发展改革委、财政厅、住房城乡建设厅、省移民办等单位组成专项督导组,对全省南水北调丹江口库区移民后期帮扶工作进行了专项督察。

1月13日,“南水北调移民精神”报告会在郑州举行。

3月6~7日,省移民办在平顶山市举办河南省南水北调丹江口库区移民人口有关问题处理培训班。

6月10~17日,八一电影制片厂受北京市委委托,到河南省南水北调丹江口库区、移民安置区调研采访,为拍摄制作南水北调主题电影做前期准备。

6月23日至7月7日,河海大学受国务院南水北调办委托,到河南省开展《丹江口库区移民村社会管理创新总结与稳定形势研判》课题调研工作。

7月16~18日,国务院南水北调办副主任蒋旭光带领有关人员,到南阳市淅川县、社旗县、卧龙区调研南水北调丹江口库区移民工作,检查库区保蓄水安全“百日大排查”活动开展情况,查看移民生产发展情况。

8月20日,《河南日报(农村版)》以《党魂》为题,刊登了南水北调丹江口库区南阳市唐河县陈营村党支部书记陈廷江同志的先进事迹,并发表了《家国情怀 忠诚担当》的评论员文章。

9月19日,省移民办在南阳市社旗县召开全省移民“强村富民”观摩会。

10月15日,省移民办在郑州召开全省南水北调中线工程通水宣传工作会议。

11月4~12日,省委政策研究室副主任潘华斌一行,到南水北调丹江口库区移民村,专题调研移民村社会治理创新和“强村富民”工作。

11月10~26日,由省移民办会同省文化厅组织河南豫剧院创排的以河南省南水北调丹江口库区移民为题材的大型豫剧现代戏《家园》,在有关市县巡演10余场。

11月18~24日,“南水北调中线群众代表团赴京观摩”活动在北京举办,河南省100名移民群众、移民干部及建设者代表参加了活动。

12月12日,南水北调中线工程正式通水。

12月15日,河南省南水北调工程通水仪式在郑州市刘湾水厂举行。省委书记郭庚茂宣布“河南省南水北调工程正式通水”。省长谢伏瞻、国务院南水北调办主任鄂竟平出席仪式并讲话。

12月16日,豫剧《家园》在北京长安大戏院隆重演出。国家有关部委、北京市有关部门的干部群众观看了演出。

12月31日,国家主席习近平通过中国国际广播电台、中央人民广播电台、中央电视台发表2015年新年贺词,讲到:“12月12日,南水北调中线一期工程正式通水,沿线40多万移民搬迁,为这个工程做出了无私奉献,我们要向他们表示敬意,希望他们在新的家园生活幸福。”

2015年

3月26日,国务院南水北调办主任鄂竟平到河南省调研南水北调丹江口库区移民生产发展和移民村社会治理创新等工作。

4月22~23日,中共中央政治局常委、国务院副总理、国务院南水北调工程建设委员会主任张高丽到河南省调研南水北调工程建设管理工作,并在南阳市主持召开南水北调建设管理工作座谈会,传达学习习近平总书记和李克强总理关于南水北调建设管理的重要指示批示精神,听取南水北调工程工作情况汇报,研究部署下一阶段工作。在豫期间,张高丽副总理专程赴南水北调丹江口库区移民村——南阳市淅川县九重镇桦栎扒村视察,并提出“九重镇移民情况特殊,要把该镇移民发展作为试点,给予重点扶持”。

5月13日,国家发展改革委、财政部和国务院南水北调办派出调研组到九重镇现场调研丹江口库区移民生产发展情况,为编制河南省南水北调丹江口库区移民产业发展试点方案做准备。

9月10~11日,省移民办在郑州市召开全省南水北调丹江口库区移民“强村富民”及创新社会治理观摩会,并对总体验收阶段县级自验工作进行部署。

9月22~24日,河南省移民政策法规和项目管理培训会在郑州召开。全省南水北调丹江口库区移民安置涉及的市县移民管理机构主管领导及部分移民村支部书记参加培训。

10月26日至11月5日,省移民办会同省档案局成立督导组,对全省南水北调丹江口库区移民安置涉及的6个省辖市、1个省直管县(市)及27个县(市、区)档案管理情况进行了专项督导。

10月30日,国家发展改革委、财政部、国务院南水北调办批复同意《淅川县九重镇南水北调移民村产业发展试点工作实施方案(2016~2020年)》,批复总投资1.21亿元。

11月27日,省移民办在许昌市召开河南省南水北调丹江口库区后续帮扶发展规划编制会议。

12月22~24日,省移民办在许昌市举办河南省南水北调丹江口库区移民安置总体验收培训会议。

2016 年

4 月 11 日，国务院南水北调办委托中审华寅五洲会计师事务所、中审国际会计师事务所有限公司对河南省南水北调工程 2015 年度移民、征迁资金使用管理情况进行年度审计。

5 月 3~6 日，国务院南水北调办征地移民司司长袁松龄一行 5 人，到南阳市淅川县调研九重镇移民村产业发展试点工作暨开展"两学一做"联学联做活动。

5 月 4~6 日，国家发展改革委、水利部、国务院南水北调办组成联合调研组，来河南调研指导淅川县九重镇南水北调移民村产业发展试点、大中型水库移民后期扶持项目民主化建设管理试点开展情况等。

6 月 16 日，省移民办在郑州与中原股权交易中心签订战略合作协议并举办移民企业挂牌上市业务培训班。

7 月 5~9 日，北京市人大常委会主任杜德印率全国人大北京团代表，围绕南水北调中线工程建设及水源保护、移民安置等方面工作，赴郑州市、平顶山市、南阳市等地实地调研。省委书记谢伏瞻、省长陈润儿与调研组在南阳市进行了座谈。

8 月 4~8 日，中国社科院农村发展研究所所长魏后凯率领调研组一行 10 人，赴河南省 7 个县（市、区）11 个南水北调移民村，调研"强村富民"和创新社会治理工作。

8 月 16 日，省移民办在许昌市召开河南省南水北调丹江口库区移民"强村富民"暨创新社会治理观摩会。

9 月 27 日，省移民办在许昌市举办河南省南水北调征地移民完工财务决算培训班。

11 月 2 日至 12 月 1 日，省移民安置指挥部办公室组织有关单位及专家，组成了河南省南水北调丹江口库区移民安置省级初验技术验收组，对全省涉及南水北调丹江口库区移民安置的 6 个省辖市、1 个省直管县（市）及 27 个县（市、区）开展总体验收阶段省级初验技术验收。

11 月 22 日，省政府以豫政文〔2016〕166 号将《南水北调中线工程河南省丹江口水库移民遗留问题处理及后续帮扶规划》上报国务院，申请国家立项。

2017 年

2 月 8 日，国务院南水北调办征地移民司司长袁松龄，副司长陈曦川、王宝恩等到河南省调研南水北调征地移民工作，长江设计院党委书记石伯勋，省水利厅副厅长、省移民办主任吕国范，省移民办常务副主任李定斌、副主任杜晓琳等陪同调研。

2 月 23 日，国务院南水北调办征地移民司司长袁松龄一行到河南省调研南水北调丹江口库区移民信访稳定工作。省水利厅副厅长、省移民办主任吕国范，省移民办常务副主任李定斌、副主任张松林等陪同调研。

8 月 15 日，河南省南水北调丹江口库区移民安置总体验收初验委员会会议在郑州召开，国务院南水北调办征地移民司副司长王宝恩出席会议并讲话，省级初验委员会主任委员、省政府副秘书长朱良才主持会议并讲话，副主任委员、省水利厅副厅长、省移民办主任吕国范介绍移民安置实施管理情况，副主任委员、中线水源公司副总经理齐耀华，省初验委员会成员、各有关市移民管理机构负责人和淅川县县长、移民局局长及规划设计、监督评估等单位负责同志共50余人参加会议。会议一致同意河南省南水北调丹江口库区移民安置总体验收通过省级初验，验收结论为合格。

8月22日，河南省南水北调丹江口库区移民“强村富民”及创新社会治理观摩会在平顶山市召开，省水利厅副厅长、省移民办主任吕国范出席会议并讲话，省移民办常务副主任李定斌主持会议。

9月22日，省移民办在郑州召开全省南水北调丹江口库区移民安置总体验收问题整改推进会，研究丹江口库区移民安置国家终验前问题整改及库区移民信访稳定工作。

10月15~16日，省水利厅副厅长、省移民办主任吕国范带领有关人员到淅川县查看南水北调丹江口水库库周地质灾害和受影响移民转移安置情况。

11月17日，在南水北调丹江口水库河南省库区移民搬迁5周年之际，《河南日报》第一版以《走进新时代，踏上振兴路》为题发表文章，全面反映南水北调丹江口库区移民搬迁后的生产生活新变化。

11月29日至12月1日，国务院南水北调办副主任蒋旭光到河南调研南水北调丹江口库区移民生产发展和库周地质灾害处置等情况。

12月5日，国土资源部党组成员赵凤桐、国务院南水北调办副主任蒋旭光赴南阳市淅川县调研丹江口库区地质灾害防治工作，并安排由国土部门牵头，南水北调、移民等部门配合，尽快编制河南省丹江口水库库周地质灾害治理规划，以省政府名义上报国家有关部门。

12月19日，国家审计署郑州特派办开始对河南省南水北调丹江口库区移民搬迁安置、后续帮扶、地质灾害防治等工作，以及资金管理使用情况开展审计。

2018年

1月31日，国务院南水北调办主任鄂竟平到河南调研移民安稳发展工作。省长陈润儿、省人大常委会副主任王铁、副省长武国定等会见鄂竟平一行，省南水北调办主任王国栋，省水利厅副厅长、省移民办主任吕国范及郑州市有关领导陪同调研。在豫期间，鄂竟平一行先后到郑州市新郑市、中牟县详细查看了移民村产业发展、移民生活及稳定等情况，并对河南省各级各部门以移民为中心，积极探索多种发展模式，拓宽移民增收渠道的做法给予充分肯定。鄂竟平主任还到部分移民特困户家中，为移民送去了慰问金和新春祝福。

2月1日，省移民安置指挥部以《关于申请开展我省南水北调丹江口库区移民安置总体验收终验的函》将河南省南水北调丹江口库区移民安置总体验收省级初验成果报国务院南水北调办，申请国家终验。

2月27日，国务院南水北调办在郑州召开丹江口水库移民后续帮扶规划工作座谈会，研究部署移民后续帮扶规划及其他有关工作。国务院南水北调办副主任蒋旭光出席会议并讲话，湖北、河南两省移民部门主要领导和分管领导，中线水源公司、长江设计院等单位负责同志参加会议。

3月10日,省政府副省长武国定到淅川县调研九重镇南水北调移民产业发展试点工作。省水利厅副厅长、省移民办主任吕国范陪同调研。

4月10~13日,南水北调工程设计管理中心副主任蔡建平一行到淅川县查看农村移民安置和农村外项目实施等工作情况。

4月25日,省移民办在郑州召开全省南水北调丹江口库区移民安置验收问题整改暨迎接国家终验动员会,省移民办常务副主任李定斌出席会议并讲话,对省级初验问题整改工作做了进一步部署。

4月27日,水利部在武汉召开南水北调工程验收管理工作会议,水利部副部长蒋旭光出席会议并讲话。省水利厅副厅长、省移民办主任吕国范带领有关人员参会并作交流发言。同日,水利部召集湖北、河南两省及中线水源公司,专题研究南水北调丹江口库区移民包干协议签订等工作。

5月22日,省移民办在郑州召开河南省水库移民村现状调查培训班。会议对有关省辖市、省直管县(市)和41个重点县(市、区)移民管理机构140余名干部进行了培训,动员对全省安置水库移民人数300人以上的1 358个村基本情况、产业发展、社会治理、文化建设、居住环境等情况进行现状调查,为会同省社会科学院启动美好移民村建设研究做前期准备。

5月22~23日,南水北调工程设计管理中心组织特邀专家赴淅川县开展南水北调丹江口库区移民档案技术性验收检查。

5月31日,水利部水库移民司副司长(正司级)王宝恩、南水北调工程设计管理中心副主任蔡建平一行,到河南调研南水北调丹江口库区移民安置验收准备工作,并在省移民办召开座谈会。省移民办主任吕国范、常务副主任李定斌等参加座谈。

6月27日,在水利部协调下,省移民办和中线水源公司签订了南水北调丹江口库区移民投资和任务包干协议。

8月14~15日,苏丹水电部社会事务司司长 Abde Irahman Abdalla Mohamed,苏丹水电部社会事务司农业部项目经理 Sulieman Hajar Yagoub 一行,到河南省考察南水北调征地移民工作。省移民办常务副主任李定斌等陪同考察。

8月27~30日,南水北调工程设计管理中心组织专家到新乡市获嘉县和郑州市中牟县,开展南水北调丹江口库区移民档案技术性验收前检查。

8月29日,水利部在北京召开南水北调丹江口库区移民后续帮扶规划工作会议,水利部副部长魏山忠出席会议并讲话。水利部有关司和河南、湖北两省及长江设计院负责同志参会。

9月3~7日,南水北调工程设计管理中心副主任蔡建平带领有关专家,到郑州市新郑市和南阳市卧龙区、淅川县,开展丹江口水库移民总体验收(终验)技术性初步验收核查。经核查,专家组认为河南省移民安置和文物保护工作基本具备国家终验技术性初步验收条件。

9月13日,省移民安置指挥部办公室会同南水北调工程设计管理中心在郑州召开河南省南水北调丹江口库区移民安置国家终验技术验收培训会,有关市县移民部门负责同志参加培训。

9月14日,省政府以豫政文〔2018〕107号文将《关于南水北调工程河南省丹江口水库移民遗留问题处理及后续帮扶规划(修编版)立项的请示》上报国务院,申请国家立项实施。

9月14~16日,南水北调工程设计管理中心组织专家到淅川县开展南水北调丹江口库区移民档案技术性验收前检查。

10月1~3日,省水利厅副厅长、省移民办主任吕国范赴淅川县调研南水北调丹江口库区移民验收重大问题整改及迎接国家终验准备工作。

10月16~19日,国家发展改革委副巡视员关锡璠、水利部水库移民司副司长谭文一行到淅川县调研九重镇产业发展试点工作和留置人口有关问题。省水利厅副厅长、省移民办主任吕国范和省发展改革委处长何天杰陪同调研。

10月29日至11月2日,南水北调工程设计管理中心组织专家,对河南省南水北调丹江口库区移民档案管理开展第一阶段国家终验技术验收,验收对象为中牟县、获嘉县、郏县。

10月29日至11月2日,南水北调工程设计管理中心组织专家,对河南省南水北调丹江口库区文物保护开展国家终验技术验收。

11月5日,省移民安置指挥部办公室在郑州召开河南省南水北调丹江口库区移民安置迎接国家验收准备会议,对有关移民安置样本县迎接国家终验技术验收准备工作进行了对接和安排。

11月9~15日,南水北调工程设计管理中心组织专家,分3个验收工作组同时对河南省11个县(市、区)农村移民安置、城(集)镇迁建、单位企业淹没处理、专业项目恢复改建、地质灾害防治、资金管理等开展抽查验收。11月9日下午,验收组在郑州召开河南省南水北调丹江口库区移民安置总体验收国家终验技术性验收工作启动会。11月15日上午,验收组向河南省通报了验收意见,河南省移民安置技术验收评定为合格。11月15日下午,省移民安置指挥部办公室在南阳市召开河南省南水北调丹江口库区移民安置国家验收问题整改工作会议,安排部署整改工作。

11月16~22日,南水北调工程设计管理中心副主任蔡建平带领有关专家,对河南省南水北调丹江口库区移民档案管理开展第二阶段国家终验技术验收,验收对象为唐河县、淅川县和邓州市。

12月14日,南水北调工程设计管理中心在武汉召开移民总体验收(终验)技术性初步验收会议,对国家终验技术验收报告进行审查。省水利厅副厅长、省移民办主任吕国范带领省移民办和省文物局有关同志参会。

2019年

2月6日,省委办公厅、省政府办公厅印发《河南省水利厅职能配置内设机构和人员编制规定》,河南省水利厅挂河南省移民办公室牌子。

6月18~20日,省移民办派员赴平顶山市郏县等地,督导检查南水北调丹江口库区移民档案管理国家终验技术验收发现问题整改情况。

7月4日,省移民办向水利部南水北调规划设计管理局函报了南水北调丹江口库区移民档案管理国家终验技术验收发现问题整改情况。

7月13日,省移民工作领导小组印发《河南省美好移民村建设指导意见》。

8月1日,省移民办向水利部南水北调规划设计管理局函报了南水北调丹江口库区移民安置和文物保护国家终验技术验收发现问题整改情况。

8月22日至11月1日,水利部委托由北京中天正旭会计师事务所有限责任公司和北京高商建工程造价咨询有限公司组成的联合体,对河南省南水北调丹江口库区移民安置开展完工财务决算审计。

10月15~17日,水利部南水北调规划设计管理局组织专家,对河南省南水北调丹江口库区移民安置、文物保护国家终验技术验收发现问题整改情况进行复核检查。检查组认为,河南省除淅川县宋岗码头坍岸整治工程尚未完成省级验收等个别问题外,其他问题已整改到位。

10月18~22日,水利部南水北调规划设计管理局组织专家,对平顶山市郏县、邓州市和南阳市淅川县南水北调丹江口库区移民档案管理国家终验技术验收发现问题整改情况进行了复核检查。检查组认为,河南省移民档案管理国家终验技术验收发现问题已全部整改到位。

11月5日,淅川县宋岗码头坍岸整治工程通过了省移民办组织的省级验收。

11月8日,省移民办在许昌市召开全省南水北调丹江口库区移民安置完工财务决算审计问题整改会议。

12月6~7日,水利部召开南水北调中线工程丹江口水库移民总体验收(终验)行政验收会议。验收委员会由水利部副部长蒋旭光任主任委员,河南省委办公厅副主任韩林、湖北省政府副秘书长费德平、水利部水库移民司司长卢胜芳任副主任委员,水利部、国家文物局、国家档案局,长江委,河南、湖北两省有关部门,移民设计、监督评估单位有关同志及特邀专家任委员。验收委员会12月6日分三个验收组,现场察看了河南、湖北两省移民安置、文物保护、档案管理情况,听取了情况汇报,查验了有关资料;12月7日上午在武汉召开会议,经充分讨论,同意通过国家终验。河南省委办公厅副主任韩林、省水利厅副厅长吕国范、省文物局副局长贾连敏带领有关同志参加了会议。

12月23日,省移民办在许昌市召开全省南水北调征地移民资金会计决算暨完工财务决算推进会。

附　录

丹江口水库初期工程移民搬迁安置情况

丹江口水库初期工程始建于1958年,1973年竣工,是一座综合性大型水利枢纽工程,也是南水北调中线工程的主要水源工程。初期工程水库库区主要分布在河南省淅川县和湖北省丹江口市境内。根据初期工程建设规模,水库正常蓄水位157米,移民水位159米以下全库区实际动迁人数38.3万人。河南省库区移民搬迁安置涉及淅川县7个区302个大队1 314个生产队。移民搬迁从1959年开始,1978年基本结束,历时20年,先后动迁移民8批,共搬迁安置移民20.2万人,占全库区的53%,其中出省外迁青海2.23万人、湖北6.89万人,在省内安置11.08万人。丹江口水库初期工程兴建于“大跃进”年代,河南省库区移民搬迁安置先后经历了“大跃进”“文化大革命”等特殊历史时期,当时国家的国力和经济实力还比较薄弱,又受“左倾”思想影响,“重工程、轻移民”思想严重,移民搬迁过于强调“自力更生、艰苦奋斗”,片面强调大局意识和牺牲精神,移民经费少,补偿标准低。为修建初期工程,淅川县经济损失达7.4亿元,而补偿经费仅1.2亿元,仅相当于损失数的16%。同时初期工程建设规模多次变化,水库蓄水位从140~157米5次抬高,且每次搬迁时间都十分紧迫,又没有制订完整的移民安置规划,造成了“以水撵人”的局面,库区干部群众终年忙于搬迁,部分移民在库边“滚雪球”式搬家,有的移民甚至搬迁6次之多。由于初期工程移民搬迁安置任务重、历时时间长、加之补偿标准低、缺乏符合实际的移民安置方案、安置去向多变等因素,导致河南省库区移民搬迁安置后,耕地不足、住房简陋、交通不便、移民贫困面大等遗留问题特别严重。移民搬迁后,从1979年开始,河南省各级政府和移民管理机构就开始通过救济的方法,首先解决特困移民的温饱问题。1985年后,河南省贯彻落实国务院开发性移民方针,初期工程移民遗留问题逐步得到解决。从2006年7月1日起,丹江口水库初期工程河南省库区移民全部纳入大中型水库移民后期扶持范围。2008年,南水北调中线一期工程丹江口水库大坝加高工程河南省库区移民搬迁安置工作启动,除在大坝加高工程移民迁移线上的初期工程移民外,移民迁移线下的初期工程移民又一次进行了搬迁安置。

一、水库工程及淹没影响

丹江口水利枢纽工程是开发治理汉江的关键工程，是一座具有防洪、发电、灌溉、航运和淡水养殖等综合效益的大型水利枢纽工程，也是南水北调中线工程的主要水源工程，坝址位于汉江与丹江汇合处下游800米的湖北省丹江口市。初期工程水库正常蓄水位157米，相应库容为174.5亿立方米，控制流域面积9.52万平方公里，于1958年9月动工兴建，1973年底建成。初期工程水库淹没影响涉及河南、湖北两省的南阳地区和郧阳地区4个县，其中河南省淹没影响涉及南阳地区淅川县7个区302个大队，同时还涉及大量的交通、电力、邮电、广播等基础设施、水利设施和文物古迹等。

(一)工程概况

丹江口水库初期工程以防洪为主，兼有发电、灌溉、航运、养殖等综合效益。工程于1958年9月1日动工兴建，1962年停工修复大坝质量问题，1964年12月续建，1967年11月下闸蓄水，1968年10月第1台水轮发电机组发电，1973年底建成。初期工程建成运行后，在防洪、发电、灌溉、航运和水产养殖等方面发挥了巨大的经济效益和社会效益。

1. 防洪

1973年初期工程建成运行后，汉江中下游形成了以丹江口水库为主、两岸堤防、分洪工程及中下游临时分蓄洪民垸组成的防洪体系，初步解除了武汉市及江汉平原1 200万人口和120万平方公里耕地受洪水严重威胁的被动局面，大大减轻了武汉及长江荆江段的防洪压力，有效保障了荆楚大地人民群众的生命财产安全，创造了显著的社会效益。1998年8月当长江发生特大洪水时，汉江也相应发生大洪水，通过丹江口水利枢纽工程超蓄、削峰、调洪等方式，发挥了其他工程所不可替代的作用，不仅解决了汉江中下游的防洪，而且也缓解了长江中游汉口河段的洪水压力。

2. 发电

1968年10月，丹江口水力发电厂第一台机组投产发电，1973年初期工程建成，发电厂共装6台15万千瓦混流式水轮发电机组，总装机容量90万千瓦，年均发电量38亿千瓦时，是当时汉江流域最大的水电厂。1980年，华中电网成立后，丹江口水力发电厂担负着电网的调峰、调频、调相和备用容量及河南省火电站配合运行的任务，是华中电网具有年调节能力最大的水电站。1996年12月15日，发电厂实现发电量累计突破1 000亿千瓦时大关，成为当时全国第3个发电量过千亿的水电厂。充足的电力，为河南省淅川县及湖北省十堰、襄樊、丹江口等市的经济发展增添了动力。丹江口水库电站建成前，淅川县年供电量不足600万千瓦时，电站建成后，年供电量大幅度提升，在为县域经济的发展做出贡献的同时，也极大地方便了库区移民群众的生产生活。

3. 灌溉

引水灌溉是丹江口水库初期工程的重要任务，规模引水量达40亿立方米。第一阶段设计用水量15亿立方米，可为湖北、河南两省引水至唐白河地区，为该地区360万亩农田提供自流灌溉水源，其中河南省受益150万亩。引丹灌区位于汉江中游左岸，丹江与唐白河之间，属国家大型灌区，是湖北省襄阳市最大的灌区，灌溉面积210万亩，是引、提、蓄相结合的综合功能较完善的灌区。刁河灌区是引丹灌溉第一期工程,控制灌溉面积 150 万亩。受益范围为河南省邓州市、淅川县、新野县的 18 个乡(镇),农业人口 68.3 万。自从 1978 年开灌以后,年均浇地 30 万~50 万亩。通过灌溉,主要农作物增产 11%~12%,芝麻增产高达 37.5%。淅川县宋岗、陶岔电灌工程,使该县香花、九重、厚坡 3 个乡(镇)受益。

4. 航运

丹江口水库初期工程蓄水后,对改善汉江通航条件,促进上下游水运事业的发展发挥了很大作用。水库上游航道建库后有了显著的改善,船只可达陕西省白河县城,库区开设了丹江口至淅川、丹江口至陶岔等 5 个主要航班,货运量和客运量大大增长,加之水库调节作用,汉江中下游洪峰大幅度削减,使中水位延长,枯水期流量加大、水位变幅减小,航深增加,航运技术经济指标提高,航运事业有了较大发展。初期工程建成后,500 吨级驳船从汉口可抵沙洋,300 吨级驳船可抵襄樊,150 吨级驳船可越过大坝抵陕西省白河县城,大坝升船机通航系统无偿提供船只过坝,发挥了较大的社会效益。

5. 水产养殖

丹江口初期工程建成以后,使大坝上游形成了 93 万亩水面,为发展淡水渔业创造了有利条件。从 1986 年开始,国家扶持鼓励大力开发丹江口水库的渔业资源,在库区经济社会发展、安置移民就业等方面,发挥了明显的社会效益和经济效益。河南省淅川库区有水面 54.84 万亩,其中可养殖水面 36.4 万亩。1967 年丹江口水库初期工程蓄水后,淅川县在香花建有渔场,成立有 10 人捕捞队。1988 年开始试验投饵网箱养鱼,此后淅川库区渔业生产走向以一家一户捕捞及网箱养殖和库汊养殖为主的格局。

(二)淹没影响

丹江口水库初期工程在带来防洪、发电、灌溉、航运和养殖效益的同时,也造成了巨大淹没损失。初期工程淹没影响涉及河南、湖北两省的南阳地区和郧阳地区 4 个县,共淹没耕地 43 万亩,大部分淹没区耕作方便、水利资源丰富,是各县粮仓。淹没房屋 19.8 万间,公路 116 公里、电信线路 482 公里,淹没淅川、郧县和均县 3 座县城和 13 个场镇和区乡驻地,需搬迁安置 38.3 万人。其中河南省库区淹没影响涉及 7 个区(镇),20.2 万人,淹没总面积 54.84 万亩,淹没淅川县城 1 座,集镇 14 个及交通、电力、邮电、广播等基础设施、水利设施和文物古迹等。

1. 实物调查

1953 年 5 月,长江委对丹江口水库淹没影响涉及的湖北省、河南省和陕西省的有关县社会经济情况进行了调查。1953 年 8 月,中国科学院地理研究所和长江委组成汉江工作队,对库区社会经济情况做了进一步的调查。1956 年 12 月至 1957 年上半年,长办调查队进驻库区,会同鄂、豫、陕三省,按水库坝前水位 120~200 米不同高程对丹江口库区淹没实物指标和社会经济情况开展了大规模的调查研究工作。1958 年 3 月,长办提出《丹江口水库初步设计阶段技术经济调查报告》,并在此基础上完成了淹没处理措施和投资概算,为丹江口水库初期工程正常蓄水位选定为 170 米和分期移民方案提供了切实可信的基础依据。

河南省库区的淹没影响情况,前期以1956年12月的调查为依据,由长办牵头,河南省水利、交通、卫生、民政、林业等部门组成联合调查组,对淅川库区进行了淹没调查。后期以1964年的调查为主要依据,当年4月至5月,长办会同淅川县移民办组成联合调查组,下设三个调查小组分区对淹没影响情况进行了调查。此次调查主要是淹没损失、落实淹没指标,测量140米、145米、170米高程三个界线,均考虑到20年一遇洪水影响。同时对145米线进行测量打桩,140米、170米两条线进行测量插旗并辅以固定标志,共打桩801个,留固定标志120个。同时,对140~145米以下移民分户建卡登记,并对145~170米间以生产队为单位查清了人口、耕地数量,还对移民生产生活水平、房屋质量及典型户进行资料搜集。此次调查,对随后的大规模移民搬迁提供了比较科学翔实的依据。

2. 实物指标

丹江口水库初期工程淹没涉及河南省淅川县埠口、李官桥、三官殿、宋湾、下集、滔河、老城及城关镇8个区(镇),302个生产大队、1 314个生产队、20.2万人。淹没总面积54.84万亩,约占全县总面积的14.6%,淅川最为富饶的沿江丹阳川、顺阳川、板桥川基本淹完,其中耕地28.5万亩,占全县剩余耕地面积的55%。淹没县城1座,大型集镇(李官桥)1个,一般集镇(区所在地)5个,小集镇(区辖公社所在地)8个。淹没房屋12.5万间,其中公房2.2万间,集体房2.1万间,民房8.2万间。淹没公路180公里,村间道路888公里,邮电线路425杆公里,广播线路1 013杆公里,淹没防洪、护岸工程、小水库、水渠、水轮泵站、机井等各种水利设施2 673处。淹没文物古迹62处,碑刻79块,石刻造像壁画33块及其他文物古迹多处。

二、移民安置

丹江口水库初期工程正常调度蓄水位157米,移民高程159米,淹没影响淅川县8个区(镇)302个大队1 314个生产队2 396个自然村。河南省库区移民搬迁安置工作自1959年开始,1978年基本结束,历时20年,共搬迁安置移民20.2万人,其中移民出省外迁青海2.23万人、湖北6.89万人,在省内安置11.08万人,移民搬迁安置历时时间长,涉及范围广,任务艰巨。外迁移民分别迁往青海省的黄南、贵南、海南三个自治州,湖北省荆门、钟祥两个县。省内安置分别在南阳市邓县(现邓州市),以及淅川县12个公社。移民搬迁分为青海支边、124米高程以下移民迁移、外迁湖北、近迁邓县安置及县内安置五个阶段。移民安置方式主要有整搬整迁、分散插队、后靠自安和投亲靠友四种。

(一)组织机构

丹江口水库属中央直属水库。水利部对丹江口水库初期工程移民工作的管理,由水利部下设的长办负责,具体实施由河南、湖北两省及有关市县负责。初期工程河南省库区移民搬迁安置任务重,历时时间长,移民搬迁先后经历了“大跃进”“文化大革命”等特殊历史时期,情况特别复杂。为做好初期工程河南省库区移民搬迁安置工作,河南省、南阳专员公署及淅川县均明确或成立了组织机构,分级负责初期工程河南省库区的移民搬迁安置工作,为移民搬迁安置提供了组织保障。

1. 河南省及南阳公署移民工作机构

河南省对丹江口水库初期工程移民工作的管理、调查论证等前期工作由省移民委员会负责,1958 年省移民委员会被撤销后,移民工作先后由省民政厅和省水库区移民工作领导小组负责。南阳专员公署成立了移民安置办公室,具体负责丹江口水库初期工程河南省库区移民安置工作。1963 年 4 月,长办致函河南省人民委员会,建议加强领导丹江口水库移民安置工作。同月,河南省人民委员会以豫农水字第 499 号通知南阳专员公署,明确河南省负责丹江口水库初期工程移民安置工作的机构为"河南省丹江口水库移民安置办公室",印章南阳专员公署代省人民委员会颁发,办公室人员编制在省人民委员会下达南阳专员公署的编制内解决,丹江口水库初期工程河南省库区的移民安置工作由南阳专员公署直接负责。移民安置工作所需的经费和物资器材,由南阳专员公署直接向长办编造预算,由长办解决。移民安置工作进展情况及问题与设在省水利厅的省水库移民安置办公室联系。

2. 淅川县移民工作机构

1958 年 9 月 1 日,丹江口水库大坝工程动工。1959 年前,淅川县未设置移民管理机构,初期工程河南省库区有关测量调查工作由淅川县委、县政府组织实施。1959 年 1 月,淅川县成立移民委员会,由县委书记任主任委员,副书记兼县长任副主任委员,下设办公室(时称城建办公室),主要是负责县城的迁建、动员并组织库区青年及家属到青海支边和 124 米高程以下移民的迁移。1963 年 12 月,丹江口水库初期工程恢复施工,淅川县成立了移民安置办公室,淹没区各区均设立相应机构,配备专职干部,具体负责移民搬迁安置工作。1964 年 4 月,淅川县成立"河南省丹江口水库淅川县移民安置指挥部",主要职责是协调各部门组织移民搬迁工作,具体事项由下设的办公室负责落实。1966 年后,淅川县移民办公室在有搬迁任务的区、社建立了移民指挥所,所长由各区、社领导兼任,主要工作是配合库区淹没调查、淹没赔偿兑现及组织移民迁移。移民搬迁工作结束后,淅川县移民办公室在有移民工作任务的乡(镇)共设 12 个移民所,具体负责乡(镇)移民工作。1968 年,淅川县移民安置指挥部更名为"淅川县移民革命领导小组",1976 年更名为"丹江口水库淅川县革命委员会移民建设指挥部",1981 年再次更名为"丹江口水库淅川县移民指挥部",1983 年定名为"丹江口水库淅川县移民安置建设指挥部"。

(二)农村移民安置

丹江口水库初期工程正常调度蓄水位 157 米、移民高程 159 米。河南省库区移民搬迁安置工作,1959 年移民开始动迁,1978 年基本结束,历时 20 年,共搬迁安置移民 20.2 万人。移民搬迁安置借鉴苏联经验,执行退赔政策。在移民搬迁安置初期,凡属移民,淹什么赔什么,但对于无房户,特别是农业户口的无房户无法解决安置问题。此后改为半退赔半安置政策,即有房子的发给拆迁费,没有房子的按人均半间房解决,最后安置政策改为人均半间房。安置方式主要有整搬整迁、分散插队、后靠自安和投亲靠友四种。移民安置地点分别是远迁外省,本省外县近迁安置,县内后靠安置。

1. 移民安置规划

丹江口水库初期工程移民搬迁安置先后处于"大跃进"和"文化大革命"时期,加上

“左倾”思想影响,“重工程,轻移民”思想严重,又欠缺大型水利工程移民安置经验,没有制定完整的移民安置规划。同时由于国家的经济实力还比较薄弱,移民规划的补偿标准非常低,与淹没损失形成巨大反差。

1953年,长江委会同中国科学院地理研究所和湖北、河南两省进行库区调查,编制了《丹江口水库技术经济调查报告》。1956~1957年,为配合丹江口水利枢纽工程正常蓄水位选择和进一步做好移民安置规划工作的需要,长办会同湖北、河南两省对丹江口水库淹没区进行大规模的调查研究工作,以175米为基本方案,于1958年提出《丹江口水库初步设计阶段技术经济调查报告》。调查成果符合初步设计的要求,为国家确定正常蓄水位提供了切实可行的基本资料。

1958年9月1日初期工程大坝建设开工后,丹江口工程总指挥部要求在两年内将坝前水位170米、20年一遇洪水淹没线下的居民全部迁走。1958年12月丹江口工程总指挥部召开第一次移民会议,仅原则决定由库区内所在县委、县人委统筹安排移民搬迁和安置工作,移民经费由各县包干使用。

1959年初,长办明确要求各县1959年4月底前提交各项工作的实施规划,但这个任务书至1959年10月才由工程总指挥部转发,滞后半年之久。另一方面为了保证工程1959年12月截流,时间紧张,各县都没有制定符合实际的移民安置规划。

1964年12月,丹江口水库初期工程复工。1965年4月,根据河南、湖北两省达成的协议,淅川移民,河南省能安置多少就安置多少,无法安置的人数由“河南包迁、湖北包安、标准统一、经费公开”。随后长办会同湖北、河南两省编制了丹江口工程设计蓄水位145米的移民规划报告,分三批搬迁,计划1968年汛前搬迁安置完毕,1965年12月规划获得国家批复。规划明确提出河南省淅川县移民分别迁入湖北省的荆门县和钟祥县,湖北省按每人半间房的标准安置移民,荆门县保证每人一亩熟地、一亩荒地,钟祥县大柴胡围垦区保证每人2亩耕地。

1969年4月,河南、湖北两省和长办联名提出将初期规模蓄水位由145米提高到155米,新增移民约10万人,湖北、河南参半,湖北略多。两省召开移民会议,提出“远迁不如近迁,近迁不如就地后靠自安”,库区移民由两省各自负责搬迁安置。

1974年,国家又决定把蓄水位由155米提高到157米,移民水位提高到159米,增加库区移民6.3万人。河南省绝大部分在本大队后靠自安,其他移民零星插队或投亲靠友。

2.移民搬迁安置

丹江口水库初期工程正常调度蓄水位157米、移民高程159米。河南省库区移民搬迁安置工作,1959年移民开始动迁,1978年基本结束,历时20年,先后移民8批,共搬迁移民20.2万人,其中移民出省外迁青海2.23万人、湖北6.89万人,在省内安置11.08万人。出省外迁移民分别安置在青海省的黄南、贵南、海南三个自治州,湖北省荆门、钟祥两个县,省内安置移民主要安置在邓县和淅川县。

1)青海支边

1958年,长办和河南省政府分别指令淅川县安置库区移民,但无具体规划和实施办法。1958 年 8 月下旬,中央北戴河会议做出决定,动员人口密集的平原地区青年奔赴大西北,支援祖国的边疆建设。南阳地区认为采取移民支边,这样既能完成支边任务,又能解决库区移民的问题。1959 年 1 月,南阳专署召开支援边疆建设会议,把原本属于山区县、不应该有支边任务的淅川县列为支边县,分配给淅川县 8 000 人的支边任务。淅川县将支边任务分解到有移民安置任务的宋湾、滔河、城关、大石桥、马蹬、下寺、埠口、李官桥、三官殿 9 个公社,在群众中广为宣传发动,号召广大青年积极报名,奔赴大西北,参加祖国的边疆建设。

1959 年 1 月,淅川县制定了《动员青年支援边疆建设的意见》,成立了由县委书记、县长及兵役局、公安局、法院、民政科、商业局、粮食局、共青团等单位负责人组成的委员会,决定从库区搬迁人口中完成支边任务。报名的条件除本人自愿、政治可靠、身体强壮,家庭拖累不大,年龄在 18~25 周岁外,还要求“五不要”,即地富反坏右不要;“六不批”,即现役军人爱人、孕妇、身体太弱、残废、有传染病、家庭脱离不开的不批,这些条件曾得到国家农垦部的肯定。通过宣传发动,淅川县淹没区报名者达到 34 893 人。根据边疆建设需要和有关规定,经过层层审定,最终确定 8 008 名青年为支边移民(女青年 2 443 人),其中包括教师、医护人员、邮政人员、演职人员、农业技术员、炼铁技术员、炊事员、缝纫员、理发员、铁匠、木匠、泥水匠、石匠、酒匠、油漆匠、皮鞋匠等各类技术骨干 1 428 人。支边移民按军事化管理,分为三个营。南阳地委和淅川县为支边青年配备脱产干部 24 人,一般干部 13 人,县区级干部作为带队领导,分别任营长、副营长和教导员。

支边移民在淅川县城坐车先到南阳,在南阳统一发放服装,然后坐汽车到许昌,从许昌乘火车前往青海。男性乘坐的火车是拉货的闷罐车,每车厢 60~80 人,每列车约乘 2 500 人,列车挂有简易客车车厢供女性乘坐,每个车厢配一名医务人员。南阳专署和淅川县在许昌市设接待站,国家在陕西潼关站、甘肃陇西站设有餐点。1959 年 4~5 月,支边移民统一到达青海省西宁市,然后分为三批次,先后到达青海高原。第一批淅川老城、马蹬、大石桥、仓房等 4 个公社 3 121 人,与信阳汝南县支边青年 2 000 人合编为文都建设兵团,于 1959 年 4 月 3 日进驻青海省黄南自治州循化撒拉族自治县。第二批滔河、宋湾两个公社 2 765 人于 1959 年 5 月 3 日进驻青海省海南藏族自治州贵南县过马营军马场。第三批李官桥、埠口两个区 2 122 人于 1959 年 5 月 13 日进驻青海省海南藏族自治州都兰县农场落户。国家为支边移民每人配发没有领章和帽徽的军大衣一件、军装一套,同时配发军被一床,军靴一双,算是军事化,其他用品如布袜、手套等自备。每人带干粮 2 斤,铁锨、镢头、铡刀、锄头等小件农具 1~2 件,菜籽、粮种等若干。移民到达安置地后按军事建制建立农场,团下设营、连、排、班建制。团部设警卫连,还成立了宣传队、医疗队、邮电所等。各连建有炊事班、理发室、卫生室、缝纫组。支边移民按照军事化管理,一边生产,一边担负治安任务。针对支边青年难以适应当地生活习惯的情况,各级领导组织支边青年进行学习,教育青年要顾大局,靠决心和双手开荒种地,建设好保卫好边疆。

1960 年 3 月,青海省组织慰问团,专门到淅川县对移民家属进行慰问。为使移民扎根高原,慰问团和南阳地、县党委、政府一起,又动员支边青年及家属 4 709 户 14 334 人,迁至青海省安家落户。至此,淅川县共远迁青海支边移民 22 342 人。

淅川县支边移民全部安置在海拔 3 000 多米的荒芜高原上,过着兵营式的屯垦生活。高原上自然条件恶劣,高寒缺氧,少雨多风,山大沟深,大部分地区四季不分,无霜期极短甚至没有,不宜耕种。支边移民开荒靠镢头,耕种靠人拉犁、耧。由于不适应当地自然条件,支边移民或因完不成每天 0.7 亩的开垦任务,或因病上不了工,而遭到惩罚,一年时间内支边移民有很多人病死和非正常死亡。期间,有的支边干部因如实向有关部门反映移民生活工作中的问题遭到政治迫害,其他支边移民也因 1960 年秋季粮食歉收,生活极度困难,处境悲惨。从 1961 年 1 月开始,安置区先后有上万名支边移民不顾层层拦阻,沿着当初支边的路线,艰难返回淅川县。

1961 年 8 月,中共淅川县委以文件形式,上报南阳地委、河南省委,并请转中南局、党中央,向党中央反映有关淅川移民在青海支边的真实情况。文件中第一段是这样说的:"淅川自 1959 年至 1960 年,先后两次支援边疆移民青海 22 342 人。其中,男 12 494 人,女 9 848 人;青壮年 12 793 人,家属 9 549 人。自 1961 年 1 月至 8 月中旬已返回 11 052 人,而绝大部分是老人和小孩,在回归人员中多系无依无着,大部分生活用具留在青海,他们体质都很瘦弱。据统计调查,有轻重病员达 6 981 人,占回归总人数的 62.6%,其中浮肿病 3 729 人,占发病人数的 53.4%,因此入夏以来,在回归途中不断发生死亡事故,据统计,从西宁至淅川途中死亡即达 56 人。"

中共中央收到淅川县委的文件后,立即派出调查组赶赴青海进行了实地调查。经核实,调查组认为淅川县委反映的情况属实。经请示中央同意后,决定将尚未返回的淅川部分移民整迁到新疆安置。但新疆的遥远、远离故乡和亲人的寂寞以及青海支边的往事,使支边移民不敢再去新疆,坚决要返回淅川。据支边移民金新焕回忆,当时移民静坐在西宁火车站站台上,任凭怎么劝说,就是不上车。针对这种情况,相关部门向中央进行了请示,在周恩来总理的关怀下,中央决定,淅川县支边移民撤回原籍。

1962 年,淅川县支边移民按照中央决定陆续撤回原籍。至 1962 年 7 月,共返回淅川支边移民 15 709 人,其中支边青年 4 876 人。返回淅川后,河南省政府、南阳专员公署按照中央的要求,尽力做好返迁移民的安置工作,先后 5 次拨款 57.2 万元,帮助移民解决生产生活中的困难,共解决住房 4 594 间,口粮 83.4 万公斤,生产工具 8 735 件,炊具 14 095 件,衣服 13 957 件,棉被 163 条,棉花 3 171 公斤,布匹 3 万米,为 3 236 名患者免费治疗。

1965 年前后,青海有关部门数次到淅川对支边死亡或伤残青年进行了善后安排,并对在青海遭到政治迫害的支边干部给予了平反。死亡的每人补助 189.3 元,致残的每人补助 49.75 元,下落不明者每人补助 269.58 元。据当时统计,下落不明者共 161 人。

1969 年 10 月,淅川县移民办干部岳文华、魏焕云二人赴青海省移民安置农场采访了淅川县支边移民的情况。1999 年,时任淅川县移民局党支部副书记的岳文华又走访了原支边带队的相关领导同志。据岳文华同志整理的前后两次谈话记录,留住在青海省的支边移民有 5 930 人。

2)124 米高程下移民迁徙

1961 年,丹江口水库初期工程开始围堰壅水,国家决定库区内 124 米高程以下的居民全部迁走(1969年,淅川县革命委员会经请示南阳地区革命委员会同意,对124米高程以下移民以及从147米以下迁到172米以上的移民定为老移民)。该批移民涉及三官殿、埠口两区所辖的4个公社32个大队195个生产队26 725人(含支边青海返迁移民)。接受了移民支边的教训,在这次搬迁中,南阳地委、淅川县采取了灵活的方式,仅将三官殿区5个大队34个生产队共4 310人统一迁往邓县的孟楼、彭桥两地插队安置,其他2万多移民可以在省内外、本县、本社范围内投亲靠友,自由选择搬迁地点。移民人均补助搬迁费170元,房屋一部分由自己处理,一部分由国家负责拆除。集体财产按人数比例带往安置地。在这种情况下,多数在县内自找安置点,部分移民去了邻近的湖北省光化县洪山嘴、纪洪和均县的玉皇顶等地。

124米高程以下迁出的移民,在形式上被称作自由选点移民。但库区移民接受了青海支边的教训后,却显得相当消极。部分移民对故土充满眷恋,不愿外迁,不肯离开故土。但由于库水快速上涨,安置时间紧迫,当移民还没有找到安置点的时候,丹江水即开始上涨成库。面对当时的实际情况,淅川县人委在三官殿比较高的位置(今香花镇)成立移民拆迁指挥部,动员124米高程以下移民临时迁到香花镇,暂住在当地社、队和群众腾出的公房和民房内,同时动员居民一边迁移,一边拆房,形成了后来被总结为"以水撵人"的移民搬迁方式。由于移民搬迁时正处于国家经济困难时期,食物奇缺,物价上涨,移民生活极度困难。国家补助的搬迁费用,按当时的物价标准,只够买百十个馒头,全被移民保命吃掉了,根本没有资金用来建造新房,恢复生产。部分后靠的移民用最简单的材料,临时搭建起仅可遮风挡雨的庵棚居住。

迁移到邓县的4 310名移民,分别安置在孟楼和彭桥两个公社。大部分移民以小队为单位插入到各个生产大队,暂时挤住在当地为他们腾出的公房和民房中,移民搬迁费由政府按规定兑现到户。移民迁出后,因受三年自然灾害影响,粮食奇缺,物价飞涨,国家补助的搬迁费几乎都买粮吃了,大部分家庭建不起房屋,生产、生活极度困难,加之丹江口水利枢纽工程因大坝质量问题停工缓建,大部分移民又返回原籍。据邓县1982年统计,该县安置的124米以下移民多数返迁,在邓县居住的仅剩127户621人。移民返回淅川后,因住房被拆或被淹,多住在临时搭成的庵棚或借居于亲友家。之后,因水库水位不断上涨,又造成这部分返迁移民多次移居。1966年,一部分随同147米高程搬迁的移民外迁到湖北省,一部分投亲靠友。

3)远迁湖北

1964年,丹江口水库初期工程复工。1965年4月,河南、湖北两省在武汉召开移民搬迁安置工作会议,河南省委书记刘建勋和湖北省省长张体学达成了"河南管迁,湖北包安,标准统一,财政公开"的移民安置协议。会议要求立即清查库区淹没损失情况,落实移民工作方案和投资概算。1965年9月,河南省水利厅、南阳专员公署、淅川县、湖北省移民局、湖北荆州及迁入地有关领导在湖北省荆州市召开会议,会议根据"河南管迁,湖北包安"的原则,对移民搬迁安置的具体事宜进行了充分讨论与协商,并达成了一致意见:河南淅川迁入湖北6.5万人,分1966年、1967年、1968年三年完成;组织两省统一搬迁指挥部,迁入地区成立指挥部,淅川县派人参加;建房标准为每人0.64间(包括集体用房),每间16平方米;先建房,后迁移;暂定经费标准每人不超过500元,土地数量确定每人2亩。

湖北会议后,长办测绘队会同淅川县有关人员对丹江口水库初期工程河南省库区147米以下的居民区进行测绘调查、登记,共涉及三官殿、埠口,城关、宋湾4个区中的9个公社79个大队462个生产队14 634户67 578人。

1966年2月,河南、湖北两省在武汉召开了淅川淹没区搬迁会议。会议对1966年第一批移民搬迁的具体工作做出了明确规定。两省在襄樊市成立指挥部,人员由河南省南阳专员公署、湖北省移民委员会、湖北省交通厅、荆州专员公署、襄阳专员公署、汉丹铁路管理处有关人员组成。指挥部下设办公室,同时在丹江口设指挥所,南阳专员公署派人参加。根据两省会议精神,淅川县积极做好移民迁移前的筹备工作,在组织有关人员到安置地配合建房等事宜的同时,组织有关干部和群众代表到安置地选点、定点,组织人员深入迁移区进行动员和登记工作,制订移民搬迁方案。

移民搬迁前,淅川县主管移民的领导先到湖北省安置区大体选点;然后组织淹没区的区、社和大队干部再次到湖北定点;最后组织移民区的生产队干部和群众代表去看点。回来后反复宣传、动员,群众都比较满意后开始动迁。由于缺乏经验,开始选点时,湖北、河南两省社队干部只在移民点走走看看,口头上达成协议,没有在具体地块上打桩定界,四址不清,致使移民到达后,发现不是原来指定的地块(好地变差地)而引起矛盾纠纷,甚至返迁。远迁湖北的移民共分三个批次搬迁。第一批移民1966年3月动迁,4月底完成搬迁,涉及三官殿、埠口2个区4个公社24个大队3 254户14 868人。第二批移民1967年春动迁,涉及三官殿、埠口2个区4个公社34个大队5 122户23 311人。在该批移民搬迁准备工作就绪后,湖北省荆门县以粮食歉收及安置第一批移民时存在问题为由,拒绝接收淅川移民,淅川县向国务院发电报请求解决。国务院、中央军委于1967年3月27日电令武汉军区负责主持会议,协助两省解决问题,武汉军区于30~31日在武汉召开了两省移民工作会议,会议决定,为保证移民群众生产生活和防汛安全,保证丹江口水库按期拦洪发电,河南省第二批移民仍按原协议由湖北省安置。该批移民遂于5月底前全部顺利迁到湖北。第三批移民1968年动迁,涉及三官殿、埠口、城关、宋湾4个区6个公社27个大队6 762户31 670人。第一批、第二批移民分别迁入湖北省荆门县和钟祥县,第三批全部迁往湖北省钟祥县。迁入荆门县的按生产队建制,集体插入当地生产大队;迁入钟祥县的,保留原村名,集体在大柴湖区安家(时称整搬整迁)。大柴湖区共集中安置河南省丹江口水库移民4.9万人,1968年,湖北省设柴湖建制镇,是全国最大的水库外迁移民成建制集中安置区,被称为“中国第一移民大镇”(2014年,柴湖镇正式更名为湖北省荆门市大柴湖经济开发区)。这三批移民动迁时,原有房屋不动,由淅川县统一组织拆除,物料归县财政,个人财产随身带走。河南省调拨140辆汽车,将移民运至襄樊;湖北省在丹江口、襄樊设接待站,再转运到安置区。河南省、地、县联合组织医务人员,按每车1人配备,确保移民搬迁途中安全。移民到安置地后,湖北省按每人半间房安置,荆门县保证每人一亩熟地一亩荒地,大柴湖保证每人两亩耕地。

由于人口自然增长,加上124米以下返迁移民随迁,以上三批总计应迁往湖北

15 138 户 69 849 人,其中 982 人不愿到湖北去,实迁湖北 68 867 人(不含随迁的干部、教师、医务人员 787 人)。另有 3 995 人在本县办理了投亲靠友手续。

4)近迁邓县

1969 年,为适应工农业生产用电的需要,提升丹江口水库防洪能力,国家决定将丹江口水库初期工程蓄水位提高到 155 米高程。4 月,河南、湖北两省在武汉举行移民联席会议,会议总结了前几批移民安置工作的经验教训,并结合水库淹没区可以利用库滨土地资源的实际情况,提出了"远迁不如近迁,近迁不如就地后靠自安"的移民安置办法。5 月,长办工作组对丹江口水库河南省库区 147~157 米高程之间的居民、房屋进行了调查登记,共涉及 9 个公社 90 个大队 473 个生产队 9 128 户 42 030 人;加上邓县九重公社的 2 个大队 6 个生产队 34 户 167 人,总计 10 个公社 92 个大队 479 个生产队 9 162 户 42 197 人。

1971 年 2 月,根据国务院、中央军委精神,为尽快落实移民安置方案,使库区群众按时迁出库区,确保 1971 年汛期提高丹江口水库蓄水位,南阳地区组织邓县、淅川县及有关公社负责人参加的移民安置定点工作会议,经反复讨论,充分协商,达成如下协议:一是向人民负责。从迁安两地县、社、队群众的利益出发,求大同,存小异,对口定点。二是核实人口。动迁人口总数原则上不超过 1. 2 万人,以本次会议迁安双方协商的人数为准,由安置社、队划拨土地,定点建房。三是土地划拨。因地制宜,从实际出发,采取好坏、远近、茬口合理搭配的办法进行划拨。四是建队和编组插队。从巩固集体经济和有利发展生产出发,既要照顾群众的生产、生活习惯,又要以淅川动迁社、队为基础,邓县依据实际情况,建立新队,少数编组插队。

为顺利完成本次移民搬迁安置工作,邓县做了充分的宣传发动,使安置地干部群众树立"为革命搬迁共荣,为革命安置同样共荣"的思想。在安置工作方面,首先做好移民安置点的定点工作,其次安置社队在落实土地划拨和准备建房物料的同时,选派代表到淅川县对应社队汇报安置准备情况,迎接移民代表看家。

1971 年,在移民规划尚未落实到位的情况下,丹江口水库库水位上升,147~152 米高程内的移民仓促动迁,邓县移民安置区腾出 3 400 多间民房,解决了临时住房问题,移民新房由各安置社队负责随后建设。本着"先低后高,先近后远"的原则,城关、宋湾两个公社 23 个大队 96 个生产队 10 679 人迁往邓县,其中城关公社 12 个大队 56 个生产队分别安置在邓县的刘集、都司、林扒、高集 4 个公社,新建队 51 个、插队 14 个;宋湾公社 11 个大队 40 个生产队分别安置在邓县的构林、桑庄 2 个公社,新建队 34 个、插队 1 个。移民的建房标准是每人半间房,每间面积 12 平方米,移民住房由各安置社队负责建设。移民建房本着原拆原建、不足部分国家补助的原则,建房费每人 177. 75 元,超者不补。非农业人口和随迁人员不计入动迁人口,不享受各种补贴。

近迁到邓县的移民住房属突击建房,质量问题严重,移民房屋倒塌现象屡见不鲜,致使大批移民思想不稳定,并有回流返迁现象。为保持稳定,邓县革委会有关领导带领各安置社、队到淅川库区处理搬迁遗留问题和返迁问题,并在安置区调查摸底,安排移民住房加固款 32 万元,稳定了移民情绪。1981 年,邓县从丹江口水库电站电费提成 100 万元中,拿出 60.63 万元对移民住房进行了加固。1983 年后,又利用长办拨付的库区维护基金,对移民住房进行了改造,大部分房屋换成砖瓦结构,每间占地面积扩大为 16 平方米,每间补助 450 元。

5)县内安置

根据 1969 年河南、湖北两省移民工作联席会议提出的“远迁不如近迁,近迁不如后靠自安”的移民安置原则,自 1971 年 147~152 米高程的城关、宋湾两个公社 10 679 人迁往邓县安置外,剩余移民转为淅川县内安置。因淅川县人多地少矛盾突出,县内安置确有困难,1972 年,经南阳地区革命委员会报请河南省革命委员会批准,将邓县临近淅川县的九重、厚坡两个公社划归淅川,以便安置移民。淅川县内移民安置 1978 年结束,共搬迁安置移民 10.7 万人,除 147~152 米、152~157 米、157~159 米高程三个批次的移民外,还包括老移民、应迁湖北省而在县内安置移民及返迁移民(不含青海支边的返迁移民)。

1971 年,147~152 米高程内的移民,除近迁至邓县安置的城关公社的大部分移民和宋湾公社的移民外,城关公社的剩余移民迁往张湾公社(今金河镇)零星插队,其余大部分按原大队建制在本公社后靠安置,个别移民零星插队安置,县内共安置移民 21 509 人。

1973 年春,152~157 米高程内的移民开始动迁。移民搬迁涉及 10 个公社 24 000 人。其中,滔河、宋湾、城关三个公社全部后靠自安有困难,遂将 9 701 人迁往九重、厚坡两个公社,部分移民零星迁入香花公社和上集公社;其他公社的移民全部在本公社后靠安置。该批移民建房标准为每人半间。

1974 年,国家决定丹江口水库蓄水位提高到 157 米,移民高程 159 米。长办于 1974 年组织调查组,调查核定 159 米以下移民涉及 10 个公社 105 个大队 579 个生产队 25 870 人。该批移民于 1976 年动迁,绝大部分在本大队后靠自安,少数在外大队零星插队。建房标准为每人半间,一部分由国家发款到户,群众自己建房,大部分由集体建造。

淅川县内安置主要有跨社安置、社内后靠安置、零星插迁安置三种方式。跨社安置移民大部分以生产队为单位插入当地生产大队,一般一个大队插入一个生产队。淅川县内安置移民多数以本社内后靠安置为主,群众思想稳定,不需做大量的动员工作,同时也减轻了国家征地、建设新移民村等费用支出,但后靠移民多安置在山坡丘陵地带,耕地少且瘠薄,部分地方人口超过了环境容量,特别是移民的吃粮问题显得较为突出,其他诸如交通、饮用水、就医和学生上学也都比较困难。零星插迁是以投亲靠友形式自找安置地,只拨付给移民个人和房屋补偿费用。县内安置移民由于水库水位上升快,时间紧迫,实行先迁后安政策,移民迁离原居住地后暂住安置地腾出的公房和民房。移民建房主要用原房旧料,且为突击建房,房屋质量较差。1980 年后,国家拨出专款对移民房屋维修、加固和改建。

除以上搬迁的移民外,淅川县另有 3 032 户 13 645 人,采取零星插队或投亲靠友的方式,迁离库区。

3. 移民返迁

丹江口水库初期工程河南省库区先后八次动迁移民,迁往青海和 124 米高程以下的移民大部分又返迁回库区，迁往湖北、邓县的移民也均有返迁，其中以迁往湖北省荆门县的移民返迁较多。据1981年淅川县移民指挥部统计，移民先后返迁的共有3 582户16 167人（不含青海返迁移民），其中荆门县返迁1 219户6 905人。

移民返迁主要有以下三个方面原因：安置区土地瘠薄，移民不适应安置地气候，移民生产生活条件差，难以维持基本生活需求；安置地社队不能一视同仁，如公余粮负担重、出工出勤分配不公及移民子女招干、升学、参军等问题没有得到妥善解决；与安置地老住户关系不协调，插迁安置的移民子女受到欺生，加之生产生活方式不同、风俗习惯差异较大，移民和安置地群众之间的矛盾时有发生。如迁往湖北省荆门县集体建队的五里铺移民，1968年7月与当地居民因生产生活方式、风俗习惯和耕种收割矛盾激化而发生武斗，双方各有伤亡，移民区受伤人数10人。事后，荆门县采取了复迁办法，打乱移民初迁时的原生产队集体插队建制，将集体建队的移民按1～3户分别插入当地生产队，致使移民大量返迁。

移民返迁后，由于生产生活资料全部留在安置地，所卖房款用在返回路途和返回后购粮糊口上，家底十分空虚，生产生活十分困难。在返迁移民中，利用个人关系找生产队落户的有1 817户8 214人；没有地方落户，在库区成为游民的有1 765户7 953人，他们有的投亲靠友，有的搭庵设棚，以开荒打鱼为生，居住条件十分简陋，生产生活没有保障，处境艰难。更有个别移民户生活没有着落，以乞讨度日，并长期上访，给社会造成了不稳定因素。针对这种状况，淅川县委、县革委（政府）多次请示省、地对返迁移民的安置意见，并根据上级要求，做了大量的劝返工作，但返迁移民宁可受灾挨饿也决不返回安置区。1984年报请水利电力部同意，淅川县委、县政府下发了关于承认返迁移民户口的文件。自此，返迁移民与青海安置的库区移民享受同等待遇，淅川县移民办多次拨出资金给予扶持，帮助返迁移民发展生产。

（三）专业项目处理

1959年丹江口水库初期工程移民搬迁安置开始后，河南省按照长办提出的《丹江口水库移民及库底清理施工组织设计任务书》的相关要求，在做好移民搬迁安置工作的同时，先后开展了城（集）镇迁建，交通、电力、通信、广播等库周基础设施恢复及库底清理等专业项目处理工作。初期工程建设时，淅川县工业基础非常薄弱，因此，河南省库区不涉及工业企业处理。根据《丹江口水库移民及库底清理施工组织设计任务书》，初期工程专业项目处理的原则为：因兴建水库而引起的损失和迁建恢复费用，由水利工程部门负担；迁建恢复时提高原有标准规模或扩建者，超出的费用由有关主管单位负担；在特殊情况下所需费用提请丹江口水利枢纽工程管理局解决。

1.城（集）镇迁建

丹江口水库初期工程城（集）镇迁建，长办提出了如下要求：从全面观点长远利益出发，在政治经济上必须合理，技术上必须可能，并结合工农业近期远景发展计划，人民公社建立和水库形成后周围地区经济发展远景等统盘筹划。同时城（集）镇迁建地点的选择要做到供水便利，其中包括生活用水与生产用水；燃料供应便利；对外交通便利；对自然地形与生产等条件要充分考虑。按照规划要求，初期工程河南省库区先后迁建了淅川县城以及李官桥、马蹬等集镇。

1)县城迁建

淅川县老县城,位于老城镇秧田村南3公里处,坐落于丹江东岸,是一座历史悠久的文明古城。淅川县城在明成化七年(1471年)由马蹬迁此,县城呈正方形,面积0.39平方公里。1956年春,丹江口水库初期工程发布停建通知,淅川县城一切基建停止。1959年县城迁建前,共有居民3 000余户,16 715人,房屋8 407间(公房3 549间、私房4 858间),其中县政府占地面积1 334平方米,有大小古建筑百余间。

1959年1月,淅川县成立新城建设委员会,县直30多个单位主要负责同志参加,并下设办公室具体负责老县城的拆迁及新县城的规划和建设工作。对老县城拆迁和对新县城建设规划,淅川县委、县人委根据水利电力部、长办和河南省政府提出的"距县辖区中心、考虑丹江口二期工程影响、有充足的水源、交通方便、不占肥沃土地、百年一遇洪水不受影响"要求,经过多方选址,最后确定城址在老城北25公里处的上集公社,并报经水利电力部、河南省委、南阳地委同意,新县城规划由省建筑工程厅设计院进行规划。

1959年9月,淅川县新县城正式开工建设,本着节约搞建设的原则,上级投入迁建专用款400万元。县委、县人委一方面多方筹措资金,另一方面发动群众投工、投劳进行拆迁、运输、建设。同时,淅川县委、县人委根据长办及河南省政府的通知,及时做出《关于丹江口水库淹没区移民工作中的几项规定》,决定县城在1960年2月前,分批次全部迁往上集镇。迁移次序为先仓库、居民,后机关、学校、团体,其他迁移单位要做好准备。迁移原则为一切建筑物包括文物古迹,建筑材料不得任意破坏和损毁,要基本做到拆这间、建那间,拆这里、建那里。

为加快新县城建设速度,淅川县委制定了"边建边迁,以迁促建"的迁建原则,要求县城迁建要做到迁移、建设、工作三不误。1960年4月,淅川县委就县城搬迁做了安排,县委、县人委机关和交通、邮电等部门先行搬迁。8月25日,新县城已建房1 124间,县委、县人委及所属各部、科局、室和县直机关陆续迁至新县城办公。其他县直单位和老城区居民迁建于1970年前后全面完成。

2)其他集镇迁建

丹江口水库初期工程河南省库区除迁建了淅川县城外,还迁建了李官桥、埠口、马蹬、滔河、宋湾等其他集镇。

李官桥镇为淅川县四大古镇之一,位于河南省淅川县、内乡县、邓县和湖北省光化县、均县五县交界处的丹江左岸,俗有"四十五里顺阳川"之说。土地肥沃,物产丰富,交通便利,商业繁盛,被称为豫、鄂两省5县结合部重要货物集散地。李官桥古称顺阳,西汉置县,晋置郡,明、清属顺阳保,中华人民共和国成立后历为区、镇、公社所在地(1951年国家曾在此设丹江县,并在此办公15天)。明成化六年(1470年),淅川县自内乡县分出置县时,该地已成集镇,随后日渐繁荣,民国二十年后进入鼎盛时期,有居民万余人。商业除百货五金外,还有粮行20余家,染房10多家,山货行近20家,油坊7家,中药店10余家,西药店5家,其他如酿酒、家具、银铜铁加工等行业以及饭馆、旅店、骡马店、茶馆、戏院等皆有。1949年全镇居民3 700人,房屋1 000余间。1958年因建丹江口水库初期工程,该镇停止基础设施建设。1961 年李官桥区机关单位,整体迁至香花(今香花镇)。

埠口集镇位于淅川县城南约 32 公里太白山南麓丹江左岸,分南北二寨。中华人民共和国成立后,一直为区、社机关所在地。全镇占地面积为 0.21 平方公里,居民 3 000 余人,房屋 4 000 余间。1969 年,埠口区机关迁至黄庄公社,后改为黄庄乡,撤乡改镇后更名为马蹬镇。

马蹬集镇位于丹江、鹳河两水交汇处,距淅川县城西南 23.3 公里。明成化六年(1470 年)以前,淅川县治所设于此。翌年,县治地迁至西北约 10 公里丹江左岸。此后,因水患镇址东移。新址因有一石似马蹬状,故名马蹬店。民国时为县境四大古镇之一,有寨门 6 座,面积 0.26 平方公里,房 2 500 间,居民 1 900 余人。中华人民共和国成立后,历为区、公社所在地。1968 年社直机关分别迁黄庄、老城公社,居民迁至湖北省钟祥县大柴湖。因原址水陆交通位置重要,社直机关迁移后,在初期工程淹没线上,距县城 20 公里的原崔湾大队岗坡地上形成了新的集镇,是淅川县主要水陆运输交通枢纽,每日有客轮发往丹江口市,汽车轮渡至宋湾。县航运局、渔政监督站、公安派出所等 27 家企事业单位在此设立。南水北调中线工程丹江口水库大坝加高工程开始后,该集镇又一次被淹,根据规划再次进行了迁建。

滔河集镇位于滔河与丹江交汇处。明代建有寨,占地 150 亩。1947 年,国民党地方政府为抵抗解放军,在寨内又建 20 余亩的内寨一座。民国时期为区、保所在地。中华人民共和国成立后,历为区、社机关所在地。1975 年 9 月,因连续 6 天暴雨,滔河突发洪水,将上、下寨上万间房屋夷为平地。1975 年底,滔河公社机关驻地迁至黄桥,后改为滔河乡。南水北调中线工程丹江口水库大坝加高工程开始后,滔河乡政府所在地部分被淹,根据规划再次进行了迁建。

宋湾集镇位于县城西南部 42 公里处,距今淅川县盛湾镇政府所在地以东 3.5 公里,民国时期置区、保,中华人民共和国成立后为乡、公社、区机关所在地,共占地 172 亩,居民 1 200 人,房屋 1 600 余间。1968 年,宋湾乡(今盛湾镇)机关驻地迁至盛湾村,居民大部分迁至湖北省钟祥县或邓县,少部分迁到原址南 300 米处低丘岗坡地带。

2. 专项设施处理

在做好移民搬迁安置、城(集)镇迁建的同时,淅川县也进行了丹江口库区交通、电力、邮电等基础设施恢复迁建工作。在移民安置区进行修路架桥、建校、架电、打井、造地、开挖引水灌溉大渠和建设大型电灌工程,为安置移民做了大量的基础设施建设工作。

1)交通

淅川历史上有丹江通道、商于古道、武关驰道,水运、陆运比较便利。丹江口水库淹没了库区公路 180 公里,村间道路 888 公里。淅川县委、县政府结合水库兴建、县城建设及移民安置点的布局,根据淹没线路改建的必要性,考虑水库航运事业的发展以及受淹公路改建在对外联系上的意义和作用,把恢复库区交通作为大事来抓,投入了大量财力、物力、人力,不断改善淅川的交通条件。包括改建、新建各级公路,修建鹳河大桥、滔河大桥、丹江大桥、淅川大桥、曹湾铁索桥、水田营移民桥等,建设了解放隧道、先锋隧道。丹江口水库蓄水后,形成深水航道 80 公里,修建了宋湾、马蹬、河南等码头,开辟了宋岗至仓房等航线。

袁淅路全长 32.4 公里,自袁店至淅川县城,东起南阳至西峡公路之间的袁店,向西经西峡县的邢沟、何家店、田关,内乡县的东川,淅川县的西坪头、北塘至县城。县城迁往上集后,为解决淅川通往省、地的交通问题,1958 年冬,县委、县政府利用丹江口水库淹没补偿款 50 万元,组织全县民工从荒山野岭开辟袁淅公路,按路宽 14 米施工。因工程艰巨,资金不足,路基质量差,边沟和桥涵未能配套,行车困难。1973 年,省公路局投资 35 万元对其按 6 级公路改建。1976 年,南阳地区革命委员会决定,将该路按新 3 级公路标准改建。1978 年,淅川县又组织 6 个公社 2 000 民工,投资 87.15 万元将袁淅路改建为渣油路面。1983 年 12 月,省公路局将该路列为省道豫 052 号公路。

邓荆路全长 154.1 公里,自邓县至淅川县荆紫关,东南起邓县,经淅川县的九重、香花、黄庄、上集至县城,往西北经毛堂、西簧、寺湾至荆紫关。此路为分期逐段修筑,有 28 公里为丹江口水库初期工程建库前路段,其他段由省水利厅投资 40 万元修建,至 1965 年通车;县城至荆紫关路段属县城迁建后作为淹没补偿新修路段,分期逐段修建通车。

上仓路全长 117.6 公里,自上集镇至仓房乡。1968 年,淅川县移民办利用淹没公路补偿款 50 万元,按 4 级公路标准,由县革命委员会组织 5 个公社 3 000 多民工,于 1969 年 5 月动工,至 1970 年 4 月竣工,首先修通了上集镇至大石桥乡段;1970 年、1975 年、1980 年,经分段施工,建桥修涵,使上仓路全线通车。1999 年,县交通部门申请国家投资铺设了水泥路面。

鹳河大桥位于县城西的鹳河上,全长 300 米,宽 7 米,高 14 米。为有孔空腹式双曲拱桥,孔均跨 80 米,承载能力 80 吨。1968 年 8 月动工,1969 年 1 月竣工,总造价 62.79 万元,为水库淹没补偿资金。该桥是 1988 年前淅川县城连接库区西部乡(镇)和西峡、西安跨越鹳河的唯一一座大桥。

丹江大桥位于上仓公路的丹江河上,全长 327 米,宽 10.5 米,高 14 米,为 7 孔石砌拱桥,单孔跨径 40 米,设计桥下排洪量每秒 11 300 立方米,流速每秒 650 米,可通 12 米高木帆船,总造价 162.46 万元。1977 年 9 月,淅川县组织滔河、盛湾、大石桥、老城、寺湾、西簧、毛堂 7 个公社 20 00 余名民工施工,1978 年 3 月 20 日竣工。

丹江口水库初期工程蓄水位达到大坝设计水位,库内回水至滔河口,形成深水航道 80 公里。其中,丹江口至豫鄂两省交界处双庙 12 公里,水面 300 米,水深 50 米以上,便于航行。淅川县库区水域宽阔,山岗沟汊纵横交错,航道十分复杂。1969 年,县航运站在老城镇至陶岔提灌闸首设置简易三角竹标 60 个;1970 年,省交通局投资 1.18 万元,县航运站从南京航标厂购置钢质浮鼓、棒标、菱形标 240 个,确保了库区航运安全。

丹江口水库初期工程建设前,淅川县丹江两岸主要有滔河、淅川、双河镇、关防滩、埠口、李官桥等码头。库区形成后,整个库区有河南、台子山、房营等 22 个码头。这些码头中,一部分为自然形成码头,一部分经过整修,开辟有公路。1985 年 4 月,淅川县移民办投资 15 万元对宋湾、马蹬两个码头进行了加固和整修。

丹江口水库初期工程蓄水后,库水隔断了淅川县丹江和鹳河两岸的交通,原来直线距离十几或数十公里的路程,蓄水后需绕道上百公里。仓房乡与香花乡原直接距离40公里左右,蓄水后公路运输则绕道盛湾、滔河、大石桥、老城、县城、黄庄至香花,绕距约200公里。1968年6月,湖北郧阳轮渡客轮开辟了湖北丹江口至河南关防滩航线,一天往返一个班次。1968年9月,淅川县建造的客货轮"永忠"号,投入营运。1973年淅川县移民办、航运公社投资80余万元,购买"先锋"号和自制"友谊"号客轮投入运输。此后,淅川县后先后开辟了马蹬至宋湾、宋岗至仓房等渡运航线。20世纪80年代期间,为解决库区交通和移民耕种收割困难,淅川县移民办投资50余万元,先后购置渡船、生产船161艘(只)分配到库区滔河乡的老人仓、张庄和盛湾乡的兴化寺、单岗、陈营等村,有效地改善了库区水运交通条件。

2)电力

丹江口水库电站建成前,淅川县年供电量不足600万千瓦时,主要是县城和工业用电。1965年,淅川县水利部门在上集公社刘营村利用东风大渠水落差,驱动一台水轮机带一台5千瓦的发电机,用于发电照明,是淅川利用水能发电之始。1966年,由淅川县汽车配件厂动力车间扩建而成的淅川电厂正式成立,年发电量131万千瓦时,为县城用电服务。丹淅输变电路建成后,对淅川工农业生产发挥了重要作用。此后,淅川县利用国家批复的移民经费,逐步解决了库区移民生产生活用电难问题。

1970年,国务院批准兴建丹江至淅川输变电工程。国务院、中央军委把丹淅110千伏输变电工程列入1971年国家计划项目,共投资600万元(其中邮电线路200万元)。该工程包括110千伏线路84.2公里、35千伏线路80公里、110千伏/35千伏/10千伏主变压器各1台,容量2万千伏安;变电站3座。丹淅输变电线路跨越湖北、河南两省5县,1972年10月2日动工,1973年4月建成,10月开始向淅川输电。

1974年10月,淅川县建成上集至香花、桐柏至盛湾两条35千伏输电线路,总长64.5公里。1975年7月建成上集至寺湾35千伏输电线路。1984年12月从上集寺湾线蒿坪村处汇接一条长12.6公里通往老城的35千伏线路。1985年8月架通一条110千伏长3.5公里通往上集乡江沟的送电线路。另外,还架设了从香花变电站通往邓县、黄庄的长37公里的110千伏线路,从上集变电站通往内乡、西峡的两条35千伏线路。

3)邮电广播

丹江口水库初期工程建设前,淅川县库区12个公社和所有大队均通电话,有线广播也基本普及到生产队。丹江口水库初期工程蓄水后,淹没淅川县邮电线路425杆公里,广播线路1 013杆公里。1972年后,国家投资对库区邮电、广播线路进行了改建,使库区12个乡(镇)都恢复了电话和广播。

4)水利设施

丹江口水库初期工程淹没淅川县防洪、护岸工程、小水库、水渠、水轮泵站、机井等各种水利设施2 673处。为解决淅川县内九重、厚坡、香花等重点移民安置区的农业产量和人畜用水困难,淅川县先后兴建了陶岔、宋岗电灌工程、电灌工程干线工程以及香花隧洞、汤堰河渡槽等附属工程。

陶岔电灌工程1974年3月动工,1975年底基本竣工;宋岗电灌工程1976年3月动工,至 1982 年 6 月骨干工程竣工。两个电灌工程国家累计投资 2 840 万元,总设计灌溉面积 32. 13 万亩,其中陶岔电灌工程灌溉面积 10. 13 万亩;宋岗电灌工程灌溉面积 22 万亩。两处工程基本完工后,由于经费超支,遗留尾工任务较大,陶岔灌区仅配套 2 万亩,宋岗灌区二级站大部和三级站全部未进行配套。

3. 库底清理

1959 年初,长办编制了《丹江口水库移民及库底清理施工组织设计任务书》。根据任务书要求,河南、湖北两省林业厅和卫生厅为库底清理任务承担单位,在接受任务后,应立即安排力量按任务书的要求和完成时间,制订作业计划,并与各县移民管理机构紧密配合,按期或提前完成库底清理任务。

初期工程河南省库区库底清理主要做了以下几个方面的工作。一是南阳专员公署和淅川县人民委员会,先后颁布了不得在库区建设永久性的建筑物和埋葬新坟墓的通知;二是对所有需搬迁的移民房屋进行了拆除,并对拆除后的旧料进行了充分利用;三是对牲畜栏、厕所、病院处所,污水坑池、墓地等进行了专门的卫生清理;四是成立了水库卫生清理委员会,负责专门的水库卫生清理工作,在水库蓄水和上游洪水来临时,在水库各峡谷上游段,设立浮标物资捕捞站,清理漂浮物;五是各水位库底清理工作完成后,在蓄水前组织移民管理机构,工程部门及有关单位,对水库清理工作进行了验收,保证了水库按时蓄水。

三、文物保护

淅川县位于豫、鄂、陕三省结合部,淅川因淅水得名。淅川历史上交通方便,陆运有商于古道和武关驰道,水运有丹江航道。因其特殊的地理位置,历代统治者均在此设置高规格的行政管理机构。舜帝时为尧子丹朱的封地,丹朱坟遗址在今老城镇的丹江北岸。春秋时分属楚国和鄀国。汉置郡,唐设州。淅川历史悠久,文化灿烂,丹江两岸早已是人类聚居的区域,曾为楚国始都丹阳所在地,境内文物众多。

1955~1985 年,长江委(长办)、河南省、南阳地区及淅川县文物部门对丹江口水库初期工程河南省库区共进行了 6 次文物普查。经考查,在淅川县丹江口库区发现距今约一亿八千万年前的侏罗纪动物化石出土地点一处;距今约 2 500 万年左右的中新型动物化石出土地点 3 处;距今 60 万~70 万年前的旧石器时代原始人牙齿 13 枚(现存中国军事博物馆,淅川县博物馆存有复制件);新石器时期文化遗址 20 处。另有古城址 13 处,石刻造像 1 处,碑碣 22 通,古墓群 29 处。初期工程蓄水前后,文物部门对域内文物进行了抢救性发掘,共出土文物 10 000 余件,部分为国内首次发现。但因发掘不及时,加上极"左"路线等因素的影响,部分文物被毁,很多文物如下寺琉璃塔等被库水淹没,到南水北调中线一期工程丹江口水库大坝加高工程开工后才进行了进一步考古和发掘。

(一)古墓葬发掘

丹江口水库初期工程河南省库区发现的古墓葬主要包括下寺春秋楚墓群、西岭战国墓群、下寺汉画砖墓、范晔墓、彭凌霄墓等。初期工程蓄水前后,文物部门对下寺春秋楚墓群、西岭战国墓群、下寺汉画砖墓进行了发掘。

1. 下寺春秋楚墓群

下寺春秋楚墓群位于淅川县仓房乡下寺村东北龙山岭上(已没于库水)。1977 年冬,库水下降时发现第一座墓葬,经鉴定为春秋楚墓。至 1979 年,相继发掘 25 座楚墓(其中大型 9 座、小型 16 座)及 5 座大型车马坑。共出土文物 8 000 余件,其中青铜礼器 160 余件,鼎 48 件,乐器 92 件,兵器 129 件,车马器 347 件,生产工具 26 件,装饰品 3 350 件,贝币 4 000 余枚,金箔 749 克。其中青铜礼器和乐器为国内首次发现。5 组楚墓中以第三组规模最大,南北两侧各有陪葬墓 3 座,西北侧有殉葬墓 16 座,西侧有一大型车马坑。墓内 5 000 余件随葬品陈列有序,其中甬钟 26 件,鼎 15 件(内列鼎 9 件),石磬一套 13 件。15 件青铜鼎体形高大,工艺精湛,为难得的春秋楚国重器。据铭文考证,该墓为令尹子庚墓。26 件青铜甬钟由小到大依次排列,最大者 180 多公斤;铜禁 1 件(1981 年原件由省博物馆馆藏,县存复制件)长方体,下有 10 个昂首行进的虎形足,禁侧又攀附 12 个虎形怪兽,据考证采用“失蜡法”铸造而成;编钟 7 件,具有 7 个音阶,12 个半音,音率准、衰退快、音韵优美、音质纯正。经鉴定为全国出土 40 多组编钟中之精品;石排箫(现存省文物研究所,县存复制件)雕琢精致,形如凤翼。由 13 根长短不一的律管排列而成,仍能发音,经鉴定为全国首次发现的实物石排箫。

2. 西岭战国墓群

西岭战国墓群位于淅川县大石桥乡严营村北土岗上,面积 9 000 平方米。1974 年,当地农民取土时发现陪葬器物。1975 年 7 月,淅川县文物管理委员会又探出墓葬 10 座,清理 7 座,共出土物器 53 件,经鉴定均属战国中期墓葬。

3. 下寺汉画砖墓

下寺汉画砖墓位于仓房乡东沟村南约 1 公里龙山岗上。北、东、南三面环水,水位高时没于库中。1974 年发现,1980 年 7 月发掘,为长方形砖室墓。早年被盗,墓室内残存遗物有 11 件陶制器物,汉代货币 54 枚、墓砖多块。砖上的画像可分为饮宴图、狩猎图、持节门吏图、门阙图、双龙穿双壁图、双龙穿壁图等。

(二)古遗址发掘

丹江口水库初期工程河南省库区发现并发掘的古遗址共有 3 处,分别为下王岗遗址、黄楝树遗址和马岭遗址。在初期工程蓄水前后,文物部门对这 3 个古遗址进行了抢救性发掘。

1. 下王岗遗址

下王岗遗址位于淅川县城南 35 公里盛湾镇下王岗村北红石岗上。1970 年前后,河南省博物馆、长办考古队河南分队对该址进行了发掘。遗址面积 6 000 平方米,文化层厚 2~3.5 米,内含新石器时代仰韶、屈家岭、龙山及先商、商、西周不同时期文化遗存。该遗址是一处多层文化叠压的新石器时代遗址。从地层关系中证实了仰韶文化早于屈家岭文化。屈家岭文化早于龙山文化,从而结束了学术界长期以来屈家岭文化与龙山文化孰早孰晚之争。1973 年,该遗址出土的部分文物被调往北京中国历史博物馆展出,并被定为省级重点遗址保护单位。河南省博物馆出版有《下王岗遗址》专著。

2. 黄楝树遗址

黄楝树遗址位于淅川县滔河乡黄楝树村西,丹江与横岭河交汇处的台地上,南北宽

350 米,东西长 400 米,文化层厚约 4 米。1965 ~ 1966 年,为配合丹江口水库工程施工,河南省文化局文物工作队先后发掘 240 平方米,有房基、窑穴、墓葬等,出土有大量文物,含有仰韶、屈家岭、龙山三个时期文化层。

3. 马岭遗址

马岭遗址位于淅川县盛湾镇贾湾村马岭自然村东北约 0. 5 公里丹江二级台地上,东至元坪春秋墓群 3 公里。由于受河水冲刷,遗址形成中心高、三面低的"龟甲"状,东西长 180 米、南北宽 85 米,文化层厚 1 ~ 2 米。1963 年被定为省级文物保护单位。1974 年 9 月,淅川县文管会在省博物馆、南阳市博物馆及方城、南阳、桐柏三县文物考古部门协助下,对遗址的中部和东部进行了重点发掘。开挖面积 1 750 平方米,发掘清理出圆形平地起建式和圆形地窖式房基 2 座,袋形、圆形、椭圆形和长方形灰坑 31 座。出土大量文物,内含仰韶、屈家岭、龙山、商、周五大时期文化遗存。

四、遗留问题

丹江口水库初期工程建成后,淅川县主要产粮地顺阳、淅川、板桥三大川被淹掉两个半。同时,库水自南向北将交通断开,使县境大石桥以下 12 个公社分为东西两大块,原隔江相邻数公里即可抵达,水库建成后需绕道百余公里。1971 年第四批移民开始,淅川县库区移民全部转为县内安置,由于缺乏细致规划,众多移民盲目后靠安置在水库边缘的岗坡地上,加之搬迁安置期间为大集体时期,移民住房多为突击建成,质量差、险房多。又因移民的返迁,更使淅川库区移民的遗留问题显得特别突出。从 1979 年开始,河南省各级政府和移民管理机构逐步改善移民生产生活条件,解决库区移民遗留问题。2007 年,丹江口水库初期工程淅川县库区移民人均纯收入达到 3 357 元。从 2006 年 7 月 1 日起,农村移民全部纳入大中型水库移民后期扶持范围,库区遗留问题纳入扶持范围统筹解决。

(一)主要遗留问题

丹江口水库初期工程河南省库区移民搬迁开始于"大跃进"时期,在"文化大革命"时期达到搬迁高峰。由于受"左倾"思想的影响,移民工作强调政治挂帅,"重工程、轻移民""重搬迁,轻安置",尤其是在片面吸取远迁、外迁失败的教训之后,在没有科学规划的情况下,不顾有限的环境容量,盲目在淅川县内大量安置移民,导致移民遗留问题严重。遗留问题主要反映在耕地、住房、交通、通信、照明、饮水等方面。

1. 耕地数量少质量差

据淅川县调查统计,丹江口水库初期工程淅川县库区移民总耕地 11. 42 万亩,其中岗坡地 7. 84 万亩、平地 2. 35 万亩、水浇地 0. 33 万亩。据 1983 年长办编制的《丹江口水库河南部分移民安置遗留问题处理意见的调查报告》,淅川县内安置的 73 957 人(不含返迁移民和人口自然增长数),涉及 12 个公社,除安置在九重、厚坡两个公社的移民人均耕地在 1. 5 亩以上外,其余移民,人均 0. 8 亩以上的 37 464 人;人均 0. 5 ~ 0. 8 亩的有 14 192 人;人均在 0. 5 亩以下的有 1 260 人;人均 0. 3 亩以下的 4 718 人。耕地不仅数量少,而且质量差,多为黄胶泥岗坡地,土质瘠薄,投工多产量低,年平均亩产 150 公斤左右。1981年是丰收年，移民中仍有3.4万人吃统销粮133万公斤，移民中共欠贷款176万元。移民收入普遍低于老居民户。如九重公社（县内安置条件较好的公社），老户人均收入94元，而移民为50元；香花公社1981年全社人均收入在120元以上的有79个生产队，移民队只有3个，人均收入在40元以下的有120个生产队，移民全在其中。全县移民人均收入超过100元的户约占5%；能维持基本生活，得以温饱度日的约占5%；处于贫困状态，难以维持温饱的约占45%；其中处于极端贫困，吃粮靠统销，生产靠贷款、花钱靠救济的约占17%。

2. 住房条件差

丹江口水库淅川县内移民搬迁安置，多数是集体突击建房，每间12平方米的房子，人均只有半间。移民安置房数量少、标准低、质量差。147～152米工程搬迁移民的住房，到1982年80%已成为险房。移民搬迁建房时正值"农业学大寨"期间，为移民建造排房5 000多间，移民群众的生产生活十分不便。1991年，移民住房还有近50%墙壁裂缝，泥土脱落，地基和屋面塌陷。近迁至邓县的移民，也突击建房，房屋倒塌现象严重，致使移民思想不稳，并回流返迁。

3. 输变电设施不足

丹江口水库初期工程淅川县移民安置区多系偏僻山区，距变电中心较远，至1991年仍有45个村293个组，33 200人没有用上电，使这些移民的生产生活十分困难。如厚坡乡杨窝村因为缺电，不仅不能照明，更不能搞副业加工，就连打面也要跑5公里以外。

4. 人畜饮水困难

丹江口水库初期工程淅川县移民后靠区，大部分是石灰岩层，黄黏土、岗坡地带，水源奇缺，解决难度大。如老城乡安洼村曾连打几眼井都因缺水源而报废。按照省、地规定移民缺水标准（略低于非移民缺水标准），单程五华里或等高35米调查统计，库区大部分移民家庭存在人畜饮水困难，挑一担水往返几里、十几里的现象普遍，移民精力大都花费在吃水问题上。至1991年，库区还有38 590人和20 000头牲畜饮水急待解决。

5. 水利工程不配套

丹江口初期工程淅川县移民安置区内有9处自流灌区。据淅川县1991年统计，灌区设计灌溉面积4.83万亩，配套仅4 450亩；25处机电灌站，能用的只有3处；40眼机井，发挥效益的仅有12眼，使移民粮食产量很不稳定。

6. 交通困难

丹江口水库初期工程淅川县库区移民多数居住在山坡上，道路不畅，耕种、收割、运输物资、加工、赶集都很困难。库区大小沟岔417个，截断了25个村73个组的道路。如黄庄乡，从马蹬镇到大石桥乡沿岸8个村，30公里不通架子车，有些地方连步行也很困难；香花乡向阳移民组14户61人，有学龄童20名，因沟岔相隔仅有4人入学。

7. 移民学校危房多

丹江口水库初期工程淅川县库区共建小学校舍2 700间。由于建设时经费少，房屋质量差，多数处于危房险房程度。不少学校学生上课是"两不去，一在外"，即刮风不去，下雨不去，上课在教室外，以免发生险情。

8. 缺乏耕牛和农具

丹江口水库初期工程淅川县库区移民因搬迁前家庭底子薄,加上搬迁安置补偿经费低,安置到位后耕牛、小件农具等生产工具严重不足,恢复和发展生产非常困难。

(二)遗留问题处理

从1979年开始,河南省各级政府和移民管理机构逐步解决丹江口水库初期工程移民遗留问题。1979~1983年期间,主要是解决特困移民的温饱问题。采取"输血"的办法,对特困移民群众进行救济。方法是年年向生产生活有困难的移民发救济粮、救济款,或者在政策范围内解决移民人畜饮水等亟待解决的遗留问题。鉴于资金有限,只解决了移民群众的燃眉之急,没能从根本上解决移民的生产发展问题。1984~1986年期间,河南省根据国务院批复的丹江口水库移民生产生活遗留问题专项经费,在淅川县共投放扶持万元以上企业67家,资金684.99万元。但由于扶持缺乏合理的规划和科学的论证,扶持效果并不明显。1987~1999年期间,河南省、南阳地区先后组织人员深入库区对移民生产生活状况进行了普查登记,在调查研究的基础上,制订出了移民脱贫致富的总体规划,走开发性的移民道路。从改变生产条件入手,坚持以大农业为主,立足库区实际,走有土安置移民的路子,提高移民自主发展能力。依靠科技进步,提高移民素质,增强致富后劲等措施,移民的生产、生活条件有了显著改善。

1. 资金支持

1978年,国务院副总理王任重视察丹江口水利枢纽工程,在听到库区移民生产及生活困难的情况反映后,王任重副总理指示:要使移民的生活在搬迁后比搬迁前好。1979年11月,财政部批拨给河南省处理丹江口水库初期工程移民遗留问题一次性补助款1 000万元,其中分配给淅川县900万元,邓县100万元。

1981年,财政部、水利部印发《关于从水电厂发电成本中提取库区遗留问题基金的规定》,规定从1981年1月1日起试行从水电厂成本中提取库区基金,提取标准为每发一千瓦时电提取一厘钱。1982年分配河南省的维护基金拨付给邓县。1983年核定河南省维护基金为234万元。

1984年6月,国务院以(84)国函字102号文向水利电力部和豫、鄂两省人民政府下达了《关于解决丹江口水库移民遗留问题的批复》,同意在发动群众自力更生、艰苦奋斗的同时,由国家筹措总额控制在3亿元以内的专项经费,分10年安排,用于解决丹江口水库移民遗留问题,经费来源主要从丹江口水电站超发电收入中解决。河南省分配1亿元,其中邓县1 100万元,淅川库区移民7 000万元,宋岗灌区配套1 100万元,长办预留100万元作为库区大型工程设计费,省、地、县移民管理机构行政管理费300万元,不可预见费400万元。

2. 疏散安置

为从根本上解决丹江口水库初期工程淅川县库区移民人多地少的矛盾,1989年淅川县在移民工作十年规划中提出走疏散安置道路。

1991年淅川县向南阳地区行署上报《关于丹江口水库淅川县库区疏散安置试点方案的报告》,南阳地区行署上报省政府后,省政府于1992年1月批复南阳地区行署,同意疏散安置4 000人。核准试点疏散1 000人，经费500万元，从遗留问题包干经费中解决，并要求制订实施方案报省水利厅审查批准后实施。此后长江委同意将疏散安置人口按南水北调中线工程移民对待。1992年10月，省水利厅批复南阳地区水利局，考虑物价上涨因素，核定试点经费600万元。1993年，根据河南省和南阳地区的批复方案，淅川县把居住在162~172米高程人均耕地0.15亩的滔河乡张庄村确定为疏散试点，安置在厚坡镇。1995年5月张庄村疏散安置全部完成，共建移民安置点两处，建房480间，征用土地1 303.08亩，迁移199户765人，实际投资856.82万元，人均1.12万元。

张庄村移民疏散安置以后，未迁移的900余人人均耕地有所增加，1999年，该村人均收入1 500元，人均占有粮食800多公斤，村集体有积蓄，移民户有存款和余粮，大部分家庭改建了新房。疏散安置在厚坡镇的移民，人均耕地多于疏散前，年年有余粮，家家住新房，经济收入有保障，移民群众情绪稳定，安居乐业。

3. 试点扶持

为改变丹江口水库初期工程淅川库区移民贫穷落后面貌，探索总结出解决移民遗留问题的经验，1982年，长办指示淅川县移民办规划上报几个移民大队作为试点，对其进行扶持。长办会同省、地、县有关人员通过实地考察，决定将淅川县武贾洲、曹湾两个全部是移民的大队作为试点，进行扶持。

1983年4月，长办、省水利厅及南阳地区民政局组织技术人员，对两个试点进行了全面勘查及初步规划。根据规划两个试点扶持总投资100万元，其中武贾洲大队65万元，曹湾大队35万元。通过扶持和两个试点村（1983年12月大队改为村）干部群众的努力，移民甩掉了贫困帽子，逐步走上了脱贫致富的道路。

4. 其他措施

除以上措施外，淅川县和邓县分别采取了不同的扶持措施，帮助移民群众解决实际问题，使广大移民群众的生产生活困难状况得到了极大改善。

1）淅川县

一是转移移民工作重点。1987年开始，淅川县改变过去以工业、副业、商业为主的扶持方式，大力开发土地资源，治山造地、滩涂造田和坡改平、旱改水。在特色经济方面，立足于库区山水优势，大力发展橘、桑、草、渔四大特色支柱产业。至1991年底，淅川县共完成治山造地25 702亩，栽植柑橘23 600亩，湖桑6 075亩，龙须草30 000亩，水库和坑塘养鱼产值达48.5万元。库区移民单特色经济收入达1 580万元，人均160元。

二是改变移民种植习惯。移民群众过去没有种水稻的习惯，1990年在移民安置区的宋岗、陶岔灌区试种杂交稻5 200亩，一举成功，全部高产丰收，亩均单产650公斤，移民尝到了甜头；1991年发展到5.6万亩，最高亩产986公斤，平均亩产630公斤，较传统的旱作玉米增产了3倍。水稻的高产丰收，极大地调动了库区移民改变种植习惯和兴修水利的积极性。

三是实施科技兴库工程。淅川县实施了“41351”科技兴库工程，即强力发展四大特色支柱产业，建立100个特色经济基地，培训300名懂技术会管理的能人，发展5万亩旱改水，使10 000户移民率先致富奔小康。科技兴库工程的实施，为移民的经济发展注入了强大活力。1991年底,万户移民的人均收入由1987年的196元增加到450元。四是实施移民复兴工程。1989年后,淅川县移民工作在狠抓造地、改地和发展支柱产业的同时,实施了“复兴工程”。重点解决移民的饮水、行路、用电和儿童入学困难。截至1991年年底,淅川县共修建环库公路325公里,架生产桥229座、架设输变电线路49杆公里,修建库区房舍6万间,并解决了3.85万人和1.4万头大牲畜的饮水困难,使库区移民的生产生活条件得到了较大的改善。

2)邓县

1981年,邓县从丹江口水库电站电费提成100万元中,拿出60.63万元对丹江口水库初期工程移民的住房进行了加固,解决移民群众的住房安全问题。1983年后,邓县又利用长办拨付的库区维护基金,对移民住房进行了改造,大部分移民的房屋改建为砖瓦结构,每间占地面积扩大为16平方米,每间补助450元。此后为了解决移民群众的生产生活困难,邓县逐步解决了人畜吃水、农田水利建设和交通问题,帮助移民发展种植业和工、副、商、加工业,使移民生活水平不断提高。

1999年,丹江口水库初期工程河南省库区移民人均收入735元,基本解决了温饱问题,半数以上移民摆脱了贫困。1999年后,河南省进一步加大对初期工程移民的扶持力度,持续解决丹江口库区移民遗留问题。2002年水利部下发《关于抓紧做好中央直属水库移民遗留问题处理规划的函》,决定对库区移民实施6年扶持。河南省政府和各级移民管理机构及时组织编制、实施了发展规划,围绕库区、移民安置区经济发展和移民增收两条主线,推进移民项目建设工作,改善了移民生产生活条件,促进了丹江口库区和移民安置区社会经济快速协调发展。从2006年7月开始,丹江口水库初期工程河南省库区移民全部纳入大中型水库移民后期扶持范围,移民群众除享受后期扶持直补资金外,各级移民管理机构还对库区和移民安置区进行了项目扶持,没有解决彻底的移民遗留问题也纳入扶持范围统筹解决。

附件:丹江口水库初期工程移民大事记

丹江口水库初期工程移民大事记

（1956~2006年）

1956年

10月31日,长办派员到河南省淅川县研讨丹江口水库初期工程移民安置等有关事宜。

11月15日,长办开始对丹江口水库河南省库区进行技术经济调查。

1957 年

上半年,河南省配合长办调查队进驻丹江口水库初期工程库区,完成了水库坝前水位 120~200 米不同高程对丹江口库区淹没实物指标和社会经济情况大规模的调查研究工作。

1958 年

3 月,长办提出《丹江口水库初步设计阶段技术经济调查报告》,并在此基础上完成了淹没处理措施和投资概算,为丹江口水库初期工程正常蓄水位选定为 170 米和分期移民方案提供了切实可信的基础依据。

8 月下旬,中央北戴河会议做出决定,动员人口密集的平原地区青年奔赴大西北,支援祖国的边疆建设。南阳地区认为采取移民支边,这样既能完成支边任务,又解决库区移民的问题。

9 月 1 日,丹江口水库初期工程破土动工。淅川县抽调 56 名国家干部,带领 2.8 万民兵参加大坝建设,被授编为第五民兵师。

12 月,丹江口工程总指挥部召开第一次移民会议,决定由库区内所在县委、县人委统筹安排移民搬迁和安置工作,移民费由各县包干使用。

1959 年

3~6 月,淅川县首次从淹没区应搬迁人口中动员 8 008 名青年(男 5 565 人,女 2 443 人)赴青海省支援边疆建设(俗称"支边")。

10 月,省政府组织 167 人到青海省慰问支边青年。

1960 年

3 月,青海省组织慰问团到淅川县进行慰问,为了安置丹江口库区移民和继续支边的双重需要,淅川县再次动员 4 709 户 14 334 名男女青年及家属迁至青海,共计动迁移民 22 342 人,分别迁至青海省的黄南、贵南、海南三个自治州。

1961 年

6 月,为满足丹江口水库初期工程大坝围堰壅水需要,淅川县李官桥、埠口两区 124 米高程以下移民迁离库区,多数为投亲靠友,少数迁往邓县。

1962 年

1 月 18 日,丹江口水库初期工程因质量问题暂停。部分移民返迁回淅川县。

1963 年

5 月 22~27 日,淅川县内普降大雨,丹汉两江水位猛涨,县内三官殿、埠口两区内应迁移民遭受严重损失。

1964 年

12 月 6 日，丹江口水库初期工程枢纽工程恢复施工。

1965 年

4 月 21 日，中共中央中南局书记处书记、河南省委书记刘建勋，河南省省长文敏生，湖北省省长张体学在武汉商定，对河南省暂时无法安置的丹江口水库初期工程淅川县移民由“河南管迁、湖北包安、标准统一、财务公开”。

4 月和 9 月，河南、湖北两省分别在武昌区、荆门县就移民搬迁安置工作召开联席会议，商定对丹江口水库初期工程河南省淹没区 147 米高程以下 65 000 人（实际安置 68 867 人），由湖北省自 1966 年至 1968 年在钟祥、荆门两县完成安置任务。

5 月，长办规划设计处和测绘队会同淅川县移民办，对丹江口水库初期工程河南省库区 147 米高程以下的淹没指标进行调查登记，淹没区涉及 4 个区，13 个公社，107 个大队，662 个生产队，14 860 户，66 333 人；耕地 133 582 亩，房屋 41 020 间。

1966 年

3～4 月，丹江口水库初期工程河南省库区首批外迁移民（淅川县三官殿、埠口两区）14 868 人搬迁完毕，分别安置在湖北省钟祥县大柴湖和荆门县。

1967 年

春，丹江口水库初期工程第二批动迁移民准备工作就绪。因湖北省荆门县拒绝搬迁，淅川县向国务院发电报请求解决。3 月 27 日，国务院、中央军委要求武汉军区协助两省解决。在武汉军区的协调下，该批移民 23 311 人于 5 月底迁至湖北省荆门、钟祥两县。

11 月 18 日，丹江口水库大坝落闸蓄水。

1968 年

5 月，丹江口水库初期工程河南省库区淅川县三官殿、宋湾、埠口、城关四个公社移民开始动迁，整迁至湖北省钟祥县大柴湖区。

1969 年

4 月，河南、湖北两省和长办联名提出将初期工程蓄水位由 145 米提高到 155 米，新增移民约 10 万人。两省召开移民会议，提出“远迁不如近迁，近迁不如就地后靠自安”，库区移民即由两省各自负责搬迁安置。

5 月 4～23 日，长办工作组对河南省库区 147～157 米高程淹没指标进行调查登记，涉及 42 030 人（因人口自然增加和漏登记人员，至 1978 年，实际动迁移民 56 188 人）。

1970 年

10 月，武汉军区主持召开河南、湖北两省丹江口水库初期工程移民工作会议，针对内安移民工作提出“迁、安、建,以建促安”的方针。

12月9日,国务院、中央军委批复:“明年汛期蓄水位由145米提高到150米,移民高程152米。”据此,水利电力部核定丹江口水库初期工程移民人数为5.7万人,其中湖北2.5万人、河南3.2万人。

1971年

7月,淅川县城关镇、黄庄、仓房、滔河等6个公社,150米高程以下的移民开始动迁,部分迁往邓县,其余在县内安置。

1972年

4月24~26日,河南省委书记刘建勋、湖北省省长张体学在郑州主持召开丹江口水库初期工程移民安置工作会议,安排152~157米高程的移民搬迁安置工作。

5月8日,国务院发文明确丹江口水库初期工程蓄水位为155米,移民高程157米。移民安置由河南、湖北两省分别负责。核定此高程以下淅川移民24 000人。淅川县自1973年春开始动迁移民,除部分迁往九重、厚坡两个公社集体建队外,其余全部在本社后靠安置。

1973年

2月,丹江口水库初期工程河南省库区152~157米高程移民开始动迁,部分迁往淅川县九重、厚坡两个公社,其余在本县后靠安置。

1974年

9月16~28日,丹江口水库水位不断上升,坝前水位最高达157.7米(超规划水位2.7米),库区群众受灾严重。水利电力部派工作组到河南省库区了解灾情,对受灾群众进行慰问,并拨给淅川县防洪救灾款620万元。

1975年

1月4~22日,长办工作组会同淅川县勘测定线。核定丹江口水库初期工程淅川库区157~159米高程以内淹没涉及43 101人,经上级核定28 732人为移民。

1976年

丹江口水库初期工程河南省库区157~159米高程移民25 870人开始动迁,多数在本大队后靠安置,少数在本社内零星插迁安置。

1977年

9月,淅川县组织滔河等7个公社2 000余名民工修建丹江大桥,该大桥位于淅川县上集至仓房公路的丹江河上,全长327米,造价162.46万元。

冬,丹江口水库河南省库区水位下降时发现第一座墓葬,经鉴定为春秋楚墓。

1978 年

7~9 月，河南省、洛阳地区和淅川县文物考古队在丹江口水库淅川县仓房镇库滨联合发掘楚墓群，共出土春秋时期文物 5 000 余件。其中，青铜礼器、乐器等为国内首次发现的珍品。

1979 年

5 月 8 日，国务院副总理王任重，水利部部长钱正英和河南、湖北两省有关领导，在河南省淅川县召开会议，研究丹江口水库初期工程调度、绿化、养殖及移民等问题。

1980 年

6 月 24 日，丹江口水库初期工程河南省库区淅川县张庄、新建、向阳、沿江等村移民因生产生活困难等遗留问题到郑州市上访。省水利厅通知淅川县移民办暂支 20 万元，对困难户进行临时性生活救济。

1981 年

9 月 7 日，财政部和水利部联合下达《关于从水电厂发电成本中提取库区遗留问题基金的规定》，规定从 1981 年 1 月 1 日起，包括丹江口水库，试行从发电成本中提取库区遗留问题基金，标准为每发一千瓦时电提取人民币 0.001 元，以解决水库移民遗留问题。

1982 年

11~12 月，根据国家计划委员会和水利电力部关于处理丹江口水库初期工程移民安置遗留问题的指示精神，长办河南省调查小组对淅川县、邓县的丹江口水库移民安置情况、存在的主要问题进行调查规划，并编写了《丹江口水库河南部分移民安置遗留问题处理规划的调查报告》。

1983 年

10 月，丹江、汉水上游普降大雨，丹江口水库初期工程水位达 161.09 米，超水位 4.09 米，淅川县库周 10 个公社房屋、田间农作物、粮食、财物及各种公共设施受淹，折款达 4 000 余万元。灾后，省政府副省长胡廷积等省、地有关领导到库区察看灾情，慰问灾民。

1984 年

1 月 5 日，受水利电力部部长钱正英委托，新华社记者何清玉和武汉分社记者及丹江口水库管理局有关人员，到淅川县了解丹江口水库初期工程移民安置情况，听取有关汇报后，察看了县城住房、供水、排水情况。

6 月 25 日，国务院下达《关于解决丹江口水库移民遗留问题的批复》。国家决定筹措资金 3 亿元，由水利电力部与河南、湖北两省签订合同，负责在 10 年内解决好丹江口水库初期工程移民的遗留问题。

12月23日，省委副书记刘正威、省水利厅厅长齐新等领导赴京向中央领导汇报对处理丹江口水库初期工程河南省库区移民遗留问题款的分配意见。国务院总理赵紫阳在汇报材料上做出“请润生、正英同志阅，并公正处理”的批示。此后，至1985年9月，国家为解决丹江口水库初期工程移民遗留问题拨款3亿元，其中分配河南省9 900万元，湖北省1.98亿元。

1985年

6月18~19日，为落实胡耀邦总书记对丹江口水库初期工程移民发展水产事业的指示，长办受水利电力部委托，湖北、河南两省和丹江口工程管理局等有关负责人，在武昌共同研究移民发展水产事业有关问题。会议决定由长办丹江口工程管理局和两省共同组成“丹江口水库水产工作领导小组”。河南省副省长胡廷积、水利厅副厅长马德全等参加会议。

10月21日，中共中央总书记胡耀邦在河南省委书记杨析综、省长何竹康，南阳地委书记宋国臣等陪同下，到淅川县视察丹江口水库初期工程移民工作情况，做出了“库区发展旅游业很有前途”和“要发挥山区优势”等指示。

1986年

10月20日，水利电力部顾问、原长办主任林一山等，到河南省淅川县考察移民工作。

1987年

4月22日，水利电力部副部长刘向三到河南省淅川县检查指导丹江口水库移民工作。

1988年

2月，丹江口水库初期工程河南省库区淅川县宋岗电灌站配套工程上马。至1992年，共投资1 156.5万元，完成配套面积18.9万亩。

1989年

为从根本上解决丹江口水库初期工程河南省库区淅川县移民人多地少的矛盾，淅川县提出疏散安置的思路，计划对县内安置的移民进行疏散安置。

1990年

1月13~15日，丹江口水库水产工作领导小组办公室主任扩大会议在南阳市召开。湖北省副省长张怀念、河南省人大常委会副主任胡廷积和豫、鄂两省有关部门，以及长江委、丹江口水利枢纽管理局等参加会议。会议讨论了1989年库区水产开发工作情况和1990年工作安排意见。

1991年

9月1~2日，国家经济贸易委员会农经司司长魏昌林到河南省淅川县考察丹江口水库移民工作。

1992 年

1月,省政府批复南阳地区行署,同意淅川县疏散安置移民4 000人。核准试点疏散安置移民1 000人,经费500万元,从遗留问题包干经费中解决。

1993 年

5月24~27日,由长江委牵头,有关省、地、县移民部门领导和工程技术人员参加的丹江口水库淅川县库区石碴地座谈会在淅川县召开。

1994 年

11月6~7日,水利部移民办主任李天碧一行,到丹江口水库初期工程河南省库区淅川县视察移民工作。

1995 年

9月,省政府印发《关于加快水库移民遗留问题的通知》,要求坚持贯彻开发性移民方针,大力发展移民区经济。针对粮食价格改革后,缺粮移民购粮支出增加,决定采取分级负担的办法,对丹江口等19座大型水库缺粮移民给予购粮补贴。

1996 年

7月3日,省移民办主任刘金亭一行到淅川县调研移民工作,就淅川县移民资金审计情况与淅川县政府交换了意见。

1997 年

10月9日,省移民办和长江委水库处派出人员,到淅川县指导《1998~2000年丹江口水库移民遗留问题处理和扶贫攻坚规划》工作,对规划定稿提出了较为详细的意见。

1998 年

9月2日,省移民办主任刘金亭,到淅川县滔河乡张庄、黄庄乡向阳等移民村,察看了丹江口库区受灾情况,并看望慰问了库区移民。

1999 年

6月5日,省移民办主任刘金亭带领南阳市、淅川县有关领导赴京向水利部水库移民开发局汇报了淅川县丹江口库区灾情。水利部水库移民开发局领导随即研究解决淅川库区移民生产救灾项目资金150万元。

2000 年

8月9日,长江委原副主任张秀真一行,到丹江口水库淅川县库区考察石碴地作物生长试验情况,先后查看了武贾洲石碴地、大石桥东湾移民蔬菜科技示范园等移民扶持项目。

2001 年

11 月 27~29 日，水利部水库移民开发局局长唐传利一行，到河南省淅川县、邓州市调查了解丹江口库区大坝初期工程移民生产、生活状况。

2002 年

1 月 18 日，省移民办在三门峡市召开中央直属水库移民遗留问题处理规划工作会议，传达贯彻水利部水库移民开发局移民规划及资金管理工作座谈会精神，部署丹江口、三门峡等水库(2002~2007 年)移民遗留问题处理实施规划及总体规划工作。

2003 年

2 月 26~28 日，水利部水库移民开发局组织有关专家对丹江口水库移民扶持 6 年规划和总体规划进行评审。

2004 年

4 月，省移民办印发《河南省中央直属水库移民遗留问题处理规划实施管理细则》，明确丹江口等中央直属水库移民遗留问题处理工作由省移民办归口管理。

2005 年

8 月，淅川县政府印发《淅川县移民遗留问题处理规划项目实施管理规定》《库区建设基金县级报账制实施办法》等文件。

2006 年

10 月，根据省移民办工作安排，淅川县、邓州市等县(市)开始对全省丹江口水库初期工程农村移民人口进行全面核定登记。

河南省人民政府关于南水北调中线工程丹江口水库移民安置优惠政策的通知

(豫政〔2008〕56 号)

各省辖市人民政府，省人民政府各部门：

南水北调工程是党中央、国务院决策建设的优化我国水资源配置的重大战略性基础设施。丹江口水库大坝加高工程是南水北调中线工程的重要组成部分，事关工程建设成败。为切实做好移民安置工作，确保工程建设顺利进行，根据国家有关规定，结合我省实际，现就南水北调中线工程丹江口水库移民安置优惠政策通知如下：

一、发展改革部门在安排建设项目时要向库区和移民安置区倾斜。

二、财政部门在每年的支农资金使用安排上，根据具体情况向库区和移民安置区倾斜，重点支持农村基础设施建设等。对移民建造自用住宅用地，凡新建住宅占用耕地不超过规定标准面积的，按照当地适用税额减半征收耕地占用税；超过规定标准面积的，对超过部分按照当地适用税额全额征收耕地占用税。

三、国土资源部门对纳入当地土地整理规划的移民生产安置用地优先安排土地整理项目；在办理丹江口水库移民安置建设用地和生产用地手续时，按照国家最低标准收费；属于应由移民个人承担的费用，只收取工本费。

四、公安部门对移民户口迁移、身份证办理、机动车迁移手续办理、驾驶证换证等，只收取工本费。

五、交通部门在新农村建设交通项目安排上对移民村倾斜；对丹江口水库库周交通恢复项目建设给予资金和技术支持；协调相关单位做好移民搬迁运输保障工作。

六、教育部门要支持移民区发展教育事业，做好移民学生的转学入学衔接工作，并免收借读费用。对移民中的国家在职教师自愿转入安置地的，协调有关部门予以接收安置，并免收费用。移民搬迁后5年内，移民考生在中招、高招录取中给予降5~10分照顾。

七、卫生部门要免费办理移民新型农村合作医疗关系转移手续，及时纳入安置地管理；指导移民村做好卫生防疫工作。

八、劳动保障部门要优先安排移民劳动技能培训，积极组织移民劳务输出，拓宽移民就业渠道。

九、民政部门对移民中的军烈属、伤残军人、复员退伍军人、五保户、低保对象等优抚安置救助对象，做好手续转接工作；对生活困难符合救助条件的，依法予以救助。

十、农业、林业、畜牧部门在移民安置后，优先组织安排对农村移民进行种植业、林果业、养殖业等技术技能培训和指导，扶持移民发展生产；对移民发展沼气池优先给予补助；移民迁移自养的畜禽，给予免费检疫。

十一、水利部门在安全用水和农田水利建设项目安排上对移民安置区给予倾斜支持。

十二、广播电台、电视台、报社等新闻媒体要做好移民政策宣传工作，免费播放、刊登有关移民政策、通告等。

十三、税务部门对移民建房免征税费。

十四、林业部门对因库区淹没和移民安置需采伐的林木免征育林金，及时办理采伐证；移民搬迁运输自有木材，免费办理准运证。

十五、农机部门对移民在安置地购买大型农业机械，要优先安排购置，及时落实财政补贴，办理相关手续。移民原有的农用机具需要迁移的，要及时办理相关手续。

十六、金融部门在移民发展生产时优先给予贷款。

各级政府要切实加强领导，各有关部门要通力合作，积极落实移民安置优惠政策，加快移民搬迁、安置进度，为丹江口水库大坝加高工程建设创造良好的社会环境。

河南省人民政府
2008年10月27日

河南省人民政府办公厅关于进一步推进南水北调中线工程丹江口库区移民新村建设的意见

（豫政办〔2009〕11号）

郑州、平顶山、新乡、许昌、漯河、南阳市人民政府，省人民政府有关部门：

我省丹江口库区移民搬迁安置是南水北调中线工程建设的重要组成部分，事关整个工程建设的成败。根据国家批复的丹江口库区移民安置试点规划，为贯彻落实省委、省政府2008年11月召开的南水北调中线工程丹江口库区移民安置动员大会精神，促进移民安置区生产发展，高标准、高起点地把移民新村建设成为社会主义新农村示范村，经省政府同意，现就进一步推进我省南水北调中线工程丹江口库区移民新村（简称移民新村）建设提出如下实施意见：

一、指导思想

以党的十七届三中全会精神为指导，全面贯彻落实科学发展观，坚持工业反哺农业、城市支持农村和“多予、少取、放活”的原则，按照“生产发展、生活宽裕、乡风文明、村容整洁、管理民主”的要求，围绕增加移民收入、加快移民村发展，多措并举，强力推进，使移民新村成为“主导产业明确、移民生活宽裕、基础设施和公共服务设施完备、村容村貌整洁、文体教卫场所齐全、民主管理规范、村风民俗文明”的社会主义新农村示范村。

二、基本原则

坚持移民新村建设与社会主义新农村示范村建设和地区经济社会发展相结合，坚持维护移民当前利益与长远利益相结合，坚持国家帮扶与移民自力更生相结合，坚持以大农业安置为主、以外迁安置为主，坚持以人为本、切实解决民生问题，坚持科学规划、民主决策、引导扶持、量力而行、注重实效。

三、基本目标

按照“搬得出、稳得住、可发展、能致富”的总体要求，通过采取相应措施，实现“八个一”的目标：

（一）每个移民有一个符合基本居住条件的住房。按照国家对丹江口库区移民采取的特殊政策，保证移民每人拥有24平方米砖混结构住房，切实解决移民居住问题。

（二）每户移民有一个良好的人居环境。按照制订的规划，搞好供排水、供电、道路、电信、广播电视、文化、卫生、体育、环卫等设施的配套建设,搞好移民新村绿化和美化,使移民有一个生产方便、生活便利、环境优美、设施齐全的人居环境。

(三)每个移民新村都是一个生态文明村。引导移民群众树立生态文明观念,提高环境保护意识,积极主动地建设资源节约型和环境友好型社会主义新农村。采取国家补偿、省里补贴和移民个人投入的办法,原则上每户移民新建一座"两位一体"的沼气池。要积极探索利用移民建办的养殖小区建设大、中型沼气池的新路子。

(四)每个移民有一份基本的口粮田。按照国家批复的移民安置规划,确保移民人均拥有水田、水浇地1.05亩(或旱地1.4亩),解决移民口粮问题。安置区政府要根据有关规定,通过调整土地、搞好土地整理等措施,为移民提供一份基本口粮田。对按水田和水浇地划拨的口粮田,要搞好农田水利设施配套;对按旱地划拨的,有条件的地方可发展成水浇地。

(五)每个移民新村有一个生产发展"三步走"的规划。第一步是确保移民土地调整到位,完成土地整理、水利设施配套等任务,保证移民发展农业生产的基本需要;第二步是引导移民发展特色种植、养殖、林果和农产品加工,调整优化农业结构,使移民尽快从生产发展中得到实惠;第三步是积极稳妥地发展第二、三产业,扩大移民就业门路,提高移民收入水平。

(六)每户移民家庭转移一个劳动力。劳动保障、扶贫、农业、移民等部门要大力开展移民实用技术培训和技能培训,通过多种举措,力争平均每户移民家庭向其他产业转移1名劳动力,逐步提高其自我发展能力。

(七)每个符合条件的移民享受一份国家后期扶持资金。按照国家现行的水库移民后期扶持政策,确保农村农业人口的移民从完成搬迁之日起纳入后期扶持范围,每人每年直补600元,连续扶持20年。

(八)每个符合条件的移民逐步办理一份养老保险。按照国家和省里的部署,逐步建立健全适合移民特点和需求的社会养老保险制度,为符合条件的移民逐步办理养老保险,最终纳入我省新型农村社会养老保险范围,切实解决移民老有所养的问题。

四、实施步骤

按照国家关于移民搬迁安置进度的要求,我省移民新村建设要分步实施,力争建成当地社会主义新农村建设的示范村。

移民搬迁当年:基本完成村外交通、电力、通信、广播电视等基本设施建设和村内基础设施、公共服务设施及教育场所建设,生产用地调整到位、承包到户,水利设施配套完善。

移民搬迁第二年:完善村内基础设施、公共服务设施及教育、卫生、文化、体育等场所设施,完成村庄周围、道路两侧和村内绿化建设,制定民主管理制度和村规民约,编制主导产业规划,开展移民培训,实施劳动力转移工程。移民搬迁第三年:实施主导产业规划,继续实施劳动力转移工程,使移民生活达到或超过搬迁前水平,力争建成当地社会主义新农村建设的示范村。

五、工作措施

（一）加强领导，落实责任。各级、各部门要把移民新村建设摆上重要议事日程，把移民新村纳入新农村示范村建设规划，切实加强领导，明确职责，建立责任制。各有关市、县要将移民新村作为新农村建设的重点，进一步明确工作目标，制定考核办法，加强监督检查，及时协调解决重大问题，强力推进移民新村建设。

（二）强化职能，加大扶持。各有关部门要按照"分工负责、各司其职、注重实效、搞好服务"的原则，充分发挥职能作用，进一步制定扶持政策和措施。省扶贫办要把实施贫困村整村推进、劳动力转移培训项目向移民贫困村倾斜；省卫生厅要将移民新村村级卫生室建设纳入专项资金补助计划；省林业厅要对移民新村绿化进行指导，并按政策给予补助；省农开办要对移民新村申报的项目予以支持。免收移民用电的电力建设和户户通电工程的施工费。免收移民电视网络的入户费。各级、各有关部门要使移民享受到就业再就业的各种优惠政策，在同等条件下要优先安排移民就业，全力做好移民就业再就业工作。

（三）严格管理，强化监督。各级、各部门要按照建设社会主义新农村的要求和移民搬迁实施计划，制订切实可行的移民新村建设实施方案，分解下达具体任务，实行目标管理，定期考核，严格奖惩。要加强移民新村建设的施工管理，确保工程建设的进度、质量和安全。要加强移民新村建设的资金管理，切实提高资金使用效益，确保资金安全。

（四）加强宣传，发动群众。各地要加强宣传工作，强化舆论引导，多渠道多形式宣传移民新村建设的重大意义、政策原则、实施措施和具体要求。要突出宣传移民新村建设的典型，切实提高广大干部群众投身移民新村建设的积极性和主动性，扎实有效推进我省移民新村建设，确保南水北调中线工程建设顺利进行。

河南省人民政府办公厅
2009 年 2 月 12 日

中共河南省委河南省人民政府关于成立河南省南水北调丹江口库区移民安置指挥部的通知

（豫文〔2009〕115 号）

各省辖市党委和人民政府，省委各部委，省直机关各单位，省管各企业和高等院校，各人民团体：

为贯彻落实党中央、国务院关于进一步加快南水北调工程建设步伐的有关精神，切实做好我省南水北调丹江口库区移民安置工作，确保南水北调中线工程按期通水，省委、省政府决定成立河南省南水北调丹江口库区移民安置指挥部。现将指挥部成员名单通知如下：

政　　委：陈全国　省委副书记

副 政 委：铁代生　省人大常委会副主任

靳绥东　省政协副主席

指 挥 长：刘满仓　省政府副省长

副指挥长：何东成　省长助理

王流章　省纪委副书记、省监察厅厅长

宗　义　省委组织部副部长

权红军　省委宣传部副部长

卢永礼　省委政法委副书记

余学友　省委农村工作办公室常务副主任

杨　云　省民政厅厅长

王仕尧　省水利厅厅长

王树山　省南水北调办主任、省移民办主任

黄兴维　南阳市委书记

成　　员：杜时国　《河南日报》报业集团副总编辑

张远达　省发展和改革委员会副主任

肖新生　省教育厅副厅长

马世民　省科学技术厅副厅长

杨新方　省工业和信息化厅副厅长

孙世海　省公安厅副厅长，省委维稳办主任

杨　骁　省司法厅副厅长

赵庆业　省财政厅副厅长

韩志奎　省人力资源和社会保障厅副厅长

张和儒　省国土资源厅副厅长

马新春　省环境保护厅副厅长

石迎军　省住房和城乡建设厅副厅长

赵国强　省交通运输厅副厅长

郭鹏亮　省农业厅副厅长

刘有富　省林业厅副厅长

苗永清　省商务厅副厅长

崔为工　省文化厅副厅长

周学山　省卫生厅副厅长

刘绍杰　省人口和计划生育委员会副主任

万明云　省审计厅副厅长

阮少华　省国有资产监督管理委员会副主任

楚新民　省地方税务局副局长
杨文生　省工商行政管理局副局长
姜慧忠　省质量技术监督管理局副局长
王仁海　省广播电影电视局副局长
王　鹏　省体育局副局长
张凤有　省旅游局副局长
杨天义　省粮食局副局长
司九龙　省政府法制办公室副主任
冯建平　省扶贫开发领导小组办公室副主任
王小平　省南水北调办副主任
陈爱兰　省文物管理局局长
张五萍　省通信管理局副巡视员
凌绍雄　省电力公司副总经理
赵建才　郑州市市长
马　懿　郑州市委副书记
王跃华　郑州市副市长
李恩东　平顶山市市长
冯　昕　平顶山市委副书记
王富兴　平顶山市副市长
李庆贵　新乡市市长
刘建华　新乡市委副书记
王晓然　新乡市副市长
李　亚　许昌市市长
石克生　许昌市委副书记
熊广田　许昌市副市长
祁金立　漯河市市长
张社魁　漯河市委副书记
库凤霞　漯河市副市长
穆为民　南阳市市长
贾崇兰　南阳市委副书记
崔　军　南阳市副市长

指挥部下设办公室，具体负责移民迁安的组织、协调、指导、监督、检查和服务工作。王树山同志兼任办公室主任。

中共河南省委
河南省人民政府
2009年7月27日

河南省南水北调丹江口库区移民安置指挥部关于省直单位分包南水北调丹江口库区移民迁安工作的通知

（豫移指〔2009〕3号）

各有关省辖市党委、政府，省直有关单位：

为加快推进南水北调丹江口库区移民迁安工作，加强督促检查、对口帮扶和协调工作，根据中共河南省委、河南省人民政府关于印发《河南省南水北调丹江口库区移民安置工作实施方案》的通知精神，省委、省政府决定对我省南水北调丹江口库区移民迁安工作实行省直单位分包责任制，每个省直单位分包一个县（市、区），一包到底，直至移民搬迁安置结束。现将有关事宜通知如下：

一、分包任务

全省南水北调丹江口库区移民迁安共涉及6个省辖市25个县（市、区）。综合考虑各迁安县（市、区）的移民任务和省直有关单位的情况，从省直单位中选择25个，分包25个县（市、区）（省直单位分包县（市、区）名单附后）。

二、分包形式

省直单位分包南水北调丹江口库区移民迁安县（市、区），实行派驻移民工作组制度。每个省直单位组成一个工作组，常驻迁安县（市、区）开展工作，直至移民搬迁安置结束。移民工作组成员从本单位抽调，与原工作脱钩，人数5至6人。工作组组长由实职副厅级干部担任，工作组成员要政治素质高、工作能力强、身体健康、年富力强。

三、工作职责

省直单位分包县（市、区）的主要职责是督促分包县（市、区），按时完成南水北调丹江口库区移民迁安任务。具体职责：一是对丹江口库区移民迁安工作的组织领导、政策落实、实施进度、资金管理等进行督导；二是协调安置县（市、区）与对应的库区县、乡镇的关系，协调解决移民迁安有关问题；三是对移民迁安给予对口帮扶。

四、有关要求

（一）各工作组要常驻分包县（市、区）开展工作，加强与分包县（市、区）党委、政府的联系和沟通，及时了解掌握移民安置进度，帮助县（市、区）解决移民迁安存在的有关问题。实行分包工作月报告制度,工作组每月 2 日前上报分包工作进展情况、存在问题及下月工作安排,以书面材料形式报指挥部办公室督察组。

(二)工作组成员要认真学习有关政策,尽快熟悉移民业务,遵守分包工作纪律,认真履行职责,虚心向基层学习,严格执行有关政策,真抓实干,务求实效,做好移民迁安工作。

(三)各有关县(市、区)要积极支持和配合工作组的工作,为他们创造宽松的工作环境,切实帮助他们解决工作、生活中的有关问题。

附件:河南省省直单位分包南水北调丹江口库区移民迁安县(市、区)名单

2009 年 7 月 27 日

河南省省直单位分包南水北调丹江口库区移民迁安县(市、区)名单

序号	分包县(市、区)	省直单位	备注
一	南阳市		
1	淅川县	财政厅	
2	邓州市	发展改革委	
3	社旗县	交通运输厅	
4	唐河县	地税局	
5	宛城区	林业厅	
6	卧龙区	国资委	
7	新野县	工业和信息化厅	
二	郑州市		
1	新郑市	水利厅	
2	荥阳市	国土资源厅	
3	中牟县	农业厅	
三	平顶山市		
1	鲁山县	广播电影电视管理局	
2	宝丰县	民政厅	
3	郏县	环境保护厅	
4	舞钢市	商务厅	
四	许昌市		
1	长葛市	质量技术监督局	
2	襄城县	司法厅	
3	许昌县	教育厅	
五	新乡市		
1	封丘县	人力资源和社会保障厅	
2	辉县市	卫生厅	
3	获嘉县	科技厅	
4	原阳县	粮食局	
5	延津县	住房和城乡建设厅	
六	漯河市		
1	临颍县	河南日报报业集团	
2	郾城区	公安厅	
3	召陵区	工商局	

河南省南水北调丹江口库区移民安置实施办法(试行)

(豫移指〔2009〕54号)

第一章　总　则

第一条　为做好我省南水北调中线一期工程丹江口库区移民安置工作,维护移民群众的合法权益,保障工程建设顺利进行,根据《大中型水利水电工程建设征地补偿和移民安置条例》(国务院第471号令)、省委省政府关于《河南省南水北调丹江口库区移民安置工作实施方案》(豫文〔2009〕114号),以及国家有关法律法规规定,制定本办法。

第二条　本办法适用于河南省南水北调中线一期工程丹江口库区移民安置工作(以下简称丹江口库区移民安置工作)。

第三条　丹江口库区农村移民安置,贯彻开发性移民方针,以大农业安置为主,妥善安置移民,使移民达到或超过原有生活水平,实现"搬得出、稳得住、能发展、可致富"的目标。

第四条　丹江口库区移民安置工作,坚持以人为本,满足移民生存与发展的需求;坚持公开、公平、公正,接受社会监督,维护移民的合法权益;坚持顾全大局,服从国家整体安排,兼顾国家、集体、个人的利益;坚持可持续发展,与资源综合开发利用、生态环境保护相协调,节约利用土地;坚持因地制宜,统筹规划;坚持与社会主义新农村建设相结合,与农村经济社会发展相结合,与促进农村和谐稳定相结合。

第五条　丹江口库区移民安置工作,坚持农村移民安置以迁安两地县乡政府为主,集镇迁建以所在地乡镇政府为主,企业迁建以本企业或其主管部门为主,专业项目复建以行业主管部门为主。

第六条　丹江口库区移民安置工作,实行党委统一领导,政府分级负责,县、乡政府为主体,项目法人参与的管理体制。实行移民任务和投资包干。移民迁安工作,纳入市县乡各级政府目标管理,移民任务不能按期完成或出现重大失误的,实行一票否决。

第七条　丹江口库区移民安置工作,严格按照批准的移民安置规划和计划实施。

第二章　组织领导

第八条　全省丹江口库区移民安置工作,在省委、省政府统一领导下,由省南水北调丹江口库区移民安置指挥部负责。指挥部下设办公室,作为指挥部的日常办事机构,负责移民安置工作的组织、协调、指导和监督检查。

有关市、县(市、区)党委、政府负责本辖区丹江口库区移民安置工作的组织和领导。应根据移民安置任务,成立相应的移民管理机构,具体负责本辖区移民安置工作的管理和监督。

县、乡两级政府是农村移民安置工作的责任主体和实施主体。

第九条　迁出地主要职责

（一）按要求完成移民搬迁安置的相关任务，做好省委、省政府有关丹江口库区移民政策的落实工作；

（二）负责移民搬迁安置宣传动员和思想教育工作；

（三）组织指导移民村建立健全移民迁安组织，加强移民村两委班子建设；

（四）组织完成移民安置总体对接和具体对接工作；

（五）组织做好移民户籍核对和人口复核工作；提出本辖区移民安置方案，确定分户安置去向，配合设计单位做好实施规划编制工作；负责移民实物补偿问题处理工作；

（六）做好移民实物卡及资金卡发放，集体财产分割，户口及党团关系迁移，以及军烈属、五保户、农村低保、新农合、后期扶持等有关手续转出工作；

（七）组织确定移民建房数量、宅基地分配；负责收缴移民建房缺口资金；配合迁入地组织移民村迁安组织选择房屋户型，对移民新村总体布局规划提出意见；

（八）制订移民搬迁总体方案，做好临时道路、停车场整修和水路转运工作；

（九）负责库底清理工作；

（十）负责投亲靠友移民手续办理及其补偿资金兑付工作，制定有关管理办法；

（十一）做好移民户籍和计划生育管理，严格控制库区人口增长和基础设施建设；

（十二）负责移民在淹没线上剩余资源的处置与管理；做好水库水面和消落地管理工作；负责移民债权债务处理工作；

（十三）做好信访稳定工作，预防和妥善处置突发性群体事件，确保库区和谐稳定；

（十四）做好移民资金管理和监督，确保资金安全；

（十五）负责本辖区移民的其他工作。

第十条　迁入地主要职责

（一）按要求完成移民搬迁安置任务，做好省委、省政府有关丹江口库区移民政策的落实工作；

（二）做好安置区群众和移民的宣传动员和思想教育工作，营造良好的移民安置环境；

（三）配合迁出地做好移民安置对接工作，提出本辖区移民安置具体方案，配合设计单位做好实施规划编制工作；

（四）根据批准的移民安置实施规划，制订移民新村建设实施方案，经县级政府批准后组织实施；

（五）负责移民新村建设的组织、管理、协调、监督工作，做好移民工程招投标工作，确保工程进度、质量和施工安全；

（六）负责移民安置用地的征收与划拨，组织办理有关用地手续，及时组织移民村将生产用地承包到户；

（七）组织落实移民生产安置措施，做好移民培训，扩大移民就业，指导移民发展生产，搞好后期扶持工作；

（八）负责移民补偿补助资金的兑付和结算工作；做好移民政策、安置方案、补偿标准、资金使用管理等公开、公示工作，接受群众和社会监督；

（九）配合迁出地做好移民建房数量确定、宅基地分配和建房资金缺口收缴；组织选择房屋户型，对新村总体布局规划提出意见；

（十）组织制订移民搬迁方案，做好移民搬迁组织和搬迁后续工作；

（十一）负责移民户口及党团组织关系迁移，军烈属、五保户、农村低保、新农合、后期扶持等有关手续转接工作，协调办理有关证照，及时纳入当地管理；

（十二）做好信访稳定工作，预防和妥善处置群体性突发事件，确保移民安置区社会和谐稳定；

（十三）做好被征地群众土地调整和补偿补助费兑付及使用管理工作；

（十四）加强对规划移民安置用地管理，不得在移民安置规划用地范围内突击建房、新栽树木、挖土和新建项目；

（十五）配合移民监督评估单位和移民迁安分包工作组工作；

（十六）负责本辖区移民的其他工作。

第十一条 移民村主要职责

（一）在迁出地党委、政府指导下，建立移民村（点）迁安组织，参与新村建设管理与监督，配合做好移民资金兑付；

（二）做好移民人口核定、具体安置去向落实、集体财产分割、户口及党、团组织关系迁移，以及军烈属、五保户、农村低保、新农合、后期扶持等有关手续办理工作；

（三）组织移民选择房屋户型、对新村总体布局规划提出意见、确定移民建房数量、分配宅基地和收缴建房缺口资金；参与移民建房招投标和新村建设管理与监督；

（四）参与制订移民搬迁方案，组织移民搬迁工作；

（五）负责移民个人实物卡、资金卡发放；配合有关部门做好补偿补助资金兑付及结算工作，做好村级移民资金使用管理；按照"四议两公开"，做好移民村级事务的决策与管理；

（六）组织接收移民生产用地，土地承包到户，落实移民生产安置措施，引导移民发展生产，做好后期扶持工作；

（七）做好移民政策、安置方案、补偿标准、资金使用管理、村务等公开、公示工作，接受群众和社会监督；

（八）做好移民群众的宣传教育工作，动员群众顾全大局，服从国家整体安排，保证移民工作顺利实施，确保社会稳定；

（九）做好本村移民的其他工作。

第十二条 迁安双方应按照职责分工，完善工作机制，建立协调沟通制度。移民迁安乡镇原则上应互派工作组（干部），加强协调沟通，确保移民迁安的顺利进行。具体规定另行制定。

第十三条 丹江口库区移民安置工作，实行省直部门分包责任制，每个迁安县（市、区）派驻一个工作组，一包到底，直至移民搬迁安置完成。包县（市、区）工作组常驻移民迁安县(市、区),延伸到库区乡镇,负责督促检查、协调迁安、对口帮扶。具体规定另行制定。

第十四条　各级党组织要加强基层组织建设,充分发挥党组织的战斗堡垒作用和共产党员的先锋模范作用,加强对村组干部和党员的教育培训,引导广大党员干部服从大局,积极搬迁,带头搬迁。要整顿软弱涣散的村级班子,切实增强基层组织的凝聚力和战斗力。

第三章　实施规划

第十五条　移民安置实施规划应当按照国家有关法律、法规、规范、标准和国家批准的初步设计阶段移民安置规划编制。坚持统一政策、统一标准、不突不破、不折不扣。

移民安置实施规划编制前,应做好移民安置方案优化整合,完成移民安置总体对接和分批次移民具体对接,做好宣传动员等工作。

第十六条　移民安置实施规划由省移民管理机构会同市、县(市、区)政府和项目法人组织编制,由省移民管理机构委托有资质的设计单位完成。

第十七条　设计单位在编制移民安置实施规划前,应当先编制实施规划大纲,经征求有关市、县(市、区)意见,由省移民管理机构组织审查后,报省政府审批。

第十八条　根据审定的实施规划大纲,由县级政府提出移民安置实施方案,设计单位负责分析论证并编制移民安置实施规划。移民安置实施规划由省移民管理机构会同项目法人组织审查,报省政府批准。

第十九条　迁出地县级政府负责对国家批复的实物指标组织公示,会同设计单位进行复核确认。

第二十条　农村移民安置以土地为依托,以大农业安置为主,其他安置为辅;以出县安置为主,县内安置为辅,尽量保持移民村原有建制。对具备条件的移民,可以投亲靠友安置。

1 000 人以下的移民村,原则上在一个点安置;1 001 人至 2 000 人的移民村,有条件的地方应尽量在一个点安置,最多不超过相邻的 2 个点安置;2 000 人以上的移民村,有条件的地方也应尽量在一个点安置,最多不超过相邻的 3 个点安置。

第二十一条　移民人口去向分流,经设计单位论证后,由迁出地县级政府提出意见,逐级报省移民管理机构审定;集体财产分割由迁出地县级政府组织完成。

第二十二条　移民生产安置用地标准依照国家批复的初设规划执行。迁入地县级政府应尽量选择水土条件较好、交通便利、区位较好的地方安置移民。按照集中连片、质量均衡、耕作半径适中的原则,明确移民安置用地的范围、数量、地类。有关集体经济组织或单位应出具同意调整土地的意见。

第二十三条　迁出地和迁入地县级政府应按照“初设对接框架原则不变、迁安条件大体相当、任务容量基本匹配”的原则,切实做好移民安置对接。移民安置对接分为总体对接和具体对接。

总体对接以迁出地县、乡镇为主,迁入地县(市、区)配合,共同完成,设计单位提供技术服务。总体对接前,设计单位应对移民村和安置点进行综合评价和排序,经迁出地县、乡镇考察并优化调整后,最终确定移民安置总体对接方案,逐级报省移民管理机构审定。

具体对接在总体对接完成后进行,由迁出地县、乡镇组织移民村迁安组织,到总体对接确定的相应安置点实地考察,并由移民村迁安组织与迁入地乡镇政府签订对接确认书,经省移民管理机构审定后,作为实施规划编制的依据。

对于确需分村集中安置的移民村,迁出地县、乡镇应组织将移民村分开,并配齐配强两委班子,分村组建移民迁安组织。

第二十四条　淹没线上淹地不淹房需搬迁移民和后靠移民人数,由设计单位按实施规划大纲分析确定,分户安置去向由迁出地县、乡镇政府组织移民村完成。投亲靠友移民,由迁出地县级政府具体确定。

第二十五条　农村移民集中安置居民点的规划,应遵循因地制宜、有利生产、方便生活、保护生态和节约用地的原则,与社会主义新农村建设相结合;有条件的地方,可以结合小城镇进行规划。居民点应做好水文地质和工程地质勘查,布置在安全地带。

居民点建设用地人均 80 平方米,宅基地户均 167 平方米。集中居民点按人均 5 平方米规划坑塘,坑塘用地与居民点建设用地可统筹使用。

第二十六条　城(集)镇迁建规划应节约用地,合理布局。按照国家批复的初设迁建规模、标准和核定的投资,依据有关法律、法规和技术规范,由迁出县组织编制。因扩大规模和提高标准增加的费用,由迁出地政府或有关单位自行解决。

第二十七条　乡镇外单位、工业企业迁建和交通、电力、电信、广播电视、水利水电等专业项目恢复改建规划,应按国家批复的初设规模、标准和核定的投资,由迁出县或有关单位组织编制。因扩大规模、提高标准和改变原功能增加的费用,由有关单位自行解决。

第二十八条　对南水北调丹江口水库建设占地范围内的文物,按照保护为主、抢救第一、合理利用、加强管理的原则,由省级文物主管部门依据国家批复的文物保护规划,制订具体实施方案。

第二十九条　经批准的移民安置实施规划,必须严格执行,不得擅自调整;确需调整的按原程序报批。

第四章　补偿补助

第三十条　移民安置补偿补助标准应严格按照批准的实施规划执行。

第三十一条　移民安置用地的土地补偿费和安置补助费、农田水利设施补偿费、生产安置增补费,属于集体所有的应当用于移民划拨土地和发展生产,属于个人的应按权属予以兑付。

青苗补偿费由县级移民管理机构统筹安排使用,按实际占用青苗的权属,兑付到有关集体经济组织、单位、农户。没有占用青苗的不予补偿。生产用地不补偿青苗,迁入地应组织做到错茬划拨。

第三十二条　移民村集体财产补偿费用于相应项目的恢复迁建或公益设施建设。

第三十三条　农村移民的学校、医疗网点调整补助费由迁入地县级政府用于移民新村的学校及医疗网点建设或增容补助。

第三十四条 农村移民个人补偿补助费包括个人房屋及附属物、零星树木、农副业补偿费、建房困难补助费、坟墓迁移费和移民搬迁费，以及其他安置补助费等，由迁入地县级移民管理机构或乡镇政府按实施进度兑付。

(一)移民个人房屋及附属物、零星树木、农副业补偿费、建房困难补助费、外迁移民生活安置补助费，应优先用于建房。按建房形象进度，经迁入地县级移民管理机构或乡镇政府核定后，分期支付。统一建房的，可按地基完成兑付30%，主体封顶兑付30%，竣工验收合格后兑付30%，移民搬迁入住后兑付除质保金以外的其他资金；自主建房的，可按开工兑付30%，地基完成兑付30%，主体封顶兑付30%，搬迁入住后兑付10%。

(二)移民搬迁应尽量集中统一组织。搬迁费在移民搬迁后兑付。集中统一搬迁的，在扣除相应的搬迁费后，结余部分由迁入地县级移民管理机构或乡镇政府组织兑付给移民；个人自主搬迁的，搬迁费兑付给移民个人；移民搬迁保险由迁入地县级移民部门统一办理；临时住房补助用于移民建房期间临时住房补助。

(三)移民个人工业企业补偿费按进度兑付。

(四)其他安置补助费包括房屋装修补助费、渔网渔具补助费、过渡期生活补助费。

房屋装修补助费由移民村分解兑付给移民户，优先用于移民建房。

渔网渔具补助费由移民村按权属兑付给移民户。

过渡期生活补助费由迁入地县级移民管理机构或乡镇政府在移民搬迁后，组织按月兑付给移民个人，不得挪作他用。

第三十五条 膨胀土地基处理费、地震处理措施费、村台垫高后超深基础处理费、沼气池及双瓮厕所补助费，根据批准的实施规划，由迁入地县级移民管理机构或乡镇政府组织移民村统筹安排，按进度兑付。

第三十六条 移民分村、分户实物卡和资金卡，由承担实施规划编制的设计单位编印，省移民管理机构统一加盖印鉴，由迁出地县级政府逐级发放到移民村、户。

第三十七条 自愿投亲靠友安置的农村移民，由迁安两地县级政府和移民共同签订协议，将土地补偿费、安置补助费等费用交给迁入地县级政府，统筹安排移民的生产和生活，将个人财产补偿和有关补助费及搬迁费等发给移民个人。

第五章 生活安置

第三十八条 移民新村应当按照批准的移民安置实施规划确定的规模和标准建设。迁入地县级政府应严格按照批准的移民安置实施规划和年度计划，做好居民点建设用地的征收、建设项目招投标、“三通一平”、移民房屋建设、基础设施、公益设施及环卫设施建设和绿化等工作。

第三十九条 移民新村建设，以迁入地县级政府为责任主体，县级移民机构或乡镇政府具体负责组织实施，迁出地县、乡镇做好配合。由乡镇政府具体负责组织实施的，县级移民机构应做好管理、指导、协调、监督等工作。

第四十条 移民新村对外连接路、供水、供电、通信、有线电视和场地平整工程，由迁入地县级政府组织有关部门和乡镇政府，根据批准的实施规划和项目管理的有关规定统一建设；居民点内的街道、排水、学校、村部、卫生室等基础设施和公益设施建设，由迁入地县级移民管理机构或乡镇政府商移民村组织实施。

第四十一条 移民村台应结合建房模式和村台高度，本着方便施工、节约投资、确保质量的原则，科学确定填筑方式。

第四十二条 移民新村建设临建工程应与规划的永久性水、电、路工程相结合，不得重复投资。临时用房占地不得影响群众建房和其他永久性工程的施工。临时道路整修碾压，在移民建房前完成，确保建筑材料运输。

第四十三条 宅基地的分配，应按照民主、公正、公开的原则，以迁出地乡镇政府为主，迁入地配合，共同组织移民村完成。新村建设用地和宅基地面积应控制在批准的实施规划范围内。

第四十四条 移民房屋户型选定后，应按委托建房承诺书约定，足额缴纳建房缺口资金。移民新村总体布局规划和房屋户型一经确定，不得擅自变更。

第四十五条 移民个人房屋，经依法委托，应尽量统一集中建设。经移民群众委托，可由移民村迁安组织统一集中建设；经移民迁安组织委托，也可由迁入地县级移民机构或乡镇政府统一集中建设。移民房屋建设和监理，应按照省移民安置指挥部办公室印发的有关招投标管理办法，通过招投标确定施工和监理单位，加强质量安全管理，确保移民房屋质量和施工安全。

第四十六条 移民村公益设施建设，应本着量力而行、统筹安排、逐步完善的原则，按照移民建设项目管理办法，由迁入地县级移民机构或乡镇政府组织移民村建设。移民学生就学应纳入迁入地教育规划，统一配置；确需建学校的，经县级移民、教育主管部门批准后，委托有资质的设计单位设计，通过招标确定施工单位施工，加强监督监理，确保工程质量。

第四十七条 各级、各部门要整合支农惠农和新农村建设等资金，加大对移民新村基础设施和公益设施建设支持力度，努力把移民新村建设成社会主义新农村示范村。

第四十八条 迁入地县级政府应依照国家有关法律法规和省移民部门制定的招投标规定，做好移民建设项目的招投标工作。参与移民建房的施工企业不得挂靠或借用资质，禁止对移民项目进行转包或违法分包。严禁任何单位和个人恶意压价、向移民乱许愿等行为。

第四十九条 迁入地县级政府要加强对移民建房主要建筑材料市场的监管，对借机哄抬物价、强买强卖的行为，依法严肃处理。

迁入地县级以上政府建设、质量监督和移民主管部门、有关乡镇政府应当加强对移民新村建设工程质量和安全的监督管理。

第五十条 自愿投亲靠友的农村移民，应由本人向迁出地县级政府提出申请，并提交接收地县级政府出具的接收证明；迁出地县级政府应当确认其具有土地等农业生产资料后，应与接收地县级政府和移民共同签订安置协议。

第五十一条 移民新村建设用地应根据批准的实施规划，由迁入地县级移民管理机构或乡镇政府与有关集体经济组织、单位签订协议,依法办理建设用地手续。

第六章 生产安置

第五十二条 移民生产用地应按批准的实施规划执行。尽量与建设用地一并规划,同时勘界,一次调整,分期划拨。迁入地县级移民主管部门或乡镇政府应与有关集体经济组织、单位签订用地协议。移民生产用地应错茬划拨移交,移交前当地群众不得套种影响移交的任何作物。

第五十三条 对于按水田、水浇地划拨的生产用地,应具备基本的灌溉条件(机井灌溉的,水田30亩地一眼井,水浇地、菜地、果园50亩地一眼井;灌区灌溉的,有固定的灌溉设施,灌溉保证率符合规定的标准)。对于没有达到标准的,由迁入地县级政府负责达到。

第五十四条 移民生产用地移交,由迁入地县级政府组织有关单位、乡镇政府、移民村及划拨土地涉及的集体经济组织或单位参加,办理土地交接手续。生产用地应在农作物收获后错茬移交。

第五十五条 迁入地县级移民机构或乡镇政府应组织有关部门、移民村,及时将生产用地承包到户,并依法办理土地承包手续。

第五十六条 移民生产用地应根据批准的实施规划和年度计划,由迁入地县级移民管理机构或乡镇政府与有关集体经济组织或单位签订移民用地协议,并办理用地手续。

第五十七条 移民安置用地应严格控制规模,不得转让,不得用于非移民项目。

第五十八条 迁入地县级政府应统筹安排移民发展生产,按规划做好土地整理和水利设施配套完善,夯实农业基础;引导移民大力发展特色种植、养殖和农产品加工业,使移民尽快从发展生产中得到实惠。

第五十九条 迁入地县、乡政府应多渠道筹措资金,培育和发展支柱产业,积极稳妥地发展二、三产业;加强移民科学文化知识和实用技术培训,提高移民素质,增强移民就业能力,组织移民搞好劳务输出,拓宽移民增收渠道,使移民生活达到或超过原有水平。

第七章 移民搬迁及库底清理

第六十条 移民搬迁应尽量统一组织,在规定时限内完成。移民搬迁以迁入地为主,迁出地配合。迁安两地要根据各自的职责,研究制订科学合理的移民搬迁方案,确保文明搬迁、平安搬迁、和谐搬迁。

第六十一条 迁出地政府应做好移民搬迁宣传动员,配合迁入地制订移民搬迁实施方案,协助迁入地做好移民搬迁、入住及后续工作。

第六十二条 迁入地政府应在移民搬迁前,完成移民新村建设,具备入住条件;会同迁出地制订移民搬迁实施方案;做好移民搬迁组织实施。

第六十三条 迁入地政府应做好移民搬迁后临时生活安置等后续工作。及时办理移民户口及党团组织关系迁移,以及军烈属、五保户、农村低保、新农合、后期扶持等有关手续转接工作,协调办理有关证照,及时纳入当地管理。

第六十四条 移民搬迁后，应在规定的时限内完成库底清理。

库底清理包括建筑物清理、卫生清理和林地清理。建筑物清理、卫生清理范围包括水库淹没区、淹没影响区和淹没线以上搬迁区；林木仅对水库淹没区进行清理。

库底清理工作由迁出地县政府按照库底清理技术规范和实施计划要求，组织库区乡镇、环保、卫生防疫、林业、公安等有关部门实施并进行自验。

第八章 实施管理

第六十五条 迁入地县级以上地方政府负责移民安置规划的组织实施。省、市、县（市、区）政府应逐级签订南水北调丹江口库区移民安置工作责任书。

第六十六条 省属企事业单位、专项设施迁建和文物保护，由省移民管理机构根据批准的移民实施规划，与有关单位或其主管部门签订任务和投资包干协议。

市以下（含市属）城（集）镇、企事业单位、专项设施的迁建，分别由市、县（市、区）移民管理机构与有关单位或其主管部门签订任务和投资包干协议。

第六十七条 乡（集）镇迁建，应当按照批准的实施规划，由县级人民政府包干实施，在规定的时限内完成。乡（镇、办事处）内有关单位迁建由本单位或其主管部门包干实施。

第六十八条 乡镇外单位迁建，按批准的实施规划，由本单位或其主管部门包干实施，在规定的时限内完成。

第六十九条 工业企业迁建，按照批准的实施规划，由本企业或其主管部门包干实施，在规定的时限内完成；不再复建的工业企业，按规划给予补偿，在规定时限内拆除。

第七十条 需恢复改建的交通、电力、通信、广播电视、水利工程等专项工程，由其行业主管部门组织包干实施。

省属专项工程和单位迁建，由有关单位或其主管部门组织包干实施。

第七十一条 年度移民计划，由省移民管理机构依据移民实施规划和工程建设进度要求，会同有关市、县（市、区）政府商项目法人，组织编制。经国务院南水北调办批准后，逐级分解下达。

各级移民管理机构和相关单位应维护移民计划的严肃性，不得擅自调整。确需调整的，由县级移民管理机构提出调整意见，经市移民管理机构审核后，按照管理权限，报省移民管理机构审批或报批。

第七十二条 农村移民安置应严格按批复的实施规划和投资计划执行。项目经费之间确需调整投资计划的，由县级移民管理部门提出具体的调整意见，报省辖市移民管理部门批准，同时报省移民管理机构备案。调剂使用的项目经费，应主要用于移民安置问题处理，不得用于移民工作经费，或因提高有关补偿补助及规划标准，可能引起不稳定的项目。具体管理办法另行制定。

第七十三条 农村移民实施规划以外项目经费，实行计划管理、项目管理、包干实施。以市、县包干为主，省统筹安排为辅。按管理权限进行审批，主要用于移民安置问题处理。具体管理办法另行制定。

第七十四条　实行移民安置任务和投资包干。包干投资包括批复实施规划项目经费、实施规划以外项目经费和相应的包干基本预备费。基本预备费的分配,以市、县包干为主,省统筹安排为辅,按照管理权限审批,实行计划管理、项目管理、包干实施。具体管理办法另行制定。

第七十五条　移民实施管理费、规划设计费、技术培训费、监督评估费等其他费用,由省移民管理机构根据各地任务和总体计划,统筹安排,分期拨付使用。具体管理办法另行制定。

第七十六条　移民工程建设项目严格按基本建设程序管理,实行项目法人(责任人)责任制、招投标制、监理制和合同管理,按有关规定做好竣工验收,确保工程质量和施工安全。

市、县(市、区)政府及有关行政主管部门,应加强对移民建设项目全过程的管理和监督。移民项目建设实行政府监督、中介监理、企业自控、移民参与的管理体制。

第七十七条　移民工作达到阶段性目标和移民安置工作完成后,省移民管理机构应按规定组织有关市、县(市、区)和单位进行自验,并做好阶段性验收和竣工验收的准备工作。

第七十八条　各级移民管理机构应建立健全移民信息管理制度,做好移民统计、信息交流工作,确保移民信息的准确、及时。

第七十九条　各级移民管理机构,应加强移民档案管理,确保各类移民档案完整、准确和安全。

各级档案行政部门负责本辖区移民档案工作的组织实施和监督指导。与移民工作相关的机关、团体、企事业单位应做好收集、整理、建档、保管工作,并按照国家有关规定及时向同级综合档案馆移交。

任何单位和个人均不得以任何借口拒绝归档或将移民档案占为己有。

第八十条　任何单位和个人不得在淹没线以下擅自新建、扩建和改建项目。对违反《河南省人民政府办公厅关于严格控制丹江口水利枢纽大坝加高工程库区淹没线以下区域人口增长和基本建设的通知》规定建设的项目,按照违法建筑予以处理,一律不予补偿。

第八十一条　迁出地县级政府应当加强对淹没区的移民户籍管理,严格控制非淹没区人口迁入。未经迁出地县级政府批准,擅自迁入的人口,不负责搬迁安置。

第八十二条　迁出地县、乡镇政府应当加强移民计划生育管理,严格控制库区人口增长。迁出地县级政府应组织公安、计生、民政、财政、移民等部门,按移民人口核定办法和各自职责分工,做好有关证件核对和移民人口核定工作,并对其成果负责。

第八十三条　迁入地县级政府应加强对移民安置规划用地的管理,不得在移民安置用地范围内突击建房、新栽树木、挖土和新建项目,对违反规定的,不予补偿,并责令予以恢复。

第八十四条　按照实施规划和国家有关规定,移民按规划得到安置后,其在淹没线以上未安排利用的剩余土地产权,归迁出地县级政府所有,由迁出地县级政府依法管理;

外迁移民在淹没线上的林地、果园处置问题,由迁出地县级政府制定管理办法,经迁出地市级政府批准后实施。

第八十五条 水库消落区的土地属于国家所有。经项目法人委托后,可由迁出地县级政府统一管理。应在保证工程运行安全、环境保护和水源地保护的基础上管理使用。因水库蓄水造成的损失,由当事人自行负担。

第八十六条 各级地方政府应预防和妥善处置突发性群体事件,为移民安置提供良好的环境。

第九章 扶持措施

第八十七条 根据国务院《关于完善大中型水库移民后期扶持政策的意见》(国发〔2006〕17 号)、国家发展改革委《关于切实做好小水库移民后期扶持政策实施工作的通知》(发改农经〔2008〕752 号)和省政府《河南省人民政府关于印发河南省完善大中型水库移民后期扶持政策的实施方案的通知》(豫政〔2006〕57 号)文件规定,丹江口库区农村移民从搬迁完成之日起扶持 20 年,扶持资金发放时间由省移民管理机构分批次确定。再次搬迁的老移民自搬迁完成之日起再扶持 20 年,原已享有的后期扶持政策不再保留。

第八十八条 各级各部门要按照《河南省南水北调丹江口库区移民安置工作实施方案》(豫文〔2009〕114 号)、《河南省人民政府关于南水北调中线工程丹江口水库移民安置优惠政策的通知》(豫政〔2008〕56 号)和《河南省人民政府办公厅关于进一步推进南水北调中线工程丹江口库区移民新村建设的意见》(豫政办〔2009〕11 号)精神,制订帮扶实施方案,落实帮扶计划。做好各种惠农政策衔接落实工作,移民搬迁当年由迁出地政府落实,次年由迁入地政府落实。

第八十九条 各级、各部门要保证移民享受有关农村劳动力就业扶持政策,在同等条件下优先促进移民就业。

第十章 资金管理

第九十条 丹江口库区移民资金管理按照《河南省南水北调建设征地补偿和移民安置资金管理办法》,遵循责权统一、计划管理、专款专用、包干使用的原则。

第九十一条 省移民管理机构负责全省南水北调丹江口库区移民资金管理。移民资金实行省、市、县(市、区)三级核算,县(市、区)为基础核算单位,乡镇、村为报账单位的管理体制。

第九十二条 各级移民管理机构应严格遵守《会计法》,执行统一的会计制度,建立健全财务内部控制制度。

第九十三条 各级移民管理机构应选择一家国有或国家控股商业银行开设移民资金专用账户,专门用于移民资金的管理。

第九十四条 各级移民管理机构应根据年度移民投资计划和实施进度,及时拨付资金,不得拖延滞留。

第九十五条 移民资金应专款专用,任何单位和个人不得截留、挤占、挪用。

第九十六条 移民项目经费应按规定的支付程序列支,严禁以拨代支。

第九十七条　各级移民管理机构应当加强内部审计和监督检查,确保移民资金安全。

第十一章　监督管理

第九十八条　各级政府应当加强对本辖区移民安置工作的管理。各级移民管理机构应当加强内部管理,定期向本级政府和上级移民管理机构报告工作。

第九十九条　各级移民管理机构和有关迁建单位,有义务接受国家指定的审计、稽查、监察、财政等部门,依法对移民资金使用情况进行审计、监察和检查。

第一百条　各级政府应对移民政策、安置方案、补偿标准等进行广泛宣传;县级政府对移民实物调查、补偿标准、安置方案、资金兑付等情况,以村或居委会为单位及时张榜公示,接受群众监督。

第一百零一条　移民安置工作实行监督评估制度。由省移民管理机构会同项目法人,通过招标确定并共同委托有移民安置监督评估资质的单位,对移民安置进度、质量、资金拨付和使用情况以及移民生活水平的恢复情况进行监督评估。各级移民管理机构应积极配合,按要求提供有关资料。

第一百零二条　对移民工作中出现的问题,以及审计、监察、稽查、验收中发现的问题,责任单位必须及时整改。

第一百零三条　各级政府应当根据国务院《信访条例》的规定,做好移民信访工作,保持社会稳定。

第十二章　奖励与惩罚

第一百零四条　对在移民搬迁安置阶段性工作或总体工作中成绩显著的单位和个人,由各级政府给予表彰奖励。按照相关规定,对提前或按时完成建房搬迁的移民给予奖励。

第一百零五条　按照移民安置规划必须搬迁的单位和移民,应当在迁出地县级政府的统一安排下实施搬迁,不得拒绝搬迁或者借故拖延搬迁;已经搬迁并得到补偿和安置的,不得返迁或者要求再次补偿;也不得干扰、阻碍或破坏其他移民迁建单位或移民的搬迁。

第一百零六条　移民迁建单位或移民无正当理由,拒不按政府规定的期限、地点建房和搬迁,或故意拖延搬迁,经移民部门或有关行政部门教育不改的,依据有关法律规定,由有关部门依法申请人民法院强制执行;违反治安管理规定的,由公安机关依法给予治安处罚。

第一百零七条　移民搬迁安置中有下列情形之一,由县级以上政府相关行政部门对有关责任人员,依法给予警告、罚款、拘留等处罚,或强制带离现场;构成犯罪的,依法追究刑事责任。

(一)煽动、组织群众聚众闹事、冲击国家机关,破坏正常工作秩序的;

(二)以干扰、阻碍或破坏移民搬迁安置工作为目的成立非法组织的;

（三）以暴力、威胁等方法阻碍移民工作人员执行公务的；

（四）侮辱、诽谤、围攻、殴打移民工作人员或非法限制其人身自由的；

（五）干扰、阻碍或破坏移民工程施工、搬迁安置、库底清理或其他移民工作的；

（六）以强迫、威胁、利诱等手段向移民集资，破坏移民搬迁安置工作的；

（七）哄抢或损害公私财物的；

（八）堵塞交通，不听劝阻的；

（九）造谣惑众，在移民中产生不良影响的；

（十）非法获得移民身份，套取国家补偿补助和搬迁安置的；

（十一）利用职务便利，为非法获得移民身份提供方便的。

第一百零八条　拒绝或拖延接管公用设施和专业设施的，由县（市、区）政府责令限期接管；逾期仍不接管的，对主管人员和直接责任人员，依法给予行政处分。造成设施毁损或其他损失的，应当依法赔偿，并追究主管人员和直接责任人员的责任。

第一百零九条　对借用（或挂靠）资质参与移民工程建设的施工企业，按照《建设工程质量管理条例》第六十条予以处罚。

第一百一十条　国家工作人员在移民管理工作中有下列情形之一，视情节轻重，依法依纪给予处罚。

（一）擅自调整移民安置实施规划的；

（二）擅自调整移民投资计划的；

（三）不依法履行职责，严重影响移民搬迁安置或造成移民工程重大质量及安全事故和移民资金重大损失的；

（四）挤占、挪用移民资金的；

（五）其他玩忽职守、滥用职权、徇私舞弊的情形。

因各级行政机关工作人员或者各级行政机关委托的组织或个人在移民管理中故意违法或有重大过失，对移民迁建单位或移民造成损害的，在国家赔偿之后，赔偿义务机关应依法进行追偿。

第十三章　附　则

第一百一十一条　本办法由省南水北调丹江口库区移民安置指挥部办公室负责解释。

第一百一十二条　本办法自发布之日起施行。

河南省南水北调丹江口库区移民安置建设项目管理办法

（豫移指办〔2009〕19号）

第一章　总　则

第一条　为规范我省南水北调工程丹江口库区移民安置建设项目的管理，根据《大中型水利水电工程建设征地补偿和移民安置条例》（国务院第471号令）和国务院南水北调工程建设委员会印发的《南水北调工程建设征地补偿和移民安置暂行办法》（国调委〔2005〕1号），以及国家有关法律法规，制定本办法。

第二条　本办法适用于河南省南水北调中线一期工程丹江口库区移民安置建设项目管理。

建设项目主要包括农村移民居民点基础设施、公益设施、农田基本建设和城集镇迁建、企事业单位迁建、专业项目恢复改建、地质灾害治理、库底清理等。

第三条　移民建设项目实施管理，坚持公开、公平、公正和合法、规范、高效的原则。

第四条　移民建设项目实施，实行项目法人（责任单位）责任制、招投标制、监理制和合同管理。

第五条　省移民管理机构负责全省南水北调工程丹江口库区移民建设项目的管理和监督，省辖市、县（市、区）移民管理机构负责本辖区移民建设项目的管理和监督。

农村移民居民点供水、对外道路由县级移民管理机构或乡（镇）政府，按有关规定通过招投标确定施工单位，由施工单位组织实施；

居民点供电、通信、广播电视和库周影响专项恢复及文物保护，由县级（含县级）以上移民管理机构委托有关专业部门组织实施；

居民点其他基础设施、公益设施和农田基本建设，由迁入地县级移民管理机构或乡（镇）政府会同有关部门，商移民村按有关规定组织实施；

城（集）镇迁建，由所在地县级人民政府包干实施；

乡（镇）外单位迁建，由本单位或其主管部门包干实施；工业企业迁建，由本企业或其主管部门包干实施；

库底清理、地质灾害处理由库区县人民政府组织实施；

文物保护按照批准的文物保护规划，由省移民管理机构委托省文物管理部门包干实施。

第二章　项目实施前期管理

第六条　根据批准的移民安置规划和年度投资计划，县级移民管理机构应制订移民项目实施方案，报请县级政府批准后组织实施。

第七条　移民项目建设实行项目法人(责任单位)责任制。对较大的建设项目,项目建设单位应组建项目法人;不需要组建项目法人的建设项目,应当明确项目主管责任单位和负责人。

第八条　项目建设单位应当对项目实施进行全程管理。实行包干实施的建设项目,由有关专业部门按照国家有关规定组织实施。其他项目由建设单位按照批准的实施规划实施。项目实施前应当做好以下工作:

(一)项目建设单位按照批准的移民建设项目规模、标准和投资,组织技术人员或委托有资质的专业技术部门,进行工程项目施工设计。对单项合同设计费估算在50万元以上(含50万元)的,必须公开招投标确定设计单位;在50万元以下的,可采取邀请招标确定设计单位。建设单位应与确定设计单位签订设计合同,组织完成施工设计。对超规模、超标准的建设项目,必须落实超计划投资并经有审批权限的移民管理机构批准后,方可进行工程项目施工设计。

(二)施工设计完成后,大型专业项目根据审批权限按程序报批。其他项目由建设单位组织审查、批准。

(三)移民建设项目实施实行招投标制。按照国家《招标投标法》有关规定,结合移民建设项目实际,移民建设单项工程投资规模在200万元以上(含200万元)的,必须进行公开招投标;在50万元至200万元的,原则上也应公开招标;情况特殊经市级人民政府批准,也可采取其他招标方式确定施工单位。实行包干实施的建设项目,由相关单位按照国家有关规定组织实施。

(四)按照国家有关规定,移民建设单项工程监理费在50万元以上(含50万元)的,必须公开招投标确定监理单位;监理费在50万元以下的,可采取其他招标方式确定监理单位。

项目建设单位应依法与确定的施工和监理单位签订施工合同和监理合同。

(五)根据投资计划及批准的施工设计,项目施工单位应按有关规定,编制施工组织设计、建设进度计划和资金使用计划,经总监理工程师审核批准后,报项目建设单位备案。项目建设进度必须满足移民安置总体工作安排。

(六)项目施工单位应制定工程质量保证体系、安全生产管理和资金使用管理等相关制度。

第九条　项目建设施工单位完成项目实施准备后,应提交项目实施准备情况和项目申请开工报告,经总监理工程师审核同意,项目建设单位批准后,方可开始施工。

第十条　实行招投标的移民建设项目,施工单位在工程所在地建立项目公告牌,自觉接受社会监督。

项目公告内容包括:项目名称、建设位置、建设规模、建设单位、设计单位、施工单位、监理单位、建设工期以及责任人等。

第三章　项目实施

第十一条　工程开工后,项目建设单位、监理单位在施工过程中应建立现场办公会制度,适时召集施工、质检、监理、设计等单位参加的协调会,协调解决施工进度、质量、设计、资金使用等问题。

第十二条　项目施工单位应明确工程项目经理、技术负责人,建立质量责任制;项目施工单位应按照施工设计和施工技术标准进行施工,对出现质量问题或验收不合格的建设工程,负责返修或拆除重建。

第十三条　项目工程监理单位应当依照法律、法规,以及有关施工设计、监理规范和相关合同,对工程质量、进度、投资和安全生产实施监理,并承担监理责任。项目工程监理实行总监理工程师负责制,监理单位应当选派具备相应资质的监理人员进住施工现场,按照工程项目监理规范要求,对项目建设实施监督,控制工程建设的投资、工期和质量。

未经现场监理人员签字,建筑材料、构配件和设备不得在工程上安装、使用。单元工程建设项目完成后,项目监理单位或监理人员应当签署监理合格意见,否则,项目建设单位不得拨付建设资金,项目施工单位不得进行下一道工序施工。

第十四条　在施工过程中,各有关单位要严格执行项目投资预算和设计。确需变更设计的,按以下规定办理:

(一)不涉及项目建设位置、规模,投资调整在合同预算范围内的,由施工单位提出,监理单位签署意见,建设单位核准后实施,并报上级移民管理机构备案。

(二)涉及项目建设位置、规模,投资调整超出合同预算范围的,经施工单位申请,监理单位签署意见后,由建设单位将变更设计报有审批权限的上级移民管理机构审批。

第十五条　项目设计单位应对项目实施中有关设计进行咨询服务和技术交底;设计需要变更的,负责提供设计变更文件。

第四章　竣工验收

第十六条　项目建设任务完成后,项目施工单位应按照合同规定,对项目建设进行自验。自验完成后,施工单位向建设单位提交竣工验收申请,按有关规定提供项目建设自验报告、完整的技术档案、施工管理资料和项目结算(审计)报告等资料。同时,监理单位向建设单位提交监理规划、监理大纲、监理月报、工程质量、进度、投资控制文件、监理总结等竣工验收所需资料。

第十七条　项目建设单位在收到项目建设竣工验收申请后,应在一个月内组织有关单位按规定对建设项目进行竣工验收。项目验收合格后,项目建设单位方可结清除预留质保金之外的项目建设资金;遗留、返修工程费用在质保金中扣除,工程质量保质期满,按施工合同结清剩余质保金。

第十八条　项目建设单位按照有关规定,负责收集、整理项目实施的有关文件、资料、图片等,建立健全项目档案,竣工验收后,纳入移民档案。

第十九条　移民建设项目竣工验收合格后,由地方有关政府组织相关单位办理移交手续,及时移交项目管理单位管理。

第五章　监督检查

第二十条　各级移民管理机构应当加强工程建设进度、质量、资金使用的监督检查。由有关专业部门负责实施的项目,其上级业务主管部门负责项目实施的监督检查工作,确保项目建设进度、质量和安全。

工程建设招投标的监督管理工作,单项工程投资规模在200万元以下(不含200万元)的,由县级纪检监察部门、移民管理机构负责;200万~500万元的,由市级纪检监察部门、移民管理机构负责;500万元以上的,由省移民管理机构负责。

第二十一条　建设单位的财审、计划部门负责人应参与移民建设项目招标、合同签订、竣工验收等决策的全过程;严格按照基本建设程序和合同、计划核拨资金。

第二十二条　各级移民管理机构或项目建设单位要主动接受审计、监察和财政部门的审计、监察和监督检查,及时提供所需资料。

第二十三条　各级移民管理机构和建设单位,对项目实施中的违规行为应予纠正;对违法违纪的责任人依法依纪查处。

第二十四条　任何单位和个人对项目建设的质量事故、质量缺陷有检举、控告、投诉的权力。

第六章　附　则

第二十五条　本办法由省移民管理机构负责解释。

第二十六条　本办法自印发之日起施行。2008年11月20日河南省人民政府移民工作领导小组办公室印发的《河南省南水北调丹江口库区移民安置建设项目管理暂行办法》(豫移办〔2008〕75号)同时废止。

河南省人民政府关于加强南水北调丹江口库区移民后期帮扶工作的意见

(豫政〔2012〕63号)

各省辖市人民政府,省人民政府各部门:

为扎实做好我省南水北调丹江口库区移民后期帮扶工作,帮助移民发展生产、增加收入、安居乐业,促进移民村经济社会持续快速发展,现就加强我省南水北调丹江口库区移民后期帮扶工作提出如下意见,请认真贯彻落实。

一、指导思想

以科学发展观为指导,以加快转变经济发展方式为主线,认真落实省第九次党代会精神,实施开发性移民,坚持“输血”与“造血”并重、政府扶持与移民自力更生相结合,以促进移民稳得住、能致富为核心,围绕建设社会主义新型农村社区,突出加强基础设施建设和完善公共服务功能,大力扶持移民生产,全面提高移民收入水平,建立长效机制,促进移民村经济社会可持续发展。

二、基本原则

坚持政府帮扶与移民自力更生相结合,着力增强移民自我发展能力;坚持注重当前与着眼长远相结合,着力抓好产业发展和移民就业问题;坚持发展移民经济与农业产业化相结合,着力提高经济发展水平;坚持对口协作与对外开放相结合,着力创造良好发展环境;坚持完善基础设施与促进精神文明建设相结合,着力丰富移民群众文化生活。

三、总体要求和工作目标

以“生产发展、生活宽裕、乡风文明、村容整洁、管理民主”为总体要求,通过3年的后期帮扶,使移民新村基础设施配套,公益设施完善;农业生产基础稳固,移民劳动技能明显提高,转移就业能力增强,收入水平显著提高;社会事业不断发展,乡风更加文明,村两委班子带领移民致富的能力明显提高。

具体目标是到2015年,移民村产业发展水平大幅度提高,形成一村一品的产业发展格局;移民富余劳动力基本实现就业;移民人均纯收入不低于当地居民平均收入水平;移民村精神文明建设取得显著成效。

四、工作任务

(一)巩固移民村建设成果。切实抓好移民新村道路、供水、供电、通信、广播电视等基础设施和学校、卫生室、超市、村民文化广场等公益设施完善配套工作,把移民村纳入新型农村社区建设范围。实施农村安全饮水工程,优先把移民村纳入安全饮水范围,确保移民饮水安全。实施沼气建设工程,将移民村沼气建设纳入中央预算内基建投资项目实施范围,提高沼气普及率。实施环境整治工程,将移民村纳入农村集中环境整治项目实施范围,完善污水和垃圾处理设施,实现污水垃圾集中处理。实施村镇绿化工程,把移民村纳入村镇绿化规划,提高绿化水平。实施全民健身工程,配套完善移民村体育设施,广泛开展全民健身活动。把连接移民安置区的县、乡、村级道路纳入养护范围,保障交通畅通。加快构建覆盖所有移民村的农村客运系统,力争通车率达到100%。建立健全移民村基础设施和公益设施运行管理长效机制,努力把移民村建设成为新型农村社区。

(二)夯实农业生产基础。把改善移民生产条件、夯实农业基础作为一项重要工作来抓,为移民村经济可持续发展创造条件。优先安排移民新村高标准农田建设和中低产田改造项目;把移民新村生产用地纳入土地整理范围,抓紧组织实施,2013年年底前全面完成;优先将移民安置区水利建设、农业综合开发和扶贫开发项目纳入全省规划,积极争取纳入国家规划;抓好农田水利设施配套和高标准农田建设,在移民安置区优先实施节水灌溉项目,努力实现旱能浇、涝能排的目标;对移民购买农机具要保证优先享受补贴政策,加快移民安置区农业机械化进程。

(三)推进产业结构调整。结合当地社会经济发展规划,因地制宜制定移民产业发展规划,大力推进移民产业结构调整。应用现代科学技术,大力发展优质粮食作物,提高粮食生产效益;优化农业种植结构,指导移民种植优质高效农作物,打造特色农业种植基地;帮助指导移民发展畜禽养殖,加快移民养殖场建设,采取"公司+专业合作社+农户"等方式,着力培育一批移民养殖专业户和养殖专业合作社;支持移民因地制宜发展二、三产业,并在资金、技术、服务等方面给予倾斜。

(四)搞好移民培训就业。高度重视移民生产技能培训工作,把移民技能培训纳入议事日程。各有关部门要对移民劳动力转移就业给予支持,保证移民享受有关农村劳动力就业扶持政策,为参加转移就业培训的移民提供培训补贴,免费介绍就业,在同等条件下优先促进就业。要着重抓好移民"零就业家庭"和移民新增劳动力的就业工作,拓宽移民增收致富门路。要采取请进来对接岗位、走出去转移就业、就近安排就业、创业带动就业等形式,积极帮助移民就业,实现每户平均转移一个劳动力的目标。农业部门要按照"阳光工程"的具体要求,加大对移民培训力度,培养农村实用人才;科技部门要加大种植业、养殖业实用技术培训与推广力度,定期开展科技下乡活动;农机部门要做好农机技能培训,重点开展农机维修、农机驾驶等技术培训;畜牧部门要采取现场指导、巡回授课、短期培训等形式,为移民开展技术培训服务。到2014年年底,要使符合条件的移民劳动力应训尽训,每人至少掌握一门以上专业技能。

(五)促进移民尽快致富。多层次、多渠道支持移民安置区经济社会发展,促使移民尽快融入当地社会,共同发展致富。鼓励移民因地制宜发展特色种植业、养殖业、农产品加工业和劳务经济。支持移民自主创业,移民从事个体经营、创办企业,2015年前免费登记注册。金融机构要创造条件,为自主创业的移民提供小额贷款。落实税收减免退等优惠政策,多渠道增加移民收入。

(六)加快发展社会事业。加大移民教育支持力度,完善学校配套房屋及设施,在安排农村中小学校薄弱学校改造计划、校舍维修工程和全国中小学校舍安全工程资金时,优先给予支持。认真落实移民搬迁后5年内对移民考生在中招、高招录取中分别给予降10分、5分的优惠政策。教育部门要组织城镇优质学校教师结对帮扶移民村学校,选派城镇优秀教师到移民村学校支教任教,提升移民村学校教育质量。加大移民村公共文化设施等投入,完善公共文化设施布局,丰富移民文化生活。积极发展移民体育事业,为移民村配备相应健身器材。大力发展移民卫生事业,优先安排移民村和所在乡镇卫生项目,从省辖市、县(市、区)选派优秀医务人员到移民乡镇卫生院帮助工作,提高移民乡镇卫生院医疗水平。将移民村卫生室建设纳入专项资金补助计划,确保移民村卫生室达标,保证移民享有公共卫生和基本医疗服务;建立移民健康档案,搞好移民健康教育。抓好救助体系建设,将贫困移民和低收入移民全部纳入保障范围,最大限度解决移民生活问题。支持基础设施薄弱的移民乡镇建设敬老院,加快建立移民生有所靠、病有所医、老有所养的社会保障体系。加强移民村精神文明建设,开展灵活多样、喜闻乐见的活动,加强法规和公民道德教育,提高移民素质。深入推进移民村平安建设工作,加强社会治安防控,落实平安建设责任制,确保移民安置区社会和谐稳定。

五、保障措施

(一)进一步加强组织领导。各级、各有关部门要把移民后期帮扶工作纳入重要议事日程,加强领导,明确责任,周密部署,精心组织,确保各项移民政策落到实处。省直各有关部门要研究出台行业帮扶和分包地的具体帮扶措施,实行联席办公会议制度,定期研究解决有关问题。省移民办要建立联系人制度,定期研究移民帮扶中的具体工作,组织进行督查、考评。各省辖市、县(市、区)要研究制定具体的帮扶意见,整合现有移民工作力量,健全统一的移民管理机构,明确职能,充实人员,专门负责移民后期帮扶工作,工作经费要纳入同级财政预算。

(二)实行省直部门对口帮扶。继续实行市直部门对口帮扶工作责任制,按照省移民迁安包县(市、区)工作组的分包对象,继续负责移民后期对口帮扶工作。对口帮扶的任务是帮助指导移民迁安县(市、区)认真搞好移民新村建设,改善生产条件,发展生产项目等,帮助协调解决移民后期帮扶有关问题,为移民提供项目、技术、资金等方面的帮扶。要认真贯彻国家发展改革委等 14 部委《关于促进库区和移民安置区经济社会发展的通知》(发改农经〔2010〕2978 号)精神,发展改革、教育、民政、财政、人力资源社会保障、国土资源、环保、住房城乡建设、交通运输、水利、农业、卫生、扶贫、文化、广电等部门要把支持移民发展作为重点,把增加投入作为后期扶持的重要任务,积极筹措资金,加快建立促进库区和移民安置区经济持续发展、基础设施完善、移民持续增收、社会和谐稳定的长效机制。各对口帮扶单位要制订帮扶工作计划,落实帮扶责任,建立联系人制度,单位分管领导和有关人员具体负责做好帮扶工作。对口帮扶工作从 2012 年开始,到 2015 年结束。

(三)认真制定实施规划。各级、各有关部门要根据移民后期帮扶工作目标任务,围绕加强移民新村建设、改善生产条件、调整产业结构、增加移民收入、发展社会事业等,制定具体配套帮扶政策和 3 年后期帮扶规划,切实把任务落实到各个项目、各个环节、各个时间节点,确保移民后期帮扶工作顺利推进,取得实效。

(四)加大移民产业发展投入。积极筹措资金支持移民搞好产业结构调整、大力发展生产,促进移民增收致富。各级政府要进一步加强对移民安置区的支持,加大资金投入,出台优惠政策,将移民产业发展资金纳入同级财政预算。在安排政府性资金时要向移民倾斜。统筹移民产业发展,坚持集约、节约、清洁和安全发展,重点发展资源加工型、生态环保型和劳动密集型产业。积极与省内外大中型企业建立稳定的协作关系,促进移民安置区相关产业做大做强。鼓励和引导移民创办小微型企业,在管理、技术、市场、信息和资金等方面给予支持。

(五)抓好移民优惠政策延续工作。省直有关部门和有关省辖市、县(市、区)要按照

《中共河南省委河南省人民政府关于印发〈河南省南水北调丹江口库区移民安置实施方案〉的通知》(豫文〔2009〕114号)要求,继续抓好各项移民优惠政策的落实。要把移民新村建设各项优惠政策落实到位,努力把移民新村建设成为新型农村社区。省直有关部门要结合职能研究出台支持移民村发展的具体措施,加大对移民的帮扶力度,促进移民尽快致富。搬迁前在库区是贫困村的移民村继续享受贫困村有关优惠政策。

(六)认真落实国家政策。要进一步落实好《国务院关于完善大中型水库移民后期扶持政策的意见》(国发〔2006〕17号),确保移民后期扶持政策不折不扣落实到位。按照20年的扶持期限,确保农业人口移民每人每年600元的扶持资金及时足额落实到移民个人,并在安排移民后期扶持项目、资金时向南水北调丹江口库区移民安置区倾斜。

(七)全力做好稳定工作。要认真做好移民信访稳定工作。坚持"属地管理"的原则,层层建立移民稳定工作责任制,强化责任,抓好落实。实行移民信访稳定工作联席会议制度,对重大移民信访稳定问题,各有关部门要各司其职,各负其责,齐抓共管。建立健全诉求表达、问题排查、挂牌督办、信息报送、群体性突发事件处置、责任追究等移民信访稳定工作机制和管理办法,依法维护移民合法权益,确保不发生重大群体性信访事件。对信访稳定工作重视不够、矛盾处置不力、造成严重后果的单位,要实行移民信访稳定工作重点管理,挂牌督办,限期解决;对情节严重、造成恶劣社会影响的,要依据有关规定追究责任。

2012年7月17日

河南省人民政府移民工作领导小组关于加强和创新移民村(社区)社会管理的指导意见(试行)

(豫移〔2012〕30号)

郑州、平顶山、新乡、许昌、漯河、南阳、济源市人民政府,省直有关厅(局):

为深入贯彻党的十八大精神,认真落实党中央、国务院和省委、省政府关于加强和创新社会管理的决策部署,逐步提高我省水库移民村(含社区,下同)社会管理水平,促进移民经济发展,保持社会和谐稳定,现就加强和创新我省移民村社会管理工作提出以下指导意见:

一、指导思想

以邓小平理论、"三个代表"重要思想、科学发展观为指导,认真贯彻落实党的十八大精神,牢牢把握最大限度激发社会创造活力、最大限度增加和谐因素、最大限度减少不和谐因素的总要求,完善移民村社会管理体系和集体资产经营管理机制,拓宽民主参与渠道,强化权力监督约束,着力构建移民村党支部和村委会(以下简称村“两委”)领导下,以移民自治为重点,社会组织广泛参与的新型移民村社会管理机制。

二、总体目标

通过加强和创新移民村社会管理体制,积极探索具有时代特征和移民特色的新型、高效、科学、民主的社会管理模式,促进移民区经济社会全面发展。到2015年年底,形成“一村一品”的产业发展格局,集体经济发展壮大,生态文明建设得到加强,移民劳动力基本实现就业,移民人均纯收入达到或超过当地群众平均收入水平,实现“移民区社会关系更加和谐、基层基础更加牢固、社会管理更加民主科学、社会服务更加完善、社会环境更加文明”的工作目标。

三、创新内容

(一)创新村务民主管理。目前我省新建水库移民村基础设施和公益设施比较健全,但社会管理薄弱的问题比较突出。为切实提高移民村社会管理水平,加强移民村基层民主建设,决定推行村“两委”领导下的民主议事会+民主监事会+民事调解委员会的移民村民主管理模式。

民主议事会是受村民会议委托,在其授权范围内行使村级自治事务议事权、决策权,讨论决定村级日常事务的常设议事机构。它以村民小组为单位,采取“一户一票”的方式选举不少于5名代表组成小组民主议事会,从各小组议事会中推选适量代表和县、乡驻(包)村干部、“两委”班子、组长、党员代表及其他相关人员组成村民主议事会,成员原则上中小型村不少于20人,大型及以上村不少于30人。村民主议事会召集人由村党支部书记或第一支部书记担任,小组民主议事会召集人由组长担任。民主议事会定期召开会议,原则上每月一次,遇有重大紧急事项随时召开。民主议事会的运作程序为:由村党支部、村委会、村集体经济组织或党员、村民联名提出议题;“两委”班子对议题进行审议,形成初步方案;一般事项由民主议事会根据少数服从多数的原则讨论表决形成决议后报村“两委”研究审定,重大事项由民主议事会表决通过后,提交村民会议表决并形成决议。民主监事会负责监督村委会执行村民会议、民主议事会决定情况和村级财务收支运行情况,实行定期审查公示制。民主监事会一般设监事5名,由村民会议在村“两委”干部及其近亲属、报账员以外村民中选举产生。县乡驻(包)村干部进入民主监事会,对民主监事会自身工作运行情况进行监督。民事调解委员会主要职责为调解邻里纠纷、家庭矛盾、经济矛盾、移民搬迁安置矛盾和问题等。成员原则上由村委会主任、治保主任、组长及有关家族德高望重的代表10人左右组成,召集人原则上由村干部担任。对于重大矛盾纠纷,民事调解委员会协调解决不了的,提交民主议事会或村民会议协调解决,仍解决不了的逐级上报。

(二)创新经济组织管理。引导移民村因地制宜地成立工业公司、农业公司、专业合作社和协会等经济管理组织。经济管理组织实行市场化运作,依法开展经营服务活动,为推进农业适度规模经营、提高农业综合效益创造条件。村“两委”要本着因地制宜、因村制宜、一村一品、注重发展集体经济和大多数移民受益的原则,制订切实可行的发展规划;要开拓思路,通过盘活集体财产、土地入股合作、地方政府帮扶等多种形式,积极探索村级集体经济发展模式;充分利用移民后期项目扶持资金、生产发展奖补资金,整合各种支农惠农资金,大力开展招商引资,着力打造一批种、养、加等发展项目,不断发展壮大村级集体经济,千方百计增加移民群众收入。

(三)创新社会服务管理。为促进移民村进一步规范化发展和管理,创建整洁、文明、安全、舒适的生活环境,各移民村要逐步成立物业公司,实行物业管理制度。物业管理公司服务内容主要包括:移民村基础设施和公益设施的维修、养护管理;公共卫生保洁、垃圾清运和污水处理设施运行管理;水费收缴;园林绿化养护管理;村容村貌整治;社区秩序管理及安全保卫等内容。物业公司实行市场化运作,管理费用通过集体经济收益、收取公共服务费、地方政府补助和社会捐资等渠道解决。

四、保障措施

(一)加强组织领导。加强和创新移民村社会管理,是做好新形势下移民工作的主要保障,也是贯彻落实“十八大”精神的实际举措,对进一步促进移民生产发展、保持社会和谐具有十分重大的意义。各级政府要高度重视,切实做到社会管理与发展生产并重,将其纳入年度目标管理考核体系,切实加强组织领导,落实主体责任。各级移民部门要配合有关职能部门做好有关政策制定和督促协调指导等工作。要加强督促检查,对成绩突出的单位给予表彰,对工作不力、成效不佳的给予通报批评。同时,要切实抓好“两委”班子建设,选准配强“两委”班子,抓好教育培训、作风建设和廉洁自律工作;继续实行选派后备干部任第一支部书记和市、县、乡干部联系帮扶移民村制度。

(二)大力推进试点。创新移民村社会管理是新形势下我省水库移民管理的有益尝试。为确保此项工作有序推进,省移民办在全省选择 18 个移民村作为试点,先试先行,培育典型,积累经验。鼓励各地在省确定试点基础上,选择部分条件较好、积极性高的移民村同步开展试点工作。同时,要指导其他移民村提前介入,主动学习、借鉴试点村以及其他新型农村社区的好做法、好经验,为全面实施移民村社会管理创新奠定基础。为激励各地做好试点工作,省移民办计划为试点村提供一部分生产发展和管理创新资金,主要用于移民村发展生产、设施完善和初期物业管理等;试点工作完成后,总结经验,逐步在全省移民村推广。

(三)强化政策帮扶。各级各有关部门要按照本指导意见要求,结合各自职能,制定出台支持移民村加强和创新社会管理的政策措施,为移民村经济社会发展提供大力支持。省直有关部门要按照省政府《关于加强南水北调丹江口库区移民后期帮扶工作的意见》和国家 14 部委、省 14 厅局分别印发的《关于促进库区和移民安置区经济社会发展的通知》要求,继续落实有关帮扶政策,切实做好丹江口库区移民后期帮扶包县工作,指导移民村加强和创新社会管理。要组织形式多样的活动,加强移民社会公德、职业道德、家庭美德、个人品德建设,开展道德模范评选表彰活动,引导移民自觉履行法定义务、社会责任、家庭责任,不断提高移民的科学文化素质和社会文明程度;加强移民的职业技能培训,全面提高移民的劳动技能,增强移民的就业创业能力。

(四)积极探索总结。各有关市、县政府要根据本指导意见,结合移民村实际,借鉴学习先进经验,制定切实可行的实施方案,明确工作分工,健全工作机制,大胆实践,有序推进,努力探索在村“两委”领导下,民主议事会、民主监事会、民事调解委员会“三会”协调管理,经济管理组织和物业公司等社会组织广泛参与的新型移民村社会管理机制。在实施过程中,要加强沟通衔接,注意研究新情况、解决新问题、总结新经验。

河南省人民政府移民工作领导小组
2012 年 12 月 5 日

河南省人民政府移民工作领导小组关于在全省移民村实施“强村富民”战略的意见

(豫移〔2014〕1 号)

各省辖市、省直管县人民政府:

为全面贯彻落实党的十八大、十八届三中全会及 2014 年中央 1 号文件精神,全力推进移民发展生产、增加收入、安居乐业,加快建设富裕文明、和谐稳定、生态美丽的移民新村,经研究,决定在全省移民村实施“强村富民”战略,特提出如下意见。

一、指导思想

以邓小平理论、“三个代表”重要思想和科学发展观为指导,以党的群众路线教育实践活动为载体,以“村强民富”为目标,按照省委农村工作会议和全省水利工作会议要求,坚持政府主导、社会帮扶与移民自力更生相结合,强力发展主导产业,加强基础设施建设,创新村级社会管理,努力壮大集体经济,千方百计增加移民收入,实现移民村经济社会的全面协调、可持续发展和移民群众的幸福安康。

二、工作目标

通过实施“强村富民”战略,到 2015 年年末,全省各移民村“一村一品”的产业发展格局基本形成,集体经济实力明显增强。每个村都有一个科学的产业发展规划、一批致富能人、建立经济合作组织、形成 1 至 2 个主导特色项目(产业);每户至少转移一个劳动力。丹江口库区移民要率先发展,2/3 以上的移民村人均收入达到或超过当地居民平均收入水平，其他移民村，1/2 的村人均收入达到或超过当地居民平均收入水平；全省移民村基层组织健全，“两委”主导、“三会”协调、社会组织广泛参与的新型移民社会管理模式基本形成，达到“生产发展、生活宽裕、乡风文明、村容整洁、管理民主”的新农村标准。通过不懈努力，到 2020 年，实现移民群众与全省人民同步小康的目标。

三、实现路径

（一）科学制订发展规划

按照“科学规划、因地制宜、分类指导、逐步推进”的思路和适度超前、各具特色的要求，围绕区域特色、资源优势和环境条件，研究制订“强村富民”的具体实施方案和产业发展规划，确保“强村富民”规划高起点、实施高效率、推进高质量。

1. 突出主导产业发展。根据移民村的不同类型、不同区位、不同产业传统和立地条件，在充分论证的基础上，科学编制产业发展规划。按照“一村一品”的产业培育目标，以优质粮食产业、特色种植业、现代养殖业、传统手工业、休闲观光农业、农村服务业、农产品加工业为发展重点，集中利用生产要素，连片推进专业生产，重点规划一批主导产品突出、经营规模适度、经济效益显著的特色优势产业。围绕主导产业，大力发展加工、储藏、包装、运输等相关产业，逐步构建结构优化、产业延伸、竞争力强的产业体系。

2. 完善社会服务组织。充分认识新时期农村新型经营主体在“强村富民”战略中的特殊重要作用，鼓励移民群众发展专业合作、股份合作等多种形式的专业合作社和其他经济组织，推行合作式、订单式、托管式等社会化服务模式，提高产业发展的组织化程度。突出对家庭农场、专业大户、农民合作社、产业化龙头企业等新型农业经营主体的规划培育，努力形成“一村一品”、特色鲜明、组织化水平高的发展格局。

3. 壮大村级集体经济。各级要把增加集体资产、壮大村级积累作为增强移民村发展后劲的重要途径，积极整合移民后期扶持项目资金、生产发展奖补资金和各种支农惠农资金，实行“扶持资金项目化、项目资产集体化、集体收益全民化”，把各类扶持资金以项目资产的形式注入村集体，增加集体收入。要通过租赁、入股等方式，让移民群众参与集体资产经营，推进共同致富，切实走出一条发展现代农业的强村富民之路。

4. 选择不同发展路径。不同区域有不同的发展路径。各地要根据移民村所处区域位置、资源禀赋、立地条件、产业传统的不同，宜农则农、宜工则工、宜商则商，制定各自富有特色的、短中长期结合的“强村富民”发展规划。丹江口库区移民，基础设施配套比较完善，在“强村富民”战略中，要起到率先垂范作用，到 2015 年基本实现与全省发展同步。老水库移民，大部分基础设施薄弱，部分村尚处于贫困状态，要抓住国家实施大中型水库移民避险解困工作的机遇，逐步解决移民生活贫困、居住不安全问题。要根据不同移民村的区域特点，一村一策制订发展规划。城郊村，要充分利用城市辐射的有利条件，合理布局向城市化过渡的产业。沿边近路村，要大力招商引资，规划农产品加工业、商业服务业。山水景观丰富的村，要围绕旅游做文章，配套旅游谋发展。要挖掘传统搞规划。对有种植、养殖、加工业历史传统的移民村，要突出特色，做大做强。要通过科学合理的论证,规划出各个移民村不同的“强村富民”发展路径。

（二）加强移民后期帮扶

要充分认识移民工作的长期性、复杂性、艰巨性,在坚持移民部门主导、移民村积极参与的同时,高度重视社会力量在推进“强村富民”战略中的重要作用,突出帮扶重点,落实帮扶项目,形成帮扶合力。要积极争取各类涉农项目资金向移民村倾斜,捆绑使用,扩大效果;要加强指导,搞好协调,优化服务,组织和引导移民村积极参与、推进“强村富民”,充分调动移民群众的积极性和创造性;要建立结对帮扶机制,动员协调党政机关、群团组织、企事业单位与移民村结对子,从移民村实际出发,以加快基础设施和公共服务设施、服务体系建设及产业结构调整为重点,明确帮扶责任,研究帮扶方案,切实加强对移民村的帮扶;要认真落实《河南省人民政府关于加强南水北调丹江口库区移民后期帮扶工作的意见》(豫政〔2012〕63号),帮扶工作列入督察考评范围,定期督察、通报,促进帮扶政策和资金的落实。

（三）夯实移民发展基础

按照公益性、基本性、均等性、便利性的要求,坚持以村级自我发展为先行、以社会保障为基础、以移民政策扶持为辅助,不断完善移民村基础设施和公益事业,构建比较完善的移民公共服务体系。在移民村着力实施“四大工程”:实施基础工程,切实抓好移民村道路硬化、供水、供电、通信、广播电视等基础设施完善工作和学校、卫生室、超市、村民文化广场等公益设施配套工作,满足移民群众生产、生活和文化需求;实施整治工程,每个移民村都要有污水和垃圾处理设施,实现村内污水垃圾集中处理;实施美化工程,村内道路两旁全部绿化,主要干道要有路灯,创造优美生活环境;实施健身工程,配套完善体育设施,方便移民群众进行体育锻炼和休闲活动。

（四）创新移民村级管理

在全省移民村中全面推行社会管理创新工作,在村“两委”的领导下,建立健全民主议事会、民主监事会、民事调解委员会等“三会”组织,规范管理,实施民主决策、民主管理、民主监督,不断提高移民管理水平、发展水平。

1. 加强基层党的组织建设,增强“两委”班子凝聚力战斗力。各地要结合党的群众路线教育实践活动,加强移民村党组织和党员队伍建设,以移民村“两委”班子建设为重点,切实改进村组干部工作作风。加强“两委”班子成员能力建设,积极组织村干部开展群众路线教育和致富能力培训,使其成为带领群众发展致富的领头人。

2. 落实村民自治制度,建全“三会”组织。要进一步规范村务管理,强化职能,完善制度。“民主议事会”要按照授权积极行使村级事务议事决策权,认真进行议事决策,讨论决定村级事务;“民主监事会”对村委会执行村民会议、民主议事会决定情况和村级财务收支运行情况实行定期审查公示制,认真加以监督;“民事调解会”要创新调解方式,积极开展调解服务,妥善处理邻里纠纷、家庭矛盾、移民搬迁安置矛盾和问题,移民群众反映的大多数问题能在村里解决,大事能在县、乡化解,真正实现“小事不出村、大事不出乡

(县)、矛盾不上交”。

3. 建立村级便民服务机构,实现移民村有序管理。按照主体多元化、服务专业化、运行市场化的方向,在村级物业管理公司基础上,建立便民服务中心,妥善解决公益事业、和谐维稳、群众事务、村民创业等问题,为移民提供便捷式、一条龙服务,方便移民生产生活。鼓励成立红白理事会、老年协会、妇联会、文体协会等群众组织,移风易俗、倡导节约、活跃群众精神文化生活,营造文明和谐新风。

四、保障措施

(一)加强组织领导。要把“强村富民”战略作为全省移民工作未来几年的发展纲领,建立强有力的组织领导体系。省移民办要建立“强村富民”领导机构,全力抓好该项工作的组织领导。各级要把实施“强村富民”战略作为当前和今后一个时期的一项重要工作,摆上议事日程,明确责任,周密部署,精心组织,确保各项工作落到实处。要把推进“强村富民”战略与“下基层、解民忧、办实事”活动结合起来,深入基层,解决移民实际问题,指导和推动移民村科学发展;要建立健全“强村富民”工作协调和推进机制,各级移民、财政、农业、金融等部门要加强沟通协调,合力推进“强村富民”工作有序开展。要制定具体实施方案,推进“强村富民”战略是一项长期任务,各地要按照本《意见》精神,结合本地实际,制定系统配套的实施方案,细化工作任务,量化工作目标,完善保障措施,确保本地区“强村富民”各项任务顺利完成。

(二)强化人才支撑。实施“强村富民”战略,人才科技是支撑。要采取多种方式,加大农业新技术应用和推广,抓好移民科技和实用技能培训,为移民经济持续发展提供强大动力。要开展移民村基层干部培训,对移民村的基层干部每年轮训一次。要开展移民村“能人带动”行动,每个村都要培养一批有带动能力的产业能人、致富能手。要开展对移民的技术技能培训,各级移民、农业、畜牧、劳动等职能部门要加强合作,采取现场指导、巡回授课、短期培训等形式,重点开展现代农业、畜牧养殖、蔬菜大棚种植和创业等技术、技能培训,不断提高移民群众现代农业管理水平,增强创业就业能力。到 2014 年年底,使符合条件的移民劳动力应训尽训、每人至少掌握一门专业技能,实现每户平均转移一个劳动力的目标。要加大农业科技推广力度,围绕“一村一品”,各地要组织移民村与科研院所、龙头企业搞好协作,积极开发和推广产业发展的新技术、新品种、新工艺,以科技创新推进产业升级。

(三)搞好资金保障。推进“强村富民”战略是一项复杂的系统工程,各级、各有关部门要加强沟通,上下联动,加大投入,提供资金保障。要加大地方财政资金投入,各市县要高度重视“强村富民”战略,列出专项财政资金予以支持;要加强各级各部门在移民村发展中的政治责任,从各系统积极争取各类专项资金,捆绑使用项目,各类惠农资金要向移民村倾斜。要加大社会帮扶力度,丹江口库区移民涉及的 25 个省直单位要强化帮扶责任，每年的移民帮扶都要有方案、目标、重点、项目、资金。省移民工作领导小组要加强对社会帮扶工作的考核。省政府每年对移民帮扶工作进行督导检查。各市县也要明确每个移民村的帮扶单位，定目标、定任务、定责任。要积极招商引资，鼓励外来资本和其他社会资本投入。各地要根据2014年中央1号文件关于深化农村土地改革中“允许承包土地的经营权向金融机构抵押融资”的精神，积极协调金融部门帮助移民群众以承包土地的经营权进行抵押融资，发展生产项目，增强自我致富能力，不断增加群众收入。要把社会帮扶和移民自力更生有机结合起来，充分调动移民的积极性、主动性、创造性。

（四）坚持分类指导。对“强村富民”战略的实施，要本着实事求是、因地制宜、区别对待、分类指导的方针进行，结合各地的基础条件和发展实际，确定科学合理的发展目标，制订切合实际的工作方案，稳步实施，有序推进。丹江口库区移民，重在完善提升，要着力打造致富的典型、发展的亮点，在全省起到示范带动作用；老水库移民，重在发展产业、夯实基础、保持稳定，要加大产业培育力度，加强基础设施和公益设施建设，做好信访稳定工作，实现移民稳步发展；贫困移民，重在脱贫解困，各级扶贫、民政等部门要按照省委“保基本”的要求，对贫困移民重点支持，保障困难移民基本的生存条件和发展需要，确保移民群众能生活、有饭吃、有衣穿、有房住、有学上、病能医，同时，抓住国家实施大中型水库移民避险解困工作的机遇，争取国家项目资金支持，推进避险解困工作，使贫困移民逐步赶上全省移民的发展步伐。

（五）建立激励机制。要发挥各类资金的带动作用，各级移民部门每年要拿出一定资金，对成效明显的移民村进行奖励，通过以奖代补形式，主要用于移民村生产发展、设施完善、移民稳定等方面；要整合各类资金，集中支持重点区域、重点产业发展，加快优势产业培育和升级；要充分争取社会帮扶资金，相关部门要强化沟通联络，多渠道争取资金支持；要按照中央1号文件的精神，对种养大户、家庭农庄、专业合作社、龙头企业等新型农村经营主体进行补贴，对科技成果推广、生态友好型农业发展、规模经营、农机服务、移民社区物业管理进行补贴，对“一村一品”产业格局明晰的村、集体经济健康发展的村进行补贴，通过各类资金的保障，推进“强村富民”战略的快速实施。要发挥督导考评的激励作用，要抽调专人成立督导组，定期对各地强村富民工作进行督导、检查，年终进行考评和奖励。要发挥舆论宣传的导向作用，充分利用各种宣传资源，及时宣传“强村富民”工作动态和成效，认真总结各地的好做法、好经验，典型引路，示范推广，努力营造推进“强村富民”工作的良好氛围。

河南省人民政府移民工作领导小组

2014年2月8日

河南省美好移民村建设指导意见

（豫移〔2019〕1号）

为贯彻落实省委、省政府关于实施乡村振兴战略的意见，补齐水库移民发展的短板，顺应移民的美好期盼，根据我省移民工作实际，决定在全省水库移民村开展美好移民村建设。为规范美好移民村建设工作，制订本指导意见。

一、总体要求

（一）指导思想

深入贯彻党的十九大精神，以习近平新时代中国特色社会主义思想为指导，全面贯彻落实国家和省关于实施乡村振兴战略的意见和规划，按照“产业兴旺、生态宜居、乡风文明、治理有效、生活富裕”的总要求，以美好移民村建设为抓手，积极整合各类资金资源，着力促进移民产业发展，着力改善人居环境，着力提升乡风文明，着力创新社会治理，着力促进增收致富，助力移民村振兴。

（二）基本原则

坚持规划引领。树立新发展理念，突出规划引领，衔接各类规划，统筹编制重点移民村美好移民村建设规划或纳入乡村振兴规划。

坚持统筹兼顾。将美好移民村建设与乡村振兴有机结合，补齐发展短板，实行示范引领，统筹协调推进。

坚持分类指导。科学把握移民村的多样性和差异性，因地制宜，因村施策，彰显地域特色，注重文化传承。

坚持循序渐进。既要量力而行，又要尽力而为，突出建设重点，合理设定各阶段目标，科学有序推进，不搞一刀切，不搞大拆大建，严禁形式主义。

坚持县为基础。县级政府为美好移民村建设主体和责任主体。涉农资金向美好移民村建设倾斜，引导和鼓励社会资本参与，加大投入力度。

（三）建设范围及条件

美好移民村建设，原则上以移民人数在200人以上的行政村为主体，以移民人数多、占比大且成建制安置的行政村为重点。移民人数不足200人，但居住相对集中的行政村或自然村，也可纳入建设范围。

美好移民村建设实行示范引领。示范村应具备如下条件：当地党委、政府高度重视，村两委班子凝聚力和战斗力强，群众积极性高、内生动力足，有较好的房建、基础设施、公益设施和产业基础。被列为县级以上乡村振兴试点、农村人居环境整治三年行动试点、乡村治理试点、乡村产业振兴试点、美丽乡村、“四美村庄”和“千村示范、万村整治”工程示范等的优先考虑。

(四)主要内容

产业兴。产业发展特色鲜明并初具规模,农民收入增长较快,集体经济基础较好。

生态优。村庄布局科学合理,基础设施、公益事业配套,生态环境优良,村庄硬化、绿化、美化、净化、亮化。

乡风美。健全党组织领导的自治法治德治相结合的乡村治理体系,构建共建共治共享的社会治理格局,生活方式健康科学,文体活动丰富多彩,精神文明建设走在前列。

治理好。村级治理组织制度健全,民主管理科学规范,社会环境平安和谐。

生活富。加快补齐民生短板,提升民生福祉,逐步提高移民群众生产生活水平,不断增强移民群众的获得感、幸福感和安全感。

(五)发展目标

2020年,美好移民村建设取得重要进展,示范村建设基本完成,产业发展初具规模,人居环境显著改善,移民生活殷实,示范引领作用凸显。

2026年,美好移民村建设取得明显成效,移民村发展的内生动力持续增强,移民生产生活条件明显改善,达到或超过当地农村居民平均生活水平。

二、重点任务

(一)促进产业发展

1. 提升生产设施。积极推进基本口粮田建设,统筹提升水、电、路、林等田间生产设施建设水平,着力构建大中小微结合、骨干和田间衔接、长期发挥效益的水利基础设施网络。

2. 积极发展特色优势产业。对文化旅游资源优势村,加快农旅、文旅、村旅融合开发,大力发展乡村旅游,积极扶持生态、休闲农业发展;对产业发展条件较好的村,大力培育区域农产品品牌,争创“三品一标”,培育壮大移民主导产业,鼓励发展电子商务,积极推动产业融合发展;对传统农区的村,以“四优四化”(发展优质小麦、优质花生、优质草畜、优质林果,推进布局区域化、经营规模化、生产标准化、发展产业化)为抓手,结合区域产业规划布局和本地资源条件,积极选择、培育和发展有市场、效益好、能让移民尽快受益的特色产业。

3. 培育壮大村级集体经济。积极盘活集体资源资产,加大招商引资力度,充分利用移民后期扶持等资金发展产业项目,探索资源开发型、土地经营型、资产受益型、产业带动型等集体经济发展新途径。积极探索移民金融扶持模式。规范集体收入管理,实现良性循环、持续升级。

4. 扶持移民就业创业。以市场需求为导向,开展多层次、多渠道、多形式的移民创业发展能力、转移就业技能、农村实用技术等培训,大力培养新型职业移民,加大劳务输出力度,促进移民转产转业、就业创业,提升移民就业和创业质量。加大对移民致富带头人、科技带头人、经营带头人等优秀农村实用人才培养力度,积极发展农村新产业新业态,培育发展种养大户、家庭农场和专业合作社。抓住国家实施“大众创业、万众创新”战略的机遇,大力支持移民创新创业,激发移民村发展的内生动力和活力。

(二)改善人居环境

1. 改善居住条件。按照乡村振兴或美好移民村建设等规划,统筹推进,分步实施。对符合条件的贫困移民,实施易地搬迁和危房改造,解决居住安全问题。加快移民村安全饮水工程建设和管理,稳步提高自来水普及率。大力推进重点移民村改气、改厕等工程,提高移民群众生活质量。

2. 改善村容村貌。以硬化、绿化、美化、净化、亮化建设等为重点,加强移民村空间整治,建设花园、游园、菜园、果园,推进村内绿化和围村绿化建设,着力打造"四美村庄"(环境美、田园美、村庄美、庭院美)和"五美庭院"(整洁美、卫生美、绿化美、文明美、和谐美),建设生态宜居的美好移民村。

3. 改善生态环境。加强植被、水资源、历史文化等自然生态和人文景观的保护,提升田园风光品质。加强农村生活垃圾和生活污水治理,推进"厕所革命",加强畜禽粪污处理、废弃农膜回收、病虫害绿色防控,推进农作物秸秆综合利用,加快农村废弃物资源化利用,建设天蓝、地绿、水净的移民美好家园。

(三)提升基础和公益设施

1. 提升基础设施。加快移民村通村组道路、入户道路建设,进一步改造提升村庄道路等级和质量,提高通达能力。继续实施新一轮农村电网改造升级工程,着力提升移民群众用电质量。完善广播电视、网络等信息基础设施,提升信息服务水平,推动智慧农业发展。

2. 提升公共服务设施。加快移民村学校、医院、养老院、超市等设施建设,配套完善党群服务中心、文化广场、农家书屋等,补齐短板,提高移民就学、就医、文化等条件。

(四)倡塑乡风文明

1. 加强移民村思想道德建设。大力开展社会主义核心价值观教育实践,并将其融入文明公约、村规民约、家规家训;加强移民村思想文化阵地建设,实施公民道德建设工程,开展文明村、文明家庭、孝道文化等建设,提高移民综合素质,提升移民村文明程度。

2. 弘扬中原优秀乡村文化。立足中原文化资源优势,保护利用农耕文化遗产,保护好历史街区、传统村落、特色民居等物质文化遗存,传承民俗活动、民间技艺、民间戏曲等优秀文化,积极培育乡土文化队伍,发展特色文化产业,助推乡村旅游高质量发展。

3. 传承弘扬宝贵精神财富。大力弘扬愚公移山精神、红旗渠精神、焦裕禄精神和南水北调移民精神,激发移民群众自力更生、艰苦创业的积极性,并将其转化为建设美好移民村的强大精神动力。

4. 丰富移民文化生活。建立健全移民村公共文化服务体系,推动公共文化资源重点向移民村倾斜,打造多层次、多元化的文化产品支撑,开展多种形式的群众文化体育和科技卫生下乡等活动,为广大移民提供高质量的精神营养。

(五)创新社会治理

1. 完善党组织领导的体制机制。建立以基层党组织为领导、村民自治组织和村务监督组织为基础、集体经济组织和农民合作组织为纽带、其他经济社会组织为补充的村级组织体系。健全村级重要事项、重大问题由村党组织研究讨论机制,加强基本队伍、基本活动、基本阵地、基本制度、基本保障建设,实施党组织带头人整体优化提升行动。

2. 优化自治法治德治相结合的治理体系。坚持自治为基,以自治增活力,进一步加强和深化移民村社会治理创新工作,建立健全"三会"等民主管理组织和制度,推进民主选举、民主协商、民主决策、民主管理、民主监督实践;坚持法治为本,以法治强保障,加强移民村法治建设,提高依法治村水平;坚持德治为先,以德治扬正气,着力提升移民村德治水平,建设充满活力、和谐有序的善治移民村。

3. 积极建设平安和谐移民村。推进移民村社会治安防控体系建设,持续开展移民村安全隐患和突出治安问题综合治理,深入推进扫黑除恶专项斗争,加强移民村拒毒防毒宣传教育,依法打击非法宗教活动,规范移民村小微权力运行。完善调解、仲裁、行政裁决、行政复议、诉讼等有机衔接、相互协调的多元化纠纷解决机制。积极回应移民群众关切,补齐移民民生短板,优先发展教育事业,加强社会保障体系建设,促进社会公平正义。

三、保障措施

(一)搞好顶层设计,稳步有序实施

各地要把美好移民村建设作为助力乡村振兴战略实施的主要抓手,搞好顶层设计,加强组织领导,确保工作有序推进。一要制订规划、有的放矢。要结合本地实际,做到多规合一,在遵循现有村庄发展规划前提下,按照美好移民村发展目标及要求,制订美好移民村建设规划,或纳入乡村振兴规划,做到既推进乡村振兴战略的深入实施,又推动全省移民工作上新台阶。二要因地制宜、分步实施。要按照规划制定实施方案,统筹安排,分步实施。近期,重点是做好顶层设计,完善体制机制和配套政策,打好基础,示范引领。2019 年全省计划启动 50 个美好移民村示范村建设,2020 年启动 100 个示范村建设,之后在总结的基础上全面推开。三要城乡融合、全面推进。建设美好移民村要统筹考虑经济政治社会等各个方面,促进移民经济、社会、政治、文化、生态文明协调发展。

(二)加大资金投入,凝聚建设合力

一要用好财政资金。按照"抓两头,促中间"的原则,注重培育典型和补齐短板,确保示范村的示范引领作用,促进移民村共同发展。二要形成资金合力。将美好移民村的建设与地方经济社会发展规划、农村人居环境整治行动计划和涉农部门行业规划相衔接,协调各方投入,形成投资合力,实现叠加效应。三要重视社会资本的引入。鼓励和引导社会资本、移民筹资筹劳,共同参与美好移民村建设。各地可将移民相关资金和各类支农惠农资金等向美好移民村建设倾斜,集中投入美好移民村建设。每个示范村的项目建设总投入原则上不少于 200 万元。

(三)强化监督检查,严格绩效奖惩

各级政府移民管理机构要结合本区域示范村建设方案,加强指导、监督,确保建设效果。一是整合监督资源。将美好移民村建设与审计、稽查、监测评估等监督工作结合起来,切实加大监督力度,对挤占、挪用和滞留建设资金的,依法依纪严肃处理。二是开展绩效评价。坚持公开、公正,严格标准,按照职责和任务分工,将美好移民村建设纳入年

度绩效评价。三是实行激励机制。对美好移民村建设中绩效评价优秀的县(市、区),予以通报表彰;对于绩效评价落后的县(市、区)给予通报批评。

(四)加强组织领导,营造良好氛围

一是加强组织领导。各地要统一思想,提高认识,把美好移民村建设摆上重要议事日程。县级政府是实施主体和责任主体,主要领导要亲自抓,分管领导要靠前指挥,及时研究解决工作中的难点和问题,省、市移民管理机构要加强指导、监督,确保各项工作落到实处。二是加强协调指导。各级移民管理机构要配备得力人员,加强培训指导,培养造就一支懂农业、爱农村、爱移民的工作队伍。三是加强宣传引导。利用报纸、电视、广播和网络等多种宣传媒介,大力宣传美好移民村建设动态,宣传各地先进经验和模范人物,激发广大移民的建设热情,争取社会各方面的关注和支持,为美好移民村建设营造良好的社会氛围。

河南省美好移民村建设指标体系

类型	指标	目标值		分值
		2020年	2026年	
合计				100
产业兴旺(30分)	特色优势产业	有特色优势产业,形成较为完善的产加销结合的产业结构,能较好促进移民增收	特色优势产业突出,形成完善的产加销结合的产业结构,移民增收效果明显	10
	土地适度规模经营占比(%)	37	42	5
	农产品电子商务交易站点	交易站点基本满足需要	交易站点满足需要,管理规范有序	3
	新型职业农民数占一产从业人数比例(%)	10	14	7
	集体经济年收入人均水平(元/人)	100	200	5
生态宜居(25分)	街道硬化率(%)	80	100	2
	安全饮水普及率(%)	100	100	4
	主干道和公共场所路灯亮化率(%)	70	100	2
	绿化覆盖率(%)	20	22	3
	农业废弃物处理和利用率(%)	60	80	4
	生活垃圾处理户覆盖率(%)	80	100	3
	无害化厕所普及率(%)	70	85	3
	生活污水处理	达到农村人居环境整治三年行动目标	在三年行动基础上进一步提升	4

续表

类型	指标	目标值		分值
		2020 年	2026 年	
乡风文明（15分）	党群服务中心、文化广场、图书室、乡村文化宣传场所、健身场所、远程教育等设施建设	设施基本满足需要，管理较好	设施满足需要，且利用率高，管理良好	3
	社会主义核心价值观、孝道、法制等教育及文明评比、文化娱乐等文明建设活动开展情况	经常开展，效果较好	经常开展，且内容丰富多彩、健康向上，效果良好	4
	文明建设成效	移民文明的生活方式和行为习惯逐步形成，文明程度较高	乡风文明，家风良好，民风淳朴，移民文明的生活方式和行为习惯蔚然成风，文明程度高	4
	“星级文明户”“文明家庭”等所占比例	20	30	4
治理有效（15分）	村“两委”及社会治理组织建设	组织基本健全	组织健全	3
	民主治理制度和村规民约制定情况	村级民主决策、实施、监督、平安建设等制度较为完善，自治、德治、法治相结合的乡村治理制度基本形成	建有自治、德治、法治相结合的完善的现代乡村治理制度	4
	治理组织运行情况	组织运行比较规范，能及时讨论解决群众关心的事件，群众比较满意	组织运行规范有序，能及时讨论解决群众关心的事件，档案记录规范，群众非常满意	4
	平安建设情况	基本没有信访和刑事案件发生，比较和谐稳定	无信访和刑事案件发生，和谐稳定	4
生活富裕（15分）	人均可支配收入达到或超过当地农村居民水平	基本达到	达到或超过	4
	恩格尔系数(%)	30	28	4
	拥有私家轿车家庭比例(%)	15	20	4
	移民对获得感、幸福感、安全感满意度(%)	比较满意	非常满意	3
加分项(分值 12 分)				
加分项	产业兴旺	有“三品一标”产品(无公害农产品、绿色食品、有机农产品和农产品地理标志)	无公害 1 分，绿色和有机 2 分，地理标志 3 分	
	生态宜居	近三年内获得县级及以上政府部门表彰的生态村等相关荣誉称号	县级 1 分，市级 2 分，省级及以上 3 分	
	乡风文明	近三年内获得县级及以上政府部门表彰的文明村等相关荣誉称号	县级 1 分，市级 2 分，省级及以上 3 分	
	治理有效	近三年获得县级以上先进基层组织等相关荣誉(党支部、村委会)	县级 1 分，市级 2 分，省级及以上 3 分	

河南省南水北调丹江口库区移民建设工程廉政合同

建设单位：
中标单位(施工、勘察、设计、监理)：
工程名称：
投标形式：公开□　　邀请□　　议标□　　未招标□
投标报价：　　万元；　　　　中标价：　　万元
建设工期：
建设地点：
评标形式：综合评分□　量化评分□　合理最佳低价□
定标形式：当场□　　隔日□

根据国家建设部、监察部《关于在工程建设中深入开展反对腐败和反对不正当竞争的通知》精神，坚决执行《反对不正当竞争法》《建筑法》《招标投标法》等有关法律法规和政策，为确保移民新村建设工程质量达到国家有关规定、争优创优、干部廉洁，在签订工程建设合同的同时，甲乙双方必须签订工程廉政合同。

一、甲方不得接受乙方请吃、请玩；不得接受乙方赠送的礼品、礼金和各种有价证券、信用卡及其他支付凭证；不得接受乙方任何好处费及工程回扣；不得向乙方报销任何由甲方支付的费用；不得借用、租用乙方的交通、通信工具等物品。

二、甲方工作人员的配偶、子女，不得承包或从事与工程有关的材料供应、工程分包、工程监理、工程装饰和装修、组织提供劳务等活动；不得向施工方推荐分包单位；不得要求施工方购买合同规定外的材料和设备。

三、甲方人员向乙方索贿，经乙方或其他线索检举，被纪检监察部门立案查处认定的，由此产生的办案费用由甲方(索贿方单位或个人)承担。不论举报甲方或乙方的贿赂行为的举报人，经查证属实，可由查办案件的机关(单位)依照规定给予奖励。

四、乙方不得以任何形式邀请甲方人员吃、玩或向甲方赠送礼品、礼金、各种有价证券、信用卡及其他支付凭证或物品。如有违反，由有关行政主管部门对乙方给予扣减应付工程款的3%～5%，或者中止工程建设合同。并视情节轻重，对乙方决策人和经办人以及甲方接受人员给予批评教育、党纪政纪处分、依法追究刑事责任。

五、乙方在工程项目建设中贿赂甲方人员、中介方人员，被纪检监察部门或司法机关立案查处的，甲方有权中止工程建设合同。由此给甲方造成的损失以及发生的一切费用均由乙方承担。可在工程结算款中扣除。

六、甲乙双方人员赠送、贿赂、接受或索要钱物的行为，如果一方发生，另一方当事人应立即主动报告单位领导和纪检监察部门或向检察机关举报。对不主动报告情况的有关人员，一经查出，必须视情节轻重给予批评教育、党纪政纪处分、依法追究刑事责任。

七、凡是未按规定签订《工程廉政合同》的工程项目，不得办理工程建设项目施工许可证等相关手续，不得擅自同意或者进行施工（勘察、设计、监理）。违者将由纪检监察部门追究党纪政纪责任，由有关行政主管部门依照有关法律法规进行处罚。

八、甲乙双方要严格履行《工程廉政合同》。履行《工程廉政合同》中的相互监督、自查自纠等情况，甲乙双方分别在工程建设合同中期要向同级纪检监察部门做出报告。纪检监察部门可视情况进行定期不定期的检查。如有违反，对有关人员从严追究责任。

九、工程竣工验收同期，甲乙双方要分别写出执行《工程廉政合同》的情况总结和相互鉴定报告。未按规定做出报告或同级纪检监察部门不同意验收的工程，不得办理工程竣工验收手续。

十、此合同一式四份：甲乙双方各一份，有关行政主管部门一份，同级纪检监察部门一份。

建设单位（甲方）：（公章）　　　　中标单位（乙方）：（公章）
或
迁安组织代表：（签字）　　　　法定代表人：（签字）

年　　月　　日

移民安置确认书

根据河南省南水北调丹江口库区移民安置总体对接方案，我村村组干部、移民代表一行____人，在乡（镇）政府组织下，于____年____月____日至____日到____县____乡（镇、农场）________移民安置点进行了全面考察。经充分考察和讨论后，与安置地有关部门就我村安置意向达成如下意见：

（1）移民安置点距________乡（镇）政府____公里，距____公路____公里。居民点建设范围南起________、北至________、东起________、西与________交界，土地总面积约________亩。详见居民点位置图（要求在1/万地形图或土地利用现状图上标示）。

（2）划拨给移民的生产用地位于居民点____侧，南起________、北至________、东起________，西与________交界，总面积约____亩，土地地类以________为主，安置容量约为____人，平均耕作半径____公里。详见生产用地范围图（要求在1/万地形图或土地利用现状图上标示）。

经我村迁安组织研究决定,同意选择________安置点为我村外迁移民安置点。

乡(镇)________村

________年____月____日

参与考察人员签字:

南水北调主体工程建设征地补偿和移民安置责任书

建设南水北调工程是党中央、国务院做出的重大战略决策,对缓解我国北方地区水资源紧张状况,保持经济社会可持续发展,促进全面建设小康社会和实现现代化,具有重大意义。南水北调工程规模大、占地范围和涉及区域广,需要切实做好征地补偿和移民安置工作,为工程的顺利开工,建设和运行创造良好的条件。根据国务院统一印发的《南水北调工程建设征地补偿和移民安置暂行办法》有关规定,国务院南水北调工程建设委员会办公室(以下简称国务院南水北调办)与河南省人民政府协商签订本责任书。

一、国务院南水北调办应承担的责任

1. 贯彻执行《南水北调工程建设征地补偿和移民安置暂行办法》,制定相关配套制度。

2. 中线一期工程总体可行性研究报告批准后,审批初步设计阶段的征地补偿和移民安置规划。

3. 协调项目法人与省级主管部门签订征地补偿和移民安置投资和任务包干协议,并对执行情况进行监督检查。

4. 审核下达征地补偿和移民安置年度投资计划,督促项目法人筹集和支付征地补偿和移民安置资金。

5. 指导、监督征地补偿和移民安置的监理、监测。

6. 对征地补偿和移民安置的实施进行稽查。

7. 组织征地补偿和移民安置总体验收。

8. 及时研究协调河南省在征地补偿和移民安置中提出的有关问题。

9. 协调南水北调主体工程移民后期扶持有关问题。

二、河南省人民政府应承担的责任

1. 贯彻执行《南水北调工程建设征地补偿和移民安置暂行办法》,制定本行政区域内南水北调工程征地补偿和移民安置的有关政策和规定,主要包括:土地补偿和安置补助

费分解兑付的办法和具体标准、有关优惠政策和管理制度等。

2. 确定本行政区域内负责南水北调工程建设征地补偿和移民安置工作的主管部门（以下简称主管部门）。组织、督促本省有关部门、省级以下人民政府，按照各自职责做好征地补偿和移民安置相关工作，主要包括：落实被征地农民和农村移民生产安置所需土地、编制征地补偿和移民安置实施方案并组织实施、编制移民后期扶持方案并组织实施、预防和处置征地移民群体性事件及相关信访工作等。

3. 发布工程征地范围确定的通告，控制在征地范围内迁入人口、新增建设项目、新建住房、新栽树木等。

4. 责成省有关部门和省级以下人民政府配合项目法人开展工作，主要包括：工程用地预审和工程用地手续办理、对工程占地（淹没）影响和各种经济损失进行调查、编制初步设计阶段征地补偿和移民安置规划等。

5. 根据国家批准的初步设计阶段征地补偿和移民安置规划，审批征地补偿和移民安置实施方案。

6. 督促省级主管部门与项目法人签订征地补偿和移民安置投资和任务包干协议，监督检查包干协议内征地补偿和移民安置任务的完成和资金的使用管理。

7. 责成省级以下人民政府配合项目法人和省级主管部门开展的征地补偿和移民安置的监理、监测。

8. 组织本行政区域内征地补偿和移民安置的验收。

9. 及时向国务院南水北调办反映征地移民工作中存在的问题。

三、其他

1. 在征地补偿和移民安置工作中，国务院南水北调办和河南省人民政府均难以解决的重大问题，双方协商提出处理意见，报国务院南水北调工程建设委员会决定。

2. 本责任书未尽事宜，双方另行协商。

3. 本责任书一式两份，自签字之日起生效。

国务院南水北调办公室	河南省人民政府
（签字）	（签字）
二〇〇五年四月五日	二〇〇五年四月五日

河南省南水北调丹江口库区第二批移民安置工作责任书

为了做好南水北调中线工程丹江口库区第二批移民安置工作，确保工程顺利建设，河南省南水北调丹江口库区移民安置指挥部（简称省移民安置指挥部）与平顶山市人民政府签订本责任书。

一、省移民安置指挥部应承担的责任

1. 贯彻执行国务院颁发的《大中型水利水电工程建设征地补偿和移民安置条例》及有关法律法规，组织制定河南省南水北调丹江口库区移民安置有关管理办法及相关配套政策，并督促省直有关部门及有关省辖市落实。

2. 组织编制和审批丹江口库区第二批移民安置实施规划。

3. 按照核定的第二批实施规划和年度计划，组织、督促省直有关部门及有关省辖市政府做好移民搬迁安置相关工作；责成省移民主管部门加强管理与监督，及时处理移民安置中的有关问题，按进度及时足额拨付移民资金。

4. 对省辖市人民政府履行职责情况进行督促检查，并定期进行检查通报。

5. 协调处理移民搬迁安置重大问题。

6. 组织对移民安置进行初步验收。

7. 组织开展移民后期扶持。

8. 移民安置阶段性任务完成和移民工作完毕后，对先进单位和个人进行表彰。

二、平顶山市人民政府应承担的责任

1. 贯彻落实国务院颁发的《大中型水利水电工程建设征地补偿和移民安置条例》及有关法律法规，以及省制定的有关政策、规定。

2. 负责本辖区丹江口库区第二批移民安置工作的组织、实施和督察，督促有关部门和县级人民政府切实履行职责，制定奖惩措施。

3. 配合设计单位编制第二批移民安置实施规划。

4. 按照核定的实施规划和年度计划，完成郏县第二批移民 294 人搬迁安置任务（最终以批准的移民安置实施规划为准）。2010 年 6 月 20 日前完成移民新村建设用地征收及移交；9 月 30 日前完成“三通一平”和房屋基础建设；秋收前移民生产用地调整到位；12 月 20 日前，完成移民个人房屋及学校、村部、超市等公益设施主体工程建设；2011 年 4 月 20 日前完成房屋及公益设施建设；5 月 20 日前完成基础设施建设；8 月 31 日前完成移民搬迁；9 月 20 日前完成移民生产用地土地整理和水利设施配套移交到移民村；9 月 30 日前移民生产用地承包到户，确保种上秋作物。

5. 负责协调处理本辖区移民安置重大问题，责成市移民主管部门加强管理与监督。

6. 做好移民资金管理，按进度及时足额拨付移民资金，组织移民资金兑付。接受国家和省有关部门的审计、稽查、评审和监督检查。

7. 做好移民安置有关事项的公开、公示，接受社会监督。配合社会中介机构对移民安置的监督评估。

8. 负责做好宣传动员和思想教育工作，为移民安置营造良好的环境；做好信访稳定工作，制订群体性突发事件应急预案，预防和处置好群体性突发事件，确保社会和谐稳定。

9. 建立信息通报制度，及时向省委、省政府及主管部门通报移民工作情况及存在问题。

10. 组织移民安置自验，配合做好移民安置初验、终验。做好移民后期扶持。

三、其他

1. 在移民安置工作中，省移民主管部门和平顶山市人民政府均难以解决的重大问题，双方协商提出处理意见，报请省委、省政府或国家有关部门解决。

2. 本责任书一式两份，自签字之日起生效。

河南省南水北调丹江口
库区移民安置指挥部

签字：
二〇一〇年六月十二日

平顶山市人民政府

签字：
二〇一〇年六月十二日

丹江口水库农村居民房屋、人口淹没调查表(样表)

全宗号	分类目录号	卷号	件号
117	zyfsjbsy2	31	1

全宗号 30 年度 2010 保管期限 永久

41132607010303023
000016
061

丹江口水库农村居民房屋、人口淹没调查表

河南省 淅川县(市) 上集 乡(镇) [illegible] 村 [illegible] 组　　调表1—1

房屋	类别/结构		层数	面积(m²)	丈量记录
正房	砖混		一	38.7	7.9×4.9
	砖木		一	93.2	6.75×13.8
	面积小计			131.9	
偏房	砖木		一	23	8.2×2.8
	面积小计			23	
	附属房				
	面积合计			154.9	水位分级:Ⅲ—Ⅳ

房屋产权:

[illegible]

7.9　砖混　4.9

13.8　砖木　6.75

8.2　砖木偏　2.8

人口	姓名	性别	与户主关系	出生年份	文化程度	户籍:农业	户籍:非农业
	张[illegible]	男	户主	1945年		✓	
	王[illegible]	女	妻	1945年		✓	
	张[illegible]	男	长子	1966年		✓	
	兰[illegible]	女	妻	1966年		✓	
	张[illegible]	女	三女	1977年		✓	
	张[illegible]	男	孙子	1988年		✓	
	张[illegible]	男	长孙子	1980年		✓	
				年			
				年			
				年			
				年			
	人口合计:				7人	7人	人

附属设施:项目	单位	数量
砖围墙	m²	2.5×2.2=5.5
土围墙	m²	
门楼	个	1
烤烟房	m²	
砼晒场	m²	
三合土晒场	m²	
牲畜栏	个	
粪池	个	1
地窖	个	1
水池	m³	
压水井	眼	
大口井	眼	
沼气池	个	
有线电视		有/无
电视接收器	台	
电话	部	
农用车辆	1部	205245

备注:

河南省政府移民办公室
丹江口库区移民
实物卡专用章

户主:张[illegible]　　调查人:冯斌　　调查日期:2003年2月22日

河南省南水北调丹江口库区第二批移民补偿补助资金明白卡（样表）

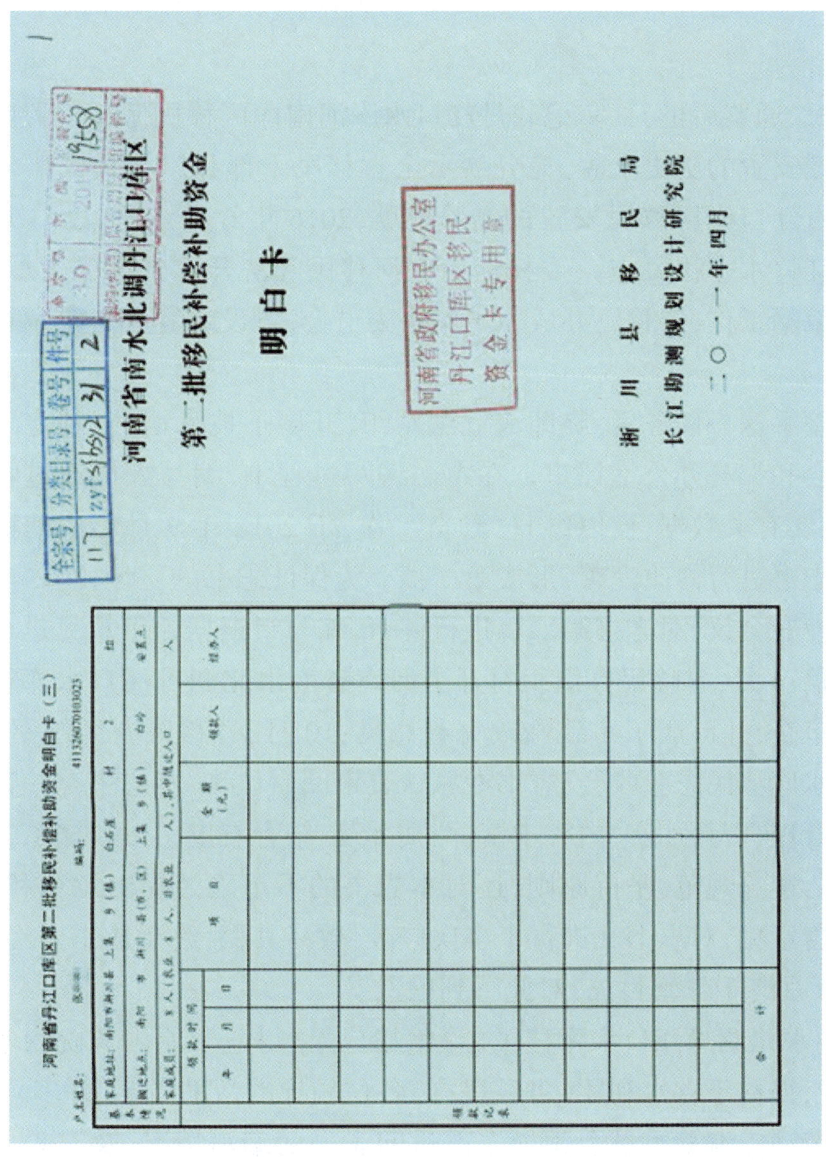

河南省南水北调丹江口库区

第二批移民补偿补助资金

明白卡

河南省政府移民办公室
丹江口库区移民
资金卡专用章

淅川县移民局

长江勘测规划设计研究院

二〇一一年四月

河南省丹江口库区第二批移民补偿补助资金明白卡（三）

领款时间			项目	金额（元）	领款人	经办人
年	月	日				
合计						

编后记

为资政移民、通鉴后世,真实记载丹江口水库河南库区移民搬迁安置的历史壮举,全面反映移民搬迁安置的历史全貌,充分展示全省移民干部和广大移民群众的风采,系统总结南水北调丹江口库区移民安置的经验成就,2016 年 6 月,省移民办决定编纂《河南省南水北调丹江口水库移民志》,委托河南黄河移民经济开发公司作为承编单位。为切实做好该志的编纂工作,省移民办成立了编纂委员会,下设编纂办公室,承编单位成立了编写组。

承编单位接手这一任务后,旋即成立编写组,开展了技术培训,制定了编纂提纲,并提交编纂委员会和编纂办公室评审。在本志编写过程中,编写人员通过收集、查阅大量的史料,认真核实有关数据,夜以继日,勤奋工作,于 2018 年 9 月形成初稿。10~12 月,编写组继续对志书进行修改完善,形成第二稿。为保证志书的质量,2019 年 2 月,编纂委员会组织召开专题会议,对志书第二稿进行评审,编写组根据评审意见进行了认真修改,形成志书第三稿;4 月,省移民办组织召开了河南省南水北调丹江口水库移民志审查会,对志书进行了审查,并形成了一致修改完善意见;10 月,省移民办组织召开了河南省南水北调丹江口水库移民志验收会,志书专家认真审阅后认为,本志书是一部成功的志籍,框架结构设计合理,资料翔实、内容丰富,图文并茂、结合有度,文风朴实、文字精练,特色突出、专业性强,遵守规范、坚持原则,还对本志书的不足之处提出意见和建议。编写人员根据修改完善意见,对志书又进行了多次修改,数易其稿,终于成书。经过 4 年的艰苦努力,2020 年 6 月终于告罄付梓,对此感到欣慰。

《河南省南水北调丹江口水库移民志》编纂成果,得益于原国务院南水北调办、水利部的关怀、关注,得益于省水利厅(省移民办)各位领导的帮助指导,许多领导和同志为其付出了艰辛的劳动。编纂委员会领导多次过问志书的编写情况,及时提出指导性意见,帮助解决志书编写中的困难和问题;编纂办公室成员每稿必读,斟字酌句认真审查,做出了很大贡献;邀请参审的各位专家更是严格把关,对志书成书功不可没。同时,省水利厅有关处室及各有关市县南水北调丹江口库区移民管理机构等都给予了大力支持。在此,一并表示衷心的感谢。

本书在组织编写过程中,除作者提供部分图片外,还选用了有关书刊等的图片资料,由于署名不详,无法一一核实,敬请作者谅解。

由于水平有限,全书中疏漏不周之事和误疵不妥之处,实恐在所难免,恳请各位专业人士和广大读者予以批评、指正。

《河南省南水北调丹江口水库移民志》编纂办公室

2020年6月